Reisen mit
PRESTEL

Eckart Peterich

ROM

Ein Führer

Eckart Peterich

ROM

Ein Führer

Der Text dieses Buches ist Bestandteil
des Bandes ›Italien ɪɪ‹ von Eckart Peterich,
zuerst erschienen im Prestel-Verlag 1961,
derzeit in siebter Auflage lieferbar.
Er wurde für die vorliegende Neuausgabe
durchgesehen und aktualisiert.

Photographie des Umschlages:
Giancarlo Gasponi, Rom

cɪp-Titelaufnahme der Deutschen Bibliothek:

Peterich, Eckart:
Rom: ein Führer / Eckart Peterich.
München: Prestel, 1990

© Prestel-Verlag, München, 1990
Lithographie: Karl Dörfel GmbH, München
Satz, Druck und Bindung:
Passavia Druckerei GmbH Passau

ɪsʙɴ 3-7913-1045-3

Inhalt

VORWORT ZUR NEUAUSGABE 11

ROM ALS LANDSCHAFT 15

I DAS KAPITOL UND DIE PIAZZA VENEZIA . . . 33

Der Kapitolsplatz und die Paläste 34
Santa Maria in Aracoeli 44
Die Sammlungen im Konservatorenpalast 48
Das Kapitolinische Museum 55
Senatorenpalast und Tabularium 57
San Giuseppe dei Falegnami und
Carcer Mamertinus 57
Monumento Vittorio Emanuele 58
Palazzo Venezia 59
Basilika San Marco 62

II DIE KAISERFORA UND DAS KOLOSSEUM . . . 65

Trajanssäule und Trajansforum 67
Cäsarforum und Augustusforum 72
Palazzo del Grillo 73
Santi Cosma e Damiano 75
Maxentiusbasilika 77
Santa Francesca Romana 80
Kolosseum 81
Domus Aurea und Trajansthermen 92
Konstantinsbogen 93

III FORUM UND PALATIN 97

Rundgang auf dem Forum 101

Basilica Aemilia 102
Kurie 102
Lapis Niger 106
Triumphbogen des Septimius Severus 106
Rostra 107
Umbilicus Urbis und Miliarium Aureum 107
Saturntempel 109

Concordia- und Vespasiantempel,
Portikus der zwölf Götter 111
Basilica Julia 112
Lacus Curtius 113
Cäsartempel 114
Dioskurentempel und Lacus Juturnae 114
Vestatempel und Regia 116
Santa Maria Antiqua 119
Tempel des Antoninus und der Faustina 123
Tempel des Romulus 123
Triumphbogen des Titus 124

Auf dem Palatin 126

Die Farnesischen Gärten 126
Tempel der Magna Mater 128
Haus der Livia 129
Domus Flavia und Domus Augustana 130
San Sebastiano 130

IV ZWISCHEN CORSO VITTORIO EMANUELE
UND TIBER 136

Il Gesù 137
Largo und Teatro Argentina 143
Sant'Andrea della Valle 144
Palazzo Massimo 145
Palazzo Braschi und Museo di Roma 147
Piccola Farnesina und Museo Barracco 147
Cancelleria 148
Campo de' Fiori 150
Palazzo Farnese 151
Santa Maria di Monserrato 159
Santa Maria in Vallicella und
Oratorio dei Filippini 160
Engelsbrücke und Engelsburg 162
Via Giulia 167
Palazzo und Galleria Spada 168
Das Getto 170
Santa Maria in Campitelli 172
Santa Caterina dei Funari 172
Portikus der Octavia 172
Piazza Mattei und Fontana delle Tartarughe . . . 174

V DIE PETERSKIRCHE

Berninis Petersplatz 178
Zur Baugeschichte von Sankt Peter 181
Fassade und Vorhalle 185
In der Peterskirche 186
Das Dach und die Grotten 205

VI DER VATIKAN

Die Antikensammlungen 217
Raffaels Stanzen 230
Die Sixtinische Kapelle 244
Die Borgiagemächer 256
Museo Sacro und Bibliothek 257
Die Vatikanische Pinakothek 260

VII AUF DEM CORSO

Palazzo und Galleria Doria Pamphili 271
Collegio Romano 273
Sant'Ignazio 274
Piazza Colonna und Mark-Aurel-Säule 277
Palazzo Montecitorio 280
Santa Maria in Via und San Silvestro in Capite . 281
San Lorenzo in Lucina 282
San Carlo al Corso 282
Piazza del Popolo 283
Santa Maria del Popolo 287

VIII ÜBER DEN QUIRINAL ZUM
THERMENMUSEUM 295

Torre delle Milizie 298
Palazzo Rospigliosi-Pallavicini 298
Quirinal 299
Palazzo della Consulta 300
Sant'Andrea al Quirinale und
San Carlo alle Quattro Fontane 300
Quattro Fontane 302
Palazzo Barberini 303
Galleria Nazionale d'Arte Antica 304
Santa Susanna 305
Santa Maria della Vittoria 306

Diokletiansthermen 310
Santa Maria degli Angeli 310
Thermenmuseum 312
Stazione Termini 323

IX RINGS UM DAS PANTHEON 324

Piazza della Rotonda und Pantheon 325
Santa Maria sopra Minerva 333
Palazzo Capranica und La Maddalena 336
San Luigi dei Francesi 337
Sant'Ivo della Sapienza 338
Piazza Navona 340
Vierströmebrunnen 341
Sant'Agnese in Agone 343
Santa Maria dell'Anima 346
Santa Maria della Pace 348
Via dei Coronari 351
Sant'Agostino 352
Palazzo Borghese 354
Augustusmausoleum und Ara Pacis 354

X ZUM SPANISCHEN PLATZ UND
   ZUR VILLA BORGHESE 357

Palazzo und Galleria Colonna 357
Santi Apostoli 359
Fontana Trevi 360
Galleria dell'Accademia di San Luca 364
Sant'Andrea delle Fratte 364
Piazza di Spagna 364
Spanische Treppe und Trinità dei Monti 366
Villa Medici und Pincio 367
Villa Borghese 370
Casino und Galleria Borghese 371
Zoologischer Garten und
Galleria Nazionale d'Arte Moderna 377
Villa Giulia und Museo Nazionale Etrusco 378

XI VOM COELIUS ZUM AVENTIN 382

Santa Maria in Domnica 383
Santo Stefano Rotondo 386

Santi Giovanni e Paolo 390
San Gregorio Magno 391
Caracallathermen 393
San Giovanni in Oleo und
San Giovanni a Porta Latina 395
Porta San Paolo und Cestiuspyramide 396
San Saba und der Kleine Aventin 397
Piazza dei Cavalieri di Malta 397
Santa Sabina 397
Piazza della Bocca della Verità und
Santa Maria in Cosmedin 399
Vestatempel, Tempel der Fortuna Virilis,
Haus des Crescentius 401
Marcellustheater 402
Janus Quadrifons und San Giorgio in Velabro . . 403

XII VON SANTA MARIA MAGGIORE
     ZUM LATERAN 404

San Pietro in Vincoli 405
San Martino ai Monti 409
Santa Pudenziana 412
Santa Maria Maggiore 412
Santa Prassede 418
Porta Maggiore 422
Santa Croce in Gerusalemme 422
San Giovanni in Laterano 423
Baptisterium San Giovanni in Fonte 431
Santi Quattro Coronati 433
San Clemente 435

XIII DAS RECHTE TIBERUFER 438

Die Tiberinsel 438
Santa Cecilia 439
Santa Maria in Trastevere 442
Villa Farnesina 444
San Pietro in Montorio 446
Fontana Paola 447
Sant'Onofrio 449

XIV VOR DEN MAUERN 450

Villa Doria Pamphili 450
Villa Madama 453
Ponte Milvio 453
Villa Torlonia (Albani) 453
Priscilla-Katakomben 454
Porta Pia 454
Sant'Agnese fuori le Mura 454
Santa Costanza 456
San Lorenzo fuori le Mura 457
Via Appia Antica 461
Katakomben bei San Sebastiano 463
Grab der Cecilia Metella und
Villa der Quintilier 464
San Paolo fuori le Mura 466

Nach Ostia 470

EUR 466
Ostia Antica 471

Anhang 473

Zeittafel zur Geschichte 474
Die römischen Kaiser 483
Die Päpste 484

Sehenswürdigkeiten 487
Museen in Rom 490
Adressen für deutsche Rom-Reisende 493

Personenregister 494
Orts- und Sachregister 502
Abbildungsnachweis 512

Vorwort zur Neuausgabe

Wenn Peterichs Rom-Führer drei Jahrzehnte nach seinem ersten Erscheinen als Teil von Band II der Italien-Trilogie in einer überarbeiteten Einzelausgabe neu aufgelegt wird, so muß es dafür gute Gründe geben. Dieser Cicerone hat Maßstäbe für die Reiseliteratur unserer Zeit gesetzt, ist ein ›Klassiker‹ geworden. Man traf sie allenthalben, die gleichgesinnten Italien-Liebhaber, mit ›dem Peterich‹ in der Hand – eine Gemeinde von Individualisten. Zumal in Rom, das nicht nur den Höhepunkt des kunstreichen Italien bildet, sondern auch für Eckart Peterich eine herausragende Rolle spielte: Hier hat er viele Jahre gelebt, und hierher ist er immer wieder zurückgekehrt.

Doch nicht allein als römisches Lesebuch, als Lektüre zum Reiseziel Rom sind diese Kapitel geschrieben, sondern vor allem zum praktischen Gebrauch als *Wegweiser und Begleiter vor Ort.* Der Autor nimmt den Reisenden gleichsam bei der Hand und erschließt ihm Rom ganz konkret auf vierzehn Spaziergängen, Anschauung und Bedeutung mit der Autorität des Kenners lebhaft verbindend. Gerade der Neuling erfährt hier die für das Rom-Erlebnis entscheidenden Zusammenhänge. Als erfahrener Spaziergänger geht der Autor davon aus, daß man unterwegs von Zeit zu Zeit gern eine Pause einlegt, die zur Lektüre von längeren Passagen im Zusammenhang mit dem ein oder anderen der am Wege liegenden Denkmäler einlädt. Zur Orientierung innerhalb der Stadt, im archäologischen Bereich von Forum und Palatin, im Vatikan und in besonders kunstreichen Kirchen wurden dieser Neuausgabe die entsprechenden *Pläne und Grundrisse* beigegeben.

Für den Reisenden der neunziger Jahre wurde der Text durchgesehen und *auf den neuesten Stand gebracht.* Doch unwesentlich sind die Neuerungen dieser letzten Jahrzehnte, die es zu berücksichtigen galt – es war eher eine Epoche des Bewahrens und Schützens für die Ewige Stadt. Um so deutlicher hat sich die moderne Zeit mit einer Bevölkerungszunahme von rund zwei Millionen um 1960 auf drei Millionen um 1990 außerhalb der Aurelianischen Mauer ausgewirkt, eine Entwicklung, der die klassische Campagna, Roms unmittelbares Umland, nun vollends zum Opfer gefallen ist. Innerhalb der Mauern zwang das zunehmende Verkehrschaos zu Maßnahmen, die den Menschen, Römern wie Rom-Besuchern, und dem Stadtbild zum Vorteil gereichen. Verkehrsberuhigte Zonen schaffen spürbar Erleichterung. Im Dreieck zwischen Corso, Via del Tritone und Pincio – *Zona del Tridente* genannt – kann man heute den Einkaufsbummel an der Spanischen Treppe unbehelligt vom Autoverkehr genießen. Auf der *Piazza Navona* und der nahen *Piazza della Rotonda* erlebt man die Altstadt mit der unvergleichlichen Kulisse des Pantheon oder der Bernini-Brunnen wieder so römisch wie eh und je – flanierend oder als Zuschauer bei einem Cappuccino im Straßencafé. Eine andere Errungenschaft im Stadtverkehr ist die Metro, mit der man bis hinaus nach San Paolo fuori le Mura und weiter nach Ostia fahren kann – doch bleibt es vorerst bei nur zwei Linien. Vom Bahnhof direkt zum Petersplatz verkehrt nach wie vor die altvertraute Buslinie 64. Pazienza!

Gravierender als anderswo haben sich neuzeitliche *Umweltschäden* an der Bausubstanz des alten Rom niedergeschlagen. Akute Gefahr hat die Denkmalschützer auf den Plan gerufen. Wohl dem, der die antiken Monumente Roms bereits vor der Restaurierungswelle zu sehen bekommen hatte, denn nun verschwanden die meisten von ihnen für viele Jahre hinter grün verkleideten Gerüsten, so daß der berühmte *Forumsblick vom Kapitol* dem Neuling wie dem Wiederkehrenden eine momentane Enttäuschung bereiten mußte. Mindestens ebenso schmerzlich wird das Fehlen der *Mark-Aurel-Reiterstatue* auf dem Kapitolsplatz empfunden, die, nach fast zwei Jahrtausenden lebensgefährlich bedroht, ihren historischen Standort verlassen mußte. Nicht nur der wieder hell erstrahlende Marmor antiker Wahrzeichen Roms, auch manch geschwärzte Fassade oder Kuppel einer Barockkirche wird bald in gereinigtem Zustand kaum wiederzuerkennen sein und neue Akzente im Stadtbild setzen.

Zu den aufsehenerregendsten Restaurierungen der letzten Jahre, die im Text dieser Ausgabe ergänzt wurden, gehört die Reinigung der *Fresken in der Sixtinischen Kapelle des Vatikan*. Während die wissenschaftliche Diskussion um Wert und Gefahren solcher Maßnahmen weitergeht, sieht sich der Besucher verblüfft und geblendet von dem Eindruck leuchtender Farbigkeit und ungewöhnlicher Kontrastwirkungen des ›neuen Michelangelo‹, nimmt erst jetzt Bilder in den Lünetten und Zwickeln oder die Galerie der Päpste an der Hochwand wahr, die bislang unter einer Schmutzschicht von Jahrhunderten den Blicken entzogen waren.

Auch auf dem Gebiet der frühchristlichen Kunst kann auf Neues verwiesen werden: die Instandsetzung der Rundkirche *Santo Stefano Rotondo* auf dem Coelius zum Beispiel, deren Verfallszustand Eckart Peterich in der ersten Auflage dieses Rom-Führers noch zu beklagen hatte, oder die Grabungen im Renaissance-Hof der Cancelleria, die beachtenswerte Zeugnisse der Vorgängerkirche von *San Lorenzo in Damaso* ans Licht brachten. Gerade der einzigartige Bau von Santo Stefano, den Deutschen in Rom seit Jahrhunderten verbunden und ab 1990 wieder zugänglich, ist in der zwischen Archäologen und Kunsthistorikern strittigen Grundsatzfrage nach dem Vorrang eines rekonstruierten Urzustands oder der historisch gewachsenen Substanz von exemplarischer Bedeutung für die römische Denkmalpflege.

Doch Rom ist nicht nur abendländisches Kulturgut mit Denkmalcharakter, es ist auch eine lebendige, pulsierende Weltstadt, an der ein natürlicher Wandel der Zeiten nicht spurlos vorübergeht. So hat manches Viertel in den letzten Jahrzehnten seinen Charakter modernen Ansprüchen und modischen Entwicklungen entsprechend verändert. *Trastevere* ist zwar noch immer das volkstümliche Viertel mit typischen römischen Trattorien und römischem Flair, doch der Tourismus fordert hier wie überall seinen Zoll. Im ehemaligen Künstlerviertel um die *Piazza di Spagna* dominieren heute die exklusiven Modeboutiquen, und La dolce Vita auf der einst von Kinoprinzessinnen berühmt gemachten *Via Veneto* – oder war es umgekehrt? – ist passé. Das verpönte *Monumento Vittorio Emanuele II* aber kommt im allgemeinen besser weg, seit die Kultur des Risorgimento eine Aufwertung erfahren hat. Daß die *Galleria d'Arte Moderna* an Substanz und Interesse ständig weiterwächst, bezeugt den gestiegenen Stellenwert der italienischen Kunst unseres Jahrhunderts.

Auch die ›klassischen‹ römischen Museen und Galerien verzeichnen manche Neuerung. Für die päpstlichen Sammlungen antiker und frühchristlicher Kunst im Lateranspalast wurde in den siebziger Jahren ein neuer Museumsbau im Komplex der *Vatikanischen Museen* errichtet. Aus dem Rundgang durch die

Vatikanischen Sammlungen ausgeschlossen sind inzwischen die berühmten Loggien des Raffael, so daß die Vorstellung hier auf die Lektüre beschränkt bleiben muß. Daß der Besucher das ein oder andere Museum oder Teile davon immer wieder ›in restauro‹ und damit unzugänglich findet, ist schon als Normalzustand zu bezeichnen. In der *Galleria Borghese* und im *Thermenmuseum* wurde deshalb auf Standortangaben innerhalb der Museumsräume bewußt verzichtet.

Die vorliegende Neuausgabe von Eckart Peterichs Rom-Führer möchte die Renaissance eines ›Klassikers‹ bewirken. Freunden und Kennern bietet sie die gewohnten Qualitäten in aktualisierter, reisegerechter Edition, ergänzt um einen Anhang mit vielen Schlüsselinformationen zur historischen und praktischen Orientierung. Rom-Anfänger finden hier den anregenden und aufschlußreichen Mentor und Wegbegleiter, der über das übliche Maß an Touristeninformation weit hinausgeht. Wer Rom auf diese Weise kennenlernt, wird wiederkehren wollen und vielleicht in dieser Aussicht ein paar Münzen in die Fontana di Trevi werfen…

München, Januar 1990

Rom als Landschaft

KÖNIGLICH, Rom, hast du mich empfangen.
Ob ich von Norden zu dir aus der dunkleren Heimat
sehnsüchtig drängte oder aus reifenden Gärten
ferner hesperischer Täler gesättigt mich wandte·
herrlich umfing mich, vom Fluge der Wolken beschattet,
golden und schwarz die Campagna, und in der Ferne
hob sich dein ewiger Umriß vom feurigen Himmel.
Stolz war ich oftmals, daß du dich zur Heimat erboten.
Wie des gefährlichen Ursprungs der Sohn des Gebirges
immer sich freuet, ermaß ich den Abgrund der Zeiten
draus die betäubenden Nebel sich drohend erheben,
Urgeister auch und ein lockend gefährlicher Schwindel.
Träumend verweilt ich, und gleich deinen eigenen Kindern
pflück ich die Frucht deiner Gärten, nicht achtend, daß tiefer,
tief in der Erde die Wurzel den Schädel zerpreßt.

MARIE LUISE KASCHNITZ

Es sind noch keine hundert Jahre vergangen, seit die öde, große und großartige Steppe der Campagna Romana unmittelbar an Rom grenzte, ja bis tief in die Stadt hineinreichte, seit die Herden dieses weiten Weidelandes bis zum Forum vordrangen, das darum Campo Vaccino, das Kuhfeld, hieß. Die Campagna ist nicht mehr öde, seit sich das alte Rom mit einem riesigen Ring von Hochhäusern umgeben hat, die für die erstaunliche Vitalität nicht nur der Stadt selbst, sondern ganz Italiens zeugen. Es sind zumeist vielstöckige, schmuckarme, sehr hohe Bauten, die sich, ohne Wolkenkratzer zu sein, doch wolkenkratzerhaft gebärden, das heißt ihr Bestes tun, um sich vor allem in der Vertikale zu entwickeln. In den ausgebauten Quartieren werden diese Wohnblöcke von selten sehr breiten, meist baumlosen Straßen durchschnitten, die sich, wo es flaches Gelände erlaubt, in rechten Winkeln schneiden, auf den Hügeln oft mächtige Kurven bilden. Man kann nicht sagen, daß diese Viertel besonders schön seien oder auch nur im modernen Sinn gelungene Bautengruppen, doch findet man nicht selten interessante Beispiele neuzeitlicher Architektur.

Was diese Vorstädte vor allem von der Altstadt unterscheidet, ist die helle Farbe. Das wahre Rom ist herbstfarben: gelb, golden, rot, rostrot. Denn da man in Rom fast alle Häuser aus dem Tuff der Campagna gebaut hat, der so leicht verwittert, mußte man sie mit starken Tüncheschichten überziehen, denen man dann diese offenbar altüberlieferten Farben gab und noch gibt. Wo, wie zum Beispiel an den Fassaden der Kirchen und der großen Paläste, der Stein nackt ist, handelt es sich fast immer um den berühmten Travertin, dessen helle Honigfarbe sich ebenso natürlich in jene herbstlichen Farben einfügt wie die dunklen Ziegel der antiken Ruinen, das Kupferrot der Pinienstämme, während das schwärzliche Silber der Brunnenwasser dem Eisengrau der Lava verwandt erscheint, mit der die meisten Straßen der Stadt gepflastert sind. Die Grenze zwischen der Alt- und der Neustadt ist eine verhältnismäßig deutliche. Sie wird durch die rund 18 Kilometer lange antike Mauer bezeichnet, die Kaiser Aurelian 270-275 bauen ließ, um die Stadt gegen die immer bedrohlicher werdenden Barbareneinfälle zu schützen. Mit ihren vielen Türmen und Toren, mit ihrem schweren Ziegelwerk ist sie fast völlig erhalten und zeigt uns die Ausdehnung Roms zu jener Zeit, als es nicht nur die sieben Hügel, sondern auch das Marsfeld bis zur heutigen Porta del Popolo, der antiken Porta Flaminia, umfaßte, im Osten bis zur Porta Salaria und Porta Praenestina, der heutigen Porta Maggiore, reichte, im Süden bis zur Cestiuspyramide, und zu dem im Westen, jenseits des Tibers, ein Teil des jetzt Trastevere genannten Viertels bis zur Porta Aurelia auf dem Janiculus gehörte. Innerhalb dieses Mauerrings stand die Entwicklung des antiken Rom still. Dann begann die Entvölkerung. Wo die Menschen wichen, drang die Campagna ein, mit ihr kam die Malaria. Rom hat in seiner Blütezeit in der Antike etwa 1 Million Einwohner gehabt, heute hat es rund 3 Millionen, aber in seinen dunkelsten Jahrhunderten, etwa vom 5. bis zum 7., sind es nur fünfzigtausend und zeitweise noch weniger gewesen. Da war Raum genug für Hirten und Herden! Langsam ist dann der von der Campagna eroberte Boden von der Stadt zurückerobert worden: schon seit Karl dem Großen, dann vom 12. Jahrhundert an immer mehr, besonders in der Renaissance und im Barockzeitalter. Doch blieb noch lange genug unbebauter Raum. In seinen ›Promenades en Rome‹ schrieb Stendhal 1829: »Der Corso und das jetzt bewohnte

Rom sind nicht auf den Hügeln gebaut worden, aber auf der Ebene am Tiber und zu Füßen der Erhöhungen. Das heutige Rom bedeckt das Marsfeld der Alten: dort haben Cato und Caesar ihren gymnastischen Übungen obgelegen, die sowohl der General wie der Soldat in der Zeit vor der Erfindung des Pulvers nicht entbehren konnten. Das bewohnte Rom endet im Süden am Kapitol und am Tarpejischen Felsen, im Westen am Tiber, und jenseits des Flusses gibt es nur ein paar häßliche Straßen; im Osten beim Pincio und beim Quirinal. Drei Viertel von Rom im Osten und im Süden, der Viminal, der Esquilin, der Coelius, der Aventin, sind einsam und schweigsam. Dort herrscht das Fieber, dort werden Reben gepflegt; und inmitten dieser weiten Stille liegen die meisten Bauten und Denkmäler, die die Neugier der Reisenden sucht und aufsucht.«

Daran hat sich, solange Rom die Hauptstadt des Kirchenstaates war, nicht viel geändert, doch als es 1870 die des Königreichs Italien wurde, begann eine fieberhafte Entwicklung, eine Baukrankheit, die leider im Angesicht der Stadt tiefe und häßliche Spuren hinterließ. Die Bevölkerung verdoppelte sich bereits in den ersten drei Jahrzehnten der italienischen Herrschaft, stieg auf 400000 Seelen. Damit wurde die Campagna endgültig aus der Stadt verdrängt. Alle die Hügel, die Stendhal einsam und schweigsam nennt, wurden bis an die Aurelianische Mauer bebaut, zuletzt der Aventin. Vor allem entstanden die großen und fast nirgends schönen Viertel im Osten, auf dem Quirinal, Viminal, Esquilin und Coelius. Die Zeit, in der sie entstanden, war der Baukunst nirgends hold, auch in Rom nicht. Nur etwas, was Rom kennzeichnet, hat man auch in jener Zeit nicht missen wollen: herbstliche Farben der Tünchen, wobei man einen eher dunklen, oft stumpfen Ockerton bevorzugte. Manche Bauten dieser Zeit wird man heute schon wieder milder beurteilen können wie zum Beispiel die große Exedra vor den Diokletiansthermen. Entscheidend ist, daß die Anteilnahme am antiken Rom, die nun seit Jahrhunderten so viele und unter ihnen so bedeutende Reisende nach Rom gelockt hatte, zugleich mit dem Erstarken des archäologischen Interesses dazu geführt hat, daß alles oder fast alles, was noch von antiken Bauten erhalten war, nicht nur erhalten blieb, sondern auch durch Grabungen und Restaurierungsarbeiten in einen besseren Zustand gebracht, außerdem zwar nicht überall, aber doch zumeist vor moderner Nachbar-

schaft bewahrt, in der gleichen Umgebung von Büschen und
Bäumen belassen wurde, in der es die Jahrhunderte überdauert
hatte. Das gilt besonders vom Forum, vom Palatin und der Gegend zwischen dem Coelius und dem Aventin bis zur Porta San
Sebastiano.

Ich möchte dieses Gebiet – und damit kommen wir zu einer
mehr in die Einzelheiten gehenden Beschreibung der Stadt – das
RUINENROM nennen. Hier stehen kaum moderne Wohnbauten,
weder die gelblichen aus der vorfaschistischen noch die weißen
aus der faschistischen und nachfaschistischen Zeit. Hier fehlen
also die Herbstfarben, eine ausgenommen: das Rostrot der Ruinen. Augustus hat sich in seinem Testament, das uns in einer bei
Ankara gefundenen Inschrift erhalten ist, gerühmt: »Ich fand ein
Rom aus Ziegelsteinen und ich hinterlasse ein Rom aus Marmor.« Aus Marmor läßt sich Kalk brennen. Das hat man im
Mittelalter und noch später getan. So gelangte ein großer Teil
des meist weißen, zumindest hellen carrarischen Marmors, mit
dem das Mauerwerk aus Backsteinen verkleidet war, in die Kalköfen. Darum sehn wir vor allem Backsteinruinen. Der Back-
steinbau des Kolosseums war mit Travertin verkleidet und ist es
noch, weil dieser Stein nicht in Kalk verwandelt werden kann.
Doch steht noch manche Marmorsäule. Manche stünde nicht
mehr, wenn die Römer wie die Griechen ihre Säulen aus Trom-
meln zusammengesetzt und nicht Monolithe, Säulen aus einem
einzigen Stück, vorgezogen hätten, die sich schwer bewegen ließen oder die man, wenn man sie schon verschleppte, nicht zu
Kalk brannte, sondern beim Kirchenbau verwendete. Das seltsam Humane, das Menschengestaltige, das der griechischen
Säule von ihren hellenischen Ursprüngen her eignet, bewirkt,
daß auch in Rom die Säulen oft wie Gestalten unter den Trümmern stehn, besonders bei Mondschein wie menschengestaltige
Geistererscheinungen aus den Ruinen kommen. Neben deren
Rostrot beherrscht das dunkle Grün immergrüner mittelmeeri-
scher Bäume und Büsche das Bild des Ruinenrom, übergipfelt
vom Schwarz der Zypressen und vor allem vom dunklen, doch
luftigen Grün der Schirmpinie. Viele dieser Gewächse wurden
angepflanzt, doch in einer malerischen Nichtordnung. Seit 1900
hat Giacomo Boni, der die Ausgrabungen auf dem Forum und
dem Palatin jahrelang leitete, die Buschflora der ›macchia‹ hei-
misch gemacht, wozu ihn auch die ›Orti Farnesiani‹ auf dem

Palatin angeregt haben mögen, die der älteste botanische Garten
Europas gewesen sind.

In Anatole Frances Roman ›Sur la pierre blanche‹ lesen wir
einen Abschnitt, in dem Giacomo Boni, einer der bedeutendsten
italienischen Archäologen, persönlich auftritt. »Die Sonne«, so
schreibt France, »ging hinter dem Kapitol unter und traf den
Triumphbogen des Titus mit ihren letzten Strahlen. Der Himmel, in dessen Westen der weiße Mond schwamm, blieb blau
wie zur Mittagsstunde. Ein gleichmäßiger, ruhiger und klarer
Schatten erfüllte das schweigende Forum. Die dunklen, sonnen-
gebräunten Erdarbeiter durchgruben jenes steinige Feld, während ihre Gefährten, die Arbeit der alten Könige fortsetzend, ein
Brunnenrad drehten, um das Wasser zu schöpfen, das noch immer das Bachbett befeuchtet, in dem in den Tagen des Königs
Numa das von Schilf eingefaßte Velabrum lag. Sie wirkten or-
dentlich und aufmerksam. Hippolyt Dufresne, der sie seit vielen
Monaten emsig am Werk sah, immer voll Klugheit und bereit,
die erhaltenen Weisungen auszuführen, fragte den Leiter der
Ausgrabungen, wodurch er es erreichte, seine Leute zu so gutem
Dienst zu bringen. ›Indem ich lebe wie sie‹, antwortete Giacomo
Boni. ›Mit ihnen bewege ich die Erde, sage ihnen, was wir ge-
meinsam suchen, lasse sie alle Schönheit unseres gemeinsamen
Werkes mitempfinden. Sie nehmen Anteil an den Arbeiten, deren Größe sie, wenn auch unbestimmt, fühlen. Ich habe sie vor
Begeisterung bleich werden sehn, als sie das Grab des Romulus
freilegten. Ich bin ihr Gefährte aller Tage, und wenn einer von
ihnen krank wird, gehe ich hin und setze mich neben sein Bett.
Ich vertraue ihnen, wie sie mir vertrauen: so habe ich treue
Arbeiter.‹ ›Boni, mein lieber Boni‹, rief Joseph Leclerc, ›Sie
wissen, wie sehr ich Ihre Arbeiten bewundere, und wie mich Ihre
schönen Entdeckungen ergreifen, aber dennoch müssen Sie mir
erlauben, Ihnen zu sagen: ich weine den Zeiten nach, in denen
die Herden über das begrabene Forum gingen. Ein weißer Stier
mit seinen über der breiten Stirn ausgebreiteten Hörnern wie-
derkäute auf dem einsamen Feld. Ein Hirte schlummerte zu
Füßen einer hohen Säule, die sich aus dem Gras emporreck-
te. Und der Mensch dachte: Hier wurde das Schicksal der
Welt bewegt. Seit das Forum aufgehört hat, der Campo Vaccino zu sein, ist es für die Dichter und für die Liebenden verloren.‹«

*G. B. Piranesi: Septimius-Severus-Bogen und Phokassäule auf dem Forum;
rechts die Kirche Santi Luca e Martina; links im Hintergrund das Kapitol*

So haben zur Zeit der großen Ausgrabungen in Rom viele
Menschen empfunden. Wer Ausgrabungen kennt, die noch im
Gange sind: dies Wühlen im feuchten Boden, der vor uns liegt,
als sei er verwundet, dies Auseinanderreißen von Mauern und
Pflanzen, die so lange und so innig miteinander gelebt haben,
dies Herausoperieren von Grundrissen, dies Sezieren von kranken, todkranken Bauten, das Klappern von Schaufeln, das Knir-
schen der Hacken, das Rollen der Feldbahnen, all das hat etwas
Bedrückendes, fast Abstoßendes auch für einen Menschen, der
dem, was uns solche Arbeit an Wissen um die Vergangenheit
eintragen soll, die lebhafteste Anteilnahme entgegenbringt. Ausgrabungen sind etwas sehr Interessantes, nichts eigentlich Schönes. Das hatte Anatole France auf dem Forum erlebt. Aber seit
die römischen Ausgrabungen mehr oder weniger abgeschlossen
sind, seit sich die Wunden des Bodens wieder geschlossen, Bauten und Büsche einander wiedergefunden haben, werden wir das
Ruinenrom wieder ähnlich genießen wie frühere Generationen
und sind gleichzeitig um die bedeutenden Erkenntnisse reicher,
die wir der Bodenforschung verdanken. Was aber die Dichter
und die Liebenden anbelangt, um deren Wohlergehen das poe-
siebegeistertste und liebefreudigste der europäischen Völker, das
französische, immer so anmutig besorgt ist, kann ich beiden
Arten von Menschen versichern, daß ihnen in diesem Teil Roms
nichts fehlen wird, was sie dort suchen könnten, sei es ohne
Entgelt, wie's eigentlich im Wesen der Poesie und der Liebe
liegt, sei es auch gegen Entrichtung von Eintrittsgebühren, die
an einigen Orten dieses großen Trümmergartens erhoben werden müssen, damit sich nicht Diebe und Vandalen an den Gebäuden und an den Gewächsen vergehen und, was leider nur zu
oft vorkommt, Narrenhände »Marmorstirn und Brunnenrand«
mit Inschriften verschmieren, die, vor allem seit es Kugelschrei-
ber gibt, mehr oder weniger unauslöschbar sind.

Kustoden, Gelehrte, Dichter, Liebespaare und die große
Menge der Reisenden, der klugen wie der dummen, der interes-
sierten wie der gelangweilten, der stillen wie der lauten, der
einsamen wie der zwei-, mehr- und vielsamen, bilden die Bevölkerung des Ruinenrom. Es wird von einer breiten verkehrsrei-
chen Straße durchschnitten, die, an die Via dei Fori Imperiali
anschließend, vom Kolosseum aus in südlicher Richtung verläuft
und Via San Gregorio heißt, an der Piazza del Circo Massimo,

wo der Obelisk von Axum steht (nicht wie sonst in Rom ein ägyptischer, sondern ein abessinischer), halblinks in die schöne, baumreiche Passeggiata Archeologica einmündet und auf dem Piazzale Numa Pompilio bei den Caracallathermen in der Via di Porta San Sebastiano ihre Fortsetzung findet, die dann ihrerseits bei dem gleichnamigen Tor, der antiken Porta Appia, zur Via Appia wird. Die Römer spielen in diesem Teil der Stadt nur insofern eine Rolle, als sie selbst zu Spaziergängern und Touristen werden; und wer an sonnigen Feiertagen in diese Gegend kommt, wird ihnen gewiß nicht nachsagen, daß ihnen die Trümmer des antiken Rom, die Zeugnisse ihrer Vergangenheit, gleichgültig seien. Der Fremdling aber wird diesen großen, dunklen Pinienpark voll ragender roter Mauern nie vergessen, nicht wenn er wieder daheim ist, aber auch dann nicht, wenn er, was wir nun tun wollen, das nichtantike Rom durchwandert, ja er wird sich aus dessen engen, dunklen, überlauten Gassen immer wieder in jene Weite und Helligkeit und Stille hinsehnen.

Das nichtantike Rom, das uns vor allem beschäftigen wird, liegt in dem großen Bogen, den der Tiber vom Westabfall des Palatin – ungefähr dort, wo der Vestatempel steht – bis zum Mausoleum des Augustus (am Ponte Cavour) westwärts schlägt. Im Norden reicht es noch flußaufwärts bis zur Porta del Popolo, wird im Osten von einer Linie begrenzt, die erst der Pincio bildet, dann die Via Sistina und in deren Fortsetzung die Via delle Quattro Fontane bis zu der Stelle, wo sie sich mit der Via Nazionale schneidet. Diese breite Straße, eine Anlage der Gründerjahre, führt in südwestlicher Richtung zur Piazza Venezia, grenzt den Stadtteil, von dem hier die Rede ist, gegen die modernen Viertel auf dem Viminal ab. Im Süden aber begrenzt ihn das Kapitol, das freilich ebenso dem antiken wie dem nachantiken Rom angehört. Wie wir diesen Stadtteil nennen sollen, ist eine schwierige Frage. Die Renaissance spielt in ihm eine große Rolle, besonders in seiner westlichen Hälfte, aber die entscheidende spielt darin doch das Barock, so daß wir, wenn wir von ihm reden, wohl vom BAROCKROM reden können.

Man mag sagen, was man will – und die Klagen über das Modernisieren wollen nie verstummen und sind gewiß oft berechtigt –, aber dieses barocke Rom ist vortrefflich erhalten. Wenn man von dem gräßlichen Lärm absieht, den die sich dicht

drängenden Motorfahrzeuge in den meist engen Straßen machen, und von der Bedrohung des Spaziergängers durch sie,
kann das päpstliche Rom etwa zur Zeit Goethes nicht sehr viel
anders ausgesehn haben als das heutige. Das, was Goethe gesehen hat, ist in allem Kennzeichnenden und Wesentlichen erhalten: die ragenden, großgegliederten, oft schmuckreichen Kirchenfassaden aus Travertin; die hochgewölbten Kuppeln; die
großartigen Fronten der Adelspaläste; die herbstfarbenen Tünchen der bescheideneren Häuser; die engen, dunklen, phantasie-
voll gewundenen Gassen; das schwarze Pflaster aus Lavawürfeln;
die monumentalen Marmortafeln mit den Straßennamen; dazu
die großen, schnurgeraden Straßendurchbrüche der Barockzeit.
Wer zu sehr später oder sehr früher Stunde, wenn der brausende
Verkehr aufgehört oder noch nicht begonnen hat, durch dieses
Rom geht, kann es, wenn er nur über ein wenig von jener Phantasie verfügt, die einer meiner Freunde die eliminierende nannte, gewiß immer noch so erleben, wie es unsere Großeltern erlebt haben.

Das barocke Rom ist wie viele italienische Städte eine sehr
steinerne Stadt. Aber wer es mit denen vergleicht, deren Bild vor
allem im Mittelalter gestaltet wurde – etwa mit Florenz –, wird
es heller finden als jene. Seine Straßen sind mit mittelalterlichen
verglichen verhältnismäßig breit, seine Paläste und Häuser nicht
allzu hoch, Plätze zahlreich. Und vergessen wir den römischen
Himmel nicht, »jenen römischen Himmel, dem« – so lesen wir
in dem Roman der Brüder Goncourt ›Madame Gervesais‹ –
»das nahe Mittelmeer und alle andern unbekannten Ursachen
himmlischer Seligkeit den ganzen Tag über die Frische und
Heiterkeit der Morgenstunde erhalten«. Daran ist sehr viel
Wahres; und wie wir vorhin lasen, hat auch Anatole France über
Rom einen Himmel beobachtet, der noch zur Zeit des Sonnen-
untergangs »blau wie zur Mittagsstunde war«.

Rom hat ein herrliches Klima, ein strahlendes Licht: es ist
nicht nur eine rote, sondern auch eine goldene Stadt. Und Rom
genießt in der heißen Jahreszeit mindestens am Morgen und am
Abend viele Stunden, in denen der Meerwind die Luft kühlt und
reinigt. Dieses Licht und diese Luft tragen nicht wenig dazu bei,
auch die engen Straßen der Altstadt zu weiten oder sie doch
größer erscheinen zu lassen, als sie eigentlich sind. In Rom hat
man nie wie in so vielen alten und neuen Städten das Gefühl,

eingemauert zu sein, unerträglich beengt, das Gefühl des unerträglich Städtischen, vor dem man so rasch wie möglich aufs Land fliehen muß, was sich freilich nicht nur durch das römische Licht und die römische Luft erklärt, sondern auch durch die herrliche Großzügigkeit, mit der die Römer zu allen Zeiten gebaut haben, durch ihre begeisternde architektonische Verschwendungssucht, vor allem auch durch das Schwellende und Wogende des Barock, durch dessen honigmilden Travertin, wodurch alles allzu Steinerne erweicht, alles Enge überhöht, jede Kleinlichkeit niedergekämpft und alles, was an Städten eben städtisch, nämlich Nichtnatur ist, zu einer anderen, einer sozusagen künstlerischen Natur emporgesteigert wird, über der wir die natürliche Natur fast vergessen könnten.

Doch machen nicht nur Licht und Luft und der römische Großsinn Rom zu einer so ›natürlichen‹ Stadt – oder wage ich zu sagen: zu einer ›übernatürlichen‹? –, sondern auch eine andere Naturkraft, die sich ihre Bewohner in der wunderbarsten Weise dienstbar zu machen gewußt haben: das fließende, das süße Wasser. Das Feuer der latinischen Vulkane wurde einst vom Salzwasser der Bucht ausgelöscht, die Latium war. Rom hat mit dem Meer unmittelbar nichts mehr zu schaffen: es ist durchaus eine Binnenstadt, die freilich alle Vorteile der Meeresnähe genießt. Dagegen ist sie dem süßen Wasser verbunden und verpflichtet. Der Tiber baute an ihren sieben Hügeln, umrundet sie schützend und mit der belebenden Kraft, die von allen Flüssen ausgeht. Aber das Wasser des Tibers ist lehmig trübe; die Römer haben gesagt, es sei blond. Es fehlt ihm das Klare und Frische, das uns Menschen am süßen Wasser als dessen größte Wohltat erscheint. Die Römer der Frühzeit, die Untertanen des Romulus, müssen sich sehr danach gesehnt haben. Wie sie zu den Quellen fanden, sagt uns, wie mir scheinen will, die Sage vom zweiten König der Römer, Numa Pompilius, und der Quellnymphe Egeria. Und wenn ich eine solche Behauptung wage, mag Livius mich rechtfertigen, der im Vorwort zu seiner römischen Geschichte schreibt: »Es ist dem Altertum wohl verstattet, das Menschliche mit dem Göttlichen zu vermischen, um die Ursprünge der Staaten erhabener zu machen; und wenn es ein Volk gibt, dem man die Vergöttlichung seines eigenen Ursprungs zugestehn muß und daß es diesen Ursprung dem Werk der Götter zuschreibt, so ist es das römische …«

Auch der Ursprung der römischen *Brunnen* ist etwas, an dessen Anfang eine Mischung von Menschlichem und Göttlichem steht: eben die Nymphe Egeria, die Livius Numas Gattin nennt, andere seine Geliebte: ein göttliches weibliches Wesen, eine Gefährtin der Camoenen, wie die Römer die Musen nannten, die ja auch einst Quellnymphen auf dem Dichterberge Helikon gewesen sind. Seit langem zeigt man die Grotte der Egeria nicht allzu weit von der Porta Appia. Die Gelehrten wollen nicht wahrhaben, daß es die echte sei; diese, sagen sie, sei vielmehr im Bereich der Villa Coelimontana auf dem Coelius zu suchen. Die Dichter haben nie bezweifelt, daß jene Grotte vor dem appischen Tor die sei, in der die Nymphe mit Numa Zwiesprache hielt. Goethe war dort und bemerkt kurz, aber ohne zu zweifeln: »Heut hab ich die Nymphe Egeria besucht«; er sah also nicht nur die Grotte, sondern die Göttin selbst. Byron zweifelt zwar an der Wirklichkeit der Nymphe, die er die »holde Phantasie eines Herzens« nennt »oder junge Aurora der Lüfte, ekstatische Schau einer verliebten Verzweiflung oder vielleicht irdische Schönheit, die dort einen mehr als gewöhnlichen Geliebten fand«, doch an der Örtlichkeit zweifelt er nicht. »Das Moos deiner Quelle ist noch mit deinen elysischen Tropfen übersprüht und das von der Zeit nicht berührte Antlitz des von einer Grotte beschützten Bronnens spiegelt den Genius mit dem milden Blick … Hier in dieser verzauberten Zuflucht hast du gewohnt, o Egeria!«

Unter den Ratschlägen, die Egeria dem König Numa gab, war vielleicht der, Rom zu einer Stadt der Quellen und Brunnen zu machen. Die riesigen Wasserleitungen, die die Römer angelegt haben und durch die sie das Wasser aus den Bergen der Umgebung herleiteten, die nicht weniger riesigen Thermenanlagen und ihre ganze Leidenschaft für das Baden beweisen uns zumindest, daß die Nymphen Rom von jeher hold waren. Auch heute noch weiß ich mir keine Stadt, in der die Brunnen so zahlreich und so prächtig sind, deren Nächte, wenn der Tageslärm schweigt, so vom Wasser durchrauscht werden. Warum das so ist, darüber hat Charles de Brosses in seinen 1739 erschienenen, höchst lesenswerten ›Lettres familières‹ sehr treffende Bemerkungen gemacht. »Rom scheint geradezu so gelegen, daß es Wasser haben muß, denn quellenreiche Gebirge umgeben es in einem Halbkreis. Sie befinden sich freilich in einer Entfernung

von vier bis neun Meilen. Welche gewaltigen Aufwendungen
wurden gemacht, um diese Wasser in die Stadt zu leiten. Die
Aquädukte der alten Römer, ihre Kanäle, ihre Zisternen sind
Wunderwerke. Seit zwei oder drei Jahrhunderten sind riesige
Summen daran gewendet worden, diese Anlagen wenigstens
teilweise wieder herzustellen, wodurch, auch mittels neu hinzu-
gefügter Anlagen, die Stadt mit zahlreichen kleinen und großen
Brunnen versehen wurde. Es gibt fast keinen Platz, wo man
deren nicht einen oder mehrere findet. Man begegnet ihnen in
den Straßen, den Häusern, den Gärten, überall. Die Höhenun-
terschiede des Geländes, auf dem die Stadt steht, und die nahen
Berge haben Gelegenheit geboten, das Wasser an erhöhte Orte
gelangen zu lassen, so daß die hoch gelegenen Brunnen für die
niedrig gelegenen als Sammelbecken dienen. Ich kann mir für
eine Stadt keinen größeren Schmuck denken als die Fülle von
Quellen und plätschernden Wassern: sie bereiten mir mehr
Freude als die Bauten selbst. Die großen Brunnen sind immer
edel, die kleinen anmutig …, aber bei den großen handelt es sich
nicht mehr um kleine Wasserläufe, vielmehr um Sturzbäche, um
ganze Flüsse, die von allen Seiten her aufquellen; und zu der
natürlichen Wasserfülle fügt sich eine Erfahrung darin, wie man
das Wasser verteilen kann, daß es eine möglichst große Oberflä-
che zeigt.«

Auch in Goethes ›Italiänischer Reise‹ lesen wir Betrachtungen
über die römischen Brunnen, die sich zwar nur auf eine bestimmte Anlage, die Acqua Paola am Gianicolo, beziehen, doch
uns dazu verhelfen können, das ganze und oft auch wunderliche
Brunnenwesen Roms besser zu verstehn. »Auf dem Platz von
Sankt Peter in Montorio«, so schreibt Goethe, »begrüßten wir
den Wasserschwall der Acqua Paola, welcher durch eines
Triumphbogens Pforte und Tore in fünf Strömen ein großes,
verhältnismäßiges Becken bis an den Rand füllt. Durch einen
von Paul V. wiederhergestellten Aquädukt macht diese Stromfül-
le einen Weg von fünfundzwanzig Miglien hinter dem See von
Bracciano her durch ein wunderliches, von abwechselnden Höhen gebotenes Zickzack bis an diesen Ort, versieht die Bedürf-
nisse verschiedener Mühlen und Fabriken, um sich zugleich in
Trastevere zu verbreiten. Hier nun rühmten Freunde der Baukunst den glücklichen Gedanken, diesen Wassern einen offen
schaubaren triumphierenden Eintritt verschafft zu haben. Man

wird durch Säulen und Bogen, durch Gesims und Attiken an
jene Prachttore erinnert, wodurch ehemals kriegerische Überwinder einzutreten pflegten; hier tritt der friedlichste Ernährer
mit gleicher Kraft und Gewalt ein und empfängt für die Mühen
seines weiten Laufes sogleich Dank und Bewunderung. Auch
sagen uns die Inschriften, daß Vorsehung und Wohltätigkeit
eines Papstes aus dem Hause Borghese hier gleichsam einen
ewigen ununterbrochenen Einzug halten. Ein kurz vorher ein-
getroffener Ankömmling aus Norden fand jedoch, man würde
besser getan haben, rohe Felsen hier aufzutürmen, um diesen
Fluten einen natürlicheren Eintritt ans Tageslicht zu verschaffen. Man entgegnete ihm, daß dies kein Natur-, sondern ein
Kunstwasser sei, dessen Ankunft man auf gleichartige Weise zu
schmücken gar wohl berechtigt gewesen wäre.«

Der Vorschlag des »Ankömmlings aus Norden«, offensichtlich eines verfrühten Romantikers, konnte nicht unrömischer
gedacht sein: ein Natürliches in diesem Sinn ist der Stadt ganz
und gar fremd. Auch alle ihre Brunnen sind ausgesprochen Werke der Kunst, große und kleine, bei denen Natürliches wie Felsen allenfalls in einer künstlichen und künstlerischen Form dar-
geboten wird. Aber das Natürliche der fließenden Wasser ist in
diesen römischen Brunnenwesen so stark, daß die Dichter, denen das reine Kunstwerk, Bau oder Bildwerk, selten Verse ein-
gibt, immer wieder von ihnen gedichtet haben. Unter diesen
vielen Gedichten sind zwei der schönsten deutsche. Da ist Conrad Ferdinand Meyers ›Römischer Brunnen‹:

> Aufsteigt der Strahl und fallend gießt
> er voll der Marmorschale Rund,
> die, sich verschleiernd, überfließt
> in einer zweiten Schale Grund.
> Die zweite gibt, sie wird zu reich,
> der dritten wallend ihre Flut,
> und jede nimmt und gibt zugleich
> und strömt und ruht …

Es wird nicht leicht sein, unter den Brunnen Roms den heraus-
zufinden, den Conrad Ferdinand Meyer gemeint hat. Rilke dagegen gibt seinem Sonett ›Römische Fontäne‹ ausdrücklich den
Untertitel ›Borghese‹, ohne uns zu sagen, ob er eine der Fontänen im Hof des Palastes oder in den Gärten der Borghese meint.

Zwei Becken, eins das andere übersteigend
aus einem alten runden Marmorrand,
und aus dem oberen Wasser leis sich neigend
zum Wasser, welches unten wartend stand,

dem leise redenden entgegenschweigend
und heimlich, gleichsam in der hohlen Hand,
ihm Himmel hinter Grün und Dunkel zeigend
wie einen unbekannten Gegenstand;

sich selber ruhig in der schönen Schale
verbreitend ohne Heimweh, Kreis aus Kreis,
nur manchmal träumerisch und tropfenweise

sich niederlassend an den Moosbehängen
zum letzten Spiegel, der sein Becken leis
von unten lächeln macht mit Übergängen.

Sehr oft sind römische Brunnen wie die von Goethe geschilderte
Acqua Paola zugleich herrscherliche Denkmäler, zumeist von
Päpsten, doch wird das in der Antike nicht anders gewesen sein,
was die Kaisernamen einiger Aquädukte wahrscheinlich machen.
Neben lateinischen Inschriften erzählen die Wappen auch von
den Päpsten, denen wir die verschiedenen Brunnen verdanken.

In die holde, fließende, melodische Sprache, die die römischen Brunnen sprachen und sprechen, setzt eine Art von Denkmälern Akzente, die in keiner anderen Stadt Europas eine nen-
nenswerte Rolle spielen, während sie in Rom fast ebenso bedeut-
sam sind wie die Wasserkünste: die *Obelisken*. Durch sie ist in
dieser Stadt, deren Baukunst von den Zeiten der römischen Republik bis zum Klassizismus das Entscheidende den Griechen
verdankt, auch die andere der großen vorrömischen Mittelmeer-
kulturen gegenwärtig: die ägyptische.

Die Ägypter haben diese seltsamen Denkmäler ›téhen‹ genannt, ein
Wort, mit dem die Hellenen nichts anzufangen wußten. Sie nannten sie
vielmehr ›obelós‹, Spieß, oder ›obeliskos‹, Spießlein. Wir wissen nicht
genau, welche Rolle sie in der ägyptischen Religion gespielt haben, nur
daß sie zumeist Weihungen der göttlichen Pharaonen an Gottheiten
sind, auch daß ihre Spitzen vergoldet waren, damit sich die ersten und
letzten Strahlen der Sonne, der göttlichen, in ihnen brechen konnten.
Auch die von Augustus nach Rom gebrachten Obelisken sind der Sonne
geweiht gewesen: Soli donum dedit. Fast alle Obelisken bestehen aus
Syenit, einem granitähnlichen, körnigen Tiefengestein, einige aus Ba-

salt. Sie wurden in den ägyptischen Steinbrüchen zunächst an drei Seiten
aus den Felsen herausgemeißelt, dann durch Holzpflöcke, die man in
Bohrlöcher einführte und durch Begießen mit Wasser zum Schwellen
brachte, vom Felsen abgesprengt. Im Steinbruch selbst versah man sie
mit den Weihinschriften. Dann transportierte man sie auf dem Nil zu
der Stelle, für die sie bestimmt waren. Wir wissen von einem Boot, das
für solche Transporte gebaut worden und 63 Meter lang war. Der höchste Obelisk, den wir kennen, ist der noch erhaltene, nie vollendete im
Steinbruch von Assuan, er mißt beinahe 42 Meter. Ihm folgt der, der
heute auf dem Lateransplatz steht, mit 32 Metern. Doch erwähnt eine
ägyptische Inschrift einen Obelisken von 57 Metern. Der älteste Obelisk
steht in Heliopolis und wurde von Zenwosre 1., 1976-1932, aufgestellt,
die jüngsten sind der des Domitian auf der Piazza Navona und der, den
Hadrian dem Antinoos weihte und der heute auf dem Pincio steht.
Außer den Ägyptern haben auch die Äthiopier Obelisken geschaffen, die
freilich nicht viereckig, sondern rechteckig sind. Auch von diesen kam
einer, ein Werk des vierten christlichen Jahrhunderts, aus Axum, der
heiligen Stadt Abessiniens, nach Rom, als Mussolini dies Land zur italienischen Kolonie gemacht hatte. Schon Assurbanipal hat einen Obelisken
aus Ägypten verschleppt, die meisten aber brachten die römischen Kaiser nach Rom. Von diesen stand im Mittelalter nur noch einer aufrecht:
der im Circus des Nero. Sixtus v. ließ ihn durch Domenico Fontana
1586 auf dem Petersplatz aufstellen. Fontana wurde zum großen Spezialisten für die Aufrichtung von Nadelsteinen. Im Laufe von wenigen
Jahren errichtete er die auf dem Lateransplatz, vor Santa Maria Maggiore und auf der Piazza del Popolo. Es folgten die andern. Bernini hat sie
besonders geliebt. Den kleinen vor Santa Maria sopra Minerva, den
heute ein Elefant trägt, sollte, wie uns eine Zeichnung des Meisters
beweist, ursprünglich ein Gigant emporlüpfen.

Wie die Obelisken in den römischen Rennbahnen als ›metae‹,
als Ziele, gedient haben, dienten sie den päpstlichen Stadtpla-
nern als Zielpunkte für den Blick in die großen geraden Straßenfluchten. Sie sind gewiß aus dem römischen Stadtbild nicht
mehr hinwegzudenken, aber mit ihrem uralten Stein, ihrer
schlichten, streng mathematischen Gestalt, ihren nur für den
Eingeweihten lesbaren Inschriften stehn sie doch in dieser Stadt
aus Tuff und Travertin, der schwellenden und üppigen Bauformen und der zu allen Völkern des Abendlandes redenden lateinischen Inschriften durchaus fremd und einsam da. Daß Rom sie
nicht nur aufgestellt hat, sondern daß es ihre erschreckende
Fremdheit erträgt, bewundert, ja liebt, gehört zu den vielen Beweisen, die uns diese Stadt von ihrer Weltoffenheit gibt.

Außer dem modernen Rom, dem Ruinenrom und dem Barockrom – letzteres umschließt, wie gesagt, das Renaissancerom – gibt es noch ein viertes Rom, das weniger sichtbar ist als die anderen, ein geheimeres, ein Rom der Geheimnisse, ja des Mysteriums: DAS MITTELALTERLICHE ROM. Es dehnt sich eigentlich über das ganze Gebiet aus, das die Aurelianische Mauer umfaßt, ist überall gegenwärtig, ohne doch jemals das Stadtbild ganz zu beherrschen. Wer Rom noch nicht kennt, braucht wohl einige Tage, ehe es ihm bewußt wird. Die meisten der Kirchen und Wehrbauten der mittelalterlichen Stadt haben zwar eine Geschichte, die sich bis in die frühchristlichen Zeiten zurückverfolgen läßt, unter den Gotteshäusern finden sich solche aus der Zeit, in der auch in Rom der byzantinische Einfluß stark war, dann Bauten aus der Zeit der Karolinger, aber ihre heutige Gestalt haben sie fast alle erst im 12. und 13. Jahrhundert erhalten. Hier sei angemerkt, daß die Gotik im römischen Stadtbild überhaupt keine Rolle spielt.

Am sichtbarsten wird das mittelalterliche Rom durch seine wunderschönen, höchst kennzeichnenden *Glockentürme.* Es sind über rechteckigem oder quadratischem Grundriß sich erhebende Ziegelbauten mittlerer Höhe mit zahlreichen kleinen Rundbogenfenstern, die ihrerseits fast immer mit Scheiben aus farbigem Marmor geziert sind. Diese Türme stehen vielfach noch unverändert auch neben völlig barockisierten Kirchen. Soweit die mittelalterlichen Kirchen unverbaut erhalten blieben, wirken sie, von außen betrachtet, eher unscheinbar, vor allem, wenn man sie mit der barocken Prachtentfaltung vergleicht. Erst dem, der sich näher mit ihnen befaßt, enthüllen sie ihre Reize, ihren holden Zauber. Auch verhält es sich wohl so, daß den mittelalterlichen Bauherren und Baumeistern Roms, wie es dem frommen Geist jener Jahrhunderte entsprach, die Innenräume wichtiger schienen als der Außenbau, als die Schale, die den Kern des Gotteshauses, die Stätte des Gottesdienstes, umschloß. Darum wird uns das mittelalterliche Rom erst dann ganz sichtbar, wenn wir diese Innenräume kennen, auf deren Ausstattung alle Kunst und alle Künste verwendet wurden, über die man verfügte. Sie waren und sind zum Teil noch überaus prächtig, prächtiger als mancher barocke Raum, weil in ihnen jener goldene Glanz, jene schimmernde, geheimnisreiche Farbigkeit, die dem *Mosaik* eignet, eine so entscheidende Rolle spielen, jedenfalls eine größere als der Marmor der Steinmetzen und die Farben der Maler, und weil man nicht nur die Apsiden und die Wände mit Mosaikgemälden schmückte, sondern die bunt oder golden leuchtenden Glasflüsse auch zum Schmuck von Säulen, Fußböden, Portalen, Kanzeln und Gräbern verwendete. Oft sind die Kirchen mit *Klosterhöfen* verbunden, die durch den gleichen Schmuck an der Pracht der Innenräume Anteil haben. Es ist dies freilich eine Pracht ganz anderer Art als die der barocken Innenräume. Diese haben die ganze Schwere und Wucht gewaltigen, selbstbewußten, aber doch durchaus menschlichen und irdischen Bauens. Bei ihnen greifen nur die hohen, phantastisch gestalteten Altäre aus dem irdischen in überirdische Bezirke hinüber, oder die Freskenmaler decken sozusagen das Dach ab und öffnen uns Blicke ins himmlische Jenseits. Diese Himmel sind Tageshimmel: blauer Äther und besonnte Wolken. Blicke ins Jenseits lassen uns auch die mittelalterlichen Mosaizisten tun. Aber ihre Himmel sind nachtblau, und ihre Gestalten schimmern wie Sternbilder. Und in diesem Sinne darf man vielleicht sagen, das mittelalterliche Rom sei eine nächtliche Landschaft. Es gehört zu den Wundern Roms, daß wir aus seiner Sonne immer wieder auch in seine Sternennacht eintreten können.

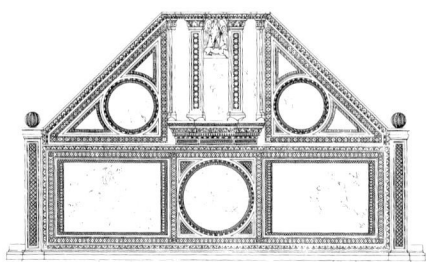

Tribuna mit Cosmatendekor in S. Paolo fuori le Mura

I

Das Kapitol und die Piazza Venezia

Die Treppen – der Platz – die Paläste
Mark Aurel, der Stoiker auf dem Cäsarenthron
Blick aufs Forum: schmerzliche Trümmerwelt
Santa Maria in Aracoeli:
der Himmelsaltar und die Vision des Augustus
Cola di Rienzo: Aufstieg und Fall eines Volkstribunen
Die Kapitolinischen Sammlungen:
Klassiker römischer Museumskultur
Konstantin der Große, kaiserlicher Gott einer Zeitenwende
Karl von Anjou und das Ende der Staufer
Arachaisches Sinnbild römischer Größe: die Wölfin
Römische Porträtkunst und Ahnenkult
Carcer Mamertinus: der Staatskult fordert seine Opfer
Das ›monumento‹: »schwer wiedergutzumachendes Unglück«
Politik, Kunst und ein Hauch von Venedig
um die Piazza Venezia

Ich habe mich dazu entschlossen, meine Leser zuerst auf den Kapitolinischen Hügel zu führen. Auf ihm sind alle römischen Epochen gegenwärtig. Er bietet uns herrliche Blicke über die Stadt. Hier ist, glaube ich, ein Schlüssel, der uns in Rom viele Tore öffnen wird. Hier verstehn wir, warum Edward Gibbon, der das großartige, heute kaum noch gelesene Werk über den Niedergang des Römerreichs schrieb, in seiner Autobiographie anmerkte: »Der erste Gedanke, das Sinken und den Fall der Stadt Rom zu schreiben, durchfuhr meinen Geist, als ich sinnend zwischen den Ruinen des Kapitols saß und Barfüßermönche im Tempel des Jupiter die Vesper sangen.«

Ungefähr ein Jahrzehnt später schrieb Wilhelm Heinse, der 1780 bis 1783 in Italien war: »Stolzer Hügel, höchste Glorie von Menschenherzen. Ziel der Edlen, unter hundert Völkern und

Nationen für den größten anerkannt zu werden und sichs zu fühlen. Stolzer kleiner Hügel. Wogegen die höchsten Gebirge des Erdbodens plattes Land sind.«

Beginnen wir unsern Spaziergang an der *Piazza Venezia*, einem der Verkehrsmittelpunkte der Stadt, doch soll von ihr erst nach unserm Gang über das Kapitol die Rede sein. Verschließen wir unsere Augen für das Kalksteingebirge des riesigen ›monumento‹, gehn wir rechts an ihm vorbei, an ihm entlang, bis wir vor zwei mächtigen Treppenanlagen stehn, die in einem spitzen Winkel auseinanderlaufen: einer breiten, sanft ansteigenden, einer schmaleren, sehr steilen. Diese führt zur schlichten Fassade der Kirche Santa Maria Aracoeli, jene auf den Kapitolsplatz. Rechts von der eigentlichen Kapitolstreppe windet sich eine Fahrstraße, die Salita delle tre Pile, zwischen Bäumen auf diesen Platz hinauf; Bäume und Büsche begrünen auch das Dreieck zwischen den beiden Treppenanlagen.

Man sollte das Kapitol zu Fuß ersteigen, nicht hinauffahren: nur so erleben wir den prachtvollen Zweiklang der beiden Treppen. Die von Aracoeli ist ein Stück Mittelalter, erinnert uns daran, daß das Kapitol einmal eine starke Feste war, könnte zu einer Burganlage gehören und hat zugleich etwas von einer Himmelsleiter. Sie wurde 1348 während einer Pest gelobt und gebaut, als die Stadt von der Seuche befreit war. Die Kapitolstreppe, die sogenannte ›Cordonata‹, eine breite, bequeme, auch Reitern zugängliche Stufenflucht, ist ein reines und großes Werk der Renaissance, ein Spätwerk Michelangelos. Wir betreten sie zwischen zwei ägyptischen Löwen aus schwarzem Basalt (die aber Kopien sind). In dem Garten zur Linken erinnert ein eher lächerliches Monument an den Volkstribunen Cola di Rienzo, unter dem die Aracoelitreppe gebaut wurde, der sie als erster beschritten hat; von ihm wird noch die Rede sein.

Nun stehn wir auf dem KAPITOLSPLATZ selbst, gewiß einem der schönsten der Welt. Er ist nicht rechteckig, denn er verbreitert sich gegen den hohen Senatorenpalast zu, der der Treppe genau gegenüberliegt, den Platz abschließt und dessen quergelagerte doppelte Freitreppe wie eine Antwort auf die Kapitolstreppe wirkt. In dieses unregelmäßige Viereck, das zu unserer Rechten der Konservatorenpalast flankiert, zu unserer Linken der Palast des Kapitolinischen Museums, ist ein edles Oval eingezeichnet, das einen labyrinthischen Stern umrundet. Die drei Paläste um-

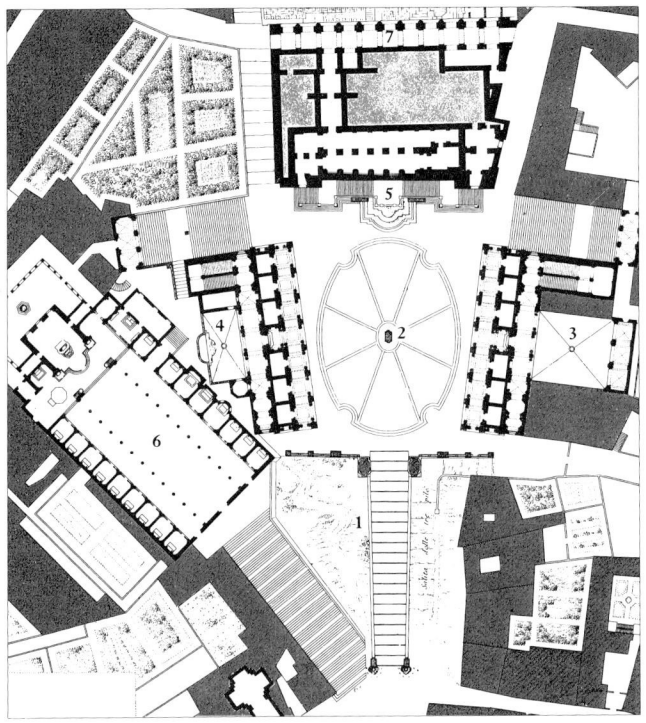

Das Kapitol: 1 *Cordonata-Treppe,* 2 *Mark Aurel,* 3 *Konservatorenpalast,* 4 *Kapitolinisches Museum,* 5 *Senatorenpalast,* 6 *Santa Maria in Aracoeli,* 7 *Tabularium*

grenzen den Platz, doch ohne ihn zu schließen, ohne aus ihm einen Festsaal zu machen, wie es etwa der Markusplatz in Venedig ist, denn sie stoßen nicht aneinander, an beiden Seiten des Senatorenpalastes bleiben verlockende Durchblicke frei. Das Oval und den Stern hat Michelangelo gezeichnet. Wir kennen diese Zeichnung aus alten Stichen, die nach Michelangelos Entwürfen ausgeführt wurden; in Stein hat man dieses erstaunliche, magisch wirkende Riesenmuster nach eben diesen Stichen erst in unserer Zeit ausgeführt. Inmitten dieses Zauberkreises, im Mittelpunkt des Platzes, steht der ovale Sockel für das antike bronzene *Reiterstandbild des Kaisers Mark Aurel.* In den achtziger Jahren mußten Römer wie Rom-Besucher auf den Anblick dieses Wahrzeichens der Ewigen Stadt verzichten, da das von Um-

G. B. Piranesi: Das Kapitol; links die Treppe zur Kirche Santa Maria in Aracoeli, rechts die ›Cordonata‹ zum Kapitolsplatz mit Blick auf den Senatorenpalast

welteinflüssen bedrohte Bildwerk dringend einer Restaurierung bedurfte. Ob das Original jemals wieder auf seinen Platz zurückkehren kann oder dort durch eine Kopie ersetzt werden muß, wie auch mit den Bronzerössern der Markuskirche in Venedig geschehen, wird die Zukunft erweisen.

Der heutige Kapitolsplatz verdankt seine Entstehung dem Besuch, den Kaiser Karl v. Paul iii., dem großen und kunstsinnigen Papst aus dem Hause Farnese, abstattete. Der Kaiser sollte auf das feierlichste empfangen werden, und einer seiner größten und weisesten Vorgänger sollte ihn, nachdem er wie die antiken Triumphatoren über das Forum gezogen war, auf dem heiligen Hügel willkommen heißen: Mark Aurel. Dessen Reiterstatue hatte Jahrhunderte hindurch im Lateran gestanden, war dort streng gehütet und verehrt worden, weil man glaubte, sie stelle Kaiser Konstantin dar. Inzwischen aber hatten die Humanisten erkannt, um wen es sich in Wirklichkeit handelte: um den Stoiker auf dem Thron der Caesaren, der von 161-180 das Römerreich regierte. Michelangelo selbst hat die Statue hier aufgestellt, wohl auch das höchst anmutige Piedestal geschaffen, das mit den Farneselilien geschmückt ist und eine Lobinschrift auf Mark Aurel trägt. Genußreich war es stets zu betrachten, wie dies Piedestal, halb ein architektonisches, halb ein plastisches Werk, zwischen der Architektur des Platzes und der Statue vermittelte. Dreiundzwanzig Reiterbilder, so wird uns berichtet, soll es einst in Rom gegeben haben, doch nur dieses fiel der Metallgier des Mittelalters nicht zum Opfer, weil man, wie gesagt, Kaiser Konstantin darin sah.

Mark Aurel, ein Spanier, war zugleich ein großer Kaiser und einer der bedeutendsten Philosophen der stoischen Schule, der letzten unter den antiken Philosophenschulen, von der noch bis weit in die christlichen Jahrhunderte hinein starke geistige Kraft ausging. Die Stoiker, die sich kaum noch mit Logik und Naturphilosophie, mit spekulativen Wissenschaften und Politik beschäftigten, wandten ihre ganze Anteilnahme der praktischen Ethik zu. Die um ihre sittliche Freiheit und um ihre innere Unabhängigkeit ringende Seele ist der Hauptgegenstand ihrer Betrachtungen. In keiner Epoche der antiken Philosophie spielt der einzelne Mensch in seinem Kampf mit dem Leben, mit der Lebensnot eine solche Rolle. Viele der stoischen Fragestellungen zeigen, was die Menschen jener Zeit suchten und schließlich im Christentum fanden, wodurch sich wiederum erklärt, warum stoische Schriften später, vom 16. Jahrhundert an, eine so starke Wirkung auf christliche Denker ausgeübt haben.

Das gilt ganz besonders auch von Mark Aurels in griechischer Sprache geschriebenen ›Mahnungen an sich selbst‹, einer Sammlung von Betrachtungen, Philosophenzitaten, tagebuchartigen Aufzeichnungen. Der Leitgedanke des Kaisers ist der, daß der Mensch als ein winziger Teil des Kosmos nur die Aufgabe hat, der mit dem Schicksal identischen Weltvernunft willig zu gehorchen. Auch lehrt er, daß in dem Götter und Menschen umfassenden Weltstaat alle Menschen einander gleich sind. Er bemühte sich darum, diese Gedanken in die Politik umzusetzen, versuchte nach dem Weltgesetz zu regieren, trat als Weltbürger für den Ausgleich zwischen den herrschenden und beherrschten Völkern des Römerreichs ein. Leider sah sich der Philosoph in schwere Kriege verwickelt, erst in einen Partherkrieg, dann in den langen Krieg mit den Markomannen, denen sich andere barbarische Stämme anschlossen. Er erfocht große Siege, von denen uns die Reliefs der Mark-Aurel-Säule auf der Piazza Colonna erzählen. Auch das Reiterstandbild auf dem Kapitol erinnert an diese Siege, die aber keinen vollen Erfolg brachten. Nach jahrelangen Mühen starb der Kaiser im Feldlager zu Wien und hinterließ das Reich seinem Sohn Commodus, einem grausamen Herrscher.

Wir wissen, daß Mark Aurel ein gütiger, menschenfreundlicher Fürst war. Wenn wir sein Gesicht betrachten, wie er da von dem gewaltigen Streitroß, dessen Lebenswahrheit auf Michelangelo so großen Eindruck gemacht hat, auf die Menschen herabblickt, wenn uns auch seine ein wenig vorgebeugte Haltung bewußt wird, die Haltung eines Denkers, nicht die eines Offiziers, und wenn wir sehn, wie sich diese Haltung in der ausgestreckten Rechten sozusagen seelisch fortsetzt, fühlen wir eine sehr weise, sehr gütige und zugleich sehr starke Gegenwart. Segnet er uns? Stets hat man seine Geste in diesem Sinn gedeutet. Manche Forscher bezweifeln das, sehn in dieser ausgestreckten Hand das Gebietende, das Triumphierende. Vielleicht kann man wirklich nicht von ›segnen‹ sprechen, das wäre unantikisch gedacht, aber etwas Gnadenspendendes wird man kaum verkennen, ein Gewähren kaiserlicher Gnade. Darum glaube ich auch nicht daran, daß der rechte Huf des Rosses einst auf einem gefesselten Gefangenen stand. Das Standbild wurde das Vorbild für viele andere, beginnend mit Donatellos Gattamelata und Verrocchios Colleoni. Wer an diese beiden Werke denkt, die siegreiche Heerführer darstellen, dem wird deutlich, daß uns hier auf dem Kapitol eine viel größere Persönlichkeit entgegenreitet als zu Padua und Venedig: ein huldvoller und weiser Lenker der irdischen Geschicke. Und damit mag wohl zusammenhängen, was

sich das römische Volk von dieser Statue erzählt. Sie war einst
vergoldet; Spuren der Vergoldung sind noch auf dem Gesicht
und am Mantel des Kaisers, auf Kopf und Rücken des Rosses
erhalten. Wenn diese Vergoldung einst wieder ganz erstrahlen
wird, dann wird das Käuzchen singen, wie die Römer den Schopf
zwischen den Ohren des Tieres nennen, und laut verkünden,
daß der Jüngste Tag angebrochen sei.

Goethe hat das Kapitol am letzten Tag seines langen römischen Aufenthalts besucht. »Nachdem ich den langen Korso«,
schreibt er, »wohl zum letzten Mal durchwandert hatte, bestieg
ich das Kapitol, das wie ein Feenpalast in der Wüste dastand.
Die Statue Mark Aurels rief den Kommandeur in ›Don Juan‹ zur
Erinnerung und gab dem Wanderer zu verstehen, daß er etwas
Ungewöhnliches unternehme.« Goethes Abreise fiel auf den
23. April 1788, wahrscheinlich war er am Abend zuvor auf dem
Kapitol in einer Frühsommernacht. Das Kapitol gehört zu den
römischen Stätten, die nachts zu besuchen sich ganz besonders
lohnt, was man seit einigen Jahren auch mit dem Besuch der
Kapitolinischen Museen verbinden kann, die an gewissen Aben-
den beleuchtet und zugänglich sind.

Wenden wir uns nun der Betrachtung der Bauten zu, die den
Platz umgeben. Nach Michelangelos Plan sind die beiden Seitenpaläste gewissermaßen die Flügel des höheren, von einem Turm
gekrönten, darum dominierenden Senatorenpalastes. Manches
von diesem Plan ist nicht ausgeführt oder abgeändert worden.
Michelangelo hatte sich die Cordonata steiler gedacht. Er hatte die beiden Dioskuren mit ihren Rossen (die übrigens recht
mittelmäßige Arbeiten aus der späten Kaiserzeit sind) so aufgestellt, daß sie einander anschauten, nicht auf die Stadt. Später
fügte man die Trophäen hinzu, die an einen Sieg Domitians
über germanische Stämme erinnern, und die Statuen Kaiser
Konstantins und seines gleichnamigen Sohnes, außerdem zwei
antike Meilensteine mit Inschriften des Nerva und des Vespasian. Der Senatorenpalast sollte über einem Brunnen eine zwei-
geschossige Loggia erhalten. Nur der Brunnen wurde ausgeführt, doch setzte man an die Stelle eines kolossalischen Jupiter-
kopfs, den Michelangelo hier aufstellen wollte, eine leider allzu
kleine Minerva, aus der man eine Göttin Roma gemacht hat.
Rechts und links von ihr lagern zwei antike Flußgötter: der Nil
mit einer Sphinx und der Tiber mit der Wölfin, der aber ur-

sprünglich den Tigris darstellte und von einem Tiger begleitet
war.

Die *Fassade des Senatorenpalastes* ist einem mittelalterlichen Palast vorgeblendet, von dessen vier Ecktürmen zwei noch zu erkennen sind. Erbaut hat sie 1592-1598 Girolamo Rainaldi. Er
war ein Schüler des Giacomo della Porta, der nach Michelangelos Tod die Leitung fast aller Bauten übernommen hatte, die der
Meister unvollendet hinterließ: der Peterskirche, des Farnesepalastes, des Kapitols. Diesem Giacomo della Porta, einem sehr
feinsinnigen Architekten, werden wir in Rom noch oft begegnen. Auch Rainaldis Fassade ist ein edles Werk. Über einem
hohen, durch den Brunnen, die Statuen, die Doppeltreppe reich
gegliederten Rustika-Erdgeschoß erhebt sich der beeindruckende Oberbau mit hohen korinthischen Pilastern und einer statu-
engeschmückten Balustrade. Beides, Pilaster und Balustrade,
wiederholen sich an den Seitenpalästen des Platzes, sind entscheidend für dessen einheitliche Wirkung. Am Senatorenpalast
aber wechseln Segmentfenster mit Giebelfenstern ab, während
die beiden Seitenpaläste nur Segmentfenster haben; auch sehn
wir hier ein durch die Höhe des Baus bedingtes Mezzaninstockwerk mit kleinen Fenstern, von denen man vielleicht sagen
könnte, daß sie zu dicht an das Gesims herangerückt worden
sind. Auch mag es erlaubt sein, den von Martino Longhi 1578
erbauten Turm etwas zu spärlich zu finden.

Der edelste Bau auf dem Kapitol ist Giacomo della Portas
Konservatorenpalast, in dem sich der Schüler weitgehend an die
Pläne des Meisters hielt, vor allem in den Wechselbeziehungen
zwischen den tragenden und lastenden Teilen. Mächtige korinthische Pilaster mit prächtigen Kapitälen tragen das kräftige,
schattenanziehende Hauptgesims. Sekundierende ionische Säu-
lenpaare öffnen sich im Erdgeschoß auf einen Gang mit einer
schönen Kassettendecke. Die fein proportionierten Fenster haben in der Grundlinie offene Segmentgiebel mit einer prächtigen Muschel. Die schattige Höhlung der Halle steht in einem
wirkungsvollen Gegensatz zu dem Lichten der Fassade und der
Pilaster, deren honiggoldener Travertin sich so herrlich voll
Sonnenglanz saugen kann. Dies Schatten- und Lichtspiel wiederholt sich dann noch einmal in dem Schattenstreifen unter
dem Gesims und in dem Lichtgitter der Balustrade. Oft ist das
große Mittelfenster getadelt worden, doch wohl zu Unrecht;

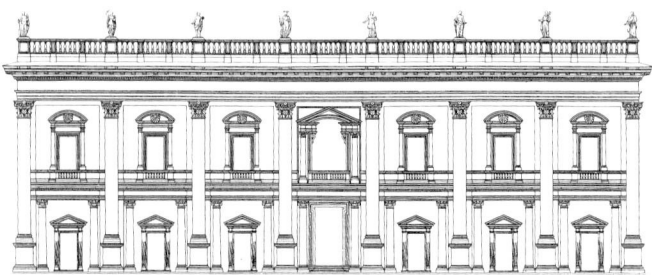

Fassade des Konservatorenpalastes

denkt man es fort und eines der anderen Fenster an seine Stelle, fehlt dem Bau ein belebendes Element.

Der dem Konservatorenpalast gegenüberliegende *Museumspalast* ist eine Kopie, die Rainaldi ausführte. Auch er hat einen schattigen Gang. Diese beiden Gänge hat man treffend die Seitenschiffe des Kapitolplatzes genannt.

Aber da ist nicht nur der herrliche Platz selbst, da ist jene kleine Terrasse zur Linken des Senatorenpalastes, die uns mit einem weltberühmten *Blick auf das Forum und den Palatin* beschenkt. Auch dieses römische Schauspiel gehört zu denen, die zu allen Tag- und Nachtzeiten sehenswert sind, ja mehr als das: erschütternd. Im Altertum wandte das Kapitol sein Gesicht dem Forum zu; von hier aus überschaute der Römer die heiligsten Tempel seiner Stadt, sah er die Paläste seiner Imperatoren in den Himmel ragen, überblickte er das wimmelnde Leben nicht nur des eigentlichen Forums, sondern auch der sich daran anschließenden Kaiserfora. Wir freilich sehn nur noch Trümmer, die Fleiß und Sorgfalt der Archäologen freigelegt haben, da und dort von Säulengruppen überragt, sehn die geborstenen, schattendunklen Wölbungen der palatinischen Paläste und könnten uns vielleicht von den Proportionen all dieser Bauten nur eine sehr unvollkommene Vorstellung machen, gäben uns nicht einige wenige, noch wohlerhaltene, wie etwa die Triumphbögen des Septimius Severus und des Titus, der Tempel des Antoninus, die schweren, dunklen Gewölbe der Maxentiusbasilika und vor allem das gewaltige Kraterrund des Kolosseums, das unseren Blick begrenzt, gewisse Maßstäbe. Das Schmerzliche dieser Trümmerwelt, diese große Wunde, wird durch prächtige Bäume und

Büsche, die vor allem von den Höhen des Palatin herübergrüßen, zwar nicht geheilt, doch gelindert; und lindernd wirkt auf unser Gemüt auch der warme farbige Dreiklang des Braunrots der Ziegelbauten, des weißen Marmors und der dunkelgrünen mediterranen Gewächse. Dennoch habe ich Menschen gekannt, die diesen Blick im vollen Sonnenschein nicht ertrugen; und bestimmt verhält es sich so, daß er in unbestimmten Beleuchtungen, morgendlichen, abendlichen, und ganz besonders in mondigen Nächten schöner ist als am hellen Tag. Schöner gewiß, doch muß einer schon sehr nüchterner Stimmung sein, um ihn nicht auch in den geheimnisvollen, das Trümmerhafte auf das Verzauberndste verschleiernden Beleuchtungen als tief melancholisch zu empfinden, wie das Friedrich Hebbel in einem Sonett geschildert hat:

> Beim Dämmerlicht des Mondes schau' ich gerne
> der grauen Weltstadt bröckelnde Ruinen,
> die uns als Maß für ihre Größe dienen,
> woran der Mensch sich selber messen lerne.
>
> Denn dieses Licht, das einem trüben Sterne
> entfließt, hat ihre Schlachten nie beschienen,
> nur die Gefallenen mit den ehernen Mienen,
> umstanden von des Heeres bestem Kerne.
>
> Jetzt trägt sie selbst, wie die, den Todesstempel,
> drum ziemt sichs, daß dasselbe Licht ihr leuchte,
> dann träumt vielleicht ein Dichter, daß die Sonnen
> erlöschen, wie Paläste hier und Tempel
> zusammenstürzen, und der oft verscheuchte
> Vernichtungsengel jetzt den Sieg gewonnen.

Aber das Kapitol schenkt uns noch andere einzigartige Blicke über Rom. Über die breite Treppe und durch das Portal, die wir hinter dem Konservatorenpalast finden – eine Anlage, die Vignola verdankt wird –, erreichen wir die Via di Monte Tarpeo. In ihr sind noch einige Reste des kapitolinischen Jupitertempels erhalten, von dem wir im Inneren des Konservatorenpalastes bedeutendere Mauerteile sehn werden. Dann geht es weiter durch Alleen und über Terrassen rings um die Höhe des Kapitolinischen Hügels, bis wir am Palazzo Caffarelli wieder den Kapitolsplatz erreichen. Den Hintergrund des weiten Stadtbildes, das wir überschauen, bilden der Janiculus, kenntlich an dem großen Reiterstandbild Garibaldis, und der Monte Mario. Zwischen diesen beiden rechts des Tiber gelegenen Höhen erhebt sich die Peterskuppel. Vor der größten, der schönsten, der erhabensten, der heiligsten unter den vielen Kuppeln dieser Stadt, die mehr als jede andere eine Stadt der Kuppeln ist, wölben sich viele andere Kuppeln empor, die aus dem Gassengewirr der Altstadt herauswachsen; und wenn wir erst einmal mit Rom vertraut sind, wird es uns besondere Freude bereiten, jede von ihnen mit Namen zu nennen, was ich heute nur bei einer tun will, die sich von allen unterscheidet, einer hellen, flachen, einer umgedrehten Schale: der Kuppel des Pantheons. Wenn wir vor dem Palazzo Caffarelli stehn, wo von 1823 bis 1870 die preußische Gesandtschaft, dann bis zum Ersten Weltkrieg die deutsche Botschaft ihren Sitz hatte, dann stehn wir an der Stelle, an der der Überlieferung nach im alten Rom die Verbrecher und Verräter hingerichtet wurden, indem man sie vom Felsen herabstürzte, der nach einer Vestalin namens Tarpeia, die den Sabinern den Aufgang zum Kapitol verriet und hier als erste diese Strafe erlitt, der *Tarpejische Felsen* genannt wurde.

Bisher haben wir uns auf dem Kapitol nur im Bereich der Antike und des Barock bewegt, aber der alte Tempelberg des Jupiter trägt, wie wir schon sahn, auch eine christliche Kirche, eine der ruhmreichsten in der kirchenreichsten Stadt der Welt: SANTA MARIA IN ARACOELI. Wir können sie über die Treppe hinter dem Palast der Kapitolinischen Museen und durch eine Tür betreten, über der wir ein anmutiges cosmateskes Mosaik sehn: die Muttergottes mit zwei Engeln.

Die Kirche steht an der Stelle, wo sich seit dem vierten vorchristlichen Jahrhundert ein wohl von etruskischen Baumeistern errichteter Tempel der Juno Moneta erhob. Wir wissen nicht, was der Beiname bedeutet, wohl aber, daß sich in der Nähe dieses Tempels die römische Staatsmünze befand und daß deswegen das geprägte Gold bei den Römern ›moneta‹ hieß, wovon sich unser Wort Münze, das französische monnaie und das englische money ableiten. Diese Stätte ist schon zur Zeit des Kaisers Augustus und der Geburt Christi im christlichen Sinn geheiligt worden, was uns noch heute ihr Name bezeugt: ›ara coeli – Altar des Himmels‹.

»Da die römischen Senatoren«, so lesen wir in der ›Legenda Aurea‹,
»ansahen die Gewalt Octaviani, des Kaisers, wie er alle diese Welt unter
der Römer Herrschaft hatte gebracht, da gefiel es ihnen also wohl, daß
sie ihn ehren wollten als einen Gott. Nun erkannte der weise Kaiser, daß
er ein sterblicher Mensch war, und wollte den Namen eines unsterblichen Gottes nicht zu sich nehmen; aber da sie nicht aufhörten, ihn mit
Ungestüm zu bedrängen, rief er Sibylla, die Weissagerin, herbei und
begehrte durch ihre Kunst zu wissen, ob je ein Mensch auf Erden würde
geboren werden, der größer sei als er. Nun geschah es, daß der Kaiser
auf den Tag der Geburt unseres Herrn seinen Rat gesammelt hatte ob
dieser Sache, und war die Sibylle allein in der Kammer des Kaisers bei
ihrem Orakel; da erschien um Mittentag ein güldner Kreis um die Sonne, und mitten in dem Kreis die allerschönste Jungfrau, die stand über
einem Altar und hielt ein Kind auf ihrem Schoß. Das wies die Sibylle
dem Kaiser. Und da der Kaiser über das Gesicht sich sehr verwunderte,
hörte er eine Stimme, die sprach: ›Dies ist ein Altar des Himmels.‹ Und
Sibylla sprach zu ihm: ›Dies Kind, Kaiser, ist größer denn du, darum
sollst du es anbeten.‹ Die Kammer ward danach geweiht in unserer
lieben Frau Ehre, und heißet noch jetzt Sancta Maria in Ara Coeli. Der
Kaiser aber erkannte, daß das Kind größer sei als er und opferte ihm
Weihrauch und wollte hinfort nicht mehr Gott geheißen werden.«

Wir wissen, welche geistige Macht die Sibyllen über die Römer aus-
übten, erinnern uns daran, wie die Wahrsagungen der cumaeischen Sibylle an Aeneas in die Gründungsgeschichte Roms verwoben sind, verstehn darum wohl, warum die Christen in diesen heiligen Heidenfrauen
die Schwestern der israelitischen Propheten erkannt haben: eine Zusam-
menschau, von der uns in Rom vor allem Michelangelos Fresken in der
Sixtinischen Kapelle großartig zeugen.

Wenn wir der Legende von Ara Coeli Vertrauen schenken, wären
also hier auf dem Kapitol der Mutter Gottes seit dem Tage, an dem sie
den Heiland geboren hatte, von den Heiden, von dem großen Friedens-
kaiser selbst göttliche Ehren erwiesen worden. Der Gedanke, es könnte
sich wirklich so verhalten haben, ist zu schön, zu ergreifend, ich möchte
sagen: zu stark, als daß man sich erkühnen könnte, ihn einfach mit
geschichtlichen Argumenten widerlegen zu wollen: an dem Tage, an
dem Christus geboren wurde, stand die Geschichte still, wurden ihre
Gesetze außer Kraft gesetzt; und darum kann auch die Begegnung zwischen der Sibylle und Augustus, die sich am gleichen Tag ereignete,
nicht geschichtlich gesehn, nicht geschichtlich bewiesen werden und
dennoch reine Wahrheit sein.

Die Kirche, in der wir also vielleicht die älteste aller Madonnen-
kirchen sehn dürfen, galt schon im 6.Jahrhundert als sehr alt.
Damals lasen hier griechische Mönche die Messe, im 10.Jahr-

hundert wurden sie von den Benediktinern abgelöst, 1250 von
den Franziskanern, die sie in spätromanischem Stil als große
Predigtkirche ausbauten. Doch wirkt sie im Gegensatz zu den
meisten andern Kirchen der Predigerorden sehr römisch, sehr
antikisch, vor allem auch durch die 22 antiken Säulen, die das
breite Hauptschiff von den Seitenschiffen trennen. Die Decke
schmücken Schiffssinnbilder, sie ist gewissermaßen ein Denkmal
der Seeschlacht von Lepanto, entstand also nach 1571, denn hier
erlebte Marcantonio Colonna, der Admiral, der in jener
Schlacht die Flotte des Papstes befehligte, wie einst die römischen Feldherrn seinen kapitolinischen Triumph.

Die heiligste Stätte dieser Kirche ist eine kleine achtsäulige
Kuppelkapelle im linken Querschiff. Hier steht, niedriger als der
heutige Kirchenboden, der von Augustus gestiftete Altar, die
›Ara coeli‹, unter einer antiken Urne aus Porphyr, in der die
Asche der heiligen Kaiserin Helena ruht. Man belehrt uns, daß
der Altar frühestens im 13.Jahrhundert hier aufgestellt worden
ist; aber auch in diesem Fall scheinen mir die historischen Argu-
mente schwächer als die legendären. Die Legende dieser großen
Heiligen hat wohl keiner aufregender und zugleich poetischer
erzählt als Piero della Francesca in seinen Fresken der Franzis-
kanerkirche zu Arezzo, die zu den Wunderwerken der europäischen Malerei gehören. Der Kirchenvater Ambrosius berichtet
von der Kaiserin: »Man sagt, sie sei eine Wirtsmagd gewesen,
doch nahm Constantinus der Ältere (der Vater Konstantins des
Großen) sie zum Weibe, der danach Kaiser ward; fürwahr sie
war eine gute Magd, die jenen Herbergsvater kannte, der da die
Wunde heilte dessen, der unter die Räuber war gefallen; die alles
für Kot achtete, so sie nur Christum möchte gewinnen: also hat
auch Christus sie erhöhet aus dem Kot in das Reich.«

Im linken Querschiff sehn wir auch das schöne Grab des Kardinals Matteo d'Acquasparta, der Ordensgeneral der Franziskaner war und den Papst Bonifaz VIII. als Friedensstifter nach Florenz gesandt hatte. An einer Stelle seines Paradieses wirft ihm
Dante vor, die franziskanische Ordensregel zu frei ausgelegt zu
haben. Über dem Grab ein Fresko, thronende Madonna mit
zwei Heiligen, das dem großen römischen Meister Pietro Cavallini zugeschrieben wird.

Aus dem Querschiff gehn wir in die Sakristei. Hier wird der
Santo Bambino verehrt, ein wundertätiges Bild des Christkindes.

Er ist über und über mit Schmuckstücken bedeckt, die man ihm dargebracht hat, und trägt eine kostbare Krone. Vom römischen Volk wird der Santo Bambino hoch verehrt; man erzählt sich von ihm die wunderbarsten Heilungsgeschichten. Aber sein Ruhm reicht weit über die Ewige Stadt hinaus bis in die fernsten Länder, täglich erhält er aus aller Welt Briefe und Telegramme, von denen stets eine große Zahl auf seinem Altar liegt. Zwischen Weihnachten und dem Dreikönigstag wird er in die Kirche gebracht. Dann kommen viele römische Familien, um zu ihm zu beten, und Kinder halten vor ihm kleine, auswendig gelernte, oft mit erstaunlicher Redekunst und höchst lebendigen Gesten vorgetragene Predigten, denen die Eltern und Verwandten mit andächtigem Vergnügen lauschen. Wer in der Weihnachtszeit in Rom ist, sollte sich dies liebenswerte Schauspiel nicht entgehn lassen.

Im Mittelalter war die Kirche zeitweise der Versammlungsort der römischen Stadtväter. Hier hat der Volkstribun *Cola di Rienzo* das Volk durch seine Reden zu Beifallsstürmen hingerissen.

Dieser seltsame Mensch wurde etwa 1312 in Rom als Sohn einer Wäscherin geboren. Schon in jungen Jahren beschäftigte er sich mit der Geschichte Roms, indem er die antiken Schriftsteller und Inschriften las und auf neue Weise auslegte. Er machte sich ein eigenes, höchst phantasievolles Bild von römischer Größe und römischem Heldentum und schwärmte von der Wiederherstellung der römischen Macht. Cola lehrte, dem römischen Volk allein gebühre die Weltmacht, die man völlig zu Unrecht in eine geistige und weltliche geteilt habe, zwischen Kaiser und Papst, nur dies Volk habe zu bestimmen, wer den Weltkreis beherrschen solle. Und da er ein glänzender Redner war, außerdem der Papst im fernen Avignon weilte, der Kaiser Karl IV. im noch ferneren Prag, gewann er die Römer bald für seine Sache, die sie für die ihre hielten. Am 19. Mai 1347 zog er an der Spitze einer großen Menge auf das Kapitol, verkündete die Erneuerung der Stadt, ließ sich selbst zum Volkstribunen ausrufen. Da es ihm gelang, die Räuber zu unterdrücken, unter denen Rom seit Jahrhunderten litt, wuchs seine Beliebtheit rasch. Viele bedeutende Menschen in ganz Italien setzten große Hoffnungen auf ihn; Petrarca feierte ihn als den Wiederhersteller der römischen Republik. Aber Cola di Rienzo verlor in seinem Machtrausch jeden Sinn für die Wirklichkeit, sah in seiner Person den Mittelpunkt der Welt, forderte alle Könige vor seinen Richterstuhl. Das grenzte an Wahnsinn. So dauerte seine Herrschaft nicht länger als sieben Monate. Er wurde gestürzt, floh

zuerst in die Engelsburg, dann in die Albanerberge, wo man ihn fing und
zu Kaiser Karl nach Prag brachte, der ihn begnadigte und nach Rom
zurückschickte. Die Römer empfingen ihn erst mit Jubel, dann erschlu-
gen sie ihn an der Stelle, wo wir, als wir zum Kapitol hinaufstiegen, sein
Denkmal gesehn haben. Die Juden mußten seinen Leichnam auf dürren
Disteln verbrennen. Das geschah im Jahr 1354.

Immerhin hatte Cola Rom für kurze Zeit den inneren Frieden
gebracht. Kaum war er tot, begannen wieder die Geschlechter-
fehden, wurde die Stadt wieder im wahrsten Sinne des Wortes
ein Räubernest. Daran änderte sich fast ein Jahrhundert nichts,
bis der heilige Bernhardin aus Siena kam und auf der Treppe
von Aracoeli, vor der Fassade der Kirche, die wir noch heute
sehn, seine gewaltigen Bußpredigten hielt, durch die Tausende
bekehrt wurden. Wir kennen diesen Heiligen aus seiner Heimatstadt. In der Kirche Aracoeli begegnen wir ihm wieder in
den Fresken, mit denen Pinturicchio etwa 1485 die erste Kapelle
des rechten Seitenschiffs geschmückt hat. Der liebenswerte
Umbrer hat hier zu Ehren seines eigenen Schutzpatrons, denn
er hieß selbst Bernardino, sein anmutigstes Werk geschaffen: ein
reines Märchen, an dem Kinder wie Erwachsene die gleiche
Freude haben.

Rechts vom Hauptportal der Grabstein des Giovanni Crivelli,
ein Werk Donatellos, das der Meister signiert hat. Es war früher
in den Kirchenboden eingemauert und ist darum ganz abgetre-
ten. Im rechten Querschiff das Grab Papst Honorius' IV. aus
dem römischen Geschlecht der Savelli, der von 1285 bis 1287
regiert hat, mit schönem Cosmatenschmuck, auch das Grab des
Luca Savelli mit ähnlichem Schmuck und einem römischen Sarkophag. Auf dem barocken Hochaltar eine byzantinische Madonna des 10. Jahrhunderts.

An den Besuch von Aracoeli wollen wir den der Kapitolinischen Museen anschließen. Die SAMMLUNGEN IM KONSERVATO-
RENPALAST sind für mein Gefühl das römische Museum, das uns
am unmittelbarsten, sozusagen sinnfälligsten in die römische
Welt einführt, wenn auch andere Museen reicher sind. Ich
möchte von einigen Werken, die es birgt, ausführlicher sprechen, als das sonst in diesem Buch möglich ist, weil uns diese
Werke auf geistige Wege weisen, die die unsern in Rom mehr
als einmal kreuzen werden. Auch sehn wir hier zum erstenmal
jene erstaunlichen und höchst kennzeichnenden römischen In-

nenräume – Höfe, Treppen, Gänge, Säle –, deren Wände völlig
mit antiken Denkmälern verkleidet, gewissermaßen überkrustet
sind: mit Statuen, Reliefs, Sarkophagen, Inschriften, großen und
kleinen, schönen und mittelmäßigen, bedeutenden und unbe-
deutenden, die aber für die Römer zumindest seit der Renaissance alle wichtig, die ihnen alle lieb waren, von denen sie gar nicht
genug um sich versammeln konnten, ganz einfach weil sie ihnen
ihre große Vergangenheit vergegenwärtigten, ihnen erlaubten,
mit dieser Vergangenheit zu leben. Wie wenig sie die so ausgestatteten Räume in unserem heutigen Sinne als museal empfanden, geht auch aus der Unbekümmertheit hervor, mit der sie die
antiken Kunstwerke ergänzt, sie dann als Schmuck für die von
ihnen geschaffenen Räume verwendet und zwischen die antiken
Inschriften ihre eigenen lateinischen Inschriften eingefügt haben; wie sie bauend und schreibend die antike Geschichte fort-
zusetzen suchten, den alten Ruhm als ihren eigenen feiernd. Der
Konservatorenpalast und das Kapitolinische Museum sind in diesem Sinn die Vorbilder für Hunderte von römischen Palästen.
Zugleich geben uns diese Sammlungen eine erste, überwältigen-
de Vorstellung von der unfaßbaren Menge menschlicher Figuren
aus Stein und Erz, die neben den lebenden Menschen das antike
Rom bewohnt haben, von der ungeheuerlichen Leidenschaft der
Antike für die Selbstdarstellung des Menschengeschlechts. Sie
hat ihre Wurzel im homerischen Anthropomorphismus, in der
Menschengestaltigkeit der Griechengötter, ohne die auch die
Vergöttlichung der Imperatoren nicht zu denken wäre.

Da steht gleich im Hof des Konservatorenpalastes der riesige
Kopf eines dieser kaiserlichen Götter, der *Kopf Konstantins des
Großen*, eines der erhabensten Werke der Spätantike. Er gehörte
wie die daneben aufgestellten Bruchstücke der Glieder zu einer
Sitzstatue, die den Kaiser in siebenfacher Lebensgröße darstell-
te. Der marmorne Leib war mit einem Gewand aus vergoldetem
Metall bekleidet. Der Koloß stand einst in der Hauptapsis der
Maxentiusbasilika auf dem Forum, die Konstantin nach der
Schicksalsschlacht an der Milvischen Brücke (312), in der Max-
entius den Tod fand, vollendete: ein Bau, der in der spätantiken
Architektur den gleichen hohen Rang einnimmt wie diese Kolossalstatue in der Plastik jener Zeit. Mit weitgeöffneten Augen
scheint der Kaiser über die Menge hinwegzublicken, die sich in
den hohen Hallen der Basilika drängt, aufzuschauen zu höheren

Mächten. Doch gilt dieser Blick nicht mehr dem Sol invictus, dem unbesiegten Sonnengott, der der Gott seiner Jugend war, sondern dem Christengott, in dessen Zeichen er gesiegt, dem er sich nun mit aller Entschiedenheit zugewandt hatte.

Man nimmt an, daß dieses Bildnis entstand, als Konstantin nach der Besiegung des Mitkaisers Licinius endgültig Alleinherrscher im Römischen Weltreich geworden war, also ziemlich genau zu der Zeit, als er das erste der Ökumenischen Konzilien berief, die »große und heilige Synode der 318 Väter zu Nicäa«, auf der nicht nur die Irrlehren des Arius verurteilt, sondern auch das Nicäanische Glaubensbekenntnis geschaffen wurde – 19. Juni 325 –, das Symbolum, das noch heute in jeder Messe gesprochen wird und das der Kaiser zum Reichsgesetz machte. Doch sehn wir hier auch den Herrscher vor uns, der ein Jahr nach dem Konzil den Grundstein zu seinem Konstantinopel legte, das er 330 zur Hauptstadt des Reiches erhob, wodurch Rom auf Jahrhunderte seine Vormachtstellung verlor.

Im Treppenhaus des Palastes sind neben vielen Inschriften schöne Reliefs mit Szenen aus dem Leben Mark Aurels vermauert. Hier finden wir auch die Sitzstatue eines Herrschers, der die Geschicke Italiens einmal entscheidend mitbestimmt hat, die *Statue Karls von Anjou*. Dies erstaunliche Werk wird Arnolfo di Cambio aus Colle Val d'Elsa zugeschrieben. Eher denkt man an einen Bildhauer jener apulischen Schule, die unter Friedrich II. Bedeutendes leistete. Karl war römischer Senator, und als solcher ließ er sich auf dem Kapitol diese Ehrenstatue errichten, womit er vielleicht einen Bildhauer beauftragte, der einst den von ihm besiegten und vertriebenen Staufern gedient hatte. Wir wissen, daß er ein sehr hartes Regiment geführt hat, so daß, als Konradin von Schwaben in Italien erschien, sehr viele seiner Untertanen von ihm abfielen. Dennoch siegte er, und der strenge Szepterträger in antikischer Toga mit dem bösen Gesicht, den wir da vor uns sehn, erscheint uns durchaus als der grausame Fürst, der den Knaben Konradin und seine Gefährten zum Tode auf dem Schafott verurteilte.

Wir gelangen nun in den *Saal der Horatier und Curiatier*. Diesen und die folgenden Säle hat man üppig mit Gemälden geschmückt, die Episoden aus der römischen Geschichte darstellen, sie haben prächtige Decken und Türen, sind in ihrer Ausstattung überaus kennzeichnend für die Prunkräume römischer

Paläste. Im Saal der Horatier und Curiatier sehn wir zwei bedeutende Sitzstatuen von großen Päpsten der Barockzeit, denen wir in Rom immer wieder begegnen werden. In Marmor hat Bernini *Urban VIII.* aus dem Hause Barberini gemeißelt. Diesem Meisterwerk des größten Barockbildhauers steht die Bronzestatue des Alessandro Algardi kaum nach, die Urbans Nachfolger, *Innozenz X.* aus dem Hause der Pamphili, viel milder und priesterlicher darstellt als Velázquez in dem berühmten Bildnis, das wir in der Galleria Doria sehen werden. Prägen wir uns die Gesichter dieser beiden Gewaltigen gut ein, auch ihre Wappentiere, die Barberini-Bienen und Pamphili-Tauben, vielleicht auch die Jahre, in denen sie auf dem Stuhl Petri saßen, 1623-44 und 1644-55, ein über zwanzigjähriges und ein zehnjähriges Pontifikat, und wir gewinnen einen festen Punkt im Irrgarten der römischen Geschichte.

Wir gehn zunächst durch die zwei anschließenden Säle, den der Capitani und den der Triumphe des Marius, hindurch (in diesen Raum werden wir zurückkehren), um in den *Saal der Wölfin* zu gelangen, denn in diesem Raum stehn wir vor dem berühmten Bronzebild des heiligen Tiers, mit dem die Geschichte Roms beginnt.

Wer dieses herrliche Werk geschaffen hat, wann und wo es gegossen wurde, darüber gehn die Meinungen weit auseinander. Die einen sehn in ihm eine Schöpfung ionischer Kunst aus der Zeit vor den Perserkriegen. Andere meinen, es müsse etruskisch, zumindest in Etrurien entstanden sein, denken an einen griechischen Erzgießer, der für die Etrusker tätig war, oder auch an jenen Vulca aus Veji, der für den Jupitertempel auf dem Kapitol gearbeitet hat und dem der Apollon von Veji im Museum der Villa Giulia zugeschrieben wird. Wie dem auch immer sei: der Künstler, ob Grieche oder Etrusker, hat das furchtbare Raubtier so gestaltet, daß es das Sinnbild nicht nur römischen Wesens, ein echtes Wappentier wurde, sondern darüber hinaus in einer Zeit – es dürfte um 550 vor Christus entstanden sein –, in der die Römer von ihrer zukünftigen Größe noch nichts ahnen konnten, eine Wahr- und Weissagung über das Schicksal Roms: in deiner unendlichen, in deiner wölfischen Gier wirst du eine Welt verschlingen, aber dadurch auch zur Ernährerin, zur Mutter dieser Welt werden. Man hat die acht prallen Euter, die das Muttertier nicht als Last trägt, sondern gestrafft, fast herausfordernd in den

Raum vorstößt, als die sieben Hügel Roms gedeutet, denen man
als achten den Janiculus hinzuzählte. Das scheint mir sehr künst-
lich. Theodor Däubler deutete sie als Italia, Gallia, Hispania,
Britannia, Germania, Africa, Asia und Illyria, also die Länder,
denen Rom die reichste Nahrung gab. Sicher stand das Erzbild
schon früh auf dem Kapitol, vielleicht von Anfang an, also seit
den letzten Jahren des Königtums oder den ersten der Republik.
Diese Wölfin hat den Sieg über Veji, die Galliernot, die Punischen Kriege, den Untergang der griechischen Freiheit, den
Sieg über die Cimbern und Teutonen und viele römische
Triumphe erlebt. Im Jahr 65 – damals betrat eben Caesar die
politische Bühne – traf sie ein Blitzschlag, stürzte sie von ihrem
Sockel; die Spur dieses Sturzes ist noch an einem ihrer Hinter-
läufe zu sehn. Im Mittelalter stand sie beim Lateranspalast, ent-
ging dort ebenso wie der Mark Aurel der Metallgier. Von dem
Blitzschlag erzählt uns Cicero in seiner dritten catilinarischen
Rede. Er sagt, auch der vergoldete Romulusknabe sei vom Blitz
getroffen worden. Die Wölfin hat also schon im Altertum das
Brüderpaar gesäugt, doch gewiß ganz andere, ihrer Raubtierhaf-
tigkeit gemäßere Kinder als die freundlichen florentinischen
Putti, die sie heute nährt, Arbeiten des Antonio Pollaiuolo.

Wir kehren in den Saal der Triumphe des Marius zurück.
Dort sehn wir vor allem den sogenannten *Kopf des Brutus*, nämlich des ersten römischen Konsuls. Man hat lange geglaubt, es
handele sich um jenen großen Staatsmann der römischen Frühzeit, den Schöpfer der römischen Freiheit, der in seiner Sorge
um das Staatswohl nicht davor zurückschreckte, seine eigenen
aufrührerischen Söhne hinrichten zu lassen. Wer in dieses Gesicht schaut, es außerdem mit Münzbildern vergleicht, auf denen
Brutus dargestellt ist, wird dieser Auffassung gern beipflichten,
doch beweisen läßt sie sich nicht. Wie bei der Wölfin ist man
sich auch nicht darüber einig, ob es sich um eine etruskische
oder um eine griechische Arbeit handelt; wie die Wölfin ist sie
dem Geist nach ein durchaus römisches Werk: das älteste uns
erhaltene Porträt eines Römers, wahrscheinlich in der zweiten
Hälfte des 4.Jahrhunderts entstanden. Es steht also zumindest
für uns am Anfang der Porträtkunst, in der die Römer so Großes
geleistet haben.

Eine volkstümliche kleinere Plastik ist der *Dornauszieher*, eine
ausgezeichnete kaiserzeitliche Kopie nach einem griechischen

Original, von dem ich, obwohl ich damit auf Widerspruch stoßen werde, überzeugt bin, daß es im 5.Jahrhundert entstand,
nicht, wie man allgemein annimmt, in hellenistischer Zeit.

An der Wölfin vorbei gehn wir in den Saal der Gänse mit
einem *Bronzebildnis Michelangelos*, dem die Totenmaske des Meisters zugrunde liegt, und einem prächtigen Hund aus sogenann-
tem verde ranocchia (froschgrünem Marmor), dann durch vier
weitere prunkvolle Gemächer (Sala delle Aquile, von dieser aus
rechts in die Sala dei Trionfi di Annibale, nun rechts in die
ehemalige Kapelle) und gelangen so in einen Gang, der uns zur
Treppe zurückführt, die wir aber nicht hinabsteigen. Wir gehn
vielmehr rechts durch die drei Sale dei Fasti moderni (im zweiten ein bemerkenswerter Sarkophag mit einer Darstellung dio-
nysischen Inhalts, Spuren von Polychromie) und wenden uns
wieder rechts in die *Galleria degli Orti Lamiani*. Sie enthält vor
allem die *Esquilinische Venus*, eine bezaubernde Arbeit aus spät-
hellenistischer Zeit. Der Künstler hatte einen Hang zum Archaischen. So entstand ein Werk, das zugleich am Herben der Frühzeit wie am Holden des Hellenismus Anteil hat: einer der anmutigsten weiblichen Körper in der ganzen antiken Kunst.

Wir gelangen nun weiterhin in die *Sala dei Magistrati*, in der
neben Statuen von Magistraten im Gewand der späten Kaiserzeit eine Säule aus höchst seltener, grüner ägyptischer Breccia
bemerkenswert ist. Es folgen die zwei *archaischen Säle*, in denen
eine Stele, eine ionische Arbeit aus der zweiten Hälfte des
6.Jahrhunderts, besonders anziehend ist. Sie stellt eine junge
Verstorbene dar, die in der Rechten eine Taube hält. Im gleichen Saal ein archaischer Löwenkopf und ein Wagenlenker, eine
gute Marmorkopie nach einem Original des 5.Jahrhunderts.

Dann wenden wir uns zurück, gehn wieder durch die Galleria
degli Orti Lamiani, wenden uns rechts in einen langen Gang,
dessen Fenster sich auf einen Gartenhof öffnen. An einer Wand
dieses Hofes hat man getreue Nachbildungen der *Forma urbis*,
das heißt des Stadtplans von Rom, eingemauert, den Septimius
Severus auf dem Forum Pacis des Vespasian anbringen ließ. Ich
verzichte darauf, für die sieben Säle, die sich auf diesen Gang
öffnen, Einzelhinweise zu geben; einer davon, die Sala Castellani
II, enthält prachtvolle griechische Vasen, darunter den *Krater des
Aristhonothos*, auf dem die Geschichte von Odysseus und Polyphem erzählt wird. Der cumaeische Künstler, der im 7.Jahrhun-

dert lebte, hat sein Werk signiert, und diese Signatur gilt als die älteste Künstlerinschrift, die uns erhalten ist. In der *Sala dei Bronzi* ein großartiger Kolossalkopf, wohl der eines Mitgliedes der Familie Konstantins des Großen.

Der Gang führt in den *Passaggio del Muro Romano*, durch den wir das sogenannte Museo Nuovo erreichen. Hier stehn wir vor den Resten einer gewaltigen Mauer, von der wir wohl sagen dürfen, daß ihr höchste geschichtliche Bedeutung zukommt, denn sie gehört zum *Tempel des kapitolinischen Jupiter*, dem heiligsten unter den Heiligtümern der Römer, dem religiösen Mittelpunkt Roms und später des Römischen Weltreiches. Der riesige Bau bedeckte den ganzen Raum, den heute das Museo Nuovo und der dazugehörige Garten einnehmen, doch ist davon nicht viel mehr erhalten als eben diese Mauer. Sie gehört dem 6. Jahrhundert an, also noch der römischen Königszeit. Nach der Überlieferung begann Tarquinius Priscus den Bau, der letzte König Tarquinius Superbus ließ ihn mit Statuen schmücken, er wurde 509 vom zweiten Konsulnpaar der Republik geweiht. Jener Vulca aus dem etruskischen Veji hatte im Auftrag des zweiten Tarquiniers, der selbst ein Etrusker war, in einer Zeit, wo Rom noch nicht über eigene Künstler von Rang verfügte, eine Tonstatue des Jupiter geschaffen, ferner ein Viergespann, wohl auch die Statuen der Juno und der Minerva, denn diese beiden Göttinnen wurden zusammen mit dem Göttervater auf dem Kapitol verehrt. Der Tempel war wahrscheinlich ein mit Stuck überzogener, bunt bemalter, mit Holz gedeckter und mit Terrakotten gezierter Bau italischen Stils, der sich im Gegensatz zu den viel bodennäheren Griechentempeln auf einem hohen Podium erhob. Der alte Tempel wurde 83 vor Christi Geburt durch Brand zerstört, in kaiserlicher Zeit mehrfach aus- und umgebaut, vor allem unter Domitian, dessen Baumeister Rabirius den Neubau auf das üppigste mit Marmor und Gold geschmückt haben soll. Im Mittelalter war er dann einer der größten Steinbrüche der Stadt, wurde so völlig zerstört.

Wir wenden uns nun den Kunstwerken in diesem hinteren Teil des Kapitolinischen Museums zu: dem *Braccio Nuovo* und dem 1925 eingerichteten *Museo Nuovo*. In diesen Räumen möchte ich nur auf wenige Werke hinweisen: Das Wandgemälde, das wahrscheinlich Szenen aus den Samnitenkriegen darstellt, ist wohl als Arbeit aus dem dritten vorchristlichen Jahrhundert das älteste uns erhaltene römische Gemälde.

Ein höchst merkwürdiges Werk ist der sogenannte Brutus Barberini, eine Statue aus den letzten Zeiten der Republik. Dargestellt ist ein vornehmer Römer, der die Büsten zweier seiner Ahnen in Händen hält. Wir wissen, welche wichtige Rolle bei den Römern und besonders im römischen Adel der Ahnenkult gespielt hat. Im Empfangsraum der vornehmen Häuser wurden in Schreinen die Wachsbilder der Verstorbenen aufbewahrt, wahrscheinlich von den Leichen abgenommene Totenmasken. Wenn ein Mitglied der Familie zu Grabe getragen wurde, holte man die Masken hervor und trug sie auf das Forum; seine Ahnen begleiteten also den Toten auf seinem letzten Gang und empfingen ihn im ewigen Leben. Diese Ahnenprozessionen haben auf den ersten Griechen, der über die Römer und das Römertum geschrieben hat, den Historiker Polybios, einen tiefen Eindruck gemacht. Cornelius Tacitus schildert uns, wie beim Begräbnis des Drusus dessen Ahnen, Aeneas, die Könige von Alba Longa, ja Romulus selbst und alle die Großen aus den Häusern der Julier und Claudier als Masken dem Sarge folgten. Ich erzähle das, weil wir in den römischen Museen immer wieder über die Fülle von Porträts, darunter hervorragende Werke, staunen werden, die die Römer geschaffen haben. Es kann aber kein Zweifel darüber bestehn, daß die römische Porträtkunst ihre Wurzeln in diesem Ahnenkult hat, in den Totenmasken.

Eine sehr schöne Kopie nach einem hellenistischen Original ist die Muse Polyhymnia, eine in einen weiten Mantel gehüllte junge Frau, die sinnend in die Ferne blickt. Bemerkenswert auch eine vorzügliche Büste des jungen Domitian.

Im zweiten Stockwerk ist die Gemäldesammlung, *Pinacoteca Capitolina*, untergebracht. Auf einige Bilder möchte ich besonders hinweisen: Eine lebendige, reichbewegte, besonders durch die leuchtenden Farben anziehende Heilige Familie von dem Ferraresen Dosso Dossi. Skizzen von Veronese. Ein vortreffliches, leider nicht gut erhaltenes Frauenbildnis von dem Brescianer Girolamo Savoldo. Ein durch Restaurierungen beeinträchtigtes Jugendwerk Tizians, Taufe Christi. Ein bezauberndes Mythenbild des Peter Paul Rubens, offensichtlich ganz von des Meisters Hand, das man hier auf dem Kapitol mit besonderer Freude sieht, weil es Romulus und Remus mit der Wölfin, dem Flußgott Tiber und einer Nymphe darstellt. Bildnis Michelangelos von Daniele da Volterra. Ein Doppelbildnis von van Dyck, zwei Malerbrüder darstellend, das vortreffliche, unvollendete Bildnis eines Edelmannes von Velázquez und der San Giovanni Battista von Caravaggio.

Wir gehn nun wieder über den Kapitolsplatz, an dem man sich für mein Gefühl nie satt sehen kann, und in das KAPITOLINISCHE MUSEUM. Man darf sagen, daß dieses das älteste der Öffentlichkeit zugängliche Museum der Welt ist, denn Sixtus IV. hat es schon 1471 begründet, Clemens XII. öffnete es dem Publikum. Es trägt auch heute noch durchaus den Charakter einer Kunstsammlung, die so aufgestellt ist, daß man darin nicht nur die einzelnen Kunstwerke betrachten kann, sondern daß diese Kunstwerke zum Raumschmuck werden, in ihrer Gesamtheit der Dekoration der Säle dienen, wobei die Wirkung des Einzelwerks oft der Gesamtwirkung geopfert wird. Es enthält, um das gleich zu sagen, keine Antiken von höchstem Rang wie der Konservatorenpalast, aber dennoch eine Fülle von Sehenswertem.

Im Hof sehn wir zunächst einen schönen Brunnen mit der kolossalischen Statue eines Flußgottes, des sogenannten Marforio, die zu den ›redenden Statuen‹ gehört, denen wir in Rom mehrfach begegnen und die so genannt werden, weil an ihnen oft von Ungenannten Verse und Schriften mit politischen Zeitsatiren befestigt wurden. Im ersten Saal rechts vom Eingang, dem sechsten des Erdgeschosses, ist ein Sarkophag bemerkenswert, der wohl mit Unrecht als Sarg des Alexander Severus gilt. Darauf sehn wir wie auf den etruskischen Sarkophagen zwei liegende Figuren und darunter die sehr anmutige Darstellung der Sage von Achilleus auf Skyros. Wichtigere Werke finden wir im ersten Stockwerk.

Da ist zunächst im ersten Saal der *sterbende Gallier*, eine ausgezeichnete römische Kopie nach einem bedeutenden Werk der pergamenischen Schule, das König Attalos I. mit anderen Darstellungen dieser Art zur Erinnerung an seine Siege über die Gallier, die in Kleinasien eingedrungen waren, auf der athenischen Akropolis hatte aufstellen lassen. (Ein anderes dieser Werke, den Gallier, der seine Frau tötet, werden wir im Thermenmuseum sehn.) Im zweiten Saal scheinen mir die Porträts aus der Zeit Hadrians besonders interessant.

Im großen Mittelsaal steht die schöne *verwundete Amazone*, die beste uns erhaltene Kopie nach einem griechischen Bronzeoriginal des 5. Jahrhunderts. Die beiden folgenden Säle enthalten wohl die reichste Porträtsammlung Roms, Bildnisse von Dichtern, Philosophen, Rednern und 64 in chronologischer Reihenfolge aufgestellte Kaiserporträts.

Wir gelangen nun in die große Galerie, auf die sich links der kleine Raum mit der berühmten *kapitolinischen Venus* öffnet. Dies meisterhaft gearbeitete alexandrinische Werk, das auf ein griechisches Original zurückgeht, besteht aus dem herrlichsten parischen Marmor. Goethe sagte von der kapitolinischen Venus, sie sei die schönste Statue dieser Art in Rom. Ich bekenne, daß sie mich stets kühl gelassen hat, daß sie meiner Meinung nach einem Vergleich mit der esquilinischen Venus des Konservatorenpalastes durchaus nicht erträgt. Sehr schöne Bildnisse sehn wir auch in der Sala delle Colombe neben dem Treppenhaus, die ihren Namen nach einem allerliebsten alexandrinischen Taubenmosaik trägt.

Im SENATORENPALAST ist die römische Stadtverwaltung untergebracht, hier hat der Bürgermeister, der ›sindaco‹, seine Amtsräu-
me, hier tagen die Stadtväter. Wenn sie nicht tagen, kann man in
ihrem Sitzungssaal wohl die *Statue des Julius Caesar* sehn, deren
Kopf mich immer stark beeindruckt hat, weil er dem Bilde entspricht, das ich mir von Caesar mache, auch wenn es sich hier
um eine idealisierende und heroisierende Darstellung handelt
und wohl um eine Replik, die nach einem Werk aus augusteischer Zeit in trajaneischer gearbeitet wurde. Unter den wenigen
uns erhaltenen Bildnissen des großen Mannes ist dieses wohl
nicht das beste und nicht das ähnlichste, wohl aber das monu-
mentalste.

Unter dem Senatorenpalast liegt das TABULARIUM (nicht allgemein zugänglich). Der unterirdische Gang, der zum Tabularium
führt, wurde 1938 angelegt. Dabei hat man die Reste des sehr
alten Tempels des Vejovis entdeckt: den Unterbau aus mächtigen Quadern und die kolossalische Statue des Gottes, in dem die
Römer eine Art von unterirdischem Zeus, einen Zeus der Toten,
verehrten. Das Tabularium ist das Staatsarchiv Roms gewesen.
Der Konsul Quintus Lutatius Catulus ließ es im Jahre 78 vor
Christi Geburt, dem Todesjahr Sullas, erbauen. Es ist eine Art
von Basilika aus Pfeilern mit vorgelagerten Halbsäulen, die
Rundbogen tragen, war dreigeschossig, bildete eine breite,
schwere Tuffwand, die das Forum wirkungsvoll abschloß. Dieser
dunkle, echt römische Bau des Staatsarchivs mit seinen Bögen
und Pfeilern steht in einem interessanten Gegensatz zu den
schlanken Säulenbauten auf dem Forum. Im Mittelalter hat er
als Salzlager und als Kerker gedient.

Wir kehren nun auf den Kapitolsplatz zurück und steigen
links vom Senatorenpalast vom Kapitol herab, finden zu unserer
Linken eine der heiligsten Stätten Roms: den CARCER MAMERTI-
NUS, den mamertinischen Kerker. Er liegt unter der Kirche SAN
GIUSEPPE DEI FALEGNAMI (des heiligen Joseph als Schutzpatron
der Tischler), die Giacomo della Porta 1538 erbaute. In diesem
Kerker waren die Apostel Petrus und Paulus sieben Monate lang
gefangen. Hier hat Petrus seine beiden Kerkermeister Processus
und Martinianus und 47 Mitgefangene zum Glauben bekehrt,
hat er, da es ihm an Taufwasser gebrach, eine Quelle entsprin-
gen lassen. Die Kerkermeister aber gaben ihm die Freiheit zurück, er wollte aus Rom fliehen, doch schon am Anfang der Via

Appia begegnete ihm der Herr bei dem heute ›Domine quo vadis?‹ genannten Kirchlein, das wir noch besuchen werden.

Der Kerker ist zweistöckig. Das Untergeschoß heißt Tullianum. Der Name hängt vielleicht mit dem König Servius Tullius zusammen, vielleicht mit dem Wort ›tullus‹, das Quelle bedeutet. Wenn, wie viele Archäologen meinen, das Tullianum noch in der Königszeit erbaut wurde, könnte es wohl sein, daß sein Erbauer, der König Servius, nach diesem Bau den Beinamen Tullius erhielt. Das Tullianum war ursprünglich ein Quellenhaus, wie wir solche in manchen Etruskerstädten finden: ein spitzer Tholos nach Art der mykenischen Kuppelgräber, der später, etwa zu Beginn des 4. Jahrhunderts, mit Steinplatten eingedeckt worden ist. Der darüberliegende Raum mit seinem mächtigen Tonnengewölbe ist der eigentliche Carcer Mamertinus, gehört wohl dem ersten vorchristlichen Jahrhundert an. Beide Räume dienten als Staatsgefängnis. Aus dem oberen wurden die Gefangenen durch ein rundes Loch in den unteren, immer feuchten und finsteren, herabgelassen, wo man sie entweder erdrosselte oder verhungern ließ. Hier fanden der Numiderkönig Jugurtha, der große Vorkämpfer der Gallier, Vercingetorix, den Caesar gefangengenommen hat, die catilinarischen Verschwörer den Tod. An Vercingetorix erinnert eine moderne Inschrift in keltischer Sprache. In der Vorstellung vor allem der Frühzeit hatten diese grausamen Hinrichtungen von besiegten Feinden des römischen Volkes wohl auch den Sinn von Menschenopfern, die den Göttern Roms dargebracht wurden.

Durch die Via S. Pietro in Carcere gelangen wir auf die breite, baumbestandene Via dei Fori Imperiali, der wir den zweiten unserer Spaziergänge widmen wollen, und kehren, indem wir uns links halten, am MONUMENTO VITTORIO EMANUELE II. entlanggehend, auf die Piazza Venezia zurück. An dieser Stelle wird es sich nicht umgehn lassen, diesen Riesenbau zu betrachten, von dem man leider sagen muß, daß er für Rom ein sehr großes und nur schwer wieder gutzumachendes Unglück ist. Wie viele häßliche Denkmäler der zweiten Hälfte des vorigen Jahrhunderts ist er ein Erzeugnis des übersteigerten Nationalismus, der Selbstbeweihräucherung der Völker. Gedacht ist er als Denkmal für den Savoyer, der Italien geeinigt hat, Viktor Emanuel II., wurde dann zum Vittoriano, zum Denkmal des italienischen Sieges im ersten Weltkrieg, in dem man 1921 den ›Unbekannten Soldaten‹ beigesetzt hat. Seitdem nennt man den Bau auch den Altar des Vaterlandes, was zwar gut gemeint, aber unsinnig, ja blasphemisch ist: die Ehre der Altäre gebührt nur Gott und den Heiligen; dem Vaterland, einem abstrakten Begriff, einen Altar zu errichten, ist im gleichen Sinn Heidentum wie etwa bei den Römern die Verehrung der Dea Roma; und es ist bezeichnend, daß auf diesem Altar eine archaisierende Statue der Dea Roma steht. Im östlichen Teil des Denkmals ist das *Museo del Risorgimento* untergebracht. Es enthält eine Dokumentation der Geschichte Italiens von der Gründung des Königreichs Italien 1870 bis zum Ersten Weltkrieg.

Der Mann, der diesen Bau auf dem Gewissen hat, war der Graf Giuseppe Sacconi. Er begann damit 1885, und wir müssen ihm zugute halten, daß das in ganz Europa eine Zeit tiefsten Geschmacksverfalls gewesen ist. Weil das Gebäude so weiß wirkt, meinen viele, es bestehe aus Marmor. Leider irren sie, denn handelte es sich um Marmor, wäre er schon patiniert, verwittert, weniger grell. Sacconi aber ließ aus der Gegend von Brescia mit ungeheuren Kosten einen Kalkstein kommen, der kaum verwittert. Den blendend hellen Treppen- und Säulenbau schmückte er dann mit Statuen aus vergoldeter Bronze. In diesen Statuen lebt sich ein Allegorienunwesen aus, das so recht zu dem Kult des Vaterlandes paßt. Wir sehn ›den Gedanken‹ und ›die Tat‹, ›die Stärke‹ und ›die Eintracht‹, ›die Opferwilligkeit‹ und ›das Recht‹, über der Säulenhalle die Gestaltwerdungen der italienischen Provinzen. In ihrer Mitte steht das 16 Meter hohe Reiterstandbild des Königs. Die Besteigung des Monuments lohnt, von der Säulenhalle aus hat man einen prachtvollen Blick auf Rom. Diese Halle aber nimmt einem großen Teil der Stadt den freien Blick auf ihren Mittelpunkt, auf das Kapitol. Man sollte sie abtragen, die weiten Treppenanlagen davor in eine riesige Brunnenanlage verwandeln, einen Wasserfall, ähnlich der Fontana Trevi. So ließe sich von Sacconis Sünden vieles wieder gutmachen. Und welch schöneres Denkmal könnte man sich für den König, für den Unbekannten Soldaten denken als diese Fülle lebendigen Wassers, das von der heiligen Höhe des Kapitols, von der Ara Coeli, dem Himmelsaltar, in die Ewige Stadt niederrauscht?

Nicht mit dem Monumento, sondern mit einem der schönsten römischen Paläste wollen wir unsern ersten römischen Spaziergang beschließen: mit dem PALAZZO VENEZIA. Seine schweren, braunen, zinnengekrönten Mauern und sein mächtiger Turm, die dem breit hingelagerten Bau etwas Burghaftes geben, behaupten sich großartig nicht nur gegen das billige Pathos des

Denkmals, sondern auch gegen das wirbelnde Fahrzeuggetriebe des Platzes, der heute der Mittelpunkt des römischen Verkehrs ist, vereinigen sich doch hier fünf der wichtigsten Straßen nicht nur Roms, sondern Italiens.

Rechts vom Monumento führt die Via Teatro Marcello zum Tiber und nach Ostia, an die latinische Küste; links von ihm die Via dei Fori Imperiali zum Kolosseum, zur Via Appia, nach Süditalien; in östlicher Richtung gelangt man durch die Via Cesare Battisti in die Via Nazionale und damit zum Hauptbahnhof, in westlicher durch den Corso Vittorio Emanuele zum Tiber und in die Vatikanstadt, während in nördlicher der Corso Umberto, allgemein nur ›il corso‹ genannt, zur Porta del Popolo führt, weiterhin zur Milvischen Brücke und damit sowohl zur Via Cassia wie zur Via Flaminia, die Rom mit Mittel- und Norditalien wie überhaupt mit dem Norden Europas verbinden.

Der Palazzo Venezia gilt trotz seiner noch mittelalterlichen Gesamtanlage als der erste Profanbau der Renaissance in Rom. Die schönen, sparsam, harmonisch, leicht unregelmäßig über die Fronten verteilten Fenster, besonders die prächtigen Kreuzfenster des ersten Stockwerks, das die großen Empfangsräume enthält, und das Portal mit seinem reichen Schmuck lockern und klären in der Tat das mächtige Mauerwerk in einem renaissancehaften Sinn. Die Baugeschichte des Palastes ist sehr umstritten. Mit dem Umbau einer turmreichen mittelalterlichen Kardinalsburg, die sich neben der Kirche San Marco erhob, hat jedenfalls 1455 der Kardinal Pietro Barbo begonnen, der später Papst wurde und als Paul II. 1464-1471 regierte. Sein Vorgänger, der große Gelehrte Pius II. aus dem senesischen Hause der Piccolomini, hatte die Humanisten lebhaft gefördert. Unter Paul erlitten sie Verfolgungen. Aber dem künstlerischen Geist der Zeit konnte sich der neue Papst doch nicht ganz entziehen, was uns erklärt, warum sein Palast zu einem Bau zwischen den Zeiten wurde. Das Neue daran tritt am deutlichsten in der 1466 begonnenen, dem Giuliano da Maiano zugeschriebenen Vorhalle der Basilica di San Marco zutage, die durch den Neubau sozusagen zur Schloßkapelle des Palastes wurde, und in den schönen, zweigeschossigen Arkaden in der Nordostecke des Innenhofes, bei denen antik-römische Arkaden als Vorbild gedient haben, deren Stützen aus Pfeilern mit vorgeblendeten Halbsäulen bestehn. Wir denken an das Kolosseum, doch kann uns nicht entgehn,

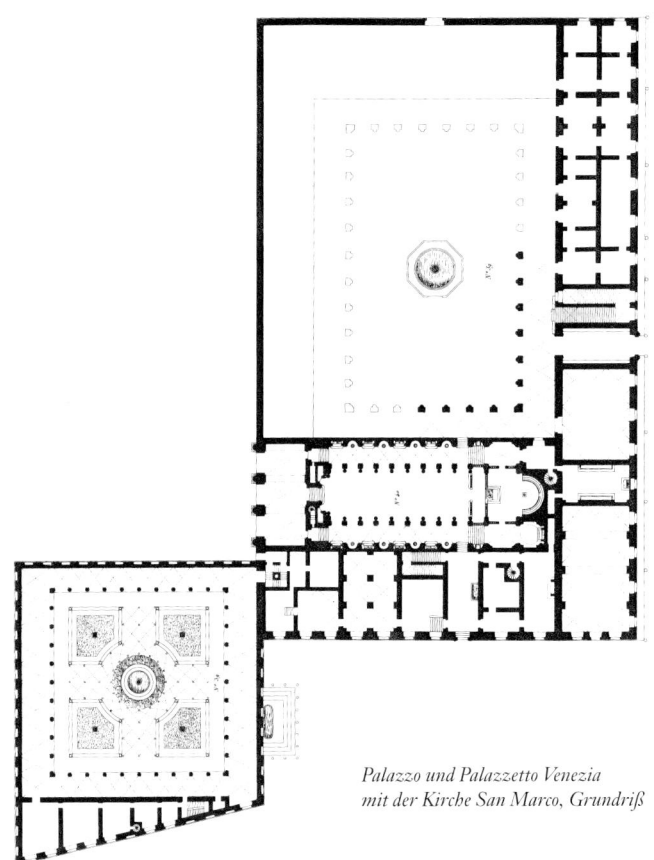

Palazzo und Palazzetto Venezia
mit der Kirche San Marco, Grundriß

daß dieser (übrigens unvollendete) Bau den Vergleich mit seinen
antiken Vorbildern nicht aushält, besonders im Obergeschoß.

Bis zum Jahre 1564 blieb der Palazzo Venezia päpstliche Residenz, kam dann an die Republik Venedig, deren Botschafter
beim Heiligen Stuhle hier ihren Sitz hatten. Als Venedig durch
den Frieden von Campoformio 1797 den Habsburgern untertan
wurde, diente er als österreichisch-ungarische Botschaft. Im ersten Weltkrieg beschlagnahmte ihn die italienische Regierung
und ließ ihn restaurieren. In den langen Jahren der faschisti-

schen Regierung hat Mussolini in einem der schönsten Säle des
ersten Stockwerks, der Sala del Mappamondo, seinen Arbeits-
raum gehabt. Im Palazzo Venezia ist er am 24. Juli 1943 vom
Großen Faschistischen Rat, einem von ihm selbst geschaffenen
Gremium, das aus seinen nächsten Mitstreitern und Mitarbeitern bestand, gestürzt worden, als es nach der Landung der
Alliierten in Sizilien deutlich geworden war, daß Italien den
Krieg verlieren müsse, den der ›Duce‹ am 10. Juni 1940 nach
dem Zusammenbruch Frankreichs erklärt hatte, und zwar in
einer Rede, die er, wie so viele seiner Reden, vom Balkon des
Palazzo Venezia herab an das auf dem Platz versammelte Volk
gehalten hatte. Wer im faschistischen Italien gelebt hat, kann
darum diesen Platz nicht betreten, ohne an all das und an manches andere erinnert zu werden, zum Beispiel an die vielen geheimnisvollen Männer mit Regenmänteln und Regenschirmen,
die damals an allen Ecken herumstanden, jeden Passanten scharf
beäugten und gelegentlich abführten, so daß das große, alte,
beliebte Kaffeehaus, das in dem dem Palazzo Venezia gegenüberliegenden falschen Palazzo Venezia untergebracht war, seine Kundschaft verlor und schließlich einging.

Der Palazzo Venezia und der an die Markuskirche anschließende *Palazzetto Venezia* enthalten recht bedeutende Kunstsammlungen, die aber
nicht immer in allen ihren Teilen zugänglich sind, weil die Räume oft
auch für bedeutende Ausstellungen dienen. Ein einzigartiges bildhaueri-
sches Werk ist eine Madonna, die Madonna von Acuto, eine römische
Arbeit des 12. Jahrhunderts. Gemälde von Filippo Lippi, Giovanni Bellini, Giorgione, vorzügliche Kleinbronzen, eine reiche und interessante
Sammlung von Keramiken und Barockbozzetti bedeutender Meister,
schöne Backsteinfußböden mit Einlagen von bunten glasierten Ziegeln.
Neuerdings hat auch die restaurierte Kreuzabnahmegruppe aus dem
Dom zu Tivoli, ein Werk des frühen 13. Jahrhunderts, hier Aufnahme
gefunden.

Die BASILIKA SAN MARCO, eine Gründung des heiligen Papstes
Markus, der im Jahre 336 regierte, erhielt ihre jetzige Gestalt
wie der Palast unter Paul II. Sie hat einen hübschen romanischen
Turm. Im Innern sind neben der prachtvollen Kassettendecke
von 1471 (darauf das Löwenwappen Pauls II.) vor allem die schönen Mosaiken der Apsis sehenswert. Sie stammen aus der Zeit
Papst Gregors IV., der 827-44 regierte. In der Sakristei Bildnisse

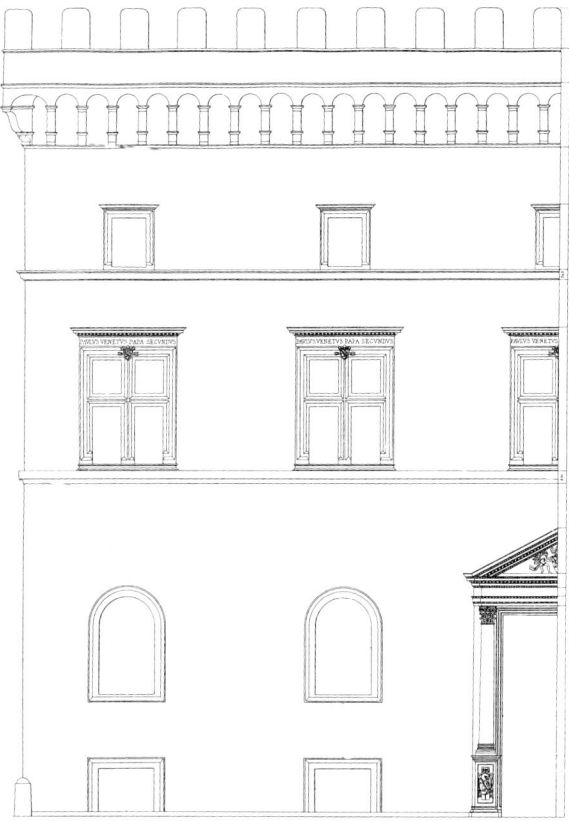

Palazzo Venezia, Teilansicht der Fassade

des Evangelisten und des Papstes Markus von Melozzo da Forlì und ein Tabernakel von Mino da Fiesole.

Auf dem Platz vor der Kirche steht eine kolossale Marmorbüste der Isis, im Volke ›Madama Lucrezia‹ genannt, die, wie der Marforio, den wir auf dem Kapitol sahn, zu den ›redenden Statuen‹ Roms gehört.

Etwas Bezauberndes ist der Hof des Palazzo Venezia, der sogenannte *Markusgarten*, den an zwei Seiten die schon erwähnten unvollendeten antikischen Arkaden umgeben. Sie erinnern

uns an gewisse unvollendete Architekturen auf Frührenaissance-
bildern. Unter hohen, sehr schönen Palmen steht ein barocker
Brunnen, auf dem uns die Gestalt gewordene Venezia, vom
Markuslöwen geleitet, als Gäste des Botschafters der Lagunen-
republik empfängt. Hier ist es, mitten im lärmigsten Rom, wunderbar still, dazu kühl und schattig, und darum möchte ich meine Leser einladen, hier von unserm ersten römischen Spaziergang auszuruhen.

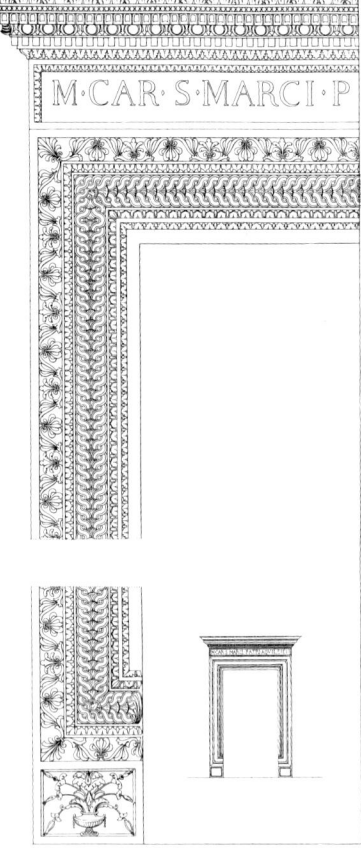

*Renaissance-
portal
im Palazzo
Venezia*

II

Die Kaiserfora und das Kolosseum

Die Straße der Kaiserfora: wiederentdeckte Trümmerwelt
Kaiser Trajan, Mehrer des Reiches
Von Ehrensäulen und Triumphbögen
Anekdoten um den Marchese del Grillo
Santi Cosma e Damiano: Märtyrer und Mosaiken
Die Maxentiusbasilika:
von der »Verinnerlichung« frühchristlicher Architektur
Santa Francesca Romana und die Legende vom Magier Simon
Das Kolosseum: Höllentrichter von tragischer Größe
Der römische Theaterbau: vom Halbrund zur Arena
Neros Domus Aurea und die Renaissance der Grotesken
Der Konstantinsbogen: Triumph im Zeichen des Kreuzes

Wer heute von der Piazza Venezia, links am Monumento vorbei, seine Blicke nach Süden oder, genauer gesagt, nach Südosten richtet, erfreut sich einer weiten, großartigen Aussicht auf eine ungemein breite, von schwellenden Schirmpinienkronen, Kuppelkirchen, hohen Hallen und ragenden Säulen gesäumte Straße, die schnurgerade auf das hohe Rund des Kolosseums zuführt. Es ist dies die Straße der Kaiserfora, VIA DEI FORI IMPERIALI. Mit ihrer Anlage ist erst im Jahre 1924 begonnen worden. Ältere Romreisende und unter ihnen auch ich haben noch ein winkeliges, recht malerisches, aber dennoch nicht sonderlich sehenswertes Quartier gekannt, das den ganzen Raum zwischen dem Kapitol und dem Forum einerseits, den Hängen des Viminal und des Esquilin andrerseits einnahm und nicht nur den Blick auf das Kolosseum verstellte, sondern auch zahlreiche und bedeutende Bauten der Römerzeit, die heute wieder die Sonne bescheint, unter sich begraben hatte. Ein ähnliches Quartier lag hier auch in den Zeiten der Republik und beengte das Forum. Als erster hat Julius Caesar einen Teil dieser alten Wohnviertel

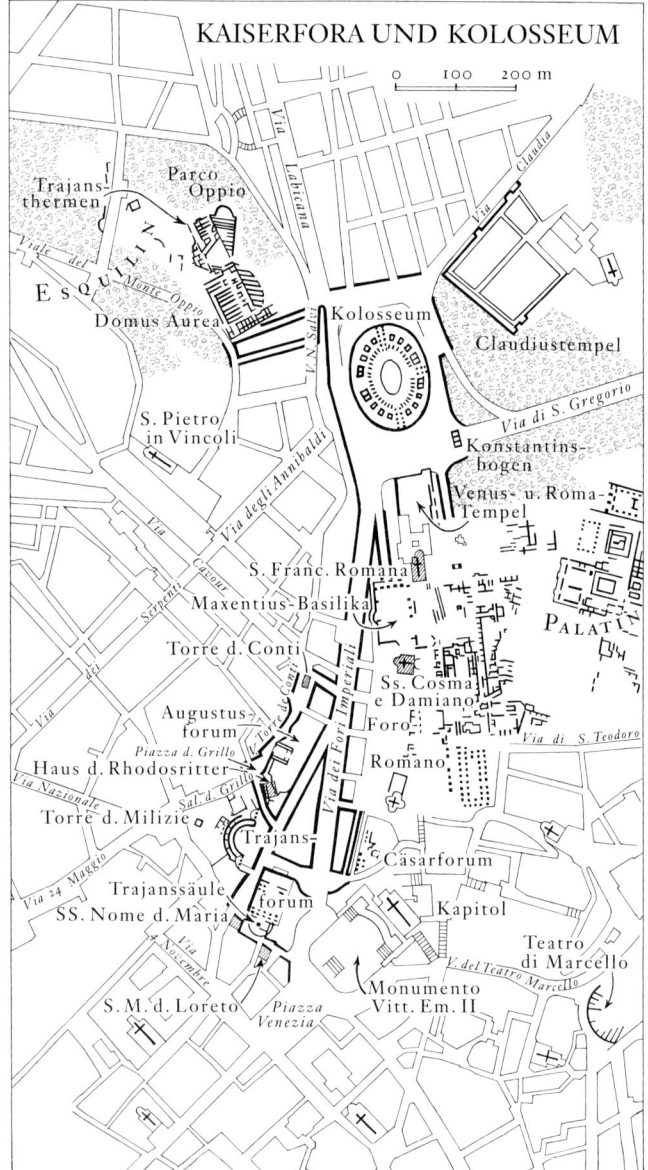

KAISERFORA UND KOLOSSEUM

0   100   200 m

Trajans-
thermen

Parco
Oppio

Via Labicana

Via Claudia

E S Q U I L I N

Viale   del

Monte Oppio

Domus Aurea

Kolosseum

Claudiustempel

S. Pietro
in Vincoli

Via di S. Gregorio

Via degli Annibaldi

Via N. Salvi

Konstantins-
bogen

Venus- u. Roma-
Tempel

Via

Cavour

Serpenti

S. Franc. Romana

Maxentius-Basilika

PALATI

Torre d. Conti

Via dei Fori Imperiali

Ss. Cosma
e Damiano

Augustus-
forum

Piazza d. Grillo

Foro

Haus d. Rhodosritter

Via Nazionale

Sal. d. Grill.

Romano

Via di S. Teodoro

Torre d. Milizie

Trajans-

Cäsarforum

Via 24 Maggio

Trajanssäule
SS. Nome d. Maria

forum

Kapitol

Via IV Novembre

Teatro
di Marcello

V. del Teatro Marcello

S. M. d. Loreto

Piazza
Venezia

Monumento
Vitt. Em. II

niederreißen lassen (unmittelbar neben dem heutigen Monumento), um sein eigenes Forum und den Tempel der Stammutter des Julischen Hauses, der Venus Genetrix, anzulegen, den er der Göttin in der Schicksalsschlacht auf den Pharsalischen Feldern gelobt hatte. Seinem Beispiel sind dann andere Kaiser gefolgt, vor allem Augustus und Trajan, und so wurde das alte Forum durch die großartigen Tempel- und Hallenbauten der Kaiserfora beträchtlich nach Osten erweitert, nämlich bis an den Fuß des Viminal und des Esquilin. Während das alte Forum im Mittelalter und der Renaissance unbewohnt blieb und unter dem Namen Campo Vaccino, Kuhfeld, als Weidegrund diente, entstand auf den Trümmern der Kaiserfora ein neues Wohnquartier. Ich erinnere mich gut daran, wie man die Mauern und Säulen der antiken Bauten, die in diesem Quartier noch da und dort sichtbar waren, mühselig in Gäßchen und kleinen Höfen suchen mußte, ohne sich dadurch von der Gesamtanlage der Kaiserfora eine Vorstellung machen zu können. Darum erwarb sich das faschistische Regime, das an andern Orten Roms so viel Unheil angerichtet hat, ein Verdienst, als es den schon 1911 von Corrado Ricci ausgearbeiteten Plan ausführen, das ganze Quartier abreißen und die Kaiserfora freilegen ließ, wodurch höchst bedeutende antike Bauten sichtbar und zugänglich, die Maxentiusbasilika und das Kolosseum wieder in das römische Stadtbild einbezogen und herrliche Blicke auf das Forum und den Palatin eröffnet wurden, während sich das ›monumento‹ als die häßliche Kulisse entlarvte, die es ist, dadurch zusammenschrumpfte, an Gewicht verlor.

Wir beginnen unsern Gang auf der linken Seite der Via dei Fori Imperiali, wo aus einer ummauerten, mit Säulenstümpfen aus grauem Granit bestandenen Vertiefung und von zwei anmutigen Kuppelkirchen flankiert die berühmte TRAJANSSÄULE emporragt. Sie stand zwar nicht im Mittelpunkt des TRAJANSFORUMS, beherrschte aber diesen ganzen gewaltigen Bautenkomplex, den größten der Kaiserfora.

Marcus Ulpius Trajanus hat von 98 bis 117 das Römerreich regiert. Er war spanischer Herkunft und der erste Provinziale auf dem Thron der Caesaren. Ohne Zweifel ist er seit Augustus und vor Konstantin dem Großen der bedeutendste der römischen Imperatoren gewesen; von den Zeitgenossen wurde er als der Begründer eines Goldenen Zeitalters ge-

feiert. Zu seiner Zeit haben so bedeutende Männer wie Tacitus und der
jüngere Plinius in lateinischer, wie Plutarch und Dion Chrysostomos in
griechischer Sprache geschrieben. Auch die bildende Kunst erlebte eine
neue Blüte. Trajan hat die alte römische Eroberungspolitik, die seit
Julius Caesar nicht fortgesetzt worden war, wieder aufgenommen, und
als der erfahrene Feldherr, der er war, Kriege geführt, durch die das
Römerreich so groß wurde, wie es nie zuvor gewesen war und nie wieder
werden sollte. Er hat Armenien, Mesopotamien, Assyrien, einen Teil
von Arabien zu römischen Provinzen gemacht, ist bis an den Persischen
Golf vorgedrungen. In Dakien, dem heutigen Rumänien, hat er lange
und hart gekämpft, schließlich die Provinz Dacia geschaffen; das rumänische Volk und die rumänische Sprache, wie wir sie heute kennen, sind
die Folge dieses Krieges. Und eben an die Kriege gegen die Daker, in
denen der Kaiser seine größte Leistung gesehen hat, erinnert die Trajanssäule.

Diese Säule gehört zu den am besten erhaltenen römischen
Denkmälern. In ihrem Sockel war die Asche des Kaisers in einer
goldenen Urne beigesetzt. Sie trug die Statue Trajans, die 1588
durch eine Statue des Apostels Petrus ersetzt worden ist. Der
Schaft der Säule, der sich über einem hohen, mit Trophäen
geschmückten Sockel erhebt, besteht aus achtzehn Marmor-
blöcken, die ein sich spiralisch aufwärts abwickelndes breites
Band mit Reliefs umwindet. Dieser plastische Fries ist 200 Meter lang und zeigt rund 2500 Gestalten, von denen jede etwa 60
bis 70 Zentimeter hoch ist. Dargestellt sind mit größter geschichtlicher Treue Szenen aus den beiden Dakischen Kriegen,
dem von 101/102 und dem von 105/106, dazwischen auch einzelne friedliche Episoden, zum Beispiel Opferszenen.

Es handelt sich um die älteste der Säulen, die wir wohl als
Triumphsäulen bezeichnen können und die die gleiche Bedeutung haben wie die Triumphbögen. Ein zweites, rund ein halbes
Jahrhundert später entstandenes Monument dieser Art ist die
Säule des Mark Aurel auf der römischen Piazza Colonna; Napoleon 1. hat sich in der Vendôme-Säule ein solches Denkmal
gesetzt, und das gleiche tat sein Überwinder, Alexander von
Rußland, der Sankt Petersburg mit einer Triumphsäule
schmückte. Wir wissen nichts von Denkmälern, in denen wir
Vorgänger der Trajanssäule sehn könnten. Die Triumphbögen
zeigen Reliefs, in denen die Taten des Triumphators erzählt
werden, doch diese Erzählungen beschränken sich auf einzelne

G. B. Piranesi: Trajanssäule und Kirche Santissimo Nome di Maria

Episoden. Am Grabmal des Augustus waren auf Bronzetafeln, den berühmten ›res gestae‹, die Taten des Kaisers verzeichnet. Zwischen dieser bildlosen Inschrift und jenen Reliefbildern steht das riesige Reliefband der Säule etwa in der Mitte als ein ausführlicher, ja geradezu Vollständigkeit anstrebender ›Bildbericht‹, der eine so genaue Kenntnis der tatsächlichen Ereignisse voraussetzt, daß man mit Recht annimmt, der kaiserliche Feldherr und seine Generäle hätten diesen Bericht bis in die kleinsten Einzelheiten diktiert. Merkwürdig daran ist freilich, daß er kaum für die lebenden Menschen geschrieben wurde, denn mit dem bloßen Auge läßt sich höchstens das erste Drittel ablesen, so daß wir wohl vermuten dürfen, er sei weniger für die Mitwelt als für die Nachwelt oder geradezu für die unsterblichen Götter aufgezeichnet worden. Schon im Mittelalter scheint man das geahnt zu haben. Denn wie erklärt es sich, daß der römische Senat, der doch sonst so furchtbare Zerstörungen antiker Denkmäler duldete, im Jahre 1162 beschloß, die Säule für alle Zeiten zu erhalten und jeden mit dem Tode zu bestrafen, der sich an ihr vergriffe? Noch heute strahlt von ihr eine magische Kraft aus, die sich nur mit der vergleichen läßt, mit der uns in Rom die ägyptischen Obelisken (die echten, nicht die nachgeahmten) verschrecken oder verzücken.

Was aber die Rolle betrifft, die die Säule in den christlichen Jahrhunderten gespielt hat, möchte ich daran erinnern, daß der Kaiser auch bei den Christen im Rufe großer Tugend stand, wovon die folgende Stelle aus der Legenda Aurea zeugen möge: »Da nun Trajanus schon lange tot war, geschah es einst, daß Sanct Gregorius über den Markt Trajani« (also über das Trajansforum) »ging und gedachte seiner Milde und Gerechtigkeit. Da ging er in die Kirche Sankt Peter und weinte bitterlich über des Kaisers Irrglauben. Und siehe, eine Stimme vom Himmel sprach: ›Dein Gebet ist erhöret, ich habe Trajano die ewige Pein erlassen. Aber hüte dich, daß du hinfort für keinen andern Verdammten bittest.‹« Diese Befreiung des guten, edlen Kaisers aus der Hölle ist von den Künstlern des Mittelalters oft dargestellt worden, wie auch eine andere Geschichte, die die Legenda Aurea ebenfalls erzählt, und zwar mit den folgenden Worten: »Trajanus, der vorzeiten zu Rom Kaiser war, ritt einst in einen Streit in großer Hast. Da trat ihm eine Witwe in den Weg, die weinte jämmerlich und sprach: ›Ich beschwöre dich, Kaiser, rächet den Tod meines Sohnes, den hat man unschuldig erschlagen.‹ Trajanus schwur, er wolle ihr Recht sprechen, so er heil wiederkomme. Aber die Witwe sprach: ›Stirbst du in der Schlacht, wer wird mir dann

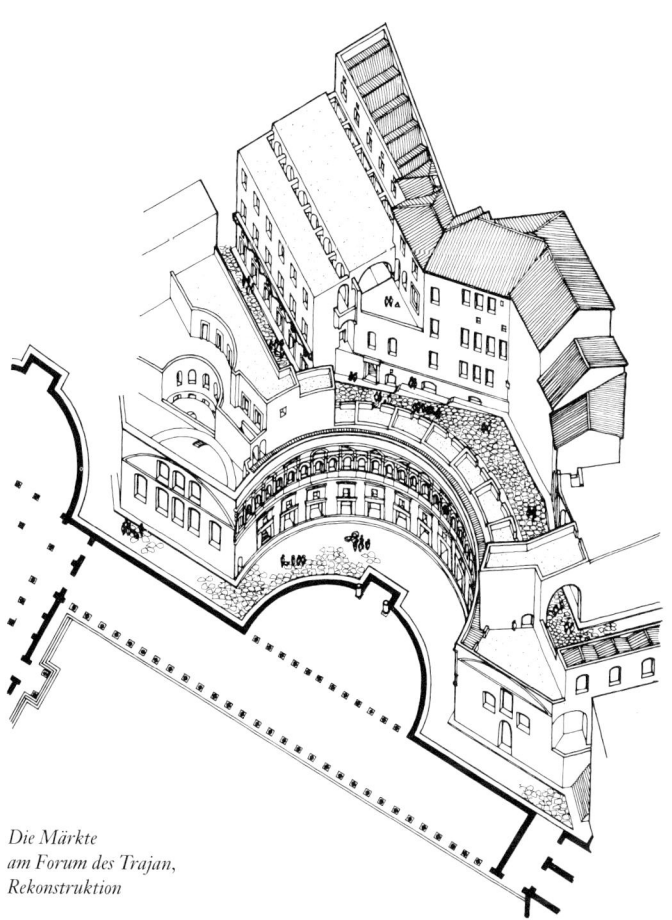

*Die Märkte
am Forum des Trajan,
Rekonstruktion*

richten?‹ Er antwortete: ›Der, der nach mir Kaiser sein wird.‹ Sprach die
Witwe: ›Richtet mir ein anderer, was ist es dir nütze?‹ Er antwortete: ›Es
ist mir nichts nütze.‹ Und sie sprach: ›Ist es also nicht besser, du richtest
mir, und hast deinen Lohn davon, denn daß du es einem anderen läßt?‹
Da erbarmte sich der Kaiser und stieg von seinem Roß und richtete über
das Blut des Unschuldigen.«

Die Trajanssäule stand vor einem Tempel, den man sich ungefähr in der Mitte zwischen den beiden Kuppelkirchen zu denken
hat. Die kleinere davon heißt SANTA MARIA DI LORETO und wurde
wahrscheinlich 1510 von Antonio da Sangallo d.J. begonnen, die

andere, die den Namen SANTISSIMO NOME DI MARIA trägt, ist ein
Bau von 1738 und wurde zum Gedächtnis an die Befreiung
Wiens von den Türken (1683) erbaut.

Dem Tempel gegenüber liegt die langgestreckte *Basilica Ulpia*, eine mächtige Gerichtshalle, die schon 1812 teilweise ausgegraben wurde und zu der die erwähnten Säulen aus grauem
Granit gehören. An die Basilika schloß sich das eigentliche Forum an, das sich mit einem Torbogen auf das Augustusforum
öffnete, doch liegen die Grundmauern dieser Anlage jetzt unter
den Straßen und Gärten. Nur an der Nordostseite ist ein runder
Portikus freigelegt worden. Ein zweiter Portikus befand sich
wahrscheinlich auf der andern Seite des Forums am Fuß des
Kapitolinischen Hügels. Hinter dem Portikus erhebt sich der
eindrucksvolle Rundbau der *Trajansmärkte*, der sich an den Abhang des Quirinals anlehnt. Wahrscheinlich sind sowohl das
Forum wie die Märkte Werke eines syrischen Griechen, des
Apollodoros von Damaskus, der den Kaiser auch in den Dakerkrieg begleitet hatte. Man kann das Innere des ganzen Gebäude-
komplexes besichtigen, der als Märkte bezeichnet wird, aber
auch Wohnhäuser umfaßte, darunter dreistöckige, wie wir sie
aus Ostia kennen, von denen einige seit der Antike bis zu ihrer
Freilegung in unserer Zeit ununterbrochen bewohnt waren. Der
Eingang befindet sich in der Via Quattro Novembre neben der
Torre delle Milizie. Man gewinnt eine Anschauung von den
Wohn- und Geschäftshäusern der Kaiserzeit, erfreut sich von
den oberen Stockwerken aus schöner Blicke auf die Fora und
den Palatin.

Wir überqueren nun die Via dei Fori Imperiali und erreichen
das FORUM DES JULIUS CAESAR, von dem bereits kurz die Rede
war. In dessen Mitte sehn wir den hohen Unterbau und drei
wieder aufgerichtete Säulen des ebenfalls bereits erwähnten
Tempels der Venus Genetrix. Der Tempel war schon zur Zeit
Trajans baufällig und mußte neu aufgebaut werden.

Während das Caesarforum nur vom geschichtlichen Standpunkt aus gesehn unsere Anteilnahme erweckt, gehört das ihm
gegenüberliegende AUGUSTUSFORUM zu den bedeutendsten
Denkmälern des alten Rom und weckt lebendige Erinnerung an
den großen Friedensfürsten, unter dem uns der Heiland geboren
wurde. Schon als Kinder unter dem Weihnachtsbaum haben wir
oftmals seinen Namen vernommen: »Es begab sich aber zu jener

Zeit, daß ein Gebot von Kaiser Augustus ausging …«; und hier stehn wir nun an einer Stätte, die ihm gewiß als eine sehr heilige galt, vor dem Tempel, in dem er oft gebetet und geopfert haben mag. Aber dieser Tempel war keiner Gottheit des Friedens gewidmet, den der Kaiser dem Reich Jahrzehnte hindurch zu bewahren gewußt hat, so daß der Janustempel fast während seiner ganzen Regierungszeit geschlossen blieb, sondern dem Kriegsgott, dem fürchterlichen Mars, und zwar ausdrücklich dem rächenden Mars, Mars Ultor. Wie Caesar den Tempel der Venus Genetrix in der Schlacht auf den Pharsalischen Feldern gelobt hatte, so gelobte Octavian, der später den Ehrennamen Augustus trug, den *Tempel des Mars Ultor* in der Nacht vor der Schlacht von Philippi: vor jener andern Schicksalsschlacht, in der er den Mord an Caesar, seinem Adoptivvater, an dessen Mördern Brutus und Cassius rächte.

Das Caesarforum ist noch eine verhältnismäßig bescheidene Bautengruppe, die auch geschäftlichen Zwecken diente, das Augustusforum ist vor allem ein heiliger Bezirk. Von der Straße, von der aus wir auch die Trajansmärkte betrachtet haben – sie verläuft mehr oder weniger parallel zur Via dei Fori Imperiali, von dieser nur durch Gartenanlagen getrennt –, können wir uns noch immer eine recht klare Vorstellung von der Wirkung machen, die das Forum einst getan hat. In der Mitte erhebt sich auf einem breiten Podium, zu dem eine Marmortreppe hinaufführt, der Tempel des rächenden Mars. Acht Säulen standen vor der Front der Vorhalle, während zwei Reihen von Säulen die Seiten bildeten. Von letzteren stehn noch drei aufrecht und tragen auf edlen korinthischen Kapitälen ein prächtiges Gebälk. Der Tempel schließt sich unmittelbar an die Riesenmauer aus Peperinblöcken an, die den ganzen heiligen Bezirk umrundete und ihn gegen das dahinterliegende volkstümliche, ja berüchtigte Wohnquartier, die sogenannte Subura, abschloß. Zur Rechten und Linken erkennen wir zwei große Hallen, ganz links fügt sich in das antike Mauerwerk ein anmutiges Gebäude der Frührenaissance ein: das Haus der Rhodosritter.

Vorbei an einem schweren mittelalterlichen Turm, der TORRE DEI CONTI, erreichen wir entlang der mächtigen Mauer des Augustusforums die kleine, durchaus unebene, höchst anmutige *Piazza del Grillo* mit dem PALAZZO DEL GRILLO, einem anziehenden Gebäude des 18. Jahrhunderts.

Der Palast wird heute nicht mehr von der *Familie del Grillo* bewohnt. Unter den Mitgliedern dieser Familie ist einer sehr volkstümlich: ein grausamer Spaßvogel und ein bösartiger Antisemit, von dem sich das römische Volk allerhand seltsame Geschichten erzählt. In dem reizenden Erinnerungsbuch ›Der Schatten der spanischen Treppe‹ des Diplomaten Daniele Varè lesen wir, Varè habe unter seinen Kollegen einen Marchese del Grillo gehabt, der aber vom Dasein dieses Spaßvogels nichts wissen wollte und behauptete, es habe ihn gar nicht gegeben. In dem gleichen Buch findet sich neben Anekdoten, die den Marchese von seiner bösartigen Seite zeigen, auch die folgende, die ich eher geistreich und liebenswert finde: »Bei einer anderen Gelegenheit hörte der Papst, als er beim Mittagsmahl saß, die Glocke einer benachbarten Kirche in tiefen Schlägen wie zu einem Begräbnis ertönen. Eine andere Glocke fiel in den schwermütigen Klang ein, dann noch eine und noch eine, bis alle Glocken Roms, auch die von Sankt Peter sogar, erklangen wie für eine dahingeschiedene Seele. Nun war aber eine solche Einstimmigkeit der Glocken nur zu erreichen, wenn der Heilige Vater selbst gestorben war. So war es erklärlich, daß im Vatikan große Aufregung entstand und von allen Teilen der Ewigen Stadt dringende ängstliche Anfragen kamen. Ein Bote wurde zu den nächstliegenden Kirchen gesandt. ›Wer war es?‹ fragte er. ›Wer ist gestorben?‹ Aber niemand wußte es. Der Auftrag, die Totenglocke zu läuten, war in jedem einzelnen Falle vom Marchese del Grillo gekommen, jedoch ohne nähere Erklärung. Wiederum wurde der Marchese geholt, und der entrüstete Papst fragte, was er diesmal wieder getan habe. Der keineswegs reumütige Marchese geruhte, eine Erklärung abzugeben: ›Heiliger Vater‹, sagte er, ›ich habe gerade einen Prozeß gewonnen.‹ – ›Nun, und?‹ – ›Mein Gegner war ein sehr armer Mann, und obwohl es stimmt, daß ich ihm Geld schuldete, dessen Zahlung ich verweigerte, konnte er die Gerichtskosten nicht aufbringen …‹ – ›Immerhin hätte er doch einen Anwalt finden können.‹ – ›Das tat er auch. Aber ich gab eine Menge Geld aus, um die Richter zu bestechen, und obwohl ich vollständig und offensichtlich im Unrecht war, gewann ich den Prozeß.‹ – ›Und würden Sie mir nun wohl sagen, was dies mit dem Läuten der Kirchenglocken zu tun hat?‹ – ›Davon wollte ich gerade sprechen. Da ich meinen Prozeß gewonnen habe, obwohl mein armer Gläubiger im Recht war, so folgt daraus, daß im Kirchenstaat die Gerechtigkeit tot sein muß. Und sicherlich ist die Gerechtigkeit nicht weniger wert, betrauert zu werden, als ein Papst. Deshalb habe ich für das Läuten der Kirchenglocken in Rom bezahlt.‹«

Dem Palazzo del Grillo schräg gegenüber liegt der Eingang zum Forum des Augustus. Die Anschauung, die wir bereits von ihm gewonnen haben, wird durch eine Begehung des Ausgrabungsgeländes wirkungsvoll ergänzt. Anschließend besuchen wir auch

das FORUM DES NERVA, mit dessen Bau schon Nervas Vorgänger
Domitian begonnen hatte und von dem vor allem zwei mächtige, stark barock wirkende korinthische Säulen erhalten sind.
Dieses Forum bildete den Übergang zum FORUM DES VESPASIAN,
von dem aber nur noch wenig vorhanden ist.

Auch das HAUS DER RHODOSRITTER verdient einen Besuch.
Hier hatte das römische Priorat des Johanniterordens, aus dem
später die Rhodosritter und noch später die Malteser wurden,
seinen Sitz. In seiner jetzigen Gestalt ist der Bau dem Palazzo
Venezia nah verwandt, wurde wahrscheinlich von den gleichen
Künstlern geschaffen wie dieser. Er ruht auf einem römischen
Bau, dessen trefflich erhaltenes Atrium den Eingangsraum des
Priorats bildet. Von den Fenstern und von der bezaubernden
Loggia des Priorats aus hat man sehr schöne Blicke.

Wir kehren in die Straße der Kaiserfora zurück, überqueren
sie und erreichen so die Kirche SANTI COSMA E DAMIANO. Papst
Felix IV., 526-530, hat dieses Gotteshaus in zwei antike Gebäude
eingefügt, von denen eines zum Vespasiansforum gehörte. Der
Innenraum wurde 1632 im barocken Geschmack umgebaut,
doch blieben die herrlichen Mosaiken aus den Gründungsjahren
erhalten.

Die Heiligen Kosmas und Damian lebten zur Zeit des Kaisers
Diokletian als Ärzte in einer Stadt in Kilikien und behandelten
die Kranken unentgeltlich, weswegen sie auch den Beinamen
Anargyrer, das heißt die Geldlosen, tragen. Sie bekehrten viele
Heiden zum Christentum und erlitten den Märtyrertod. Schon
zu Beginn des 5.Jahrhunderts standen sie im Orient in hohen
Ehren. Vielleicht sind sie zur Zeit des Papstes Felix zuerst in den
Kreis der zu Rom verehrten Heiligen aufgenommen worden.
Auf den Mosaiken der ihnen geweihten Kirche sehn wir sie in
purpurnen Märtyrergewändern, Märtyrerkränze in den Händen.
Die Apostelfürsten Petrus und Paulus, der orientalische Ritter-
heilige Theodor und Papst Felix, der heiliggesprochene Stifter
der Kirche (sein Bild wurde im 16.Jahrhundert schlecht erneuert), geben ihnen das Geleit. Auf dem dunkelblauen Gewölbe
der Apsis schwebt in rötlichem Gewölk Christus herab, um sie
zu empfangen. Diese Christusgestalt ist eine der großartigsten,
die die frühchristliche Mosaikkunst geschaffen hat. Überhaupt
gibt es in Rom nur ganz wenige musivische Werke, die sich mit
denen in Santi Cosma Damiano messen können, vor allem in der

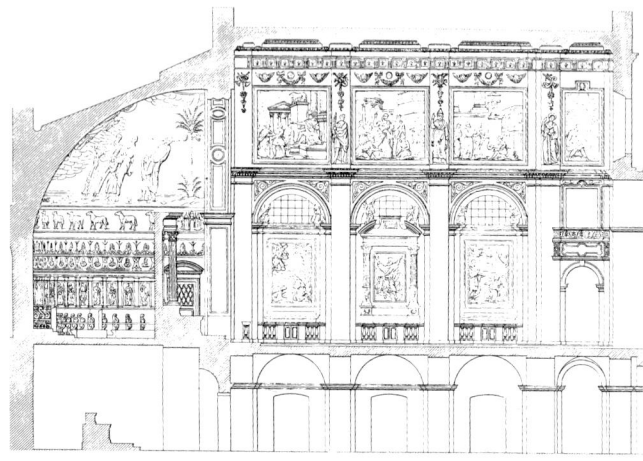

Santi Cosma e Damiano
Längsschnitt durch Apsis und Langhaus

Pracht und mystischen Macht der Farben. Die Mosaiken am Triumphbogen zeigen das Lamm, das Buch mit den sieben Siegeln, von dem die Offenbarung Johannis spricht, sieben Leuchter und vier herrliche weißgekleidete Engel; zu Füßen der Heiligen sehn wir wiederum Christus als Lamm, dem sich zwölf Lämmer, die Apostel, zuwenden. Unter dem Mosaik lesen wir eine schöne lateinische Inschrift, die in deutscher Übersetzung lautet: »Das Heiligtum des Herrn erstrahlt von schönen Mosaiken, doch köstlicher leuchtet in ihm das Licht des Glaubens. Das Zeugnis der Märtyrer ist für das Volk gewisse Hoffnung des Heils; und aus diesem Privilegium ging diese heilige Stätte hervor. Papst Felix brachte dem Herrn dies feierliche Opfer dar, damit ihm gewährt werde, im Paradies zu leben.« Am 24. Mai 1924 wurden unter dem Altar der Krypta von Santi Cosma e Damiano zwei Särge aus orientalischem Holz gefunden, die die Reliquien der beiden Märtyrer enthielten. Welch hohe Ehre den beiden Blutzeugen auch in der westlichen Kirche zuteil wurde, sehn wir daran, daß ihre Namen in den Kanon der heiligen Messe eingefügt worden sind. Ihr Fest wird am 27. September gefeiert.

Wir setzen unsere Wanderung auf der Straße der Kaiserfora fort, finden hier den ragenden Hallenbau der Maxentiusbasilika,

dann die Kirche Santa Francesca Romana und die Terrasse, die
den größten Tempel Roms, den Tempel der Venus und Roma,
trug. Die drei genannten Gebäude sind frei zugänglich, nicht
aber das Forum und der Palatin. Der Haupteingang zum Forum
und zum Palatin befindet sich in der Via dei Fori Imperiali etwa
in der Höhe der obengenannten Via Cavour, ein Nebeneingang,
den man vom Kolosseumsplatz aus erreicht, in der Nähe des
Titusbogens.

Die BASILIKA DES MAXENTIUS wird oft auch die Basilika des
Konstantin genannt. Beide Namen sind berechtigt. Kaiser Maxentius, der 306 in Rom von seinen Praetorianern zum Caesar
ausgerufen worden war, hatte den Bau begonnen. Im gleichen
Jahr war Konstantin zu York in Britannien zum Augustus ausgerufen worden. Sechs Jahre später stand dieser Konstantin vor
den Toren Roms und schlug dort, siegreich im Zeichen des
Kreuzes, die berühmte Schlacht an der Milvischen Brücke, bei
der Maxentius in den Fluten des Tibers den Tod fand. Konstantin hat dann die Basilika vollendet und in ihr seine Kolossalstatue aufstellen lassen, deren Trümmer wir auf dem Kapitol
sahen.

Ältere Besucher Roms haben in ihrer Liebe zum Klassischen
oder, genauer gesagt, zum Hellenischen, wie es in der römischen
Kunst fortlebt, die gewaltige Baumasse zwar nicht übersehen
können, aber doch selten Freude daran gehabt. Sie empfanden
sie als ein Werk der Verfallszeit, fast schon der Barbarei. Ich
glaube, daß wir es anders sehen müssen: als das vielleicht bedeutendste Denkmal der großen Zeitenwende, in der das Christentum aus dem Verborgen- und Verfolgtsein heraustrat in das
Licht der Öffentlichkeit und zu einer Macht im Staat wurde.

Unser Gang durch die Kaiserfora hat uns gezeigt, daß man beim Bau der
heidnischen Götterhäuser im wesentlichen den hellenischen Vorbildern
folgte: den Säulentempeln Griechenlands. Auch die Basiliken der Fora
sind ins Lateinische übertragene hellenische *Säulenbauten*, und zwar in
dem Sinn, daß Säulen nicht nur ihr Schmuck, sondern ein entscheiden-
der Bestandteil ihres gesamten Aufbaus sind. Neben diesen den Göttern
und dem öffentlichen Leben gewidmeten Bauten gab es aber in Rom
bereits eine andere Art von Gebäuden, bei denen Säulen fast nur noch
schmückende Funktionen hatten: die Thermen. Diese riesigen *Hallenbauten* sind etwas durchaus Unhellenisches, Unklassisches. Sie dienten
aber weder dem Kultus noch, wie die Basiliken, als Gerichtsstätten und

Versammlungsorte, sondern nur der Geselligkeit und dem, was wir vielleicht ›Sport‹ nennen würden.

Mit der Basilika des Maxentius ist nun ein solcher Hallenbau im Stil der Thermen zum erstenmal ein öffentliches Gebäude geworden, das späterhin vielleicht auch dem Kaiserkult gedient hat. Damit aber setzt sich eine Architektur lateinischer oder, genauer gesagt, italischer Herkunft und Prägung, der Gewölbebau, gegen das Hellenische, den Säulenbau, entscheidend durch. Vor allem geschieht dies: der Außenbau, der bei den Säulentempeln der Griechen das bei weitem Wichtigste ist, verliert an Bedeutung, während der Innenraum oder die Innenräume immer reicher ausgestattet werden. Es ist aber höchst kennzeichnend und bedeutungsvoll, daß sich diese ›Verinnerlichung‹ der Architektur zu der Zeit vollzieht, in der sich das Christentum den Staat eroberte, denn diese ›Verinnerlichung‹ entsprach seinem Geist, auch seinen kultischen Bedürfnissen.

Die Maxentiusbasilika ist nie in eine christliche Kirche umgewandelt worden wie ein Teil der Diokletiansthermen, die Michelangelo zur Kirche Santa Maria degli Angeli umgebaut hat, aber sie steht geschichtlich und baugeschichtlich betrachtet genau an jenem bedeutsamen Ort, an dem die frei, groß und mächtig gewordene Kirche nach kultischen Räumen verlangte, die dieser Freiheit, Größe und Macht entsprachen. Rein kunstgeschichtlich gesehn wurde zwar die Säulenbasilika zum Vorbild der älteren christlichen Kirchen Roms, aber die Maxentiusbasilika mit

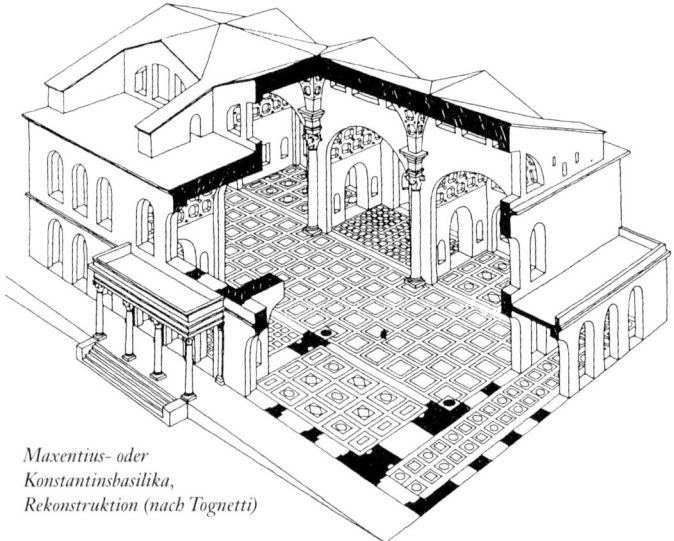

Maxentius- oder
Konstantinsbasilika,
Rekonstruktion (nach Tognetti)

ihren riesigen Gewölben ist dennoch das wichtigste Bindeglied zwischen der antiken und der christlichen Baukunst: zur Hagia Sophia hin, der ersten christlichen Kirche von antikischen Ausmaßen, die 200 Jahre später erbaut wurde, hin zu den Kirchen mit gewölbten Mittelschiffen, die im 11. Jahrhundert gleichzeitig in der Lombardei, im Rheinland und in Burgund entstanden, hin zu Brunelleschis Domkuppel in Florenz. Rom freilich war in der Spätantike und im Mittelalter zu arm, um sich Bauten leisten zu können wie die eben genannten, bis es unter den Päpsten der Hochrenaissance reich genug wurde, um im Petersdom ein architektonisches Ideal der Zeit weitgehend zu verwirklichen: das Pantheon auf die Maxentiusbasilika zu stellen. Doch steht die Maxentiusbasilika nicht allein da, zur gleichen Zeit entstanden in allen Provinzen des Imperiums Paläste, öffentliche Gebäude, auch Tempel mit gewaltigen gewölbten Hallen, mit Nischen und Apsiden. Dieser Stil entfaltete sich vor allem in Syrien und Ägypten, aber auch in Trier und Mailand.

Die Maxentiusbasilika war eine rechteckige dreischiffige Halle, die bei einer Länge des Mittelschiffs von 80 Metern eine Höhe von 35 Metern erreicht. Dieses Mittelschiff, das parallel zur Straße der Kaiserfora verlief und eingestürzt ist, war 25 Meter breit. Es hatte ein einziges gewaltiges Gewölbe, während die beiden Seitenschiffe, von denen das eine fast vollständig erhalten ist, jedes in drei Räume gegliedert waren. Das Gewölbe des Mittelschiffs bestand aus drei Kreuzgewölben, die auf acht 14½ Meter hohen Säulen ruhten. Um sich von seiner Größe die rechte Vorstellung zu machen, muß man sich vergegenwärtigen, daß diese Kreuzgewölbe dort begannen, wo das erhaltene Seitenschiff endet. Die Säulen sind alle verschwunden bis auf eine, die heute vor der Kirche Santa Maria Maggiore steht und eine Bronzefigur der Madonna trägt. Sie waren aus weißem Marmor und von korinthischer Ordnung. Konstantins Kolossalstatue stand in der Apsis des Hauptschiffs. Der Kaiser fügte der Basilika, deren Haupteingang sich gegenüber jener Apsis befand, einen zweiten Eingang hinzu. Dieser öffnete sich unter einem von vier herrlichen Porphyrsäulen getragenen Portikus auf das Forum. Die Basilika war auf das üppigste mit farbigem Marmor geschmückt, in den Nischen standen zahlreiche Statuen, in den prachtvollen Kassetten der Decke schimmerten riesige Rosetten aus vergoldeter Bronze. Am reichsten war wohl die Apsis ausgestattet, die Konstantin gegenüber dem Tor mit den vier Porphyrsäulen in den Mittelraum des erhaltenen Seitenschiffs einfügen ließ. Ein Tor, dessen marmorne Schwelle noch erhalten ist, schloß diesen Raum gegen das Hauptschiff ab; er mag kultischen Zwecken gedient haben. Wahrscheinlich ist die Basilika zuerst durch das furchtbare Erdbeben von 847 zerstört worden.

Wer unter den Trümmern der Basilika spaziert, genießt einen schönen Blick auf den Palatin und erblickt zu seiner Linken im Vordergrund den reizenden mittelalterlichen Turm der Kirche SANTA FRANCESCA ROMANA. Es ist einer jener römischen Glokkentürme aus Backstein mit kleinen Säulenfenstern (die Säulchen sind aus hellem Travertin), deren Wände manchmal bunte runde Majolikascheiben, manchmal Scheiben aus farbigem Marmor verzieren; letztere gewann man dadurch, daß man antike Säulen aus solchem Marmor in Scheiben schnitt. Die anmutig gegliederte Fassade schuf 1615 Carlo Lombardi.

Den Namen, den die Kirche heute trägt, erhielt sie erst im 15. Jahrhundert nach einer römischen Klosterfrau namens Francesca, die eine große Wohltäterin der Armen war und, von ihrem Schutzengel beraten, manches Wunder tat. Sie starb 1440, wurde in der heute nach ihr benannten Kirche begraben und 1608 kanonisiert. Seit 1926 ist sie die Schutzpatronin der Automobilisten, und an ihrem Fest, dem 7. März, wird auf dem Kolosseumsplatz über Tausende von Autos der Segen gesprochen.

Die Kirche enthält auf dem Hochaltar eines der zahlreichen Bildnisse der Madonna, die der heilige Lukas gemalt hat, das, als der Bau 1216 niederbrannte, unversehrt blieb, und außerdem in der Nähe des Altars zwei in die Wände eingemauerte Basaltblöcke, auf denen Petrus und Paulus gekniet haben, als sie von Gott die Bestrafung des Simon Magus erflehten, von der die Legenda Aurea das Folgende erzählt:

»Über eine Zeit rief Simon das Volk« (von Rom) »zusammen und sprach, die Galiläer« (nämlich die Christen) »hätten ihn also gekränkt, daß er die Stadt wolle verlassen. Also wolle er einen Tag setzen, da er gen Himmel fahre, denn auf Erden wohnen möge er nicht mehr. Am festgesetzten Tage aber stieg er auf einen hohen Turm oder, was wir bei Linus lesen, auf das Capitolium, und schwang sich hinab, mit Lorbeer bekränzt, und fing an zu fliegen. Da sprach Paulus zu Petro: ›Ich will beten, du aber sollst gebieten.‹ Und Kaiser Nero« (der ein Bewunderer des Simon war) »sprach: ›Dieser Mensch hat die Wahrheit gesagt, ihr beide aber seid Betrüger.‹ Sprach Petrus zu Paulo: ›Paule, hebe dein Haupt auf und schau.‹ Da hub Paulus seine Augen auf und sah Simon in

den Lüften fliegen; und sprach zu Petro: ›Petre, was verziehst du? Voll-
bringe, was du begonnen hast, denn allbereits ruft uns der Herr.‹ Da rief
Petrus: ›Ich beschwöre euch, ihr Engel des Satans, die ihr ihn in der Luft
traget, bei unserm Herrn Jesu Christo: haltet ihn nicht mehr, sondern
lasset ihn fallen.‹ Alsbald aber ließen sie ihn los, und er fiel herab, daß
sein Haupt zerschmetterte und er seinen Geist aufgab.« Das geschah zur
Zeit Neros, unter dem Petrus und Paulus hingerichtet wurden, in der
Nähe der Kirche Santa Francesca Romana, und Papst Leo erzählt, der
Kaiser habe die Apostelfürsten gefangensetzen lassen, weil Petri Gebet
den Frevelflug des Magiers unterbrochen hatte.

In Santa Francesca Romana sehn wir ein Denkmal, das das römische Volk 1584 für Papst Gregor XI. errichtete, weil er, von der
heiligen Katharina von Siena beraten, den päpstlichen Sitz 1377
von Avignon wieder nach Rom verlegt hatte. In der Apsis sind
schöne, doch stark restaurierte Mosaiken des 12. Jahrhunderts.
Die Confessio mit ihrem Marmorschmuck hat Bernini entworfen.

Hinter der Kirche, gegen das Kolosseum zu, besuchen wir
nun die große Terrasse, auf der der freilich sehr schlecht erhaltene TEMPEL DER VENUS UND ROMA liegt. Der Bau war schon
unter Hadrian begonnen worden, der die Pläne dazu selbst entwarf, brannte 307 nieder, Maxentius erneuerte ihn. Er bestand
aus zwei Teilen, von denen der westliche der personifizierten
Roma, der östliche der Venus als der Mutter des Aeneas geweiht
war. Die Apsis des östlichen Teils ist gut erhalten, sie stammt
vom Neubau des Maxentius. Im Jahre 1935 hat man, was von
den Säulen des den Tempel umgebenden Portikus noch erhalten
war (sie bestehn aus Granit), wieder aufgerichtet, an Stelle der
fehlenden Säulen Ligusterbüsche, an Stelle der zerstörten Stufen Buchsbaumhecken und an Stelle der nicht mehr vorhandenen Mauern Lorbeer gepflanzt. Von der Terrasse aus, die den
Tempel trägt, hat man einen der schönsten Blicke auf das Kolosseum, dem wir uns nun zuwenden wollen.

Das KOLOSSEUM ist vielleicht die berühmteste Ruine der Welt
und galt von jeher so sehr als das Sinnbild römischer Größe, daß
der große englische Heilige Beda Venerabilis, der im 8. Jahrhundert lebte, die kaum weniger berühmten (in jedem und eben
darum auch in meinem Italienbuch zitierten) Verse schreiben
konnte:

So lange das Kolosseum steht, wird Rom leben.
Wenn das Kolosseum fällt, wird auch Rom fallen.
Wenn Rom fallen wird, dann wird auch die Welt fallen.

Es ist immer mißlich und bereitet Gewissensbisse, wenn man
von einem so berühmten Werk sagen muß: es hat auf mich nie
einen so überwältigenden Eindruck gemacht, daß ich es zu meinen ganz großen Erlebnissen zählen kann. Womit ich denn
wirklich nicht sagen möchte, daß ich beim Anblick dieses Riesen
ungerührt bliebe. Da ist zunächst das Staunen über die Größe
des Baus; aber ich könnte mir denken, daß dieses Staunen in
Zeiten, in denen es keine Wolkenkratzer gab, noch größer war
als in der unsern. Als Goethe am 11. November 1786 zuerst über
das Kolosseum schrieb, ist nur von dieser Größe die Rede.
»Abends«, so heißt es da, »kamen wir ans Coliseo, da es schon
dämmerig war. Wenn man das ansieht, schein wieder alles andere klein, es ist so groß, daß man das Bild nicht in der Seele
behalten kann; man erinnert sich dessen nur kleiner wieder, und
kehrt man dahin zurück, kommt es einem aufs neue größer vor.«
Ich habe das Bild des Kolosseums zwar sehr genau im Auge, aber
»in der Seele behalten« konnte ich es nie. Der Bau wird in der
›Italiänischen Reise‹ noch mehrfach erwähnt, aber stets im Zusammenhang mit dem Landschaftlichen. Dann findet sich einmal der seltsame Satz: »So bleibt mir das Coliseo immer impo-
sant, wenn ich gleich denke, zu welcher Zeit es gebaut worden,
und daß das Volk, welches diesen ungeheuren Kreis ausfüllte,
nicht mehr das altrömische Volk war«; eine Bemerkung, aus der
man doch wohl folgen darf, daß sich Goethe für diesen Bau nicht
recht begeistern konnte. Und auf der letzten Seite des Buches
lesen wir nach der Beschreibung seines nächtlichen Besuches auf
dem Kapitol und dem Forum: »Als ich aber den erhabenen Resten des Koliseums mich näherte und in dessen verschlossenes
Innere durch Gitter hineinsah, darf ich nicht leugnen, daß mich
ein Schauer überfiel und meine Rückkehr beschleunigte.«
    Dieser Schauer hat mich immer wieder überfallen, wenn ich
in das Innere des Kolosseums hineinsah, nicht nur in der Dunkelheit, sondern oft ganz besonders heftig in hellsten Mittags-
stunden. Das mag sich auch durch die grauenhafte Zerstörung
des Innenraums erklären, der etwas Gerippehaftes, Totes hat
(durchaus im Gegensatz etwa zum Innenraum der Arena von

Verona); auch daß die Archäologen den Boden der Arena so gründlich durchwühlt, man möchte sagen ausgeweidet und Keller, Kerker und Käfige, die sie dabei freilegten, offen gelassen haben, trägt zu dem Eindruck bei, vor einem Leichnam zu stehn, aber wahrscheinlich ist es doch vor allem die Erinnerung an all das Entsetzliche, das hier geschah, die uns beim Anblick dieser Stätte ergreift und schüttelt und quält. Ich möchte noch hinzufügen, daß die Art und Weise, wie das Kolosseum auseinandergeborsten ist, etwas besonders Tragisches hat; wie es überhaupt Ruinen gibt, die tragischer wirken als andere und sogar solche, die durchaus nicht tragisch wirken, sondern ›romantisch‹ oder anziehend, ja erfreuend.

Etwa vom Palatin aus gesehn, besonders wenn die untergehende Sonne die ganze, tief zerrissene Backsteinmasse blutig rot färbt, wirkt das Kolosseum wie eine klaffende Wunde. Und eine Wunde ist es ja auch im übertragenen Sinn, denn es gibt wohl keinen Ort in der Welt, wo so viele Menschen so vielen andern Menschen so Entsetzliches angetan haben, und zwar ohne jeden Sinn, vielmehr aus der ›reinen‹ Freude an der Grausamkeit, am Blutvergießen. Was von allen Arenen gilt, die die Römer gebaut haben, das gilt zehnfach, hundertfach vom Kolosseum: es ist ein Höllentrichter!

Wenn wir uns von der Straße der Kaiserfora her dem berühmten Bau nähern, jenen wohlerhaltenen Teilen des riesigen Ovals, die vor allem an der Nord- und der Westseite liegen, haben wir freilich zunächst einen andern, durchaus erfreulichen Eindruck: den einer zwar ungewöhnlich hohen und schweren Mauer, die aber durch ihre harmonische, ja geradezu zarte architektonische Gliederung diese Schwere, aber keineswegs das Erhabene verliert. Vorbild für diese Gliederung ist wohl das Marcellustheater gewesen, das wir auf unserm elften römischen Spaziergang besuchen werden. Das ist ein Bau aus der Zeit des Augustus; mit dem des Kolosseums wurde rund ein Jahrhundert später unter Vespasian begonnen.

Den *Theaterbau* haben die Römer bei den Griechen gelernt; als Pompejus 55 vor Christi Geburt in der Nähe des heutigen Campo de' Fiori sein Theater erbauen ließ, das älteste Roms, von dem aber nur noch geringe Reste erhalten sind, soll er ganz bestimmte Theaterbauten, die er in Griechenland gesehn hatte, als Muster aufgestellt haben. Doch hat man in der Stadt Rom,

G. B. Piranesi: Kolosseum und Konstantinsbogen

obwohl das an den Abhängen des Palatins und des Kapitols durchaus möglich gewesen wäre, den Zuschauerraum nicht, wie das die Griechen taten, in einen Hügelhang hineingehöhlt, sondern freistehende Theater gebaut. Der Außenbau des Marcellustheaters zeigt allerdings die gleiche, echt römische Reihung von Rundbogen, wie wir sie vom Tabularium auf dem Kapitol her schon kennen; im Grunde handelt es sich um das gleiche System, das beim Bau von Brücken und Wasserleitungen angewendet wurde, nur daß man die Arkaden in einem Halbkreis ordnete und zwei davon übereinanderstellte, über denen sich eine hohe Attika erhob, die heute zerstört ist. Dieses System wurde dann beim Kolosseum von einem Theater, also einem Halbrund, auf ein Amphitheater, also auf ein Vollrund oder, genauer gesagt, Volloval, übertragen. Außerdem stellte man nun drei Bogenreihen übereinander, die wiederum eine Attika trugen.

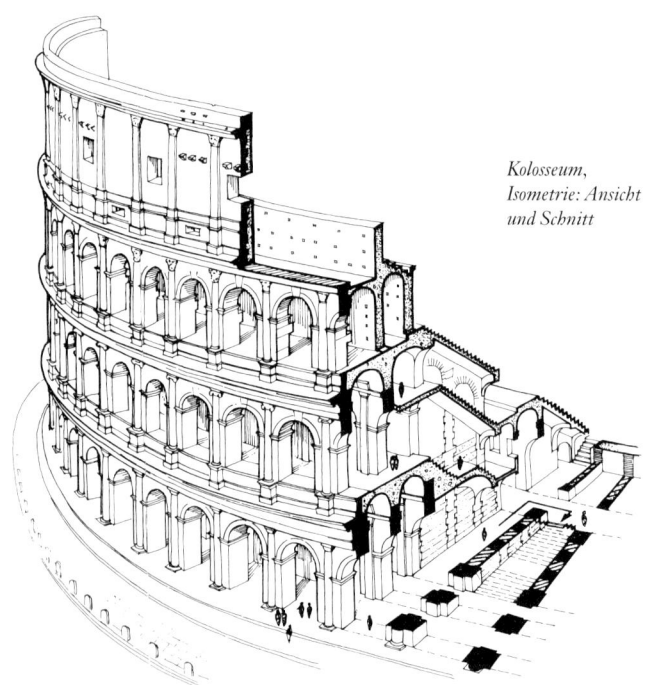

Kolosseum,
Isometrie: Ansicht
und Schnitt

Doch begnügte man sich nicht mit den Arkaden, sondern gab ihnen einen festlichen Säulenschmuck. Dabei scheint man beim Marcellustheater zum erstenmal das sogenannte Prinzip der Komparation angewendet zu haben, indem man den massigen quadratischen Bogenpfeilern schlanke Halbsäulen vorblendete, die im unteren Stockwerk Kapitäle dorischer Ordnung trugen, im oberen Stockwerk Kapitäle ionischer Ordnung, während die Attika wahrscheinlich mit Pilastern korinthischer Ordnung geschmückt war, so daß hier alle drei griechischen Säulenordnungen zu Wort kamen und in ihrer Wirkung miteinander verglichen (kompariert) werden konnten. Dabei trugen die schwereren dorischen Säulen die leichteren ionischen, über denen das Akanthusblätterwerk der korinthischen schwebte.

Beim Kolosseum mit seinen drei Bogenreihen konnte man dann Säulen der drei Ordnungen übereinander stellen; die Attika ist dem dreistöckigen Bau des Vespasian – der also in seiner ursprünglichen Form andern Arenen, etwa der zu Verona, ähnlich war – erst durch seinen Sohn Titus hinzugefügt worden, wodurch das Kolosseum so viel ›kolossaler‹ wirkt als die andern Amphitheater. Um so mehr bewundern wir, wie es gelungen ist, diese gewaltige Baumasse so zu gliedern, daß sie zwar monumental, ja erhaben wirkt, aber doch nicht lastend, und wir verstehen darum, warum das Prinzip der Komparation, das die Architekten der Renaissance am Marcellustheater und am Kolosseum studiert haben, bis auf den heutigen Tag in der Baukunst eine solche Rolle spielt. Ich möchte hier schon ein großes römisches Beispiel für das nennen, was die Renaissance jenen Vorbildern verdankt: ein Hof des Palazzo Farnese, den Michelangelo vollendete.

Der Außenbau des Kolosseums besteht aus edlem Material, nämlich aus Travertin von Tivoli, der Innenbau dagegen aus Ziegeln und Tuff. Das Kolosseum ist nicht nur von furchtbaren Erdbeben zerstört worden, sondern es hat auch Jahrhunderte hindurch als Steinbruch gedient. Große Paläste wie der Palazzo Venezia, der Palazzo Barberini, die Kapitolinischen Paläste sind aus seinem Travertin gebaut worden. Die Travertinblöcke waren durch eiserne Klammern miteinander verbunden, die man zum größten Teil herausgerissen hat. Auch war die ganze Ruine noch bis gegen Ende des vorigen Jahrhunderts mit einer dichten Vegetation bedeckt, deren Sträucher und Bäume ihre Wurzeln

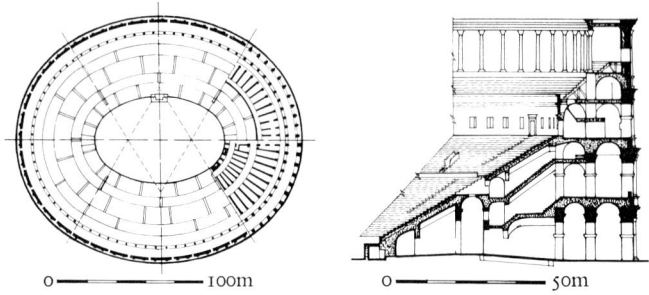

Kolosseum, Grundriß und Schnitt

tief in das Mauerwerk einsenkten und es gewiß oft gesprengt haben. Wahrscheinlich hat diese Vegetation besonders im Innern des Baus, das so zerstört ist, wohltuend, heilend gewirkt, und vielleicht hätte man besser daran getan, sie nicht so völlig auszurotten. Vor allem aber täte man gut daran, die Keller und Gänge unter der Arena, die ja im Altertum auch nicht sichtbar waren, wieder zuzudecken.

Es ist immer noch nicht ausreichend geklärt, wie viele Zuschauer – zwischen fünfzig- und siebzigtausend – Platz fanden. Da es sich beim Kolosseum um ein so kolossalisches Werk handelt, gebe ich einige Maßzahlen an. Der Umfang beträgt ungefähr einen halben Kilometer. Die Längsachse ist 188, die Querachse 156 Meter, der Bau ist fast 50 Meter hoch. Staunend lesen wir, daß der ganze riesige Innenraum samt der Arena während der Spiele mit Seilen und Segeln, die die Matrosen der Kaiserlichen Flotte bedienten, überspannt werden konnte, um die Zuschauer gegen die Sonne zu schützen.

Ich sagte schon, daß die Römer die Gladiatorenkämpfe bei den Etruskern kennengelernt haben, und es ist eher wahrscheinlich, daß sie bei ihnen auch die Amphitheater kennengelernt haben, die wohl in den Erdboden hineingehöhlt oder aus dem weichen Tuff Etruriens herausgemeißelte Runde oder Ovale waren. Das älteste uns erhaltene Amphitheater, das von Pompeji, ist noch zum Teil durch Ausschachten des Bodens entstanden, doch hat man den Schacht mit einer Arkadenmauer umrundet. Ein ganz freistehender Bau ist erst die Arena von Capua, die in augusteischer Zeit begonnen wurde. Im republikanischen Rom fanden Gladiatorenkämpfe und Tierhetzen in den Zirkussen

statt, die auch für Pferde- und Wagenrennen dienten. Das erste
Amphitheater wurde unter Augustus erbaut, genügte aber den
Bedürfnissen nicht, so daß der Kaiser bereits einen Riesenbau
plante. Er kam aber nicht zustande, bis schließlich Vespasian,
der 69-79 regierte, mit dem Bau des Kolosseums begann. Titus
hat es im Jahre 80 mit hunderttägigen Festspielen eingeweiht,
wobei viele Gladiatoren und fünftausend wilde Tiere umge-
bracht wurden. Der dritte der flavischen Imperatoren, Domitian, verzierte das Obergeschoß mit bronzenen Schildern. So ist
das Kolosseum ein Denkmal der Dynastie der Flavier, die nach
den traurigen Jahren der neronischen Herrschaft, 54-68, und
dem Regiment der Soldatenkaiser, des grausamen Galba, des
Geizhalses Otho, des Fressers Vitellius, dem Imperium wieder
Festigkeit und innere Ordnung schenkte und die Grundlagen
für jene glückgesegnete Zeit legte, die von 96 bis 161 dauerte
und in der ein Nerva, ein Trajan, ein Hadrian und ein Antoninus
Pius regierten. Während man das Zeitalter des Caesar und des
Augustus als das der goldenen Latinität bezeichnet und in der
bildenden Kunst von der augusteischen Klassik spricht, redet
man von der Literatur, die unter den Flaviern und besonders
Domitian blühte, als von der silbernen Latinität. Es ist die Zeit
des Statius, des Martial, des Juvenal, des Quintilian.

Im Jahre 66 hatten sich die Juden gegen die Römer erhoben
und die römische Besatzung von Jerusalem niedergemetzelt. Das
ereignete sich unter Nero. Dieser schickte ein Heer, das Vespasian befehligte. Als Vespasian Kaiser wurde und gegen Rom zog,
ließ er seinen Sohn Titus in Palästina zurück. Dieser eroberte im
Jahre 70 Jerusalem und zerstörte den Tempel, feierte einen
Triumph, von dem der Titus-Bogen auf dem Forum lebendig
zeugt. Beide, Vater und Sohn, brachten zahlreiche jüdische Gefangene nach Rom, und der Überlieferung nach haben diese
Juden beim Bau des Kolosseums Frondienste geleistet wie einst
ihre Ahnen beim Bau der Pyramiden.

Das Kolosseum hat mancherlei verschiedenen Zwecken gedient, doch
niemals einem guten. Die beliebtesten Spektakel waren die *Gladiatorenkämpfe* und die Tierhetzen, die sogenannten ›venationes‹, doch wird
auch von Naumachien, Seeschlachten berichtet, bei denen die Arena mit
Wasser gefüllt wurde und die Gladiatoren sich von Schiffen herab ge-
genseitig töteten. Die Gladiatorenkämpfe sind ursprünglich wohl Zwei-
kämpfe gewesen, nahmen aber später die Form von Gefechten, ja von

Schlachten an. Im Jahre 249, dem tausendsten seit der Gründung Roms, sah man hier tausend Paare von Gladiatoren gegeneinander fechten. Die ›venationes‹ waren Kämpfe zwischen Menschen und wilden Tieren; bei denen des Jahres 249 wurden 60 Löwen, 10 Tiger, 30 Leoparden, 10 Hyänen, aber auch friedliche Tiere wie Elefanten, Giraffen, wilde Esel, wilde Pferde und Zebras in Massen getötet. Wenn ein Gladiator verwundet war, konnte er den ›lanista‹, den Kampfrichter, darum bitten, sich vom Kampf zurückziehn zu dürfen. Je nachdem, ob er den Zuschauern sympathisch oder unsympathisch war, streckten diese die Daumen begnadigend nach oben oder verurteilend nach unten, worauf der Kaiser entschied, ob der Kampf fortgesetzt werden solle oder nicht. Doch richtete er sich meist nach dem Urteil des Pöbels, der die Arena völlig beherrschte, die Wiederholung von Schauspielen forderte, die ihm gefallen hatten, aber durch Schreien und Rufen auch die Ernennung oder die Absetzung von Beamten, eine Kriegserklärung oder einen Friedensschluß, die Untersuchung von Korruptionsaffären. Wollte es aber eine Christenverfolgung, erscholl der entsetzliche Ruf: Christianos ad leones! Die Arena war also auch eine Art von Volksversammlung, die, wenn auch in der rohesten Form, ein demokratisches Element in die Allein- und Gewaltherrschaft der Imperatorenzeit einfügte.

Die Spiele fanden – wie ja auch die griechischen, so viel edleren Kampfspiele – zu Ehren der Götter statt, begannen und endeten mit Opfern, doch wurde das in der Kaiserzeit nicht mehr ernst genommen, war nur noch ein Zopf aus alter Zeit. Schon während der republikanischen Zeit widmeten sich die Römer an 65 Tagen des Jahres diesen Schauspielen, im 4. Jahrhundert an 175 Tagen. Die großen Spektakel begannen bei Sonnenaufgang und endeten mit Sonnenuntergang. Der Kaiser oder der hohe Beamte oder der siegreiche Feldherr, der dem Spiel vorstand, ließ oft Speisen und Getränke an die Menge verteilen oder warf numerierte Spielmarken unter das Volk, das sich darum schlug, weil man mit den Marken die verschiedensten Dinge gewinnen konnte. Die Spiele verschlangen ungeheure Gelder, aber das Volk von Rom verlangte so stürmisch danach, war so überzeugt davon, es habe ein Recht darauf, daß sich auch die vernünftigen oder geizigen Kaiser dieser Verpflichtung nicht entziehn konnten, die gleichzeitig die Massen demoralisierte und die Staatskassen leerte.

Der römische Pöbel verlangte von den Veranstaltern der Spiele immer neue Sensationen, das heißt immer raffiniertere Grausamkeiten. Man bildete darum verschiedene Arten von Gladiatoren aus, wie es heute verschiedene Arten von Boxern gibt. Die ›retiarii‹ zum Beispiel waren Leichtgewichtler, die man nur mit einem Dreizack bewaffnete. Sie suchten die von Kopf bis Fuß gepanzerten Schwergewichtler, die ›myrmillones‹, in Netze zu verstricken, mit denen sie ausgerüstet waren, und dann mit dem Dreizack zu töten. Die ›secutores‹ waren nackt, trugen

aber einen schweren Helm. Sie kämpften mit hünenhaften Galliern und
Germanen. Samniten sah man mit riesigen eckigen Schildern gegen
gepanzerte Thraker fechten, die nur kleine runde Schilde trugen. Auch
gab es Reiter- und Streitwagenkämpfe. Zu Beginn der Spiele wurden
meist nur Scheinkämpfe gezeigt, bis ein Trompetensignal das Zeichen
zum Beginn des Gemetzels gab. Dieses wurde meist von lauter Musik
begleitet. Die ›venationes‹, bei denen ebenfalls Hunderte und Tausende
von Menschen ihr Leben lassen mußten, dürfen wir uns ähnlich, wenn
auch noch scheußlicher vorstellen als die spanischen Stierkämpfe. Oft
aber wurden auch wehrlose Menschen den Gladiatoren oder den Bestien
ausgeliefert, denn das römische Gesetz kannte diese Art der Tötung als
eine verschärfte Form der Todesstrafe. Die Zahl der Christen, die so
sterben mußten, ist unberechenbar, doch nur einen kennen wir bei Namen, der im Kolosseum auf diese schreckliche Weise sein Leben einbüß-
te: den heiligen Bischof von Antiochia, Ignatius. Auf seiner Todesreise
nach Rom hat er sieben berühmte Briefe an die Christengemeinde geschrieben. In einem dieser Briefe kommt zum ersten Male das Wort
›Katholische Kirche‹ vor, in einem andern, dem an die Römer, legt er
den Primat des Papstes über alle Bischöfe dar. Er starb unter der Regierung Trajans.

Im Jahre 217 wurde das Kolosseum während eines furchtbaren
Gewitters von Blitzen getroffen, brannte teilweise aus, doch war
es bei dem grausigen Gemetzel von 249 schon wieder herge-
stellt. Kaiser Konstantin versuchte, die Gladiatorenkämpfe ab-
zuschaffen, doch konnte er sich nicht durchsetzen. Unter dem
Kaiser Honorius, also fast ein Jahrhundert später, drang während eines dieser Spiele ein griechischer Mönch namens Telemachos in die Arena ein und erhob laut seine Stimme gegen die
Grausamkeit der Römer. Er wurde von der Menge gelyncht,
worauf Honorius die Gladiatorenkämpfe verbot, während die
›venationes‹ auch weiterhin stattfanden, zum letztenmal, als der
Westgote Theoderich der Große auf dem Palatin residierte.
    Dann begann der Riesenbau langsam zu verfallen. Um das
Jahr 1000 herum richtete sich das Rittergeschlecht der Frangi-
pani darin eine Burg ein. Ihren Nachfolgern, den Annibaldi,
nahm es im Jahre 1312 Kaiser Heinrich VII. ab und schenkte es
dem römischen Volk, das es als Steinbruch benützte und wieder
Kampfspiele darin veranstaltete, diesmal Stierkämpfe, bei denen
es zahlreiche Tote gab. Der letzte fand 1332 statt. Im Jahre 1349
brach bei einem furchtbaren Erdbeben, das Petrarca eingehend
beschrieben hat, der ganze dem Coelius zugewandte Teil des

Kolosseums zusammen. Die Architekten der Renaissance setzten das Zerstörungswerk fort, doch fanden im Kolosseum auch religiöse Feiern und Mysterienspiele zum Gedächtnis der Märtyrer statt. Sixtus v., 1585-1590, wollte eine Textilfabrik darin einrichten. Schließlich rettete es Benedikt xiv., 1740-1758, indem er es dem Leiden Christi weihte. Damals wurde das Kolosseum auch durch eine Via Crucis zu einer Stätte der Andacht gemacht. Die Archäologen haben die Kreuzweg-Tabernakel später wieder entfernt. In die Mitte der Arena ließ Benedikt ein hölzernes Kreuz stellen, das 1870, nachdem Rom zur Hauptstadt des Königreichs Italien geworden war, von liberalen Fanatikern entfernt wurde, im Jahre 1929 nach dem Abschluß der Lateranverträge aber wieder aufgerichtet worden ist. Die große Stützmauer an der Ostmauer des Kolosseums ließ Pius vii. 1805 aufrichten, um den Verfall des Baus aufzuhalten. Mit den Ausgrabungsarbeiten und vor allem mit der Freilegung des Innenraums, der zu über einem Drittel mit Erde ausgefüllt war, haben im Jahre 1801 französische Archäologen begonnen. Von der Höhe des Kolosseums hat man einen schönen Blick über die südlichen Stadtteile.

Das Kolosseum steht an der Stelle eines künstlichen Sees der riesigen Villa, mit deren Bau Nero 64 nach dem Brande Roms begann, die aber schon bald nach seinem Tod im Jahre 68 wieder zerstört wurde. Was von ihr noch erhalten ist, finden wir in dem schönen *Parco Oppio* genannten Park, den man nördlich vom Kolosseum angelegt hat. In diesem Park liegen auch die Ruinen der Thermen des Titus und des Trajan.

Die DOMUS AUREA des Nero müssen wir uns als eine Gruppe von Palastbauten, Hallen, Säulengängen, Gärten und Brunnen vorstellen, als eine Villa in der Art der Hadriansvilla bei Tivoli. Die TRAJANSTHERMEN waren ein Riesenbau, dessen großartige Ruinen noch gegen Ende des 18. Jahrhunderts recht gut erhalten waren. Trajan hatte einen Teil der neronischen Räume in die Fundamente seiner Thermen einbezogen. Dadurch blieben Hallen, Gänge und Zimmer erhalten, die man besichtigen kann. Diese hohen, dunklen Räume sind mit anmutigen Malereien und Stukkaturen im pompejanischen Stil geschmückt, die dem Giovanni da Udine und Raffael als Vorbilder für die Loggien des Vatikan gedient haben. Und da man diese Malereien in Räumen

kennengelernt hatte, die man damals als ›grotte‹, Grotten, bezeichnete, nannte man sie ›Grotesken‹, wovon sich, da sie sehr
reich an seltsamen, absurden, verrenkten, drolligen Figuren
sind, unser Wort ›grotesk‹ ableitet. In der Domus Aurea wurde
1506 der Laokoon gefunden; unter den ersten, die ihn sahn, war
Michelangelo. Die ebenfalls hier ausgegrabene prachtvolle Por-
phyrschale, die wir in der Sala rotonda der vatikanischen Antikensammlung sehn, gibt uns eine Vorstellung von dem Luxus,
mit dem das Goldene Haus des Nero ausgestattet war. Bewußt
haben die Flavier und Trajan dieses Gebäude des Ungeheuers
zerstört, das vor ihnen regiert hatte. Nur die 30 Meter hohe
vergoldete Statue, die Nero sich selber gesetzt hatte, wurde nicht
eingeschmolzen, freilich durch einen Strahlenkranz in ein Bild
des Sonnengottes umgewandelt, das dann Hadrian zwischen

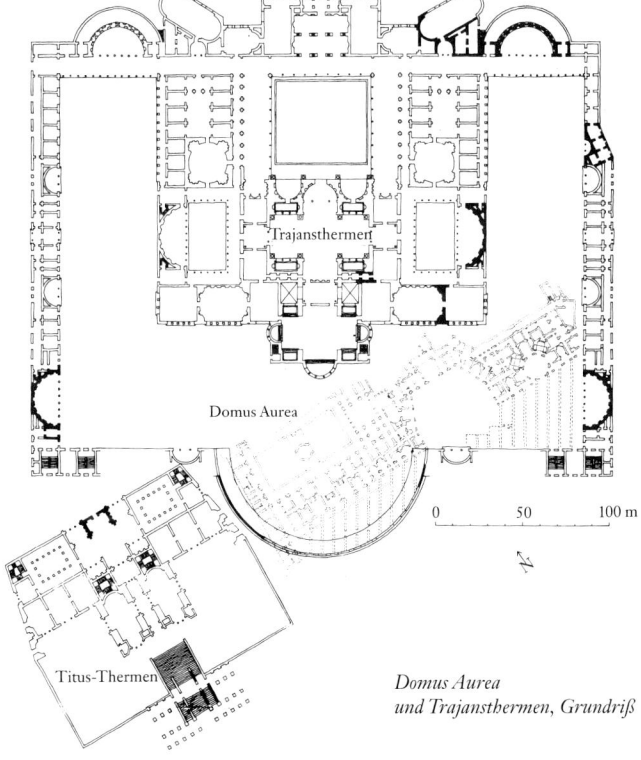

*Domus Aurea
und Trajansthermen, Grundriß*

dem Kolosseum und dem Tempel der Venus und Roma auf
einem Postament aufstellen ließ, an dessen Stelle man heute
einige in das Straßenpflaster eingelassene Travertinplatten sieht.
Nicht weit davon (vor dem erwähnten Nebeneingang zum Forum) finden wir zwar nicht mehr die Ruine der *Meta sudans*, einer Brunnenanlage aus der Zeit des Titus, die 1936 dem Verkehr geopfert wurde, aber ihre in das Pflaster eingezeichneten
Umrißlinien.

Daneben erhebt sich der TRIUMPHBOGEN DES KONSTANTIN, der
jüngste unter den drei in Rom noch erhaltenen Bauten dieser Art.
Volk und Senat von Rom haben ihn dem Kaiser zur Erinnerung
an den Sieg an der Milvischen Brücke geweiht; er steht also in
engem geistigen Zusammenhang mit der Maxentiusbasilika. Da
der Bau gleich nach der Schlacht beschlossen worden war, also
312, und Konstantin 315 in Rom das Fest seiner zehnjährigen
Regierung feiern und wahrscheinlich aus diesem Anlaß den Bogen einweihen wollte, hat man offenbar sehr rasch gearbeitet
und sich dabei keineswegs gescheut, die Denkmäler früherer
Kaiser zu berauben, um das neue Denkmal mit diesen ›Spolien‹
zu schmücken.

Da die Inschrift auf der Attika mit bloßem Auge nicht leicht entziffert
werden kann, sei sie hier zuerst in ihrer lateinischen Form wiedergege-
ben: »Imperatori Caesari Flavio Constantino Maximo pio felici augusto
Senatus Populusque Romanus quod instinctu divinitatis mentis magnitu-
dine cum exercitu suo tam de tyranno quam de omni eius factione uno
tempore iustis rem publicam ultus est armis arcum triumphis insignem
dicavit.« Deutsch: »Dem Kaiser Flavius Konstantin dem Großen, dem
Frommen, Glücklichen, Erhabenen, widmen diesen Bogen als Zeichen
des Triumphes der Senat und das Volk von Rom, weil er von der Gottheit begeistet und durch die Größe seines Geistes mit seinem Heer und
seinen gerechten Waffen die Republik am Tyrannen und an dessen
Partei gerächt hat.« Mit dem Tyrannen ist Maxentius gemeint. Ob die
Wendung »instinctu divinitatis«, die ich mit ›von der Gottheit begeistet‹ übersetze (doch könnte man vielleicht auch sagen: ›den göttlichen
Willen erkennend‹), darauf bezogen werden darf, daß der Sieg an der
Milvischen Brücke von Gott selbst, von dem Gott der Christen, verheißen und ›im Zeichen des Kreuzes‹ erfochten worden war, wird man
nicht mit Sicherheit entscheiden können, doch hat man diese Behauptung oft aufgestellt, und unwahrscheinlich klingt sie nicht. Wie dem
auch sei: in diesem Bogen dürfen wir nicht nur den Triumphbogen
Konstantins, sondern auch den des Christentums sehn! Im übrigen mö-

G. B. Piranesi: Konstantinsbogen (Ausschnitt)

gen Heiden wie Christen – Rom und besonders der römische Senat waren damals noch weit mehr heidnisch als christlich – die Worte »instinctu divinitatis« jeder auf seine Weise ausgelegt haben, die Heiden, indem sie dabei an ihre Gottheiten dachten, die Christen, indem sie sie auf die Vision bezogen, die dem Kaiser in der Nacht vor jener Schlacht zuteil geworden war.

Als Vorbild für den Konstantinsbogen hat ohne Zweifel der des Septimius Severus gedient, der ebenfalls drei Durchgänge hat, einen hohen Mittelbogen und zwei niedrige Seitenbögen, darüber eine schwere Attika mit einer Inschrift und auf beiden Seiten vier mächtige korinthische Säulen. Doch ist der Konstantinsbogen viel reicher geschmückt, wirkt im Vergleich mit dem des Septimius Severus, der etwa ein Jahrhundert älter ist, geradezu barock. Zu dieser Wirkung trägt auch bei, daß der Statuen- und Reliefschmuck des Konstantinsbogens verschiedenen Epochen angehört, große Stilgegensätze zeigt. Die korinthischen Säulen aus ›giallo antico‹ und die Architrave stammen von einem Bau der Flavier. Die hervorragend gearbeiteten Reliefs an den Innenwänden des Hauptores und an den Seiten der Attika gehören zu einem in vier Stücke zerteilten Denkmal aus der Zeit Trajans. Aus der gleichen Zeit stammen die Statuen gefangener Daker vor der Attika, die zum Teil restauriert sind. Die acht runden Reliefs über den Nebenbögen mit Jagd- und Opferszenen sind edle Arbeiten, die unter Hadrian entstanden, was auch daran zu erkennen ist, daß wir auf einem von ihnen Antinoos, den Liebling des Kaisers, sehn. Die acht rechteckigen Reliefs der Attika gehören zu einem von Commodus zu Ehren seines Vaters Mark Aurel errichteten Monument. Alles andere ist in der Zeit Konstantins geschaffen worden. Der Konstantinsbogen war, wovon wir uns heute nur schwer die richtige Vorstellung machen, ein überaus bunter Bau. Die Säulen bestehn aus gelbem, die Statuen der Daker aus einem violetten, ›pavonazetto‹ genannten Marmor. Die Friese rahmten Streifen aus rotem Porphyr, an den Ecken des Mittelbogens sah man Ornamente aus Bronze, und mehrere Reliefs zeigen Spuren von Bemalung. So sehn wir hier an einem Bau der Spätantike die gleiche lebhafte Polychromie, die so kennzeichnend ist für die Baukunst der griechischen wie der italienischen Frühzeit.

III

Forum und Palatin

Die Piazza des Römischen Weltreichs
Comitium und Curia: Zentrum des politischen Rom
Septimius-Severus-Bogen und Rostra:
Leidenschaft für Rhetorik
Miliarium aureum und Umbilicus urbis: Nabel der Welt
Saturntempel und Saturnalien: antiker Karneval
Die »geschichtliche Sage« vom Helden Curtius
Antonius, Octavian und das Erbe Cäsars
Die Dioskuren am Quell der Juturna
Über das Amt des Pontifex Maximus
und die Ehre der Vestalinnen
Santa Maria Antiqua: Manifest im Bilderstreit
Titusbogen: von Triumphen, Siegern und Besiegten
Der Palatin: Arkadien in der Millionenstadt
Der Urhügel des Romulus,
sein Kult und seine Bewohner

Als Goethe 1821 von seinem alten Reisefreund Tischbein die Entwürfe zu den ›Idyllen‹ erhielt, die der Maler für den Großherzog von Oldenburg geschaffen hatte, empfand er noch einmal den ganzen Zauber der Ruinen aus der Antike, der ihn in Italien so tief ergriffen hatte.

> Würdige Prachtgebäude stürzen,
> Mauer fällt, Gewölbe bleiben,
> Daß, nach tausendjährigem Treiben,
> Tor und Pfeiler sich verkürzen.
> Dann beginnt das Leben wieder,
> Boden mischt sich neuen Saaten,
> Rank auf Ranke setzt sich nieder,
> Der Natur ist's wohlgeraten.

Diese Strophen aus den schönen Gedichten, zu denen ihn Tischbeins bescheidene Arbeiten anregten, erscheinen mir als eine vollendete poetische Schilderung der Ruinenwelt, in die uns nun unser dritter römischer Spaziergang führen soll. Was Goethe sagt, gilt für die Zeit, in der er selbst Forum und Palatin durchstreifte, es galt auch noch in den ersten beiden Jahrzehnten des 19. Jahrhunderts, und es gilt wieder für unsere Zeit. Aber dazwischen liegen Jahrzehnte (ich habe davon schon in dem Rom als Landschaft gewidmeten Kapitel gesprochen), in denen, wie Zola in seinem Roman ›Rome‹ 1893 schrieb, »alle diese von der neuen Verwaltung in gutem Stand erhaltenen und vom Unkraut befreiten Ruinen ihre romantische Wildheit verloren haben, um eine kahle düstere Größe anzunehmen«.

Schon 1818 hatte Wilhelm Müller aus Dessau – der sogenannte ›Griechenmüller‹, dessen Lieder Schubert vertonte – bewegt geklagt: »Das schöne Forum, man erkennt es gar nicht mehr! Die abgeschmackten Antikler! Da haben sie den schönen Rasen aufgeworfen und runde tiefe Löcher um die abgeschälten Ruinen gezogen, und gar noch eine Mauer darum mit verschlossenem Tore, als ob ihnen einer das Altertum aus Rom wegstehlen wolle. Und die schönen Rebenlauben und die wunderliebliche Eremitenhütte im Kolosseum! Wer möchte jetzt noch auf dem Forum zeichnen? Fürwahr, es hätte nicht lange mehr mit den Franzosen in Rom dauern dürfen, so hätten sie gar die Kirchen niedergerissen, die auf antiken Fundamenten stehen, nur um das pure Altertum aufzudecken; ja, sie hätten die grünen Ranken und Gesträuche und die bunten Blumen von dem Kolosseum heruntergejätet und endlich das Sonnenlicht durch einen ungeheuren überbauten Antiquitätensaal von den antiken Trümmern abgeschnitten. Kann man doch jetzt nicht im Finstern über das Forum gehen, ohne auf Schutthaufen und in Gruben zu fallen. Und statt der weißen Rinderherden, die sonst auf dem grünen Rasen lagerten, und ihrer braunen Treiber, die den lustigen Saltarello in dem Schatten der Eichen und Linden tanzten, schleichen jetzt nur Reisebeschreiber mit Brillen, Meßstäben und dem Vasi über das aufgewühlte Feld.« (Das ›Itinéraire instructif de Rome par le Chevalier Vasi‹ war der Baedeker jener Zeit.)

Aber die Natur war doch auf die Dauer mächtiger als die Archäologen und hat Forum und Palatin wieder so prächtig übergrünt, daß ihr Goethe wohl auch heute bestätigen würde, ihr Werk sei wohlgeraten. Man wird übrigens bemerken, daß Forum und Palatin selbst zur Hauptreisezeit nicht ganz so überlaufen sind wie andere Sehenswürdigkeiten Roms. Die große Menge der heutigen Touristen hat nicht mehr die Muße, um sich in diesem Labyrinth von Trümmern auch nur einigermaßen zurechtzufinden, es an Hand eines guten Buchs und vor allem eines alle Einzelheiten darstellenden Plans zu entwirren. Auch ich werde mich in meiner Beschreibung nur auf das Wichtigste und vor allem auf das Schönste beschränken müssen. Vor allem aber möchte ich raten, Forum und Palatin nicht nur als die großen altertumskundlichen Sehenswürdigkeiten zu betrachten, die sie sind, sondern als herrliche Spaziergänge, als Stätten beglückender Erholung und Befreiung vom Getriebe der Weltstadt, als Orte, wo man ruhig lustwandeln, niedersitzen, lesen kann, während man zugleich den Anblick schöner Bäume und Büsche und prachtvolle Aussichten genießt.

Wir alle kennen die Rolle, die die ›piazza‹ noch heute in italienischen Städten und Dörfern spielt: als Marktplatz und Börse, als Versammlungsstätte, als Ort des geselligen, besonders des männlichen Müßiggangs. All das ist auch das Forum gewesen: die Piazza Roms und dadurch die Piazza des Römischen Weltreichs. Aber es war noch mehr: zwar nicht der religiöse Mittelpunkt Roms, denn der war der Jupitertempel auf dem Kapitol, aber doch ein Ort der Heiligung und des Götterdienstes, wie es sonst in der Stadt keinen gleich bedeutenden gab; und in diesem Sinn gehören der Kapitolinische Hügel und das Tal des Forums eng zusammen.

Dies Tal war einst eine jener cañonartigen Schluchten, die das Wirken der Wasser in den Tuffboden Latiums eingeschnitten hat. Doch fehlte ihm ein Abfluß zum Tiber hin, dadurch versumpfte es, wurde fiebrig, war darum unbewohnt. Von den ältesten Zeiten, wahrscheinlich vom achten vorchristlichen Jahrhundert an, hat es den Bewohnern der Dörfer auf dem Quirinal und dem Palatin als Begräbnisplatz gedient. Die Überlieferung lehrt uns und die Bodenforschung bestätigt, daß das Dorf auf dem Palatin das der Römer und ihres Königs Romulus war, das auf dem Quirinal das der Sabiner und ihres Königs Titus Tatius. Als es nach dem Raub der Sabinerinnen, den uns Titus Livius so anmutig erzählt und den die Maler immer so gern gemalt haben, zwischen den beiden Völkern zum Kampf kam, wurde die entscheidende, für die Römer siegreiche Schlacht im Tal des Forums geschlagen. Dann schloß man Frieden. Das Kapitol wurde

die Festung und das Heiligtum der neuen Bundesstadt, in deren
Gebiet man nun auch das Tal des Forums einbezog.

Schon Romulus und Titus Tatius haben hier Gotteshäuser
gebaut: das ›Vulkanal‹ und den Tempel des Kriegsgottes Janus,
dessen Tore in Kriegszeiten offen standen, in den seltenen Frie-
denszeiten aber geschlossen wurden, außerdem das ›Comitium‹
am Fuß des Kapitols. Dem zweiten Römerkönig, dem weisen
Numa, wird der Bau des Vestatempels zugeschrieben, dem dritten, Tullius, die ›Kurie‹, der Versammlungsort des Senats. Unter den Tarquiniern hat man dann das Tal des Forums trocken-
gelegt, indem man ihm durch die ›Cloaca Maxima‹ einen Abfluß
zum Tiber öffnete: einen überwölbten unterirdischen Kanal, der
noch heute dem Zweck dient, für den er vor rund zweiund-
einemhalben Jahrtausend gebaut wurde.

Wie das Forum in den Zeiten der Republik und in der Kaiserzeit aussah, davon wollen wir uns eine Vorstellung zu verschaffen suchen, indem wir es durchwandern. Doch zuvor noch einige Worte darüber, was seit dem Untergang des Römerreichs aus
ihm wurde. Schon zur Zeit des Galliereinfalls, 390 vor Christi
Geburt, war es von Barbaren geplündert, danach aber um so
prächtiger ausgebaut worden. Schlimmere Zerstörungen richte-
ten rund 800 Jahre später die Horden des Alarich und die des
Vandalenkönigs Geiserich an, doch bot es noch im Jahre 500, als
Theoderich der Große in Rom einzog und nicht weit von der
Kurie zum römischen Volk sprach, einen so großartigen Anblick, daß ein afrikanischer Mönch namens Fulgentius von Rus-
pe ausrufen konnte: »Brüder, wie schön muß das himmlische
Jerusalem sein, wenn das irdische Rom so leuchten kann!«

Schon bald nach jenem Einzug des Theoderich begann man
damit, antike Bauten in christliche Kirchen zu verwandeln. Die
älteste von ihnen kennen meine Leser schon: Santi Cosma e
Damiano. Andere Gebäude wurden zu Festungen, und diese
bewehrte man mit so zahlreichen Türmen, daß man das Forum
›Campo Torrecchiano‹, Turmfeld, nannte. Erst nach der Rückkehr der Päpste aus Avignon und dem Beginn der Renaissance
fing man damit an, das Forum von gelehrten Gesichtspunkten
aus zu studieren, haben Künstler wie Antonio und Giuliano da
Sangallo oder Baldassarre Peruzzi seine Ruinen gezeichnet.
Doch begann zugleich das Graben nach Marmor und andern
Materialien, die für Neubauten verwendet wurden, während ne-

ben oder in allen größeren Gebäuden Kalköfen betrieben wurden, in denen riesige Mengen antiker Steine verschwanden.

Als Karl v. 1536 nach Rom kam, ließ Papst Paul iii. zwischen dem Titus- und dem Septimius-Severus-Bogen eine breite Straße anlegen, wobei der Boden aufgeschüttet und manche Ruine verschüttet wurde. Zu jener Zeit steckten zum Beispiel die Säulen des Vespasianstempels bis über die Hälfte in der Erde. Damals stellte man in der Nähe des Dioskurentempels eine große marmorne Schale auf, die man heute auf dem Quirinalsplatz sieht; sie diente als Viehtränke, und der ehemalige Campo Torrecchiano hieß nun ›Campo Vaccino‹. Aus der Straße Pauls iii. aber wurde eine prächtige Ulmenallee, in deren Schatten ein Winckelmann, ein Goethe gegangen sind.

Die ersten Ausgrabungen unternahm ein schwedischer Gesandter 1788 in der Gegend der Basilika Julia. Im Jahre 1803, also unter napoleonischem Regime, wurde Carlo Fea zum Kommissar für die römischen Altertümer ernannt, und von da an bis heute hat man auf Forum und Palatin ununterbrochen gegraben. Doch hat Fea die Ulmenallee geschont. Besondere Verdienste erwarb sich Giacomo Boni, der von 1898 bis zu seinem Tod im Jahre 1925 sein Leben diesem Werk gewidmet hat, wobei er, der das Glück hatte, auf dem Palatin zu wohnen, nicht vergaß, die tote Ruinenwelt durch lebendige Pflanzen zu beleben. Unter Boni sind die Ausgräber auch zuerst in die tiefsten Schichten vorgedrungen, und diese Tiefenforschung wird auch heute noch fortgesetzt, da die Hoffnung berechtigt ist, daß wir auf diese Weise noch manches über das älteste Rom, das des Romulus, erfahren werden.

Rundgang auf dem Forum
(vgl. Plan im vorderen Umschlag)

Beginnen wir nun unseren Rundgang bei jenem Eingang, der sich auf die Straße der Kaiserfora öffnet. Ein Weg führt uns abwärts bis zur *Via Sacra*, der Heiligen Straße, die das Forum in seiner ganzen Ausdehnung vom Titusbogen bis zum Kapitol durchquert und seit den Zeiten der Kaiser die Straße der römischen Triumphatoren war. Zu unserer Linken, vor der Säulenvorhalle, die zum Tempel des Antoninus und der Faustina hinaufführt, sehn wir ein großes Stück des antiken Pflasters aus grauschwarzen Lavaplatten. Wir aber wenden uns rechts, also in der Richtung auf das Kapitol zu, und gehn damit ungefähr in westlicher Richtung. Ich merke das hier an, weil es nicht unwichtig ist, in welcher Beleuchtung wir das Forum sehn. Wer es nämlich häufiger besucht, wird gewiß wie ich zu der Ansicht kommen, daß fast jeder Bau zu einer bestimmten Stunde am schönsten oder am anziehendsten ist. Man könnte geradezu sagen: jeder edle antike Bau ist der Zeiger einer Sonnenuhr, der uns angibt, zu welcher Stunde unser Besuch ihm am willkommensten ist. Darüber wissen natürlich die Maler am meisten, die mit dem wohlvertraut sind, was Gott am ersten Schöpfungstag tat, indem er das Licht vom Schatten schied; aber auch wir können versuchen, uns ähnliche Kenntnisse zu erwerben wie sie, wobei wir manche Freude erleben werden: gehört doch das Miterleben von Licht- und Schattenspielen überall in der Welt, aber ganz besonders in den Sonnenländern am Mittelmeer, zum Beglückendsten, was uns der Himmel beschert.

Zu unserer Rechten liegt zunächst ein sehr zerstörtes Gebäude des Forums, die basilica aemilia. Sie wurde zu Beginn des zweiten vorchristlichen Jahrhunderts erbaut und diente vor allem den Geldwechslern. Man hat sie immer wieder restauriert, und was wir heute vor uns sehn, sind die Trümmer eines Baus aus den ersten Jahrzehnten der Kaiserzeit: eine große rechteckige Halle mit einem breiten Mittelschiff und auf der Südseite einem größeren, auf der Nordseite zwei kleineren Seitenschiffen. Die Basilika war reich mit Marmor geschmückt: Bruchstücke des schön verzierten Architravs sind noch zu sehn. Vor dem Gebäude steht eine Inschrift, die den Mucius Gaius, einen Neffen und Adoptivsohn des Augustus, feiert und die uns eine Vorstellung von der vornehmen Schönheit augusteischer Inschriften gibt.

Etwas weiter liegt das kleine runde *Heiligtum der Venus Cloacina*, der Kloakenvenus, die hier an dem Ort, wo die schon erwähnte Cloaca Maxima das Forum verläßt, als die Beschützerin dieser alten und wichtigen Entwässerungsanlage verehrt wurde. Das Heiligtum steht dort, wo der Überlieferung nach Virginia von ihrem Vater ermordet wurde, um sie den Verfolgungen des Decemvirn Appius Claudius zu entziehen, was uns Livius im dritten Buch seiner römischen Geschichte berichtet. (Ich möchte meine Leser im Laufe unserer römischen Spaziergänge noch

öfters auf den Livius hinweisen, der meiner Meinung nach heutzutage zu wenig gelesen wird, aber während einer Romreise und
überhaupt eine höchst anziehende Lektüre ist.)

Wir gelangen nun zum COMITIUM, dem Mittelpunkt des politischen Rom und der Gerichtsbarkeit von der ältesten bis in die
Zeit der Republik. Das Comitium war ursprünglich ein kreis-
runder Platz, auf dem das Volk zusammenkam, um die Beamten
zu wählen oder ihre Reden zu hören. Um ihn herum lagen die
Einrichtungen, die die Staatsverfassung erforderte: im Norden
die *Curia Hostilia*, in der der Senat bis zum Brande vom Jahre 52
vor Chr. Geb. zusammenkam; an der Westseite wahrscheinlich
noch ein weiterer Versammlungsplatz für die Senatoren, das
Senaculum; im Südwesten die *Graecostasis,* eine erhöhte Platt-
form, auf der die auswärtigen Botschafter den Sitzungen des
Senats beiwohnen durften; im Südosten die *Rostra*, die Rednertribüne, so genannt nach den Vorderteilen von sechs der im
Jahre 338 vor Chr. Geb. bei Antium gekaperten Schiffe, die dort
angebracht waren.

Caesar ließ nach dem Brand der Curia Hostilia im Nordwe-
sten des Comitiums die CURIA JULIA errichten, die, wie wir sie
heute vor uns sehen, ein Wiederaufbau durch Diokletian im
Jahre 283 ist. Die Kurie ist ein kahler, aber doch beeindruckender Ziegelbau mit drei Frontfenstern und einem dreieckigen
Giebel. Die Bronzeflügel der Türe sind Nachbildungen, die
Originale verschließen seit dem 17. Jahrhundert das mittlere Tor
von San Giovanni in Laterano. Im Inneren finden wir einen
einzigen hohen Saal mit einigen Resten der Senatorensitze und
einem schönen Marmorfußboden, der teilweise mit antiken
Marmorfragmenten ausgebessert wurde. Auf die Umwandlung
in eine Kirche durch Papst Honorius, 625-638, gehen dagegen
die byzantinischen Malereien zurück, die vornehmlich auf der
Eingangsseite zu sehen sind. Auf der Basis zwischen den beiden
Türen in der Rückwand stand die berühmte goldene Statue der
Victoria, die Augustus aus Tarent hatte kommen lassen.

Im Innern der Kurie finden wir eine schöne Gewandstatue aus
Porphyr, die wahrscheinlich Trajan darstellt (der Kopf ist verlo-
ren), und die ›Plutei‹ des Trajan: zwei prachtvolle marmorne
Balustraden, die vielleicht zur Rednertribüne, der sogenannten
Rostra, gehörten und zwei Friedenstaten des Kaisers darstellen:
den großen Schuldenerlaß und die Einrichtung der sogenannten

G. B. Piranesi: Das Forum als ›Campo Vaccino‹; im Vordergrund die Säulen des
Dioskurentempels, links Tempel des Antoninus und der Faustina und die Maxentiusbasilika, im Hintergrund Titusbogen, Santa Francesca Romana und das Kolosseum

›alimenta‹, eines besonderen Fonds für die Unterstützung armer
Kinder. Wir sehn Trajan, wie er befiehlt, ein Feuer anzuzünden,
in dem die Schuldtafeln verbrannt werden sollen, dann wie er
eine Rede an das Volk hält und abermals wie er eine Frau empfängt, die ihm ihre Kinder zuführt. Im Hintergrund sieht man
Gebäude des Forums. Die Plutei gehören zu den edelsten uns
erhaltenen Werken trajaneischer Skulptur.

Nun kommen wir zu einem der ältesten Denkmäler des Forums: dem LAPIS NIGER, dem schwarzen Stein, der nach unsern
Quellen einen ›locus religiosus‹ bezeichnete. Unter diesem
Stein fand man einen archaischen Baukomplex, einen erhöhten
Altar, neben ihm einen zylindrischen Stein mit einer zum Teil
verstümmelten Inschrift, der ältesten uns erhaltenen in lateinischer Sprache, doch in Buchstaben, die noch sehr an die griechischen erinnern. Ihr Inhalt ist umstritten, doch handelt es sich
wohl um eine ›lex sacra‹, das heißt um ein Verbot der Entheili-
gung dieser Stätte. Es ist wahrscheinlich, daß diese Inschrift
noch in der Königszeit gemeißelt wurde, auch daß das Ganze
eine Grabstätte aus dem 6. Jahrhundert ist, ein Heroon, wie wir
es aus den griechischen Städten kennen, eine Kultstätte, die dem
vergöttlichten Gründer der Stadt, Romulus, geweiht war. Der
schwarze Stein selbst ist ein Marmor aus Griechenland, der wohl
wegen seiner Farbe dazu verwendet worden ist, um den alten
›locus religiosus‹ zu bedecken, als man das Forum unter Julius
Caesar umgebaut hat.

Von hier aus wenden wir uns dem TRIUMPHBOGEN DES SEPTI-
MIUS SEVERUS zu, der im Jahre 203, dem zehnten seit der Thron-
besteigung des Kaisers, ihm und seinem Sohn Caracalla zu Ehren errichtet wurde. Dieser Septimius Severus hat sowohl im
Orient wie in Britannien große und erfolgreiche Kriege geführt
und ist in Eburacum, dem heutigen York, gestorben. Ursprünglich war der Bogen auch dem Geta, seinem zweiten Sohn, geweiht, doch wurde dessen Name getilgt, als Caracalla nach dem
Tode des Vaters seinen Bruder und Tausende von dessen An-
hängern ermorden ließ und Getas ›damnatio memoriae‹ verfügte.

Septimius Severus war ein bedeutender Diplomat und tüchtiger Feldherr,
aber dieser Afrikaner hatte nur noch wenig Verständnis für die griechisch-römische Kultur, gab den Militärs vor allen anderen Menschen

den Vorzug. Seine letzten an seine Söhne gerichteten Worte lauteten: »Vertragt euch miteinander, bereichert die Soldaten und denkt von allen anderen gering.« Caracalla dachte von allen anderen so gering, daß er seinen Bruder in den Armen der eigenen Mutter erdolchen ließ und es wohl verdiente, daß ihn der Historiker Cassius Dio ›die italienische Bestie‹ nannte. Er war einer der furchtbarsten Mörder auf dem Thron der Caesaren, übertraf seinen grausamen Vater noch an Grausamkeit. Wie so viele Imperatoren ist auch Caracalla keines natürlichen Todes gestorben (im Jahre 217 n. Chr.).

Der Bogen steht auf einem höheren Bodenniveau als die rings um ihn freigelegten Bauten aus augusteischer Zeit, nämlich auf dem des 3. Jahrhunderts. Dadurch sehn wir seine Fundamente. Die große Inschrift und die Viktorien neben dem Mittelbogen, die Flußgötter neben den Seitenbögen und die Reliefs beziehn sich auf die von Septimius Severus im Orient erfochtenen Siege. Es sind ziemlich rohe Arbeiten. (Die am besten erhaltenen befinden sich an der dem Kapitol zugewandten Seite.) Aber als Bauwerk wirkt der Bogen durch seine klare Gliederung, die Rundung der Tore, die Vertikalen der Säulen, die schwere Horizontale des Architravs mit der monumentalen, einst vergoldeten Inschrift sehr stark; und besonders schön sind die Kassettendekken der Bögen. Das ganze Denkmal ist mir stets als ein Triumph der Leidenschaft erschienen, die die Römer auch in der Architektur für das Rhetorische hatten (wobei ich dieses Wort wie sie nicht im negativen Sinn gebrauche).

Eine Stätte, auf der diese Leidenschaft sich nicht im Stein, sondern im gesprochenen Wort ausleben durfte wie an wenigen andern Orten der Welt, liegt in der unmittelbaren Nähe des Septimiusbogens: die ROSTRA, die Rednertribüne. Freilich handelt es sich nicht um die, von der herab die Scipionen und die Gracchen, ein Cicero und ein Caesar gesprochen haben. Diese lag am Comitium, und von ihr sind nur geringe Reste erhalten. Nach der Umgestaltung des Comitiums durch Caesar, nach ihm durch Augustus war die Rednertribüne auf die Westseite des Forums verlegt worden. Die Löcher für die Stifte, mit denen die Schiffsschnäbel an ihr befestigt waren, sind noch zu sehen.

An der Nordecke dieser Rostra steht ein Kegel aus Backsteinen: er galt als der ›Umbilicus Urbis Romae‹, als der NABEL ROMS. Nicht weit davon stand der GOLDENE MEILENSTEIN, ›miliarium aureum‹, ein mit vergoldeter Bronze verkleideter Zylinder

aus Marmor, auf dem die Entfernungen aller Städte des Reiches von der Hauptstadt in römischen Meilen verzeichnet waren. Diesen Meilenstein hatte Augustus errichten lassen. Seltsam, wie die Menschen bei den verschiedenen Völkern und in verschiedenen Zeiten immer wieder auf ähnliche Gedanken kommen: zu Delphi zeigte man den Omphalos, den Nabel der Welt; auf dem Platz vor der Kathedrale Notre-Dame zu Paris sehn wir eine Bronzeplatte, von der aus die Kilometer aller nach Paris führenden Straßen gezählt werden; und an das berühmte Wort, daß alle Wege nach Rom führen, wird man beim Goldenen Meilenstein auch denken und nicht zuletzt daran, daß die Römer das erste große Straßennetz geschaffen haben, das nicht nur Fußgänger und Reiter, sondern auch Fahrzeuge benützen konnten.

Hinter dem Nabel Roms finden wir, von einem Dach beschützt, die Reste vom VOLCANAL, dem uralten Vulkanheiligtum, in dem Romulus und Titus Tatius den Frieden zwischen den Römern und Sabinern geschlossen haben. Hier wuchs eine heilige Lotospflanze, von der uns Plinius erzählt, ihre Wurzeln hätten sich bis zum Forum des Caesar ausgedehnt, was so unwahrscheinlich nicht klingt, weil sie vielleicht von der Cloaca Maxima bewässert und gedüngt wurden. An der in dieser Gegend gut erhaltenen Via Sacra, die von hier an eine Kurve beschreibt, nun Clivus Capitolinus heißt und auf das Kapitol hinaufführt, stand der *Triumphbogen des Tiberius*, von dem nur noch geringe Reste erhalten sind. Er wurde im Jahr 16 nach Christi Geburt zu Ehren des Germanicus errichtet, um dessen Siege über die Germanen und die Rückeroberung der Legionszeichen zu feiern, die Hermann der Cherusker sieben Jahre zuvor dem Varus abgenommen hatte.

Wir gelangen nun in einen der ältesten und heiligsten Tempel Roms: den TEMPEL DES SATURN. Romulus selbst soll ihn gestiftet haben. Saturnus, der ursprünglich Saeturnus hieß, war ein altitalischer Gott der Aussaat, was nicht nur aus seinen schon im Altertum so gedeuteten Namen hervorgeht, sondern auch daraus, daß sein Fest, die Saturnalia, am 17. Dezember bei Beendigung der Winteraussaat gefeiert wurde. Er ist schon sehr früh mit dem griechischen Zeitgott Chronos-Kronos, dem Vater des Zeus-Jupiter, identifiziert worden. Man opferte Saturn ›graeco

ritu‹, nach griechischem Ritus, mit unbedecktem Kopf, stellte
ihn wie Kronos mit verhülltem Haupt und der Sichel in der
Hand dar, und die Saturnalien wurden ebenfalls nach griechischer Sitte gefeiert. Damit hat man wahrscheinlich zur Zeit begonnen, als Hannibal auf Rom zumarschierte, denn Livius erzählt uns: »Noch in den letzten Tagen des Monats Dezember
wurde zu Rom im Tempel des Saturnus geopfert, ein Göttermahl, bei welchem die Senatoren die Tafelsitze überzogen, und
ein allgemeines Gastgebot angeordnet; in der ganzen Stadt rief
man bei Tage und bei Nacht: ›Saturnalien!‹, und dem Volk
wurde anbefohlen, diesen Tag festlich zu begehn und ihn auch
in Zukunft beizubehalten.« Das ereignete sich im Jahre 217 vor
Christi Geburt.

Nach römischer Überlieferung war *Saturnus*, als er von Zeus gestürzt
worden war, nach Italien geflohen und hatte dort von Janus die Herrschaft erhalten. Nach ihm heißt Italien ›Saturnia‹ oder auch ›Saturnia
tellus‹, seine Bewohner ›Saturnia gens‹. Er war der Götterkönig des
goldenen Zeitalters, das uns Ovid in seiner Beschreibung der Weltalter
so köstlich geschildert hat. Und was wir über das *Fest der Saturnalien*
lesen, erinnert ein wenig an

> » … das goldne Geschlecht, das, von keinem gezüchtigt,
> ohne Gesetz freiwillig der Treu und Gerechtigkeit wahrnahm.
> Furcht und Strafe war fern. Nicht lasen sie drohende Worte
> auf dem gehefteten Erz.«

Denn dieses bis in das späte Altertum hinein beliebte und volkstümliche
Fest zeichnete sich vor allem dadurch aus, daß es an den Festtagen wie
im Reich des Saturnus keine Standesunterschiede gab, so daß die Herren
ihre Sklaven bei Tisch bedienten. Die Saturnalien, bei denen vor allem
gegessen und getrunken wurde und das sonst verbotene Würfelspiel
erlaubt war, sind eine Art antiker Karneval gewesen, bei dem auch ein
›Faschingsprinz‹ gewählt wurde, ein ›Saturnalicius princeps‹, dem sich
während der Festzeit alle zu fügen hatten.

Von dem *Heiligtum des Romulus* ist nichts mehr erhalten. Was
wir heute sehn, ist der Unterbau aus Travertin, der zu einem
Neubau des Tempels im letzten vorchristlichen Jahrhundert gehört, dazu acht Säulen, sechs aus grauem und zwei aus rotem
Granit, mit ionischen Kapitälen und einem Gebälk, die dem
vierten nachchristlichen Jahrhundert angehören. Im Tempel befand sich seit der ältesten Zeit das Schatzhaus des Staates, ›aera-

rium populi romani‹; als solches wurde er in jener Spätzeit, aus
der die Granitsäulen stammen, erneuert, hat aber wahrscheinlich nicht mehr dem Kultus gedient, denn die Inschrift, die damals gesetzt wurde ›SPQR incendio consumptum restituit‹, nennt
keinen Gott mehr.

Ich möchte nun noch einige Bauten erwähnen, die unmittelbar am Fuß des Kapitolinischen Hügels liegen. Zur Rechten der
TEMPEL DER CONCORDIA, der Eintracht, den M. Furius Camillus
nach der Beendigung des langen Streites zwischen den Patrizi-
ern und Plebejern 367 vor Christi Geburt gestiftet und den
Kaiser Tiberius erneuert hat. In der Kaiserzeit diente er als
Museum für griechische Skulpturen und Gemälde. Concordia
ist eine jener alten Gestaltwerdungen abstrakter Begriffe, die alle
indoeuropäischen Völker verehrt haben. Man stellte sie als eine
Matrone dar, im linken Arm ein Füllhorn, im rechten einen
Ölzweig. Livia hat der Concordia als der Eintracht im Eheleben
einen Tempel geweiht.

Links vom Concordiatempel liegt der TEMPEL DES VESPASIAN,
mit dessen Bau Titus zu Ehren seines Vaters begann und den
Domitian vollendete, den Kultus des Vespasian und des Titus
miteinander verbindend. Von ihm sind drei schöne, über 15
Meter hohe korinthische Säulen erhalten, dazu ein Teil des Ge-
bälks. Noch weiter links sehn wir dann den PORTIKUS DER ZWÖLF
GÖTTER, ›deorum consentium‹, den im 4.Jahrhundert ein hart-
näckiger Verteidiger des Heidentums, der Präfekt Vettius Agorius Praetextatus, errichten ließ und der die vergoldeten Statuen
von sechs Götterpaaren enthielt: Jupiter und Juno, Neptun und
Minerva, Mars und Venus, Apollo und Diana, Vulkan und Vesta, Merkur und Ceres. Schon zur Zeit der hannibalischen Kriege wird ein ›lectisternium‹, ein feierliches Göttermahl, erwähnt,
an dem eben diese Götterpaare verehrt, ja als Gäste gefeiert
wurden.

Bei Sueton aber lesen wir von einer Travestie dieses Festes, bei der
Augustus eine seltsame Rolle gespielt hat: »Auch von einer geheimen
Tischgesellschaft, die man die Gesellschaft der Zwölf-Götter nannte,
fabelte man viel in dem Stadtklatsch. Die Gäste sollten in der Tracht der
Götter und Göttinnen bei Tisch gelegen und Augustus selbst die Rolle
des Apollo übernommen haben.« So lautet der Vorwurf – auch in jenen
allbekannten Versen eines anonymen Verfassers:

Als dort Caesar sich frech vermißt, den Apollo zu spielen,
Feiernd beim nächtlichen Schmaus göttlicher Liebschaften Bild,
Alle Himmlischen wendeten da den Blick von der Erde,
Jupiter selber, er floh fort von dem goldenen Thron.

Verstärkt aber wurde das Gerede von dieser Tischgesellschaft durch die damals in der Stadt herrschende sehr große Hungersnot. Tags darauf rief man bei dem Erscheinen des Augustus auf der Straße laut, alles Brotkorn hätten die Götter aufgegessen! und, Caesar sei der richtige Apollo, aber ein Apollo Tortor! »Unter diesem Beinamen« (der ›Henker‹ bedeutet, weil Apollo den Marsyas geschunden hatte) »wurde nämlich der Gott in einem Stadtteil verehrt.«

Der Portikus ist noch recht gut erhalten, auch geschickt restauriert worden. Seine Säulen aus Cipollino-Marmor tragen korinthische Kapitäle mit Trophäen.

Wir kehren zum Saturntempel zurück und erreichen so die Ruinen der geräumigen BASILICA JULIA, mit deren Bau Caesar begann und die unter Augustus vollendet wurde. Sie ist später oft erneuert, in der Renaissance aber besonders fleißig als Steinbruch benützt worden. Die Mauern und Bögen an der Westseite gehören zu einer Kirche des 8. Jahrhunderts, die *Santa Maria in Cannapara* hieß, weil die Basilika im frühen Mittelalter den Seilern als Arbeitsplatz diente, ähnlich wie noch heute die Latomien von Syrakus. (Canapa heißt Hanf.) Im Altertum tagte hier das Gericht der Centumviri, das sich vor allem mit Zivilprozessen und Erbschaftsangelegenheiten befaßte.

Vor der Nordfront der Basilica Julia stehn jenseits der Via Sacra sieben Backsteinpostamente, die aber einst mit Marmor verkleidet waren und riesige Säulen aus Granit oder Pavonazzetto trugen, von denen man zwei wieder aufgerichtet hat. Auf den Säulen standen Statuen. Diese *Ehrensäulen* stammen aus dem Anfang des 4. Jahrhunderts. Drei Jahrhunderte später, im Jahre 608, wurde neben ihnen (vor den augusteischen Rostra) die mächtige PHOKASSÄULE errichtet. Die wahrscheinlich aus dem 2. Jahrhundert n. Chr. stammende Säule ist fast 14 Meter hoch und steht auf einer hohen, ebenfalls mit Marmor verkleideten Basis, zu der eine Treppenanlage aufsteigt. Auf dem korinthischen Kapitäl stand die vergoldete Statue des Phokas, eines Usurpators auf dem Kaiserthron zu Byzanz. Er hat Papst Bonifaz, 608-615, das Pantheon geschenkt, der den Tempel in eine Kirche namens Santa Maria ad Martyres umwandelte.

Östlich von der Phokassäule sehn wir ein zwölfeckiges Fundament aus grauem Tuff mit einem runden Brunnen: den LACUS CURTIUS. Wir stehen hier ungefähr in der Mitte des großen Forumsplatzes zwischen der Basilica Aemilia im Norden und der Basilica Julia im Süden an einer Stätte, die den Römern uberaus heilig war. Ursprünglich mag der See des Curtius der Ort gewesen sein, an dem sich nach der Trockenlegung des Forumstals die letzten Wasser sammelten, doch wie er zu seinem Namen kam, erzählt Livius so anmutig, daß ichs mir nicht versagen mag, seinen Bericht hier mitzuteilen.

»In demselben Jahr« (362 vor Christi Geburt) »soll entweder durch ein Erdbeben oder durch sonst eine gewaltsame Wirkung etwa die Mitte des Marktplatzes in eine zweite Kluft zu einer unermeßlichen Tiefe eingesunken sein; und dieser Schlund soll sich durch alle hineingeschüttete Erde, die jeder nach Kräften herbeischaffte, nicht haben auffüllen lassen, bis man auf göttliche Weisung die Frage aufwarf, worin eigentlich die Hauptstärke des römischen Volkes bestehe; denn dies mußte nach dem Ausspruch der Seher diesem Abgrund geweiht werden, wenn man dem römischen Staat seine Dauer sichern wollte. Da heißt es nun, ein Jüngling habe diejenigen, die ihre Unwissenheit darüber äußerten, verweisend gefragt, ob es für die Römer ein höheres Gut als kriegerische Tapferkeit gäbe. Nach gebotener Stille habe er unter Erhebung seiner Blicke zu den am Markte ragenden Tempeln der unsterblichen Götter und zum Kapitol, die Hände im Gebet bald zum Himmel empor, bald in die weite Öffnung der Erde zu den Göttern der Toten hinabstreckend, sich selbst zum Opfer geweiht, und auf seinem Pferde, das er so herrlich wie möglich geschmückt hatte, in voller Rüstung sich in den Schlund gestürzt; eine Menge Männer und Weiber hätten Geschenke und Früchte über ihm zusammengeworfen und der Curtische See habe seinen Namen nicht von jenem früheren Curtius, der auch Mettius hieß, dem Krieger des Titus Tatius, sondern von diesem Curtius bekommen. Könnte irgendein Weg den Forscher hier auf die Wahrheit leiten, so würde ichs an meinem Fleiß nicht fehlen lassen, jetzt aber müssen wir uns da, wo ein zu hohes Alter die sichere Beglaubigung verweigert, an die geschichtliche Sage halten.«

Ist das nicht ein bezauberndes Wort: ›die geschichtliche Sage‹? Und wirklich, es enthält nur scheinbar einen Widerspruch, in Wirklichkeit aber die große Wahrheit, daß in jeder Sage ein Stück Geschichte steckt und daß andrerseits die Geschichte, und keineswegs nur die alte, rascher zur Sage wird, als wir es ahnen.

Was aber den See des Curtius betrifft, so handelt es sich nach der Erzählung des Livius deutlich um das, was in der römischen Religion ein ›mundus‹ genannt wird: um eine für gewöhnlich geschlossene, an bestimmten Feiertagen aber geöffnete Grube, die als Opferstätte für die unterirdischen Götter, die ›di inferi‹, diente und die Verbindung zwischen Ober- und Unterwelt herstellte. Eine solche Grube legte man bei Stadtgründungen an, oft auf dem Hauptplatz, um die Erstlinge aller Früchte hineinzuwerfen. Wahrscheinlich hat man in solchen Gruben auch Menschenopfer dargebracht: in einem gewissen Sinn ist auch das des Curtius ein solches. Andrerseits wissen wir aus der Augustusvita des Sueton, daß »alle Stände jährlich zufolge eines Gelübdes für sein« (nämlich des Augustus) »Leben ein Geldstück in den Lacus Curtius warfen«. In der Nähe des Lacus Curtius wuchsen drei heilige Bäume: eine Rebe, ein Feigen- und ein Ölbaum. Hier stand auch die Statue des Marsyas (die wir in der Kurie auf den Plutei des Trajan sehn können). Man hatte sie im zweiten vorchristlichen Jahrhundert aus Griechenland geholt, und sie galt als Symbol der städtischen Freiheit.

Etwas weiter östlich sehn wir eine große Basis, auf der einst die *Reiterstatue des Domitian* stand. Sie wurde umgestürzt, als der Senat nach dem Tode des Kaisers dessen ›damnatio memoriae‹ beschloß. Es wird berichtet, der Kaiser sei in Feldherrntracht dargestellt gewesen, habe in der Rechten ein Bild seiner Schutzgöttin Minerva getragen und sein Pferd habe einen Huf auf eine Gestalt gesetzt, die den Flußgott des Rheins darstellte.

An der Ostseite des Forumsplatzes jenseits der hier in nordsüdlicher Richtung verlaufenden Heiligen Straße liegen die Trümmer des CAESARTEMPELS, den Augustus 29 vor Christi Geburt an der Stelle errichten ließ, wo er den Leichnam des ermordeten Diktators verbrannt und wo Antonius dessen berühmtes Testament vorgelesen hatte. An der Front des Tempels wurden die Schnäbel der ägyptischen Schiffe befestigt, die Augustus bei Actium gekapert hatte, und davor befand sich eine Rednerbühne, die *Rostra Divi Julii*, die vor allem bei den Begräbnissen der Kaiser benutzt wurde. Rechts vom Caesartempel sind die Reste eines *Triumphbogens des Augustus* zu erkennen, der ihm nach seinem Sieg bei Actium geweiht wurde.

Unmittelbar neben diesem Bogen liegt der sogenannte TEMPEL DER DIOSKUREN, von dem noch drei prachtvolle korinthische

Säulen aus parischem Marmor aufrecht stehn. Sie gehören zu einem Bau augusteischer Zeit, aber das Heiligtum selbst ist viel älter. Seine Geschichte hängt eng mit dem Brunnenheiligtum der Nymphe Juturna, dem LACUS JUTURNAE, zusammen, das an der Ostseite des Tempels liegt. Auch hier befinden wir uns in einem Bezirk, der wie der Tempel des Saturnus und der Lacus Curtius zu den heiligsten Stätten Roms gehörte.

Solche Heiligkeit wird für uns, die wir nicht mehr in der altrömischen Religion leben können oder wollen, nur dann faßbar, kann nur dann auch noch zu uns sprechen, wenn wir uns vergegenwärtigen, was sich hier nach dem Glauben der Römer in früher Zeit ereignet hatte. Alle indoeuropäischen Völker haben die Quellen als göttliche Mädchen verehrt. Eine solche Gestalt war *Juturna*, die schon sehr früh zu Lavinium in den Albanerbergen verehrt wurde, dann seit der Gründung Roms auch hier an ihrem Lacus, der Quelle der ältesten Stadt. Wahrscheinlich wurden dem Wasser ihrer Quelle Heilkräfte zugeschrieben und ihr Name darum ›a iuvando‹, vom Nutzen, den es den Kranken bringt, abgeleitet. Sie war auch eine Beschützerin der mit Wasser arbeitenden Handwerker, »qui arti ficium aquae exercent«, die im wasserreichen Rom sehr zahlreich gewesen sein müssen, und gehörte zu den Gottheiten, deren Hilfe man (wie in Süddeutschland den hl. Florian) zur Abwehr von Feuersbrünsten anzurufen pflegte, »dearum, quarum ope etiam aliis incendiis subvenitur«, wie Cicero in seiner Schrift über die Wahrsagung schrieb. Nun ereignete sich im Jahre 499 vor Christi Geburt ein für die Römer erfreuliches Wunder. Man hatte die etruskischen Tyrannen, die Tarquinier, aus der Stadt vertrieben, die Monarchie gestürzt, die Republik eingeführt. Doch die Tarquinier hatten sich mit den Latinern gegen Rom verbündet. Am See Regillus kam es zur Schlacht, in der die Dioskuren auf der Seite der Römer in den Kampf eingriffen und diesen zu ihren Gunsten entschieden, dann als erste die Siegesnachricht nach Rom brachten, auf das Forum, wo sie ihre Rosse im Quell der Juturna tränkten.

Die *Dioskuren*, die Söhne des schwanengestaltigen Zeus und der Leda, die Brüder der Helena und der Klytaimnestra, kommen aus Lakedaimon. Sie wurden überall in den unteritalienischen Griechenstädten verehrt, aber auch in Neapel und Capua, rings um Rom in Larinum, Veji, Cora, Ardea, Ostia und Tusculum. So gelangte ihr Kult wahrscheinlich als einer der ersten griechischen nach Rom, wo die beiden kriegerischen Brüder als Beschützer der Ritterschaft zu hohen Ehren gelangten. Und wie sie schon in die Schlachten der Griechen helfend eingegriffen hatten, so haben sie den Römern nicht nur am See Regillus beigestanden, sondern auch bei Pydna, in den Kämpfen mit Cimbern und Teutonen; und vor der Schlacht von Pharsalos, so erzählt uns Cassius Dio, verkündeten sie im Syrerland Caesars bevorstehenden Sieg.

Nachdem wir betrachtet haben, was uns vom Tempel der Dios-
kuren erhalten ist, wenden wir uns dem Lacus Juturnae zu: ei-
nem mit Marmor verkleideten viereckigen Becken und einem
Marmoraltar, auf dem wir Jupiter, die Dioskuren, Leda und den
Schwan sehn. In den umliegenden Räumen standen Statuen von
Heilgöttern. Im vierten nachchristlichen Jahrhundert war hier
die ›statio aquarum‹ untergebracht, das heißt die städtische
Wasserverwaltung, von deren Tüchtigkeit uns Thermen und
Aquädukte so lebhaft zeugen; aus dem Dorfquell des ältesten
Rom und seiner Nymphe war ein marmornes Heiligtum und
zugleich eine Behörde geworden. Die Römer sahn darin gewiß
nichts Anstößiges oder Unfrommes, denn sie haben das Religiöse und das Staatliche immer als etwas eng Verbundenes betrachtet; und wenn sich die katholische Kirche stets lebhaft der Tren-
nung von Kirche und Staat widersetzt hat, der ›libera Chiesa in
libero stato‹, die Cavour forderte, und überall dort, wo sie zu
politischer Macht kommt, auf eine enge Bindung zwischen Kirche und Staat hinarbeitet, so ist das etwas echt Römisches.

Das zeigt uns auch der Titel des höchsten römischen Prie-
sters, des Pontifex Maximus; und diesen Titel trägt bekanntlich
bis auf den heutigen Tag das Haupt der Römischen Kirche, der
Papst. Auch davon mag hier die Rede sein, denn ganz nahe beim
Lacus Juturnae liegen der TEMPEL DER VESTA, ›aedes Vestae‹, und
neben diesem, hinter dem Caesartempel, die REGIA, die Wohnung des Königs Numa Pompilius, später das Amtshaus des
Pontifex Maximus. Die Regia ist leider sehr zerstört; das Erhaltene stammt teils aus republikanischer, teils aus ganz später
Zeit.

Regia bedeutet: Haus des Königs, Königssitz. In ältester Zeit war nämlich der König zugleich der oberste Priester der Römer. Numa Pompilius hat dann den ›Pontifex Maximus‹ und das ›Collegium Pontificum‹
eingesetzt, die den gesamten Staatskult überwachten, die ›Flamines‹, die
im Dienste einzelner Gottheiten standen, und die sechs Vestalinnen,
doch behielt der König noch so viele priesterliche Ämter, war besonders
Priester des altrömischen Gottes Janus, daß bei der Abschaffung der
Monarchie neben den andern ein ›Rex sacrorum‹ geschaffen wurde, der
die ›sacra‹ besorgte, die früher der König verwaltet hatte. Die Gattin des
Rex hieß ›Regina sacrorum‹ und übte ebenfalls priesterliche Funktionen
aus. Der Rex sacrorum wurde auf Lebenszeit gewählt und durfte kein
weltliches Amt bekleiden. Nach dem Ende der Republik aber wurde die
höchste priesterliche Würde wieder mit der höchsten staatlichen ver-

bunden, als nämlich Augustus das Amt des Pontifex Maximus übernahm. Auch mehrere christliche Kaiser, darunter Gratian, haben noch diesen Titel geführt. Übrigens hat Augustus nicht in der Regia residiert, diese vielmehr den Vestalinnen geschenkt, dafür aber einen Teil seines Palastes zum Staatsgut erklärt, damit der Forderung, daß der Pontifex Maximus in ›loco publico‹ wohne, genügt werde.

Zu den wichtigsten Ämtern dieses Oberpriesters gehörte von alters her die Aufsicht über die Vestalinnen, die im Vestatempel der Herdgöttin des römischen Volkes, der Vesta publica populi Romani, dienten, wie in jedem Privathaus die Hausfrau am häuslichen Herd wirkt. Diese Vesta mater steht in naher Beziehung zu Janus pater, und dieses Götterpaar verkörperte den Römern immer wieder die Religion ihrer Frühzeit. Sie mußten bei allen Anrufungen der Götter genannt werden, der Gott an erster, die Göttin an letzter Stelle. Aber während uns Janus nur bei den Römern begegnet, sind sowohl der Name Vesta wie der Kult dieser Göttin Griechen und Italikern gemeinsam. Janus bedeutet ganz einfach: die Tür; er ist der personifizierte Torbogen (von ihm kommt uns der Monat Januar); Vesta aber ist nichts anderes als der göttlich gedachte häusliche Herd; und das war auch die hellenische Hestia. (In beiden Namen steckt die Wurzel ues-, die wir in unseren Wörtern ›wohnen‹, ›weilen‹ wiederfinden.) Sie wurde in jedem Haus verehrt, hier auf dem Forum aber auf Grund jener religiösen Vorstellungen der Römer, die Familie und Gemeinde in Parallele setzten, am Herde des römischen Volkes. Hier sorgten die sechs Vestalinnen für die Erhaltung ihres heiligen Feuers. Dieses Feuer wurde an jedem 1. März, dem alten Neujahrstag der Römer, und zwar nach sehr altem Brauch durch Reiben eines Holzstücks auf einer Tafel vom Stamme eines Fruchtbaumes entzündet. Im Dienste der Vesta durfte nur Quellwasser, nie Leitungswasser verwendet werden, und das Tempelgeschirr war zum Teil noch ohne Hilfe der Töpferscheibe angefertigtes Tongerät. Es gab kein Kultbild der Göttin. Ihr Heiligtum war in ältester Zeit eine strohgedeckte runde Holzhütte; auch der spätere Tempel blieb immer ein Rundbau. Neben dem Herdfeuer wurde in einem Raum, den nur die Vestalinnen und der Pontifex Maximus betreten durften, das ›Palladium‹ aufbewahrt, das Aeneas aus Troja nach Italien gebracht hatte und das zu den ›sacra piguora‹, den heiligen Unterpfändern römischer Größe, gehörte.

Die Vestalinnen erfreuten sich außerordentlicher Ehrenrechte. Die ›Virgo Vestalis maxima‹, die an ihrer Spitze stand, war eine der wichtigsten Persönlichkeiten im römischen Leben. Im Gegensatz zu der sonstigen Rechtsbeschränkung der römischen Frau konnten die Vestalinnen selbständig über ihr Vermögen verfügen und vor Gericht Zeugnis ablegen. Freilich führten sie auch ein von schweren Verpflichtungen beherrschtes Leben. Sie wurden schon als Kinder von sechs bis zehn Jahren in das Priestertum aufgenommen und mußten ihm volle dreißig

Jahre angehören. Während dieser Zeit lebten sie in strenger Klausur im Atrium Vestae, das sie nur zur Ausübung ihres Dienstes verlassen durften. Wenn es einmal geschah, daß das heilige Feuer erlosch, so wurde die Priesterin, die sich das zuschulden hatte kommen lassen, vor den Pontifex Maximus geführt und gegeißelt. Eine Vestalin, die ihre Jungfräulichkeit preisgab, begrub man lebendig.

Alles, was wir über den Vestakult wissen, weist auf sein hohes Alter hin. Das gleiche bestätigen die Bodenfunde. In diesem heiligen Bezirk hat man Gegenstände, besonders Hausgerät ausgegraben, das ohne Zweifel dem achten vorchristlichen Jahrhundert angehört. Der älteste steinerne Vestatempel wurde wahrscheinlich schon in frührepublikanischer Zeit erbaut. Er ist mehrfach abgebrannt und, wie so viele Bauten auf dem Forum, immer wieder erneuert worden. Was wir heute vor uns sehn, sind die geschickt restaurierten Reste eines Neubaus aus der Zeit des Septimius Severus. Neben dem Tempel liegt das ATRIUM VESTAE, ein zweistöckiges Gebäude, das einen großen rechteckigen Hof umgibt, in dessen Mitte sich ein Wasserbecken befindet. Der Hof hatte einen zweistöckigen Hallenumgang. Hier steht eine Reihe von Statuen und Postamenten mit Inschriften, die allerdings erst seit dem dritten nachchristlichen Jahrhundert aufgestellt worden sind. Die Statuen der Vestalinnen. Sie wurden zum Dank für erhaltene Gnaden gestiftet, denn die Fürsprache dieser Priesterinnen galt viel am kaiserlichen Hof. Auf einem Postament ist der Name einer Vestalin gelöscht worden, vielleicht der der Claudia, von der wir wissen, daß sie zum Christentum übergetreten war und darum der ›damnatio memoriae‹ verfiel.

Das Haus der Vestalinnen war durch eine Treppe mit dem kaiserlichen Palast auf dem Palatin verbunden. Als Augustus das Amt des Pontifex Maximus übernommen hatte, führte er zahlreiche wichtige religiöse Reformen ein. Vor allem versuchte er, die Abneigung der vornehmen Familien, ihre Töchter als Vestalinnen weihen zu lassen, dadurch zu überwinden, daß er die Ehrenrechte dieser Priesterinnen vermehrte. Es wird uns berichtet, der Kaiser habe gesagt, daß er, wenn eine seiner Enkelinnen in dem vorgeschriebenen Alter stünde, keinen Augenblick zögern würde, sie zur Vestalin zu machen.

Von der Regia kehren wir zum Quell der Juturna zurück und verlassen den Bereich der ältesten römischen Heiligtümer, um –

sofern wieder zugänglich – eine frühchristliche Kirche der Mutter Gottes zu betreten: SANTA MARIA ANTIQUA. Die Gelehrten
sind verschiedener Meinung darüber, wie man das antike Gebäude benennen soll, in das man diese Kirche eingebaut hat.
Jedenfalls gehörte es zu dem großen Kaiserpalast auf dem Palatin. Ein quadratischer unbedeckter Vorraum mit einem großen
Wasserbecken hat dem Gotteshaus als Vorhof gedient, an ihn
schließt sich der dreischiffige Kirchenraum an und an diesen das
Presbyterium mit zwei Seitenkapellen. Was für uns Santa Maria
Antiqua vor allem zu einer der bedeutsamsten Kirchen Roms
macht, sind ihre Fresken, die nicht nur schön, sondern die er-
greifenden Zeugnisse eines großen Kampfes sind, den die Päpste
im 8. Jahrhundert für die ganze Christenheit siegreich ausge-
fochten haben, des Kampfes um die kirchliche Kunst.

Die Kirche selbst ist wohl älter, stammt vielleicht schon aus
dem 5. oder 6. Jahrhundert. Sie wurde erst zu Beginn unseres
Jahrhunderts ausgegraben, als man hier eine alte im 18. Jahrhundert restaurierte Kirche namens ›Santa Maria Liberatrice‹ abriß.
Sie hieß früher ›Santa Maria libera nos a poenis inferni‹. Dieser
Name erinnerte an eine mittelalterliche Legende. Die Jungfrau
auf dem Forum, so erzählt man sich, schütze gegen die Hölle,
deren Eingang sich dort befände. Man zeigte den Pilgern nicht
weit von der Kirche eine Stätte, wo sich ein Held, dessen Namen
man nicht mehr kannte, in den Höllenschlund hinabgestürzt
hatte. Das ist natürlich deutlich eine Erinnerung an die Geschichte vom Opfertode des Curtius. In der Nähe dieses unheimlichen Ortes unter dem Vestatempel verbarg sich ein Ungeheuer, ein Drache, den der heilige Papst Sylvester gezähmt
hatte. Trotz dieser schönen Überlieferung wurde die Kirche,
wie gesagt, abgebrochen, aber dafür wurde uns Santa Maria Antiqua geschenkt, und vor allem ihre Fresken. Die meisten von
ihnen stammen aus der Zeit der Päpste Gregor II., Zacharias,
Paul I. und Hadrian I., und das sind auf dem Throne Petri die
Zeitgenossen des großen Bilderstreits, der ikonoklastischen oströmischen Kaiser. Hier in Santa Maria Antiqua haben die Päpste
einen Kampf für das geführt, was in Byzanz geschmäht und
zerstört wurde: für das Recht auf die Darstellung der Heiligen
und der Mutter Gottes durch die Kunst.

*G. B. Piranesi: Der Titusbogen mit Durchblick zur Maxentiusbasilika;
links die Farnese-Gärten am Palatin*

Der *Bilderstreit* gehört zu den merkwürdigsten Ereignissen der europäischen Geistesgeschichte. Er fällt zeitlich zusammen mit der Loslösung Ost-Roms vom Papsttum und mit der Hinwendung des Papsttums zum Frankenreich, deren Folge das Heilige Römische Reich Deutscher Nation war. Im Jahre 715 hatten die Mohammedaner, die im Westen schon bis nach Südfrankreich vorgedrungen waren, auch Konstantinopel angegriffen, wurden aber von Kaiser Leo III., dem Isaurier, zurückgeschlagen. Das war eine gute Nachricht für den damaligen Papst Gregor II., den gleichen, der den englischen Benediktiner Winfried, aus dem später der heilige Bonifatius werden sollte, aussandte, Germanien zum christlichen Glauben zu bekehren. Aber Gregor II. mußte im Jahre 726 erleben, daß Leo III., der Retter Konstantinopels, bei Strafe verboten hatte, die Bilder Gottes, der Jungfrau Maria, der Heiligen und der Engel zu verehren. Er hatte sogar befohlen, diese Bilder zu zerstören und die Statue Christi über dem Eingang zu seinem Palast zu zertrümmern. Das Volk hatte versucht, ihn daran zu hindern, und viel Blut war geflossen. So begann ein Kampf, der über ein Jahrzehnt dauern sollte.

Wahrscheinlich war der Bildersturm eine Folge der großen Siege, die in jener Zeit die Anhänger Mohammeds erfochten. Ihre Religion, die Religion eines Wüstenvolkes, kannte keine Bilder Gottes, verachtete tief alle bildende Kunst. Kaiser Leo III., der Begründer der isaurischen Dynastie, kam ebenfalls aus Asien. Unter dem Eindruck der mohammedanischen Strenge und Nüchternheit hielt er eine Reform des christlichen Bilderwesens für nötig. Aber indem er die Bilder zerstören ließ, schoß er weit über das Ziel hinaus. Wahrscheinlich verfolgte er auch materielle Interessen, denn die Klöster, in denen die heiligen Bilder gemalt wurden, waren sehr reich geworden. Er verfolgte und verjagte die Malermönche und setzte sich in den Besitz dieser Reichtümer. Wir müssen uns darüber klar sein, was es bedeutet hätte, wenn sich die römischen Päpste in dieser Frage, die ja keine Frage des Dogmas, sondern der kirchlichen Disziplin ist, dem Kaiser gefügt hätten: es gäbe dann überhaupt keine christliche Kunst. Aber die Päpste haben in jener Zeit in Rom sowohl die kirchliche Kunst als auch die Verehrung der Reliquien auf das kräftigste gefördert.

In vielen Fällen hat sich feststellen lassen, daß diese Fresken drei- bis viermal übermalt worden sind. Man hat das dadurch erklären wollen, daß die Mauern des kaiserzeitlichen Palastes am Fuße des Palatin sehr feucht waren, doch halte ich es für wahrscheinlicher, daß man die Fresken immer dann erneuerte, wenn sie anfingen, zu verblassen; denn man hatte ja zu diesen Bildern noch kein antiquarisches oder kunstgeschichtliches Verhältnis wie wir. Es kam vielmehr darauf an, Bilder zu haben, auf denen die Gläubigen deutlich sehn konnten, zu wem sie zu beten hatten, wen sie verehren sollten.

Wir kehren zurück zur Regia. Ihr gegenüber liegt der wohlerhaltene TEMPEL DES ANTONINUS UND SEINER GATTIN FAUSTINA. Der Kaiser hatte ihn im Jahre 141, als Faustina starb, ihrem Gedächtnis geweiht; nach seinem eigenen Tod im Jahre 161 wurde auch er hier verehrt. Damals hat man die Inschrift auf dem Architrav verändert und den Namen des Antoninus vor dem der Faustina eingemeißelt. Im Mittelalter wurde dann der Tempel in die Kirche San Lorenzo in Miranda verwandelt, deren Zugang sich heute auf der Straße der Kaiserfora befindet. Vom Forum aus sehn wir den Pronaos mit zehn schönen Säulen aus Cipollin, der einen prächtig verzierten Architrav trägt.

Dann gehn wir auf der Heiligen Straße nach Osten zu. Hier finden wir zunächst zu unserer Linken den *archaischen Friedhof*, den man hier ausgegraben, aber später mehr oder weniger wieder zugeschüttet hat. Die Funde gehn bis in die frühe Eisenzeit zurück. Nach der Gründung Roms scheint man diesen Friedhof nicht mehr benützt zu haben. Merkwürdig ist, daß man sowohl Feuer- wie Erdbestattungen festgestellt hat, die offenbar gleichzeitig geübt wurden.

Ebenfalls auf der linken Seite erhebt sich der sogenannte TEMPEL DES ROMULUS: ein Rundbau, der heute vor der Apsis der Kirche Santi Cosma e Damiano liegt. Das Tor flankieren zwei schöne Porphyrsäulen. Die bronzenen Torflügel stammen noch aus der Antike, auch das Schloß. Wir wissen nicht, wem dieser Bau geweiht war, der bestimmt dem vierten nachchristlichen Jahrhundert angehört, sicher aber nicht Romulus, der ein früh verstorbener Sohn des Maxentius war. Die Heilige Straße steigt nun langsam an und hieß in dieser Gegend *Clivus Sacer*. Wir lesen, daß sich hier die teuersten Kaufhäuser des kaiserlichen Rom befanden, besonders die Juweliere. Zu unserer Linken liegen die Basilika des Konstantin und die Kirche Santa Francesca Romana, die wir auf unserem zweiten römischen Spaziergang schon einmal besucht haben. Sehr lohnend ist nach einem Rundgang über das Forum ein Besuch des *Antiquarium Forense*, das neben Santa Francesca liegt und viele Funde enthält, die nun, da wir die Fundstätten kennen, Anteilnahme erwecken.

Wir gelangen dann zu einem der antiken Denkmäler, die mich in Rom immer am stärksten beeindruckt haben: dem

TRIUMPHBOGEN DES TITUS. Schon das Ereignis, an das er uns erinnert, könnte eine solche Anteilnahme rechtfertigen: die Eroberung Jerusalems und die Zerstörung des Tempels im Jahre 70 nach Christi Geburt. Als Feldherr des Nero hatte schon Vespasian schwer mit den aufständischen Juden gekämpft und schließlich ganz Palästina erobert. Aber es war ihm nicht gelungen, das mit einer dreifachen Mauer umgürtete Jerusalem einzunehmen. Als er Kaiser geworden war, führte sein Sohn Titus den Kampf weiter, der mit dem Fall der Heiligen Stadt endete. Der Tempel wurde niedergebrannt und die heiligen Gerätschaften nach Rom geschleppt. Die Tempelsteuer, die alle Juden nach Jerusalem zu entrichten hatten, mußten sie nun dem Jupiter Optimus Maximus auf dem Kapitol zahlen. Zu dessen Tempel zog im Triumph auch Titus wie alle Triumphatoren vor und nach ihm.

Der *Triumph* nämlich, den die Feldherrn feiern durften, war ein zum Kult des Jupiter Maximus gehöriger Akt, keineswegs nur ein militärisches Schauspiel. Der triumphierende Feldherr galt als ein menschliches Abbild des Jupiter, unter dessen Schutz er den Sieg erfochten hat und dem allein die Ehre des Sieges gebührt. Daher erschien er auf der dem Jupiter zukommenden Quadriga, war mit den Insignien und Gewändern des Gottes angetan, die für diesen Tag dem Tempel entnommen wurden. Sein Gesicht wurde mit Mennige gefärbt wie die alte Tonstatue des Gottes. Am Altar des Jupiter wurde das Festopfer, das aus weißen Stieren bestand, dargebracht und in den Schoß des Götterbildes der Lorbeerkranz niedergelegt, den der Triumphator als Ehrenpreis erhalten hatte.

Als Titus über die Via Sacra zum Kapitol zog, hat an der Stelle, an der wir jetzt stehn, vielleicht ein hölzerner Triumphbogen gestanden. Bei kirchlichen Festen und bei Fürstenempfängen ist es ja heute noch üblich, sogenannte Ehrenpforten aufzubauen. Wahrscheinlich mag man sich bei den Römern einst auch mit Ehrenpforten aus vergänglichem Material begnügt haben. Es ist aber doch nicht ganz leicht zu erklären, wie man auf den Gedanken kam, ein Tor, das doch seiner Natur nach zu einem Gebäude gehört oder auch zu einer Mauer, zu einem freistehenden Siegesmonument zu machen. Da mir keine anderen Erklärungen bekannt geworden sind, möchte ich eine eigene versuchen. Wie wir sahen, ist Janus einer der ältesten und heiligsten römischen Götter. Er ist der Gott des Krieges und des Friedens. Der Triumph aber steht zeitlich an der Grenze zwischen Krieg und Frieden. Der Name des Gottes, und auch davon sprach ich schon, bedeutet: der Torbogen. Liegt da die Vermutung nicht nahe, daß der Triumphbogen nichts anderes ist als eine Gestaltwerdung des Janus?

Die ältesten Triumphbögen aus Stein stammen aus augusteischer Zeit, einen solchen können wir zu Rimini sehn, andere zu
Aosta und Susa in Piemont. Das sind noch richtige Tore, das
von Rimini diente zugleich als Stadttor. Aber die Glieder dieser
Tore sitzen noch verhältnismäßig locker, und es fehlt ihnen an
Volumen. Es sind Fassaden. Der Titusbogen dagegen ist ein
großartiger plastischer Körper. Er hat einen einzigen Bogen, der
einen schweren Architrav trägt. Besonders schön ist durch ihre
Einfachheit und Klarheit die Weihinschrift. In ihr wird Titus
>Divus< genannt, denn er war schon gestorben, als man den
Bogen weihte. Der Reliefschmuck ist das Werk bedeutender
Künstler, und besonders die beiden großen Reliefs im Durchgang zeigen uns, daß die Kunst der Flavier der augusteischen
durchaus ebenbürtig sein kann. In der Kassettendecke des Bo-
gens sehn wir die Vergöttlichung des Kaisers, den ein Adler zum
Himmel emporträgt. Das eine der beiden Seitenreliefs zeigt den
Triumphator auf einem Viergespann, von Roma geführt und
von Victoria gekrönt. Besonders schön ist das andere Seitenre-
lief. Hier tragen unbewaffnete Soldaten – denn die Legionen
mußten ohne Waffen auf das Kapitol ziehn – die heiligen Geräte
aus dem Tempel Jehovas: die Schaubrote, die silbernen Trom-
peten, den siebenarmigen Leuchter. Der Künstler, der den
Triumph des Titus schuf, hat hinter den Rossen noch eine ganze
Reihe von Lanzenträgern in flachen Reliefs gezeigt, die fünf
verschiedene Schichten bilden. Die hintersten Figuren sind fast
nur Umrisse, die vorderen beinahe vollplastisch, dadurch
kommt viel Raum in das Ganze, Licht und Schatten können
eingreifen. Wenn wir uns an der Schönheit dieser Bilder erfreut
haben, kehren unsere Gedanken zu dem Ereignis zurück, das
diese Künstler gefeiert haben, und wir vergegenwärtigen uns
den Schmerz, mit dem die Juden Roms im Laufe der Jahrhunderte diese Reliefs betrachtet haben mögen. Von alters her war
es den Juden verboten, diesen Bogen zu durchschreiten, aber
nicht etwa von den Kaisern und Päpsten, sondern von ihren
eigenen Rabbinern.

Auf dem Palatin

Wir haben nun den Gang über das Forum beendet und steigen vom Titusbogen aus über den *Clivus Palatinus*, dessen antikes Pflaster teilweise erhalten ist, zum *Palatin* hinauf. Sehr bald finden wir zu unserer Rechten einen Treppenweg, der uns in die Farnesischen Gärten führt und auf die Terrasse, von der wir einen besonders weiten und schönen Blick auf das Forum genießen. Ich frage mich, ob der Palatin nicht sehr viel reizvoller war, ehe man mit den Ausgrabungen begann. Besonders an seiner Nordseite hatte er einst die ganze Lieblichkeit einer römischen Renaissancevilla. Kardinal Alexander Farnese, der Enkel Pauls III., ein überaus mächtiger Kirchenfürst, mächtig besonders dadurch, daß er der Schirmherr der Jesuiten war, hatte hier 1555 mit der Anlage einer Villa begonnen. Sein Architekt war Vignola, der das herrliche Schloß von Caprarola für ihn erbaute und der hier am Palatin eine prachtvolle Treppen- und Terrassenanlage schuf, durch die die ganze dem Forum zugewendete Seite des Hügels in einer ähnlichen Weise in ›hängende Gärten‹ verwandelt worden war, wie der Hügel von Tivoli durch die Villa d'Este. Anschließend daran sah man eine große Terrasse mit vielen seltenen Pflanzen. Es war dies der älteste botanische Garten der Welt; und da für mein Gefühl botanische Gärten etwas sehr Anmutiges sind, hätte ich viel darum gegeben, diese Anlage zu sehn. Der Archäologe Giacomo Boni, der in den Farnesischen Gärten begraben liegt, hat den Versuch gemacht, das sogenannte Viridarium des Alexander Severus, das sich im Innenhof des großen Kaiserpalastes befand, zu rekonstruieren, indem er hier die Gewächse anpflanzen ließ, die der Überlieferung nach in den Gärten der Römer wuchsen.

Boni hat sich überhaupt große Verdienste um die Begrünung des Hügels erworben. Von der Anlage der Farnesischen Gärten können wir uns durch Stiche aus dem 17. und vom Anfang des 19. Jahrhunderts eine recht genaue Vorstellung machen. Zur Zeit des ersten Napoleon haben vor allem die Architekten Percier und Fontaine, die in Paris den Triumphbogen auf dem Platz du Carrousel bauten, an diesem Ort emsig gezeichnet.

Ein Rundgang über den Palatin bleibt auch dann lohnend, wenn wir den Ruinen der Kaiserpaläste nicht allzuviel Anteilnahme entgegenbringen, und zwar vor allem wegen der Aussich-

ten. Eine der schönsten ist die an der Südspitze des Hügels, des
sogenannten *Belvedere*, denn von dort aus überschaut man den
ganzen südlichen Teil der Stadt von San Giovanni in Laterano
bis zur Pyramide des Cestius und sieht in der Ferne die Albanerberge.

Die Geschichte des Palatin führt uns zunächst in die ältesten
Zeiten Roms zurück. Vergil berichtet, hier hätten einst Griechen aus Arkadien gesiedelt, die Aeneas hier angetroffen habe.
Was daran Wahres sein kann, wissen wir nicht. Jedenfalls erlauben uns die Bodenfunde, die Besiedlung des Palatin schon in das
9.Jahrhundert zu datieren. Der Name ›Palatin‹ hängt wahrscheinlich mit einer Gottheit zusammen, die ›Palas‹ hieß. Sie
wird sehr oft als Göttin bezeichnet, aber nach dem Gelehrten
Varro war Palas ein Gott. Wahrscheinlich sind viele dieser ganz
alten Götter geschlechtslos gewesen. Auf alle Fälle handelt es
sich um eine Gottheit der Hirten. Ihr Fest war eine Reinigungs-
feier für die Herden. Seltsam, wie der Name dieser Gottheit
noch in unserer heutigen Sprache fortlebt, denn da die Kaiser
auf dem Palatin wohnten, wurde der Name des Hügels auf ihre
Wohnung übertragen: das Palatium, woraus dann Palast, Palazzo, Palais, Palace geworden ist; auch das Wort ›Pfalz‹ gehört
dazu und schließlich und endlich das Hotel Palace.

Romulus wählte den Hügel, weil er nicht nur leicht zu vertei-
digen war, sondern auch nah am Tiber lag, und zwar an einer
Stelle des Flusses, wo dieser durch eine Insel in zwei Arme geteilt wurde, somit leichter überquert werden konnte. Er hat hier
seine Roma quadrata gebaut, von der uns freilich nichts erhalten
ist. Sie hatte drei Tore, von denen sich das eine an der Kakustreppe noch nachweisen läßt. In jener Gegend sind auch drei
Hütten aus der frühen Eisenzeit ausgegraben worden. Eine solche Rundhütte aus Schilf und Binsen wurde in späterer Zeit als
Haus des Romulus gezeigt und verehrt.

Als man die Servianische Mauer baute, schloß man auch den
Palatin in den ummauerten Bezirk ein. Reste dieser Mauer sind
bei der Kakustreppe gefunden worden. Aber in republikanischer
Zeit hat der Palatin nur eine geringe Rolle gespielt. Erst gegen
Ende der Republik haben sich wohlhabende Römer hier Villen
gebaut und schöne Gärten angelegt. Unter ihnen war Cicero.
Wir wissen, daß einige dieser Villen, was sonst nicht üblich war,
reich mit Marmor und Gemälden geschmückt gewesen sind;

und wir können uns von ihnen noch eine Vorstellung machen, wenn wir das Haus der Livia besuchen.

Doch das, was der Palatin für die Kaiserzeit bedeutet hat, beginnt mit Augustus. Er war hier geboren worden, hier hatte er als Privatmann gelebt; und auch seine spätere Frau Livia wohnte

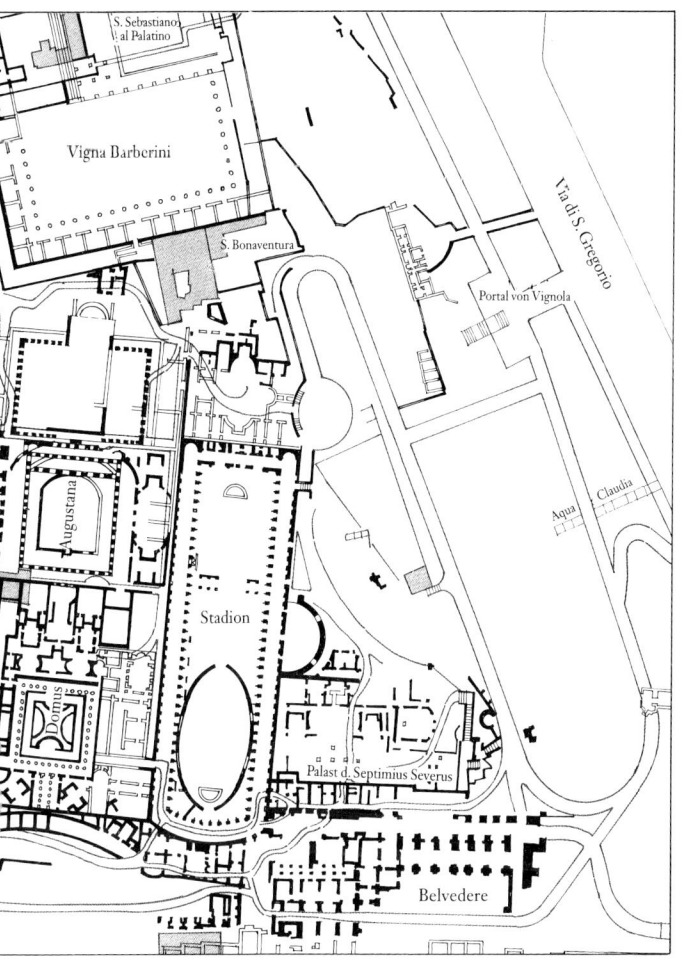

auf dem Palatin. Im Jahre 36 vor Christi Geburt erwarb er hier
ein Haus, dann andere Häuser und Grundstücke. Neben seinem
Haus ließ er den Apollotempel erbauen, von dem uns die antiken
Schriftsteller Erstaunliches erzählen, von dem uns aber so wenig
erhalten ist, daß wir nicht einmal sicher wissen, wo er lag. Es ist

anzunehmen, daß der Kaiser nicht in dem bescheidenen Haus der Livia gewohnt hat. Wahrscheinlich lebte hier Livia zusammen mit ihrem ersten Mann, dem Claudius Nero, dem Vater des Tiberius; vielleicht hat ihr dieses Haus nach dem Tode des Augustus als Witwensitz gedient. Als sich Tiberius im Gebiet der Farnesischen Gärten einen Palast baute, von dem auch nur geringe Reste erhalten sind, schonte er das Haus seiner Eltern.

Der größte Palastbauer auf dem palatinischen Hügel ist Domitian gewesen. Er hat den Palatin auch reich mit Wasser beschenkt, indem er die ›Aqua Claudia‹ vom Coelius in seinen Palast hineinleitete. Trajan und Hadrian haben nicht auf dem Palatin gewohnt. Unter Septimius Severus wurde der domitianische Palast besonders nach Süden hin erweitert und mit einer prächtigen Fassade versehn. Ein Biograph des Kaisers bemerkte bissig, Septimius Severus habe damit seinen von Süden auf Rom zureisenden afrikanischen Landsleuten imponieren wollen. Der Verfall der Paläste begann nach Diokletian, doch haben noch Odoaker und Theoderich der Große hier gewohnt, auch einige Päpste der Frühzeit. Zur Zeit der Farnese begann man mit den Ausgrabungen. Sie wurden besonders fleißig zur Zeit Franz' I. von Parma betrieben, der die Gärten geerbt hatte und viele Statuen in seine Hauptstadt verschleppte. 1860 hat Napoleon III. den Palatin gekauft, von ihm erwarb ihn 1870 der italienische Staat. Seitdem sind so gut wie alle privaten Villen und Gärten von diesem Hügel verschwunden, besonders auch die Villa Mills, die sich ein närrischer Schotte hier im Walter-Scott-Stil hatte erbauen lassen.

Wir gehn nun in südlicher Richtung durch die Gärten und durch das Gebiet, in dem der Palast des Tiberius lag. So kommen wir zum TEMPEL DER MAGNA MATER. Dieser Kult wurde in Rom in einem schwierigen Augenblick der Punischen Kriege gelobt, im Jahre 204, als man die Sibyllinischen Bücher zu Rate gezogen und so erfahren hatte, daß es Rom Heil bringen werde, wenn man aus Pessinus in Kleinasien den schwarzen Stein hole, der als Sinnbild der großen Mutter dort verehrt wurde. Dieser Stein, das wußte man, war vom Himmel gefallen; wahrscheinlich ist es ein Meteorstein gewesen. Der Tempel wurde im Jahre 191 geweiht, er ist dann abgebrannt und von Augustus neu erbaut worden. Die erhaltene Ruine ist nicht sehr ansehnlich, liegt aber schön unter alten Bäumen. Vor dem Tempel hat man einst Fest-

spiele zu Ehren der Magna Mater gefeiert, die ›Ludi megalen-
ses‹. Wir wissen, daß dabei unter anderem auch die Komödien
des Terenz aufgeführt worden sind.

Der *Kult der Magna Mater* ist der erste orientalische Kult, der von den
Römern übernommen wurde. Diese Übernahme ist die unmittelbare
Folge der ersten Einmischung Roms in die Angelegenheiten des Ostens.
Im Gefolge der großen Mutter kamen bald auch andere östliche Kulte
nach Rom, von denen einige mit seltsamem Aberglauben verbunden
waren, wohl auch mit Orgien. Diese Kulte versuchten, sich der Aufsicht
des Senates zu entziehen, was ihnen aber nicht gelang. Sie hatten freilich
einen mehr oder weniger privaten Charakter, während der Kult der
Magna Mater von allem Anfang an ein Staatskult war. Mit diesem öffentlichen Charakter erklären sich eine Reihe von Einschränkungen,
denen das östliche Ritual der großen Mutter unterworfen wurde. Ihre
Priester, die nach orientalischer Sitte Kastraten waren, durften sich nur
selten in der Öffentlichkeit zeigen. Römischen Bürgern war es verboten,
dieser Priesterschaft anzugehören. In republikanischer Zeit wurde in
Rom nur die große Mutter verehrt, nicht aber ihr Geliebter Attis.

In der Nähe des Tempels finden wir nun das Wenige, das uns
vom ältesten Rom erhalten ist: zwei archaische Brunnen des
6. Jahrhunderts und verschiedene sehr alte Mauern aus Tuffqua-
dern. Von dort führt ein Weg, die sogenannte *Kakustreppe*, die
ich bereits erwähnte, zu einer etwas niedriger gelegenen Terrasse, auf der die Ausgräber das genannte Hüttendorf aus dem
9. Jahrhundert entdeckt hatten.

   Neben dem gut erhaltenen Brunnen liegt das HAUS DER LIVIA:
ein eher bescheidener Bau. In seinem Innern gibt es sehr reizvolle Wandmalereien nach Art der pompejanischen. In dem als
Tabularium bezeichneten Saal hat man auf der Rückwand die
Geschichte der Galathea dargestellt, die rechte Wand zeigt Architekturmalerei mit perspektivischen Stadtbildern und kleinen
religiösen Szenen. In der Mitte befindet sich eine gemalte Apsis,
in der die Geschichte vom Mädchen Io erzählt wird. Die junge
Frau, in deren dunklem Haar wir zwei kleine Hörner sehn, weil
sie ja nach der Sage in eine Kuh verwandelt worden war, sitzt zu
Füßen einer Säule, auf der eine Götterstatue steht. Zu ihrer
Rechten erblicken wir ihren bewaffneten Wächter, von links
nähert sich ihr Befreier: der Götterbote Merkur. Die Szene geht
auf ein berühmtes Original zurück, das der griechische Künstler
Nikias im 4. Jahrhundert geschaffen hatte. Im rechten Flügel des

Hauses ist besonders ein einfarbiger gelber Fries bemerkenswert: eines der besten und wohl auch frühesten Beispiele römischer Landschaftsmalerei.

Im Südwesten, unmittelbar an das Haus der Livia anschließend, lag das *Haus des Augustus*. Durch die ausführliche Beschreibung, die wir von Sueton besitzen, wurden durch Ausgrabungen des Jahres 1961 auf das Genaueste bestätigt. Sehr bemerkenswert sind die von Bühnendekorationen abgeleiteten Wandmalereien zweier Räume des Westflügels aus der Zeit des Zweiten Stils. Gleich neben dem Haus des Augustus stand früher der *Apollontempel*, dessen Bau Augustus nach der Schlacht bei Naulochus im Jahre 36 v. Chr. Geb. begann.

Wir setzen unseren Weg in südlicher Richtung fort und kommen so in die eigentlichen Kaiserpaläste, zunächst in die DOMUS FLAVIA, die Domitian durch seinen berühmten Architekten Rabirus erbauen ließ. Die Domus Flavia enthält die Empfangsräume des kaiserlichen Hofes. Ihre Front befindet sich im Norden gegen das Forum hin. Im Osten lagen drei Räume: die dreischiffige Basilika, der Versammlungsort des kaiserlichen Rates, die von den Ausgräbern so genannte ›Aula Regia‹, in der wahrscheinlich die *salutationes*, Audienzen, stattgefunden haben, das ›Lararium‹, irrtümlich wohl so bezeichnet, von dem man heute annimmt, daß dort der Sitz der Praetorianergarde war. Unter der Basilika hat man ein Heiligtum der Isis mit schönen Malereien des Zweiten Pompejanischen Stils entdeckt, unter dem Lararium ein Haus aus republikanischer Zeit. An diese drei Räume schließt sich das mächtige, einst von Säulen umgebene Peristylium an, das einen Garten und schöne Brunnen enthielt. Dann folgt der große Speisesaal, der sowohl gegen das Peristylium hin wie an den Seiten offen war. An diesen Seiten befinden sich zwei ovale Nymphäen, von denen das eine noch gut erhalten ist.

Südlich von der Domus Flavia hat man die DOMUS AUGUSTANA ausgegraben, die ebenfalls aus der Zeit der flavischen Kaiser stammt und vielen späteren Imperatoren als Wohnung diente. An diese schließt sich dann das geräumige Stadium an.

Noch weiter südlich liegen die THERMEN DES SEPTIMIUS SEVERUS. Septimius hatte den Palatin in dieser Richtung durch ausgedehnte Bogenbauten noch erweitert. Einer davon, das ›Septizonium‹, ist erst unter Papst Pius V. zerstört worden. Um von diesen gewaltigen Bauten den richtigen Eindruck zu erhalten,

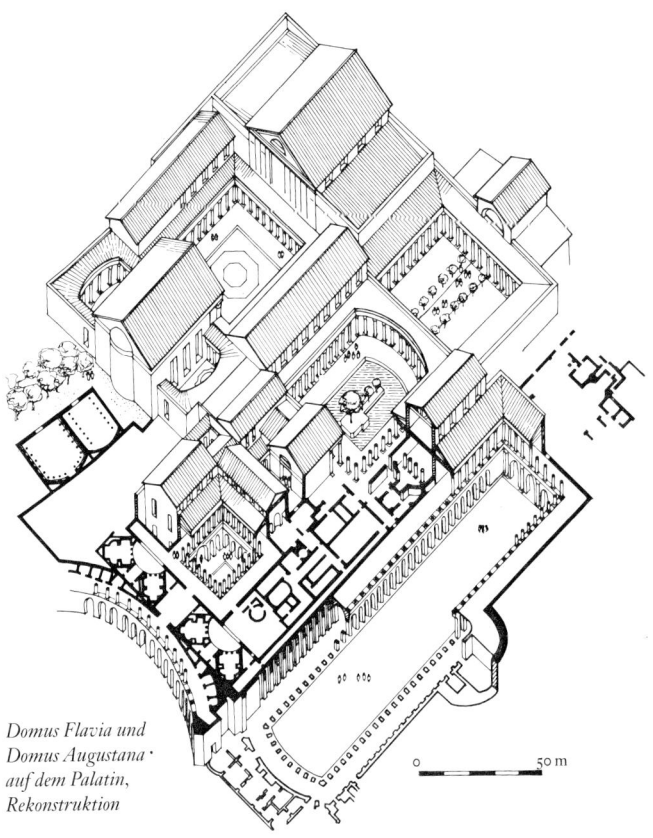

*Domus Flavia und
Domus Augustana
auf dem Palatin,
Rekonstruktion*

0   50 m

müssen wir vom Palatin hinabsteigen, was aber an dieser Stelle
nicht möglich ist. Von hier aus überschauen wir das Tal, das den
Palatin vom Aventin trennt und in dem der heute in seiner
ursprünglichen Form wiederhergestellte *Circus Maximus* liegt.

Zwischen dem Stadium und der Domus Flavia befindet sich
das *Palatinische Antiquarium*, das religionsgeschichtlich besonders interessante Stücke enthält. Da ist zunächst ein Altar aus
dem letzten vorchristlichen Jahrhundert, der die seltsame Inschrift trägt: ›sei deo sei divae sacrum‹ – dir Gott oder Göttin
heilig. Wir wissen nicht genau, was das bedeutet, aber wir werden natürlich an den Altar des unbekannten Gottes erinnert, den

der Apostel Paulus zu Athen sah. Dann ist da ein Graffito, das einen gekreuzigten Mann mit einem Eselskopf darstellt. Vor dem Kreuz kniet ein Mann mit dem Namen Alexamenos. Wahrscheinlich handelt es sich um eine bösartige Karikatur des gekreuzigten Christus, durch die ein zum Christentum bekehrter Mann namens Alexamenos gekränkt werden sollte.

Damit ist unser Rundgang über den Palatin beendet. Außerhalb der Ausgrabungszone am Nordostabhang über der Via di San Gregorio liegt im sogenannten barberinischen Weinberg die Kirche SAN SEBASTIANO mit recht guten Malereien des 10. Jahrhunderts. In jener Gegend ist auch die älteste Via Crucis erhalten, denn hier lebte der heilige Leonhard von Portomaurizio in einem Benediktinerkloster, der schon zu seinen Lebzeiten im 18. Jahrhundert der ›Apostel Italiens‹ genannt wurde. Er hat besonders die Kreuzwegandachten gefördert, auch die Dogmatisierung der Lehre von der Unbefleckten Empfängnis.

Noch viel Interessantes und Merkwürdiges läßt sich aus dem weiten palatinischen Trümmerfeld herauslesen oder vielleicht auch nur herausdeuten, wenn wir uns an Hand gelehrter Bücher und genauer Pläne daran machen, die rätselreiche Schrift dieser Ruinen zu entziffern. Ich kenne die Freuden eines solchen Tuns, bei dem das Gestaltlose langsam wieder Gestalt und das Nur-Malerische wieder plastisch wird. Die Kaiserpaläste, an die wir freilich höchste künstlerische Maßstäbe kaum anlegen dürfen, müssen von einer erstaunlichen Pracht gewesen sein. Um uns diese Pracht vorstellen zu können, werden wir uns wohl von gewissen klassizistischen Vorstellungen (von denen die modernen Rekonstruktionsversuche zumeist ausgehn) befreien müssen. Das Sich-Durchdringen von hellenischen Bauelementen – Säulen, Architraven, Giebeln – und italisch-römischer Gewölbe- und Bogenarchitektur, verbunden mit heftiger, vielleicht sogar schreiender Polychromie, all das bewohnt von Hunderten, Tausenden von Statuen: Menschenbildern jeder Art und Größe, hineingestellt in kunstvolle, streng geometrisch angelegte Gärten mit nicht weniger kunstvollen Fontänen muß Gesamtbilder ergeben haben, die uns, wären sie uns erhalten, weit weniger an griechisches Bauen erinnern würden, an das, was wir gemeinhin klassisch nennen, als vielmehr an barocke Villen wie Caprarola oder die Villa Lante in Bagnaia; wie ich mir denn das kaiserzeitliche Rom überhaupt viel weniger antik als barock denke.

Uns aber ist von dieser barocken Pracht kaum mehr erhalten als eine Landschaft: eine ergreifende, sehr einsame, in der der Mensch kaum noch gegenwärtig ist. Das, scheint mir, wird stets besonders deutlich, wenn in der Reisezeit große Touristenschwärme über den Palatin ziehn: sie durchwandern Einsamkeiten. Großartige Einsamkeiten. Denn den wenigen Menschen, die Geister sehn, sieht man ja diese Fähigkeit nicht an. Auch dort im Westen des Hügels, wo sich das Mythische ballt und noch erwittern läßt – Herakles, Kakus, Euander, Romulus und Remus –, im holden, höchst humanen Bereich des Hauses der Livia, über den kühnen Bögen des südlichen Vorsprungs, die Septimius Severus seinen auf der Via Appia heranziehenden afrikanischen Landsleuten prunkend entgegenwölbte, in den farnesischen Gärtlein, die an stillen Abenden mancher Nachklang von Saiten und Reimen durchzittert, in all diesen palatinischen Teillandschaften, in denen noch vergangenes Leben Schatten wirft – nie ist es christliches Leben, nirgends eines Heiligen Spur! –, findet im Grunde doch nur der Geisterseher Gesellschaft; und selbst der findet sie selten. Doch die Bäume sind wunderbare Gesellen, selten so gesellige wie hier. Sie gedeihen prächtig, sind heute die eigentlichen Herren auf dem heiligen Hügel, von dem aus einst die Welt regiert wurde: wolkige Pinien, sagendunkler Lorbeer, Granatäpfelbäume mit blutenden Blüten, Buchsbaum mit sinnebetäubendem Duft und im Frühling der freche Fenchel. Die Menschen des Palatin sind versteinert. Wer sie kennenlernen will, muß die römischen Museen durchwandern. Auf dem Hügel, auf dem ihre Schlösser standen, den das Christentum nicht heiligte, sind wieder die Dryaden und Hamadryaden daheim wie in den Zeiten der Sagen, die uns Vergil erzählt, wie vor den Tagen der Romulus und Remus. Wo in aller Welt gibt es das noch: mitten in einer Millionenstadt ein echtes Arkadien? Ich glaube freilich, daß diese Stadt, ohne es zu wissen, aus diesem ihrem Ur-Hügel, aus den dort gespeicherten Naturkräften noch immer ungeheure Kräfte zieht. Und ist es ein Zufall, daß sie, die baulustige, bautolle, ihn nicht mehr bebaute, als die Kaiserpaläste verfallen waren?

IV

Zwischen Corso Vittorio Emanuele und Tiber

Il Gesù und der neue Geist der Gegenreformation
Sant'Andrea della Valle: barocke Himmelsextasen
Palazzo Massimo: Anmut und Würde
Cancelleria: römische Frührenaissance aus Florenz
Glanz und Erbe einer kunstsinnigen Familie: Palazzo Farnese
Römische Kunstgeschichte um 1600:
Caravaggio, Carracci, Reni
Alexander VI. Borja und die Vergänglichkeit des Irdischen
Filippo Neri: der Volksheilige Roms und sein Oratorium
Castel Sant'Angelo: Fluchtburg der Päpste
Via Giulia, Straße der Renaissance
Kuriosität und Kunst in Palazzo Spada
Im Getto: Juden in Rom
Piazza Mattei und der Schildkrötenbrunnen

Auf unseren drei ersten Spaziergängen haben wir uns vielfach an Orten bewegt, an denen wir wenig Gelegenheit hatten, das Leben der modernen Millionenstadt zu beobachten, auf dem vierten werden wir nun grausam hineingestoßen in ihr lautes Menschen- und Maschinengetriebe. Der Corso Vittorio Emanuele, eine verhältnismäßig breite, erst 1870 angelegte, doch vielfach alten Straßenzügen folgende Hauptverkehrsader, ist auch eine wichtige Geschäftsstraße, die volkreiche, besonders gegen den Tiber hin noch volkstümliche Viertel durchquert. An und in ihrer Nachbarschaft liegen eine Reihe von bedeutenden Bauten, kirchlichen wie profanen, denen wir uns nun zuwenden wollen.

Wir beginnen mit der schönen *Piazza del Gesù,* auf der sich zwei vornehme Paläste gegenüberstehn: im Süden der PALAZZO BOLOGNETTI, im Norden der PALAZZO ALTIERI. Letzterer ist ein eindruckvoller Bau aus der zweiten Hälfte des 17.Jahrhunderts, den der Römer Antonio de Rossi (1616-1695) für die Familie Papst Clemens' X. Altieri errichtet hat.

Zwischen den beiden Palästen liegt die kurz IL GESÙ genannte
Kirche, die Hauptkirche des Jesuitenordens in Rom, die Grabkirche des heiligen Ignatius von Loyola.

Ignatius hat die Gesellschaft Jesu 1534 in Paris gegründet. Als er nach
Rom kam, wohnte er in einem bescheidenen Haus neben der heutigen
Kirche Il Gesù. Dort ist er am 31. Juli 1556 gestorben. Vor seinem Tod
hatte ein spanischer Grande aus dem Hause Borgia die Mittel für den
Bau einer großen Kirche der Jesuiten gestiftet. Michelangelo arbeitete in
seinen letzten Lebensjahren an Plänen für diese Kirche, wobei er wie
beim Petersdom auf jedes Künstlerhonorar verzichtete. Doch kam alles
ins Stocken, weil der regierende Papst Paul IV. Carafa den Jesuiten ab-
hold war. Unter dem folgenden Papst, Pius IV., übertrug der zweite
Ordensgeneral Lainez das Protektorat über den Bau dem reichen Kardinal Alexander Farnese, und dieser berief daraufhin einen der tüchtigsten
Baumeister der Zeit, Vignola.

Die Arbeiten am ›Gesù‹ begannen 1568, Vignola leitete sie bis
zu seinem Tode 1573. Drei Jahre später wurde der Innenraum
eingewölbt. Die Fassade zeichnete Giacomo della Porta. Im Jahre 1584 hat Kardinal Farnese die Kirche eingeweiht. Auf der
Fassade lesen wir seinen Namen, aber ein anderes Datum: 1575,
von dem wir nicht wissen, auf welches Ereignis es sich bezieht.
Wenn wir das Innere des Gotteshauses betreten, müssen wir uns
darüber klar sein, daß der üppige Statuen- und Gemälde-
schmuck, den wir dort staunend sehn, dem barocken Seicento
angehört, der Bau aber noch dem späten Cinquecento, also dem
Manierismus in der Architektur.

Ich will gerne zugeben, daß die *Fassade* ernüchternd wirken
kann. Die Voluten über den Seitenschiffen erinnern ein wenig
an die von Santa Maria Novella in Florenz, doch wirkt diese
römische Fassade neben dem phantasievollen und farbigen
Werk Albertis wie eine theologische Abhandlung neben einer
Märchenerzählung. Dennoch hat diese Fassade Hunderten von
Kirchenbaumeistern in ganz Europa als Vorbild gedient; wir
glauben sie schon oft gesehn zu haben, auch wenn wir sie zum
ersten Male sehn. Das Neue an ihr ist im Vergleich zu älteren
römischen Kirchenfassaden, zum Beispiel zu der 1564 erbauten
von Santa Caterina dei Funari, die wir gegen Ende unseres heutigen Spazierganges besuchen wollen, die starke plastische Steigerung des Mitteltrakts, in dem sich die Schatten einnisten können, und das lichtoffene Zurücktreten der Flügel. Dadurch wer-

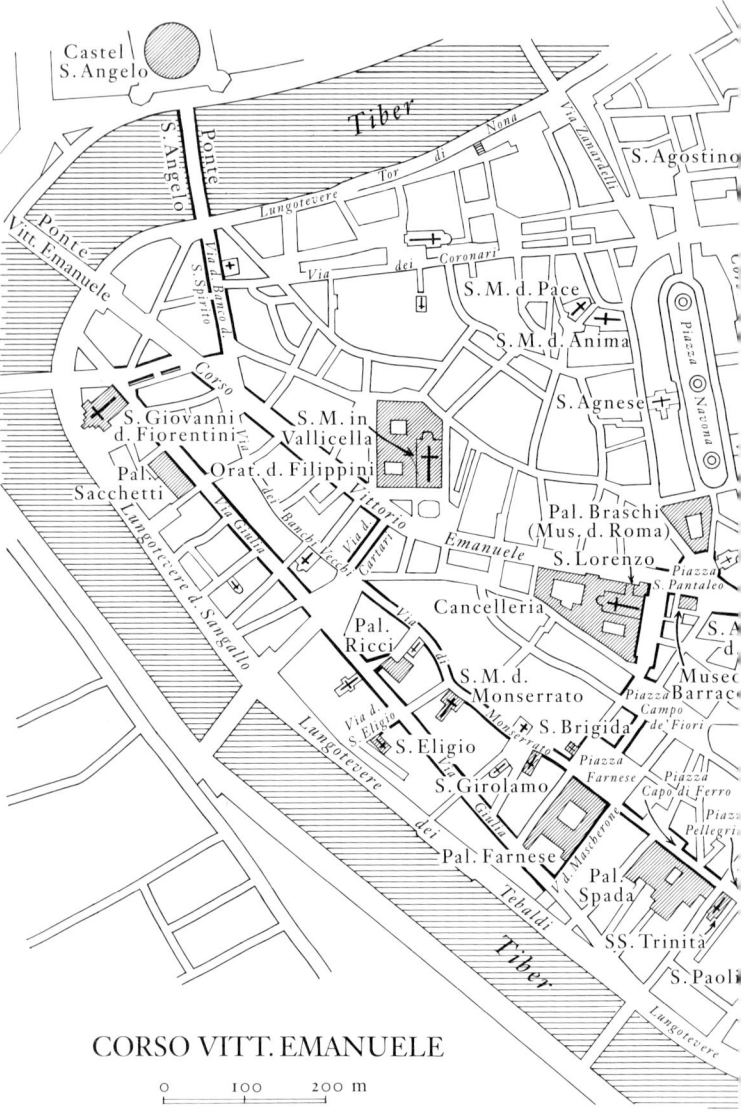

CORSO VITT. EMANUELE

0   100   200 m

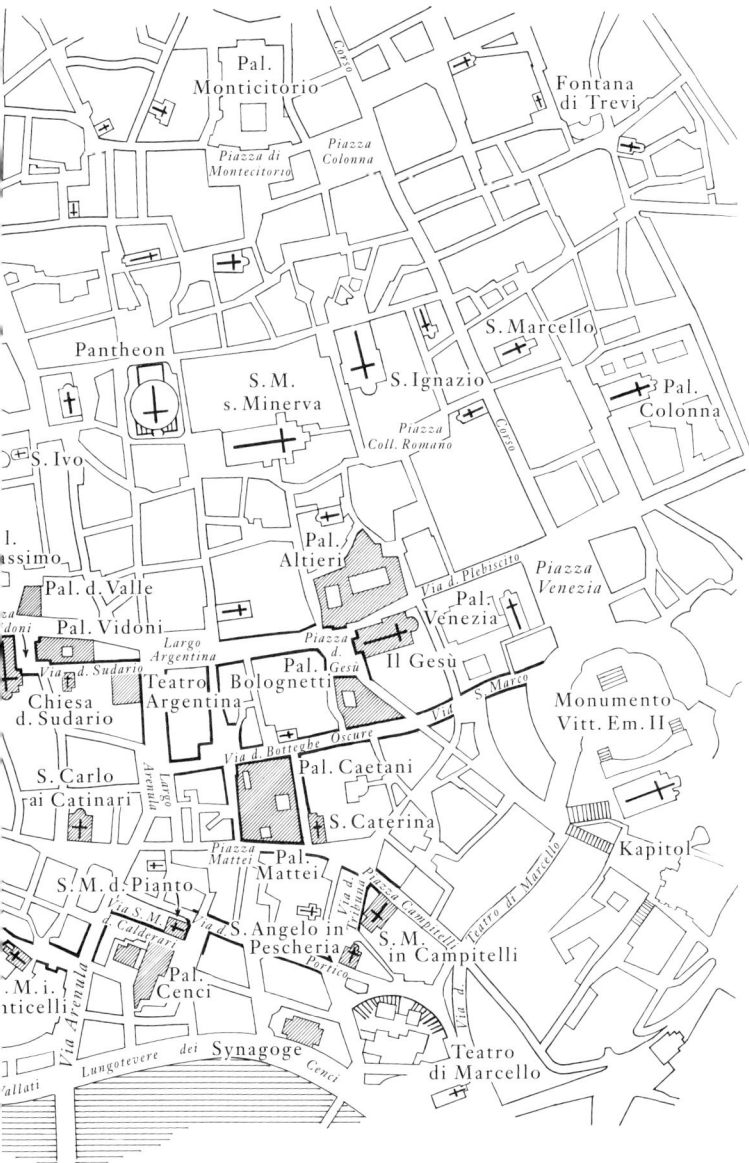

den wir auf den Innenraum eingestimmt, in dem das Hauptschiff
so viel Raum einnimmt, daß die Seitenschiffe nur noch aneinan-
dergereihte Kapellen sind.

Während aber der Mitteltrakt der Fassade von Schatten verdunkelt wird und die Flügel hell erscheinen, verhält es sich im
Innern genau umgekehrt. Zwar sind die vier Kapellen der beiden
Seitenschiffe dunkel, fast nur noch Nischen des gewaltigen, von
einer riesigen Tonne überspannten Mittelschiffes, das viel heller
ist, freilich nicht allzu hell, denn es empfängt das Licht lediglich
von mittelgroßen, über den Seitenkapellen angebrachten Fenstern, das letzte Joch vor der Kuppel ist kürzer und noch dunkler
als die andern, aber dadurch tut dann das Licht, das aus der
majestätischen Kuppel durch die großen, nach vier Himmelsrichtungen geöffneten Fenster des Tambours in die Vierung
einfällt, eine um so stärkere Wirkung.

Wahrscheinlich hatte sich Vignola die Ausschmückung seines
kühl und klar, überaus lateinisch gegliederten Baus anders gedacht. Als Il Gesù erbaut wurde, regierte der später heiliggesprochene Papst Pius v., ein Dominikaner, der unter seinem
Vorgänger Generalkommissar der römischen Inquisition gewesen war. Auch noch als Papst trug er unter den Pontifikalgewändern stets die härene Mönchskutte, und man sagte von ihm, er
wolle ganz Rom zu einem Kloster machen. Pius v. war einer der

Kirche Il Gesù und Casa Professa der Jesuiten, Grundriß

bedeutendsten Päpste der Gegenreformation: des Kampfes um die Erneuerung der katholischen Lehre und des katholischen Lebens, der vom Tridentiner Konzil ausging. In diesem Kampf hat Ignatius von Loyola die entscheidende Rolle gespielt. Die edle und strenge Klarheit des Baus, den Vignola über dem Grabe des Heiligen errichtete, entsprach darum durchaus dem Geist des Ignatius. Als man aber in der zweiten Hälfte des Seicento an die Ausschmückung der Kirche ging, da war der große Kampf schon beendet, und es regierten die lebens- und kunstfreudigen Barockpäpste. In der Kunst aber hatte ein Neues gesiegt und den Manierismus überwunden: das Barock.

Was dies Neue für die kirchliche Malerei bedeutete, nämlich eine völlige Auflösung der architektonischen Formen, können wir erleben, wenn wir das erstaunliche *Deckengemälde* betrachten, ›Die Anbetung des Namens Jesu‹, mit dem der Genuese Baciccio die große Tonne über dem Mittelschiff nicht nur ausmalte, sondern geradezu durchbrach. Zuerst ließ er das Gewölbe mit vergoldeten Rippen überziehen, auf denen dann die Stukkatoren ihre ganze Kunst entfalteten, um sie mit schneeweißen Tugendgestalten und Engeln zu beleben. Vier riesige Engel halten den Rahmen des Deckenbildes. Auf diesem wimmelt es von kunst- und geistreich bewegten Gestalten, heiligen Männern und Frauen. Sie alle streben empor zu Jesu Namen, der in einer Glorie von kleinen Engeln erscheint. Deutlich haben wir hier den Eindruck, daß sich der Kirchenraum in den Himmel öffnet. Auf der einen Seite des Rahmens aber sieht man die Verdammten niederstürzen, über den Rahmen hinaus, wo sie dann auf der goldenen Decke plastische Formen annehmen.

Baciccio hat auch die Kuppel und die Apsis der Kirche ausgemalt. Die Arbeiten dauerten von 1672 bis 1683. Wenige Jahre nach deren Vollendung machte sich in Rom ein Jesuit aus Trient einen Namen. Er hieß Andrea Pozzo, schrieb ein Buch über die Perspektive und entwarf die Schaugerüste und Dekorationen, die die Jesuiten in ihren Kirchen für die geistlichen Bühnenspiele brauchten. In seinem Buch tritt Pozzo für eine enge Verbindung von Architektur und Malerei ein, redet vor allem auch der gemalten Architektur das Wort. Wie sehr er sich auf solche Künste verstand, hatte er durch das 1685 vollendete Deckenfresko in der anderen großen Jesuitenkirche Roms, Sant'Ignazio, bewiesen. Da berief die Gesellschaft Jesu ihren Ordensbruder

dazu, die *Grabkapelle des Ordensstifters* im Gesù auszuschmücken.
Freilich hat er nur den Altar, der sich im linken Seitenschiff
befindet, entworfen, unter seiner Leitung arbeiteten viele andere
Künstler, Bildhauer, Steinmetzen, Erzgießer, darunter mehrere
begabte Franzosen.

Die Statue des Heiligen ließ der Pariser Pierre Legros der
Jüngere aus reinem Silber gießen. Heute besteht sie freilich nur
noch teilweise aus Silber, denn Papst Pius IV. ließ das Original
einschmelzen, um die ihm von Napoleon I. auferlegten Kriegs-
tribute zu bezahlen. Den Sockel des Altars verzieren üppig vergoldete Bronzereliefs. Der architektonische Aufbau besteht
meist aus verde antico. Die Säulen sind aus Lapislazuli, außerdem wurden reichlich Alabaster und weißgeäderter Marmor verwendet. Die Postamente der Kandelaber schmücken vielfarbige
Achate. Die Plastiken aber wurden aus edelstem carrarischem
Marmor gemeißelt. Von Legros ist auch die eindrucksvolle
Gruppe zur Rechten des Altars: der Glaube, der die Ketzer vertreibt. Ein anderer Franzose hat die Gruppe zur Linken gearbeitet, ein schwaches Werk: der Triumph des Glaubens über die
Heiden. Zwei geschickte italienische Bildhauer, Ottoni und Ludovisi, schufen die Dreifaltigkeitsgruppe im Altargiebel, in deren Mitte Engel die Erdkugel tragen. Sie besteht aus dem größten Stück Lapislazuli, von dem wir Kunde haben. Sehr schön,
zugleich sehr französisch sind die Geländer vor dem Altar; sie
wirken, obwohl sie vor dem 17.Jahrhundert enstanden sind,
schon recht rokokohaft. Der Altar, an dem viele Einzelheiten
keineswegs überzeugen – die Gruppe zur Linken kann man fast
schon als Kitsch bezeichnen –, beeindruckt als Ganzes doch
stark, ich möchte sagen: im Sinne eines frommen Jubelfestes,
eines gewaltigen Gloria. Neben der Sakristei befindet sich ein
kleines Museum der Gesellschaft Jesu. Von dort aus kann man
die verschiedenen Räume besuchen, in denen der heilige Ignatius gelebt hat.

Wir setzen nun unseren Gang auf dem Corso Vittorio Emanuele
fort. So erreichen wir den LARGO ARGENTINA, einen der wichtigsten Verkehrsknotenpunkte der Stadt. Hier hat man in den Jahren 1926 bis 1930 die Ruinen von vier Tempeln ausgegraben,
die noch aus republikanischer Zeit stammen. Da uns Bauten aus
dieser Epoche kaum erhalten sind, erwecken diese Ausgrabun-

gen die lebhafteste Anteilnahme der Archäologen. Wer sie in ihrer edlen Einfachheit auf sich wirken lassen will, besuche sie in Vollmondnächten, wenn der rasende Verkehr auf dem Largo Argentina stillsteht. Ein einheitliches Tuffpflaster vereinigte die drei rechteckigen und den runden Tempel zu einem einzigen Komplex. Der am weitesten nach Süden liegende Tempel ist als Heiligtum der Lares Permarini identifiziert worden, der im Jahre 179 vor Chr. Geb. geweiht wurde. Auf der Westseite des Ausgrabungsbezirks liegt ein großes Podium aus Tuff, die Reste der *Curia des Pompejus*, in der Caesar ermordet wurde.

An der Westseite des Largo Argentina liegt das TEATRO ARGENTINA, das im Jahre 1731 eröffnet wurde und also eines der ältesten noch bestehenden römischen Theater ist. Hier fand 1816 die Uraufführung einer der erfolgreichsten Opern statt, des Barbiers von Sevilla von Rossini, die jedoch ein Mißerfolg war.

Rechts neben dem Theater biegen wir in die *Via del Sudario* ein. Sie heißt so nach der *Chiesa del Sudario*, der Nationalkirche der Piemontesen. Ihr gegenüber sehn wir die Rückseite des PALAZZO VIDONI, dessen Vorderseite dem Corso Vittorio Emanuele zugewandt ist. Der heute fast völlig modernisierte Palast wurde 1515 nach Raffaels Entwurf gebaut. Auf diesen Entwurf geht die Südfassade zurück, nämlich die in der Via del Sudario mit dem Rustika-Erdgeschoß, gekuppelten Säulen und mächtigen Abschlußgesimsen. Links von der Chiesa del Sudario liegt die CASA DI BURCARDO. Johannes Burkhard aus Straßburg, das auf lateinisch ›Argentoratum‹ heißt, hat das Haus gebaut und es nach seiner Heimatstadt ›Torre Argentina‹ genannt, wovon der Largo Argentina noch heute den Namen trägt. Die Via del Sudario führt auf die kleine *Piazza Vidoni* neben der Kirche Sant'Andrea della Valle. Auf diesem Platz steht eine römische Gewandstatue, im Volk ›L'Abate Luigi‹ genannt, eine der redenden Statuen Roms, von denen wir zwei auf unseren Spaziergängen schon besucht haben. Wir gehen nach rechts über die Piazza Vidoni, kommen wieder auf den Corso Vittorio Emanuele zurück und sehn vor uns die schöne, schlichte, wirkungsvoll in den Straßenverlauf eingefügte Fassade des PALAZZO DELLA VALLE, den Lorenzetto, der beim Palazzo Vidoni Raffaels Mitarbeiter war, 1517 erbaut hat. Neben dem Palazzo della Valle öffnet sich nordwärts der *Corso del Rinascimento*, ein recht unglücklicher Straßendurchbruch der faschistischen Zeit, dem wir es aber verdanken, daß uns einer der schönsten römischen Plätze, die Piazza Navona, erhalten blieb, denn ursprünglich wollte Mussolini diesen Platz in eine große Durchgangsstraße verwandeln.

Die Kirche SANT' ANDREA DELLA VALLE ist ein Werk des Carlo Maderna (1556-1629), der wie ein anderer großer römischer Barockbaumeister, nämlich Borromini, am See von Lugano geboren wurde und in Rom starb. Er hat die vielumstrittene Fassade der Peterskirche geschaffen. Doch arbeitete Maderna bei Sant'Andrea della Valle nach einem älteren Plan, und die hohe zweistöckige Fassade aus Travertin hat Rainaldi dann völlig umgestaltet. Kunstgeschichtlich gesehn ist diese Kirche dadurch bemerkenswert, daß sie auch im Innern eines der frühesten rein barocken Gotteshäuser Roms ist. Beeindruckend ist die mächtige Kuppel, die zweitgrößte der Stadt. Aber der ganze Bau wirkt unausgeglichen, die Fassade zugleich überladen und nüchtern.

Das Innere mit einem breiten Mittelschiff und großen Seitenkapellen zeigt deutlich das Vorbild von Il Gesù. Durch die reichgeschmückte Apsis wirkt die Vierung besonders festlich, freilich in einem weltlichen Sinne. Die *Kuppel* malte Lanfranco 1621 bis 1625 mit einem Paradiesbild aus. Das Werk dieses begabten, doch gewissenlosen Malers, der überall, wo sich ihm dazu Gelegenheit bot, bei andern Malern Anleihen machte, steht am Anfang der figurenreichen Deckengemälde, die man sehr treffend ›Himmelsekstasen‹ genannt hat, denen wir in der barocken Kirchenmalerei immer wieder begegnen und eben erst im Gesù

Sant' Andrea della Valle, Grundriß

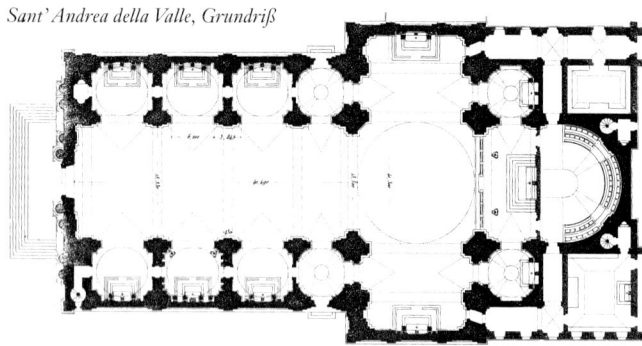

begegnet sind. Deutlich ist zu sehn, daß Lanfranco in seiner Heimatstadt Parma die beiden hinreißenden Kuppelgemälde studiert hat, mit denen hundert Jahre früher Correggio die Welt beschenkte. Edlere Werke sind die *Fresken in der Apsis* von Sant' Andrea, die der liebenswerte und poetische Domenichino 1624 bis 1628 malte und die Szenen aus dem Leben der Apostel darstellen. Er schuf auch die vier Evangelisten in den Zwickeln der Kuppel. Der ganze Wert seiner Arbeiten wird dem Beschauer deutlich, wenn er sie mit den unerquicklichen Gemälden vergleicht, vor allem mit dem heiligen Andreas am Kreuz, mit denen Mattia Preti 1650 die Apsis ausstattete. An den letzten beiden Bögen des Mittelschiffs sehn wir die *Gräber der beiden Päpste aus dem senesischen Hause Piccolomini,* Pius II. und Pius III., die 1614 aus dem Petersdom hierher gebracht wurden. Pius II., Enea Silvio Piccolomini, war einer der liebenswürdigsten Menschen, die auf dem Stuhle Petri gesessen haben. Sein Leben hat uns zu Siena Pinturicchio in wundervollen Bildern fast als ein Märchen erzählt. Diese Bilder stiftete der Neffe Pius' II., den man 1503 zum Nachfolger des schrecklichen Alexander VI. Borgia wählte. Dieser Pius III. hat aber nur wenige Tage regiert: vom 22. September bis zum 18. Oktober.

Schräg gegenüber von Sant'Andrea della Valle liegt der PA-LAZZO MASSIMO ALLE COLONNE. Er gehört noch heute einer Familie, die ihren Ursprung auf das alte römische Geschlecht der Fabier zurückführt, also einen Mann wie Quintus Fabius Maximus Cunctator, den ›Zauderer‹, der Hannibals Siegeszug durch Italien nicht verhindern konnte, zu ihren Ahnen zählt. In den alten Palästen der Massimi sind von deutschen Buchdruckern, die ihre Gäste waren, in Rom die ersten Bücher gedruckt worden. Diese Paläste wurden zerstört, als die Landsknechte Karls V. Rom plünderten. So kam es zu einem neuen Bau, mit dem man den Senesen Baldassarre Peruzzi beauftragte. Es ist das einzige beglaubigte architektonische Werk, ein Alterswerk dieses bedeutenden Mannes, der ein Schüler und Mitarbeiter des Bramante war, außerdem ein begabter Maler. Dem Zuge der Straße folgend, an der der Palast einst stand, gab Peruzzi ihm eine höchst anmutige konvexe Front. Den Eingang bildet eine bezaubernde Loggia mit sechs Säulen toskanischer Ordnung. Der Rhythmus, in dem diese Säulen und die an sie anschließenden Pilaster stehn, erinnert ebenso wie die Musterung der Wände

Kleiner Hof im Palazzo Massimo

durch horizontal geschichtete Steine an die ›Cancelleria‹, die wir gleich besuchen wollen. Wirkungsvoll ist das schwer schattende Gebälk, das das Erdgeschoß von den oberen Stockwerken trennt und die lastenden Bänke trägt, auf denen die frührenaissancehaft zarten Fenster stehn. Der Palast hat zwei allerliebste kleine Höfe, die uns fast an pompejanische erinnern. Im (schwer zugänglichen) Inneren Fresken von Daniele da Volterra, die das Leben des Fabius Maximus Cunctator darstellen.

Neben dem Palazzo Massimo liegt an der gleichnamigen Piazza die Kirche SAN PANTALEO mit einer Fassade von Valadier, dem klassizistischen Baumeister, der die prächtige Auffahrtsanlage an der Piazza del Popolo geschaffen hat. Ihr gegenüber erhebt sich der allzu schwer geratene PALAZZO BRASCHI, 1780 für einen Neffen Papst Pius' VI. erbaut. Papst Innozenz XII. hatte durch die berühmte Bulle *Romanum decet Pontificem* 1692 den Nepotismus verboten, der nach damals angestellten Berechnungen seit der Zeit Pauls V. neben anderen Einkünften der Kurie rund sieben Millionen Scudi an Staatsgeldern verschlungen hatte, und zugleich bestimmt, daß in Zukunft alle seine Nachfolger diese Bulle beschwören müßten. Pius VI. Braschi aber hielt sich nicht an diese weise Verordnung und erhob einen seiner Neffen in den Herzogsstand. Dieser ungebildete und geldgierige Mensch lebte trotz der üblen Finanzlage des Kirchenstaates wie ein Renaissancefürst, führte das alte Nepotenzeremoniell wieder ein und zog sich vor allem dadurch den Haß der Römer zu, daß er bei der von seinem Onkel betriebenen Urbarmachung der Pontinischen Sümpfe riesige Landgebiete an sich brachte. Der Palast dieses letzten Nepoten war dann lange Jahre hindurch das Parteilokal der faschistischen Partei. Heute enthält er das MUSEO DI ROMA mit interessanten Sammlungen zur Stadtgeschichte, vor allem mit Ansichten von Bauten und Gassen, die die Neuzeit zerstört hat. Darunter sind 120 Aquarelle von Ettore Roesler Franz, die zwischen 1877 und 1897 gemalt wurden und uns die Tragödie zeigen, die die ›Gründerjahre‹ für Rom gewesen sind.

Auf der andern, der Südseite der Piazza San Pantaleo liegt die sogenannte KLEINE FARNESINA. Sie wurde 1523 für einen französischen Geistlichen gebaut, darum mit den bourbonischen Wappenlilien geschmückt; und diese Lilien verwechselte man später mit dem Wappenzeichen des Hauses Farnese, wodurch der Bau zu seinem Namen kam. Die dem Corso zugekehrte Fassade ist

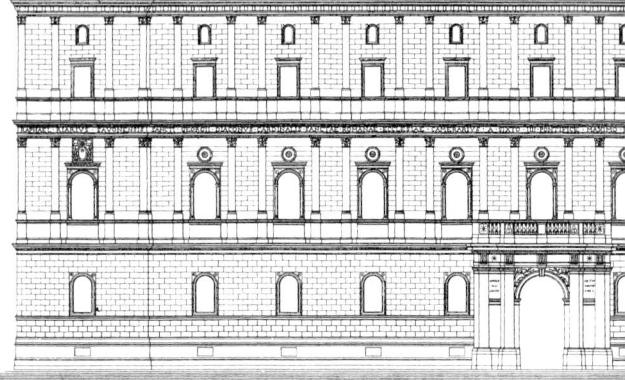

Palazzo della Cancelleria, Fassade

modern, die beiden andern gehören noch der Renaissance an; als
Baumeister wird Antonio da Sangallo der Jüngere genannt. Im
Innern des Gebäudes befindet sich eine kleine, aber höchst bedeutende Skulpturensammlung: das *Museo Barracco,* das der Ba-
ron Barracco 1902 der Stadt geschenkt hat. Es enthält schöne
ägyptische und mesopotamische Plastiken, vor allem aber kostbare griechische Originale, die man sonst in Rom selten findet.

Wir verlassen nun den Corso Vittorio Emanuele und wenden
uns links, betreten den langgestreckten Platz, der ganz von der
edlen Fassade der CANCELLERIA beherrscht wird. Es ist dies der
erste große Renaissancebau in Rom. Früher wurde er dem Bramante zugeschrieben, jetzt nennt man, weil der Bau, als Bramante zuerst nach Rom kam, schon weit fortgeschritten war, den
Bildhauer Andrea Bregno aus Como, aber auch den Leon Battista Alberti. Jedenfalls ist dieses herrliche Werk sowohl des Bramante wie des Alberti würdig. Die Cancelleria wurde zwischen
1483 und 1511 erbaut. Die Verwandtschaft mit Albertis Palazzo
Rucellai in Florenz, der 1451 vollendet worden war, ist unver-
kennbar. Wenn man allerdings die römische Fassade mit der
zarten, lyrischen, lichten florentinischen vergleicht, so wirkt sie
schwerer, feierlicher, ernster, und es will scheinen, als wäre hier
die Formensprache der Frührenaissance ins Römische übertragen worden. Damit aber beginnt die Hochrenaissance, deren
Hauptstadt Rom werden sollte.

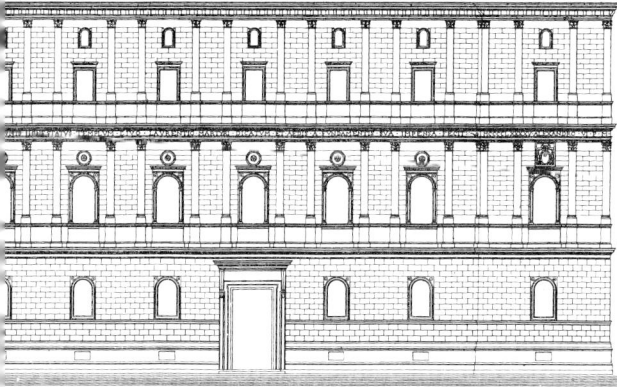

Erbaut wurde die Cancelleria für den jungen Kardinal Riario, einen Neffen des gewaltigen, kriegerischen Sixtus IV., der einer der größten Renaissancepäpste war. Wir werden Riario in der vatikanischen Pinakothek auf einem schönen Freskenbild des Melozzo da Forlì in Gesellschaft seines Onkels sehn. Aretino erzählt, er habe in einer einzigen Nacht dem Francesco Cibò, einem Sohn des späteren Papstes Innozenz VII., beim Spiel sechzigtausend Scudi abgewonnen, und von diesem Gelde sei die Cancelleria gebaut worden. Leo X. ließ den Palast beschlagnahmen, weil die Riario an einer gegen ihn gerichteten Verschwörung teilgenommen hatten, und in eine kirchliche Kanzlei umwandeln, daher der Name Cancelleria. Auch heute noch residiert hier der Kardinalkanzler der heiligen römischen Kirche, weswegen der Bau exterritorial ist, das heißt zum Vatikanstaat gehört. Die Apostolische Kanzlei war einst die wichtigste Behörde der Kurie, der amtierende Kanzler der erste Minister des Papstes. In unserer Zeit hat hier im Rahmen der vatikanischen Kirchenverwaltung die Sacra Rota ihren Sitz, das kirchliche Gericht, das über Anträge zur Auflösung katholischer Ehen entscheidet.

Wie der Palazzo Rucellai ist die Cancelleria dreigeschossig. Die römische wie die florentinische Fassade sind durch eine völlig geglättete Rustica gegliedert, beide werden durch Pilaster mit korinthischen Kapitälen aufgeteilt. Sie haben auch sehr ähn-

lich abgesetzte Sockel. Das Erdgeschoß der Cancelleria blieb
ohne den Schmuck der Pilaster, wodurch der Bau eine größere
Schwere bekommt als der Palazzo Rucellai. Diese Wirkung wird
noch gesteigert durch die weiten Entfernungen zwischen den
Fenstern der Obergeschosse, durch die nicht gleichmäßige, Fenster von Fenster trennende, vielmehr paarige Anordnung der
Pilaster und durch das Hervortreten der Eckjoche. Während in
Florenz die horizontalen Glieder gleichzeitig als Gesims dienen,
erhielten sie in der Cancelleria ihre eigene Funktion.

Das rechte der beiden Portale schuf Vignola; es führt in die
Kirche SAN LORENZO IN DAMASO, in der man (in der Kapelle des
rechten Seitenschiffes) ein wundertätiges Kruzifix sehn kann,
das zur heiligen Brigitte von Schweden gesprochen hat. Durch
das linke, schon barocke, 1589 von Domenico Fontana gebaute
Portal betritt man den wunderschönen Arkadenhof mit 44 zierli-
chen antiken Säulen, deren Kapitäle mit Rosen geziert sind, der
Wappenblume des Hauses Riario. Bei jüngsten Grabungen in
diesem Hof legten deutsche Archäologen die Fundamente der
von Papst Damasus gegründeten frühchristlichen Kirche frei
und förderten dabei beachtliche Fresken- und Skulpturenfunde
zutage.

Im großen Sitzungssaal des Palastes malte Vasari im Dienst
des Kardinals Alexander Franese Fresken mit Szenen aus dem
Leben Pauls III. Er rühmte sich, diese Malereien in hundert
Tagen ausgeführt zu haben. Als man das Michelangelo erzählte,
soll er gesagt haben: »Si vede bene« – das sieht man deutlich.

Wir gehn nun in südlicher Richtung über die *Piazza della
Cancelleria* und gelangen so auf den CAMPO DE' FIORI. Hier sind
wir mitten im volkstümlichsten Rom und erleben seinen bunte-
sten und lebendigsten Marktplatz, der freilich eine traurige Geschichte hat, denn hier hat man einst die zum Tode verurteilten
Ketzer verbrannt. Unter ihnen war Giordano Bruno, der am
17. Februar 1600 den Feuertod erlitt und an den hier ein banales
Denkmal erinnert. Es wurde 1887 aufgestellt und zeigt am Sokkel die Bildnisse berühmter Ketzer. Die Inschrift lautet auf
deutsch: »Bruno gewidmet, von dem Jahrhundert, das er voraus-
geahnt, hier, wo der Scheiterhaufen lohte.« Das Monument war
als eine Kundgebung des liberalen Italien gegen den Vatikan
gedacht, denn man sah in Bruno, gewiß zu Unrecht, einen Propheten des modernen Monismus, während er in Wirklichkeit

ein durchaus religiöser Mensch gewesen ist, der freilich, wie auch andere Menschen jener Zeit, nicht mehr an die reine christliche Lehre glauben konnte, sondern nach einer neuen Heilslehre für freie Geister suchte.

Drei kleine malerische Gäßchen – das ganze Viertel wimmelt von volkstümlichem Leben – führen von Campo de' Fiori auf einen der schönsten Plätze Roms, die PIAZZA FARNESE und zu dem FARNESEPALAST, der ihr den Namen gibt. Zwei Brunnen plätschern hier Tag und Nacht. Aus marmornen Lilien fließt das Wasser in zwei riesige Becken aus ägyptischem Granit, die einst in den Thermen des Caracalla gestanden haben. Eigentlich waren nicht Lilien die Wappenblumen des Hauses Farnese, sondern blaue Hyazinthen, aber man hat diese Hyazinthen so lilienähnlich dargestellt, daß sie immer wieder mit den französischen Lilien verwechselt wurden. Rechts von dem Palast steht an der Stelle des Hauses, in dem 1373 die heilige Brigitte von Schweden gestorben ist, eine bescheidene Kirche.

Da der ganze Platz verhältnismäßig klein ist, wirkt die Front des Palastes um so gewaltiger. Vielleicht darf man sagen, daß es einer der überwältigendsten Bauten ist, die man in Rom sehn kann; und gewiß verfügt auf der Welt keine Botschaft über einen schöneren Sitz als die französische, die seit 1874 hier daheim ist. Sehr anmutig und treffend schrieb Cocteau darüber: »Das Gigantentum ist immer zu fürchten, aber es gibt auch gute Giganten. Das trifft auf Herkules Farnese zu und auch auf den Palast unserer Botschaft, der den Besucher erdrücken, ersticken, demütigen könnte, der sich aber im Gegenteil aus exquisiter Höflichkeit heraus seinen Maßen anzupassen scheint und sich in jeder Weise darum bemüht, seine Pracht vergessen zu lassen. Denn im Palazzo Farnese verachtet uns nichts, sieht nichts auf uns von oben herab. Sogar die Götter und Büsten scheinen sich dafür entschuldigen zu wollen, daß sie nicht von den Decken und aus den hohen Nischen herabsteigen können, um dem Botschafter beim Empfang seiner Gäste behilflich zu sein.«

Die *Geschichte des Palazzo Farnese* gibt uns einen Querschnitt durch die neuere römische Geschichte, wie er sich anschaulicher kaum denken läßt; darum möchte ich sie ein wenig ausführlicher erzählen. Die Farnese waren eine kleine Adelsfamilie, die aber verstanden hatte, am Hof Papst Eugens IV. ihr Glück zu machen. Die schöne Giulia Farnese war jahrelang die Geliebte des Borgiapapstes Alexander VI. gewesen. Ihre Tochter

heiratete einen Neffen Julius' II. Der Borgiapapst machte Giulias Bruder
Alessandro zum Kardinal. Alessandro spielte dann auch am Hof Julius' II.
und Clemens' VII. eine bedeutende Rolle. Noch als Kardinal begann er
1514 mit dem Bau des Familienpalastes. Von einer Frau, deren Namen
wir nicht kennen, hatte er vier Kinder, die er alle legitimieren ließ. 1534
wurde er Papst als Paul III. Seinen Sohn, den argen Pier Luigi, beschenkte er mit den Herzogtümern Parma und Piacenza. Sein Enkel Ottavio
heiratete eine natürliche Tochter Kaiser Karls V., Margarete von Parma.
Drei seiner Enkel machte er noch als Knaben zu Kardinälen: Alexander,
genannt »der große Kardinal« (dem wir schon auf dem Palatin und im
Gesù begegnet sind und der in der Cancelleria wohnte); Odoardo, der
den Bau des Familienpalastes beendete; Ranuccio. In Neapel werden wir
die großartigen Bildnisse Pauls III., des Kardinals Alexander, des Ottavio
Farnese und des Herzogs Pier Luigi sehn, die Tizian gemalt hat und die
uns eine erschütternd lebendige Vorstellung von diesen Menschen geben. Zu den Menschen müssen wir uns auch die gewaltigen Statuen aus
der Antike hinzudenken, die die Farnese gesammelt hatten, etwa des
Herkules Farnese und den Farnesischen Stier. Sie sind wie die Bildnisse
mit der ganzen riesigen Familienerbschaft nach Neapel gekommen. Die
Kunstsammlungen hatte vor allem Fulvio Orsini zusammengetragen,
der Bibliothekar des Kardinals Alexander, ein großer Humanist und
Archäologe. Wahrscheinlich hat Orsini auch die Programme für die
Freskenszenen ausgearbeitet, mit denen Carracci und Domenichino den
Palast geschmückt haben.

Der Kardinal Odoardo entfaltete eine Pracht, die selbst im Rom jener
Zeit auffiel. Unter ihm wohnte hier zum erstenmal ein Botschafter, der
spanische. Dann kamen schon die französischen, so daß man den Palast
›Palais de France‹ nannte. Der erste war der Kardinal Alphonse, Riche-
lieus jüngerer, unbegabter Bruder. In der Mitte des 17. Jahrhunderts
begann der Stern des Hauses Farnese zu verblassen. Die Farnese residierten nun in Parma; ihr Botschafter in Rom bewohnte einen Teil des
halbleeren Palastes. Aber dann zieht für ein knappes Jahr die zum Katholizismus übergetretene Königin Christine von Schweden ein und erfüllt das tote Haus mit neuem Leben. Im Jahre 1661 stellt der Herzog
von Parma den Palast einem Botschafter Ludwigs XIV. zur Verfügung.
Doch schon ein Jahr danach kommt es zwischen den Leuten des Botschafters und der korsischen Garde Alexanders VII. zu einer Schlägerei.
Ludwig rächt sich, nimmt dem Papst Avignon und schickt Truppen nach
Italien. Der Papst muß sich demütigen, die Korsen aus seinem Dienst
entlassen. Aber die Beziehungen zwischen Rom und Paris, dem Vatikan
und dem Palazzo Farnese bleiben gespannt.

Im Jahre 1731 starb der letzte Farnese auf dem Thron von Parma,
und die farnesische Erbschaft kam an Karl III. von Neapel, einen Sohn
Philipps V. von Spanien und der Elisabeth Farnese. Karl verachtete diese

Erbschaft, ließ den Palast und die Gärten auf dem Palatin verfallen, die Kunstschätze (was Goethe in Rom miterlebte) nach Neapel bringen.

Zur Zeit Napoleons I. hat erst Joseph Bonaparte als Botschafter im Palast residiert, dann der Botschafter Murats, als dieser König von Neapel geworden war, dann nach 1814 Murat selbst, endlich wieder der Botschafter der Bourbonen von Neapel. Der letzte dieser Bourbonen, der junge Franz II. und seine erst neunzehnjährige, schöne und tapfere Frau, die Wittelsbacherin Marie Sophie, fanden hier eine Zuflucht, als sie Garibaldi aus ihrem Königreich vertrieben hatte. Man restaurierte den Palast, und der Hofarchitekt Cipolla verunstaltete Michelangelos Fassaden-Loggia durch einen Balkon. Nun wurde der Palast das Hauptquartier der Legitimisten. Hier wurde dem Königspaar eine Tochter geboren, deren Taufpatin Elisabeth von Österreich war, Marie Sophiens Schwester, und die Pius IX. taufte. Im März 1870 starb das Kind, und im September des gleichen Jahres eroberten die Italiener Rom, die Bourbonen mußten fliehen. Seit 1874 ist der Palast wieder französische Botschaft. Unter den französischen Botschaftern, die hier residiert haben, sei vor allem Barrère genannt, der den großen Erfolg hatte, Italien 1915 in den ersten Weltkrieg auf seiten der Entente eintreten zu sehn, und François Ponçet, der erleben mußte, wie es auf der Seite Hitlers in den zweiten eintrat. Im Palazzo Farnese befindet sich auch das französische kunsthistorische Institut (École de Rome), an dem so große Forscher wie Duchesne, Mâle und Carcopino gewirkt haben.

Der Farnesepalast wurde von Antonio da Sangallo dem Jüngeren entworfen, der 1503 aus Florenz gekommen, von 1514 an Raffaels Kollege beim Bau der Peterskirche, nach dessen Tod 1520 alleiniger Bauleiter war. Als Sangallo starb, führte Michelangelo sowohl den Bau der Peterskirche wie den des Farnesepalastes fort. Er schuf das immer wieder bewunderte Kranzgesims und das Obergeschoß des Hofs, wollte nach dem Tiber zu einen zweiten Hof anlegen und von dort aus eine Brücke über den Fluß schlagen, um den Palast mit der Farnesina zu verbinden. Nach seinem Tod vollendete Giacomo della Porta die Peterskuppel nach Michelangelos Plänen, beendigte aber den Bau des Farnesepalastes durch eine Loggia, die sich auf einen Garten hin öffnet.

Der Palast, ein breites Rechteck, steht vollkommen frei da, was ihm beim römischen Volk den Spitznamen ›il dado‹, der Würfel, eintrug. Die Fassade hat starke Eckquadern und ein schweres Rustika-Tor. Im Gegensatz zu den rechteckigen Fenstern im Erdgeschoß zeigen die des ersten Geschosses abwech-

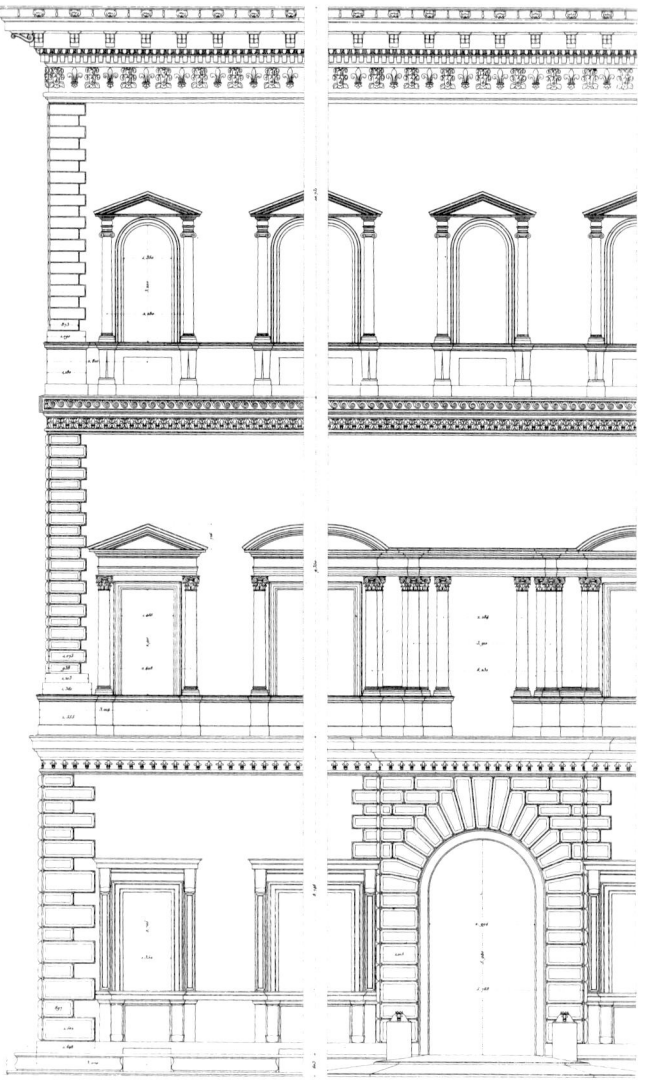

Palazzo Farnese, Teilansicht der Fassade

selnd Dreiecks- und Segmentgiebel, die des zweiten Geschosses
nur Dreiecksgiebel. Die Fenster der beiden Obergeschosse werden von Säulen getragen. Sonst ist die Fassade ganz glatt, und
die Wirkung, die sie ausübt, erklärt sich wohl am besten aus dem
glücklichen Verhältnis zwischen den reich und verschiedenartig
ausgestalteten Fenstern, den klaren weiten Wandflächen, den
mächtigen Horizontalen der doppelten Gesimse, über denen die
Postamente der Fenstersäulen durch Horizontalbänder ver-
knüpft sind. Großartig ist die kassettierte, dreischiffige Einfahrt
in den Hof mit dem tonnengewölbten Mittelschiff. Der Hof
selbst gehört mit zum Schönsten, was man in Rom sehn kann:
eine wunderbare Mischung aus Anmut und Würde. Im Erdgeschoß sehn wir offene, schattenreiche Bogengänge mit vorgeblendeten schweren Halbsäulen toskanisch-dorischer Ordnung.
Ein strenger Metopenfries schließt das Erdgeschoß gegen die
helle Wand des ersten Geschosses ab, auf dem schlanke ionische
Säulen einen leichten Girlandenfries tragen, schön geschwunge-
ne Blendarkaden eine lichte Wiederholung der dunklen Arkaden
des Erdgeschosses sind. Hier sehn wir die Giebelfenster, im
zweiten Stock schon barock wirkende Segmentfenster zwischen
eher schweren korinthischen Pilastern. Daß hier das Kolosseum
Vorbild war, habe ich schon angemerkt.

Im Innern des Palastes gibt es einen Saal, dessen Besuch sich
niemand entgehen lassen sollte (obwohl er nur einmal im Monat
mit Sondergenehmigung auch für Gruppen zugänglich ist). Ich
meine die *große Galerie*, die heute dem französischen Botschafter
als Bankettsaal dient. Am schönsten freilich ist sie, wenn in ihr
ein großes Diner stattfindet, wenn sie ihre eigentliche Bestimmung erfüllt: ein Fest feiern zu helfen; und es gehört mit zu
meinen schönsten römischen Erinnerungen, daß ich das erleben
konnte. Aber auch am Tag tut der von großen Fenstern stark
erhellte, sich auf den Garten hinaus öffnende Raum die schönste
Wirkung. In der Farnesina, der Farnesevilla jenseits des Tiber,
werden wir einen ähnlichen sehn, den Raffael ausgemalt hat. Im
Farnesepalast wirkte kein so großer Künstler, aber doch ein sehr
bedeutender, der hier sein Meisterwerk schuf: *Annibale Carracci.*
Von Fulvio Orsini beraten, erzählt er uns die Liebschaften der
griechischen Götter, tut das auf eine spätheidnische Art, nicht
im homerischen Sinn, sondern ausgehend von den Metamor-
phosen des Ovid. Wahrscheinlich hat Bellori, ein gelehrter Er-

klärer aus dem 18.Jahrhundert, recht, wenn er schreibt, hier
werde, platonische Gedanken malerisch auslegend, der Sieg der
himmlischen über die irdische Liebe gefeiert.

Roms künstlerische Vorherrschaft über Italien hatte sich während des
16.Jahrhunderts mehr und mehr gefestigt. Hier entstanden die für Italiens künstlerische Entwicklung entscheidenden Werke. Das neue Erstarken des Papsttums im Zeichen der Gegenreformation und im Schutz
der spanischen Weltmacht begünstigte diese Entwicklung. Sie beginnt
mit Michelangelo und endet erst im 18.Jahrhundert; und sie hat uns
nicht nur die Hochrenaissance, sondern auch das Barock geschenkt, von
dem Michelangelos Genie schon manches vorwegnahm. Aber die
eigentlichen Begründer der Barockmalerei waren zwei Maler aus Oberitalien, die beide um 1590 herum nach Rom kamen und dort zwei entge-
gengesetzte Richtungen begründeten: *Michelangelo da Caravaggio* und
Annibale Carracci. Caravaggio, dem großen Realisten, werden wir in
Rom wiederholt begegnen, vor allem in San Luigi dei Francesi und
Santa Maria del Popolo. Sein Gegenspieler war Annibale Carracci, der
versucht hat, die ideale Schönheit der klassischen Zeit, die sich im Manierismus immer mehr verflüchtigt hatte, neu zu beseelen. Während
Rembrandt und Rubens, Velázquez und die neueren Franzosen das fortgesetzt haben, was Caravaggio begann, wurde Carracci das Vorbild für
die Franzosen des 17.Jahrhunderts, für Poussin und Claude Lorrain,
und für die Klassizisten des 18. Sie haben sein Werk vor allem im
Farnesepalast studiert.

Kein Zweifel, Carracci hat in Raffael seinen Meister gesehn,
seine Galerie Farnese ist den Fresken Raffaels in der Farnesina
verpflichtet, aber er hat auch Neues gebracht: vor allem einen
Illusionismus, der am Anfang der großen barocken Gewölbede-
koration steht. Fortsetzer seiner Kunst waren seine Schüler Domenichino und Guido Reni, die beide in der Farnesegalerie mit
ihm zusammengearbeitet haben.

Auch in der architektonischen Gliederung der Dekoration
zeigt sich das Neue, das Carracci sucht und bringt. Das von
breiten Hohlkehlen getragene Muldengewölbe, das er schmük-
ken sollte, teilte er durch komplizierte Rahmen in viele Felder.
Er stellte das Gewölbe auf Paare von steinfarbigen Atlanten. Zu
deren Füßen sitzen kräftige junge Männer, die an die Sklaven
Michelangelos erinnern, in den vier Ecken des Gewölbes spielen
vor dem offenen Himmel muskulöse Putten. In diese durchaus
barocke Dekoration sind verschieden große Gemälde eingefügt.

Palazzo Farnese, Innenhof

In der Mitte des Gewölbes sehn wir das größte von ihnen: eine prachtvolle, figurenreiche Komposition, die den Triumph des Bacchus darstellt. Daneben: Pan, der Diana die Wolle seiner Herden darbringt; Paris, der von Merkur den goldenen Apfel empfängt. Unter den drei Bildern der Wölbung enthält ein Fries vier goldgerahmte, besonders schöne Bilder, die wahrscheinlich alle von Annibales eigener Hand sind: an der Schmalwand das

farbig prachtvolle, auf dem Polyphem die Flöte bläst, um eine
Nereide zu verführen; dann der bezaubernde Triumphzug der
Galathea; Polyphem mit Acis und Galathea; Aurora raubt Ke-
phalos. Höchst anmutig sind auch die acht kleinen Bilder über
den Nischen und (in dem schon genannten Fries) die monochro-
men Medaillone, dagegen sind mir die beiden großen rechteckigen Gemälde an den Schmalseitenwänden – Perseus befreit An-
dromeda und Perseus versteinert Phineus – immer als schwäche-
re Arbeiten erschienen.

Ein ungemein liebliches Werk ist das Gemälde, das wir über
der Eingangstür sehn: ein Mädchen mit einem Einhorn. Der
junge *Domenichino* hat es geschaffen. Er suchte eine klassische
Form, blieb aber in seinem innersten Wesen ein Romantiker.
Wir hören von ihm, er sei ein inniger und stiller Mensch gewesen. »Domenichino«, so berichtet uns einer seiner Zeitgenossen, »war untadelig in seiner Lebensführung und durch Lauter-
keit des Charakters ausgezeichnet. Aller Prahlerei war er durchaus abgeneigt und lebte sehr zurückgezogen.« Wir wissen nicht,
ob er dies Bild der Castitas, der vergöttlichten Unschuld, aus
eigener Erfindung oder nach einem Entwurf des Meisters Carracci malte, doch sehn wir darin so viel von seinem liebenswür-
digen Geist, daß wir zumindest annehmen müssen, er habe manches sehr Eigene in diesem Fresko ausgesprochen. Vor allem die
liebliche Landschaft zeigt den damals zweiundzwanzigjährigen
Künstler als einen Liebhaber der Natur, und auch im Antlitz des
jungen Mädchens finden wir jene märchenhafte Stimmung, die
Domenichinos spätere Mythenmalerei auszeichnet und die
Poussin bei ihm kennen und lieben lernte. Dargestellt sind Castitas und das Einhorn. Von diesem Fabeltier erzählte man sich
seit dem Mittelalter, es ließe sich nur von einem Mädchen fan-
gen, das sich die Unschuld bewahrt habe. Darum wurden das
Mädchen und das Einhorn zu Sinnbildern dieser Tugend. Seit
dem 13. Jahrhundert hatte sich die Familie Farnese neben andern Symbolen dies Tier zum Wappenzeichen erkoren, und
darum wurde es nun auch hier von Domenichino in den Armen
eines lieblichen Mädchens dargestellt. »Das Einhorn eilt dem
keuschen Busen zu«, sagt Giordano Bruno. Wenn es je gelang,
die Tugend der Keuschheit in einer allegorischen Malerei zu
versinnbildlichen, dann ist das Domenichino hier im Palazzo
Farnese gelungen.

Die Piazza Farnese verlassend, wenden wir uns links neben der Kirche der heiligen Brigitte von Schweden in die *Via di Monserrato*. Sie trägt diesen Namen nach dem berühmten spanischen Wallfahrtsort, weil hier besonders in der Zeit der beiden Borgia-Päpste viele spanische Prälaten wohnten. Es ist eine schöne Straße mit edlen Gebäuden und ist zugleich eine sehr volkstümliche Straße. Wie befinden uns hier in dem Viertel, das in der Hochrenaissance das vornehmste Wohnviertel der Stadt war. Die Via di Monserrato, die an sie sich anschließende *Via dei Banchi Vecchi* sowie die mehr oder weniger parallel zu diesen beiden verlaufende Via Giulia waren die Hauptstraßen dieses Quartiers.

Zu unserer Linken finden wir zunächst eine Kirche, die darum SAN GIROLAMO heißt, weil der Kirchenvater Hieronymus, der die Heilige Schrift ins Lateinische übersetzt hat, hier lange Zeit hindurch lebte und im Jahre 420 gestorben ist. Recht sehenswert ist im Innern dieser Kirche wegen des reichen Marmorschmukkes die erste Kapelle rechts, eine Stiftung der Familie Spada. Weiterhin und immer zu unserer Linken finden wir die Kirche SANTA MARIA DI MONSERRATO, die Nationalkirche der Spanier. Hier hat man im Jahre 1889 die beiden Päpste aus dem Hause Borgia beigesetzt: Calixtus III. und Alexander VI.

Damit hat es eine seltsame Bewandtnis. Julius II., der Nachfolger Alexanders VI., und die späteren Päpste haben ihr Möglichstes getan, um das Andenken an die Borgia zu vertilgen. Alexanders Wappenschild, das einen Stier darstellt, ist in Rom sehr selten zu sehen, man scheint dieses Wappen systematisch ausgemerzt zu haben. Die sterblichen Überreste der beiden Borgiapäpste befanden sich in den Vatikanischen Grotten in einem schmucklosen Sarkophag. Zu Anfang des 17. Jahrhunderts ließ ein spanischer Geistlicher mit Erlaubnis Papst Pauls V. Borghese die Gebeine Alexanders und Calixts nach Santa Maria di Monserrato bringen und wollte sie dort in einem Grabdenkmal beisetzen. Aber er konnte seinen Plan nicht verwirklichen, wir wissen nicht warum. Jedenfalls befanden sich die Gebeine im Jahre 1865 noch in der Holzkiste, in der sie 1610 aus den Vatikanischen Grotten hierher überführt wurden.

Dort sah sie der damalige preußische Gesandtschaftssekretär beim Heiligen Stuhl, Kurd von Schlözer, der darüber in seinen sehr lesenswerten römischen Briefen schreibt: »Mit einer Empfehlung an Don Ramon de Pujols, Domherrn von Monserrato, versehen, begab ich mich heute früh dorthin. Der Mann war von echt andalusischer Liebenswürdigkeit. Er führte uns zunächst in das zur Kirche gehörige spanische Hospital, welches mit allem Komfort eingerichtet ist. Dann betrachteten wir unter den Arkaden, die den Hofplatz umgeben, verschiedene Grabmonumente. Endlich traten wir in die Vorhalle. Don Ramon schloß eine kleine unscheinbare Tür auf. Wir blickten in einen dunklen niedrigen Raum. An den Wänden zogen sich auf Regalen Holzkästchen mit Etiketten hin; sie enthielten Gebeine von Märtyrern. In der Mitte dieser Kammer stand auf dem Fußboden eine bestaubte, viereckige Bleikiste. Don Ramon hob den Deckel ganz unbefangen mit den Worten auf: ›Voilà les ossements des deux Borgia.‹ Er ahnte gar nicht, in welcher Spannung wir uns befanden. In dieser Kiste stand ein Kasten von dunkelbraunem Holz – eine vergrößerte Hamburger Zigarrenkiste. Um ihn war eine schmale leinene Banderole gelegt mit zwei roten Siegeln, die so alt waren, daß man den Stempel nicht mehr erkannte. Darüber stand auf weißer Papieretikette in altertümlicher Schrift: ›Los guesos de dos Papas estàn en esta caseta, y son Calisto y Alexandro VI., y eran Espanoles.‹ Das Spiel des Zufalls hat häufig einen ironischen Beigeschmack, hier aber hat es sich zu einem fast dämonischen Sarkasmus gestaltet. Alexander Borgia, einst der Schrecken Italiens, der elf Jahre hindurch so stolz die päpstliche Tiara auf seinem Haupte trug – jetzt ein kümmerlicher Haufen Staub und Knochen, zusammengepackt mit denen des braven Oheims in einem elenden Holzkasten und das Ganze schon seit dritthalb Jahrhunderten der Vergessenheit preisgegeben.‹

Die Geschichtsbücher sind voll von den Untaten Alexanders, doch von Calixtus ist selten die Rede. Er hat nur drei Jahre lang regiert, 1455-1458, und sich vor allem als Rufer im Streit gegen die Türken hervorgetan.

Wir kommen dann zu dem malerischen PALAZZO RICCI, dessen Fassade Fresken mit Darstellungen aus der römischen Geschichte schmücken, gehn noch ein Stück weiter, wenden uns nach rechts in die Via dei Cartari und erreichen so wieder den Corso Vittorio Emanuele bei einem dreieckigen baumbestandenen Platz. Er wird von der prächtigen Fassade der Kirche SANTA MARIA IN VALLICELLA, auch ›Chiesa Nuova‹ genannt, beherrscht, die in ihrer Würde und Pracht auf das anmutigste durch die konkave, reich bewegte, heitere Fassade des neben ihr liegenden *Oratorio dei Filippini* ergänzt wird. Dieses Oratorium hat Borromini 1637-1662 erbaut: die Fassade ist ein liebliches Vorspiel zu der ebenfalls konkaven von Sant'Agnese auf der Piazza Navona.

In der Apsis der Chiesa Nuova befinden sich drei Bilder, die
Rubens gemalt hat, als er in seinem dreißigsten Lebensjahr nach
Rom kam. Links vom Chor besuchen wir das Grab des heiligen
Filippo Neri, dem die Kirche ihre Entstehung verdankt.

Santa Maria in Vallicella und Oratorio dei Filippini, Grundriß

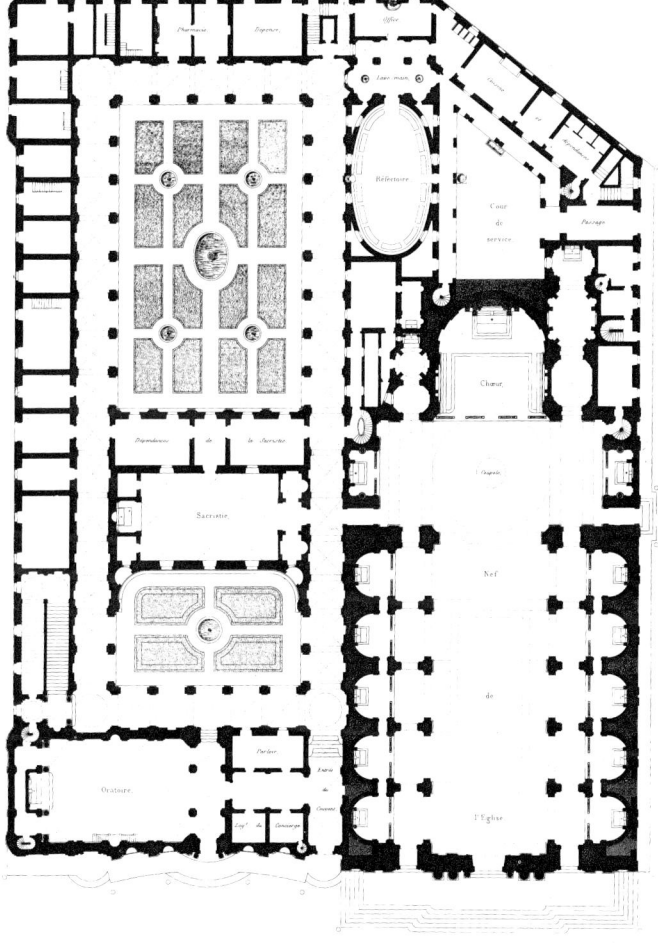

Filippo Neri, der im Jahre 1515 zu Florenz geboren und in seiner Jugend Kaufmannsgehilfe und Hauslehrer gewesen war, hatte stets ein frommes Leben geführt. Dann studierte er Philosophie und Theologie. Um aber fortan unter den Kranken und in allen Kreisen wirken zu können, opferte er sein Studium und gründete die Bruderschaft zur Heiligen Dreifaltigkeit zur Pflege von Rompilgern und Genesenden. 1551 wurde er zum Priester geweiht. Seine geistigen Übungen, Gebet, Lesungen, Gespräche, Gesang, Musik, ließen ihn gegen seinen Willen zum Gründer der Oratorianer werden und durch sie zum Begründer des Vulgäroratoriums in der Musik. Die Römer verehren in ihm ihren Volksheiligen, den sie kurz ›Il Santo‹ nennen. In Goethes ›Italiänischer Reise‹ möge man nachlesen, was der Dichter über den »humoristischen Heiligen«, wie er Filippo nannte, geschrieben hat. Filippo starb im Jahre 1595; und wir feiern sein Fest am 26. Mai.

Wenn wir auf dem Corso Vittorio Emanuele weitergehn, finden wir zur Rechten bald die *Via del Banco di Santo Spirito.* Durch diese Straße hindurch erblicken wir die Engelsbrücke und die Engelsburg. Wir wollen zunächst die Engelsburg besuchen und dann auf verschiedenen Umwegen zur Piazza Venezia zurückkehren, denn ich nehme an, daß meine Leser auf diesem Spaziergang schon zu viel gesehn haben, um noch bis zum Petersdom vordringen zu wollen.

Die ENGELSBRÜCKE ist die schönste Brücke in Rom. Die drei mittleren Bögen stammen noch aus der Zeit Hadrians. Die zehn Statuen der Passionsengel sind Werke Berninis und seiner Schüler. Sie stehn in einer deutlichen Beziehung zu der bronzenen Statue des Erzengels auf der Engelsburg.

Vielleicht ist neben dem Petersdom und dem Kolosseum die ENGELSBURG das römische Bauwerk, das die Phantasie der Menschen am lebhaftesten beschäftigt hat, denn durch seine Ausmaße, seine seltsame, einzigartige Gestalt, seine geschichtliche Vielschichtigkeit, das Geheimnisvolle, ja Unheimliche, das ihr eignet, beeindruckt sie alle, auch schlichte Gemüter und erfüllt jedermann mit jenem Staunen, das wir alle bewußt oder unbewußt suchen, wenn wir in fremde Länder reisen. Dies Erstaunliche erklärt sich vor allem dadurch, daß hier ein riesiger antiker Grabbau in eine nicht weniger gewaltige mittelalterliche Burg umgewandelt und schließlich mit einem Gebäude gekrönt wurde, das man vielleicht am richtigsten Lustschloß nennt. Ein

Wunder aber gab der Burg den Namen; als unter Gregor dem
Großen eine grauenhafte Pest wütete und der Papst einen Bitt-
gang tat, um das Unheil abzuwenden, erschien auf den Zinnen
der Grab-Veste der Erzengel Michael, und man sah, wie er sein
Schwert in die Scheide stieß als ein Zeichen dafür, daß die Pest
nun ein Ende nehmen solle.

Einer der größten und liebenswertesten unter den römischen
Imperatoren, Hadrian, begann 135, drei Jahre vor seinem Tod,
mit dem Bau dieses Mausoleums für sich und seine Familie; 139
hat es sein Nachfolger Antoninus Pius vollendet. Es bestand aus
einem quadratischen Unterbau, auf dem ein Rundbau sich erhob, der seinerseits einen mit Bäumen bepflanzten Erdhügel
trug. Die ganze Anlage hatte eine gewisse Ähnlichkeit mit den
etruskischen Gräbern in Cerveteri, ist also ein Werk italischer
Überlieferung. Der etwa 20 Meter hohe Rundbau war mit Marmor verkleidet. Auf dem Gipfel des Hügels stand vielleicht der
riesige bronzene und vergoldete Pinienzapfen, der heute einen
der vatikanischen Höfe schmückt. Vom Tode Hadrians bis zu
Septimius Severus, der 211 starb, sind alle Mitglieder der kaiserlichen Familie in diesem Mausoleum beigesetzt worden. Sechzig
Jahre später fügte es Aurelian seinem Mauerbau ein, wie er das
auch mit der Cestiuspyramide tat, und damit wurde aus dem
Grab eine Burg. Dann ereignete sich im 6. Jahrhundert das En-
gelwunder. Auf dem Grabhügel erhob sich zum Gedächtnis dessen eine Kapelle. Bald war der ursprüngliche Sinn des Grabbaus
vergessen, man sah in ihm nur noch die Festung der Päpste.
Nikolaus III. verband sie durch den heute noch bestehenden
Wehrgang, den ›passetto‹, mit dem Vatikan, machte sie dadurch
zur Fluchtburg für die Nachfolger Petri, die wiederholt eingenommen und teilweise zerstört, doch immer wieder auf- und
ausgebaut worden ist, zuletzt unter Nikolaus V. und Alexander VI. Unter dem Borgiapapst baute der ältere Sangallo die vier
starken Eckbastionen des Mauerrings und begann mit dem Ausbau der päpstlichen Gemächer. Später haben auch der jüngere
Sangallo, Bramante und andere bei der Erweiterung und Ver-
schönerung dieses Lustschlosses mitgewirkt, das sich über den
mächtigen Wehranlagen erhob. Diese waren zugleich ein
furchtbarer Kerker. Im Jahre 1527, beim Sacco di Roma, widerstand die Veste, deren Artillerie Benvenuto Cellini befehligte,
den Landsknechtshorden Karls V. Noch nach 1870 hat sie als

G. B. Piranesi: Engelsbrücke und Engelsburg mit Blick auf Sankt Peter

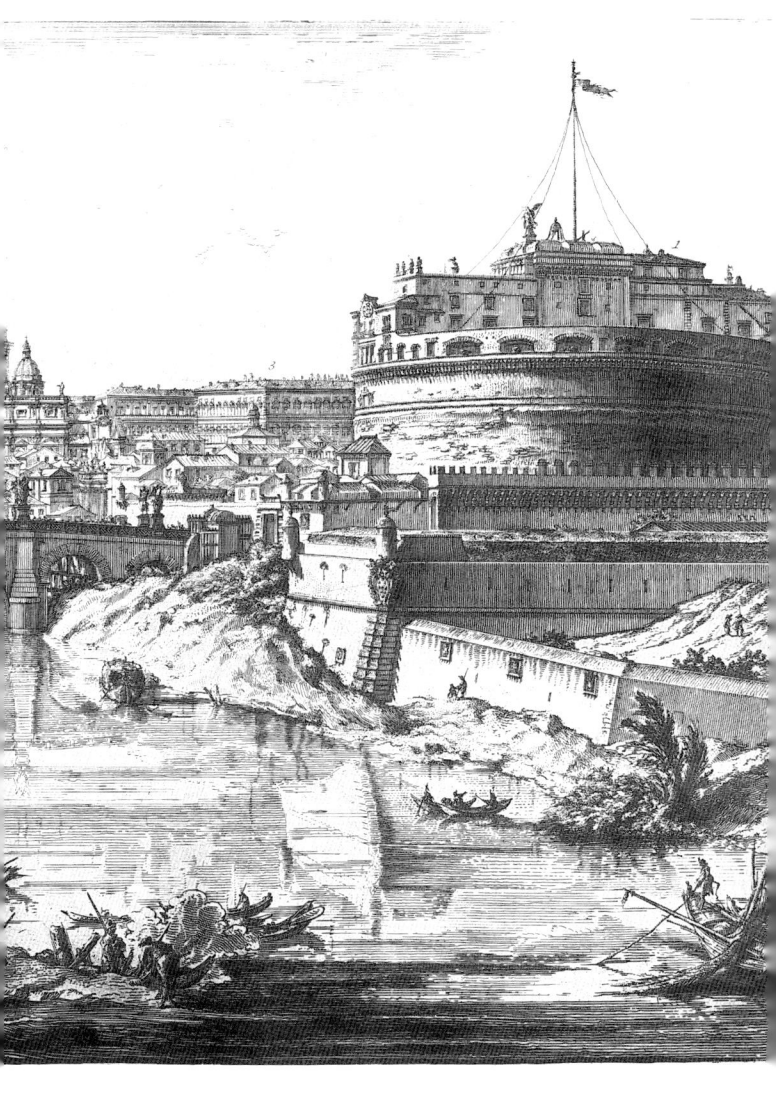

Gefängnis gedient. Erst um 1900 herum wurde sie restauriert und in ein Museum verwandelt.

Wenn wir über die Engelsbrücke auf die Burg zugehn, sehn wir vor uns eine zinnengekrönte Mauer, die die Stelle des antiken Unterbaus einnimmt, rechts und links von ihr zwei von den vier Bastionen der Frührenaissance. Das Tor, das wir nun durchschreiten, steht ebenfalls an der Stelle des antiken Eingangs, der freilich tiefer lag. Der runde Kern des Baus, der durch einen Hof von dem quadratischen Umbau getrennt ist, gehört noch zum allergrößten Teil dem hadrianischem Mausoleum an. Er war, wie gesagt, einst mit Marmor verkleidet, mit Statuen geschmückt. Dem Eingang gegenüber öffnet sich ein hohes Vestibül aus Travertinquadern auf eine Nische, in der einst eine Statue Hadrians gestanden hat. Rechts davon beginnt dann der erstaunliche Gang, der 125 Meter lang ist und mit leichter Steigung in den Raum führt, der die Urnen mit der Asche Hadrians und seiner Familie barg. Die Wände dieses Gangs waren einst ebenfalls mit Marmor verkleidet; er hatte einen Mosaikfußboden, von dem noch Reste erhalten sind, und eine Stuckdecke. Heute führt der Gang über eine Zugbrücke durch die Grabkammer: einen quadratischen gewölbten Raum. Von hier aus gelangen wir dann über Treppen in einen schönen Hof, den ›Cortile dell'Angelo‹, so genannt nach dem Marmorengel des Guglielmo della Porta, der hier steht und früher auf der Zinne der Burg stand. In diesem Hof beginnt die Besichtigung der päpstlichen Gemächer und des Museums.

Wer Freude an manieristischen Fresken hat, wird in der Engelsburg auf seine Kosten kommen. Vom Hof Alexanders VI., in dem man zur Zeit des Papstes Theater zu spielen pflegte, führt eine kleine Treppe in das Badezimmer Clemens' VII., dessen hübsche Dekoration Giulio Romano entworfen hat. Es folgen die päpstlichen Gemächer des oberen Stockwerks mit mehreren reich geschmückten Sälen, die zugleich als Museumssäle dienen. Die Camera del Perseo hat Pierin del Vaga anmutig ausgeziert; in der Camera di Amore e Psiche unterhält uns ein von ihm gemalter Fries. Herrlich ist die Aussicht von der oberen Terrasse der Engelsburg. Von hier aus hat man auch den besten Blick auf den prächtigen Bronzeengel, der 1753 aufgestellt wurde und der ein Werk des Genters Peter von Verschaffelt ist.

Wir kehren über die Engelsbrücke (zu unserer Rechten der scheußliche Ponte Vittorio Emanuele) und durch die Via del Banco di Santo Spirito auf den Corso Vittorio Emanuele zurück, den wir überqueren. So gelangen wir vor die Kirche SAN GIOVAN-NI DEI FIORENTINI, die unter Leo X. begonnene Nationalkirche der Florentiner. Ihr erster Architekt war Sansovino, ihm folgte Antonio da Sangallo der Jüngere, dem wohl die klare Wirkung des ungewöhnlich hellen Innenraums verdankt wird. Die barocke Fassade entstand erst 1734.

Bei San Giovanni dei Fiorentini beginnt die VIA GIULIA, eine der schönsten römischen Straßen. Von der Freitreppe vor der Kirche aus überblickt man sie in ihrer ganzen Ausdehnung. Es ist die erste gerade Straße, die in Rom angelegt wurde, und zwar unter Julius II., dessen Namen sie trägt. Sie ist beinahe 1 Kilometer lang. Die Via Giulia wird von meist bescheidenen, aber höchst anmutigen Palästen gesäumt, die fast alle noch in der Renaissance gebaut wurden. Darum vermittelt sie uns eine Vorstellung davon, wie Rom ausgesehn hat, bevor es zur Barockstadt wurde: sehr viel schlichter, sehr viel bescheidener.

Davon zeugen gleich zu Beginn der Straße der Palast des ehemaligen Konsulats der Florentiner mit der Hausnummer 79 und der kleine anmutige Bau Nummer 82. Das Haus Nummer 85 war eines der Häuser, die Raffael gehörten. Den PALAZZO SACCHETTI, Nummer 66, hat wahrscheinlich Antonio da Sangallo der Jüngere für sich selber erbaut. Ein bemerkenswertes Gebäude (Nummer 52) sind die Carceri Nuove, die Innozenz X. 1655 erbauen ließ: ein für die damalige Zeit höchst modernes und humanes Gefängnis, das heute als Kriminalmuseum dient. Wie die Inschrift über dem Tor sagt, ist es nicht nur der Justitia, sondern auch der Clementia geweiht.

Es folgt dann bald rechts in der kleinen Via di S. Eligio die zierliche Kirche SANT' ELIGIO DEGLI OREFICI, 1509 nach einem Plan Raffaels erbaut. Dann gelangen wir zur Rückseite des Farnesepalasts, gehn unter der Brücke, die ihn mit seinen Gärten am Tiber verbindet, hindurch und wenden uns links in die *Via del Mascherone*. In dem Eckhaus ist Waiblinger siebenundzwanzigjährig gestorben, woran eine Inschrift erinnert. Wir kommen nun wieder zur Piazza Farnese und gleich rechts durch den *Vicolo de' Venti* zur *Piazza di Capo di Ferro* mit dem schönen PALAZZO OSSOLI, der Baldassarre Peruzzi zugeschrieben wird, und dem prächtigen PALAZZO SPADA. Er wurde 1540 von dem Ferraresen Girolamo da Carpi begonnen, von Giulio Mazzoni, der den Fassadenschmuck und den Hof schuf, fortgeführt, von Borromini umgebaut und restauriert. Er ist heute Sitz des Staatsrats und der Galleria Spada.

Die Fassade des Palazzo Spada zeigt im Erdgeschoß geglättete Rustica und vergitterte Flachdachfenster, im ersten Stock acht Nischen mit Gestalten aus der römischen Geschichte, im dritten Stock eine überreiche Dekoration, im vierten Stock Inschriften, die sich auf die Statuen beziehen. Schöner als diese antiquarische Fassade ist der Hof. Über die Haupttreppe gelangt man in einen Gang mit acht Reliefs aus Marmor und zweien aus Gips (die Originale befinden sich auf dem Kapitol), gute römische Kopien nach schönen hellenistischen Originalen, die mythische Szenen darstellen. Der Kustode führt uns zu einer Kuriosität: der *Kolonnade des Borromini*. Diese seltsame architektonische Spielerei soll Bernini zu seiner Scala Regia im Vatikan angeregt haben. Die Kolonnade ist nur 9 Meter lang, wirkt aber weit größer, und die kleine Statue, auf die sie zuführt, erscheint fast als ein Koloß.

Die *Galleria Spada* enthält einige interessante Werke, von denen ich hier die wichtigsten nenne: zwei liebliche Landschaften von *Domenichino;* das großartige Porträt des Kardinals Bernardino Spada von *Guido Reni* und die einst weltberühmte, leider schlecht erhaltene Judith dieses Bolognesen; das Bildnis des gleichen Kardinals von *Guercino*, gemalt 1631, ein Jahr nach dem Reni-Bildnis. Ein Meisterwerk *Tizians*, das Bildnis eines Musikers, gemalt um 1515, unvollendet. Eine römische Sitzstatue mit einem bedeutenden, doch nicht zu ihr gehörigen Kopf vom Ende der römischen Republik; *Bacciccios* hochinteressanter Entwurf zu seinem Deckengemälde im Gesù; eines der Bilder, die man im 17. und 18. Jahrhundert nicht genug zu preisen wußte: *Guercinos* ›Tod der Dido‹; das höchst lebendige und lustige Bildnis eines Jünglings von *Carracci*. Das Bild ›Aufstand des Masaniello‹ von *Cerquozzi* ist als zeitgenössische Darstellung eines historischen Ereignisses – der Aufstand ereignete sich 1647 – bemerkenswert.

Unser Weg führt weiter durch die Via Capo di Ferro zur Piazza dei Pellegrini mit der Kirche SANTISSIMA TRINITÀ DEI PELLEGRINI. Ihre heutige Gestalt erhielt sie 1614 durch Paolo Maggi, die konkave, reich geschmückte Fassade schuf Francesco de Sanctis, der Architekt der Spanischen Treppe. Weiter geradeaus in der

Palazzo Spada, Hoffassade

Via di San Paolo alla Regola zum gleichnamigen Platz und zur Kirche SAN PAOLINO ALLA REGOLA mit einer barocken Fassade von Giuseppe Sardi, einem der besten römischen Architekten des 17.Jahrhunderts. Die Kirche steht an der Stelle des Hauses, in dem der Apostel Paulus gelebt hat. Dann gehn wir in der Via San Paolo alla Regola weiter, wenden uns links in die Via Santa Maria in Monticelli, rechts in die Via della Seggiola und erreichen so die breite, moderne *Via Arenula*, eine wichtige Verkehrsstraße, die vom Largo Argentina zum Ponte Garibaldi führt und damit nach Trastevere.

In der Via Arenula finden wir links einen begrünten Platz mit der ragenden barocken Fassade der dem heiligen Carlo Borromeo geweihten Kirche SAN CARLO AI CATINARI. Sie ist mit der hohen Kuppel 1611-1620 von Rosato Rosati gebaut worden, während die prächtige Fassade von 1635 ein Werk des Giovan Battista Soria ist, dem wir in Rom noch mehrfach begegnen werden. Die Kuppelfresken von Domenichino, die Kardinaltugenden darstellend, sind schwache Werke.

Jenseits der Via Arenula begegnen wir in der *Via Santa Maria de' Calderari* zwei dorischen Säulen, den einzigen Überresten eines Theaterbaus aus der frühen Kaiserzeit. Auf dessen Ruinen steht der ansehnliche PALAZZO CENCI, weltberühmt durch ein Verbrechen, das mit einem scheußlichen Prozeß und der grauenhaften Hinrichtung dreier Menschen endete: ein Stoff, der viele gute und noch mehr schlechte Schriftsteller gereizt hat, von dem ich aber gerne zugebe, daß er mir zu blutrünstig ist, um ihn noch einmal zu erzählen. Tröstlich finde ich, daß neben dem Palast eine Kapelle steht, in der jedes Jahr am 11. September ein Requiem für jene armen Sünder gelesen wird, die an diesem Tag im Jahre 1599 ihr Leben lassen mußten.

Wir befinden uns nun mitten im ehemaligen GETTO, in dem auch heute noch zahlreiche Juden wohnen. Neben dem Palazzo Cenci sehn wir einen schönen Renaissancebrunnen und die kleine Kirche SANTA MARIA DEL PIANTO, die heilige Muttergottes von den Tränen, die Maria darüber vergießt, daß sich die störrischen Söhne Israels nicht zum Glauben an ihren Sohn bekehren wollen.

Die *Geschichte der Juden Roms* verdient erzählt zu werden.

Drei der größten Fürsten aller Zeiten hatten erkannt, was für ein einmaliges, hochbegabtes Volk die Juden sind. Der Perser Kyros führte sie aus der babylonischen Gefangenschaft ins Heilige Land zurück, der Grieche Alexander der Große siedelte Tausende von ihnen in dem von ihm begründeten Alexandrien an, der römische Kaiser Augustus stattete die in Rom lebenden Juden mit Privilegien aus, befreite sie von jedem Tribut. Zu seiner Zeit gab es in Rom rund zehntausend Juden, zur Zeit Neros schon dreißigtausend. Im Jahre 70 nach der Zerstörung Jerusalems kamen wieder zahlreiche Juden in die Tiberstadt. Wir lesen zwar da und dort von antisemitischen Stimmungen, aber im großen und ganzen ging es den Juden in Rom recht gut. Daran änderte sich auch im Mittelalter nichts. Viele Päpste sind ausgesprochene Judenfreunde gewesen. Am Hofe Alexanders III. lebten über zweihundert Juden. Auch die aus Frankreich und England vertriebenen fanden in Rom freundliche Aufnahme. Sie verdienten ihr Brot nicht nur als Händler, sondern auch als Handwerker, besonders als Schneider und Sticker. Viele Päpste hatten jüdische Ärzte: noch der Leibarzt Leos XIII. ist ein Jude gewesen. Der große, edle Martin v. Colonna stellte Juden und Christen rechtlich vollkommen gleich. Wir hören freilich auch von einzelnen gegen die Juden gerichteten päpstlichen Erlassen, aber nie hat Rom die Schande von Pogromen gesehn.

Die Juden lebten seit dem Altertum hauptsächlich in Trastevere. Wenn sie über den Tiber kamen, mußten sie nach einem Beschluß des vierten lateranischen Konzils (1214) einen roten Mantel tragen, die Jüdinnen einen roten Rock. Man begründete diese Maßnahmen damit, daß das mosaische Gesetz den Israeliten befehle, eine von den andern Völkern verschiedene Kleidung zu tragen. Leider haben die Päpste nach der Gegenreformation ihre jüdischen Untertanen nicht mehr so mild behandelt wie ein Augustus, ein Alexander III. und ein Martin V. Durch Zuzug aus Spanien, Neapel und Sizilien, wo man sie vertrieb, war die Judenschaft so angewachsen, daß sie fast sechs Prozent der römischen Bevölkerung bildete. Trotzdem bestätigte ihr Paul III. Farnese alle Privilegien, die ihr Martin V. gewährt hatte. Die Wendung zum Bösen kam unter Paul IV. Carafa, dem Papst der unerbittlichsten Inquisition, von dem das Wort überliefert ist: »Wäre mein Vater Häretiker, würde ich selbst das Holz zu seinem Scheiterhaufen zusammentragen.« Dieser Fanatiker schuf das römische Getto. Die Juden mußten im Winter um ein Uhr nachts, im Sommer um zwei Uhr im Getto sein. Spätere Päpste waren den Juden wieder milder gesinnt; Sixtus V. hat sie zwar hart besteuert, aber Christen, die Juden beschimpften, ließ er öffentlich auspeitschen.

Auf den Märkten Roms genossen die Juden gewisse Vorrechte. Sie hatten im Getto ihre Synagogen, ihre Schulen, ein eigenes Gericht; viele von ihnen waren reich, aber ihre Stellung in der Gesellschaft war eher eine demütigende. Da der rote Mantel in Vergessenheit geraten war, zwang man sie erst, ein in gelb gesticktes Oval zu tragen, dann einen orangefarbenen Hut, ›sciamanno‹ genannt; und das Ärgste war, daß die Jüdinnen das Getto nur mit einem gelben Schleier verlassen durften, den auch die römischen Dirnen tragen mußten. Denn neben dem Juden-Getto gab es in Rom auch ein Dirnen-Getto, das etwa sechstausend Einwohnerinnen hatte und in der Nähe des Ripettahafens lag. Außerdem wurden die Juden gezwungen, regelmäßig christliche Predigten anzuhören, entweder in Santa Maria del Pianto oder in Sant'Angelo in Pescheria. Über der Tür dieser Kirche las man die Worte des Jesaias: »Ich recke meine Hände aus den ganzen Tag zu meinem ungehorsamen Volk, das seinen Gedanken nachwandelt auf einem Weg, der nicht gut ist.« Doch hatte die Kirche mit diesen Zwangspredigten wenig Erfolg: Bekehrungen erlebte man selten. Mischehen zwischen Juden und Christen waren verboten, kamen aber immer wieder vor. Unter diesen Umständen ist es nur zu verständlich, daß die Juden nach der Französischen Revolution gegen den Papst rebellierten. Als 1798 die Franzosen nach Rom kamen, hoben sie alle Beschränkungen auf und öffneten das Getto. Aber nach 1823 hat es Papst Leo XII. wiederhergestellt, und erst der liberale Papst Pius IX. hob es 1874, ein Jahr vor der römischen Revolution, auf. Im Jahr 1887 ist es dann abgebrochen worden, doch blieben auch weiterhin noch viele Juden in dem Viertel wohnen.

Der Kirche Santa Maria del Pianto gegenüber führt eine breite
Straße zum PORTIKUS DER OCTAVIA, einem Bau aus dem zweiten
vorchristlichen Jahrhundert, den Augustus erneuern ließ und
seiner Schwester Octavia weihte. Es war das eine große Säulenhalle, die griechische Statuen und Gemälde schmückten und die
als Wandelhalle diente. Erhalten ist ein Teil der Propyläen. Die
heute sichtbaren Bauteile stammen von der Restaurierung unter
Septimius Severus. Auf den Ruinen des Portikus erhebt sich die
schon erwähnte Kirche Sant'Angelo in Pescheria.

Wir gehn nun durch den Portikus zur Kirche SANTA MARIA IN
CAMPITELLI. Diese ist eine Gründung des Papstes Alexander VII.
Chigi, der im Jahre 1656, als Rom von der Pest heimgesucht
wurde, ein bis dahin im Portikus der Octavia verehrtes, wundertätiges Marienbild hier vorbeigetragen und dabei ein Zeichen
empfangen hatte. Das Bild, eine Limousiner Arbeit aus dem
Mittelalter, befindet sich heute auf dem Hochaltar, von goldenen Strahlen umflammt und von Engeln getragen. Rainaldi hat
die Kirche gebaut, und sie ist mit ihrer ausladenden, reich bewegten Fassade und dem hellen, überaus festlichen Innenraum

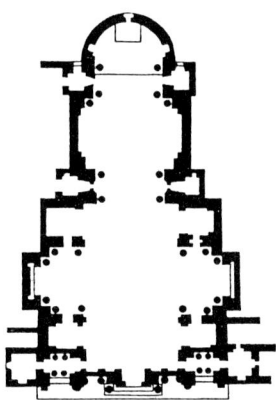

*Santa Maria
in Campitelli,
Grundriß*

eines der prächtigsten Gotteshäuser jener baufreudigen Zeit,
auch wenn ihre Pracht keine so harmonisch ausgeglichene ist
wie bei andern gleichzeitig erbauten römischen Kirchen.

Ziemlich genau hundert Jahre früher entstand die Fassade der
Kirche SANTA CATERINA DEI FUNARI – das heißt: der Seildreher.

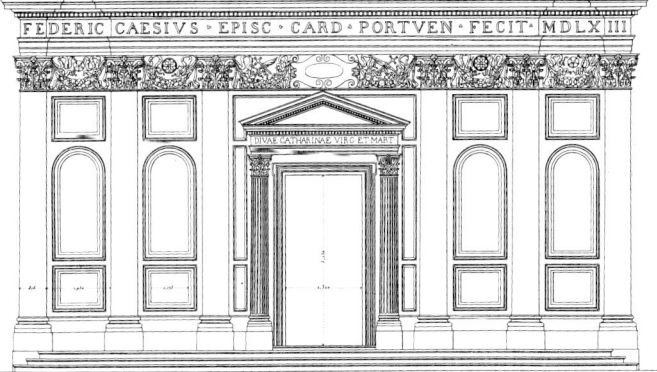

Santa Caterina dei Funari, Fassade

Eine Inschrift an der Fassade nennt als Vollendungsjahr 1564, das Todesjahr Michelangelos. Der Baumeister ist der sonst wenig bekannte Guidetto Guidetti gewesen. Die Fassade der Kirche hat ohne Zweifel kunstgeschichtliche Bedeutung – mit Recht sagt Jacob Burckhardt, sie sei »einer der frühesten Bauten, in denen sich das Barockgefühl ankündigt« –, und sie ist als ein Gebilde von außerordentlichem Wohlklang vielfach nachgeahmt worden. In der Mitte zeigt sie ein kräftiges Gesims mit der Weihinschrift, darunter vier leere Nischen und sechs schöne Pilaster, zwischen denen sich ein Girlandenfries ausspannt, außerdem ein edel gegliedertes Säulenportal, über dem Gesims ein Rundfenster, wiederum zwei leere Nischen, Pilaster und Girlanden und einen Giebel mit vier Kandelabern. Der Glockenturm hat eine seltsame Form und ist viel älter als die Kirche.

Gegenüber liegt der PALAZZO MATTEI DI GIOVE, einer von den fünf Matteipalästen, die sich in dieser Gegend aneinanderreihen. Diesen baute Maderna 1617, er hat einen reich mit Statuen und Reliefs geschmückten Arkaden- und Gartenhof. An ihn schließt sich der PALAZZO CAETANI an, den man von der Via delle Botteghe Oscure aus betritt: ein Bau Ammanatis, ebenfalls durch prächtige Höfe ausgezeichnet.

Die Via delle Botteghe Oscure führt uns zur Piazza Venezia zurück, doch wollen wir uns zunächst noch in die Via dei Funari zurückwenden und durch sie, an hübschen kleinen Renaissancehäusern vorbei, auf die *Piazza Mattei* gehn, um hier, angesichts eines der bezauberndsten römischen Brunnen, der FONTANA DELLE TARTARUGHE, unsern vierten Spaziergang zu beenden.

Dieses Werk, das 1585 aufgestellt wurde, haben der Architekt Giacomo della Porta und der Florentiner Bildhauer Taddeo Landini gemeinsam geschaffen. Die Schildkröten wurden aber erst im Barock hinzugefügt, um die Bewegung der vier Knaben gewissermaßen zu rechtfertigen. Der Platz und die ihn umgebenden Paläste der Mattei, auch die anschließende Via Paganica gehören noch ganz dem Rom der Renaissance an, wie ja auch der Brunnen ebenso deutlich wie anmutig daran erinnert, daß das große Neue, die Gedanken der Wiedergeburt der Kunst, vom Arno an den Tiber gekommen sind: in diesen vier bezaubernden Knaben mit ihren schelmischen Gesichtern ist Florentinisches erstaunlich gegenwärtig und wirkt weiter in der Zeit, in der Rom schon die Welthauptstadt der Renaissance war.

Fontana delle Tartarughe auf der Piazza Mattei

V

Die Peterskirche

Das Wunder des Petersplatzes
Der Obelisk: »Wasser an die Seile«
Kaiser Konstantin und Alt-Sankt Peter
Neubeginn: Bramantes Zentralbau und Michelangelos Kuppel
Die Vollendung: Maderna und der Borghese-Papst
Die Kaiserbilder und Bronzetore der Vorhalle
Im Thronsaal des Apostelfürsten: Tu es Petrus …
Genie und Glück des Cavaliere Bernini aus Neapel
Die Papstgräber: Lektion in Geschichte und Kunst
Michelangelos Pietà: jugendliche Vollendung
Treue Töchter der Kirche:
Mathilde von Tuszien und Christine von Schweden
Das Erste Vatikanische Konzil und die
Unfehlbarkeit des Papstes
Unterirdisch – überirdisch: Grotten und Dachlandschaft

Wenn meine Leser meiner Führung durch Rom Seite um Seite gefolgt sein sollten, ohne von den Dingen, die ich ihnen auf unseren ersten vier Spaziergängen gezeigt habe, etwas auszulassen – was ich eigentlich nicht annehmen kann –, dann werden sie nun gewiß ungeduldig auf die Stunde warten, in der sie endlich die Peterskirche zu sehn bekommen. Doch könnte ich mir vorstellen, daß ihnen all das, was sie nun schon vom antiken Rom und von dem der Renaissance und des Barock kennen, Maße vermittelt hat, Maße römischer Größe, die es ihnen erleichtern, das Gewaltige zu fassen, dem sie vor dem Petersdom und um ihn gegenübergestellt werden. Dies Gewaltige wird gewiß jedermann in Erstaunen setzen, zur Bewunderung geradezu zwingen, aber ich glaube, daß es doch einer gewissen Vertrautheit mit jenen römischen Maßen bedarf, damit aus dem Staunen und der Bewunderung jene Liebe wird, ohne die wir uns kein Kunstwerk wirklich zu eigen machen. Gerade weil diese Liebe

G. B. Piranesi: Der Petersplatz

Veduta della gran Piazza e Basilica di S. Pietro
situata ove erano anticamente il Circo e gl'Orti di
Cajo e Nerone nella Valle Vaticana.

Cav. Piranesi f.

zu Sankt Peter für mich schon seit Jugendtagen eine Leidenschaft ist, habe ich Freunden und Bekannten, die zum ersten
Male nach Rom reisten, stets abgeraten, die eigene Schaukraft
gleich am ersten Tag mit jenem gewaltigen Bauwerk messen zu
wollen.

Am besten tun wir daran, unsern Gang dort zu beginnen, wo
die moderne *Via della Conciliazione* (von der in anderem Zusammenhang noch die Rede sein muß) in den PETERSPLATZ einmündet. Stendhal nennt diesen Platz den »schönsten der Welt«;
Hippolyte Taine schreibt: »Es gibt keine festgefügtere und ge-
sündere Schönheit als die dieses großen Platzes; unser Louvre,
die Place de la Concorde sind dagegen nichts als Operndekora-
tionen.« In den ›Phantasien über Kunst für Freunde der Kunst‹,
die Tieck und Wackenroder 1799 veröffentlichten, lesen wir:
»Erhabenes Wunder der Welt! Mein Geist erhebt sich in heiliger Trunkenheit, wenn ich deine unermeßliche Pracht anstaune!
Du erweckst mit deiner stummen Unendlichkeit Gedanken auf
Gedanken und lässest das bewundernde Gemüt nimmer zur Ruhe kommen.« Wirklich, Gedanken auf Gedanken werden in uns
erweckt, sobald wir der riesigen Gebäude-Landschaft ansichtig
werden, die der Platz mit seinen Kolonnaden, der Petersdom
und der Vatikanische Palast bilden – dieses herrliche Gebirge
aus honiggoldenem Travertin –, so daß es uns nicht leicht fällt,
diese Gedanken zu sammeln, sie auf die Geschichte und die
Gestalt dessen zu konzentrieren, was da vor uns steht.

Berninis Petersplatz

Das eigentliche Wunder des Petersplatzes, wie ich es immer
empfunden habe, ist die Verbindung des Kolossalischen und des
Harmonischen, die Aufhebung des Widerspruchs, der zwischen
übermenschlicher Größe und menschengemäßem Maß besteht.
Es sind uns zwei Äußerungen des Gian Lorenzo Bernini überliefert, der den Petersplatz, sein architektonisches Meisterwerk,
zwischen 1665 und 1667 erbaut hat. Er sagte: »Ein und derselbe
Gegenstand kann optisch völlig verschieden wirken«, und das ist
nicht nur ein Erfahrungssatz, sondern bei diesem größten Ba-
rockarchitekten zugleich ein durchaus barocker Gedanke. Aber
er sagte auch: »Die Kunst des Bauens besteht darin, die Proportionen dem menschlichen Körper zu entnehmen«, was ein klas-

sischer Gedanke, ja eine zeitlose künstlerische Wahrheit ist. Und wenn der Platz, der da vor uns liegt – möge er im strahlendsten römischen Licht liegen! –, zugleich kolossalisch und harmonisch wirkt, verdanken wir das dieser Einsicht Berninis, der aber auch darauf bedacht war, uns Menschen ein Schauspiel vorzuzaubern, das uns über uns selbst erhebt, das uns in einen ekstatischen Zustand versetzt und dadurch darauf vorbereitet, die größte und heiligste Kirche der Christenheit zu betreten.

Was hatte Bernini hier vorgefunden, als er an sein Werk ging? Die Fassade des Petersdoms war 1614 vollendet worden. Seit 1586 stand der Obelisk, wo er noch heute steht, seit 1613 einer der Brunnen. Dadurch waren feste Punkte gegeben, mit denen Bernini rechnen mußte. Die wichtigste Aufgabe sah er darin, von Madernas hoher Fassade so weit Abstand zu nehmen, daß Michelangelos Kuppel hinter ihr sichtbar wurde. Darum schuf er vor der Kolonnade noch einen rechteckigen Platz, die ehemalige Piazza Rusticucci. Er wollte diesen Platz großartig ausgestalten, kam aber nicht dazu. Vor dieses Rechteck legte er die gewaltige Ellipse von 240 zu 190 Metern Durchmesser, in deren Mittelpunkt sich der Obelisk emporreckt und in deren Längsachse die beiden Brunnen stehn. Das Merkwürdige aber ist, daß diese Ellipse fast wie ein Kreis wirkt. Sie umgeben die riesigen, vier Säulen tiefen Kolonnaden mit 284 dorischen Säulen aus herrlichem Travertin, über deren Gesims eine Balustrade an die hundert, zumeist von Bernini selbst entworfene Heiligenstatuen trägt. Diese Kolonnaden wirken wie ausgebreitete Arme, die das Volk sammeln, das zum Grabe des Apostels wallfahrtet. An die Ellipse aber schließt sich ein zweiter Platz an, der die Pilger bis an die Stufen des Doms heranführt. Bei der Planung dieses Platzes – man spricht bei der Ellipse von der *Piazza obliqua*, bei diesem zweiten Platz von der *Piazza retta* – war Bernini nicht ganz frei, denn er fand die Schrägstellung des rechten, auf die Scala Regia zuführenden Korridors und das leicht ansteigende Gelände vor. Aber er machte aus dieser Not eine Tugend und schuf nach dem Vorbild, das Michelangelo auf dem Kapitolsplatz gegeben hatte, einen trapezförmigen Platz, dessen Wände auf Sankt Peter zu um 24 Meter divergieren. Dadurch erscheint die Kirche noch größer als sie in Wirklichkeit ist. Die Steigung dieses Platzes bis zur Kirche hin beträgt immerhin 4 Meter. Das wunderbare Spiel mit der Ellipse, die ein Kreis scheint, dem

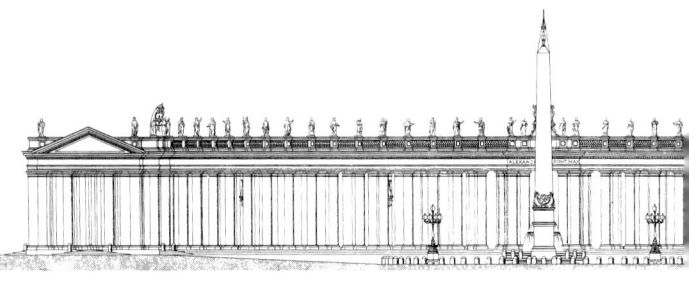

Die Kolonnaden des Petersplatzes

Trapez, das ansteigt und als flaches Rechteck wirkt, wird ergänzt durch die Wirkung der Pflasterung: die in das dunkle Lavapflaster eingelegten Sternlinien aus Marmor, ein Schmuck, zu dem Bernini ebenfalls durch Michelangelos Kapitolsplatz angeregt wurde. Wer den Platz ganz genießen will, muß ihn vor und in den Kolonnaden umwandeln, sich aber auch in die Mitte stellen, neben den *Obelisken.*

Dieser 25 Meter hohe Nadelstein aus Granit steht auf dem Rücken von vier bedauernswerten und etwas komisch wirkenden Bronzelöwen, die ihrerseits auf einem hohen Postament liegen. Man hatte ihn 37 nach Christus im neronischen Zirkus am Vatikanischen Hügel aufgestellt, und da stand er das ganze Mittelalter hindurch, vom Volk ›l'aguglia‹, die Nadel, genannt und vor allem auch deswegen bestaunt, weil man glaubte, daß in seiner Spitze eine goldene Urne mit der Asche Julius Caesars enthalten sei. Sixtus V. ließ den Obelisken dort aufstellen, wo er heute steht. Der Transport dauerte viereinhalb Monate, und unter der Leitung des Domenico Fontana waren dabei 900 Arbeiter beschäftigt. An dem Tage, an dem man daran ging, ihn mit Hilfe von riesigen Winden und Hunderten von Seilen aufzurichten, war den Arbeitern bei Todesstrafe verboten worden, ein Wort zu sprechen, damit die Befehle Fontanas von allen gehört werden konnten. Einer der Arbeiter aber, ein Matrose aus San Remo, wagte es trotzdem, als einige Seile heiß wurden und zu reißen drohten, laut zu rufen: Aqua alle funi, Wasser auf die Seile! Für diese kühne Tat wurde seine Familie mit einem Recht belohnt, das sie noch heute ausübt: dem Papst die Palmen für den Palmsonntag zu liefern. Der Chigi-Papst Alexander VII. ließ den Obelisken mit seinem Familienwappen, den Bergen und

dem Stern, krönen, dem wir in Rom noch oft begegnen werden, und statt der Urne mit Caesars Asche, die sich nicht fand, einen Splitter vom Kreuze Christi in die Spitze einlassen. Auf dem Boden um den Obelisken ist eine Windrose angebracht. Etwas besonders Schönes sind auf dem Petersplatz die *Springbrunnen,* deren Form eine Erfindung des Maderna ist und die man in Paris auf der Place de la Concorde und in München vor der Universität nachgeahmt hat. In der Mitte zwischen dem Obelisken und den Brunnen bezeichnen kleine runde Steinplatten die Stellen, von denen aus man in den Kolonnaden nur eine einfache Säulenreihe sieht, weil jede vordere Säule die drei hinter ihr stehenden verdeckt.

Zur Baugeschichte von Sankt Peter

Nun wird es aber Zeit, daß wir uns aus der Helle des Platzes in den Schatten der Kolonnaden begeben, damit ich meinen Lesern die Geschichte der Peterskirche erzählen kann. Es gibt wohl keinen Bau in der weiten Welt, der eine so reiche, großartige, manchmal auch tragische Geschichte hat. Sie beginnt mit der Hinrichtung des Apostels Petrus im Zirkus oder in den Gärten des Nero, an einem Ort, wo zu jener Zeit auch andere Christen den Märtyrertod erlitten. Der Fischer aus Bethsaida am See Genezareth, der ehemals Simon hieß und dem der Herr den Namen Petrus gab, dem er die Schlüssel des Himmelreichs übergeben hatte, wurde gekreuzigt und zwar, wie uns Eusebius berichtet, mit dem Kopf nach unten. Das ereignete sich im Jahre 67, nach andern schon im Jahre 64 nach Christi Geburt, als Nero regierte und nach dem Brande Roms die erste große Christenverfolgung anordnete. Petri Grab war schon bald nach seinem Tode ein Wallfahrtsort. Auf die Bitte des großen Papstes Sylvester I. ließ Kaiser Konstantin der Große darüber eine Basilika errichten, die Sylvester 326 weihte. Wir wissen, weil sie vor ihrem Abbruch mehrfach gezeichnet wurde, noch recht gut, wie sie ausgesehen hat. Man betrat sie durch einen mächtigen Säulenhof. Sie war fünfschiffig und reich mit Mosaiken, Gemälden und Statuen geschmückt. Von diesen Werken kann man noch manches in den Vatikanischen Grotten sehn. Leider ist das Stifterbild, ein Mosaik, das sie enthielt, verloren, doch kennen wir die Weihinschrift: Quod Duce te mundus surrexit in astra triumphans hanc Constantinus victor tibi condidit aulam, was man ungefähr so übersetzen kann: Weil unter deiner Führung sich die Welt zu den Sternen erhob, hat dir Konstantin der Sieger diese Halle gegründet. Auf dem Bild sah man Konstantin, der mit dem Modell der Kirche dem Heiland nahte, neben dem Petrus stand. Der Sieg des Kaisers, von dem in dieser Inschrift die Rede ist, war aber nicht der an der Milvischen Brücke über Maxentius 312, sondern der über seinen Mitregenten Licinius bei Adrianopel 324, durch den Konstantin Alleinherrscher wurde, ›totius orbis imperator‹. Wahrscheinlich hatte er den Bau auf dem Schlachtfeld gelobt.

Die alte Peterskirche erlebte seltsamerweise weder große Brände noch verheerende Erdbeben, aber sie war durch ihr hohes Alter baufällig geworden, so daß sie schon im 14. Jahrhundert gründlich restauriert werden mußte. Damals bekam sie gotische Fenster. Der große Humanist auf dem Stuhle Petri, Nikolaus V., begann mit einem Neubau nach dem Entwurf des Florentiners *Bernardo Rossellino*, aber nach dem Tode des Papstes wurde die Arbeit eingestellt. Sie ist erst ein halbes Jahrhundert später wieder aufgenommen worden: unter dem gewaltigen Julius II., der den Urbinaten *Bramante* mit der Bauleitung beauftragte. Wir begegnen diesem großen Künstler sonst vor allem in Mailand, wo er den Chor von Santa Maria delle Grazie, auch das Querhaus und die Sakristei von Santa Maria presso San Satiro gebaut hat. Die Sakristei von San Satiro ist ein Zentralbau, und auch Santa Maria delle Grazie ist in ihrem Ostabschnitt zentral angelegt. Als 1492 mit dem Bau der letztgenannten Kirche begonnen wurde, kam Leonardo nach Mailand, und er hat ohne Zweifel stark auf Bramante eingewirkt. Auch Leonardo beschäf-

tigte sich, wie uns Zeichnungen beweisen, mit dem Problem der
Zentralbauten. Eine seiner Zeichnungen zeigt etwas völlig neues: die Verbindung eines griechischen Kreuzes mit kleineren,
ebenfalls griechischen Kreuzen in den vier Ecken. Vielleicht
erinnerte sich Bramante an diesen genialen Plan, als er mit dem
Neubau der Peterskirche beauftragt wurde. Er war 1499 nach
Rom gekommen, hatte dort 1502 das Rundtempelchen in San
Pietro in Montorio, ebenfalls einen Zentralbau, 1504 den edlen
Kreuzgang in Santa Maria della Pace geschaffen. 1506 begann er
mit der Arbeit am Petersdom. Sein Plan ist schon als Plan ein
hohes Kunstwerk: er gleicht einem Querschnitt durch eine Blu-
me. Mir ist er stets als der schönste der Pläne zum Petersdom
erschienen, obwohl wir bedenken müssen, daß wir, wäre er ausgeführt worden, Michelangelos Kuppel nicht hätten. Ich habe
schon erwähnt, daß die Architekten jener Zeit von dem Gedanken schwärmten, das Pantheon auf die Konstantinsbasilika zu
stellen. Bramante plante ein riesiges griechisches Kreuz mit einer mächtigen Kuppel, die, wie die Kuppel des Pantheon und
die von San Pietro in Montorio, als reine Halbkugel gedacht
war. Wo der Hochaltar stehn sollte, wissen wir nicht, vielleicht
in der Mitte unter der Kuppel. Diese sollten vier kleinere Kup-

Bramantes Grundriß für Sankt Peter

peln umgeben, die sich über den vier in den Achsen der Kreuzarme liegenden Eckkapellen erheben sollten. Die Nebenkapellen hatten, wie auf der Zeichnung Leonardos, ebenfalls die Form griechischer Kreuze. An den Ecken des Baus waren vier Türme vorgesehn. Sie vervollständigen den Grundriß zu einem Quadrat, aus dem nur die vier Hauptapsiden hervortreten. Von Bramantes Bau sind nur die vier majestätischen Pfeiler erhalten, auf denen Michelangelos Kuppel ruht. Sie erinnern mit ihrer großartigen Gliederung der gewaltigen Mauermassen durchaus an antike Bauten.

Bramante starb 1514; ein Jahr vor ihm war Julius II. gestorben. Nun leiteten *Raffael* und *Giuliano da Sangallo* den Bau. Die Geistlichkeit forderte für die größte Kirche der Christenheit einen größeren Raum: ein Langhaus. Raffael und der *jüngere Sangallo, Antonio,* haben in ihren Plänen diesen Forderungen Rechnung getragen, wollten aus Bramantes griechischem Kreuz ein lateinisches machen. Die Arbeiten kamen aber nur langsam voran. Raffael starb 1520, der jüngere Sangallo 1546. Da berief Papst Paul III. Farnese *Michelangelo.* Noch war von dem Langhaus nichts vollendet, so daß Michelangelo Bramantes Gedanken wieder aufgreifen und, freilich in einem ganz andern Geist, weiterführen konnte. Die Nebenräume wurden zugunsten des Hauptraums verengt. Gegen den Petersplatz hin sollte eine Säulenvorhalle gebaut werden. Doch das Vorbild für die Kuppel war nun nicht mehr die des Pantheons, sondern die des Doms von Florenz. Bei seinem Tode hinterließ Michelangelo ein noch erhaltenes Holzmodell der Kuppel, an das sich seine Nachfolger im wesentlichen hielten. Der ganze Westbau von Sankt Peter mit den riesigen korinthischen Pilastern, der schweren Attika, den seltsamen Fenstern und Nischen ist zusammen mit der Kuppel Michelangelos größtes architektonisches Werk.

Auf Michelangelo, der 1564 starb, folgte *Vignola,* auf diesen *Domenico Fontana,* der die Kuppel einwölbte. Beide wollten wie Bramante und Michelangelo den Zentralbau, das griechische Kreuz. Aber Paul V. verwarf ihre Pläne, ließ durch *Carlo Maderna* ein Langhaus und die Fassade bauen, wie wir sie heute vor uns sehn. Dadurch tut die Kuppel nur noch aus der Ferne gesehn oder von der Rückseite her die gewaltige Wirkung, die Michelangelo vorschwebte. Am dreizehnhundertsten Jahrestag der Weihe von Alt-Sankt Peter, dem 18. November 1626, hat

Urban VIII. Barberini, der Gönner Berninis, die Kirche geweiht. Die Inschrift auf der Fassade aber nennt den Namen Paul V. Borghese und das Jahr 1612: IN HONOREM PRINCIPIS APOSTOLORUM PAULUS V. BORGHESIUS ROMANUS PONT. MAX. A.D. MDCXII PONT. VII. – zur Ehre des Apostelfürsten Paul V. Borghese und Römer Pontifex Maximus im Jahre des Herrn 1612, dem siebenten seines Pontifikats. Paul, der aus einer bescheidenen Seneser Familie stammte, aber nach seiner Erhebung auf den päpstlichen Thron durch seinen Nepotismus das noch heute bestehende fürstliche Haus der Borghese schuf, hat hier seinen Namen selbstbewußt neben den des Apostels gesetzt und sich voll Stolz ›Römer‹ genannt. *Bernini*, der der Nachfolger Madernas wurde, wollte die Fassade durch zwei Ecktürme ergänzen. Er mußte die Schande erleben, daß man den ersten der beiden Türme, als er fertig war, wieder abriß, weil er sich als baufällig erwies. Wie herrlich hat er diese Niederlage durch den Sieg wieder gutgemacht, der sein Petersplatz ist!

Fassade und Vorhalle

Madernas FASSADE ist dieses Platzes nicht würdig. Burckhardt nennt sie ein »ungeheures Dekorationsstück, dessen Teile auf alle Weise vor- und rückwärts, aus- und einwärts treten ohne Grund und Ursache«. Er findet, daß sie »die Verschiedenheiten der Intercolumnien geradezu unverständlich erscheinen läßt«. Mir scheint dies Urteil zu streng. Eine gewisse Würde wird man vor allem den riesigen korinthischen Säulen und Pilastern nicht absprechen können. Der Giebel freilich hat etwas Kleinliches; abgeschmackte Spielerei sind die beiden Uhren, die allerdings erst der Klassizist Valadier hinzufügte. Das Mittelfenster mit dem Balkon ist die Benediktionsloggia, von der aus nach dem Konklave der Name des neu gewählten Papstes verkündet wird und von der aus der Papst den Segen Urbi et Orbi erteilt.

Wenn Burckhardt die Fassade verurteilt, die ebenfalls von Maderna geschaffene VORHALLE nennt er »einen der schönsten modernen Bauten in ganz Rom«. Sie hat eine prächtige Stuckdecke. Fünf Tore führen von ihr aus in die Basilika. Das Tor ganz zur Rechten ist die *Porta Santa*, die Heilige Pforte, die nur in den heiligen Jahren geöffnet wird, sonst vermauert bleibt. Ein anmutiges, dabei höchst gelehrtes Kunstwerk ist die 1433-45

noch für Alt-Sankt Peter geschaffene *Bronzetür des Mitteltors*, ein
Werk des Florentiners Filarete. Oben sehn wir Christus und
Maria thronen, darunter Paulus und Petrus, darunter das Martyrium der beiden Apostel. Petrus übergibt dem vor ihm knienden
Papst Eugen IV. die Schlüssel. Zwischen den sechs Hauptbildern
sind Szenen vom Konzil von Florenz dargestellt, das unter Eugen IV. stattfand, und an den Längsstreifen kleine mythologische
Szenen. Auf der Innenseite hat der Künstler sich selbst dargestellt, wie er seinen Schülern voranreitet. Das Ganze ist ausgesprochen ein florentinisches Werk: ein wenig verspielt, doch
von großer Poesie. Die Bronzetüren der anderen vier Portale
sind Werke von zeitgenössischen Künstlern; ganz links die *Porta
della Morte* von Giacomo Manzù, die auf das von Johannes XXIII.
einberufene Zweite Vatikanische Konzil Bezug nimmt. Gegenüber dem Mitteltor sehn wir das berühmte Mosaik von Giotto,
die sogenannte *Navicella*, das ebenfalls aus der alten Peterskirche
stammt, freilich stark restauriert ist. Es zeigt den Herrn auf dem
Wasser wandelnd und im Schiff, dem Sinnbild der Kirche, die
staunenden Apostel. Am rechten Ende der Vorhalle markiert die
Reiterstatue Kaiser Konstantins, ein Alterswerk von Bernini, den
Durchgang zur *Scala Regia*, Berninis barocker Prachttreppe zum
Apostolischen Palast. Gegenüber zur linken ein mittelmäßiges
Reiterstandbild Karls des Großen von 1725.

In der Peterskirche

Ich kenne sehr kluge und feinsinnige Menschen, die, als sie zum erstenmal
in die Peterskirche eintraten, hingerissen, überwältigt waren und
andere, nicht weniger kluge und feinsinnige, die der Bau völlig kalt ließ.
Sehr schön sagt Burckhardt: »Es ist eine alte Klage, daß Sankt Peter
innen kleiner aussehe, als es wirklich ist. Ich weiß nicht, ob jemand, der
ohne dieses Vorurteil zum erstenmal hineintritt, die Kirche nicht doch
ungeheuer groß finden würde. Am Ostermorgen weiß jeder, daß er sich
im größten Binnenraum der Welt befindet.« Sehr häufig hört man auch,
diese Kirche wirke sehr unkirchlich, hört das besonders von Leuten, für
deren Gefühl Kirchen dunkel sein und sich himmelwärts recken müssen
wie die gotischen, während Sankt Peter hell ist und nicht nur hoch,
sondern auch sehr breit. Ich glaube, wir sollten bedenken, daß diese
Kirche zwar ein Gotteshaus ist, aber nicht nur das, sondern zugleich der
Thronsaal des Apostelfürsten und seiner Nachfolger, ein riesiger Raum
für Feste und Empfänge, wenn auch für geistliche Feste und Empfänge,

in dem der höchste irdische Herrscher die ganze Welt empfängt. Ich bin überzeugt davon, daß jeder, der Sankt Peter einmal an einem hohen Feiertag oder gar bei einer Heiligsprechung erlebt hat, die Kirche so sehn wird, wie sie gemeint ist, was vielleicht nicht ohne weiteres gelingt, wenn sie mehr oder weniger menschenleer ist.

Bevor wir ihre Kunstwerke betrachten, sollten wir hinter Filaretes Tür erst einen Blick in das Mittelschiff mit seinem gewaltigen Tonnengewölbe tun, dann auf Berninis phantastisches Tabernakel zuwandern, es umschreiten, um uns in den überwältigenden Kuppelraum einzufühlen, endlich durch eines der Seitenschiffe zum Haupteingang zurückzukehren. Dabei wird klar, daß diese Kirche auch ein reiches Museum ist. Dessen Besichtigung wird zugleich ein Gang durch die Papstgeschichte sein. Vielleicht finden meine Leser es unterhaltend zu hören, daß die Peterskirche über 100 große Marmorstatuen, 160 aus Travertin, 90 aus Stuck und 40 aus Bronze enthält, dazu 24 große Papstgräber.

In der Achse des Mittelschiffs sind im Fußboden die Längen der größten Kirchen der Welt angegeben, die der größten unter ihnen, der Peterskirche, mit 186 Metern. Rechnet man die Vorhalle dazu, sind es 211. Sankt Peter bedeckt eine Fläche von über 15000 Quadratmetern (der Dom in Mailand 11700, Sankt Paul in London 7875, der Kölner Dom 6166). Der Durchmesser der Kuppel ist 42 Meter, immerhin 1,40 Meter weniger als die Kuppel des Pantheon, die freilich nur 43 Meter hoch ist, während Sankt Peter sich 132 Meter über dem Erdboden erhebt. Vor der Filarete-Tür sehn wir im Boden auch eine große runde Porphyrscheibe, auf der in der Weihnachtsnacht des Jahres 800 Karl der Große von Papst Leo III. zum römischen Kaiser gesalbt und gekrönt wurde. Die Platte befand sich einst vor dem Hochaltar von Alt-Sankt Peter, und dort sind auch andere Kaiser auf ihr gekrönt worden.

Vom Portal des Filarete aus haben wir den besten Blick auf das MITTELSCHIFF. Die ersten drei Joche sind der Teil, den Maderna auf Befehl Pauls V. baute, wodurch die Kirche ein Langhaus erhielt. Dabei hielt sich aber Maderna weitgehend an den Entwurf Michelangelos, der das vierte Joch entworfen hatte. Die riesigen Pfeiler sind mit kannelierten korinthischen Doppelpilastern geschmückt und tragen das kassettierte und vergoldete

Tonnengewölbe. All das geht auf das Vorbild zurück, das Michelangelo im vierten Joch gegeben hatte. Bernini freilich fügte später manches hinzu: die allegorischen Statuen aus Stuck über den Bögen und die Medaillons, auf denen Bildnisse der ersten Päpste zu sehn sind, umgeben von den Wappentauben Innozenz' x. aus dem Hause Pamphili. Er schuf auch die rings in der Kirche verteilten Nischen, in die man die Statuen von Ordens-

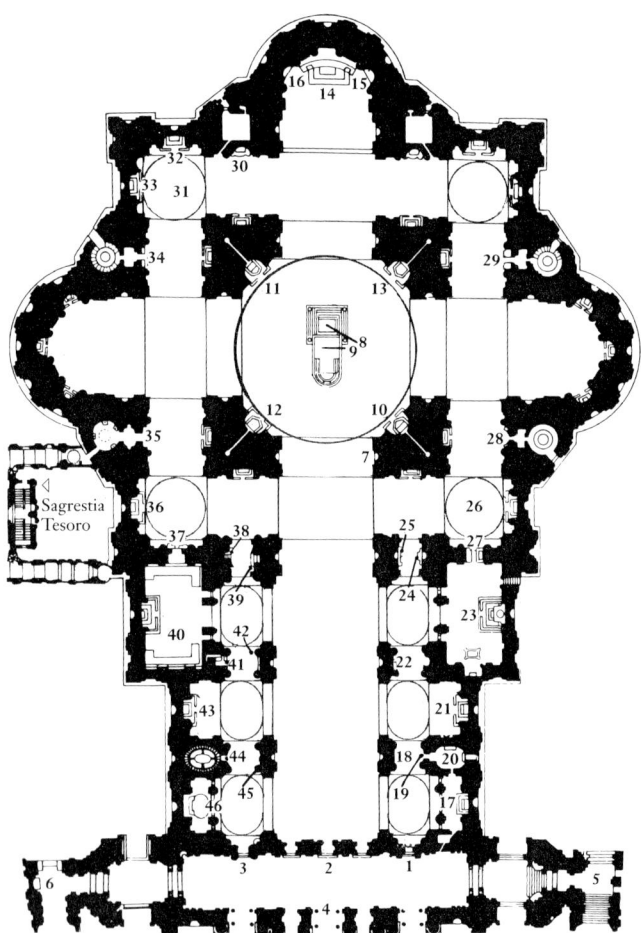

stiftern stellte. Um uns die Größe des Raums, der da vor uns liegt, zu vergegenwärtigen, ist es vielleicht nützlich zu wissen, daß die Bögen zwischen den Pilastern 2 Meter höher sind als der Obelisk auf dem Petersplatz und daß Berninis Bronzebaldachin über dem Hochaltar fast so hoch ist wie der Palazzo Farnese.

Bernini, der letzte Baumeister des Petersdoms, trug jedenfalls sehr viel mehr dazu bei, den Innenraum zu gestalten, als Mader-

Sankt Peter

1 *Porta Santa*
2 *Bronzetür des Filarete*
3 *Porta della Morte von G. Manzù*
4 *Navicella-Fresko von Giotto*
5 *Reiterbild Konstantins*
6 *Reiterbild Karls des Großen*
7 *Sitzstatue des Hl. Petrus*
8 *Hochaltartabernakel von Bernini*
9 *Confessio mit Statue Pius' VII. von Canova*
10 *Hl. Longinus*
11 *Hl. Veronika*
12 *Hl. Andreas*
13 *Hl. Helena*
14 *Kathedraaltar von Bernini*
15 *Grabmal Urbans VIII. Barberini von Bernini*
16 *Grabmal Pauls III. Farnese von Guglielmo della Porta*
17 *Pietà von Michelangelo*
18 *Denkmal für Christine von Schweden*
19 *Denkmal Leos XII.*
20 *Cappella del Crocifisso*
21 *Sebastianskapelle (Denkmale Pius' XI. und Pius' XII.)*
22 *Denkmal für Mathilde von Tuszien*
23 *Sakramentskapelle*
24 *Grabmal Gregors XIII. Buoncompagni*
25 *Grabmal Greogors XIV.*
26 *Cappella Gregoriana*
27 *Grabmal Gregors XVI.*
28 *Grabmal Benedikts XIV. Lambertini*
29 *Grabmal Clemens' XIII. Rezzonico*
30 *Grabmal Alexanders VIII. Ottoboni*
31 *Cappella della Colonna*
32 *Altar Leos des Großen*
33 *Altar Leos II., Leos III., Leos IV.*
34 *Grabmal Alexanders VII. Chigi von Bernini*
35 *Mausoleum Pius' VIII. (Eingang zur Sakristei und zum Schatzkammer-Museum)*
36 *Cappella Clementina mit Altar Gregors des Großen*
37 *Grab Pius' VII. Chiaramonti*
38 *Grab Leos XI. Medici*
39 *Grab Innozenz' XI. Odescalchi*
40 *Cappella del Coro*
41 *Denkmal Pius' X. Sarto*
42 *Bronzegrabmal Innozenz' VIII. Cibò von Pollaiuolo*
43 *Cappella della Presentazione mit Denkmalen Benedikts XV. und Johannes' XXIII.*
44 *Grab der Maria Clementina Sobieski*
45 *Denkmal für die letzten Stuarts von Canova*
46 *Taufkapelle*

na, der sich, wie gesagt, an das hielt, was Michelangelo gewollt
hatte. Freilich hat Maderna im Langhaus, von dem alle Einsich-
tigen wußten, daß es, künstlerisch gesehn, ein Unglück war, die
Pilaster enger zusammengerückt, wodurch die Weite des Raums
scheinbar gesteigert, die Proportionen der Pfeiler aber ver-
schlechtert wurden. Auch verloren infolgedessen die Seitenschiffe die ihnen ursprünglich zugedachte Bedeutung für die
Gesamtwirkung des Innenraums.

Die Weihwasserbecken am ersten Pfeiler rechts und links mit
den gigantischen Putten sind eine eher unerfreuliche Kuriosität.
Die schon erwähnten Statuen der Ordensstifter sind durchweg
Werke aus der ersten Hälfte des 18. Jahrhunderts. Unter den
Statuen liest man die Namen der dargestellten heiligen Männer.
Ich werde diese meist nicht sehr bedeutenden Arbeiten kaum
erwähnen. Im übrigen ist das Mittelschiff eine große Halle, die
den Blick auf die lichtdurchflutete Vierung mit dem Baldachin
Berninis freigibt, hinter dem über dem schlichten Hauptaltar in
der Apsis Berninis Kathedraaltar sichtbar wird.

In dieser riesigen Raumflucht steht nur eine Statue, ein ehr-
würdiges und hochverehrtes Bildwerk, das schon in Alt-Sankt
Peter stand: die SITZSTATUE DES APOSTELS PETRUS (am vierten
Pfeiler rechts). Diese Statue wird zuerst von einem Humanisten
erwähnt, der im 15. Jahrhundert lebte; keine andere Stelle im
Petersdom, schreibt er, zöge so viele Beter an wie dieses Bild,
das wahrscheinlich als ein echtes Porträt des Apostels galt. Die
Kunsthistoriker haben es lange für ein florentinisches Werk des
Quattrocento gehalten, dann dem Arnolfo di Cambio zugeschrieben. Andere neigen dazu, die Statue dem fünften nachchristlichen Jahrhundert zuzuschreiben. In ihrer großartigen
Würde hat sie durchaus etwas Antikes, ausgesprochen Römisches, gehört sie für mein Gefühl genau an den geistigen Ort, an
dem Antike und Christentum zur Einheit geworden waren und,
künstlerisch gesehn, in die Nachfolge der großen Erzbildnerei,
die die Römer von den Etruskern gelernt haben und an deren
Anfang die Kapitolinische Wölfin und der Brutus auf dem Kapitol stehn. Der Thron, auf dem der Apostel sitzt, ist eine Renais-
sancearbeit. Der rechte Fuß ist von so vielen Gläubigen geküßt
worden, daß er seine Zehen eingebüßt hat.

Wir treten nun in den KUPPELRAUM und damit in das Allerhei-
ligste der Kirche ein. Unter der riesigen, mosaikgeschmückten,

lichtdurchfluteten Wölbung von Michelangelos Kuppel schrauben sich die vier gewaltigen Säulen von Berninis Tabernakel empor. Dieser Tabernakel steht über dem Altar, an dem nur der Papst und die Kardinäle Messe lesen dürfen. Vor dem Altar öffnet sich im Boden der Kirche die CONFESSIO, zu der eine doppelte Marmortreppe hinabführt. In ihr kniet Pius VI. (die Statue ist ein spätes Werk Canovas) vor zwei Türen aus vergoldetem Erz, die noch aus Alt-Sankt Peter stammen und die Gruftkapelle schließen (die aber nicht von hier aus, sondern durch die Vatikanischen Grotten zugänglich ist). Unter ihr liegt die Stätte, der antike Friedhof, auf dem der Apostelfürst beigesetzt worden war, der Mann, zu dem der Herr die Worte gesprochen hat: »Tu es Petrus et super hanc petram aedificabo ecclesiam meam et tibi dabo calves regni caelorum – du bist Petrus und auf diesem Stein will ich meine Kirche bauen und dir werde ich die Schlüssel des Himmelreichs geben« –, Worte, die wir in blauen Buchstaben auf dem goldenen Fries lesen, der den unteren Rand der Kuppel umrundet. An den vier riesigen Pfeilern, die die Vierung bilden (jeder hat einen Umfang von über 70 Metern), sehn wir vier Nischen und darüber Loggien, die mit gewundenen Säulen aus Alt-Sankt Peter geschmückt sind. Nischen und Loggien hat Bernini gebaut. Hinter den Loggien aber befinden sich Kapellen, die die heiligsten Reliquien des Petersdoms bergen: die Lanze des Hauptmanns Longinus, der den Leib des Herrn durchstochen, aber im Anschauen des Gekreuzigten das Heil gefunden hatte; das Schweißtuch der Veronika; das Haupt des Andreas, des Bruders Petri; ein Stück vom Kreuz Christi, das die heilige Kaiserin Helena aus Jerusalem mitgebracht hatte. Darum stehn in den Loggien die Statuen des Longinus, der Veronika, des Andreas und der Helena.

Die Confessio ist eine prächtige, reich mit farbigem Marmor geschmückte Anlage, die Paul V. von Maderna erbauen ließ. Auf der sie umgebenden Balustrade brennen 95 ewige Lampen. Der Papstaltar wurde 1594 geweiht, 1633 entstand der *Tabernakel*, eines der Wunderwerke des Bernini. Es ist freilich fast ein Jahrhundert lang von klassizistisch denkenden Kritikern herb kritisiert worden; sogar ein Burckhardt spricht von dem »entsetzlichen Tabernakel«. Für mein Gefühl sind die herrlich sich emporwindenden Säulen und der Aufsatz, dessen federnde Voluten und Palmwedel die Weltkugel mit dem Kreuz in das Licht der

Kuppel emporheben, ein mitreißendes, ein überwältigendes
Gloria, angestimmt über dem Grabe Petri und den ganzen riesi-
gen Kuppelraum mit seinem erzenen Klang erfüllend. Die
Schraubensäulen sind denen auf den Loggien der Pfeiler nach-
gebildet. Das untere Drittel ist gerieft, in den beiden oberen
Dritteln sehn wir Laubwerk und darin spielende Putten, da und
dort auch einen goldenen Bienenschwarm, denn Papst Urban
VIII. hatte den Tabernakel 1633 geweiht, und die Biene war sein
Wappentier.

Die vier Engel auf den vier Säulen gehören zu den besten
Werken des Bildhauers Bernini. Er hat auch die eindrucksvolle
Statue des Longinus geschaffen, deren Haupt so sehr an das des
Laokoon erinnert. Die Helena von Berninis Schüler Andrea
Bolgi und der Andreas des Niederländers Duquesnoy sind mittelmäßige Arbeiten, während die Veronika des Fancesco Mocchi
ein nicht unbedeutendes Werk ist. Von den Loggien über den
Statuen werden an hohen Feiertagen die vier großen Reliquien
der Peterskirche dem Volk gezeigt. In den Kuppelzwickeln vier
runde Mosaikbilder der Evangelisten. Über ihnen beginnt der
Tambour, der sechzehn Fenster hat, denen dann in der Kuppel
sechzehn Rippen entsprechen, zwischen denen wir Mosaike
sehn: in Sankt Peter begrabene Päpste und Bischöfe, auch Heilige, Engel und ganz oben in der Laterne Gott Vater: eher bescheidene Arbeiten nach Zeichnungen des Cavalier d'Arpino.

Wir wenden uns nun der Apsis zu, vor allem um zwei weitere
großartige Werke Berninis kennenzulernen: zunächst den KA-
THEDRAALTAR. Denn wir wollen uns darüber klar sein: im Innern
des Petersdoms ist neben Michelangelo, dem Baumeister, kein
Künstler so mächtig und gegenwärtig wie der gewaltige Barockmeister Roms, Giovanni Lorenzo Bernini.

Bernini kam aus Neapel, wo er 1598 als Sohn eines florentinischen Malers und Bildhauers und einer Neapolitanerin geboren war, um 1605
nach Rom. Zuerst tat er sich als der phantasievolle Bildhauer hervor, als
den wir ihn vor allem im Museum der Villa Borghese kennenlernen
werden, denn sein erster Gönner war der Kardinalnepot Pauls V. , Scipione Borghese. Sein erster großer Auftraggeber unter den Päpsten wurde dann Urban VIII. Barberini. Als er den päpstlichen Thron bestiegen
hatte, ließ er Bernini kommen und sagte zu ihm: »Groß ist euer Glück,
Cavaliere, den Kardinal Maffeo Barberini als Papst zu sehn; aber noch
weit größer ist unser Glück, daß der Cavaliere Bernini während unserm

G. B. Piranesi: Sankt Peter, Vierung mit Berninis Tabernakel (Ausschnitt)

Pontifikat lebt.« Und der mächtige und kunstsinnige Papst hat während seiner langen Regierung (1623-1644) Bernini mit Aufträgen geradezu überhäuft. Unter dem folgenden Papst, Innozenz x. aus dem Haus Pamphili, 1644-1655, fiel er zeitweise in Ungnade, doch schließlich gewann Berninis Genius auch Innozenz, und er schuf für ihn den herrlichen Vier-Flüsse-Brunnen auf der Piazza Navona. Als dann Alexander vii. Chigi, 1655-1667, den päpstlichen Thron bestieg, fand er in ihm wieder einen Gönner, wie er ihn in Urban viii. gehabt hatte, baute in dessen Auftrag den Petersplatz und gestaltete den Kathedraaltar. Bei diesem einzigartigen Werk war ihm eine merkwürdige Aufgabe gestellt. Seit vielen Jahrhunderten wurde im Petersdom ein hölzerner, mit Elfenbein geschmückter Stuhl verehrt, der ›Stuhl Petri‹, auf dem der Überlieferung nach der Apostelfürst gesessen hatte. Dieser ›heilige Stuhl‹ – wir reden noch heute vom ›Heiligen Stuhl‹, von beim Heiligen Stuhl akkreditieren Botschaftern und so weiter – sollte nach dem Willen des Papstes wie eine Reliquie gefeiert und glorifiziert werden. Und wiederum hat Bernini wie bei seinem über zwanzig Jahre früher entstandenen Tabernakel ein gewaltiges Gloria angestimmt.

Zunächst verwirrt uns dieses phantastische und überirdische Gebilde durch die Fülle der Bewegung, die Vielfarbigkeit, das von ihm ausstrahlende Licht. Es ruht auf einem verhältnismäßig schlichten Unterbau aus kostbaren Steinen: unten weißgesprenkelter schwarzer Marmor, darüber gelb und rot gefleckter Jaspis. Davor steht der einfache Altar. Auf dem Unterbau aber stehn die hohen, in wehende Gewänder gehüllten Gestalten von vier Kirchenvätern: vorne zwei lateinische, nämlich Ambrosius und Augustinus, dahinter zwei griechische, Athanasios und Chrysostomos. Nur die Köpfe und die Hände zeigen die Naturfarbe der Bronze, die Gewänder und die Mitren sind schwer vergoldet und poliert. Die Kirchenväter tragen die bronzene Kathedra, die den Stuhl Petri enthält. Auch sie ist reich vergoldet und erinnert uns mit ihren Voluten an den Tabernakel. Die Lehne schmückt ein schönes Relief, das Christus als Guten Hirten darstellt. Stehende Putten und schwebende Engel, die das Triregnum und die Schlüssel tragen, umgeben sie. Hinter ihr aber sehn wir ein gewaltiges, matt vergoldetes Wolkengeschiebe, das sich fast bis auf den Altar herabsenkt und das ovale Fenster über der Kathedra umbrandet. Es wimmelt von Engeln und geflügelten Putten, löst sich schließlich in einer Goldglorie auf. Das Oval hat Bernini durch konzentrische Ellipsen mit radialem Gestäbe gewissermaßen ins Unendliche verjüngt und dann mit einer Glasscheibe verschlossen, auf der transparent die Taube des Heiligen Geistes erscheint, aus dem reinen Himmelslicht in den Dom hineinfliegt. Ich glaube, daß wir sagen dürfen: alles, was Bernini in seinem langen und reichen Leben gewollt hat, angefangen von den Marmorstatuen seiner Jugend, über die römischen Brunnen, die er schuf, und den Tabernakel, das hat er hier noch einmal so leidenschaftlich und so großartig gesagt wie kaum je zuvor. Dieses Werk wurde 1665 vollendet, als der Meister 67 Jahre alt war. Er hat in den weiteren fünfzehn Jahren, die ihm noch vergönnt waren, noch manches Große geschaffen, vor allem auch das Grabmal des Papstes, der ihm den Auftrag für den Kathedraaltar gegeben hatte, und das wir später noch im Petersdom sehn werden.

Wenden wir uns nun rechts vom Kathedraaltar dem großartigen GRABMAL URBANS VIII. zu, das Bernini für seinen andern großen Gönner schuf und das dieser schon zu seinen Lebzeiten bei ihm bestellt hatte. Es steht in einer reich mit farbigem Marmor verkleideten Nische. Ein einfacher Sockel trägt den Sarkophag aus dunkelgrünem Stein mit vergoldeten Bronzefüßen. Aus ihm erhebt sich die bronzene Figur des Todes, die den Namen des Papstes in ein Buch aus schwarzem Marmor einschreibt. An den Sarkophag aber lehnen sich zur Rechten wie zur Linken zwei allegorische Gestalten aus weißem Marmor: Caritas und Justitia. Die Caritas mit ihren zwei prächtigen Kindern ist mir unter den Frauengestalten, die Bernini geschaffen hat, die liebste; hier ist ihm etwas gelungen, worin sein großer Zeitgenosse Rubens Meister war: die Darstellung der weiblichen Fruchtbarkeit. Hinter dem Sarkophag thront auf einem hohen Postament der Barberinipapst und segnet uns. Diese mächtige Sitzstatue besteht aus Bronze, der eine in den Ornamenten stark glänzende, auf den Flächen aber zerstäubte Vergoldung einen seltsamen verzaubernden Schimmer verleiht. Wir kennen Berninis Sitzstatue Urbans auf dem Kapitol. Sie entstand etwa 1630, also rund fünfzehn Jahre vor dem Grabmal, und sie zeigt einen jüngeren, fast möchte man sagen weltlicheren Urban, wie wir ihn auch aus einem Bildnis van Dycks kennen. Hier in Sankt Peter aber stehn wir vor einem greisen Hohepriester, dem wir es freilich ansehn, daß er ein großer Kunstfreund und ein begabter Poet war. Wer genau hinschaut, sieht aus dem Sarkophag drei goldene Bienen

auffliegen, die ihren toten Herrn zu suchen scheinen: ein über-
aus poetischer Einfall. Bernini gestaltete dies Grabmal verhältnismäßig einfach, weil
es nicht mit einem andern Papstgrab in Wettbewerb treten soll-
te, das zur Linken des Kathedraltars steht: dem GRAB PAULS III.
FARNESE. Urban hatte es aus der Nische, in der heute der Andreas steht, hierher bringen lassen. Der gewaltige Farnese und
der Barberini, dessen Ehrgeiz dem des Farnese nicht nachstand,
erhielten hier im Chor des Petersdoms sozusagen die Ehrenplätze.
Aber Berninis Werk hat Urban VIII. in ganz anderer, viel beein-
druckenderer Weise gefeiert als Giacomo della Porta, der wahrscheinlich von Michelangelo beraten worden ist, den Papst Paul
III. Die beiden liegenden Frauenfiguren erinnern deutlich an die
in den Mediceergräbern zu Florenz. Sie stellen Justitia und Pru-
dentia dar. Der Überlieferung nach hat zu der jüngeren der
beiden Frauen des Papstes Schwester, die schöne Giulia, Modell
gestanden, die ihm zu seinem Kardinalshut verholfen hatte, zu
der älteren seine Mutter Giovanella Cattanei. Die Giulia war
ursprünglich fast unbekleidet, erhielt ihr Blechgewand erst später. Beide Statuen sind recht schwache Arbeiten, stärker ist die
Sitzstatue des greisen Papstes, dessen Segen eigentlich nur seiner schönen Schwester zu gelten scheint, nicht uns, die wir vor
ihm stehn, während Urban über das in der jungen Mutter ver-
sinnbildlichte Leben hinweg nicht nur uns, sondern den Weltkreis segnet.

Wir haben nun, die Kirche vom Eingangstor bis zur Apsis
durchwandernd, den bedeutsamsten Teil des Riesenbaus kennengelernt, doch noch nicht eigentlich mit der Besichtigung des
Museums begonnen, das er, wie ich schon sagte, ist. Wir beginn-
en diese Besichtigung im rechten Seitenschiff mit der ersten
Kapelle und mit dem darin aufgestellten edelsten plastischen
Werk, das Sankt Peter birgt, MICHELANGELOS PIETÀ.

Als Dreiundzwanzigjähriger war Michelangelo aus Florenz
nach Rom gekommen. Er erhielt dort schon im Anfang einen
großen Auftrag, nämlich die Pietà. Das im Jahre 1500 vollendete
Werk aus dem herrlichsten carrarischen Marmor brachte ihm
sofort großen Ruhm. Der Besteller war ein Franzose, Jean de
Villey de la Grollaye, Abt von Saint Denis, Kardinal und Gesandter des französischen Königs, in dessen Kapelle bei Alt-
Sankt Peter er begraben sein wollte. Die Kapelle der französi-

schen Könige trug diesen Namen, weil Ludwig xi. sie prächtig
hatte restaurieren lassen. Michelangelo selbst mußte sie später
beim Neubau des Petersdoms abreißen lassen. Sein Jugendwerk
wurde an einen anderen Platz gebracht. Erst seit 1749 steht es an
seiner heutigen Stelle. Seit dem wahnwitzigen Anschlag auf die
Gruppe, bei dem vor allem das Antlitz Mariens beschädigt wurde, ist sie durch Panzerglas geschützt, was die Unmittelbarkeit
des Eindrucks natürlich beeinträchtigt, aber heutzutage wohl
eine Notwendigkeit ist.

Die *Pietà* ist eigentlich ein sogenanntes ›Vesperbild‹. Dieses Thema war
der italienischen Kunst fast unbekannt. Es stammt aus Deutschland.
Man versteht unter einem Vesperbild die Darstellung der Mutter Gottes
mit dem Leichnam ihres göttlichen Sohnes auf dem Schoße oder zu
Füßen. Daß Maria auf diese Weise den Leichnam Christi in der Zeit
zwischen Kreuzabnahme und Grablegung gehalten habe, wird in der
Heiligen Schrift nicht erzählt. Die Vorstellung von der ›schmerzhaften
Muttergottes‹ ist wohl aus der deutschen Mystik des hohen Mittelalters,
wie sie sich im Kreis um Heinrich Seuse und der Mystikerinnen aus dem
Dominikanerorden gebildet hatte, herausgewachsen. Ein unbekannter
Meister in Mitteldeutschland hat dann um 1300 diesen Gedanken für ein
Nonnenkloster zuerst in ein plastisches Bild übertragen und so ein Vor-
bild für unzählige Wiederholungen geschaffen. Andachtsbilder dieser
Art, von denen manche als wundertätig galten, kamen aus Deutschland
nach Oberitalien, wodurch die Italiener mit diesem Motiv vertraut wurden. Da Vesperbilder auch im Frankreich des 15.Jahrhunderts an vielen
Stellen verehrt wurden – denken wir nur an die herrliche Pietà von
Avignon im Louvre, die Enguerrand Quarton um 1456 malte –, hat
wahrscheinlich der französische Kardinal den jungen Michelangelo auf
diesen Vorwurf hingewiesen.

Für die Jugendwerke Michelangelos, die er noch in seiner Heimatstadt schuf, lassen sich, wenn es sich um profane Gegenstände handelt, meist antike Vorbilder nachweisen. Bei den von ihm
gleichzeitig dargestellten biblischen Vorwürfen ist der Einfluß
der großen Meister aus dem Anfang des Quattrocento unver-
kennbar, eines Jacopo della Quercia und eines Donatello. Diesen Einfluß spürt man auch noch bei der Pietà, aber zugleich
auch, wie sehr sich der junge Michelangelo schon von seinen
Vorbildern befreit hat. Er, der später so manches Werk unvollendet ließ, ging hier in der technischen Vollendung, besonders
in der Politur, so weit wie vor ihm nur hellenistische Bildhauer

und nach ihm erst wieder ein Bernini. Burckhardt schreibt: »Der Leichnam ist überaus edel gelegt und bildet mit Gestalt und Bewegung der völlig bekleideten Madonna das wunderbarste Ganze. Die Formen sind anatomisch noch nicht ganz durchgebildet, die Köpfe aber von einer reinen Schönheit, wie sie Michelangelo später nie wieder erreicht hat.« Man wird freilich hinzufügen müssen, daß der Meister in späteren Jahren diese Art von Schönheit ebenso wie die technische Vollendung gar nicht mehr hat erreichen wollen. Die Pietà ist das einzige Werk, das er signiert hat: auf dem Schulterband der Madonna.

Wir gehn nun im rechten Seitenschiff weiter. An der Innenseite des ersten Pfeilers zu unserer Linken sehn wir ein *Denkmal für Christine von Schweden*, 1629-1689, die in den Vatikanischen Grotten begraben ist. Diese Tochter des Vorkämpfers der Protestanten, des Königs Gustav Adolf, hatte nach dem Tode ihres Vaters tatkräftig und erfolgreich die Regierung übernommen. Wissenschaftlich hochgebildet, zog sie Dichter, Künstler und Wissenschaftler an ihren Hof. Jedoch machten sie schließlich innere Verwicklungen regierungsüberdrüssig. Nach der Abdankung trat sie zum Katholizismus über, worin die Kirche einen großen Sieg sah. Sie ließ sich später in Rom nieder und war hier bald der Mittelpunkt der geistlichen und gelehrten Kreise. Ein Relief auf dem Denkmal stellt dar, wie die Königin dem protestantischen Glauben abschwört. Dem Denkmal gegenüber befindet sich ein *Denkmal Leos XII.*, 1823-1829, des reaktionären Nachfolgers Pius VII. Leo ließ die römischen Juden wieder ins Getto einsperren; durch ihn gelangten die Inquisition und das Spitzelunwesen zu neuer Macht. Unter diesem Denkmal befindet sich der Eingang in die schöne ovale *Cappella San Nicola* oder ›del Crocifisso‹. Bernini hat sie entworfen. Das Kruzifix über dem Altar wird dem römischen Maler Pietro Cavallini, dem Lehrer Giottos, zugeschrieben. Es folgt die *Sebastianskapelle* mit Denkmälern für zwei Päpste unseres Jahrhunderts: Pius XI. Ratti (1922-1939) und Pius XII. Pacelli (1939-1958). Im zweiten Durchgang dann das barocke *Grab Innozenz' XII. Pignatelli*, 1691-1700, eines gütigen Neapolitaners, der durch die berühmte Bulle ›Romanum decet Pontificem‹ den Nepotismus abschaffte.

Gegenüber das *Denkmal der Markgräfin Mathilde von Tuscien*, 1046-1115, vor deren Schloß in Canossa der von Papst Gre-

gor VII. gebannte Kaiser Heinrich IV. in härenem Kittel und
barfuß drei Stunden lang im Schnee warten mußte, bis der Papst
ihn vom Bannfluch löste. Die berühmte ›Mathildische Schenkung‹ trug sehr zur Erweiterung der weltlichen Macht der Päpste bei. Das Grabmal entwarf Bernini. Weiterhin die große *Sakramentskapelle* mit einem prachtvollen Gitter von Borromini.
Das Ciborium aus vergoldeter Bronze zeichnete Bernini und
nahm sich dabei Bramantes kleine Rundkirche bei San Pietro in
Montorio zum Modell. Im dritten Durchgang sehn wir dann das
Denkmal für Gregor XIII., der im Jahre 1582 den Kalender Julius
Caesars reformierte und unsern, den Gregorianischen Kalender
einführte. Im gleichen Durchgang befindet sich auch das *Grabmal Gregors XIV.* Er war einer von den drei Päpsten, die im Laufe
eines einzigen Jahres, nämlich des Jahres 1590, auf Sixtus V.
folgten. Eine volkstümliche Legende erzählt, daß man, um ihn
am Leben zu erhalten, Gold und Edelsteine im Wert von 15000
Scudi zu Pulver gestoßen und ihm als Arznei eingegeben habe
und daß das die Armseligkeit seines Grabes erkläre, auf dem
sogar eine Statue fehlt. Die nun folgende *Cappella Gregoriana* ist
reich mit Marmor und auch mit Mosaiken venezianischer
Künstler geschmückt. Sie enthält das *Grab Gregors XVI.,* 1831-
1846, eines überaus reaktionären Papstes. Im letzten Durchgang
sehn wir dann das *Grab Benedikts XIV. Lambertini,* 1740-1758,
von dem man sagen kann, er sei einer der besten und liebenswertesten Päpste der Neuzeit gewesen. Zu seiner Zeit kam Winckelmann nach Rom. Als Friedrich II. von Preußen 1756 den
Siebenjährigen Krieg begann, hat er dagegen Protest erhoben,
daß der König diesen seinen Eroberungskrieg als Religionskrieg
zu tarnen suchte.

Wir gelangen nun in das rechte Querschiff, das kaum bedeutende Kunstwerke enthält, ausgenommen vielleicht eine der
spätbarocken Ordensstifterstatuen, den heiligen Bruno von
Slodz. Dagegen hat dieser Raum ein großes Ereignis der Kir-
chengeschichte gesehn: das *Erste Vatikanische Konzil.*

Seit rund drei Jahrhunderten, nämlich seit dem Konzil von Trient, hatte
kein allgemeines Konzil mehr stattgefunden. Das Vatikanische Konzil
wurde am 8. Dezember 1869 von Pius IX. eröffnet. In acht Rängen ge-
staffelt saßen die stimmberechtigten Prälaten, die Bischöfe in silber-
durchwirkten Chormänteln und weißen Mitren. Zu beiden Seiten waren

Tribünen für die Theologen und die Ehrengäste errichtet. Im Blickfeld aller erhob sich der Altar, und auf einem Throne lag die Heilige Schrift. »Nie zuvor«, schrieb ein englischer Bischof, der an dem Konzil teilnahm, »hat die Welt eine solche Versammlung von Prälaten gesehn, ob man die Zahl betrachtet oder das Wesen ihrer Bildung und die Weite ihrer Erfahrung. Nie hat ein Konzil in besserer und heiligerer Überlieferung begonnen.« Von den etwa 1050 katholischen Bischöfen nahmen 774 teil. Auch die Bischöfe der Ostkirche waren eingeladen worden und zwar mit Berufung auf die Unionskonzilien von Lyon und Florenz, aber sie hatten die Teilnahme abgelehnt. Auch hatte der Papst an alle Protestanten und Nichtkatholiken ein offenes Schreiben gerichtet, in dem er sie zur Rückkehr in die Kirche aufforderte.

Die wichtigsten, folgenreichsten Beschlüsse des Konzils sind die Begriffsbestimmung des päpstlichen Primats und die der päpstlichen Unfehlbarkeit. Die letztere ist so vielen Mißverständnissen ausgesetzt gewesen und ist ihnen noch ausgesetzt, daß es sich wohl lohnen wird, sich ihren Inhalt ins Gedächtnis zu rufen. Die entscheidende Stelle lautet: »Daß der römische Papst, wenn er vom Lehrstuhle aus (ex cathedra) spricht, das heißt wenn er seines Amtes als Hirt und Lehrer aller Christen waltet und kraft seiner höchsten Apostolischen Amtsgewalt endgültig entscheidet, eine Lehre über Glauben und Sitten sei von der ganzen Kirche festzuhalten, er auf Grund des göttlichen Beistandes, der ihm im heiligen Petrus verheißen ist, sich jener Unfehlbarkeit erfreut, mit welcher der göttliche Erlöser seine Kirche bei der endgültigen Bestimmung einer Lehre in Sachen des Glaubens oder der Sitten ausgerüstet haben wollte; und daß deshalb solche endgültige Entscheidungen des römischen Papstes durch sich selber, nicht aber durch die Zustimmung der Kirche unabänderlich sind.« Am 11. Juli 1870 hatten 451 der versammelten Väter diese Sätze gutgeheißen, ihr placet dazu gesprochen, während 88 mit non placet und 62 mit einem bedingten Ja, einem placet iuxta modum, gestimmt hatten. Aber bei der endgültigen Abstimmung am 18. Juli stimmten 533 mit placet und nur zwei mit non placet; allerdings hatten 55 der Minderheit angehörende Väter an der Sitzung nicht teilgenommen. Während der Abstimmung ging ein furchtbares Gewitter über Rom nieder. Als das Ergebnis dem Papst überbracht wurde, war die Finsternis so dicht, daß man einen Leuchter brachte, damit er den Text der Bestätigungsworte lesen konnte, die er zu unterschreiben hatte. Das Konzil wurde vertagt. Am Tage danach brach der deutsch-französische Krieg aus. Zwei Monate später besetzten die Truppen des Königs von Italien Rom. Nach und nach haben sich alle katholischen Bischöfe der Entscheidung des Konzils unterworfen.

Rund 650 Bischöfe tagten damals in diesem Teil der Peterskirche. Beim Zweiten Vatikanischen Konzil (1962-1965) war ihre Zahl bereits auf 3000 angewachsen, die in der Weite des Langhauses Platz fanden.

Vom rechten Querschiff gehn wir hinter dem großen Vierungspfeiler mit der Statue der heiligen Helena und vorbei am *Grab
Clemens' XIII. Rezzonico*, einem eher schwachen Jugendwerk Canovas, der kurz vorher mit seinem Papstgrab in Santi Apostoli
neue Maßstäbe gesetzt hatte und schlagartig berühmt geworden
war, in *die Michaelskapelle*. Der Erzengel wird hier zur Rechten
des Hauptaltars verehrt nach den Worten des Meßtextes: »Stehend zur Rechten des Altars.« Dann gehn wir nochmals durch
die Apsis der Kirche, am Kathedraltar vorbei.

Im Durchgang hinter dem großen Vierungspilaster, der den
Namen der heiligen Veronika trägt, sehn wir das spätbarocke
Grab Alexanders VIII. aus der venezianischen Familie der Ottoboni, 1689-1691, für dessen Nepoten Pietro Ottoboni Händel
zahlreiche Werke komponiert hat. Es folgt die *Cappella della
Colonna*. Rechts vom Altar das *Grab Leos I.*, des Großen, 440-461,
der, als Attila mit seinen Hunnen in Oberitalien einfiel, dem
Barbarenfürsten mutig entgegentrat und ihn zur Umkehr be-
wog. Später gelang es ihm, den Wandalenkönig Geiserich davon
abzuhalten, daß er Rom in Flammen aufgehn ließ und die Bevölkerung der Stadt niedermetzelte. Leo ist wie alle Päpste, die vor
520 regiert haben (mit Ausnahme von Liberius und Anastasius
II.), heiliggesprochen worden. Auf dem Altar der Kapelle zeigt
ein gutes Relief von Algardi seine Begegnung mit Attila, bei der
ihm Petrus und Paulus Beistand leisten. Unter dem gegenüberliegenden Altar sind noch drei Päpste mit dem Namen Leo
begraben: der heilige Leo II., 682-683, der heilige Leo III., 795-
816, der Karl den Großen krönte, und der bedeutende Leo IV.,
847-855, dessen Flotte die Sarazenen bei Ostia besiegte. Unter
diesem Papst fand der Brand des Borgo statt, den Raffael in den
Vatikanischen Stanzen gemalt hat.

Bevor wir ins linke Querschiff gelangen, sehn wir noch einmal
ein außerordentliches Werk Berninis: das GRABMAL ALEXANDERS
VII. *Chigi*. Der Meister hat es in Zusammenarbeit mit Schülern
und Gehilfen in seinen letzten Lebensjahren geschaffen. Über
der mit geädertem schwarzen Marmor eingefaßten Tür, die in
die Grabkammer führt, liegt ein riesiges Bahrtuch: ein Block aus
sizilianischem Jaspis. Aus diesem Tuch reckt, halb fliegend, das
goldene Gerippe des Todes ein Stundenglas empor. Darüber
kniet auf einem hohen Podest der Chigi-Papst. Er betet, ohne
den Tod, ohne die vier Tugenden zu sehn, deren weiße Gestal-

ten ihm huldigen. Eine davon, die rechts im Vordergrund steht, hat Bernini selbst geschaffen. Es ist die Wahrheit und war darum – wir sagen noch immer ›die nackte Wahrheit‹ – unbekleidet dargestellt; sie ist erst in neuerer Zeit mit einem Blechmantel bekleidet worden. Der Kopf ist von großer Schönheit.

Das *linke Querschiff* enthält keine bedeutenden Kunstwerke. Wir wenden uns dann in das *linke Seitenschiff*, finden zu unserer Linken am großen Vierungspfeiler zunächst das klassizistische *Mausoleum Pius' VIII.*, 1829-1830, der in den Vatikanischen Grotten begraben liegt. Er war ein sehr frommer und gütiger Papst. Von ihm wird erzählt, daß er den laufenden Prozeß der Erhebung des heiligen Bernhard zum Kirchenlehrer unterbrechen ließ, als ihm mitgeteilt wurde, er gehöre der gleichen Familie wie der Heilige an, denn er wollte auch den Anschein von Nepotismus vermeiden. Dann gelangen wir in die *Cappella Clementina*, unter deren Altar der heilige Papst Gregor der Große begraben wurde. Gegenüber das *Grab Pius' VII. Chiaramonti*, 1800-1823, eine unerfreuliche klassizistische Arbeit, von Schinkel entworfen und von Thorwaldsen ausgeführt. Im Durchgang im ersten Joch des Seitenschiffs rechts das *Grab Leos XI. Medici*, der im Jahre 1605 nur 24 Tage lang regiert hat. Darauf bezieht sich die Inschrift in den Rosen auf den seitlichen Sockeln: ›sic florui, – so (kurz) blühte ich‹. Das Relief von Algardi zeigt Leo, als er noch Kardinal war, in Gegenwart Heinrichs IV. von Frankreich, wie der König dem protestantischen Glauben abschwört, weil ›Paris eine Messe wert‹ ist. Gegenüber das Grab *Innozenz' XI. Odescalchi*, 1676-1689, der 1956 seliggesprochen worden ist und der vielleicht der bedeutendste Papst seines Jahrhunderts war, vor allem dadurch, daß er den Türken und ihrem Verbündeten, Ludwig XIV., unerschrocken Widerstand leistete. Als die Türken vor Wien geschlagen wurden, stiftete er zum Gedächtnis an diesen Sieg das Fest Mariä Namen.

Wir gelangen nun zu der üppig ausgestatteten *Cappella del Coro*. Im nächsten Durchgang sehn wir das *Denkmal Pius' X. Sarto*, 1903-1914. Der im Jahr 1954 heiliggesprochene Papst ist in den Vatikanischen Grotten beigesetzt. Das Denkmal stellt Pius dar, wie er Gott darum bittet, der Menschheit den Ersten Weltkrieg zu ersparen. Im gleichen Durchgang links befindet sich eines der bedeutendsten Kunstwerke des Petersdoms, das *Bronzegrabmal Innozenz' VIII. Cibò*, 1484-1492. Antonio Pollaiuolo hat es 1498 geschaffen. Innozenz VIII. war ein völlig verweltlichter Papst, übrigens der Vorgänger des schrecklichen Alexander VI. Borgia. Er hatte, bevor er in den geistlichen Stand trat, einen Sohn gezeugt, den er, als er selbst Papst geworden war, im Vatikan mit einer Tochter des Lorenzo il Magnifico traute. Dann erhob er den vierzehnjährigen Sohn Lorenzos, Giovanni de' Medici, den späteren Leo X., zum Kardinal. Schon vor ihm hatte es Hexenprozesse gegeben, aber Innozenz hat sie durch eine päpstliche Bulle sanktioniert und dadurch der Kirche furchtbar geschadet. Doch war er ein Freund der Künstler, beschäftigte nicht nur Pollaiuolo, sondern auch Mantegna und Pinturicchio. Das Grabmal ist Antonio Pollaiuolos letztes Werk. Es wurde geweiht, als der junge Michelangelo schon mit der Arbeit an seiner Pietà begonnen hatte. Durch diesen Vergleich wird uns bewußt, wie bestürzend rasch in jenen Jahren die künstlerische Entwicklung verlief. Pollaiuolo hat den Papst zweimal dargestellt: wie er segnend thront und im ewigen Schlaf. Der thronende Innozenz hält in der Linken eine Lanze zur Erinnerung daran, daß er die Lanze des Longinus von Sultan Baiazet II. zum Geschenk erhalten hatte, freilich unter der Bedingung, daß er den Bruder und Rivalen Baiazets, Djem, den die Rhodosritter gefangen genommen und dem Papst übergeben hatten, nicht in Freiheit setzte.

Es folgt die *Cappella della Presentazione* mit dem *Denkmal Benedikts XV.*, 1914-1922, und dem *Johannes' XXIII.* von Emilio Greco. Im nächsten Durchgang das spätbarocke *Grab der Maria Clementina Sobieski*, der Gattin Jakobs III. aus dem Hause Stuart, und links das klassizistische *Denkmal für die letzten Stuarts*, die in Rom gelebt haben, von Canova. Dann die *Taufkapelle*. Das Taufbecken ist der umgekehrte Deckel eines antiken Sarkophags aus Porphyr, den Carlo Fontana mit einem prachtvollen Bronzedeckel versehen hat.

Sehr lohnend ist der Besuch des *Museo Storico Artistico-Tesoro di San Pietro*, das im Bereich der *Sakristei* mit Zugang hinter dem Andreas-Pfeiler eingerichtet ist. Die Sakristei wurde Ende des 18. Jahrhunderts gebaut und ist ein freistehendes, mit der Kirche durch Gänge verbundenes Gebäude. Im Eingang ein Verzeichnis von 147 in der Basilika begrabenen Päpsten (von Petrus bis Johannes Paul I.). Im Tesoro, dem vatikanischen Kirchenschatz,

der freilich oft geplündert worden ist, zuletzt von Napoleon I.,
ist das interessanteste und schönste Stück wohl die *Dalmatica*,
die der Überlieferung nach Karl der Große bei seiner Krönung
getragen hat, die aber eine byzantinische Arbeit des 10. Jahrhunderts ist. Hervorzuheben sind auch das schöne *Ciborium*
von Donatello, darin das berühmte, hochverehrte Bild der
Madonna della Febbre, das dem Lippo Memmi zugeschrieben
wird, sowie zwei *Kandelaber* von Benvenuto Cellini. Auch zwei
Hauptkunstwerke aus den Vatikanischen Grotten sind erfreu-
licherweise hierher ans Licht gebracht worden: Das *Grabmal
Sixtus' IV. della Rovere* (1471-1484) und der *Sarkophag des Junius
Bassus.*

Von dem Renaissancepapst, der der Sixtinischen Kapelle seinen Namen gegeben hat, kann man sagen, daß er, als er die
Antikensammlungen seiner Vorgänger der Öffentlichkeit zugänglich machte, zum Begründer der römischen Museen wurde.
Dieses Grab ist wohl Pollaiuolos schönstes Werk, dem Grab
Innozenz' VIII., das wir in der Peterskirche sahen, überlegen.
Der Kopf des Papstes – er hat den furchtbaren Torquemada
zum Großinquisitor gemacht – ist von erschreckender Großar-
tigkeit, während die Gestalten der Tugenden und freien Künste
uns durch ihre echt florentinische Anmut erfreuen.

Der Sarkophag des Junius Bassus, der Präfekt von Rom war
und 359 darin beigesetzt wurde, ist wahrscheinlich im 2. Jahrhundert entstanden. Der einzige Block carrarischen Marmors ist
hervorragend gearbeitet. Der ikonographische Reichtum macht
den Sarkophag zu einem der interessantesten Dokumente der
christlichen Archäologie. Durch Säulchen voneinander abgetrennt und in zwei Reihen übereinander zeigt er in durchaus
antikem, ja klassischem Geist Szenen aus dem Alten und dem
Neuen Testament. Schön und eigenartig ist auf diesem berühmtesten altchristlichen Sarkophag die Darstellung des unbärtigen
Christus zwischen zwei Jüngern. Er setzt die Füße auf das Gewölbe, das der gestaltgewordene Himmel, ein bärtiger Mann,
unter ihm ausspannt. Etwas höchst Anmutiges ist die Adam-
und-Eva-Szene.

An dieser Stelle möchte ich meine Leser um Verzeihung bitten, wenn sie
finden sollten, daß meine Beschreibung der Peterskirche zu lang und
vielleicht auch zu trocken ausgefallen ist. Beides erklärt die Überfülle des

Stoffs, denn wir haben es im Inneren der Basilika ja nicht nur wie in einem Museum mit Kunstwerken zu tun, sondern jedes dieser Kunstwerke, auch die geringen, auch die schlechten sind erfüllt von Geschichte, die als Geschichte Roms und der Päpste fast immer auch Weltgeschichte ist. Jedesmal, wenn ich in Sankt Peter gewesen bin, habe ich mir darin etwas Neues entdeckt· manchmal ein Kunstwerk, das ich noch nicht beachtet, stets ein geschichtliches Denkmal, das ich bisher übersehen hatte oder dessen Bedeutung mir noch nicht aufgegangen war. Was ich in diesem Buch biete, sind sozusagen nur Prolegomena zur Kenntnis von Sankt Peter.

Das Dach und die Grotten

Der Riesenbau des Petersdoms umfaßt aber außer dem, was wir bisher davon sahen und was wir vielleicht seine irdische Gestalt nennen können, noch einen unterirdischen Bereich, die heiligen Grotten genannt, und einen gewissermaßen überirdischen, den Sonne, Mond und Sterne bescheinen: sein weites, flaches Dach, aus dem die Kuppel Michelangelos in den Himmel emporsteigt. Solche unter- und überirdischen Bereiche gibt es ja in manchen Gotteshäusern, aber nicht überall sind sie frei zugänglich wie beim Petersdom, wohl nirgends so beeindruckend wie hier, so daß niemand auf ihren Besuch verzichten sollte. Nur wer in die Grotten hinab- und auf das Dach hinaufgestiegen ist, macht sich, so will mir scheinen, die richtige Vorstellung vom Volumen dieses Baus, einerseits von der Masse des Mauerwerks, aus der er besteht, andererseits von der genialen Gliederung dieser Masse durch die Baumeister, und gewinnt dadurch ein Gefühl für den Petersdom als Baukörper. In einem gewissen Gegensatz zum Außen- und zum Innenbau, bei denen alles dem formenden künstlerischen Willen unterworfen ist, haben in den Grotten und auf dem Dach natürliche und geschichtliche Gegebenheiten sowie technische Notwendigkeiten die Architekten gezwungen, auf eine vollkommene künstlerische Durchformung zu verzichten, so daß diese beiden Bereiche fast wie Landschaften wirken. Das gilt vor allem vom Dach: einer höchst seltsamen, fast möchte man sagen: wilden Gesteinslandschaft zu Füßen der ganz und gar durchgegliederten Kuppel. Aber auch in den Grotten mischt sich das Baukünstlerische mit Zufälligem und Ungeformtem, das wir als ein Natürliches empfinden.

Die GROTTEN sind beim Bau der neuen Peterskirche entstanden, aber ihr Boden ist der von Alt-Sankt Peter, der rund 27 Meter über dem Meeresspiegel liegt. Ihre Decke bildet der etwa 3 Meter höher gelegene Boden der heutigen Kirche. Sie sind in unserer Zeit stark erweitert worden. Grabungen unter dem Niveau der alten Basilika haben in unserer Zeit zur Freilegung einer zugeschütteten Nekropole geführt, die sich an den Nordrand des neronischen Circus anschloß, den das linke Seitenschiff der Peterskirche überdeckt. In ihm starb Petrus den Märtyrertod. Die Gräber, die sich am Abhang des Vatikanischen Hügels hinziehen, lassen sich zum Teil bis in das 1.Jahrhundert n.Chr. zurückdatieren. Eines davon, um das sich andere Gräber besonders nahe herumgruppieren, war besonders hervorgehoben. Vor einer Nische war in der Mitte des 2.Jahrhunderts eine Memorie, eine Gedächtnisstätte, zwei kleine mit einer Travertinplatte überdeckte Säulen, errichtet worden. Auf der rückwärtigen Mauer der anschließenden Grabstele fand man neben der Nische den Namen des Petrus in griechischen Buchstaben eingeritzt. Dieses Grab muß von den Gläubigen immer verehrt worden sein. In späterer Zeit hat man die Nische und den Fußboden vor ihr mit Marmor ausgelegt, jedoch blieb über der Travertinplatte eine Öffnung in der Nische, durch die kleine Gegenstände mit dem Grab in Berührung gebracht werden konnten und so ihre Weihe erhielten. Für Konstantin und Papst Sylvester bestand bei der Errichtung der ersten Peterskirche kein Zweifel an der Wirklichkeit und über die Lage des Apostelgrabes. Der Bau wurde so angelegt, daß die Stätte genau in der Mitte des Querschiffs lag.

Der Zugang zu den Grotten von Sankt Peter befindet sich im vorderen rechten Vierungspfeiler. Öffentlich zugänglich sind jedoch nur die Grotte Nuove mit den Gräbern der Päpste unserer Zeit, während die Grotte Vecchie und die Ausgrabungen einer Sondergenehmigung bedürfen.

Von den Kunstwerken, die in diesem Bereich vorhanden sind, kann ich nur die wichtigsten erwähnen. Sie stammen zumeist aus Alt-Sankt Peter. Da ist zunächst das *Grab Bonifaz' VIII. Caetani*, 1294-1303, dem Dante in der Hölle begegnete, ein großartiges Werk des Arnolfo di Cambio. Wir finden ferner den schlichten *Sarkophag*, in dem *Kaiser Otto II.* bestattet wurde, mit der Inschrift: OTTO SECUNDUS IMPERATOR AUGUSTUS, nicht weit davon

Michelangelos Kuppel
von Sankt Peter,
Innenansicht mit Schnitt

TV ES PETRVS ET SV...

das des deutschen Papstes Gregor v., der 999 starb. Der Urenkel Kaiser Ottos i. war der erste Deutsche auf dem römischen Stuhl, der mit seinem Vetter Otto iii. die Welt im Geist von Cluny zu regieren gedachte. Der Sarkophag ist eine frühchristliche Arbeit aus dem 4. Jahrhundert. Sehr merkwürdig ist eine *marmorne Sitzstatue des Apostels Petrus* auf einem cosmatesken Thron: eine spätantike Plastik mit einem Kopf aus dem 13. Jahrhundert.

Um das DACH DES PETERSDOMS zu besteigen, kehren wir in die Kirche zurück. Der Aufzug und die bequeme Wendeltreppe befinden sich im linken Seitenschiff zwischen der ersten und der zweiten Kapelle. Bald betreten wir die schon erwähnte Steinlandschaft mit ihren völlig unregelmäßigen Böden, ihren Schrägen und Schluchten, ihren Trichtern, aus denen die Laternen der Kapellen wie Riesenpilze herauswachsen, ihren Häuschen und Hütten, mit den Felsblöcken, die die auf der Rückseite unbearbeiteten Apostelstatuen der Fassade geblieben sind. Von hier aus haben wir den schönsten Blick auf die Kuppel Michelangelos.

Zu Füßen der Kuppel befindet sich die *Sala dei Modelli* und darin das Modell der Kuppel aus Lindenholz nach Michelangelos Entwurf mit den Veränderungen, die Giacomo della Porta vorgenommen hat. Wir kennen Michelangelos Pläne vor allem durch vier Stiche eines gewissen Dupérac von 1568. Die heutige Kirche stimmt mit dem, was uns diese Stiche zeigen – vom Langhaus Madernas abgesehen – vollkommen überein, doch nur bis zur Höhe des Tambours, dessen Vollendung Michelangelo selbst noch erlebt hat. Die Kuppel aber zeigt eine rundere Form als das Modell: es ist also sehr wahrscheinlich Fontana gewesen, der ihr die heutige, steilere Form gab. Auch die Laterne erscheint schlanker als bei Dupérac. Die Einwölbung der Kuppel erfolgte erst 1588-1598. Die beiden Seitenkuppeln hatte schon Michelangelo geplant. Vignola führte sie aus. Es sind reine Schmuckbauten, denen im Innern der Kirche nichts entspricht. Wer schwindelfrei ist, kann nun in die Kuppel eindringen, von den beiden Galerien auf den Tabernakel herabblicken, sich dadurch eine tief beeindruckende neue Einsicht in den Riesenbau verschaffen. Die erste Galerie schwebt 53 Meter über dem Fußboden der Kirche, die zweite gar 73. Endlich erreicht man die Loggia der Laterne, von der aus man einen erstaunlichen Blick hat.

Es ist ein höchst verwirrender Blick: ich kenne keinen anderen Blick auf Rom, der so tiefe und ich möchte sagen tragische Einblicke in das Wesen der Stadt gewährt. Man meint es mitzuerleben, wie das alte, das heilige Rom, dessen Wahrzeichen die mittelalterlichen Glockentürme sind, vom barocken Rom sozusagen eingekapselt worden ist, wie dies Rom der Kuppeln das der Türme gewissermaßen eingesargt hat und wie es nun seinerseits dem Ansturm des modernen Rom ausgeliefert ist, das von allen Seiten und nicht zuletzt von den Hügeln, die hinter Sankt Peter aufsteigen, angegriffen und umzingelt wird.

Laterne
der Peterskuppel

VI

Der Vatikan

Città Leonina: die Stadt der römischen Bischöfe
Der Vatikanische Palast: die Päpste und ihre Künstler
Die Antikensammlungen: Leidenschaft für kühlen Marmor
Über das Kopienstudium:
das Nachbild in das Urbild umdenken
Die Meisterwerke vom Belvedere und
die Regeln der bildenden Kunst
Raffaels Stanzen und das christlich-humanistische
Weltbild der Renaissance
Die Nikolauskapelle des Fra Angelico:
heilig-heitere Frührenaissance
Die Loggien: holde Naivität der Raffaelschule
Toskaner und Umbrer in der Sixtinischen Kapelle
Michelangelos Schöpfungswerk und Endzeitvision
Pinturicchios Märchenzauber und der fatale Borgia-Clan
Die Vatikanische Bibliothek und Melozzos Schlüsselbild
Raffaels Bildteppiche und ›Transfiguration‹:
»sittlicher Ernst und ahnungsvolle Größe«

Unser fünfter Spaziergang endete mit der Besteigung der Peterskuppel. Es gibt keine andere Möglichkeit, um sich ein Bild
von dem gewaltigen Gebäudekomplex zu machen, der *der Vatikanische Palast* ist, und zugleich von dem Gebiet der *Vatikanstadt*,
ihren Gärten und den vielen Nebengebäuden. Selbst dem, der
über ein Flugzeug verfügte, wäre eine andere Einsicht in dies
Gebiet verwehrt, das zu überfliegen verboten ist, denn als der
souveräne Herrscher dieses kleinsten Staates der Welt verfügt
der Heilige Vater auch über den darüberliegenden Luftraum.
Dieser Staat ist eigentlich eine große Festung, die sich aber mit
dem Petersplatz und dem Petersdom prachtvoll und großherzig
den Menschen öffnet und diese Menschen nicht nur einlädt, in
ihr Allerheiligstes einzutreten, sondern ihnen auch erlaubt, die
unermeßlichen Schätze mitzugenießen, die die Päpste hier ange-

sammelt haben. Nur ein verhältnismäßig kleiner Teil der rund
vierzehnhundert Räume des Palastes und keineswegs die größten und schönsten sind dem Papst und seinem Hofstaat vorbe-
halten, und auch in diese wird Tausenden, die aus aller Welt
kommen, vor allem den Pilgern, die den Heiligen Vater grüßen
und seinen Segen empfangen wollen, der Zutritt nicht verwehrt.
Schwer zugänglich sind eigentlich nur die wunderschönen *Vatikanischen Gärten*, die wir aber nicht nur von der Kuppel aus
überblicken, sondern in die wir auch aus den Fenstern der Museen hineinschauen können.

Die Gärten schmücken den Abhang des Vatikanischen Hügels,
zu dessen Füßen Dom und Palast liegen. Im Altertum gehörte
dies Gebiet noch nicht zur Stadt Rom. Damals hieß es ›ager
vaticanus‹, war also Ackerland. Hier haben dann später Caligula
und Nero einen Circus anlegen lassen, in dem viele Christen den
Märtyrertod erlitten, darunter auch der Apostel Petrus. Dadurch
wurde der vatikanische Acker zum heiligen Totenacker. Aurelian hat ihn nicht in seinen großen Mauerring eingeschlossen,
nur das Hadriansgrab, die heutige Engelsburg, zu einem ›Fort‹
seiner Befestigung gemacht. Diese umfaßte auf dem rechten Tiberufer lediglich einen Teil des heutigen Trastevere, nicht den
ganzen Janiculus, den erst Urban VIII. Barberini ummauern ließ.
Lange vor ihm aber hatte ein anderer Papst, der große Saraze-
nenbezwinger Leo IV. , 847-855, den ager vaticanus, auf dem die
konstantinische Petersbasilika lag, befestigt, dadurch die sogenannte *Città Leonina* geschaffen, die auch die Engelsburg ein-
schloß, dazu die Borghi, jene alten Wohnviertel zwischen dem
Tiber und Sankt Peter, die kurz zuvor durch einen furchtbaren
Brand zerstört, aber bald wieder aufgebaut worden waren. Diese
Città Leonina war die päpstliche Zitadelle in Rom.

Nach der Einnahme seiner Stadt durch die Italiener am
20. September 1870 zog sich der Papst in den Vatikanischen
Palast zurück und erklärte, er sei ein Gefangener. Der italienische Staat seinerseits hat ihn zwar in seiner Freiheit nicht beschränkt, aber die staatsrechtliche Stellung des Oberhaupts der
katholischen Kirche, das damals Pius IX. war, blieb so schwierig
und ungeklärt und die Kirche wurde im Königreich Italien so
sehr verfolgt, daß Pius' Nachfolger, der große Leo XIII., wiederholt an eine Flucht aus Rom und Italien dachte. Vor allem verfügte der Papst nicht mehr über eine wenn auch noch so be-

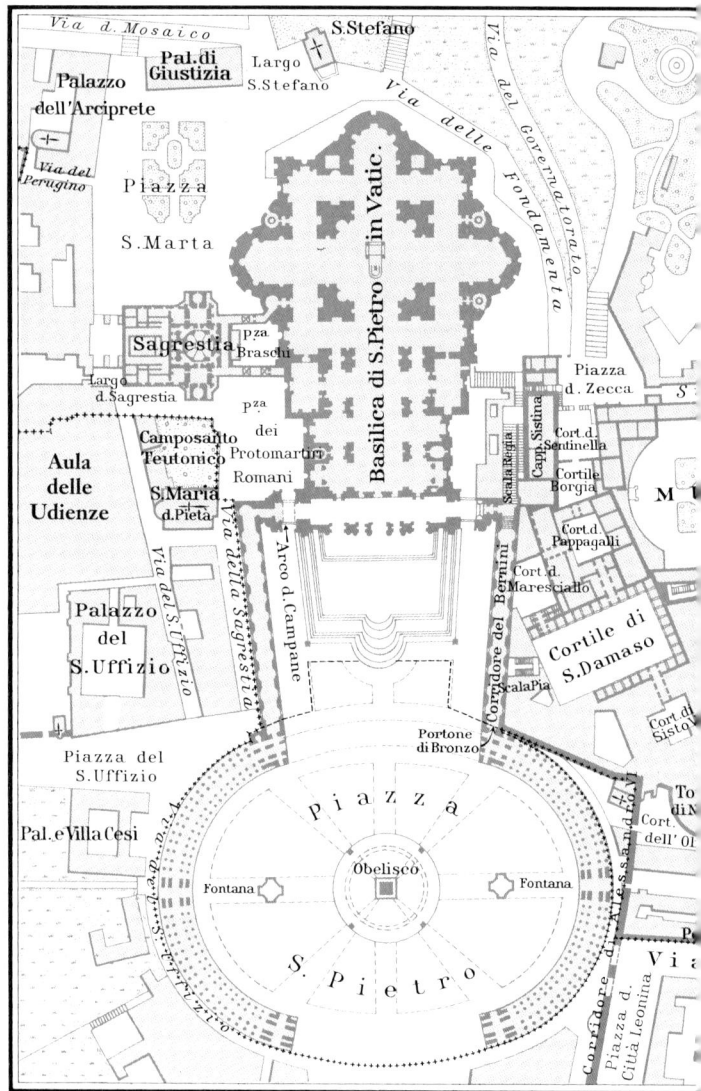

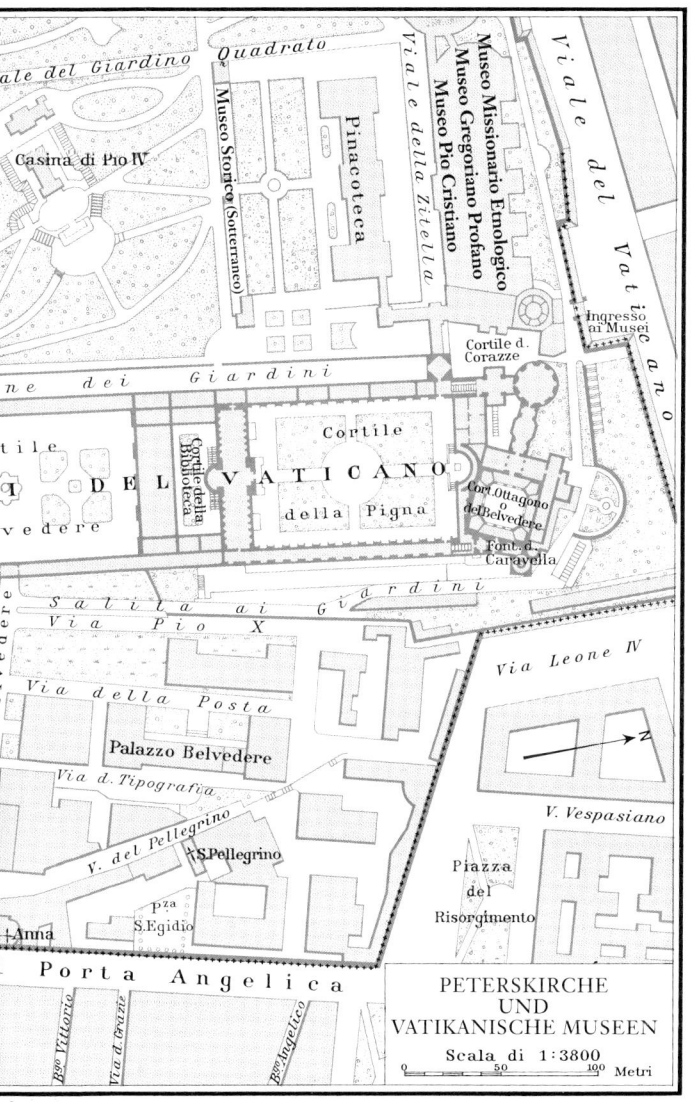

ale del Giardino   Quadrato

Casina di Pio IV

Museo Storico (Sotterraneo)

Pinacoteca

Viale della Zitella

Museo Missionario Etnologico
Museo Gregoriano Profano
Museo Pio Cristiano

Viale del Vaticano

Ingresso
ai Musei

Cortile d.
Corazze

ne   dei   Giardini

tile

I   DEL   VATICANO

Cortile della
Biblioteca

Cortile
della Pigna

Cort. Ottagono
o
del Belvedere

vedere

Font. d.
Caravella

vedere

Salita   ai   Giardini
Via   Pio   X

Via Leone IV

Via   della   Posta

Palazzo Belvedere

z

Via d. Tipografia

V. Vespasiano

V. del Pellegrino

S. Pellegrino

Piazza
del
Risorgimento

pza
S. Egidio

+ Anna

Porta   Angelica

Bgo Vittorio

Via d. Grazia

Bgo Angelico

PETERSKIRCHE
UND
VATIKANISCHE MUSEEN

Scala di 1:3800

0   50   100   Metri

scheidene territoriale Macht, war also nicht mehr ein Souverän.
Die Italiener hatten am 13.Mai 1871 das sogenannte Garantiegesetz erlassen, das dem Papst das Gebiet der Città Leonina
überließ und ihm eine Rente zusicherte. Doch Pius ix. lehnte das
Gesetz und damit jede Versöhnung ab. Auch seine Nachfolger
standen dem neuen Italien wenn nicht feindlich, so doch ablehnend gegenüber; keiner von ihnen verließ je den Vatikan. Die
›römische Frage‹ hat erst der vierte Nachfolger Pius' ix., nämlich Pius xi. Ratti gelöst. Sein Kardinalstaatssekretär Gasparri
unterzeichnete nach langen, 1926 eingeleiteten Verhandlungen
am 11.Februar 1929 die Lateranverträge, durch die der souveräne Vatikanstaat geschaffen wurde. Leider unterzeichnete er sie
mit einem unwürdigen Partner, nämlich mit Mussolini. Der Vatikanstaat umfaßt freilich nicht mehr das ganze Gebiet der Città
Leonina, also nicht mehr die Borghi und die Engelsburg, sondern nur, was westlich der Peterskolonnaden und des Palastes
innerhalb der Leoninischen Mauern liegt.

Nach Unterzeichnung der Lateranverträge hat Pius xi. eine
Reihe von Neubauten errichten lassen, darunter den Gouverneurspalast, den Bahnhof, die Pinakothek und die große Wendeltreppe, die heute den Zugang zu den Vatikanischen Museen
bildet. Es handelt sich um eher häßliche Gebäude. Ein großes
Unglück aber geschah, als man die Borghi niederriß, das heißt
die zwei schmalen, vom Tiber ausgehenden, parallel verlaufenden Straßen, die schönen, an diesen Straßen liegenden alten
Häuser, um eine breite und sehr häßliche Straße anzulegen, die
Via della Conciliazione, die Straße der Versöhnung, die nun das
Tiberufer mit dem Petersplatz verbindet. Es gehörte einst zu
den großen Romerlebnissen, aus den dunklen, mittelalterlichen
Borghi auf den riesigen, lichten Petersplatz hinaus und vor den
Petersdom zu treten. Durch den Kontrast wirkten Platz und
Kirche noch größer als sie sind. Diese Wirkung wurde durch die
breite und banale Via della Conciliazione zerstört. Unter den
vielen Bausünden, die der Faschismus in Rom begangen hat, ist
diese die größte.

Der VATIKANISCHE PALAST, dem wir uns nun zuwenden wollen,
ist ein höchst seltsames, einzigartiges und durchaus uneinheitliches, in rund einem halben Jahrtausend langsam, aber stetig
gewachsenes Gebilde. Dadurch eignet ihm aber auch die ganze

Lebendigkeit und Schönheit des Gewachsenen. Vergleichen läßt
er sich in mancher Beziehung mit dem Louvre, der ihn übrigens
an Ausdehnung übertrifft. Der Louvre aber ist ein durchaus
symmetrisches Bauwerk: an einen viereckigen, einen Hof umgebenden Bau hat man streng parallel zwei Riesenarme angebaut
und immer weiter verlängert, so daß ein völlig einheitliches Bild
entstand. Der Vatikan dagegen besteht eigentlich aus zwei ge-
trennten und weit voneinander gelegenen Bautengruppen: einer
älteren, die unmittelbar am Petersplatz liegt, auf ihn herabschaut, und einer jüngeren rings um ein ehemaliges Lusthaus,
das Belvedere. Die älteren Teile sind dann durch einen 300
Meter langen rechteckigen Hof, den im Osten und Westen zwei
riesige Korridorbauten begrenzen, mit dem Belvedere verbunden worden. Der Hof wurde später durch einen Querkorridor in
zwei Teile geteilt, noch später entstand durch einen zweiten
Querkorridor noch ein dritter kleinerer Hof. Im ganzen hat der
Palast etwa zwanzig Höfe.

In diesem Labyrinth findet man sich erst nach einiger Zeit
zurecht. Dazu muß man es nicht nur von der Peterskuppel aus
überblickt, sondern auch in allen Richtungen durchwandert haben, wozu uns die Vatikanischen Sammlungen Gelegenheit geben, auch weil man von deren Fenstern aus vielfache Einblicke
in die ganze Anlage, vor allem in die Höfe hat. Es ist ein großer
Genuß, in den Sammlungen, ohne viel auf die in ihnen enthalte-
nen Kunstwerke zu achten, einfach zu spazieren, wie man etwa
in einem Park spaziert, um sich dadurch eine Vorstellung von
den Proportionen und dem Gewachsenen, Natürlichen und zugleich ungemein Geistreichen des Palastes zu bilden.

Auch einiges Wissen um seine Entstehungsgeschichte kann
uns dabei nützlich sein. Mit seinen ältesten Teilen reicht er
kaum weiter als ins 15.Jahrhundert zurück, obwohl die Päpste,
die in der Frühzeit im Lateran residierten, schon nach der Rückkehr aus dem Avignonesischen Exil 1377 ihren Sitz in den Vatikan verlegt haben. Von den mittelalterlichen Bauten blieb so gut
wie nichts erhalten. Den heutigen Palast begann der große Humanist Nikolaus V. um 1450. Als dieser Papst 1455 starb, waren
nur die Räume vollendet, die wir heute als Appartamento Borgia
und als Raffaels Stanzen kennen. Neben sie stellte Alexander VI.
Borgia einen Wehrturm, den Borgiaturm. Dann baute Sixtus IV.,
1471-1484, die Sixtinische Kapelle: die päpstliche Hauskapelle.

Innozenz VIII., 1484-1492, ließ das *Belvedere* anlegen. Dieses Gartenhaus hat Bramante im Auftrag Julius' II. 1503-1513 mit den älteren Bauten durch den riesigen rechteckigen Hof verbunden, der Cortile del Belvedere genannt wurde. Die Korridore, die ihn flankieren, wurden erst später, unter Pius IV., 1550-1555, und unter Gregor XIII., 1572-1585, vollendet. Bramante hat auch mit dem Bau des großen *Damasushofs* begonnen, der sich im Osten an die ältesten Bauteile anschließt und diese mit dem großen, den Petersplatz überragenden Baukomplex verbindet, den Sixtus V. durch Domenico Fontana errichten ließ. Dieser Hof und diese Bauten lassen sich am besten von Raffaels Loggien überschaun. Der Damasushof ist nur langsam vollendet worden, aber doch durchaus im Geiste Bramantes: Er ist eines der edelsten Bauwerke der Renaissance in Rom. Dagegen kennen wir den *Belvederehof* in seiner ursprünglichen Gestalt nur aus Zeichnungen. Es war ein riesiger Turnierhof, aufgegliedert durch Terrassen und durch prächtige Freitreppen. Diese Terrassen stiegen wie Stufen zum hochgelegenen Belvedere auf, liefen auf eine dreigeschossige gewaltige Nische zu, den ›nicchione‹, den der neapolitanische Architekt und Archäologe Pirro Ligorio, der Baumeister der Villa d'Este zu Tivoli, schuf. Vielleicht hat er sich dazu durch die Kaiserloge im Stadium auf dem Palatin anregen lassen, während sich Bramante die Anlage des Fortunatempels von Praeneste-Palestrina zum Vorbild nahm, als er seinen Terrassenhof erdachte. Die Doppeltreppe, die heute noch zu dieser Nische emporführt, ist ein Werk Michelangelos. Nach dem Abbruch der alten Peterskirche wurde der riesige bronzene Pinienzapfen, *la pigna*, in ihr aufgestellt, der vielleicht früher das Mausoleum Hadrians krönte und den Dante im Atrium von Alt-Sankt Peter sah. Über der Nische erhebt sich eine Exedra, eine Säulenhalle mit einer Aussichtsterrasse. In diesem Hof sind einst prächtige Feste gefeiert worden, bis er unter Sixtus V., 1585-1590, von Domenico Fontana durch einen Querkorridor in zwei Teile zerlegt wurde: den höher gelegenen *Cortile della Pigna* zu Füßen des unter Pius IV. bereits umgestalteten und erweiterten Belvedere und den eigentlichen *Cortile del Belvedere.* Der Querkorridor diente und dient heute noch der Vatikanischen Bibliothek. Westlich von ihm wurde dann erst unter Pius VII. in den Jahren 1817-1822 durch Raffael Stern ein zweiter Querkorridor gebaut, der *Braccio Nuovo*, dadurch ein dritter, kleiner Hof geschaffen, der *Cortile della Biblioteca.*

Diese kurze Beschreibung kann nur eine Vorstellung von der Gesamtanlage des Vatikanischen Palastes geben, von der wir aber auszugehn haben, wenn wir sie näher kennenlernen wollen. Diese nähere Kenntnis wird uns nun die Durchwanderung der VATIKANISCHEN SAMMLUNGEN vermitteln. Sie beginnen in dem Teil des Palastes, der, sich rings um das Belvedere gruppierend, erst im 19. Jahrhundert entstanden ist und die Antikensammlungen birgt. Der Eingang befindet sich im Norden in der Leoninischen Mauer. Wir bedienen uns des Aufzugs oder gehn die schon erwähnte Wendeltreppe aus grünem Marmor hinauf, die nach dem Vorbild des Pozzo di San Patrizio in Orvieto aus zwei ineinandergewundenen Spiralen besteht: eine für den Aufstieg, die andere für den Abstieg. So kommen wir durch mehrere Vorräume auf einen allerliebsten offenen Hof. Zu unserer Rechten steht der eher unerfreuliche Neubau der Pinakothek, die wir am Ende unseres heutigen Spaziergangs besuchen wollen. Vor uns öffnet sich ein besonders schöner Blick auf Apsis und Kuppel des Petersdoms. Herrlich überragt die Kirche das Grün der Gärten. Zu unserer Linken sehn wir den westlichen Korridorbau in seiner ganzen, beeindruckenden Ausdehnung. Hier, wo das Langhaus des Doms nicht sichtbar ist, können wir uns eine Vorstellung davon machen, wie er wohl ausgesehn hätte, wenn die Zentralbaupläne Bramantes und Michelangelos verwirklicht worden wären.

Die Antikensammlungen

Die Antikensammlungen sind größtenteils erst gegen Ende des 18. und im 19. Jahrhundert in eigens für sie gebauten Sälen so aufgestellt worden, wie wir sie heute vor uns sehn. Zwischen einem barocken Museum, wie wir es zum Beispiel auf dem Kapitol kennenlernten, in dem Statuen und Reliefs vor allem Schmuck von Prunkräumen sind, und einem modernen – ich denke an die Villa Giulia –, in dem der Bau ausschließlich dazu dient, die Kunstwerke ›ins rechte Licht‹ zu stellen, stehn die Vatikanischen Antikensammlungen etwa in der Mitte. Auch sie sind noch Prunkräume, allerdings im kühlen Geschmack des Klassizismus, durchaus antikisch gemeint, in denen aber den Kunstwerken schon weit größere Rechte eingeräumt werden als im Barock. Bei einem Fest, das in einem barocken Museum

stattfindet, kann man sich vorstellen, daß die Kunstwerke fast
unbeachtet bleiben. In diesen Vatikanischen Sälen haben sie zu-
viel Gegenwart, um übersehen werden zu können. Die Antiken
wurden freilich auch hier noch durch viele moderne Zutaten so
ergänzt, als ob sie die Jahrhunderte völlig unversehrt überdauert
hätten, nicht immer geschmackssicher, oft höchst willkürlich.
Auch hat man moderne Arbeiten zwischen ihnen aufgestellt. Es
ist eine leidige Angewohnheit der vatikanischen Archäologen,
nackte männliche Figuren durch Feigenblätter aus Gips zu ver-
unzieren. Vieles in diesen Räumen widerspricht sehr heftig unserm Geschmack und Empfinden, besonders wenn wir sie zum
erstenmal betreten, und man muß sich sehr in sie einleben, um
ihre kalte Pracht als echte Pracht zu sehn; man muß sich die
Begeisterung für die Antike vergegenwärtigen, die Europa erlebte, als man diese Säle baute, um zu erkennen, daß dieses Kalte
aus einer glühenden Leidenschaft geschaffen wurde, man könnte
sagen, so seltsam das klingen mag: aus einem höchst romantischen Gefühl für die Antike heraus.

Die Räume, die wir, uns links wendend, zunächst besuchen,
bilden das MUSEO PIO-CLEMENTINO, geschaffen unter Clemens
XIV., 1769-1774, und Pius VI., 1775-1799. Pius VI. war der Papst,
unter dem Goethe in Rom weilte, den der Dichter »die schönste, würdigste Männergestalt« nennt. Goethe hat das Museum
oft besucht. Eine Büste Pius' VI. steht im Eingang zur *Sala a
Croce Greca*, die wir zuerst betreten, wie überhaupt in allen diesen Räumen Büsten, ausführliche lateinische Inschriften und in
manchen auch Wandgemälde an die Päpste erinnern, denen sie
ihre Entstehung verdanken, diese als große Freunde der Kunst
feiernd. Die Sala a Croce Greca wurde für die beiden gewaltigen
Porphyrsarkophage gebaut, die sie enthält, und für das farben-
reiche antike Mosaik in ihrer Mitte. Sie tut eine prächtige Wirkung. Von den beiden Sarkophagen, spätrömischen Meisterwerken, barg der zur Linken eine Tochter Konstantins des Großen,
Konstanze. Christliche Symbole schmücken auf das anmutigste,
fast verspielt den schweren und ernsten, blutroten Steinblock.
Der Sarkophag zur Rechten mit römischen Rittern, gefangenen
Barbaren, Gefallenen war vielleicht für Konstantin selbst bestimmt, doch hat man seine Mutter, die heilige Helena, darin
bestattet. Es kennzeichnet den aufklärerischen Geist des Klassizismus, daß man zwei Werke wie diese, die doch Heiligtümer

der frühchristlichen Geschichte sind, nicht in einer Kirche, sondern in einem Museum aufgestellt hat.

Der Architekt dieses Raums, Michelangelo Simonetti, schuf
auch den folgenden, die *Sala Rotonda:* eine in ihrer Art nicht
reizlose Nachbildung des Pantheon. Den Boden bildet ein
prächtiges antikes Mosaik – Griechen kämpfen mit Meerwe-
sen –, in dessen Mitte eine ungemein große monolithe Porphyr-
schale aus dem Goldenen Haus des Nero steht.

In dem Statuenwald, in den wir nunmehr eingetreten sind,
werde ich mich noch mehr als in andern Museen auf sehr bescheidene Hinweise beschränken, meine Leser darum um Nach-
sicht bitten müssen, wenn sie sich manchmal im Stich gelassen
fühlen sollten. Im übrigen verhält es sich gerade in diesen
Sammlungen so: die berühmten Werke sind vielleicht nicht immer, doch fast immer die schönsten oder zumindest die bemerkenswertesten. Das gilt zum Beispiel auch von dem mit Recht
berühmtesten Werk der Sala Rotonda: dem *Zeuskopf aus Otricoli,*
von dem Goethe einen Gipsabguß in seiner römischen Wohnung aufgestellt hatte. »Er steht«, schreibt er, »meinem Bett
gegenüber, damit ich sogleich meine Morgenandacht an ihn
richten kann.« Der Kopf ist die Nachbildung eines griechischen
Werks des 4. Jahrhunderts. Der Raum enthält außerdem die
größte aller antiken Bronzestatuen, einen Herakles; die Barbe-
rinische Hera (nach einem Original der Phidiasschule); einen An-
tinous als Bacchus aus der Hadriansvilla; den bedeutenden Kopf
des Serapis (oder Hades); den poetischen, auch in der Kopie
noch recht hellenischen Kopf eines Meergottes mit Hörnern
und Delphinen im Haar, gedacht als Personifikation des Golfs
von Bajae, den die Römer so sehr geliebt haben.

Es folgt die achteckige *Sala delle Muse,* ebenfalls von Simonetti
erbaut und so genannt nach einer Gruppe, die Apollo und die
Musen darstellt: leidliche Marmorkopien nach wahrscheinlich
sehr schönen Bronzeoriginalen praxitelischer Schule, gefunden
bei Tivoli. Dazwischen stehn römische Kopien nach griechischen Porträts, darunter das berühmte des Perikles. Das Original, eine Bronzearbeit des Kresilas, wurde 440 vor Christi Geburt, also noch zu des Perikles Lebzeiten, auf der Akropolis
aufgestellt. Hübsch sind in diesem Raum zwei eingemauerte Reliefs: ein Waffentanz und die Geburt des Dionysos. Das klassizistische Deckengemälde stellt ebenfalls Apollo und die Musen

Die Sala a Croce Greca im Museo Pio Clementino

MUNIFICENTIA
PII·SEXTI·P.M.

dar. Es hat nur geringen Wert, gehört aber zu diesem für seine Entstehungszeit so kennzeichnenden Museumsraum, der mit der Musengruppe und den Bildnissen großer Männer in der Phantasie seiner Erbauer als eine Art von Musenheiligtum, ein Museion im eigentlichen Sinn des Wortes, gedacht war.

Besondere Beachtung gebührt in diesem Saal dem *Torso del Belvedere:* einem der gefeiertsten Skulpturen der Vatikanischen Sammlungen, einem Werk von überwältigender Kraft und Lebensfülle. Ein Grieche hat es geschaffen, ein Athener, Apollonios, Sohn des Nestor, der in den letzten Jahrzehnten der Republik in Rom lebte und dessen Faustkämpfer wir im Thermenmuseum sehn. An jenem Werk scheint mir vor allem der Körper des Athleten bewundernswert, und bewundernswert ist der Torso; aber der unerfreuliche Kopf des Faustkämpfers legt den Gedanken nahe, daß der Torso die Menschen nicht so begeistert hätte, wie er es seit seiner Entdeckung tat, wenn uns sein Haupt erhalten wäre.

Der Torso ist zu Anfang des Cinquecento in den Colonnagärten am Quirinal ausgegraben und von Clemens VII. Medici hier aufgestellt worden. Mehrfach wird bezeugt, wie sehr Michelangelo und Bernini ihn bewundert haben. Die Überlieferung will, daß sich Michelangelo, als er fast erblindet war, zum Belvedere fahren ließ, um mit den Händen fühlend die für ihn nicht mehr sichtbare Schönheit der Statue zu genießen. Winckelmann schreibt: »Künstler befühlen diesen Torso, lassen ihre Hände auf den schönen, schlangenförmigen Windungen hingleiten.« Schlangenförmig: es ist etwas Barockes an diesem Werk, das uns wohl erklären kann, warum Michelangelo, der Vater des Barock, sich an ihn erinnert hat, als er den Bartholomäus des Jüngsten Gerichts schuf. Winckelmanns Beschreibung von 1759 hat es weltberühmt gemacht. Der junge Schiller sah einen Abguß davon im Mannheimer Antikensaal und schrieb: »In dieser zerschmetterten Steinmasse liegt unergründliche Betrachtung!« Sehr schön notiert Burckhardt: »Nach dem Hymnus Winckelmanns wage ich nur den Beschauer auf die ungemeine Leichtigkeit und Elastizität dieser Bildung, auf den Ausdruck der höchsten Kraft ohne Schwere aufmerksam zu machen«, eine Bemerkung, die auch für den Faustkämpfer des Thermenmuseums gilt. Ist nicht auch hier ein Athlet dargestellt? Winckelmann dachte, weil die Gestalt auf einem Fell sitzt, an einen ruhenden Herakles. Andere denken an Polyphemos. Die jüngste These, es handle sich um einen der aus der Argonautensage bekannten Faustkämpfer, Amykos oder Polydeukes, hat viel für sich. Jedenfalls ist Wilhelm Heinse im Recht, wenn er meint: »Der Torso ist

das Höchste von einem Ringerkörper.« Was Apollonios darstellen wollte, war gewiß vor allem äußerste, durch körperliche Übung erworbene
Körperkraft. Und wenn manche hier den vergöttlichten Herakles erkennen wollen, der vielleicht zu einer neben ihm stehenden Hebe aufblickte,
so möchte ich einwenden, daß ich in diesem Leib durchaus nichts Göttliches oder im antiken Sinne Heroisches erkennen kann, sondern nur ein
großartig gestaltetes Menschliches und Männliches

Der nächste Saal, die *Sala degli Animali*, ist eine Kuriosität. Sie
enthält Tierbilder, die eigentlich mit der Antike nur noch wenig
zu tun haben, fast alle von einem gewissen Franzoni geschaffen
wurden, der von 1734 bis 1818 lebte. Dabei hat man sich der
römischen Leidenschaft für schöne und seltene Marmorarten
hingegeben. Weil er ein Tier, einen Hund, bei sich hat, wurde
hier eine gute Kopie des Meleager aufgestellt, dessen Original
Skopas schuf, und da er einen Stier tötet, ein Mithras. Eine
höchst anmutige Arbeit ist die Gruppe: Triton raubt eine Nereide. Unter den Funden, die man in diesem Raum machen kann,
nenne ich die lustige Darstellung einer Sau mit ihren Jungen.
    Wir gelangen nun in die prächtige *Galleria delle Statue*: ein
umgebautes Gartenhaus aus dem alten Belvedere, an dessen
Decke noch Reste von Pinturicchiofresken erhalten sind, wie
denn überhaupt bei jenem Umbau kostbare Fresken, unter anderem von Mantegna und Piero della Francesca, untergingen.
Hier stehen wir nun vor einer Reihe von Werken, durchwegs
römischen Kopien nach griechischen Originalen, die die Menschen seit Jahrhunderten tief bewundert haben, die uns aber
nicht mehr so unmittelbar ansprechen, wie sie noch unsere Eltern angesprochen haben; und was ich da sage, gilt natürlich von
den meisten römischen Kopien. Wir sind mit echt Hellenischem
so verwöhnt worden, daß wir die Freude an den Nachbildungen
verloren haben, den Kopisten gegenüber undankbar wurden,
obwohl wir ihnen allein das Wissen um so viele verlorene Meisterwerke danken. Ich kann den wirklich guten Kopien gegenüber nur immer wieder zu einer Geduld raten, von der ich aus
vielfacher Erfahrung heraus weiß, daß sie eines Tages reich belohnt wird, nämlich dann, wenn es gelingt – und das kann durchaus gelingen –, das Nachbild in das Urbild umzudenken. Gerade
bei einigen der besten Werke dieses Saals ist das nicht so schwer.
Unter ihnen nenne ich: die schlafende Ariadne, in der Goethe
eine sterbende Kleopatra sah; die Amazone aus der Villa Mattei;

die Niobidengruppe (der Kopf des Mädchens gehört zu einer anderen Statue); den allerliebsten praxitelischen Eros von Centocelle, genannt l'Amore vaticano, der vielleicht ein Thanatos ist; den ebenfalls praxitelischen Apollo Sauroktonos (Eidechsentöter); den Triton aus Tivoli. Rechts und links vom Eingang in den nächsten Saal, die *Galleria dei Busti*, stehn zwei gute Bildnisstatuen, die vielleicht die Komödiendichter Menander und Poseidippos darstellen. In der Sala dei Busti, deren Deckenschmuck noch aus der Renaissance stammt, finden wir vor allem Kaiserbildnisse, unter ihnen einen anziehenden Augustusknaben und einen großartig-grausigen Caracalla. Auch auf das gute Doppelbildnis eines römischen Ehepaars aus dem ersten vorchristlichen Jahrhundert, genannt Cato und Porzia, sei hingewiesen, eine Arbeit, in der noch viel Etruskisches steckt.

Gegenüber vom Eingang in die Galleria delle Statue gewährt uns ein Fenster einen schönen Blick auf den Monte Mario; wie ich denn überhaupt für die ganze vatikanische Wanderung den Rat geben möchte, möglichst oft aus den Fenstern hinauszuschauen. Rechts von diesem öffnet sich das *Gabinetto delle Maschere*, so genannt nach einem hübschen, in den Boden eingelassenen Mosaik aus der Hadriansvilla. Der Raum enthält eines der berühmtesten Werke der Antike, des Praxiteles' *Aphrodite von Knidos*, um 340 geschaffen, in der besten der uns erhaltenen Kopien. Die Göttin entkleidet sich zum Bade, der Blick ist träumerisch in die Ferne gerichtet. Ich überlasse es meinen Lesern, den Apfel des Paris unter den drei römischen Liebesgöttinnen, der Kapitolinischen, der Esquilinischen und der Knidia, zu verteilen – zumal ein Parisurteil an der Decke dieses Saales dazu anregt. Eine sehr gute Kopie ist die kleine kauernde Venus. Die liebliche Tänzerin wurde Goethe, kurz bevor er Rom verließ, zum Kauf angeboten, er faßte eine »leidenschaftliche Liebe« zu ihr, konnte sich aber dann doch nicht entschließen, sie zu erwerben, was er auf einigen der letzten Seiten der ›Italiänischen Reise‹ höchst unterhaltend erzählt.

Wir kommen nun zum BELVEDEREHOF. Dieser Hof stammt, wie schon erwähnt, aus der Renaissance, doch wurden die innere Säulenhalle und vier Eckkabinette erst in neuerer Zeit hinzugefügt. In einem der vier Kabinette steht das vielleicht berühmteste vatikanische Kunstwerk: die *Laokoon-Gruppe*. Der Laokoon ist ein griechisches Original, doch erst aus der Mitte des ersten

vorchristlichen Jahrhunderts. Wir wissen aus der Naturge-
schichte des älteren Plinius, daß es ein Werk der berühmten
rhodischen Schule ist, geschaffen von drei Meistern namens Ha-
gesandros, Polydoros und Athenodoros. Der Römer sagt höchst
apodiktisch, es sei »allem anderen der Malerei und Plastik vor-
zuziehen«. Michelangelo hat es »ein Wunder« genannt. Winckelmann findet es »so unnachahmlich wie den Homer«. Man
hat vor allem im Zeitalter der Aufklärung versucht, nichts Ge-
ringeres als die Grundgesetze der bildenden Kunst aus dem
Laokoon abzuleiten, wovon in unserer Literatur Lessings und
Goethes Schriften zeugen. »Er war den Künstlern im alten
Rom«, meint schon Winckelmann, »was er unseren heutigen ist,
eine vollkommene Regel der Kunst.« Übrigens hat der Laokoon
auch Feinde gehabt, unter ihnen vielleicht Tizian, der eine Af-
fen-Laokoon-Gruppe zeichnete.

Wann er nach Rom gekommen ist, wissen wir nicht. Daß ihn schon
Vergil sah, der die Geschichte vom Tod des Laokoon und seiner Söhne
so großartig erzählt, läßt sich nicht beweisen. Lessings Schrift geht bekanntlich von einem Vergleich zwischen dieser Vergilstelle und der
Gruppe aus. Er hatte dargelegt, warum der bildende Künstler, was der
Dichter schreiben kann, nicht darstellen darf, warum er, der nur einen
einzigen Augenblick einer Handlung zu fassen vermag, diesen anders
wählen muß als der Dichter. Dieser könne bis zur letzten Steigerung
fortschreiten, der Künstler aber dürfe nur ein einziges Handlungsmo-
ment wählen, in dem der Phantasie noch Raum für eine weitere Steigerung bleibe. »Je mehr wir sehen«, meint er, »desto mehr müssen wir
hinzudenken können. Je mehr wir denken, desto mehr müssen wir zu
sehen glauben.« Lessings Schrift hat allgemein gültige ästhetische Begriffe geprägt. Darum könnte man vielleicht sagen, daß sie uns, zumindest den Deutschen, fast mehr bedeutet als die Gruppe selbst, in der wir
wohl kaum mehr sehn als ein hervorragendes Werk des spätantiken
›Barock‹, auf keinen Fall aber »eine vollkommene Regel der Kunst«. Für
mein Gefühl stehn die edelsten Werke des echten Barock, etwa die
Bernins, keineswegs niedriger als der Laokoon, und vielleicht finden wir
vom Barock her, auf das ja der Laokoon kräftig eingewirkt hat, am
ehesten Zugang zu ihm selbst. Begeistert hat er freilich schon die Künstler der Renaissance. Gefunden wurde er am 14. Januar 1506 in der Nähe
des Goldenen Hauses. In einer Zeit wie jener, die von tiefer Leidenschaft zur Antike ergriffen war, mußte ein solcher Fund zur Sensation
werden. Michelangelo war unter den ersten, die ihn sahn. Julius II. erwarb die Gruppe, ließ sie im Belvederehof aufstellen. Napoleon I. verschleppte sie nach Paris, Canova setzte auf dem Wiener Kongreß ihre

Rückkehr nach Rom durch. Sie ist nicht unversehrt auf uns gekommen. Es fehlten vor allem der rechte Arm des Vaters und der des kleinen Sohns. Ein Schüler Michelangelos, Montorsoli, hat diese Arme ergänzt, wohl unrichtig. So haben die Menschen die Laokoongruppe fast während eines halben Jahrtausends gesehn. Ein ebenfalls im Belvederehof aufgestellter Gipsabguß zeigt uns noch, wie sie bis vor wenigen Jahren aussah. Im Jahre 1905 fand man den rechten Arm des Vaters. Später fügte man diesen Arm an die Statue an, nachdem man die Ergänzungen Montorsolis entfernt hatte. Kopf und Gestalt des Vaters, meine ich, müssen jedem, auch dem hartnäckigsten Gegner des Pathetischen und ›Barocken‹, Bewunderung abnötigen. Ob einen unter uns die berühmte

Der Apoll
vom Belvedere

Dreieckskomposition noch so packen kann, wie sie unsere Väter packte, möchte ich bezweifeln, und persönlich teile ich die Ansicht derer, die an den beiden Knabengestalten keine rechte Freude haben.

Anders ergeht es mir mit dem *Apoll vom Belvedere*, dem kaum weniger berühmten Werk hier im Belvederehof. Ich kann durchaus begreifen, warum Winckelmann, als er diese Kopie beschrieb, sie so beschrieben hat, daß wir ein sehr bedeutendes griechisches Original vor uns zu sehn glauben; und ich meine, daß nicht einmal allzuviel Phantasie dazu gehört, um sich die bronzene Statue des Leochares vorzustellen, vor deren Marmorkopie wir stehn; womit gewiß nichts gegen Winckelmanns herrliche Beschreibung gesagt sein soll. Vielleicht sollte man das Kopienstudium, von dem ich in der Galleria delle Statue sprach vor einem Werk wie diesem beginnen, das es uns verhältnismäßig leichtmacht.

Welchen großen Wert aber eine edle Kopie eines edlen Werks im Vergleich mit einem klassizistischen Original hat, können wir ermessen, wenn wir den *Perseus des Canova* sehn, dem die Begeisterung der Zeitgenossen und die päpstliche Dankbarkeit für des Meisters diplomatische Kunst das dritte Kabinett im Belvedere eingeräumt haben. Das vierte enthält eine gute Kopie des praxitelischen Hermes.

Wenn wir den Belvederehof verlassen, kommen wir in ein rundes Vestibül mit einem sehr schönen Blick über Rom. In dem Kabinett nebenan steht eine hochgeschätzte Kopie des lysippischen *Apoxyomenos*. Von hier aus führt ein entzückender, von Bramante erbauter *Wendel-Weg* in das oberste Stockwerk, doch blickt man nur durch ein Gitter hinein. Rechts gelangen wir in ein anderes Kabinett, das *Atrio quadrato.* Hier beginnt einer der langen vatikanischen Gänge, das MUSEO CHIARAMONTI, erbaut unter Pius VII., angeordnet von Canova, und zwar in einem bereits moderneren Geschmack als das Pio-Clementino. In den Wandmalereien wird Pius VII. vor allem als Kunstmäzen gefeiert. Hier möchte ich, da dies Museum fast nur Werke zweiten Ranges birgt, auf Hinweise verzichten. Die sich an diesen Gang anschließende, nur mit besonderer Erlaubnis zugängliche *Galleria Lapidaria* enthält über fünftausend Inschriften.

Wir betreten nun zur Rechten den schon erwähnten, 1817-1822 erbauten *Braccio nuovo*, einen prächtigen klassizistischen Raum mit antiken Säulen aus verschiedenen Marmorarten und anderen seltenen Steinen. Unter den hier aufgestellten Statuen sind einige der berühmtesten vatikanischen. Vor allem möchte ich auf die Bildnisstatue des Augustus hinweisen, die in der Villa seiner Gattin Livia bei Prima Porta gefunden wurde, ein bedeutendes Originalwerk. Der anmutige, so oft nachgebildete ›Vater Nil‹ geht wohl auf ein hellenistisches Vorbild zurück. Ich nenne noch: die Pudicitia (eigentlich Mnemosyne, Mutter der Musen); die Demosthenesstatue; die Minerva Giustiniani (nach einer Bronze des ausgehenden 5.Jahrhunderts); zwei Werke nach polykletischen Originalen, nämlich den Doryphoros und die verwundete Amazone.

Wenn wir uns weiterhin ausschließlich den Antiken widmen wollen (ich könnte mir denken, daß ein solcher Wille nun schon gebrochen ist), tun wir gut daran, in das höher gelegene Stockwerk hinaufzusteigen. Dort hat man in einigen kleineren Räumen die freilich nicht sehr zahlreichen *griechischen Originale* des 5. und 4.Jahrhunderts aufgestellt. Darunter sind so kostbare Stücke wie zwei Fragmente vom Skulpturenschmuck des Parthenon: ein bärtiger Kopf aus einer Metope und ein Jünglingskopf vom Cellafries. Auch ist da eine herrliche attische Grabstele des 5.Jahrhunderts.

Das sich an diese anschließende, von Gregor XVI. 1836 gegründete MUSEO GREGORIANO ETRUSCO enthält vor allem Funde aus Südetrurien, darunter eine Sammlung der schönsten *griechischen Vasen*, die einzige wirklich bedeutende in Rom. Neben diesen Wunderwerken, die die Etrusker so hoch schätzten, daß sie sie auch im Tode nicht missen wollten, nimmt sich ihre eigene Kunst doch fast immer provinziell aus; und ich würde manche dieser Vasen (zum Beispiel die von Exekias signierte mit den schachspielenden griechischen Helden) lieber besitzen als selbst ein so gutes etruskisches Werk wie den sogenannten *Mars von Todi*, eine Bronze des 4.Jahrhunderts, oder den ganzen historisch so bedeutsamen Goldschmuck aus der caeretanischen Tomba Regolini-Galassi. Schöne Nachzeichnungen der griechischen Vasenvorbilder findet man auf den gravierten Bronzespiegeln und Cisten, die auch deswegen interessant sind, weil sie uns etruskische Aus- und Umdeutungen hellenischer Mythen zeigen.

Unter dem etruskischen Museum (also hinter der ›pigna‹ des Cortile della Pigna) liegt das ebenfalls von Gregor XVI. gegrün-

dete MUSEO EGIZIANO. Es enthält nur wenige Werke der großen
ägyptischen Frühzeit, dagegen sehr zahlreiche saitische, ptole-
mäische und römische. Seltsam ist die ›ägyptische‹ Dekoration
der Säle. Besonders erwähnen möchte ich den bedeutenden
Kalksteinkopf Mentuhoteps IV. (2054-2008) und die Kolossalstatue der Mutter Ramses' II. aus schwarzem Granit, die gleichzeitig Isis verkörpern soll.

Sowohl das etruskische wie das ägyptische Museum führen
uns in das Treppenhaus, das wir, als wir zuerst in die Vatikanischen Sammlungen eintraten, schon kennenlernten. Hier beginnt wiederum ein sehr langer Gang, der Westgang, durch den
wir zu Raffaels Stanzen und in die Sixtinische Kapelle gelangen
können. Wenn wir aber zunächst bei den Antiken bleiben wollen, besichtigen wir nur den ersten Raum dieses Gangs, MUSEO
PROFANO genannt, eine reizvoll im klassizistischen Geschmack
angeordnete Bronzen- und Kleinkunstsammlung. Sie enthält,
leider schlecht beleuchtet, eines der besten uns erhaltenen Bildnisse des Augustus.

Dann steigen wir wieder in das obere Stockwerk hinauf und
betreten vom Treppenhaus aus wiederum den Westgang. Hier
finden wir zunächst rechts die SALA DELLA BIGA. Es ist das eine
Kuppelrotunde aus der Zeit Pius' VI., genannt nach dem darin
aufgestellten Zweigespann, einer Arbeit des ersten christlichen
Jahrhunderts. Doch sind nur der Wagenkorb und das rechte
Pferd antik. Der Saal enthält vor allem eine gute Kopie des
myronischen Diskuswerfers (der Kopf ist modern); eine Diony-
sosstatue nach Praxiteles; die schöne Statue eines opfernden Römers.

In der nun folgenden GALLERIA DEI CANDELABRI, die ebenfalls
unter Pius VI. gebaut, doch erst unter Leo XIII. ausgemalt wurde,
stehn kleinere Antiken, darunter manche Genreplastik nach hellenistischen Vorbildern, und schöne Gefäße aus seltenen Steinen. Auf ein wahrscheinlich bedeutendes Bronzeoriginal des
5.Jahrhunderts geht die spartanische Wettläuferin zurück. Es
folgt die GALLERIA DEGLI ARAZZI mit in Brüssel gewebten Gobelins nach Kartons von Raffaelschülern. An diese schließt sich die
höchst reizvolle GALLERIA DELLE CARTE GEOGRAFICHE an. Sie wurde schon 1581 gemalt: ein wunderschöner Atlas aller italienischen Regionen mit lustigen Ansichten von Städten, Häfen, Festungen, allerliebst mit Wappen, Segelschiffen, Fischen und In-

schriften ausgeziert. Das Grün der Länder und das Blau der
Meere, Seen, Flüsse wirkt fast wie ein Einbruch der warmen
Natur in die steinern kühle Welt des Palastes. Viele der Karten
sind nicht wie die unseren nach Norden, sondern nach Süden
orientiert. Besonders hübsch sind die Bilder von Hafenstädten
zu Beginn und am Ende des Ganges. Von seinen Fenstern aus
hat man schöne Blicke auf den Belvederehof, den Petersdom, die
Gärten. Das gilt auch von den Räumen, die sich, nachdem wir
den Landkartengang verlassen haben, zur Rechten und zur Linken öffnen.

Raffaels Stanzen

Bramante hat, wenn wir Vasari glauben dürfen, Michelangelo
nicht immer gefördert, ihm manchen Stein in den Weg gelegt,
aber das schmälerte die Verdienste kaum, die er sich in den
anderthalb Jahrzehnten seiner römischen Tätigkeit erwarb und
durch die Rom wurde, was Florenz gewesen war: die künstlerische Hauptstadt Italiens und Europas. Zu diesen Verdiensten
gehört es, daß er Julius II. einen Landsmann zuführte, mit dem
er wahrscheinlich auch verwandt war, den zu dieser Zeit fünf-
undzwanzigjährigen Raffael Sanzio aus Urbino. Der Papst wollte damals einige Räume seines Palastes ausmalen lassen, die man
heute kurz le Stanze, die Zimmer, nennt; viele bedeutende
Künstler hatten Aufträge erhalten und teilweise schon mit der
Arbeit begonnen. Aber als der Papst sah, was in dem jungen
Mann steckte, den man eigens aus Florenz hatte kommen lassen,
vertraute er ihm allein die Vollendung des Werks an, ein Beweis
dafür, daß Julius nicht nur bewährte Künstler nach Verdienst zu
beschäftigen, sondern auch junge Talente zu entdecken wußte.
Aber während Michelangelo in tiefer Einsamkeit seine Decke
der Sixtina in der vollkommenen künstlerischen Freiheit gestaltete, deren er bedurfte, auch in den Bildinhalten, waren dem
jungen Raffael die Berater wahrscheinlich durchaus willkommen, Geistliche und Humanisten, hochgebildete Männer, und
unter ihnen Julius selbst, die die ›Programme‹ für den Gemälde-
schmuck der Stanzen ausarbeiteten. Auch mochte Raffael nicht
allein arbeiten, wie in seiner Nachbarschaft Michelangelo, sondern umgeben von Mitarbeitern, die das Werk nach seinem Tod
vollendet haben. Begonnen hat er damit 1509 in der zweiten der

vier Stanzen, der Stanza della Segnatura, in der auch wir unsern
Gang beginnen wollen. Auch hier wie in der Sixtinischen Kapelle sehe ich meine Aufgabe darin, meinen Lesern vor allem die
Bildinhalte zu erläutern, die wie bei keinem andern Kunstwerk
in Europa die christlich-humanistische Weltanschauung der Renaissance beurkunden.

Die STANZA DELLA SEGNATURA schmücken vor allem drei Gemälde: der Parnaß, die Schule von Athen, die Disputa. Über
jedem dieser Gemälde sehn wir auf der prachtvollen, bilderrei-
chen Decke eine Frauengestalt, eine Gedankengöttin, in der das
Gestalt wird, was der Sinn der Fresken ist: über dem Parnaß
›Poesia‹, über der Schule von Athen ›Philosophia‹, über der
Disputa ›Theologia‹. Denn auf Dichtung, Philosophie und Got-
teserkenntnis baut sich das geistige Leben des Menschen auf, das
sind die höchsten Gegenstände der Menschheit. Doch sie könnten nicht leben, die Menschheit verfiele rasch in Barbarei, gäbe
es keine staatliche, auf dem Recht ruhende Ordnung. Darum –
und wohl auch weil die Stanza della Segnatura für Gerichtsver-
handlungen diente – sehn wir als vierte im Kreis der Gedanken-
göttinnen ›Justitia‹. Doch Raffaels gelehrte Berater wollten
nicht nur diese vier Göttinnen vergegenwärtigen, sondern auch
ihr Wirken und ihre Wechselbeziehungen zeigen. Die Theologie zum Beispiel ist in die Farben Weiß, Rot und Grün gekleidet, die den Theologaltugenden Glaube, Liebe und Hoffnung
entsprechen. Unter der Justitia mit Waage und Schwert sehn wir
die Justitia temporalis und die Justitia spiritualis (wovon noch zu
reden sein wird). Die Philosophia hat zwei Bücher in Händen
mit der Aufschrift: moralis und naturalis. Die vier Farben ihres
Kleides versinnbildlichen die vier Elemente Luft, Feuer, Wasser, Erde. Zwischen den Göttinnen sehn wir noch vier größere
rechteckige Bilder. Wie sinnvoll steht da zwischen Theologia
und Justitia der Sündenfall! Es folgt zwischen dieser und Philosophia das Urteil eines Weisen, das salomonische. Zwischen
Philosophia und Poesia betrachtet Astronomia, diese hochpoeti-
sche Wissenschaft, eine Himmelskugel. Zwischen Poesia und
Theologia erscheinen Apoll und Marsyas: Verkörperung der
göttlichen (Theologia!) und der irdischen Dichtung. Sicher hat
Raffael die zwei schönsten dieser Bilder, salomonisches Urteil
und Sündenfall, selbst gemalt, wohl auch die Poesia und gewiß
die Justitia, aber als er mit der Arbeit begann, waren in diesem

*Stanza della Segnatura mit Raffaels Fresken: links die ›Schule von Athen‹,
rechts ›Disputa‹*

Raum schon Peruzzi und Sodoma am Werk, mit denen er eng
zusammengewirkt, deren schon vollendete Arbeiten wie Peruz-
zis Marsyas er übernommen hat, denn er war ein milder und
verträglicher Mensch, frei von Eifersucht, von Originalitäts-
sucht, ein guter Freund, ein lauterer und edler Charakter, was
wir, meine ich, wenn es uns nicht hundertfach berichtet würde,
auch an den Gesichtern der Menschen ablesen könnten, die er in
diesem Raum gemalt hat.

In den drei großen Gemälden, denen wir uns nun zuwenden,
wird das geschildert, was wir heute vielleicht die Geistesgeschichte der abendländischen Menschheit nennen würden. Raffael und seine Zeitgenossen sahn sie von einem Standpunkt aus,
der ihnen wohl als ein Höhepunkt erschien und es in vieler
Hinsicht auch war, konnten sie doch nicht wissen, daß gerade in
ihrer Zeit durch das Neuheidentum in Dichtung, Kunst und
Wissenschaft Entwicklungen einsetzten, die rasch zu einem geistigen Wandel führen sollten, der, noch ehe die Gemälde in den
Stanzen ganz vollendet waren, mit den Zeiten der Reformation
begann und wohl noch heute nicht beendet ist. Freun wir uns
darum an der Freude, mit der in der Stanza della Segnatura
Raffael und seine Freunde die menschliche Geistesgeschichte als
einen herrlichen Siegeszug des Schönen, des Weisen, des Wahren dargestellt haben.

Er beginnt mit der Schönheit, in Hellas, auf dem *Parnaß*, dem
Berg des edelsten unter den hellenischen Göttern, Apoll. Seit
Dante haben Dichter und Weise an dem Ausgleich zwischen
hellenischem Mythos, hellenischer Poesie und ihrem eigenen
christlichen Glauben gearbeitet, aber das Entscheidende tat
Dante mit seinem großen Jenseitsgedicht. Doch war, wovon ich
schon sprach, dieser Ausgleich in der bildenden Kunst von Florenz noch nicht gelungen, auch nicht bei Botticelli; in der Arno-
stadt hatte Savonarola das Heidentum noch einmal weit zurück-
geworfen. Mit Giorgiones 1505 gemalter Venus erfocht es in
Venedig einen gewaltigen und gefährlichen Sieg, der ungeheure
Folgen haben sollte. In der Stanza della Segnatura aber schloß es
mit dem Christentum einen Frieden, der, wäre er ein ewiger
Frieden gewesen, der Menschheit unendlichen Segen gebracht
hätte. Freilich, nicht Venus oder Tizians ›nackte Wahrheit‹ wagen sich hier hervor, die Musen sagen uns, was die hellenische
Frühzeit uns ewig zu sagen haben wird von der Macht des Ge-

sanges, der, wie die Musenquellen dem Parnaß, der Natur ent-
springt. Die neun Töchter des Zeus und der Mnemosyne sind
um Apoll versammelt. Über ihnen grünt der ›reinigende‹ apollo-
nische Lorbeer.

> Hier unten spricht von keuscher Musen Gunst
> der heil'ge Quell in dunkelgrünem Tale:
> wer aber schöpft mit reiner Opferschale
> wie einst den echten Tau der alten Kunst?

Es ist Mörike, der diese bange Frage gestellt hat, auf die Raffael stolz antworten könnte: ich. Aber nicht nur um die alte
Kunst war es ihm zu tun, sondern nicht weniger um die neue.
Sein Apollon spielt die Bratsche. Die Griechen haben dies Instrument nicht gekannt, haben den Gott mit der Lyra dargestellt. Raffael wußte das. Aber im Mittelalter und in der Frührenaissance war die Lyra vergessen, der Gott spielte Streichinstru-
mente. Warum folgte Raffael diesem Vorbild? Weil er sagen
wollte: dies ist unser Apollon, eine Gottheit auch unserer Zeit,
den wir nach einem Jahrtausend des Vergessens uns zurückge-
wonnen haben, der uns wieder als lebendig wirkende göttliche
Macht gilt. Die Musen umgeben den Gott, lauschen seinem
Spiel. Die Alten haben sie oft mit Attributen dargestellt, die ihre
Wirkungsbereiche bezeichnen. Von Raffaels Musen tragen nur
zwei solche Attribute und lassen sich darum mit Namen nennen:
Kalliope, die Muse der epischen Dichtung, weil sie die Trompe-
te des Ruhmes, und Thalia, die Beschützerin des Lustspiels, weil
sie eine Maske in Händen hält. Aber »durch die Musen geschiehts«, dichtet Hesiod, »und durch den fernhintreffenden
Apollon geschiehts, daß es Sänger und Harfenspieler gibt auf
Erden«. Und so sehn wir auf Raffaels Parnaß auch die größten
Dichter aus Hellas und Hesperien: den blinden Homer, der
einem sitzenden Knaben diktiert, links von ihm Dante, rechts
wohl Vergil, auch Sappho und noch viele andere Dichter, die
aber nicht alle identifiziert werden können. Unter ihnen fehlen
auch die zeitgenössischen nicht: Ariost und Sannazaro. Denn
dieser Parnaß ist zugleich ein gemaltes Märchen und ein Stück
geistiger Gegenwart und Wirklichkeit.

Nach der Schönheit, nach der Dichtung die Weisheit. Wir
sind wiederum in Griechenland, freilich nicht im mythischen

der Musen, sondern im geschichtlichen der großen Philosophen,
in der *Schule von Athen.* Sie ist dargestellt als ein Tempel. Aber
an diesem Tempel erinnern uns nur die beiden Statuen des
Apollon und der Athena (der Apollon trägt nun die Leier) unmittelbar an die Antike, denn der herrliche Bau selbst mit seinen
Bögen, seinen Tonnengewölben, seinen kassettierten Decken ist
nicht griechisch, sondern römisch – denken wir an die Maxentiusbasilika – und führt uns zugleich in die Gegenwart: in den
Petersdom, wie ihn Bramante erdacht hatte, der vielleicht auch
bei diesem gemalten Bau als Berater tätig war. Die Überlieferung will, daß der glatzköpfige Euklid, der im Vordergrund des
Bildes rechts um ihn gruppierten Schülern einen geometrischen
Lehrsatz erklärt, die Züge des großen Architekten trage, ebenso
wie der Greis, der auf der Disputa im Vordergrund links den
Inhalt eines Buches erläutert, das er aufgeschlagen vor sich hält.
Denn wie auf dem Parnaß erscheinen auch in der Schule von
Athen Menschen der Gegenwart, unter ihnen ganz rechts Raffael selbst im Dreiviertelprofil hinter dem hell gekleideten Sodoma, links von ihnen mit einer Erdkugel in der Hand Baldassare
Castiglione (als Zoroaster), der Verfasser des ›Cortegiano‹, dessen herrliches Bildnis von Raffaels Hand der Louvre besitzt. Es
ist die vordere Zone des Gemäldes, in der sich die Lebenden
bewegen, teils als Schüler der Weisen, wie Raffael oder Sodoma,
teils als Naturforscher und Mathematiker des Altertums, während die großen Weisen sich im Hintergrund um die zwei erhabenen Geister scharen, Platon und Aristoteles, die in dem, was
ihren Lehren gemeinsam ist, ebenso wie in dem, was sie trennte,
fast alle Brunnen des Erkennens ausgeschöpft hatten, aus denen
die Menschen ihren Durst nach Weisheit stillen konnten, ehe
der Quell des Heils entsprang, ehe die neue Lehre und die neu-
en Lehrer so vieles bestätigten, was jene beiden Meister, die
Schüler des heiligmäßigen Sokrates, geschrieben hatten. Im
Mittelpunkt des Bildes schreiten sie aus der hohen Halle heraus,
ganz in ein Gespräch vertieft, bei dem es – wie wunderbar ist das
sichtbar gemacht! – um die große Frage geht, auf die sie nicht
die gleiche Antwort geben können und auf die die Menschheit
immer zwei Antworten geben wird. Platon weist auf den Himmel als das Licht, das unserer Erkenntnis leuchtet, Aristoteles
auf die Erde, unsere große Lehrerin. Der greise Platon – er trägt
die Züge Leonardo da Vincis – hält sein mystischstes, mythisch-

stes Werk in der Hand, den Timaios, der jüngere Aristoteles
seine Ethik. Einem zum Himmel aufblickenden Platon, einem
Aristoteles, der mit der gleichen Geste auf die Erde weist, war
Raffael schon im heimatlichen Urbino begegnet, in dem ›Stu-
diolo‹, das Herzog Federigo mit den Bildnissen von Philosophen
und Theologen hatte ausmalen lassen, Malereien, an die auch
anderes in der Stanza della Segnatura erinnert. Links von Platon
sieht man Sokrates mit Alkibiades disputieren, der in voller Rüstung vor ihm steht. Unter denen, die diese Gruppe bilden, läßt
sich kein anderer Philosoph mit Sicherheit benennen, auch nicht
in der zur Rechten des Aristoteles. Ganz links im Vordergrund
steht lesend der mit Weinlaub bekränzte Epikur. Hinter ihm
schaut ein hübscher Bub hervor: der junge Federigo Gonzaga,
der damals in Rom studierte. Weiter rechts eine Gruppe: Pytha-
goras schreibend, links von ihm hockend der greise Empedokles
und stehend (mit einem Turban) Averroes. Dann rechts ein
schöner Jüngling in weißem Gewand, wieder ein Zeitgenosse als
›Schüler‹: Francesco Maria della Rovere, Herzog von Urbino.
Der einsame Mann, der noch weiter rechts tief über etwas nach-
denkt, was er aufzeichnen will, ist Heraklit, dessen Gesichtszüge
an Michelangelo erinnern, eine Figur, die auf dem in Mailand
befindlichen Karton noch fehlt. Und ebenso einsam wie Heraklit liegt Diogenes auf der Treppe. Besonders schön ist die
Gruppe von Schülern, die sich um Euklid-Bramante schart, und
mit Recht hat man stets den Knaben bewundert, der über dieser
Gruppe an der Tempelwand sitzt und aufschreibt, was ihm ein
Weiser diktiert. Was an diesem Gemälde aber vor allem entzückt, ist das, was ich im edelsten Sinne des Wortes das Gesell-
schaftliche nennen möchte. Welcher wohlerzogene Mensch,
auch wenn er kein Philosoph ist, würde sich nicht glücklich
schätzen, wie der junge Gonzaga oder der della Rovere in diesen
Kreis eingeführt zu werden, in dem sich höchste Weisheit und
wissenschaftliche Leidenschaften (Pythagoras- und Euklidgrup-
pe) so wunderbar menschlich, so natürlich, so selbstverständlich
und darum so vornehm geben? Wer möchte nicht in diese Schule gehn, in der er nicht nur Weisheit, sondern auch das lernen
kann, was in unserer Welt leider seltener wird: Anstand, Anmut,
Würde?

Nach der Schönheit und Weisheit die Wahrheit, allen Menschen geoffenbart durch den Menschensohn: davon spricht das

dritte der großen Gemälde in diesem Raum, die *Disputa*. Es
heißt so, weil in seinem Mittelpunkt ein Altar mit einem Osten-
sorium und der Hostie steht, man darum das Bild als eine Disputation um das Geheimnis der Eucharistie deutete. Eigentlich
handelt es sich um eine Verherrlichung des Glaubens, um ein
›Gloria in excelsis‹ dem dreieinigen Gott, das Himmel und Erde
singen. Doch mag man auch von einem Gespräch, ja sogar von
einem Geselligen reden, nicht nur unter den Menschen, sondern
auch unter den Aposteln, den Propheten, den Heiligen, ja den
Engeln: Raffael hat anders als Michelangelo, näher Dante, selbst
im Jenseits den Menschen nie anders als im Bezug auf die
Menschheit gesehn oder vielmehr in den unendlichen Beziehungen von Mensch zu Mensch, darin ganz Humanist im reinsten
Sinn des Wortes und zugleich Verherrlicher des Menschensoh-
nes. Darum hat er hier neben der höchsten Menschengemein-
schaft des Altertums, der Gemeinschaft im Geist, die höhere
christliche Gemeinschaft gezeigt, die Gemeinschaft im Glauben,
die Gemeinde. Im Himmel schart sie sich um Christus, auf Erden um die Hostie. Einen zart wolkigen Himmel gliedern gold-
ne Strahlen wie eine Muschel. Helle Engelkinder treiben darin
ihr Spiel. Andere, größere, buntere Engel schweben heran, auf
Gott Vater zu, der hinter dem Thron seines Sohnes segnend die
Hand erhebt. Zwischen seiner betenden Mutter und Johannes
dem Täufer sitzt der Heiland der Welt und weist ihr die offenen
Hände mit den Wundmalen. Unter ihm erscheint zwischen vier
Engeln, die die vier Evangelien tragen, in einer Glorie die Taube des Geistes. Rings um Christus aber thronen auf einer dunkleren Wolke, die den Himmel von der Erde scheidet, zwölf
Erwählte, ganz links zuerst Petrus mit den Schlüsseln, der halb-
nackte Adam, der Evangelist Johannes, König David mit der
Harfe, der Protomartyr Stephan und der Prophet Jeremias;
rechts vom Heiland: Judas Makkabäus in Ritterrüstung, der heilige Laurentius mit dem Rost, Moses, Jakobus der Ältere, Abraham mit dem Opfermesser und Paulus. Die Gestalten der unteren Zone lassen sich nur teilweise benennen. Links vom Altar
erkennen wir zunächst Gregor den Großen mit der Tiara, hinter
ihm Hieronymus mit dem Löwen, weiter links eine prachtvolle
Gruppe von Jünglingen, die das Sakrament verehren. Gern wüßten wir, wer der schöne junge Mensch im Vordergrund ist, der
mit Bramante spricht. Ganz links vor einer schönen Frühlings-

landschaft mit einer Kirche, an der noch gebaut wird, der Kopf
eines Klosterbruders, des Beato Angelico. Rechts vom Altar erhebt der heilige Ambrosius staunend die Augen zum Himmel.
Neben ihm sitzt Augustinus und diktiert einem Knaben. Weiterhin sehn wir Thomas von Aquin, Papst Innozenz III., den
heiligen Bonaventura, Papst Sixtus IV. della Rovere, Dante, und
zwar diesmal nicht als Poeten, sondern als Theologen. Der Kreis
hat sich geschlossen, aus der Poesie wurde Theologie durch
Vermittlung der Philosophie, aus Ahnen und Wissen die ewige
Wahrheit. Wir aber sind durch herrliche Menschen, durch Götter und selige Geister, ja durch die Gottheit selbst darüber belehrt, welchen Weg die Menschheit ging und welchen Weg auch
wir gehn müssen, wenn wir nicht in rohem Unwissen oder im
blinden Nurglauben leben, sondern Gott aus der ganzen Fülle
heraus erkennen und anbeten wollen, zu der er unser Herz und
unsern Geist befähigt hat. Die Maler des Mittelalters haben für
das Volk, das nicht lesen konnte, die Geschichten aus beiden
Testamenten und dem Leben der Heiligen als Armenbibeln,
›biblia pauperum‹, gemalt. Hier ist eine ›Bibel‹ ohnegleichen für
die, die zwar lesen können, aber – und gewiß nicht immer durch
eigene Schuld – jenen geistigen und seelischen Reichtum, jene
Fülle des Wissens und Glaubens verloren haben, mit der uns
hier nach dem Willen Julius' II. und durch die Hand des jungen
Raffael eine der Hochzeiten der Menschheit beschenkt.

In einem Raum wie diesem dürfen auch die kleineren Gemälde nicht ganz unbeachtet bleiben, obwohl einige davon nicht
Arbeiten Raffaels, sondern seines tüchtigen Mitarbeiters, des
Florentiners Pierin del Vaga, sind. Unter der Schule von Athen
hat er unter anderem den Tod des Archimedes gemalt; unter
dem Parnaß: Augustus verhindert, daß Vergils Freunde die Ae-
neis verbrennen und: Alexander legt die homerischen Epen in
das Grab Achills; unter der Disputa: Heidnisches Opfer, Augustus und die Sibylle, Augustinus und das Kind am Meeresufer.
Diese Schwarz-Weiß-Malereien werden von einem Sockel mit
gemalter Intarsia getragen. Zeitgeschichtlich bemerkenswert
sind die Fresken Raffaels an der Fensterwand, die sich alle auf
Justitia beziehn: Justinian überreicht dem Trebonius die Pan-
dekten, also das weltliche Recht, und Gregor IX. veröffentlicht
die sogenannten Dekretalen, also das kirchliche Recht (1234).
Gregor trägt die Züge Julius' II., in seiner Umgebung sehn wir

Giovanni de' Medici, den zukünftigen Leo x., und Alessandro Farnese, den zukünftigen Paul iii. Darunter: Solon und die Athener von Pierin del Vaga.

Nachdem er etwa 1511 die Stanza della Segnatura vollendet hatte, widmete sich Raffael der anschließenden STANZA DI ELIODORO, die 1514 vollendet wurde. Hier hat er geschichtliche Ereignisse dargestellt, bei denen die göttliche Vorsehung der Kirche zu Hilfe kam, all das mit für uns nicht mehr vollkommen durchsichtigen Beziehungen auf Zeitgenössisches. Die Gemälde sind nur noch teilweise von der Hand Raffaels, dessen mildem Gemüt die ihm hier gestellten hochdramatischen Themen vielleicht weniger lagen wie die in der Stanza della Segnatura. Deswegen glaube ich unter den vier großen Gemälden in diesem Raum dem den Vorzug geben zu dürfen, das (über dem Fenster) die *Messe von Bolsena* darstellt, also ein Wunder, das sich in der Stille einer heiligen Handlung vollzieht. Hier sehn wir Julius ii. dem böhmischen Priester gegenüber knien, der es 1263 erlebte: Während er an der Transsubstantiation, der Verwandlung von Wein in Christi Blut, zweifelte, zeigten sich rote Blutstropfen auf dem Meßtuch. Das Ereignis zog die Institution des Fronleichnamsfestes und den Bau des Doms von Orvieto zu Ehren der Reliquie nach sich. An der Eingangswand: *Die Vertreibung des Attila* aus Italien durch Leo i., dem Petrus und Paulus beistehn. Im Hintergrund das Kolosseum und andere römische Ruinen. Die Hunnen sind mit den gleichen Kettenpanzern ausgerüstet wie die Daker auf der Trajanssäule. Leo i. trägt nicht die Züge Julius' ii., der nicht mehr unter den Lebenden weilte, sondern die Leos x. Wahrscheinlich bezieht sich das Gemälde auf die Schlacht von Ravenna 1512, durch die die Franzosen aus Italien vertrieben wurden und an der Leo x. als Kardinal teilnahm, wobei er in Gefangenschaft geriet, worauf das dritte Fresko in diesem Raum anspielt: die prachtvolle *Befreiung Petri*, an dessen Ausführung Giulio Romano mitgewirkt hat. Das vierte, *Die Vertreibung des Heliodor*, zeigt nach dem Bericht im zweiten Makkabäerbuch, wie der Syrer Heliodor, der den Schatz des Tempels von Jerusalem rauben wollte, von zwei nur mit Keulen bewaffneten Jünglingen, Boten des Himmels, überwältigt wird. Dem wunderbaren Ereignis schaut gelassen Julius ii. zu, der auf der Sedia gestatoria hereingetragen wird. Ganz links steht Raffael. Bei diesem Gemälde waren Männer mit am Werk, die es gelernt hatten, ›alla maniera die Raffaello‹ zu malen: Giulio Romano und Giovanni da Udine. Sie werden auch an den Schwarz-Weiß-Malereien, den effektvollen Karyatiden und Hermen, nicht unbeteiligt sein. Die Deckenbilder sind von Peruzzi.

Das, was man ›Manierismus‹ nennt, tritt noch deutlicher in der 1514-1517 ausgemalten STANZA DELL'INCENDIO hervor, in die wir nun, noch einmal die Stanza della Segnatura durchschreitend, eintreten. Die schöne Decke wird Perugino verdankt, der sie bereits vollendet hatte, ehe sein großer Schüler in die Stanzen einzog. »Raffael«, schreibt Vasari, »wollte sie nicht zerstören, als Andenken und aus Zuneigung, da jener ihn zuerst der Stufe entgegengeführt hatte, die er in der Kunst einnahm.« In diesem Raum ist nur noch der berühmte *Borgobrand*, den Papst Leo IV. 847 durch das Zeichen des Kreuzes löschte, von Raffael selbst erzählt worden, womit er das volkstümlichste Bild der Stanzen schuf. Sein Werk sind vor allem die prachtvollen antikischen Gestalten im Vordergrund, unter denen zur Linken der Mann, der einen Greis trägt, an Aeneas und Anchises erinnert. Im Hintergrund erkennen wir die damals noch nicht abgerissene Fassade von Alt-Sankt Peter. Für die anderen Gemälde in diesem Raum hat Raffael wohl nur noch die Kartons geschaffen. Sie wurden von Giulio Romano ausgeführt, der inzwischen in der Sixtina auch noch gelernt hatte, ›alla maniera di Michelangelo‹ zu malen. Dargestellt sind: die Krönung Karls des Großen (mit den Zügen Franz' I. von Frankreich) durch Leo III. (mit den Zügen Leos X.); der Sieg Leos IV. über die Sarazenen bei Ostia 849, wohl das beste dieser Schülerbilder; der Schwur Leos III., der am 23. Dezember 800 – also zwei Tage vor der Krönung – in Gegenwart Karls und der Römer freiwillig einen Eid leistete, um sich von gegen ihn erhobenen Vorwürfen zu reinigen.

Als letzte der Stanzen malten dann nach Raffaels Tod die Schüler unter Giulio Romanos Leitung die SALA DI COSTANTINO mit großen Fresken aus, die eigentlich nur noch ein geschichtliches Interesse haben: Taufe Konstantins (Papst Sylvester trägt die Züge Clemens' VII.); Schlacht an der Milvischen Brücke; Kreuzesvision und Konstantinische Schenkung an Sylvester-Clemens, die durch eine kleine goldene Statue der Roma versinnbildlicht wird. Tugenden und Päpste vervollständigen die theatralische Ausstattung des Saals. An ihn schließt sich ein großer, *Sala dei Palafrenieri* genannter Saal an.

Grotesken-
Dekor in den
Loggien

Durch ihn gelangen wir in eine kleine KAPELLE NIKOLAUS' V. mit stillen, sehr poetischen Bildern, Heiligenleben, die nach dem Lärm des Konstantinsaals ungemein wohltuend wirken und zugleich zurückversetzen in eine Kunst, die noch allein dem Glauben diente. Der Klosterbruder Fra Angelico hat sie gemalt. Er war 1445 von Eugen IV. nach Rom berufen worden, für den er eine andere, heute zerstörte Kapelle im Vatikan geschmückt hat. Für dessen Nachfolger Nikolaus V., den ersten Humanisten auf dem Stuhl Petri, schuf er dann diese Kapelle, an der er bis zu seinem Tod 1455 drei Jahre gearbeitet hat. Die Bilder entzücken durch die heilig-heiteren Farben, die schönen Frührenaissancebauten, die anmutigen Gestalten, die stille, harmonische Komposition, die innige Gläubigkeit; und wer etwa in San Marco zu Florenz dem seligen Maler gelegentlich Süßlichkeit vorgeworfen haben sollte, wird solche Vorwürfe hier zurücknehmen müssen. Erzählt werden die Geschichten vom heiligen Protomartyr Stephanus und vom heiligen Laurentius, beide von der Berufung bis zum Martyrium. Sie sind zu bekannt, als daß ich sie nacherzählen müßte. Besonders schön scheinen mir: die Weihe des Stephanus durch Petrus; Laurentius unter den Armen und vor Kaiser Decius. An der blauen gestirnten Decke die Evangelisten, an der Fenster- und an der Türwand Kirchenväter.

Hier müssen Besucher der Vatikanischen Museen heute umkehren; denn aus Sicherheitsgründen bleiben die zum Damasushof und damit zum Apostolischen Palast gewandten *Loggien des Raffael* seit dem Attentat auf den Papst geschlossen. Sie dürfen jedoch in einer Beschreibung der Sehenswürdigkeiten des Vatikan nicht fehlen, auch wenn Worte den Augenschein nicht ersetzen können.

»Raffael verzierte«, so schreibt Vasari, »den päpstlichen Palast mit Grotesken und mannigfaltigen Fußböden und verfertigte auch die Zeichnungen zu den Loggien, die von dem Baumeister Bramante wohl angefangen, durch dessen Tod aber unvollendet liegengeblieben waren; sie wurden nach der neuen Zeichnung und Architektur Raffaels weitergeführt, in größerer Gliederung und mit mehr Schmuck, als es Bramante getan hatte. Und da nun Papst Leo die Größe seiner Freigebigkeit und Herrlichkeit zeigen wollte, verfertigte Raffael die Zeichnungen zu den Stuckverzierungen, zu den Bildern, die dazwischen gemalt sind, und zu den verschiedenen Abteilungen. Den Giovanni da Udine setzte er als Leiter über die Arbeit der Stukkaturen und Grotesken und den Giulio

Romano über die der Figuren, obwohl dieser wenig daran tat. Sicherlich kann man in Malerei, Stukkatur, Anordnung und schöner Erfindung kein herrlicheres Werk ausführen noch ersinnen.« Die Forschung hat diese Mitteilungen Vasaris bestätigt. Die Arbeit an den Loggien wurde ausgeführt, während der Meister die Stanzen ausmalte, im Sommer 1519 vollendet. Sein Werk ist vor allem die Architektur: Pfeiler und Bogen, die, sich nach allen Richtungen wiederholend, die Innenwand durch Pilaster gliedern und eine lange Reihe quadratischer Joche schaffen. Die Innenwand erhielt Scheinfenster mit Dreiecksgiebeln, unter denen wir jedesmal den Namen Leos x. lesen. Die Ornamentik ist nach antiken Vorbildern gestaltet, sowohl in den Stukkaturen wie in den Malereien. Diese ›Grotesken‹ hatten Raffael, der auch Aufseher über die römischen Altertümer war, und Giovanni da Udine in den Ruinen des Goldenen Hauses entdeckt, und Giovanni da Udine hatte die dort gegebenen Themen unendlich variiert. Dem großen Talent dieses Mannes gelangen dabei auch neue Formen; was er und Raffael damals fanden und erfanden, hat bis auf unsere Tage Künstler und Kunsthandwerker zu immer neuen Nachbildungen angeregt. Leider waren die Loggien lange unverglast, die Malereien jeder Witterung ausgesetzt, so daß sie immer wieder erneuert, dadurch vergröbert wurden. Das gilt auch von den 52 Szenen aus dem Alten und Neuen Testament, der sogenannten ›Raffael-Bibel‹, die die Decke der Loggia schmücken. Die Entwürfe dazu, vor allem für die schönsten, die in den ersten acht Arkaden, sind gewiß von Raffael, und trotz vielfacher Übermalungen kann man an der holden Naivität dieser Bilder noch immer große Freude haben. Die ganze Raffaelschule war hier am Werk: Giulio Romano, Francesco Penni, Pierin del Vaga, Polidoro da Caravaggio und andere; und dennoch entstand etwas Einheitliches. Als Raffael 1520 starb und ganz Rom um ihn trauerte, brachen in den Loggien arge Risse auf, worin man nach altrömischer Art ein Prodigium sah. Man dachte schon daran, die Loggien abzureißen, aber es gelang, sie für die Nachwelt zu retten.

Die Sixtinische Kapelle

Der Papst mit dem bedeutenden, aber keineswegs sympathischen Gesicht, den wir in der Vatikanischen Pinakothek in Gesellschaft von zweien seiner Nepoten auf Melozzos prachtvollem Fresko sehn werden, Sixtus iv. aus dem ligurischen Geschlecht della Rovere, der aus der spanischen Inquisition eine Einrichtung der Kirche gemacht hat, der Hauptschuldige an der Pazzi-Verschwörung, unter dem der Nepotismus blühte wie kaum unter einem andern Papst, ein harter und kriegerischer Mensch,

hat seinem Namen mit der Sixtinischen Kapelle ein Denkmal
gesetzt wie kaum ein anderer seiner Vorgänger oder Nachfolger.
Es ist dies bis heute die Palastkapelle des Vatikans, in der bei den
Papstwahlen das Konklave tagt. Gebaut wurde die Kapelle um
1480. Der große, sehr hohe, rechteckige Raum mit dem cosmatesken Fußboden und den durchaus gotischen Fenstern wirkt
eher mittelalterlich, muß noch mehr so gewirkt haben, als die
Decke mit goldenen Sternen übersät war. Doch die Chorschran-
ken und die Sängerkanzel der berühmten Sixtinischen Kapelle
sind Arbeiten im Geist der florentinischen Frührenaissance, an
denen unter andern Mino da Fiesole beteiligt war. Ein Florentiner, Pietro Dolci, war wohl der Baumeister. Unter den Malern,
die Sixtus 1481 mit dem Ausmalen der Kapelle beauftragte, waren drei Florentiner, nämlich Domenico Ghirlandajo, Sandro
Botticelli, Cosimo Rosselli, Signorelli aus Cortona und die beiden Umbrer Perugino, Pinturicchio – außer Rosselli alles Meister hohen Ranges. Peruginos Fresken an der Chorwand sind
zerstört worden, um Raum für Michelangelos Jüngstes Gericht
zu schaffen. Dies Werk und des Meisters Deckengemälde len-
ken uns leicht von den schönen toskanischen und umbrischen
Fresken ab: Werken von großer Poesie, von milder Frömmig-
keit, die wir an jedem andern Ort mit Freude studieren würden.
Die untere Wandzone mit den gemalten Vorhängen diente früher dazu, Raffaels Bildteppiche aufzuhängen. Die *Papstbildnisse*
zwischen den Fenstern haben ebenfalls die Künstler gemalt, die
die Fresken schufen. Links vom Altar reihen sich *sechs Szenen aus
dem Leben des Moses*, rechts *sechs Szenen aus dem Leben Christi.*

Beginnen wir mit den Mosesbildern an der Ecke der linken
Wand, die diese mit der Wand des Jüngsten Gerichts bildet. Da
erzählt uns zunächst Pinturicchio, der damals noch ein Geselle
Peruginos war, in seiner naiven und gesprächigen Weise von
Moses in Ägypten, von seinem Weib Sephora und der Beschnei-
dung ihrer Kinder. Es folgt eines der schönsten Bilder der Reihe, auf dem Botticelli den brennenden Dornbusch und Moses
dargestellt hat, der die Midianiter vom Brunnen vertreibt. Un-
vergeßliche, ganz botticellihafte Gestalten sind auf diesem Bild
die beiden goldblonden Töchter des Jethro. Pharaos Untergang
im Roten Meer und die Anbetung des Goldenen Kalbs sind mittelmäßige Arbeiten von Rosselli, auf die wieder zwei bedeutende
Werke folgen: die Vernichtung der Aufrührer durch Moses von

Botticelli und die letzten Tage des Moses von Signorelli. Botticelli stellte hier eine höchst dramatische, heftig bewegte Szene
in eine edle antike Architektur hinein. Vor den Konstantinsbogen und das damals noch erhaltene Septizonium des Septimius
Severus, wobei es anziehend zu sehn ist, wie der Florentiner das
Schwere des spätantiken Triumphbogens zu frührenaissancehaf-
ter Zierlichkeit gewendet hat. Signorelli, der, als er in der Sixtina
arbeitete, ungefähr vierzig Jahre und noch wenig bekannt war,
erzählt uns vor einer seltsamen, höchst romantischen Felsen-
landschaft und zwischen jenen Perugino-Bäumen, die ihm (wie
Raffael) immer lieb geblieben sind, wie Moses die Führung der
Kinder Israel dem Josua übergibt, die letzte Predigt des Gewaltigen und (im Hintergrund) die Klage an seinem Leichnam und
seine Entrückung. Unter den frühen Werken Signorellis ist mir
dies stets als eine besonders große Leistung erschienen.

An der gegenüberliegenden Wand sehn wir zunächst die Taufe Christi, an der wohl Perugino und Pinturicchio gemeinsam
gearbeitet haben, wobei der Schüler deutlich das meiste tat. Daneben wieder ein prächtiges, figurenreiches Fresko von Botticelli, voll von anmutigen und edlen Gestalten und Gesichtern. Dargestellt ist das Reinigungsopfer des Aussätzigen, von dem wir im
achten Kapitel des Matthäus lesen und das sonst selten gemalt
worden ist. Im Hintergrund auf zwei Felsengruppen und auf
dem First eines Renaissancegebäudes, das hier an Stelle des
Tempels von Jerusalem steht, aber in Wirklichkeit das damals
neu erbaute Ospedale di Santo Spirito am Tiber ist, sehn wir die
drei Versuchungen Jesu nach dem vierten Kapitel Matthäi. Das
großartigste unter diesen Wandgemälden ist vielleicht das nächste: Domenico Ghirlandajos Berufung des Petrus und des Andreas am Galiläischen Meer, bewundernswert vor allem durch
die klare und feierliche Komposition. An dem vierten Bild,
Bergpredigt und Heilung des Aussätzigen von Rosselli, hat nach
neueren Forschungen dessen Schüler Piero di Cosimo einen
bedeutenden Anteil; schon Vasari schreibt ihm die Landschaft
zu. Von Perugino ist die Schlüsselübergabe an Petrus eine ergreifende, feierliche Szene, die sich auf einem weiten, lichten
Platz vor einem Kuppelbau abspielt, der Kirche, die der Herr auf
den Felsen Petrus aufbauen wird und die zwischen zwei Konstantinsbogen, also in Rom und nirgends anders stehn soll. Der
beleibte Mann im Vordergrund ganz rechts ist Perugino selbst.

Es folgt noch das Abendmahl von Rosselli. An der Wand dem Altar gegenüber Auferstehung von Ghirlandajo und: der Erzengel Michael bewacht den Leichnam des Moses von Salviati, der ebenfalls aus Florenz kam, aber viel später als die andern Florentiner, die in dieser Kapelle gewirkt haben, auch nach Michelangelo.

1974 wurde die Restaurierung der quattrocentesken Fresken in der Sixtina abgeschlossen. Seit 1980 werden in einem auf zwölf Jahre veranschlagten Intensivprogramm die FRESKEN MICHELANGELOS – Lünetten, Deckenbilder und die Stirnwand mit dem Jüngsten Gericht – gereinigt. Das Ergebnis setzte Fachleute wie Kunstliebhaber gleichermaßen in Erstaunen und nötigte zu einer Neubewertung des Malers Michelangelo. Verschwunden ist die bräunlich-graue, tragisch anmutende Patina, eine Folge von Staub und Kerzenrauch im Verlauf der Jahrhunderte. Die nun zutagegekommenen ursprünglichen Farben verblüffen durch ein intensives, zuweilen grelles Kolorit und kühne Kontrastwirkungen, mit denen Michelangelo der Malerei des 16. Jahrhunderts völlig neue Wege wies. Die Reinigung erbrachte auch neue Erkenntnisse über des Meisters Arbeitsweise: In den Lünetten, teilweise auch an der Decke, verzichtete er gänzlich auf Kartons, was die ungewöhnlich spontane Formgebung bewirkt. Durch stärkeren Farbauftrag ließ er die monumentalen Figuren in der Fernwirkung stärker hervortreten. Wer die Sixtina von früher kennt, wird dieses Schöpfungswerk, das gleichsam aus dem Schatten in helles Licht herausgerückt scheint, kaum wiedererkennen.

Der Auftraggeber der *Deckenfresken*, Julius II., war ein Neffe Sixtus' IV., des Erbauers der Kapelle. Wir werden ihn, den damaligen Kardinal Francesco della Rovere, auf Melozzos Bild in der Vatikanischen Pinakothek vor seinem Onkel stehn sehn: einen schönen, würdigen, jüngeren Mann. Als Sechzigjähriger war er 1503 Papst geworden. Schon zwei Jahre später gab er Michelangelo den Auftrag, ihm einen Entwurf für sein Grab vorzulegen, doch als der Meister nach Rom kam, um das Werk in Angriff zu nehmen – ganze Schiffsladungen von Marmor, den er selbst in Carrara ausgesucht hatte, lagen schon auf dem Petersplatz bereit –, fand er im Vatikan verschlossene Türen. Er flieht nach Florenz. Mit Hilfe der Florentiner Regierung holt ihn der Papst zurück und zwingt ihn, den leidenschaftlichen Bildhauer, die Decke der Sixtinischen Kapelle auszumalen.
Erinnern wir uns, wenn wir sein Werk betrachten, wie vieles daran gemalte Skulptur ist: ungemeißelte Statuen für das Julius-

Das Deckengewölbe der Cappella Sistina mit den Fresken des Michelangelo

grab, das nie vollendet werden sollte. Michelangelo war empört
über den Auftrag, sträubte sich heftig dagegen, schlug vor, statt
seiner Raffael zu berufen. »Je mehr er sich indes weigerte«,
schreibt Vasari, »desto mehr stieg des Papstes Verlangen.«
Schließlich gab Michelangelo nach, wofür ihm Julius gewährte,
was zuvor noch keinem andern Künstler erlaubt worden war: die
Art und das Programm der Darstellung ganz allein zu bestimmen. Nur ganz allgemein wurde ihm der Auftrag, die Fresken-
folgen der Seitenwände: das Erlösungswerk unter dem Gesetz
(die Geschichte des Moses) und das Erlösungswerk durch die
Gnade (Wirken Christi) durch das Erlösungswerk vor dem Gesetz (Genesis und Noahgeschichte) zu ergänzen.

Die erste Zahlung wurde am 10. Mai 1508 geleistet, dann das
Gerüst gebaut. Michelangelo ließ Gehilfen aus Florenz kom-

men, schickte sie aber bald wieder heim. »Er vollendete das ganze Werk«, berichtet Condivi, »in zwanzig Monaten ohne die mindeste Hilfe, ja auch ohne nur jemand zu haben, der ihm die Farben rieb.« Diese fast unglaubhafte Behauptung wurde durch die neueren Forschungen bewiesen: er begann im Spätherbst 1508 und beendete die eigentlichen Deckengemälde im August 1510. Dann scheint er an den Lünettenbildern gearbeitet zu haben. Wenige Monate nach der feierlichen Einweihung der Kapelle am Allerseelentag 1512 ist Julius II. gestorben.

Viele Jahre danach – drei Päpste waren inzwischen in die Ewigkeit abberufen worden – schuf Michelangelo dann für Paul III. Farnese von 1534 bis 1541 das Jüngste Gericht, zu dem ihm aber schon Clemens VII. Medici den Auftrag erteilt hatte. Unter Paul IV. Carafa mußte 1558 des Meisters Schüler Daniele da

Volterra die sogenannten anstößigen Stellen dieses Gemäldes übermalen, was ihm den Spitznamen ›il Braghettone‹ eintrug, der Unterhösler. Mit diesem Satyrspiel endet das Schauspiel in drei gewaltigen Akten, das die Ausmalung der Sixtinischen Kapelle ist. In den Jahren zwischen den beiden Weltkriegen ist die Decke gründlich restauriert worden. Daß ich auf dem Gerüst, das man zu diesem Zweck aufgerichtet hatte, die Gemälde wiederholt aus der Nähe sehn durfte, so wie Michelangelo sie selbst einst gesehn hat, gehört zu den Glücksfällen meines Lebens.

Eine Beschreibung der Gesamtanordnung der Deckengemälde, ihres ›Systems‹, muß, so meine ich, eine durchaus nüchterne und trockene sein und sich jeder ›Deutung‹ enthalten, wenn sie dem Betrachter nützen soll. Die Kapellendecke ist ein ungegliedertes, muldenförmiges Gewölbe, aus dem den Fenstern entsprechende Stichkappen herausgeschnitten sind. Die Zwickel sind durch ein schweres gemaltes Gesims von dem leicht gekrümmten Gewölbespiegel getrennt, wodurch ein großes rechteckiges Mittelfeld entsteht. Aus den Zwickeln streben Pilasterpaare auf und bilden die Throne der Sibyllen und Propheten. Diese Pilaster setzen sich im Gewölbe als Gurte fort, zwischen die abwechselnd größere und kleinere Bildfelder eingespannt sind, die größeren dort, wo die Stichkappen vorstoßen. Wir haben also zwar gemalte Architektur und, wie gesagt, auch gemalte Plastik vor uns, aber nicht wie bei den großen barocken Deckengemälden Illusionsmalerei, obwohl natürlich diese barocke Illusionsmalerei der Sixtinischen Decke fast alles verdankt; wie sie ja auch von dem überwältigenden Gestaltenreichtum des Jüngsten Gerichts entscheidende Anregungen empfing. Freilich hat sie – denken wir an die Bacicciadecke im Gesù – versucht, die Grenzen zwischen Architektur, Skulptur und Malerei aufzulösen, völlig unsichtbar zu machen, was Michelangelo nur sehr zurückhaltend tut. Doch wenn noch irgendein Zweifel darüber bestehn sollte, wo Manierismus und Barock beginnen, so wird er, meine ich, von diesem Deckengemälde zerstreut: dieser neue Stil, der eine so gewaltige künstlerische Bewegung auslöste, ist eine Erfindung Michelangelos, er wurde zuerst in der Sixtinischen Kapelle verwirklicht, hat sich von hier aus erst Rom und von Rom aus die Christenheit erobert.

Während die Florentiner und Umbrer auf den Seitenwänden nur Menschen darzustellen hatten oder Gott, den Sohn, in Men-

schengestalt, sah sich Michelangelo vor der ungeheuren Aufgabe, den zu malen, der von sich sagt: »Ich bin, der ich bin«, den
Gott der Weltschöpfung. Keiner vor oder nach ihm hat es ver-
mocht, uns ein so erschütterndes, erhebendes, begeisterndes
Bild dessen vor Augen zu führen, der uns verbot, uns ein Bild
von ihm zu machen, und uns doch lehrte, ihn ›unsern Vater‹ zu
nennen. Wir sehn ihn zuerst (in dem Bild über dem Altar), wie
er mit einer gewaltigen Bewegung die Erde aus dem Tohuwabo-
hu erlöst, das Licht von der Finsternis scheidend; wie er Sonne
und Mond bildet, wie er die Erde und uns mit Pflanzen und
Tieren beschenkt und endlich, wie er unseren Urvater schafft.
Auf dem ersten dieser Bilder, im Chaos, ist er noch allein, doch
dann umschweben ihn flügellose Engel, hat er doch den schönsten unter ihnen »vor dem Morgenstern« erschaffen. Engel um-
hüllt sein Mantel, während er Adam erweckt, unter ihnen ein
mädchenhafter, cherubhafter: die noch ungeborene Eva. Ergreifend, wie auf dem folgenden Bild, der Schöpfung Evas, aus dem
durch Wolken und auf Winden daherbrausenden Schöpfergott
ein weiser, priesterlicher, fast möchte man sagen: besorgter
Gott, aus der holden Engelin ein Weib: die Urmutter geworden
ist. Wir werden den Herrn nicht wiedersehn. Das erste Men-
schenpaar ist allein mit der Schlange, der Verführung, der es
erliegt. Und ein ganz anderer Engel als die der Schöpfungstage,
die holden Knaben, ein Gerichtsengel vertreibt es aus dem Paradies. Des Sündenfalls Folge ist die Sintflut: ein figurenreiches
Bild, dem das Opfer der Gottlosen voransteht und auf das Noahs
Trunkenheit folgt als ein Hinweis darauf, daß auch die Sintflut
das Böse unter den Menschen nicht ausgelöscht hat. Mit Recht
ist man der Meinung, Michelangelo habe zuerst die Sintflut und
die zwei sie umgebenden Bilder gemalt, deren verhältnismäßig
kleine Figuren noch nicht den riesigen Raumverhältnissen der
Kapelle entsprechen. Hier waren offensichtlich noch Mitarbeiter beteiligt, während Michelangelo in der Folge im Alleingang
zu einer rascheren Arbeitsweise und einem größeren Maß an
Spontaneität überging, indem er nur noch die Hauptfiguren mit
Hilfe von Kartons malte und vieles unmittelbar auf dem feuchten Putz entwarf.

   Als Riesen und Riesinnen hat Michelangelo die Sibyllen und
Propheten dargestellt. Sie sehn nicht, was sich vom ersten
Schöpfungstag bis zur Sintflut ereignet, aber sie wissen darum,

sie bedenken es, sie schaun in ihr Inneres und sie »wahrsagen alle«, wie der Kirchenvater Lactantius von den Sibyllen sagt, »einen einzigen Gott«: den, der Moses im Dornbusch erschien, der der Menschensohn sein wird. Es sind große Einsame wie Michelangelo selbst, doch ihre Einsamkeit schenkt ihnen Kinder des Geistes, Gedanken: denn all die Kinder und Jünglinge unter und über dem Gesims, die Puttenpaare der Pilaster und die berühmten Ignudi darüber habe ich mir nie anders erklären können, und, da sie unerklärt sind, mag man mir diese Auslegung erlauben. Man hat die Ignudi auch ›Sklaven‹ genannt, weil sie, rein äußerlich betrachtet, in einen Dienst gestellt sind: sie spannen Kränze von Eichenlaub aus, der Wappenpflanze der della Rovere; und einige scheinen das fast unwillig zu tun. Aber Sklaven sind sie nicht; eher möchte ich sie Jünger nennen. Justi meint, man könne nicht bezweifeln, »daß Eros hier sein Wesen treibt«. Und Condivi berichtet: »Oft hörte ich Michelangelo über die Liebe reden. Von Leuten, die dabei waren, erfuhr ich, daß er nicht anders davon sprach, als wie man es bei Plato lesen kann.« Neben der höchst lebendigen, wirklichen, hellenisch-hellen Welt der Putten und der Jünglinge treten nun auch die Ahnen Christi, die in den *Zwickeln* dargestellt sind, aus ihrem Schattendasein heraus: sie hausen wie in jenseitigen Höhlen; und das gilt noch mehr von den Gestalten, die sich unter dem schweren, reich verkröpften Gesims zwischen den Thronen der Propheten und Sibyllen drängen, von denen, die bei der Reinigung neu entdeckt, in aufregend ›moderner‹ Farbgebung und Gestaltung die *Lünetten* füllen. Hier sind Männer, Frauen, Kinder: ein Volk von Seelen, die der Erlösung harren, der Erlösung durch die Gnade, die die Propheten und Sibyllen verkünden.

Nun sei noch von diesen großartigen Gestalten der Sixtina kurz die Rede. Unter diesen Frauen und Männern ist die des reinen Hellenentums die jüngste, schönste: die Delphica. (Wenn wir vom Altar her kommen unter der ›Schande Noahs‹ rechts.) Sie hat ein Gesicht, schaut in eine Ferne hinein, in der ihr eine ungeheure Wahrheit erschienen ist und zu ihr redet: daß Gott der Welt in ihrer Sprache, der griechischen, verkündet werden soll. Neben ihr thront (an der Längswand) der größte der Propheten von Juda: Jesaias. Auch er ist jung wie die Delphica, aber sein Gesicht ist im Gegensatz zu dem der Griechin eine innere Schau. Neben ihm versenkt sich eine Greisin in ein prophetisches Buch: die Cumaea. Was sie verkünden wird, ist das Schicksal, das die Stadt Rom für Italien und die Welt bedeutet. Ein Knabe dient dem Daniel, stützt sein großes, weit aufgeschlagenes Buch; ein fast noch größeres entnimmt die Libyca einem Schrein, in dem es bisher verborgen lag, um der Menschheit Afrikas uralte Weisheit zu verkünden. Jonas (an der Querwand), ein nackter Jüngling, ein riesiger Ignudo, ist unter den Propheten und Sibyllen als ein Prometheus geschaut, als der, der gegen das Prophetenschicksal aufbegehrt. Neben ihm (wiederum an der Längswand), völlig in Betrachtung versunken, thront Jeremias. Die Persica, wie Jeremias uralt, scheint nicht ohne Mühe eine prophetische Schrift zu entziffern. Ezechiel aber ist der einzige Redende unter all diesen Lesenden und Schweigenden. Redet er mit Gott? Durch heilige Schriften spricht Gott auch zu der schönen jungen Frau neben ihm: der Erythraea, zu Joel, der einen Papyrus entfaltet hat, zu dem großartigen göttlichen Greis Zacharias (an der Querwand). Sehr bedeutend sind die Gemälde in den vier Eckzwickeln des Gewölbes, werden aber leicht übersehn: neben dem Zacharias David und Goliath, Judith und Holofernes; neben dem Jonas über dem Jüngsten Gericht: Ahasver und Esther und Aufrichtung der ehernen Schlange. Diese Bilder haben auf die Zeitgenossen Michelangelos einen besonders starken Eindruck gemacht, vor allem der enthauptete Leichnam des Holofernes – »er rührt sich noch einmal«, sagt Vasari – oder die unerhörten Verkürzungen in der Gestalt des gekreuzigten Hanan oder bei dem Fresko, das die eherne Schlange zeigt, die Qualen der von den Nattern gebissenen Israeliten, wobei man, wie wiederum Vasari sagt, »deutlich die verschiedenen Todesarten unterscheidet«. »Das Gewölbe«, schreibt Vasari hingerissen, »ist besiegt von der Kunst des Zeichners. O wahrhaft glückliches Zeitalter unserer Gegenwart! Glücklich ihr Künstler, die ihr eure Augen in der Quelle solcher Klarheit baden konntet! Danket dafür dem Himmel und strengt euch an, Michelangelo in jedem Ding nachzuahmen.« Die Saat, die der Meister gesät hat, ist aufgegangen: als Manierismus und letztlich im Barock.

DAS JÜNGSTE GERICHT an der Altarwand der Sixtina hat den alten Michelangelo sieben Jahre hindurch beschäftigt; er war 66 Jahre alt, als er das Werk am Weihnachtstag 1541 enthüllte: »Zum Verwundern und Erstaunen Roms, ja der ganzen Welt«, sagt Vasari. Wenn in der Sixtina bisher die Geschichte von der

Erlösung des Menschen dargestellt worden war, damit des Menschen Vergangenheit, so wird hier des Menschen Zukunft entschleiert: das, was uns alle erwartet, der Tag des Zorns, der Tag des Gerichts. Als den ›dies irae‹ hat Michelangelo uns den Gerichtstag geschildert: weit furchtbarer, als das Signorelli in Orvieto vor ihm getan hatte. Aber sein Christus erscheint nicht als ein Rächer in diesem Wirbel von Gestalten, die alle, ob sie nun zu den Verdammten oder zu den Erlösten gehören, ob es Propheten, Apostel, Märtyrer oder gewöhnliche Sterbliche sind, noch schwer an ihrem irdischen Leib tragen und an ihrer Sündenlast. Er erscheint als ein junger Gott, eine apollinische Lichtgestalt, die nicht Rache, sondern Gerechtigkeit übt, nach ewigen Gesetzen Urteil spricht: zu seiner Rechten mit milder Bewegung der linken Hand die Erwählten in einem wunderbaren Wirbel von Leibern aus den Gräbern zu sich emporziehend; zu seiner Linken mit einer hoheitsvollen Bewegung der rechten Hand die Verdammten in die Tiefe stürzend. Dämonen versuchen die Erwählten herabzuzerren, beschleunigen den Sturz der Verdammten, doch eine Wolke von Posaunenengeln bricht zwischen die beiden Menschenwirbel ein und verkündet schallend den Willen des ewigen Richters. Bei den höllischen Gestalten, dem Charon und dem Minos, der sich mit seinem Schwanz umgürtet, wird besonders deutlich, was Michelangelo wie Signorelli Dante danken. Hier schlägt »Charon, der Dämon, jeden mit dem Ruder, der zögert« und »Adams schlechter Samen wirft sich einer um den anderen auf jenes Ufer«, wo Minos richtet und sich »so oft mit seinem Schweif umgürtet«, wie die verdammte Seele in die Tiefe hinab muß, um in den Höllenkreis zu gelangen, zu dem sie jener »Sündenkenner« verdammt. Vasari weist, das ganze Gemälde beschreibend, ausdrücklich auf Dante hin und meint, Michelangelo habe den Gestalten eine solche Kraft gegeben, daß er das Wort Dantes verwirklichte: »Morti li morti, e i vivi parean vivi – die Toten schienen tot, die Lebenden lebendig.« Nach einem lebenden Menschen hat der Meister den Minos gemalt: nach einem päpstlichen Zeremonienmeister, der an den nackten Gestalten des Gemäldes Anstoß nahm; und wenn er ihn zum Höllenrichter machte, so ging er immerhin milder mit ihm um als Dante mit manchen seiner Zeitgenossen, die er in die tiefsten Höllenkreise verdammte. Mit sich selbst ist er auf diesem Bild sehr hart verfahren, als er dem

geschundenen Bartholomäus, der zur Rechten Christi sitzt
(rechts vom Beschauer), seine abgezogene Haut in die Hand gab
und in diese Haut sich selbst, sein eigenes verzerrtes, zerquältes
Gesicht hineinmalte. Besonders hat mich auf diesem Bild immer
die Gestalt der Maria, unserer Fürbitterin, ergriffen, die untätig,
leidend, mitleidend neben ihrem gewaltigen Sohn sitzt. Über
dem Haupt des Weltenrichters, in den Lünetten scheinen die
Ignudi vom Gewölbe herabgestürzt zu sein, um die Werkzeuge
der Passion durch die himmlischen Höhen zu wirbeln. Wie sie
sich zur Rechten mit der Säule plagen, das könnte der Meister in
den carrarischen Marmorbrüchen gesehn haben, denn seine Engel sind durchaus keine Geistwesen. Aber mit Condivi muß ich
sagen, indem ich diese kurze Beschreibung des Jüngsten Gerichts beende: »Es sind da unzählige Einzelheiten, die ich mit
Schweigen übergehe. Genug, daß man, abgesehn von der herrlichen Komposition, alles dargestellt sieht, was die Natur aus einem menschlichen Körper machen kann.« Eine Bemerkung des
Charles de Brosses hat mir einmal, als ich es mit dem Jüngsten
Gericht schwer hatte, sehr geholfen: »Das ganze Bild ist ein
ungeheures Getöse und gefällt weniger als es erschüttert, wie ein
solcher Stoff das verlangt.« Goethe hat dem Werk gegenüber
fast die Stimme verloren: »Ich konnte nur sehn und staunen. Die
innere Sicherheit und Männlichkeit des Meisters, seine Groß-
heit geht über allen Ausdruck.« Wie er das Barock nicht verstand, hat Jacob Burckhardt auch das Jüngste Gericht abgelehnt,
freilich nicht ohne mit den Worten zu schließen: »Immer noch
bleibt das Ganze einzig auf Erden.«

Noch habe ich kein Wort über die Farben des Jüngsten Gerichts gesagt:
diese unheimlichen Mondnachtfarben, und zwar deswegen, weil darüber
in den 1700 erschienenen ›Monuments de Rome‹ des Abbé François
Raguenet einige ungemein richtige Sätze zu lesen sind, die am Ende
dieser Schilderung der Sixtina meine Leser erfreun mögen: »Ich werde
noch eine weitere Schönheit dieses Werkes anführen, von dem die
Drucke keine Vorstellung geben können: das sind die Farben, die das
Licht der Welt nach dem Untergang ausdrücken sollen, die aber auf
keine Weise auf Kupferstichen erscheinen können, wo es nur Schwarz
und Weiß gibt. Dieses Licht, von dem Michelangelo annimmt, daß es
nach der Zerstörung der Sonne und der Sterne auf Erden zurückgeblie-
ben ist, ähnelt in keiner Weise dem unserer Tage, noch dem unserer
Nächte, weder dem Sonnenlicht, noch dem des Mondes; aber es ist – wie

soll ich sagen? – jene Mischung von Halb-Hell und Halb-Dunkel, von
Weiß und Blau, wovon ich nur eine Vorstellung geben kann, wenn ich
sage, daß sie einem Zustand gleicht, der sich einer Sonnen- oder Mond-
finsternis nähert; darin ist das Genie Michelangelos bewundernswert.
Denn da die Sonne am Ende der Welt erlöschen wird, und nichtsdesto-
weniger es nötig ist, daß ein Rest von Licht auf Erden bleibe, damit die
Körper zu erkennen sind, konnte Michelangelo nichts Besseres erfinden,
um dieses Licht darzustellen, als es ähnlich dem zu malen, das man sieht,
wenn die Sonne oder der Mond sich verfinstern; denn es steht fest, daß
auch nach der Verfinsterung noch etwas Licht in der Luft bleibt; aber es
ist ein düsteres und erloschenes Licht, das nur dazu dienen kann, die
einzelnen Gestalten zu unterscheiden, ohne ihre verschiedenen Farben
erkennen zu lassen, ein Licht, das alle Gegenstände mit seiner eigenen
fahlen und bleiernen Farbe tönt; es ist gerade diese Färbung und dieses
bläuliche und blasse Licht, das Michelangelo gewählt hat, um die Körper
sehn zu lassen, die sich am Tage des Jüngsten Gerichts auf der Oberflä-
che der Erde befinden.« Lebhaft dachte ich an diese Sätze, als ich 1961
die große Sonnenfinsternis in Italien sah. – Das Ergebnis der Reinigung
bleibt abzuwarten.

Die Borgiagemächer

Von der Sixtina führt ein schmaler Gang in den ältesten Teil des
Palastes. Hier hat Alexander VI. gelebt, und darum ists nicht
verwunderlich, daß diese Räume als Schauplätze einiger der
Verbrechen gelten, die dem Borgiapapst zugeschrieben werden.
Seit Julius II. waren sie unbewohnt; erst Leo XIII. ließ sie wieder
öffnen und die schönen Fresken restaurieren, mit denen sie Pinturicchio und dessen Schüler 1492-1495 ausgemalt haben. Die
ersten beiden Räume liegen noch in der schon erwähnten Torre
Borgia. Der Wandschmuck beginnt im ersten mit den Sibyllen,
die den Heiden das Kommen Christi geweissagt haben, auf die
dann im zweiten die Propheten folgen, außerdem die Apostel
mit den Versen des Glaubensbekenntnisses, das sie der Überlieferung nach, ehe sie sich trennten, niederschrieben, indem jeder
von ihnen einen Glaubenssatz beitrug. Bis hierher sind wir ganz
im Reich der Religion, in die dann im dritten Raum die Wissenschaften und freien Künste eingefügt werden: Trivium und
Quadrivium. Dieser Raum hat wahrscheinlich dem Papst als
Studierzimmer gedient. Er hat einen schönen Majolikafußboden
und eine prächtige Stuckdecke mit goldenen Borgia-Stieren. Auf
das Borgiawappen spielen auch die Darstellungen des Mythos

vom Apis-Stier auf der Decke des vierten Raumes an. An den Wänden dagegen hat *Pinturicchio* auf die ihm eigene heitere Art Heiligenlegenden erzählt. Ein ganz eigenhändiges Werk Pinturicchios nimmt die Hauptwand ein: die Disputation der heiligen Katharina von Alexandrien mit Kaiser Maximian, eine Legende, aus der der Meister ein orientalisches Märchen gemacht hat. Man nimmt an, daß er die Bildnis- und Kostümzeichnungen kannte, die der Venezianer Gentile Bellini in Konstantinopel angefertigt und mitgebracht hatte. Es stand ihm aber auch ein lebendes Modell zur Verfügung, der Sohn Mohammeds II., Prinz Djem, der als Geisel im Vatikan lebte. Wir sehn ihn auf dem Fresko ganz rechts hoch zu Roß. Ganz links über spielenden Kindern hat sich Pinturicchio selbst dargestellt. Die Heilige, ein wunderschönes blondes Mädchen, in Blau und Rot, also in die Farben der Borgia gekleidet, stellt vielleicht Lucrezia Borgia dar. In der Mitte des Bildes steht der Konstantinsbogen. An der gegenüberliegenden Wand über dem Fenster sehn wir auf einer Darstellung des Sebastiansmartyriums Palatin und Kolosseum. Der fünfte Saal ist den Glaubensgeheimnissen gewidmet. Unter der Auferstehung ein prachtvolles Bildnis des Borgiapapstes im Profil. Der sechste Raum wurde erst unter Leo X. von Raffaelschülern dekoriert.

Museo Sacro und Bibliothek

Wir kehren zum ersten der Borgiasäle, dem der Sybillen, zurück und gelangen so in das MUSEO SACRO, das Benedikt XIV. im Jahre 1756 gründete. Es enthält Werke der Kleinkunst aus christlicher Zeit: Elfenbeinschnitzereien, Emailarbeiten, Metallarbeiten, Stoffe und so weiter. Wir sehn eine einzigartige Sammlung von Goldgläsern des 3. und 4.Jahrhunderts. Schöne antike Fresken enthält ein Nebenraum, darunter die berühmte *Aldobrandinische Hochzeit.* Dargestellt ist hier vielleicht nach einem älteren Vorbild die Hochzeit zwischen Alexander und Roxane. Lieber als dieses Bild sind mir die höchst phantastischen *Odysseelandschaften*, die wir ebenfalls in diesem Raum finden.

Wir kommen nun in die VATIKANISCHE BIBLIOTHEK, das heißt in den dem Museumsbesucher zugänglichen Teil der Bibliothek. Gegründet hat diese Bibliothek Nikolaus V. um 1450. Sixtus IV. hat sie zuerst in eigenen Räumen aufstellen lassen. Um ihre

Schausaal der Vatikanischen Bibliothek

SIXTVS·?

ständig sich mehrenden Bücherbestände unterbringen zu können, ließ Sixtus V. 1588 den großen Zwischenbau im Belvederehof bauen. Wir durchwandern nun wieder den westlichen Gangbau, diesmal in nördlicher Richtung, und kommen so zum großen *Schausaal der Bibliothek* mit Lünettenbildern, in denen das Leben Sixtus' V. geschildert wird. Hier können wir in zahlreichen Schaupulten kostbare Handschriften bewundern, doch muß ich schon deswegen auf Hinweise verzichten, weil nicht immer dieselben Stücke ausgestellt sind.

Der Westgang führt weiterhin in das von uns schon besuchte Museo Profano und zum Ausgang. Doch wir sind mit unserem Rundgang noch nicht zu Ende.

Die Vatikanische Pinakothek

Hier werden uns wohl die drei ersten Säle lange beschäftigen, denn sie enthalten neben byzantinischen, russischen und kretischen Ikonen vor allem Werke der italienischen Gotik und der frühesten Renaissance in so großer Anzahl und von so hohem Wert wie wenige europäische Sammlungen.

Im ersten Saal möchte ich vor allem auf das rührende, vielleicht nach dem Leben gemalte Bildnis des Heiligen Franz von *Margaritone d'Arezzo* hinweisen. Bemerkenswert ist die runde Weltgerichtstafel, eine Arbeit römischer Benediktiner, die sehr verschieden datiert wird, von einigen bis ins 11., von anderen ins 13. Jahrhundert. Die Bildinhalte der Tafel gehn zum Teil auf orientalische Texte zurück. Das zeigen uns zum Beispiel die beiden Reiterinnen auf Ungetümen, die das Meer und die Erde personifizieren, oder die Land- und Seetiere, die ausspeien, was sie gefressen haben, damit alles Fleisch auferstehen kann. Die Tafel ist für Klosterfrauen gemalt worden, die den Apostel Paulus besonders verehrten. Paulus sitzt darum (im zweiten Bildstreifen von oben) zur Rechten Christi, also auf dem Platz, den sonst Petrus einnimmt. Schön ist unten links das Bild der Stifterinnen, die neben der mit erhobenen Händen betenden Muttergottes vor die Paradiespforte treten. In der Mitte des zweiten Saals steht der von *Giotto* in Rom für den Kardinal Stefaneschi gemalte Altar. An den Wänden hängen kostbare Werke, zumeist von toskanischen Meistern. Im dritten Saal erfreuen uns vor allem Werke von *Fra Angelico* durch ihre herrlichen Farben. Sein Wunder des heiligen Nikolaus von Bari mit der Darstellung des gleichen legendären Gegenstandes durch *Gentile da Fabriano* zu vergleichen, ist sehr reizvoll.

Der vierte Saal enthält die berühmten musizierenden Engel des *Melozzo da Forlì,* die er für die Apsiskalotte der Kirche Santi Apostoli gemalt hatte und die hier, jüngst restauriert, in ihrer ursprünglichen Anordnung rekonstruiert wurden. Sie sind überaus volkstümlich. Ich fürchte, daß man ihnen unrecht getan hat, als man sie aus dem Dämmerlicht einer Kirche und aus der Höhe einer Apsiswölbung so nahe an den Beschauer heranbrachte und so hell beleuchtete. Sie bekommen dadurch etwas Kolossalisches, das uns bei einem so lieblichen und poetischen Gegenstand, wie es musizierende Engel sind, verwirrt, ja befremdet. Aber vielleicht täusche ich mich, vielleicht haben andere recht, die diese Fresken begeistern.

In seinem bedeutenden Werk über ›Die Kunst der Stadt Rom‹ (dem übrigens diese meine römischen Spaziergänge viel verdanken) schreibt zum Beispiel Leo Bruhns darüber: »Melozzos Engel sind nicht umsonst die Lieblinge aller derer, die sich vom Auge gern beschenken lassen, aber doch noch lieber im Paradies der Töne weilen. So verständnisvoll wie hier waren noch niemals Instrumente mit Temperamenten verbunden, war noch niemals der Zauber der Musik zu einem optischen Schönheitsfest geworden. Jeder einzelne dieser Himmlischen, die von ihrem bauschigen Gewölk wie von Morgengewölk umweht sind, während die Flamme ihrer Begeisterung aus den Zügen leuchtet und in den Locken aufbraust, deren Nimben dem fern kreisenden Sternenhimmel gleichen, ist für sich allein schon ein Erzengel und ein großer Bote Gottes; jenes Gottes, der in den Menschen den Enthusiasmus erzeugt und sie aus dem Alltäglichen emporreißt.«

Diese Engel hat Melozzo 1481 vollendet. Im Jahre 1477 hatte er schon das prachtvolle *Gruppenporträt* gemalt, das heute im gleichen Saal hängt. Es stellt Sixtus IV. della Rovere dar, der den berühmten Humanisten Platina, den Verfasser der ersten großen Papstgeschichte, zum Leiter der Vatikanischen Bibliothek ernennt. Der alte Mann mit dem vornehmen, geistvollen Gesicht kniet vor dem Papst und weist auf die wahrscheinlich von ihm selbst verfaßten Verse hin, in denen die römischen Bauten Sixtus' IV. gerühmt werden. Doch der Papst, der zwar ein bedeutender, scharfsinniger Theologe, aber zugleich auch ein rück-

sichtsloser Politiker war, wendet seine Aufmerksamkeit nicht
dem Poeten, sondern einem vor ihm stehenden jungen Kardinal
zu, seinem Nepoten Giuliano della Rovere, dem späteren Papst
Julius II. Hier sprechen zwei Staatsmänner miteinander: ein wil-
lensstarker, kluger, ja durchtriebener Sechziger und ein viel jüngerer, aber doch schon welterfahrener, zu Großem geborener
Mann von 34 Jahren, dem offenbar Melozzos ganze Bewunderung gehört und den er bewußt in den Bildmittelpunkt gestellt
hat. Die drei andern anwesenden Herren sind wohl ebenfalls
Nepoten, deren Sixtus eine ganze Reihe reich und mächtig gemacht hatte: eher unbedeutende Höflinge, unter denen der Kleriker einen tückischen, vielleicht bösen Gesichtsausdruck zeigt,
während die beiden Weltmänner nicht gerade einen geistvollen
Eindruck machen. Jedenfalls sind diese drei von dem großen
Gespräch ausgeschlossen, das der bedeutende Papst, dessen genialer Neffe und der feinsinnige Bibliothekar miteinander führen. Die Architektur des Raumes, in dem sich das abspielt, zeigt
uns, daß zu jener Zeit der Vatikan bereits völlig für die Ideale
der Renaissance gewonnen war, daß auch Sixtus IV., dessen
Wappenpflanze, die Eiche (rovere), an den vorderen Pilastern
emporrankt, diesen Idealen huldigte, der gleiche Papst, der die
spanische Inquisition zu einer Einrichtung der Kirche gemacht,
den Torquemada zum Großinquisitor ernannt hat. Ich kenne
nur wenige Bildnisse geschichtlicher Persönlichkeiten, die uns
die Dargestellten so nahe bringen wie dieses, in ein Gespräch
mit ihnen gewissermaßen hineinzwingen; und ich möchte es
darum mit Tizians Bildnis Pauls III. Farnese und seiner Nepoten
in Neapel vergleichen.

Im fünften Saal finden wir vor allem *Giovanni Bellinis* bedeutende Pietà. Der achte Saal ist *Raffael* gewidmet. Er enthält seine
berühmten Wandteppiche. Die Kartons dazu hat er 1515-1516
gezeichnet; sieben von ihnen erwarb der englische König Karl I.
auf den Rat von Peter Paul Rubens in Flandern, und sie sind
heute im Londoner Victoria und Albert Museum. Wer sie dort
gesehn und bewundert hat, wird wie ich der Meinung sein, daß
es sich um Originale handelt, nicht um zeitgenössische Kopien,
so großartig sind sie vor allem in der Zeichnung. Gewoben wurden die Teppiche in Brüssel von Peter van Aelst aus Wolle,
Seide und Goldfäden. Schon beim Sacco di Roma wurden sie
verschleppt und beschädigt, dann wieder 1798 von den Franzo-

sen nach Paris gebracht. Es gibt noch eine Reihe von Wiederholungen dieser Teppiche. Früher wurden sie an hohen Festtagen an den Längswänden der Sixtinischen Kapelle aufgehängt. Sie stellen vor allem Ereignisse dar, die uns in der Apostelgeschichte erzählt werden, von denen einige meinen Lesern vielleicht nicht mehr geläufig sind und die ich darum hier kurz nacherzählen möchte.

Die bronzefarbenen Sockelbilder beziehen sich unter den Petrusbildern auf das Leben Papst Leos x. Medici, unter den Paulusbildern auf das Leben dieses Apostels. Doch sind diese Sockel wohl von Raffaels Schülern gezeichnet worden. Auf den Meister selbst gehn neun, vielleicht zehn Teppiche zurück. Da sehn wir zunächst den Zauberer Elymas, dem Paulus auf seiner ersten Missionsreise unter die Heiden auf Zypern begegnete, und von dem es im dreizehnten Kapitel der Apostelgeschichte heißt, daß er versuchte, den römischen Landvogt Sergius Paulus, »einen verständigen Mann«, vom Glauben an Christus abzuwenden, zu dem der Apostel ihn hingeführt hatte, worauf der Elymas mit Blindheit geschlagen wurde. »Und von Stund an fiel auf ihn Finsternis, und er ging umher und suchte Handleiter.« Der nächste Teppich stellt eine uns allen geläufige Szene dar: die Bekehrung Pauli auf der Straße nach Damaskus, der dritte die Steinigung des ersten Märtyrers, des Stephanus, wie sie im fünften Kapitel der Apostelgeschichte erzählt wird. Der vierte Teppich zeigt, wie Petrus im Tempel zu Jerusalem einen Lahmen heilt. Dieser Mann war »lahm vom Mutterleibe an« und bettelte täglich »vor der Tür des Tempels, die da heißt die schöne«. Zu dem sprach Petrus, als er auch ihn anbettelte: »Silber und Gold habe ich nicht; was ich aber habe, das gebe ich dir: im Namen Jesu Christi stehe auf und wandle.« Und der Mann wurde gesund, wie uns im dritten Kapitel der Apostelgeschichte berichtet wird. Im fünften lesen wir die auf dem fünften Teppich dargestellte Geschichte vom Tod des Ananias, der sein Hab und Gut verkaufte, um dem Paulus und durch ihn Christus nachzufolgen, aber einen Teil des Erlöses beiseite brachte. Paulus durchschaute ihn und klagte ihn an, er habe nicht Menschen, sondern Gott belogen. »Da aber Ananias diese Worte hörte, fiel er nieder und gab den Geist auf.«
Was auf den beiden folgenden ›arazzi‹ dargestellt ist, die Schlüsselübergabe an Petrus und der Wunderbare Fischzug (der wohl mit gutem Recht als der schönste dieser Teppiche gilt), ist uns allen aus den Evangelien geläufig; was auf dem achten erzählt wird, nämlich die Predigt des Paulus zu Athen, ist dem berühmten siebzehnten Kapitel der Apostelgeschichte entnommen. Im vierzehnten lesen wir, was der neunte Teppich nacherzählt, nämlich wie Paulus und Barnabas nach Lystra kamen und dort einen Lahmen heilten, worauf das Volk sich erhob, den Barnabas Jupiter und den Paulus Merkurius nannte, »dieweil er das Wort führte«

und den Aposteln Tieropfer darbringen wollte. »Da das die Apostel
Barnabas und Paulus hörten, zerrissen sie ihre Kleider und sprangen
unter das Volk, schrien und sprachen: ›Ihr Männer, was macht ihr da?
Wir sind auch sterbliche Menschen wie ihr und predigen euch das Evangelium, daß ihr euch bekehren sollt von diesen falschen Göttern zu dem
lebendigen Gott.‹« Der zehnte Teppich endlich zeigt nach dem sech-
zehnten Kapitel der Apostelgeschichte, wie Paulus zu Philippi durch ein
Erdbeben aus dem Gefängnis befreit wurde: der Riese ist nach antiken
Vorbildern das Gestalt gewordene Erdbeben.

Indem wir uns mit den Bildinhalten der Teppiche beschäftigt
haben, was heute vielleicht zu oft vernachlässigt wird, sind wir
wohl auch über das herrliche Gewebe hinaus zu Form und
Zeichnung vorgedrungen und damit zu Raffaels Kunst. Diese
Teppiche haben Generationen von Kunstfreunden begeistert;
und wir sollten uns daran erinnern, wenn wir sie nicht ohne
weiteres lieben und bewundern können: Eine so ausdauernde
Liebe hat stets auch eine objektive Ursache. Goethe verließ
Neapel früher, als er beabsichtigt hatte, um die Teppiche zu
sehn, die am Fronleichnamstag in der Sixtinischen Kapelle aufgehängt wurden. »Die große Aufopferung«, schreibt er, »zu der
ich mich entschloß, eine von dem Gipfel des Bergs« (nämlich
des Vesuv) »bis beinahe ans Meer herabströmende Lava hinter
mir zu lassen, ward mir durch den erreichten Zweck reichlich
vergolten, durch den Anblick der Teppiche.« Und weiterhin
schreibt er: »Kehren wir zu Raffaels Kartonen zurück und sprechen aus, daß sie alle männlich gedacht sind; sittlicher Ernst,
ahnungsvolle Größe walten überall, und obgleich hie und da
geheimnisvoll, werden sie doch denjenigen durchaus klar, welche von dem Abschiede des Erlösers und den wundervollen Gaben, die er seinen Jüngern hinterließ, aus den heiligen Schriften
genugsam unterrichtet sind.« Meine Leser werden bemerkt haben, daß ich mich um solche Unterrichtung bemüht habe. Im
übrigen möchte ich sie noch auf das hinweisen, was Goethe in
der ›Italiänischen Reise‹ zu Beginn seines zweiten römischen
Aufenthalts besonders über den Teppich geschrieben hat, der
die Bestrafung des Ananias darstellt.

   Der Saal enthält drei Gemälde *Raffaels*. Eines davon, die *Krönung Mariä*, malte er 1503 als Zwanzigjähriger zu Perugia. Er
hat dadurch sehr gelitten, daß es in Paris, wohin es die Franzosen verschleppten, von einer Holztafel auf Leinwand übertragen

und dabei übermalt und neu gefirnißt wurde. Das gleiche Schicksal erlitt die *Madonna von Foligno*, die acht oder neun Jahre später entstand. Den Auftrag zu diesem Bild erteilte Raffael ein gewisser Sigismondo Conti, weil er, als er bei der Belagerung seiner Heimatstadt Foligno von einer Bombe verschont blieb, der Muttergottes einen Altar gelobt hatte. Im Hintergrund sehn wir darum die Stadt Foligno, in die eine Bombe fällt. Es gilt als wahrscheinlich, daß der stark romantisch empfindende Ferrarese Dosso Dossi diese Landschaft gemalt hat, über der der Regenbogen des Alten Bundes leuchtet. Das Bild gehört zu den in Italien so häufigen großen Altargemälden, in denen die diesseitige und jenseitige Welt gleichzeitig dargestellt, aber durch das Gebet der auf Erden weilenden zu den in himmlischen Höhen erscheinenden Gestalten miteinander verbunden sind: eine rein geistige Verbindung, die die Maler zweifelsohne vor Schwierigkeiten stellte. Auf diesem Kompositionsgrundsatz ist übrigens auch das dritte in diesem Raum ausgestellte Bild Raffaels, die *Transfiguration* aufgebaut. Auf der Madonna von Foligno sind es die Gebete des Stifters zur Rechten und des heiligen Franz zur Linken, die Erde und Himmel miteinander verbinden. Beiden stehn heilige Mittler zur Seite: dem Kleriker Hieronymus, dem Franziskus der Täufer. Das Gebet erhebt sich von der Erde zur Muttergottes empor, die auf Wolken vor der Scheibe des Vollmonds thront. Sie blickt auf ihr Kind, das seinerseits zur Erde herabschaut, auf ein gleichaltriges Engelknäbchen, zu ihm hinabbegehrt, vielleicht um mit ihm zu spielen. Der kleine Engel aber trägt die Tafel, die einst über dem Gekreuzigten die Spottinschrift tragen soll. Welch seltsamer, befremdender Einfall! Wer mag ihn gehabt haben? Wir wissen es nicht. Zwei Jahre nach der Madonna von Foligno malte Raffael seine sixtinische. Wer erinnert sich nicht an die beiden Engelbübchen auf diesem weltberühmten Bild in Dresden? Sie sind Brüder dessen, den wir hier vor uns sehn. Wir können nur sagen: solche Engelkinder müssen damals des Meisters Phantasie beschäftigt haben.

Die ›Transfiguration‹ ist Raffaels letztes Werk. Er erhielt den Auftrag dazu 1517 von dem Kardinal Giulio de'Medici, dem späteren Clemens VII. Als der Meister starb, war es noch unvollendet. Im Angesicht Christi, meint Vasari, hätte Raffael in diesem Bild noch einmal die ganze Kraft seiner Kunst gezeigt, dann aber, vom Tod überwältigt, den Pinsel aus der Hand gelegt.

Dargestellt ist im oberen Bildteil die Verklärung Christi auf dem Berg Tabor, wie sie Matthäus und Lukas ziemlich gleichlautend erzählen. »Und es begab sich«, berichtet Lukas im neunten Kapitel, »daß Er zu sich nahm Petrus, Johannes und Jakobus und ging auf einen Berg, zu beten. Und da Er betete, ward die Gestalt seines Angesichts anders, und sein Kleid ward weiß und glänzte.« (Markus: »Und seine Kleider wurden heller und sehr weiß wie Schnee, daß sie kein Färber auf Erden so weiß kann machen.«) »Und siehe, zwei Männer redeten mit Ihm, welche waren Moses und Elia; diese erschienen in Klarheit und redeten von dem Ausgang, welchen Er sollte erfüllen zu Jerusalem. Petrus aber und die mit ihm waren, waren voll Schlafs. Da sie aber aufwachten, sahen sie seine Klarheit und die zwei Männer bei ihm stehn.« Der untere Teil des Bildes erzählt nach, was wir ebenfalls anschließend an den Tabor-Bericht bei den Synoptikern lesen, nämlich wie es den andern Jüngern in Abwesenheit des Meisters nicht gelungen war, einen besessenen Knaben zu heilen, den dann erst der Herr selbst, als er vom Berge Tabor zurückkehrte, gesund machte. Zur Rechten sehn wir den kranken Knaben, von dem sein Vater sagte: »Siehe, der Geist ergreift ihn, so schreit er alsbald und reißt ihn, daß er schäumt.« Der Vater führt den Knaben den Aposteln zu. Im Vordergrund kniet eine der herrlichsten Frauen, die die bildende Kunst je dargestellt hat, von Gestalt und Antlitz eine Göttin, vielleicht des Knaben Mutter, weist auf ihn hin. Auch im unteren Teil des Bildes sind Zeichnung und Komposition von Raffael, die fast grellen Farben und die schweren Schatten dagegen von seinem Schüler Giulio Romano, der das Bild vollendete, nachdem es am Karfreitag 1520 bei der Aufbahrung der Leiche Raffaels in seinem Hause zu Häupten des Toten aufgestellt worden war. Ich sagte schon: auch hier sehn wir eine gleichzeitige Darstellung der irdischen und der überirdischen Welt; die irdische sehn wir sogar in zwei Schichten, der der aus dem Schlaf erwachenden Apostel (zu denen sich von links her die heiligen Felicissimus und Agapitus gesellen möchten) und der der ratlosen Apostel vor dem Besessenen. Man hat oft und immer wieder gemäkelt, das Bild entbehre der kompositionellen Einheit. Goethe erzählt, wie er in großer Gesellschaft »das herrliche Bild der Transfiguration« besuchte. »Da war denn des Redens viel; der stillere Teil jedoch ärgerte sich, den alten Tadel von doppelter Handlung wiederholt zu sehen. Es ist aber nicht anders in der Welt, als daß eine wertlose Münze neben einer gehaltigen auch immer eine gewisse Art von Kurs behält, besonders da, wo man in der Kürze aus einem Handel scheiden und ohne viel Überlegung und Zaudern gewisse Differenzen auszugleichen gedenkt. Wundersam bleibt es indes immer, daß man an der Einheit einer Konzeption jemals hat mäkeln dürfen. Wie will man nun das Obere und das Untere trennen? Beides ist eins: unten das Leidende, Bedürftige, oben das Wirksame, Hülfreiche, beides aufeinander sich beziehend, ineinander einwirkend. Läßt sich denn, um den

Sinn auf eine andere Weise auszusprechen, ein ideeller Bezug aufs Wirkliche von diesem lostrennen? Die Gleichgesinnten bestärkten sich auch diesmal in ihrer Überzeugung; ›Raffael‹, sagten sie zueinander, ›zeichnete sich eben durch die Richtigkeit des Denkens aus, und der gottbegabte Mann, den man eben hieran durchaus erkennt, soll in der Blüte seines Lebens falsch gedacht, falsch gehandelt haben? Nein! Er hat wie die Natur jederzeit recht, und gerade da am gründlichsten, wo wir sie am wenigsten begreifen.‹«

Was wir in den weiteren Sälen der Vatikanischen Pinakothek noch sehn werden, bedarf kaum der erläuternden Worte. Da finden wir den nur untermalten heiligen Hieronymus von *Leonardo da Vinci* und eine bedeutende Madonna *Tizians*. Ein bezauberndes Bild ist die ›Kirschenmadonna‹ *Baroccios*, deren zarte Farben zugleich an Frühlingsblüten und an Schmetterlinge erinnern. Erwähnt seien noch Werke von *Caravaggio, Domenichino, van Dyck* und vier Bildnisse: das vortreffliche des Papstes Clemens IX. Rospigliosi von *Carlo Maratta*, das eines Dogen von *Tizian*, das höchst effektvolle des englischen Königs Georg IV. von *Lawrence* und das langweilige des schon wiederholt genannten Papstes der Goethezeit Pius VI. von Winckelmanns Freund *Mengs*.

Seit 1970 befinden sich in dem Museumsneubau der Brüder Passarelli neben der Vatikanischen Pinakothek drei weitere, ehemals im Lateran beherbergte Abteilungen der Vatikanischen Museen: die Sammlung antiker Kunst aus päpstlichem Besitz (*Museo Gregoriano Profano*), die interessante Sammlung frühchristlicher Kunst aus den Katakomben und Basiliken, darunter zahlreiche bedeutende Sarkophage (*Museo Pio Cristiano*) und das von Pius XI. 1926 gegründete Museum mit Werken außereuropäischer Kunst aus Missionsgebieten, darunter zahlreiche Schenkungen (*Museo Missionario Etnologico*). Der Vollständigkeit halber sei noch das unterirdisch angelegte, 1973 eingerichtete *Museo Storico* erwähnt.

Im Museo Gregoriano Profano, der Antikensammlung, gibt es neben einer großen Anzahl von Reliefs, Mosaiken und schönen Architekturresten, meist vom Trajansforum, auch recht abscheulichen Athletenbildnissen aus den Caracallathermen eine Reihe guter bis hervorragender Werke wie den herrlichen Mädchenkopf (9969), vielleicht der einer Muse, aus feinstem attischen Marmor, Kopie eines Originals von Praxiteles aus dem vierten vorchristlichen Jahrhundert; dann die gute Bildnis-

statue des Sophokles (9973), wohl eine Kopie nach dem Original, das vor
dem Dionysostheater in Athen stand; oder den schönen Phädra-Sarko-
phag (10400) aus dem späten 2.Jahrhundert vor Christus. Das Museo
Cristiano besitzt die reichste Sammlung christlicher Sarkophage, die es
gibt, künstlerisch gesehen meist mittelmäßig, glaubensgeschichtlich betrachtet aber höchst bedeutsame Arbeiten. Bemerkenswert sind zwei
kleine Statuen des Guten Hirten (103), von denen eine vielleicht noch
dem 3.Jahrhundert angehört.

Damit endet unser Spaziergang durch die Vatikanischen Museen. Wir werden ihn wiederholen müssen, da ein einziger Tag
höchstens zu einer ersten Orientierung ausreicht. Sinnvoll wäre
deshalb bei einem nächsten Besuch die Konzentration auf ein
Teilgebiet, wie die Antikensammlungen oder die berühmten
Schöpfungen der Renaissancemalerei in den päpstlichen Gemä-
chern und der Cappella Sistina. Der Reichtum der Kunstwerke
im Vatikan ist unerschöpflich.

VII

Auf dem Corso

Schauplatz von Goethes römischem Karneval
Galleria Doria Pamphili:
»Und die Kanaille hieß Innozenz«
Triumph des Jesuitenordens:
Collegio Romano und Sant'Ignazio
Piazza Colonna:
von politischen Siegen und Niederlagen
Montecitorio: die Familie Ludovisi
und der Architekt Bernini
Am Grabe Poussins in San Lorenzo:
»Et in Arcadia ego«
Inszenierte Stadt: Piazza del Popolo
Santa Maria del Popolo: Kunst an der Porta Flaminia
Römische Leidenschaft für edle und seltene Steine
Caravaggio, Naturalist und Revolutionär
Raffael und sein Mäzen: die Chigi-Kapelle

›Il corso‹, amtlich Corso Umberto 1. genannt, ist Roms wichtigste Straße. Sie führt von der Piazza Venezia zur Porta del Popolo, und in dieser Richtung wollen auch wir sie begehn, freilich dann und wann einen seitlichen Abstecher machend. Der Corso ist rund anderthalb Kilometer lang und führt uns an vielen schönen Palästen vorbei, Bauten der Renaissance, des Barock und des Rokoko, die nur an wenigen Stellen von modernen unterbrochen werden. Eigentlich ist der Corso die städtische Fortsetzung der Via Flaminia, auf der die Wanderer und Pilger aus dem Norden nach Rom kamen. Im Mittelalter hieß die dem heutigen Corso entsprechende Straße Via Lata, die breite, sie muß aber recht eng gewesen sein, denn obwohl sie wiederholt erweitert worden war, vor allem zur Zeit Alexanders VII. Chigi, ist sie recht schmal und deshalb heute im Zuge der Verkehrsberuhigung der Altstadt teilweise für den Autoverkehr gesperrt. Seit

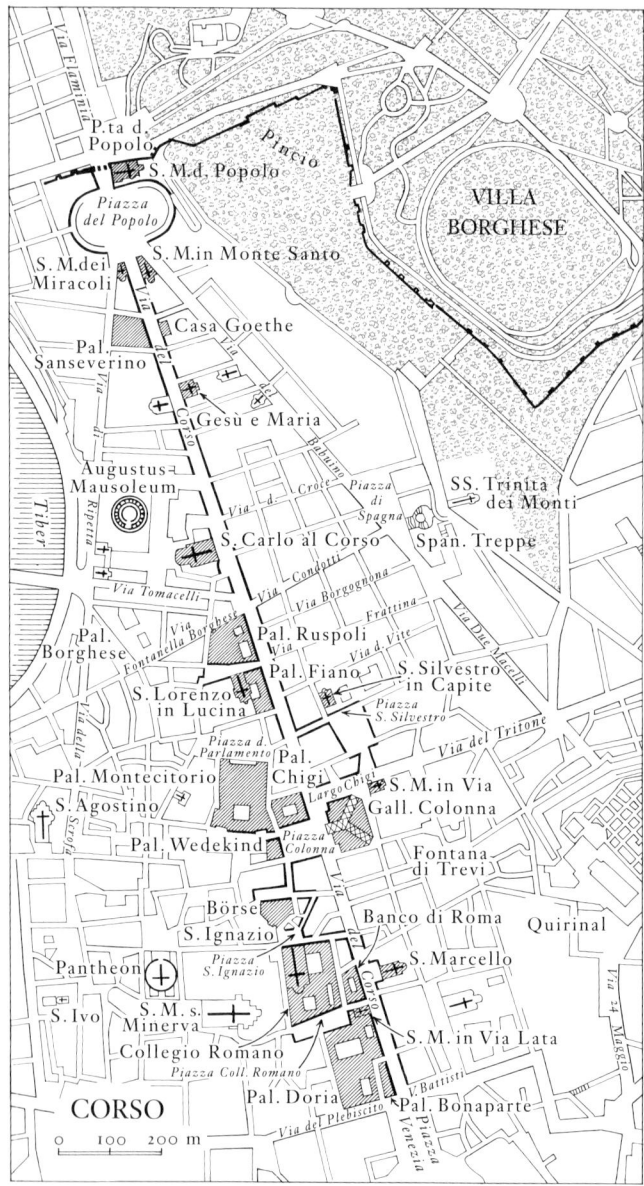

dem 15. Jahrhundert fanden auf dem Corso Pferderennen statt; daher der Name der Straße. Sie gehörten zu dem berühmten römischen Karneval, den Goethe so eingehend beschrieben hat. Die Rennen sind gegen Ende des vorigen Jahrhunderts verboten worden; bald danach verloren die Römer auch die Lust am Karnevalfeiern.

Zu Beginn unseres Spazierganges sehen wir links den PALAZZO BONAPARTE, in dem 1836 Letizia, die Mutter Napoleons I., gestorben ist. Haus Nummer 67 war lange Zeit Sitz der deutschen Bibliothek Rom. Dieses verdienstvolle Kulturinstitut, das Konzerte, Lesungen, Vorträge und Ausstellungen veranstaltet, ist heute dem Goethe-Institut angegliedert, das seit 1987 in der ehemaligen deutschen Schule residiert (Centro Culturale Tedesco, Via Savoia 15).

Es führt freilich einen seltsamen Namen: *Biblioteca germanica.* Er geht auf die Bibliothek des deutschen Künstlerbundes in Rom zurück. ›Germanico‹ aber bedeutet in gutem Italienisch ›germanisch‹, nicht ›deutsch‹, denn deutsch heißt ›tedesco‹. ›Germanico‹ statt ›tedesco‹ sagten und schrieben die Faschisten, da das Wort ›tedesco‹ ihrer Meinung nach unliebsam an die österreichische Herrschaft erinnerte, während sie ihre nationalsozialistischen Bundesgenossen beliebt machen wollten. So erinnert das Wort ›germanico‹, wenn es nicht im Zusammenhang mit den alten Germanen gebraucht wird, an etwas sehr Unerfreuliches, nämlich an die ›Achse Berlin–Rom‹, und an die ›vittoriosi eserciti germanici‹, die siegreichen germanischen Heere, von denen die faschistischen Zeitungen schwärmten. Ich kenne Hunderte von gebildeten Italienern, bei denen ich das Vorurteil zerstreuen mußte, es handle sich bei dieser Germanenbücherei um eine neonazistische Einrichtung, während es sich in Wirklichkeit um eines der besten Kulturinstitute handelt, über die wir im Ausland verfügen: ein Verdienst des langjährigen deutschen Kulturattachés in Rom Dieter Sattler, der dies Institut gegründet, und des auch durch seine liebenswerten Rombücher bekannt gewordenen Schriftstellers und Musikforschers Reinhard Raffalt, der es in den ersten Jahren seines Bestehens geleitet hat.

Immer zur Linken folgt auf eine moderne Palastfront die des schönsten und größten römischen Rokokopalastes, des PALAZZO DORIA, dem Gabriel Valvassori nach 1734 seine jetzige Gestalt gab. Der prächtige Hof gehört im Erdgeschoß noch einem älteren Bau an, zeigt Formen, die an Bramantes Kunst erinnern. Die üppig geschmückten Säle enthalten eine bedeutende Gemäldesammlung, die der Pamphili, der Familie Innozenz' x. Die Pamphili sind später in der Familie Doria aufgegangen. Die *Galleria Doria Pamphili* befindet sich in den Prunkräumen des Palastes.

In einem Seitenkabinett finden wir eines der großartigsten Männerbildnisse, die es überhaupt gibt, ein Meisterwerk aus der reifsten Zeit des *Velázquez*. Der Spanier, der 1599, also im gleichen Jahr wie Bernini und Borromini geboren worden war, hatte als junger Mann Rom besucht und dort von den italienischen Malern Entscheidendes gelernt. Rund zwanzig Jahre später, 1649, kam er wieder als der berühmte Hofmaler König Philipps iv. und porträtierte den regierenden *Papst Innozenz x.*, der übrigens im Gegensatz zu seinem franzosenfreundlichen Vorgänger Urban viii. den Spaniern gewogen war. Ein Freund von mir, mit dem ich vor dieses Bild trat, brach in den Ausruf aus: »Und die Kanaille hieß Innozenz!« Wer länger hinschaut, sieht im Gesicht dieses Greises mehr Mißtrauen als Tücke, eine Strenge, die er sich vielleicht selbst befohlen hat, einen großen Ernst. In diesem Gesicht sind harte Gegensätze: Gleichgültigkeit und Argwohn, Verschlossenheit und Launenhaftigkeit, mürrisches Wesen und Gewalttätigkeit. Das herrliche Bild ist durch seine hundertfach abgewandelten Purpurtöne und durch das Gold am Rahmenwerk des Lehnsessels von einer Pracht und Würde, die seltsam mit dem zwiespältigen Gesichtsausdruck des Papstes kontrastieren, Kontraste, die durch den Gegensatz zwischen dem Purpur der Gewänder und dem rötlichen Inkarnat des Alten noch gesteigert werden.

Unter den reichen Beständen dieser Sammlung möchte ich weiterhin der Beachtung empfehlen: die Werke von *Claude Lorrain*, darunter eines seiner schönsten, die Landschaft mit dem Opfer an Apollo; Gemälde von *Annibale Carracci*; den heiligen Hieronymus von *Lorenzo Lotto*; unter den Niederländern eine schöne Ansicht des Hafens von Neapel von *Brueghel dem Älteren;* eine Kopie der Aldobrandinischen Hochzeit, die wir im Vatikan sahen, von *Poussin;* schöne flämische Gobelins, gewoben zur Erinnerung an den Seesieg bei Lepanto. Zu den bedeutsamsten Werken gehören: von *Caravaggio* die sehr poetische Flucht nach Ägypten mit dem heiligen Joseph, der dem geigenden Engelbuben als Notenständer dient, ein Jugendwerk, und die effektvolle heilige Magdalena im Kostüm einer Frau aus der römischen Campagna; vielleicht von Raffael (oder von Sebastiano del Piombo) ein unvollendetes männliches Doppelbildnis; ein Jugendwerk *Tizians*, die Salome, giorgionehaft melancholisch.

Auf den Palazzo Doria folgt zur Linken des Corso die Kirche SANTA MARIA IN VIA LATA. Sie hat eine höchst effektvolle Fassade von Pietro da Cortona, gebaut 1658-1662, die mit ihrem reichen Rundsäulenschmuck, vor allem mit den tiefen schattigen Höhlungen des Portikus und der eigenartigen Loggia der nicht sehr großen Kirche etwas Imposantes gibt. Das Innere ist prächtig mit buntem Marmor und barocken Gemälden ausgestattet. Unter der Kirche Reste eines Baus mit Fresken aus karolingischer Zeit.

Wir wenden uns nun links in die Via Lata mit einem lustigen Brünnlein, das einen Lastträger des 16. Jahrhunderts in seiner Zunfttracht darstellt. Auch er gehört zu den ›redenden Statuen‹ Roms. So gelangen wir auf die Piazza vor der mächtigen Fassade des COLLEGIO ROMANO, der ehemaligen Jesuitenhochschule, die ein bedeutender Jesuitenpater und Architekt, Giuseppe Valeriani aus Aquila, im Auftrag Papst Gregors XIII. erbaute. Valeriani war auch Maler, vor allem aber baute er für seinen Orden Kirchen, darunter das prachtvolle Gesù Nuovo in Neapel. Der Papst hat das Collegio Romano 1583 eingeweiht: es war die wichtigste Lehranstalt der Gesellschaft Jesu, bis es 1870 säkularisiert wurde. Es enthält ein Gymnasium, aber nicht mehr das berühmte Museum für Prähistorie, das sich heute im sogenannten EUR-Viertel befindet. Das Gebäude wird dadurch gekennzeichnet, daß es sowohl im Erdgeschoß wie im ersten Geschoß ein Mezzaninstockwerk hat. Der mittlere Trakt übersteigt die seitlichen mit einem dritten Stockwerk von gleicher Gliederung. Das Collegio hat zwei symmetrische Portale.

Wir kehren auf den Corso zurück. Rechts steht auf einem kleinen Platz die schöne konkave Fassade der Kirche SAN MARCELLO. Sie ist dem heiligen Papst Marcellus I., 307-309, geweiht, weil an dieser Stelle die kaiserliche Fahr- und Lastenpost ihre Kanzleien und Lager hatte und weil Kaiser Maxentius den Papst dazu verurteilt hatte, als Postknecht zu dienen. Die alte Kirche brannte 1519 ab, wurde von Sansovino wieder aufgebaut. Die Fassade, für mein Gefühl eine der anmutigsten unter den kleinen Barockfassaden in Rom, wird Carlo Fontana verdankt. Im Inneren ein Renaissancegrab von Sansovino für den Bischof Orso und seinen Onkel, den Kardinal Michiel, den Alexander VI. vergiften ließ. Die Bücher unter Michiels Bahre erinnern daran, daß er dem Kloster von San Marcello 730 Codices geschenkt hatte.

Der Kirche gegenüber ein prachtvoller Barockpalast von 1727, jetzt *Banco di Roma*, in dem Chateaubriand als Botschafter Karls X. residiert hat. Wenn wir im Corso weitergehn, finden

wir dann zu unserer Linken die Via di Caravita (sollen wir übersetzen ›des teuren Lebens‹ oder des ›lieben Lebens‹?), die uns
zur PIAZZA SANT' IGNAZIO DI LOYOLA führt.

Der Platz gehört zu den eigenartigsten und zu den anmutigsten Roms (denkt man sich die störenden Autos weg). Der hohen, wirkungsvollen Fassade von SANT' IGNAZIO gegenüber hat
man eine Art von Szenerie aufgebaut, die an Bühnenbauten des
Rokoko erinnert. Da stehn fünf zierlich ineinandergeschwunge-
ne Häuser, deren kurvierte Fronten auch mit den bauchigen
Möbeln jener Zeit eine gewisse Ähnlichkeit haben. Das mittlere
dieser schlicht gegliederten vierstöckigen Gebäude teilt eine in
den Platz einmündende kleine Straße in zwei Arme, die an Festtagen vielleicht für die Anfahrt und die Abfahrt der Wagen zum
und vom Eingang der Kirche gedient haben. Diese Häuser hat
ein sonst wenig bekannter Architekt aus Benevent, der päpstlichen Enklave im Königreich beider Sizilien, gebaut, von dem
wir nicht einmal genau wissen, wie er hieß – Raguzzini oder
Rauzzini –, und zwar für einen Papst, der sein Landsmann war:
Benedikt XIII. Orsini, 1724-1730, ein glaubenseifriger Dominikaner, der sich aber in künstlerischen Dingen dem heiteren Zeitgeschmack offenbar zu fügen wußte. Über achtzig Jahre früher
war die Kirchenfassade vollendet worden, die wahrscheinlich
Algardi entwarf. Sie zeigt ein dreitoriges Untergeschoß mit zwei
Säulen und vier Pilasterpaaren, darüber ein ebenfalls dreiteiliges
giebelgekröntes Mittelstück, von dem niederrollende Voluten
seitlich zur Attika überleiten: ein Motiv, das zuerst Alberti an
Santa Maria Novella zu Florenz entwickelt hatte, das aber auch
die Barockmeister zu schätzen wußten. Die Kirche selbst hat der
Jesuitenpater Orazio Grassi geplant, ein berühmter Mathematiker. Trotzdem man fast über ein halbes Jahrhundert daran baute, 1627-1685, fehlt die Kuppel.

Das Innere ist zwar dreischiffig, aber durch die ungewöhnli-
che Breite des Mittelschiffs und durch die üppige Ausstattung
wirkt es als ein großer Festsaal. Sehr schön ist der farbige Zusammenhang der reichlich verwendeten Marmorarten. Der irdische Raum, den der Architekt schuf, wird aber durch das *Deckengemälde* in den Himmel hinein erweitert, dem himmlischen
Licht weit geöffnet. Wir kennen den Maler schon, der dieses
erstaunliche Werk schuf: den Jesuitenpater Andrea Pozzo, der
für Il Gesù das Grab des Ignatius ersann und ausführen ließ, den

großen Kenner der Perspektive und den Meister der geistlichen
Schaubühnen seines Ordens. Drei Jahre hindurch hat er an dieser Apotheose des Ordensstifters gearbeitet. Aus den gebauten
Wandpilastern ließ Pozzo zunächst gemalte Rippen aufsteigen
als Träger für ein schweres Gesims, über dem sich in einer

*Sant' Ignazio
und Collegio Romano,
Grundriß*

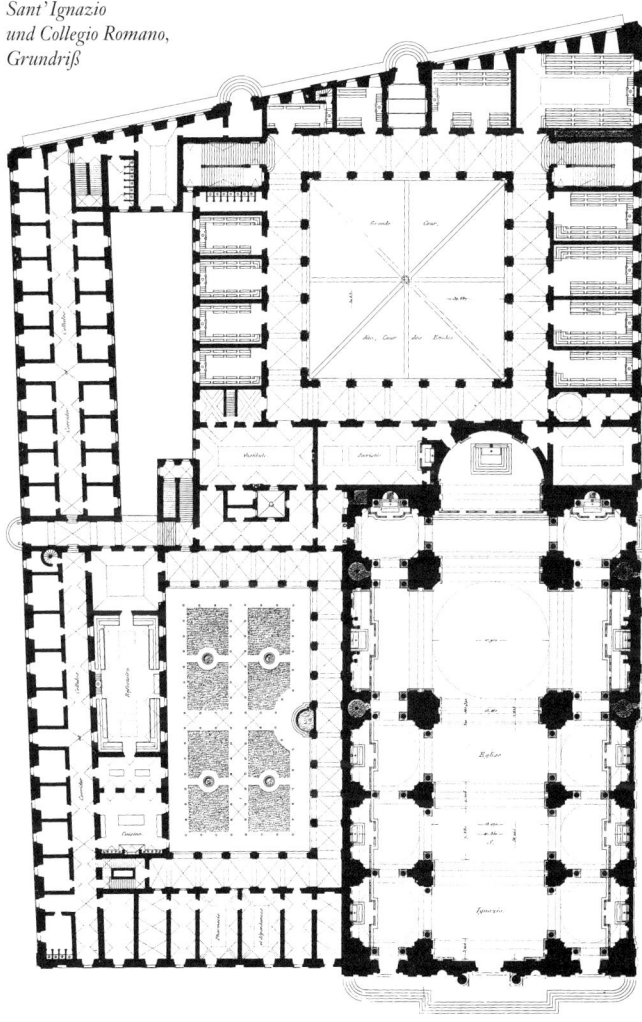

doppelten Ordnung gebündelte Säulen erheben. Diese mit dem höchsten perspektivischen Raffinement vollkommen glaubwürdig gemachte Scheinarchitektur liegt im hellen Licht des Himmels, zu dem der gemalte Prachtbau sich emportürmt, wird von Wolken durchwallt und von Hunderten von Gestalten durchschwebt und durchflogen. In dem gemalten Torbogen über der Eingangstür der Kirche sehn wir Engel das Feuer des Glaubens entzünden. In dem gegenüberliegenden Bogen fängt ein anderer Engel in einem Hohlspiegel mit dem Monogramm der Jesuiten Lichtstrahlen auf. Sie gehn von dem Gekreuzigten aus, der in der Himmelsmitte schwebt, und werden aus dem Spiegel auf die vier Erdteile zurückgestrahlt. Die Erdteile hat Pozzo durch vier gewaltige Weiber versinnbildlicht, die Dämonen und Ketzer in den Abgrund hinabstoßen. Von der Afrika mit dem schwarzen Gesicht tragen Engel getaufte Mohren himmelwärts. Zu ihrer Linken winkt Asia dem großen Asienmissionar Franz Xavier zu, der ihren dankbaren Gruß von einer hellen Wolke herab erwidert. Über ihm thront ebenfalls auf Wolkengebilden Ignatius, dem Himmelsstrahlen ins Herz fallen. Während die Architekturmalerei und das Figürliche der Komposition etwas Begeisterndes, Emporreißendes haben, empfinden wir die Farben manchmal als zu hart und grell. Eine kleine runde Steinscheibe in der Mitte des Hauptschiffs ist der beste Standort, um das Gesamtwerk zu betrachten. Wer das Gemälde auch in den oft überraschend zarten Einzelheiten genießen möchte, wird sich freilich eines Opernglases bedienen müssen (das überhaupt auf Kunstwanderungen vortreffliche Dienste leisten kann).

Von den beiden einander sehr ähnlichen *Altären an den Enden des linken und des rechten Querschiffs* ist der des rechten das Vorbild dessen auf der linken. Pozzo hat ihn entworfen. Er ist dem heiligen Luigi Gonzaga geweiht. Die Urne aus Lapislazuli, die vor dem Altar steht, enthält die Gebeine dieses heiligen Jünglings aus dem Fürstenhause der Gonzaga, der auf sein Erbe verzichtete, um in den Jesuitenorden einzutreten. Er wurde in dem der Kirche benachbarten Jesuitenkolleg, dem Collegio Romano, ausgebildet und ist dort noch als Student an Erschöpfung gestorben. In ihm verehrt die studierende Jugend ihren Schutzpatron. Das Relief auf dem Altar stellt seine Apotheose dar. Man kann es pathetisch oder sentimental finden und sich doch menschlich von ihm rühren lassen. Geschaffen hat es der Franzose Legros, von dem wir aus Il Gesù die silberne Statue des heiligen Ignatius kennen, und es ist gewiß das beste Werk dieses begabten Mannes. Der Rahmen mit dem Sockel aus Alabaster und Lapislazuli, den gewundenen, mit Goldlaub umkränzten Säulen aus Serpentin wird Pozzo verdankt und, wie sein Ignatiusgrab, dem gewaltigen Reichtum, über den der Orden zu jener Zeit verfügte. Verglichen mit dem zweifellos prächtigeren Ignatiusgrab erscheint mir das des heiligen Prinzen als das poesievollere, auch als das harmonischere Werk. Als es errichtet wurde, verehrte man den jungen Gonzaga schon als Seligen, erst 1726 hat ihn Benedikt XIII. heiliggesprochen. Die ganze Kirche Sant'Ignazio ist eine Stiftung des Kardinals Lodovico Ludovisi, der ein Nepot Gregors XV. war. Dieser Papst, der 1621-1623 regierte, liegt neben seinem Nepoten rechts von der Apsis begraben. Dies nicht besonders gelungene Grab schuf ebenfalls Legros, doch im Zusammenwirken mit zwei andern Künstlern. Gregor XV. hat so gewaltige Glaubensritter heiliggesprochen wie Ignatius, Franz Xavier, Therese von Avila und Filippo Neri. Der Herzog Maximilian von Bayern verdankte ihm die Übertragung der pfälzischen Kurwürde und schenkte ihm darum die Biblioteca palatina, die Heidelberger Universitätsbibliothek, die heute einen kostbaren Bestandteil der Vatikanischen bildet.

Hinter dem mittleren der erwähnten Rokokohäuser gelangen wir durch die Via dei Burrò (eigentlich: ›des bureaux‹, weil sich hier in napoleonischer Zeit Verwaltungskanzleien befanden) auf die schöne *Piazza di Pietra* mit den heute in ein als Börse dienendes Gebäude eingebauten eindrucksvollen Säulen des HADRIANEUMS, das aber unter dem unrichtigen Namen Neptunstempel bekannter ist. Von dort gehn wir dann durch die Via dei Bergamaschi – es ist dies eine der Gegenden Roms, in denen man gut speist – auf die PIAZZA COLONNA. Der Platz ist einer der Mittelpunkte römischen Lebens. Er trägt seinen Namen nach der marmornen TRIUMPHSÄULE DES MARK AUREL, die ihn beherrscht. Ich erlaube mir, meine Leser auf das zu verweisen, was ich ihnen bereits über die Triumphsäule des Trajan erzählt habe.

Mit ihren figurenreich erzählenden Reliefs erinnert sie an die Siege, die der große Kaiser über die Markomannen und andere germanische Stämme, auch über die Sarmaten, erfocht. Eine Szene in der dritten Windung des Reliefbandes auf der Ostseite (dem Corso zugekehrt) zeigt Jupiter pluvius, der dem verschmachtenden Heer Regen sendet; dies Wunder, das der Heidengott tut, ist von alters her als die Erhörung des Gebets christlicher Legionäre zu ihrem Gott gedeutet worden. Sehr belehrend ist ein Vergleich zwischen den Reliefs der Trajanssäule und denen der Markussäule, er kann aber nur mit Hilfe von Photographien oder Gipsabgüssen gelingen, wie sie Kaiser Wilhelm II. von der Markussäule anfertigen ließ, als man ihn belehrte, hier habe man die älteste bildliche Darstellung aus der deutschen Geschichte vor Augen. Der Dakerkrieg Trajans wird nüchtern als ein schwieriges, doch erfolgreiches Unternehmen dargestellt, bei dem es freilich nicht ohne Greuel abgeht. Die Germanen- und Sarmatenkriege Mark Aurels werden mit allen ihren Schrecken geschildert: dem Niederbrennen von Dörfern, der Verschleppung von Frauen in die Sklaverei, der Hinrichtung von Häuptlingen, einer Massenhinrichtung mit rollenden Köpfen und angstverzerrten Gesichtern. Die Reliefs der Markussäule sind jedenfalls weit dramatischer als die der Trajanssäule, aber künstlerisch flüchtiger gearbeitet als diese. Die Markussäule trägt seit 1591 eine Statue des Apostels Paulus.

Auf der Ostseite des Platzes, am Corso, steht das häßliche Gebäude der ypsilonförmigen *Galleria Colonna*, diesem gegenüber der gut proportionierte PALAZZO WEDEKIND, ein klassizistischer Bau von 1830, geschmückt mit einem Portikus, für den man sechzehn in Veji ausgegrabene ionische Säulen verwendet hat. An der Nordseite, also rechts vom Palazzo Wedekind, erhebt sich der schwere, doch wohlgegliederte Bau des PALAZZO CHIGI. Er ist eines der letzten Werke des Giacomo della Porta, begonnen 1600 für die Aldobrandini, 1659 von der reichen senesischen Bankiersfamilie der Chigi erworben. Doch nur die Front gegen den Corso zu ist ein Werk des della Porta, dieses bedeutenden Vorläufers der barocken Architektur, die Fassade gegen die Piazza Colonna hin bauten Carlo Maderna und Vincenzo della Greca 1630. Im Anfang seines Regimes hat Mussolini hier geamtet, von dem auf den Corso sich öffnenden Balkon manche seiner Reden gehalten.

Mussolini war in jenen Jahren immerhin noch ein Orator von so glänzenden formalen Gaben, daß man darüber vergessen konnte, wie gedankenarm und zugleich gefährlich seine Rhetorik war. Doch gab es schon damals viele Italiener, die in ihm den großen Feind ihres Volkes sahen. Bei einer seiner Reden wollte ihn ein Offizier der Alpenjäger, der ein bewährter Scharfschütze war, niederschießen. Er hatte sich zu diesem

G. B. Piranesi: Die Mark-Aurel-Säule auf der Piazza Colonna (Ausschnitt)

Zweck in einem Hotel an der von dem Palast ausgehenden Via del Tritone ein Zimmer gemietet, doch wurde der Anschlag verraten. Ich kann mich noch gut erinnern, mit welchen Worten meine alte Portiersfrau im Palazzo del Grillo, in dem ich damals wohnte, diese Nachricht begleitete: »Statt einer Leiche werden wir zehntausend haben.«

Von der Piazza Colonna aus gelangen wir zwischen dem Palazzo Chigi, heute Amtssitz des italienischen Ministerpräsidenten, und dem Palazzo Wedekind, der den Presseverband beherbergt, auf die *Piazza Montecitorio*. Hier finden meine Leser eine alte angesehene *deutsche Buchhandlung*, die das größte Lager an deutschsprachigen Büchern in Rom hat. Den unebenen und unregelmäßigen, auch darum schönen Platz beherrscht die gewaltige, von Bernini entworfene Fassade des PALAZZO MONTECITORIO, in dem das italienische Parlament tagt. In der Platzmitte ragt ein schöner *Obelisk* empor: der des Pharao Psammetich I. Augustus hatte ihn nach Rom bringen lassen und dem Sonnengotte geweiht, worauf die Sockelinschrift anspielt: »Der göttliche Augustus machte, nachdem er Ägypten dem römischen Volk unterworfen hatte, der Sonne dieses Geschenk.« Pius VI. Braschi ließ ihn 1789, also im Jahr der Französischen Revolution, hier aufstellen und mit einer Kugel schmücken, die sein Wappen zeigt.

Die Familie Ludovisi, die aus Bologna stammte – vielleicht ist ihr Name am berühmtesten geworden durch ihre heute im Thermenmuseum befindliche Antikensammlung –, hatte es durch Eheverbindungen und Güterkäufe in Rom zu großem Reichtum gebracht, obwohl nur einer von den ihren und nur für zwei Jahre Papst war, nämlich Gregor XV. Seinen Nepoten, den ehrenwerten und begabten Lodovico Ludovisi, haben wir schon als den Stifter von Sant'Ignazio kennengelernt, dort an seinem und seines Onkels Grab gestanden. Für die Ludovisi hat Bernini, als er schon ein Greis war, den riesigen Palast entworfen, den sie freilich nicht halten konnten, an die Kurie verkaufen mußten, der er als Gerichtsgebäude diente, bis 1871 das italienische Parlament einzog. Die Fassade ist eine der ganz großen architektonischen Leistungen Berninis. Sie schiebt sich in fünf ungleich großen, in stumpfen Winkeln voneinander abgesetzten Abschnitten gegen den Platz vor. Die äußeren Abschnitte haben drei Fensterachsen, die daran anschließenden sechs, der Mittelabschnitt hat sieben. Das Säulenportal und der Uhrenaufbau im

Mittelabschnitt wurden erst später hinzugefügt. An den Bruch-
stellen zwischen den drei- und den sechsachsigen Abschnitten
stehn auf schweren Rustikaquadern prächtige Kolossalpilaster.
Die Fassade ist glatt, die Fenster sind eher einfach. Die erstaunliche Wirkung des Ganzen – der Bau scheint zu atmen: eine
gewaltige Brust! – beruht auf der heftigen, durch das zwiefache
Zurücknehmen, Zurückzwingen der Flügel erzielten, gegen den
abfallenden Platz hin sich vollziehenden Bewegung nach vorne,
auf den Obelisken, auf den Beschauer zu. Nach 1871 ist der
Palast im Inneren für die Zwecke des Parlaments in jenem Stil
umgebaut und ausgemalt worden, den man in Italien den humbertinischen nennt.

Wir kehren nun zum Corso zurück, biegen am Largo Chigi in
die zunächst platzartige Via del Tritone ein, sehn in ihr rechts,
wo die Straße sich ein wenig verengt, die vielbesuchte Kirche
SANTA MARIA IN VIA mit einer schönen Barockfassade (begonnen
1595 von Martino Longhi dem Älteren, vollendet 1670 von Rainaldi). Links öffnet sich die Piazza San Silvestro mit der 1877 in
ein Kloster hineingebauten *Hauptpost.* Links von deren Haupteingang betreten wir durch einen hübschen Palmenhof die Kirche SAN SILVESTRO IN CAPITE, die Papst Stephan ii., 752-757, auf
den Ruinen eines dem Sonnengott geweihten Tempels erbauen
ließ. Sie trägt ihren Namen ›in Capite‹, weil hier seit vielen
Jahrhunderten eine hochheilige Reliquie verehrt wird: das
Haupt Johannes des Täufers. Jetzt wird der Gottesdienst in dieser Kirche von englischen Priestern versehn. Sie hat einen der
schönen, in Rom noch recht häufigen romanischen Glockentürme.

Zurück auf dem Corso finden wir bald links die längliche
Piazza San Lorenzo in Lucina. Sie öffnet sich auf den Corso zwischen dem PALAZZO FIANO, in dem einige Jahre hindurch Madame Récamier ihren Salon hatte, und dem Renaissancepalast, der
heute PALAZZO RUSPOLI heißt und den Ammannati 1586 für die
florentinische Familie der Rucellai baute. In diesem Haus hat
Napoleons Stieftochter und Schwägerin Hortense mit ihren beiden Söhnen gelebt, von denen einer später als Napoleon iii.
französischer Kaiser geworden ist. (Nebenbei sei angemerkt, daß
die aus Ostasien stammenden Hortensien nicht nach ihr heißen,
sondern von dem Blumenzüchter Commerson der Hortense Le-
paute, Gattin eines Pariser Uhrmachers, zugeeignet wurden.)

Die Kirche SAN LORENZO IN LUCINA trägt ihren Namen, weil sie eine hochheilige Reliquie birgt: den Rost, auf dem am 10. August 258 der Diakon Laurentius den Martertod erlitt, außerdem weil dieses Gotteshaus im Hause der Matrone Lucina errichtet wurde, wahrscheinlich schon im 4. Jahrhundert. Papst Paschalis II., 1099–1118, ließ es erneuern: aus jener Zeit stammen die anmutige Vorhalle mit den zarten Säulen und der Glockenturm.

Die Kirche enthält das *Grab des Nicolas Poussin*, das ihm Chateaubriand setzen ließ. Poussin, der 1593 in dem normannischen Städtchen Les Andelys geboren worden war, kam als Dreißigjähriger nach Rom, wo er von da bis zu seinem Tod im Jahre 1665 fast ununterbrochen gelebt hat. An seinem Grab werden wir an eines seiner schönsten und berühmtesten Bilder denken, das sich im Louvre befindet und eine Gruppe von Hirten zeigt, die vor einem antiken Sarkophag stehn und die darauf eingemeißelte Inschrift lesen: »Et in Arcadia ego.« Goethe hat diese Worte auf das Titelblatt seiner ›Italiänischen Reise‹ gesetzt: »Auch ich in Arkadien!« Die vierte Kapelle rechts ist ein spätes Werk des Bernini, in der wir vor allem das ergreifende Bildnis des hier bestatteten portugiesischen Arztes Fonseca betrachten wollen. Auf dem Hochaltar eine Kreuzigung von Guido Reni.

Wir kehren auf den Corso zurück, der in dieser Gegend eine elegante Geschäftsstraße geworden ist. Verhältnismäßig frei von modernen Bauten sind die hier rechts von ihm abzweigenden, eher schmalen Straßen, die auf die Piazza di Spagna zuführen, die Via della Vite, die Via Frattina, die Via Borgognona. Das ganze Viertel östlich des Corso ist heute als Flanier- und Einkaufszone für Fußgänger reserviert. Auf dem Corso weitergehend, erreichen wir dann eine der wichtigsten römischen Straßenkreuzungen: den *Largo Goldoni*. Von ihm zweigen links zwei Straßen ab: die alte Via Fontanella Borghese, an die sich in gerader Fluchtlinie eine Reihe anderer Straßen anschließen und bis zum Ponte Umberto führen; die neue, breite Via Tomacelli, durch die man den Ponte Cavour erreicht. Rechts, in der Fortsetzung der Via Fontanella Borghese, sehn wir am Ende der Via Condotti, der elegantesten Geschäftsstraße Roms, die Spanische Treppe mit ihren Blumenständen aufleuchten, und es mag uns wohl die Lust ankommen, einen Abstecher dorthin zu machen. Wenn wir aber auf dem Corso bleiben, der sich hier ein wenig erweitert, haben wir zur Linken zunächst SAN CARLO AL CORSO, eine der drei dem heiligen Karl Borromäus in Rom geweihten Kirchen. Sowohl die Fassade, ihre zwei riesigen Säulen mit übermäßig verkröpftem Gebälk, erbaut 1680, wie der 1612 begonnene Hauptbau und die Kuppel, die eine der größten Roms ist, gehören zu den schwachen Bauten des Seicento. Die Kirche enthält keine nennenswerten Kunstwerke. Weiter nördlich, zur Rechten des Corso, die in die Straßenfront eingebaute Kirche der Augustiner GESÙ E MARIA mit einer edlen Fassade von Rainaldi. Das Innere ist eine kennzeichnende, wohlgelungene römische Seicentokirche, die Maderna verdankt wird. Üppige Ausstattung mit farbigem Marmor. Bald danach das Haus Nummer 20, in dem Goethe während seines italienischen Aufenthaltes gewohnt hat, woran eine Tafel erinnert. Seit Jahren spricht man von einer musealen Öffnung dieser Räume, doch haben sich diese Pläne bisher nicht realisiert. Gegenüber liegt ein Palazzo aus dem 18. Jahrhundert, der Palazzo Sanseverino, mit einem prächtigen Hof.

So erreichen wir die PIAZZA DEL POPOLO, eine der berühmtesten und schönsten Roms, einst in der Zeit der Postkutschen und heute wieder in der Zeit der Autos der Platz, auf dem die meisten Reisenden aus dem Norden zuerst den Boden der Ewigen Stadt betreten oder befahren; denn das, was vor diesem Tore liegt, sind nur Vorstädte. Wir wollen unsern heutigen Spaziergang mit einem Rundgang um diesen Platz beenden, doch vorher möchte ich raten, sich vor dem Kaffeehaus ein wenig auszuruhen, das wir, aus dem Corso heraustretend, zu unserer Linken sehn, um uns eine genaue Vorstellung von der Anlage des Ganzen zu machen.

Der Corso, eine antike, im 15. Jahrhundert begradigte, im 17. verbreiterte Straße, verlängert die *Via Flaminia*, die von Norden in die Piazza del Popolo einmündet, südwärts: wir dürfen ihn uns als den stadtrömischen Teil der Straßen denken, die den Norden Europas mit der Via Appia und dadurch mit Unteritalien, Sizilien, ja mit Griechenland verbinden. Rechts und links neben dem Corso gehn zwei weitere Straßen von der Piazza del Popolo aus: rechts (vom Platz aus gesehn) die Via Ripetta, die in ihrem weiteren Verlauf beim Ponte Cavour den Tiberbogen tangiert und so heißt, weil sie an dem durch die Flußregulierung leider zerstörten alten Tiberhafen Ripetta, ›kleines Ufer‹, entlangführte; links die Via del Babuino, ›die Affenstraße‹, so genannt nach einem Satyr auf einem heute verschwundenen Brunnen, in dem das Volk einen Affen sah. Zwischen den Eingängen in die drei von der Piazza del Popolo südwärts ausstrah-

G. B. Piranesi: *Piazza del Popolo; zwischen den beiden Kuppelkirchen Santa Maria*

del Monte Santo und Santa Maria dei Miracoli verläuft der Corso nach Süden

lenden Straßen liegen zwei einander sehr ähnliche, aber nicht unbedingt
gleiche Kuppelkirchen mit offenen Säulenvorhallen. (Wir denken bei
ihrem Anblick an das freilich ungleichere Kirchenpaar am Trajansforum, das allerdings nicht wie diese beiden Bauten die Aufgabe hat, als
Einfahrtstor in die Stadt der Kirche und der Kirchen zu dienen.) Die
ganze Platzanlage, die um einen Obelisken kreist, dazu die gewaltige
Toranlage mit den sie flankierenden Bauten bilden einen bewußt ge-
planten Vorhof der Ewigen Stadt, an dessen Ausbau Künstler der Renaissance, des Barock und des in Rom sonst nicht stark hervortretenden
Klassizismus Anteil haben. Seit Julius ii. die schnurgerade Via Giulia
anlegte, die wir schon kennen, Sixtus v. die ebenso gerade Via Sistina
bauen ließ, also seit der Renaissance, hat man im päpstlichen Rom nicht
aufgehört, lange, für jene Zeit verhältnismäßig breite, gerade Hauptstraßen durch das Gewirr der alten Straßen hindurchzulegen, gleich Schnei-
sen in einem Wald, so daß man sagen kann: Rom hat nach der Antike, in
der es ja sehr gründliche Stadtplanungen kannte, als erste europäische
Stadt auch in der Neuzeit eine regelrechte Stadtplanung erlebt. Dieser
ist auch der prachtvolle dreifache Straßenstrahl zu danken, der von der
Piazza del Popolo ausgeht. Andrerseits bietet die Piazza den drei Straßen
einen lichten Zielpunkt, des sie zueilen. Denn in der päpstlichen Stadtplanung spielen die End- und Kreuzungspunkte der großen Straßenfluchten eine wichtige Rolle, was wir schon gesehn haben, als wir vom
Largo Goldoni durch die ebenfalls zu einer großen Straßenflucht gehörige Via Condotti auf den Spanischen Platz hinschauten. Jene Punkte
werden mit einer wirkungsvollen Szenerie, mit Brunnen, Freitreppen,
Obelisken, Statuen ausgestattet, die im Gegensatz zu den eher dunklen
Straßen zumeist im hellen Licht liegen. Die prächtigste Szenerie dieser
Art war der Petersplatz, auf den man durch die beiden engen, finsteren
›borghi‹ zuging, bis diese dem Imperatorendünkel Mussolinis und dem
schlechten Geschmack Pius' xi. zum Opfer fielen.

Eine der schönsten der römischen Endpunkt-Szenerien ist die
Piazza del Popolo. Sie dürfte schon eine große Wirkung getan
haben, als man 1585 den Obelisken aufrichtete, denn seit 1561
stand das erstaunliche Tor. Im Seicento kamen die beiden Kuppelkirchen hinzu, und Bernini gab dem Tor die barocke Innenfassade. In der napoleonischen Zeit schuf dann Giuseppe Valadier, 1762-1839, der trotz seines französischen Namens durchaus ein Römer war und römisch empfand, den westlichen und
besonders den östlichen Abschluß des Platzes: die spektakuläre
Auffahrt zum Pincio mit ihren Terrassen, Balustraden, Statuen
und Trophäen, und bereicherte durch das Grün der Parkbäume
das Gesamtbild. Bald danach legte man die Brunnen mit den

drolligen wasserspeienden Löwen an: das Funkeln des strömen-
den Wassers gehört zu den Lichteffekten römischer Plätze.
Freilich hat die Piazza del Popolo durch die entscheidende Rolle, die heute die Bäume auf ihr spielen – prachtvolle Schirmpi-
nien, Zypressen, Lorbeer und Oleander –, nicht die Geschlos-
senheit anderer römischer Plätze, die reine Werke der Architektur sind, noch ganz und gar städtisch sein wollen, deren Erbau-
ern das ›Naturgefühl‹ noch fremd war, das seit Rousseaus Zeiten
unter den Menschen eine so große Macht geworden war.

Die beiden Kuppelkirchen baute Rainaldi im Auftrag Alexanders VII. Chigi, zuerst zwischen der Via del Babuino und dem
Corso: SANTA MARIA IN MONTE SANTO. Bernini hat die Laterne
entworfen. Etwas später entstand die andere Kirche, SANTA MA-
RIA DEI MIRACOLI; an diesem Bau war Fontana beteiligt. Der
lustige Glockenturm gehört dem 18. Jahrhundert an. Den Obelisken mit der weithin sichtbaren Hieroglypheninschrift, die die
Pharaonen Seti I. und den großen Ramses II. nennt – als Schöpfer monumentaler Inschriften sind die Ägypter Vorläufer der
Römer gewesen –, hat Augustus nach Rom gebracht, Sixtus V.
ließ ihn hier aufstellen. Die PORTA DEL POPOLO, an deren Stelle
die antike Porta Flaminia stand, hatte nach dem von Vignola
ausgeführten Entwurf Michelangelos nur einen Bogen; die beiden Seitenausgänge sind modern. Die gewaltige Innenfassade
mit dem riesigen Chigi-Wappen baute Bernini, um den Einzug
der Königin Christine von Schweden zu feiern. Das Tor fügt
sich in die Aurelianische Stadtmauer ein.

Zur Linken des Reisenden, der, von Norden kommend, das
Tor durchschreitet, steht die Kirche, die Tor und Platz den
Namen gibt: SANTA MARIA DEL POPOLO. ›Popolo‹ hat übrigens
nichts mit dem heutigen Begriff ›Volk‹ zu tun, sondern ist ein
älterer, in der Toskana noch gebräuchlicher Ausdruck für Pfarr-
gemeinde. Früher stand hier eine kleine Kapelle, die man im
11. Jahrhundert errichtet hatte, um die Dämonen zu vertreiben,
die hier spukten: lag doch in dieser Gegend der Überlieferung
nach Neros Grab. Die heutige Kirche wurde 1472-1477 gebaut.
Luther hat sie also gesehn, als er 1511 nach Rom kam und in
dem zu ihr gehörigen, schon 1527 abgerissenen Augustinerklo-
ster wohnte. Santa Maria del Popolo aber war einst ein edles
Bauwerk der Renaissance, die Luther so gründlich und so ver-
hängnisvoll mißverstanden hat. Das zeigt uns noch die anmutig-

schlichte Fassade aus der Zeit Sixtus' IV. della Rovere. Leider hat
sich der große Bernini sowohl an der Fassade wie an dem Inneren der Kirche versündigt, indem er sie barock herausputzte, so
daß vor allem der Innenraum – er ist dreischiffig und trägt über
der Vierung eine achteckige Kuppel, die älteste in Rom – jetzt
einen eher unharmonischen Eindruck macht. Wer sie gebaut
hat, wissen wir nicht sicher: Baccio Pontelli aus Florenz und
Andrea Bregno aus der Gegend von Lugano werden genannt.
Julius II., wie sein Onkel Sixtus IV. ein della Rovere – überall in
der Kirche begegnen wir dem Wappen dieser aus armem ligurischen Adel stammenden Familie: dem Eichbaum –, ließ den
Chor durch Bramante verlängern.

Santa Maria del Popolo ist überaus reich an Kunstwerken
nicht nur der Renaissance, sondern auch des Barock. Wir beginnen unsern Rundgang im rechten Seitenschiff mit der ersten
Cappella della Rovere: einer tiefen Raumbucht aus den fünf Seiten
eines Achtecks. Hier fanden mehrere della Rovere ihr Grab, und
Pinturicchio hat sie mit anziehenden Szenen aus dem Leben des
heiligen Hieronymus ausgemalt. Von ihm ist auch die schöne

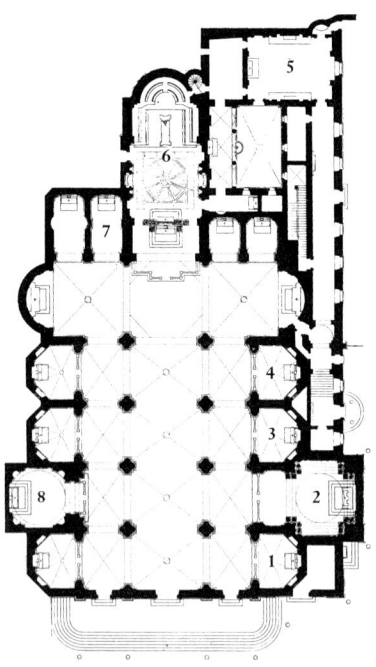

Santa Maria del Popolo

1 *Cappella Della Rovere*
2 *Cappella Cibò*
3 *Fresken von
  Tiberio d'Assisi;
  Grabmal des
  Prälaten Foscari*
4 *Grabmal Marcantonio
  Albertoni*
5 *Sakristei*
6 *Pinturicchio-Fresken
  im Chorgewölbe;
  Glasfenster*
7 *›Bekehrung Pauli‹
  und ›Kreuzigung Petri‹
  von Caravaggio*
8 *Chigi-Kapelle*

Anbetung des Christkindes auf dem Hochaltar. Der senesische Meister hat lange Jahre hindurch mit vielen Gehilfen in Santa Maria del Popolo gearbeitet. Schön ist in dieser ersten Kapelle auch die Madonna, die der zartsinnige Toskaner Mino da Fiesole zu dem von Andrea Bregno geschaffenen Grab zweier Kardinalnepoten Sixtus' IV. beitrug. Es folgt die *Cibò-Kapelle*, also die Kapelle der Familie, der Sixtus' IV. Nachfolger Innozenz VIII. angehörte. Auch diesen Raum hatten Bregno und Pinturicchio ausgestattet: als Grabstätte für Lorenzo Cibò, einen Nepoten Innozenz' VIII. Ein anderer Cibò, Alderano, der unter Innozenz XI. Odescalchi der erste Kardinalstaatssekretär der Kurie war, ließ die Kapelle 1685 durch Carlo Fontana prunkvoll barockisieren, wobei mit den kostbarsten Gesteinen nicht gespart wurde. Die Säulen und Pilaster sind aus kastanienfarbenem sizilianischem Jaspis, die Wände aus dunkelgrünem Serpentin, ein heller, violett gefleckter Stein wurde für den Sockel verwendet, schwarzer Marmor für die Inschrifttafeln und die Sarkophage, schneeweißer carrarischer für die beiden Büsten des Lorenzo und des Alderano Cibò, die aus den Wänden herausschauen. Ihr Gebet gilt der höchst effektvoll gemalten Immacolata, die Carlo Maratta aus Ancona, 1625-1713, einer der in Rom erfolgreichsten und geschicktesten Barockmaler, für den Altar der Kapelle schuf.

Ich habe nun meine Mitwanderer schon wiederholt auf die Gesteinspolychromie in den römischen Kirchen hingewiesen; in dieser Kapelle sehn sie eines der eindrucksvollsten Beispiele dessen, was die römische Leidenschaft für edle und seltene Steine schaffen konnte, eine Leidenschaft, die wir auch schon in der Kaiserzeit, dann bei den meist mit antiken Spolien arbeitenden Cosmaten finden – nicht aber in der Gotik und der Renaissance –, die dann nach Michelangelo ausbrach, die vielleicht viele meiner Zeitgenossen nicht teilen können, die aber so kennzeichnend ist für das römische Barock, daß man sich, um es zu verstehn, mit ihr zumindest auseinandersetzen muß. Sie hat sich von Rom aus die ganze katholische Welt erobert, so sehr, daß man auch in stein- und geldärmeren Gegenden nicht auf marmorne Farbigkeit verzichten wollte und zum Marmorstuck griff, wobei man sich meist italienischer Handwerker bediente, die alle bekannten Gesteinsarten auf das geschickteste nachzuahmen, ja die manchmal mit feinem Sinn für das Wesen des Mineralischen Gesteins zu erfinden wußten, die es in der Natur gar nicht gibt. Die römischen ›marmorari‹, die mit dem edelsten Material arbeiteten, haben diese ›Fälscher‹ wahrscheinlich tief verachtet.

In der dritten Kapelle möchte ich auf die Grabplatte des venezianischen Prälaten Foscari hinweisen, ein Werk des Senesen Vecchietta, in der vierten auf das rührende Grabdenkmal des jungen Albertoni von dem selten genannten Florentiner Jacopo d'Andrea. Vom rechten Querschiff aus gelangen wir durch einen Gang in die Sakristei mit einem Tabernakel von Bregno, das ein Muttergottesbild senesischer Schule umschließt. Rechts und links vom Hochaltar zwei figurenreiche Grabmäler, die Julius II. hier errichten ließ, Arbeiten des Andrea Contucci, genannt Sansovino (der aber nicht mit dem großen Jacopo Sansovino verwechselt werden darf). Ich habe mich nie für diese gefeierten Werke erwärmen können. Unter den Fresken, mit denen der alte Pinturicchio den Chor geschmückt hat, sind anmutige Sibyllengestalten. Dieser Chor enthält etwas in Rom Seltenes: Glasfenster, geschaffen von dem Franzosen Guillaume de Marcillat. Die Glasmalerei hat nämlich in Rom nie eine Rolle gespielt. Man liebte die Farbigkeit, aber man erwartete sie von den ›tessere‹ der Mosaizisten, vom Pinsel der Maler, vom Gestein der ›marmorari‹. Hätte man all dem noch die Lichtfarben der Glasmalerei hinzugefügt, wäre man ins Bunte geraten. Erinnern wir uns an die strenge Zurückhaltung im Farbigen, die der farbenfreudige Bernini übte, als er seinem Kathedraltar das Fenster mit der Taube des Heiligen Geistes einfügte.

Im linken Querschiff werden wir zwei Gemälden gegenübergestellt, die eigentlich zu allem, was wir bisher in Rom gesehn haben, und dem meisten, was wir in dieser Stadt noch sehn werden, im entschiedensten Widerspruch stehn und die darum zu einer Auseinandersetzung geradezu herausfordern: die *Bekehrung Pauli und die Kreuzigung Petri von Michelangelo da Caravaggio*. Der Widerspruch liegt darin, daß sie mit der Antike, die letzten Endes für die römischen und die in Rom tätigen Künstler von den frühchristlichen Mosaizisten bis zu den Klassizisten die große Lehrmeisterin war, nichts zu tun haben, ja nichts zu tun haben wollen.

Gemeinhin wird *Caravaggio* als ›Naturalist‹ bezeichnet, als der stärkste Naturalist seiner Zeit – er lebte von 1565 bis 1609 –, in der es eigentlich noch gar keinen Naturalismus gab, wenigstens nicht in dem Sinn, indem wir das Wort heute gebrauchen, wie es vor ihm seit dem Hellenismus in diesem Sinn keinen Naturalismus gegeben hatte. Daran ist viel Richtiges. Er hat die Antike nicht nur als Vorbild abgelehnt, er suchte seine

Grabmal des Kardinals Cristofero della Rovere
in Santa Maria del Popolo

Modelle unter den lebenden Menschen und fast immer unter den Menschen des niedrigen Volks, im gewöhnlichen Alltag; außerdem war ihm das Landschaftliche ziemlich gleichgültig. Wir wissen, welch starken Einfluß er ausgeübt hat: auf Velázquez und die Spanier, auf Rembrandt und die Niederländer. Er war ein Revolutionär vom reinsten Wasser, gewalttätig und grausam wie ein Revolutionär, übrigens auch als Mensch. Wir alle lieben seine Blumen und Früchte, die am Anfang der ganzen Stillebenkunst des 17. Jahrhunderts stehn. Aber manches an seinem Werk beunruhigt und befremdet uns. Auf einigen seiner Bilder (denken wir an den Eros in der Gemäldegalerie Berlin-Dahlem oder den Bacchus der Uffizien) drängt er uns seine päderastischen Neigungen peinlich auf. Es hat große Künstler gegeben, denen solche Neigungen nicht fremd waren, ohne daß uns deswegen ihre Werke peinlich würden. Man kann sich auch an seinen gläsern reinen Lokalfarben stoßen. Das scharfe Kellerlicht seiner Innenräume, die übertieften Schatten, die Überplastizität der Gestalten, das Maskenhafte mancher Gesichter erleichtern uns den Zugang zu seinem Werk nicht. Aber als Revolutionär, der gegen die zwar edle, doch schon ein wenig müde Fortsetzung der Renaissance durch die Bolognesen aufbegehrte, indem er ihrem Verblassen, ihrer Blässe seine Farbenfülle, seinen Überschwang an grellem Licht und tiefen Schatten entgegenstellte, ihrer Anmut und Lieblichkeit seine Gewalttätigkeit – als zugleich gescheiten und leidenschaftlichen Erneuerer der europäischen Kunst werden wir ihn bewundern müssen. Bei vielen seiner Werke fällt mir das nicht schwer, etwa bei seiner Flucht nach Ägypten, die wir im Doriapalast sahn, oder bei seinen Werken, die wir in San Luigi dei Francesi sehn werden. Schwerer allerdings fällt es mir bei den beiden Bildern in Santa Maria del Popolo.

Der Paulus auf dem Weg nach Damaskus scheint nicht vom Blitz der göttlichen Erleuchtung getroffen, sondern ganz einfach von seinem Apfelschimmel gefallen zu sein, was dem Roß wie dem Pferdeknecht keinen sonderlichen Eindruck macht; und des Apostels ausgebreitete Arme wirken dadurch als eine durchaus rhetorische Geste. Den Petrus mit dem Kopf nach unten auf sein Kreuz zu hissen, ist für die drei damit beschäftigten Proletarier eine offensichtlich schwierige und anstrengende Arbeit, der sie sich schwitzend und keuchend unterziehen, während der Apostel trotz der Nägel in Händen und Füßen unser Mitleid kaum erweckt, auch die Gefühle nicht zu kennen scheint, die ihn, den Blutzeugen, über das emporheben, was sein irdischer Leib erleidet. Gewiß sind diese Bilder – sie entstanden 1601 – großartig gemalt, sie sind tatsächlich ein revolutionärer Akt: ein Umsturz der antikischen Überlieferung. Mit Caravaggio beginnt eine Entwicklung, die in unserer Zeit radikal abgebrochen worden ist.

Santa Maria del Popolo enthält noch eine sehenswerte *Kapelle*, die der *Chigi:* im linken Seitenschiff die vorletzte vor der Eingangswand. Sie ist eine Stiftung des Senesen Agostino Chigi, genannt il Magnifico, des reichsten italienischen Bankiers der Zeit, der freilich die Kunst leidenschaftlich liebte. Er wurde Raffacls Mäzen, als Julius II. gestorben war. Für ihn malte der Urbinate die heute ›la Farnesina‹ genannte Villa mit höchst anmutigen mythologischen Bildern aus; für ihn entwarf Raffael auch diese Kapelle. Sie hat einen quadratischen Grundriß mit zu Nischen vertieften Ecken. Das Pyramidengrab ist das von Agostinos Bruder Sigismondo. In den Nischen vier Prophetengestalten, darunter der anmutige junge Jonas, den Lorenzetto nach einem Entwurf Raffaels meißelte, Daniel und Habakuk von Bernini (um 1656). Über der Kapelle wölbt sich eine Kuppel, die man mit Recht ›eine Peterskuppel im kleinen‹ genannt hat. Sie wurde freilich schon 1512 gewölbt, lange vor ihrer großen Schwester. Die Mosaiken entwarf Raffael, und sie erinnern in manchem an seine Entwürfe für die vatikanischen Loggien, die ungefähr gleichzeitig entstanden, vor allem in der Verknüpfung von Antikem und Christlichem. Von Engeln umgeben schwebt Gott Vater segnend in der Laterne. Darunter sehn wir – ähnlich wie in Dantes Göttlicher Komödie – in acht Feldern die sieben Planeten mit den Planetengöttern, die aber von Engeln sozusagen regiert werden, während ein achter Engel seine Hände über den Fixsternhimmel breitet.

QUIRINAL – THERMENMUSEUM

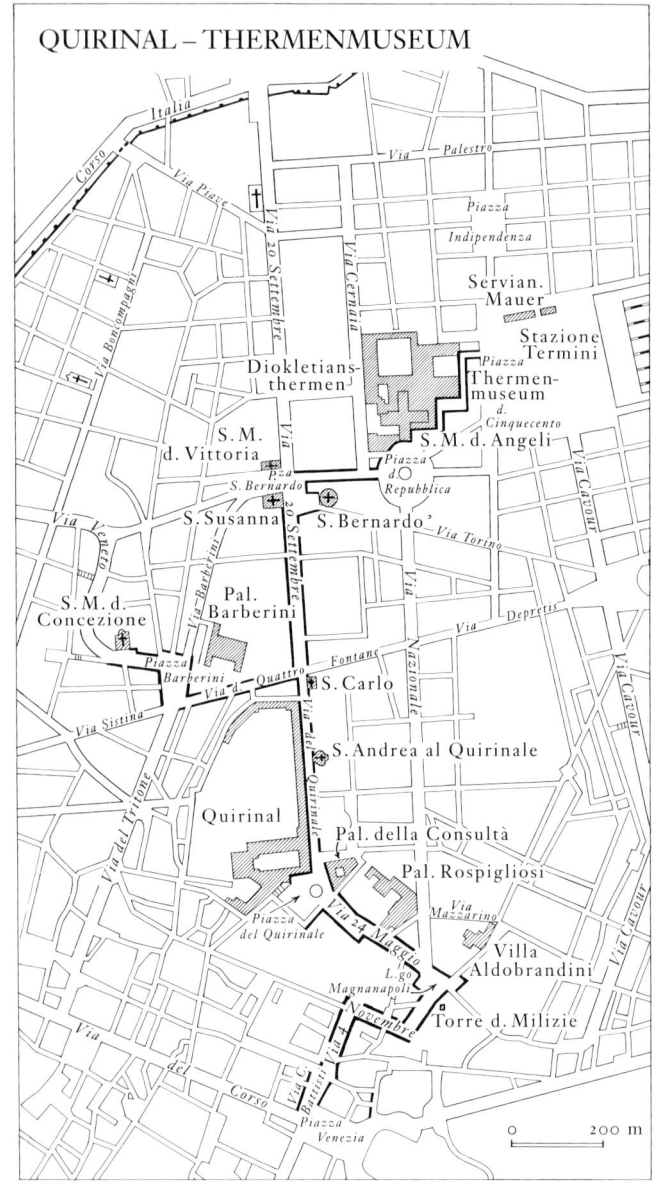

VIII

Über den Quirinal zum Thermenmuseum

Zweimal Aurora· Guido Reni und Guercino
Päpste, Könige und Präsidenten auf dem Quirinal
Fruchtbarer Dualismus: Bernini und Borromini
Barberini-Bienen zwischen Via Veneto
und Quattro Fontane
Die Nazarener in Rom: zurück zur heiligen Kunst
Berninis heilige Therese
und das mystische Feuer der Leidenschaft
Michelangelos »schöner Tempel im Gerüst der Thermen«
Rom und Griechenland: Antike Kunst im Thermenmuseum
Der Ludovisische Thron: Märchengeburt der Aphrodite
Bildniskunst der Römer
Die Fresken aus Prima Porta: Fruchtgarten der Livia
Der Bahnhof Termini an der Servianischen Mauer

Unser heutiger Spaziergang soll uns vor allem in das Museum führen, das nach den Vatikanischen Sammlungen das reichste in Rom ist: das Thermenmuseum, und damit wieder ganz in die Antike. Zuvor aber wollen wir über den Quirinal wandern, wo uns eine Reihe von köstlichen Barockkirchen erwartet. Wir gehn, wie nun schon mehrmals, von der Piazza Venezia aus. (Ich glaube, daß man, wenn man Rom gründlich kennenlernen will und mit der Zeit beschränkt ist, am besten in der Nähe dieses Platzes, also in den großen, mittleren oder kleineren Gasthöfen wohnt, die man rings um das Pantheon und den Campo de' Fiori findet.) Zunächst wenden wir uns von der Piazza Venezia in die Via Cesare Battisti (das war ein italienischer Freiheitskämpfer, den die Österreicher während des ersten Weltkrieges in Trient gehängt haben), steigen dann durch die Via Quattro Novembre – die an den Sieg der Italiener am Ende jenes Krieges erinnert – hinauf, kommen so zum Largo Magnanapoli, einem unregelmäßigen Platz, auf dem sich der Eingang zum Trajansforum befin-

*G. B. Piranesi: Piazza und Palazzo del Quirinale; rechts Palazzo della Consulta,
im Vordergrund die antiken Dioskurenstatuen*

det, wovon im zweiten Spaziergang die Rede war. Hier steht die
hohe, beeindruckende TORRE DELLE MILIZIE, der bei weitem
höchste unter den noch erhaltenen römischen Geschlechtertür-
men. Er stammt aus dem 13. Jahrhundert, ruht aber auf einem
antiken Unterbau. Die Überlieferung will, daß Nero von diesem
Turm aus dem Schauspiel beiwohnte, das er sich selber gab, als
er Rom in Brand setzen ließ. Hier hat Heinrich VII., der Luxem-
burger, sich gegen seine guelfischen Feinde verschanzt und ver-
teidigt, als er 1312 nach Rom kam, um sich zum Kaiser krönen
zu lassen. Von der Höhe der Torre delle Milizie genießt man
einen herrlichen Rundblick. Am Largo Magnanapoli liegt auch
die stattliche VILLA ALDOBRANDINI mit einem schönen, meist zugänglichen Garten im italienischen Geschmack des 16. Jahrhunderts und weiter Aussicht. Der Eingang befindet sich auf der
Rückseite an der Via Mazzarino. In der Mitte des Platzes ist ein
Stück der sogenannten Servianischen Mauer erhalten, von der
noch zu reden sein wird. Der kürzeste Weg zum Thermenmuseum führt von hier aus durch die moderne, breite, lärmige, eher
häßliche Via Nazionale. Wir machen einen kleinen Umweg und
gehn durch die Via Ventiquattro Maggio – an diesem Tag erklärte Italien im Jahr 1915 Österreich-Ungarn den Krieg – auf
den QUIRINAL.

Hier finden wir zu unserer Rechten bald den PALAZZO ROSPI-
GLIOSI-PALLAVICINI mit einem Nebengebäude, einem jener
prächtigen Gartenhäuser, die man ›casino‹ nannte. Dessen Dek-
ke schmückte ein Bild, das Burckhardt »das vollkommenste italienische Gemälde der letzten beiden Jahrhunderte« nennt:
Guido Renis ›Aurora‹. Reni malte seine Aurora für den Kardinalnepoten Scipione Borghese, der hier einst der Hausherr war.
Nach den Borghese, der Familie Pauls V., kamen mit Gregor XV.
die Ludovisi an die Macht. Die Borghese hatten Reni protegiert.
Die Ludovisi aber gaben einem Landsmann Guidos, dem Bolognesen Guercino, Gelegenheit, sich mit Guido zu messen und
ebenfalls eine Aurora zu malen, und zwar im Casino ihrer Villa,
das noch erhalten ist, während die prachtvolle Villa mit ihren
Gärten in dem ziemlich trostlosen, aber eleganten Wohnquartier an der Porta Pinciana unterging. Als ich Guercinos Aurora
sah, verlor die Guidos für mich fast jeden Reiz, denn hier fand
ich wirklich in mythischer Sprache erzählt, was uns die Morgen-
dämmerung bedeuten kann, wenn wir sie in der Natur erleben,

während uns Guido Reni nur eine effektvolle Illustration zu
einem Mythologem geliefert hat.

Wir kommen nun auf den prachtvollen, weiten und lichten
QUIRINALSPLATZ mit seinem berühmten Blick über Rom und auf
die Peterskirche. Der Quirinalshügel, der höchste und darum
luftigste unter den sieben klassischen, war in der Kaiserzeit ein
vornehmes Wohnviertel. Dann ließ hier Konstantin der Große
seine Thermen anlegen. Im Mittelalter aber wurde der Quirinal
kaum bewohnt. Man nannte ihn Montecavallo nach den Rossen
der beiden kolossalischen Dioskuren, die einst in den Konstan-
tinsthermen standen, seltsamerweise unzerstört blieben und
heute in der Mitte des Quirinalsplatzes stehn. Im 16.Jahrhun-
dert begann man in dieser verwilderten Gegend Villen anzulegen, weil man die gute Luft auf dem verhältnismäßig hohen
Hügel schätzte. Das war wohl der Hauptgrund, warum Gregor
XIII., der Papst der Kalenderreform, hier einen Sommerpalast
bauen ließ. Als Architekten berief er einen Landsmann, den Bolognesen Ottaviano Mascherino. Nach diesem waren Fontana,
Maderna, Bernini und Ferdinando Fuga tätig. Im Jahre 1592 zog
Clemens VIII. Aldobrandini als erster in den Neubau ein, an dem
aber bis 1740 weitergebaut worden ist. Der Quirinal, wie der
Palast abkürzend genannt wird, wurde 1870 die Residenz der
italienischen Könige, nach 1947 der Präsidenten der italienischen Republik. Man spricht darum von ›beim Quirinal akkredi-
tierten Botschaftern‹ zum Unterschied von denen, die beim Vatikan akkreditiert sind.

Der QUIRINAL besteht aus einem Hauptgebäude mit einem
großen rechteckigen Hof und einem langen Nebengebäude, der
sogenannten ›manica lunga‹, dem langen Ärmel, an dem die Via
del Quirinale entlangführt. Nach Norden zu liegt ein großer,
sehr schöner Garten, den Mascherino angelegt hat. Schön ist
auch der Hof mit dem Uhrturm, der ebenso wie die entzückende
Wendelstiege mit den dorischen Säulenpaaren zu dem Bau Ma-
scherinos gehört. (Dem gewöhnlichen Besucher bleibt die gesamte Anlage aus verständlichen Gründen geschlossen.)

Die Dioskuren vor dem Palast ließ Sixtus V. hier aufstellen
und auf den Sockeln die Inschriften anbringen, die die beiden
Statuen als Werke des Phidias und des Praxiteles bezeichnen.
Diese beiden Bildhauer galten dem Mittelalter als zwei Philosophen und Wahrsager im Dienst des Kaisers Tiberius. In Wirk-

lichkeit handelt es sich um spätantike Kopien nach schwer bestimmbaren griechischen Originalen. Den Obelisken hat erst Pius VI. zwischen die Dioskuren einfügen lassen, Pius VII. ließ die prachtvolle Brunnenschale aus grauem Granit vom Forum hierher bringen.

Eines der letzten Bauwerke von ganz hohem Rang, die in Rom entstanden sind, ist der PALAZZO DELLA CONSULTA an der Südostseite des Platzes. Wir verdanken es einem sehr bedeutenden Florentiner Architekten der Rokokozeit, Ferdinando Fuga, 1699-1784, den vor allem Benedikt XIV. Lambertini begünstigte und dem wir in Rom gelegentlich noch begegnen werden.

Der ›manica lunga‹ gegenüber liegt neben einem hübschen öffentlichen Garten eine von Bernini erbaute Kirche, SANT'ANDREA AL QUIRINALE, etwas weiter auf der gleichen Seite der Via del Quirinale hat Berninis genialer Gegenspieler Borromini sozusagen sein Gesellenstück gebaut: SAN CARLO ALLE QUATTRO FONTANE. Der Vergleich zwischen diesen beiden Kirchen ist ungemein anregend. Wenden wir uns erst der Borrominis zu, die wegen ihrer Kleinheit – sie ist genauso groß wie einer der Vierungspfeiler von Sankt Peter – meist San Carlino genannt wird. Schon der Grundriß des elliptischen Innenraums ist bestrickend anmutig und zeigt uns den Meister der Rundbauten, der Kurven, den wir später in Sant'Ivo und in Sant'Agnese noch mehr bewundern werden. Borromini, der 1599 am See von Lugano geboren worden war und eigentlich Castello hieß, kam durch einen Verwandten, Carlo Maderna, an die Bauhütte von Sankt

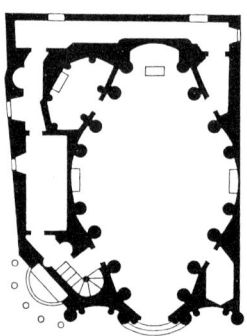

San Carlo alle Quattro Fontane
von Borromini, Grundriß

Peter. Unter dem nur ein Jahr älteren Bernini arbeitete der damals Dreißigjährige als Zeichner am großen Tabernakel. Bald aber zeigte sich, was er als selbständiger Architekt leisten konnte, als er 1638 für arme spanische Mönche mit dem Bau von San Carlino begann. Mit Marmor freilich mußte er hier sparen, sich ganz auf die Formenschönheit beschränken. Er suchte vor allem dadurch zu bezaubern, daß er auf jeden rechten Winkel verzichtete und den ganzen kleinen Bau aus konkaven und konvexen Kurven komponierte. Diese Verzauberung ist ihm beglückend gelungen. Das reine Oval im Marmormuster des Fußbodens umspielen in schwingenden Rhythmen die Wände. Beleuchtet wird der Raum vor allem durch die ebenfalls ovale Kuppel, deren höchst phantasievolle Kassettendecke aus Achtecken, Sechsecken und Kreuzen zu einer doppelten Laterne emporsteilt, in der Gottes Auge in einem sphärischen Achteck aufleuchtet. Borromini hatte mit diesem Jugendwerk einen ungewöhnlichen Erfolg, bekam aber nur wenige Aufträge. So mußte er sich damit begnügen, im kleineren zu wirken. Er baute das Zauberstückchen der Kolonnaden, die wir im Palazzo Spada sahn, und neben San Carlino den allerliebsten Säulenhof. Wegen der Armut der Bauherrn blieb die Kirche lange ohne Fassade. Borromini hat sie erst als sein letztes größeres Werk bauen können, im Jahr 1663, vier Jahre vor seinem Tod: wiederum ein Meisterwerk von einer fast schon rokokohaften Grazie.

Ungefähr um die gleiche Zeit – es regierte Alexander VII. Chigi – schuf Bernini sein Sant'Andrea. Der Bau begann 1658,

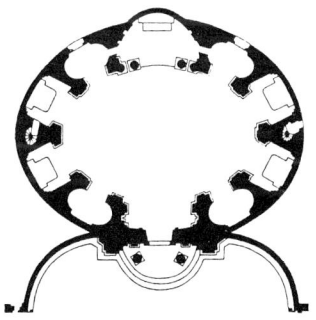

Sant'Andrea al Quirinale
von Bernini, Grundriß

wurde aber vor allem wegen der üppigen Ausstattung mit seltenen Marmorarten, schöner Stuckplastik und einer vergoldeten
Kuppel – hier waren die reichen Jesuiten die Bauherren – erst
nach seinem Tode vollendet. Der ovale Innenraum liegt im Gegensatz zu dem Borrominis parallel zur Straße. Er hat acht Kapellen. Der starke Rhythmus des herrlichen Raums beherrscht
auch die Kuppel. Im Chor, auf dem Hochaltar, sehn wir ein
recht wirkungsvolles Gemälde des Burgunders Guillaume Courtois, den die Italiener Borgognone nennen: das Martyrium des
heiligen Andreas, darüber eine Engelglorie und vor einem Goldgrund die weiße Gestalt des Apostels, der zum Himmel empor-
gehoben wird, eine glänzende Arbeit von Berninis Gehilfen
Raggi. Die Doppelsäulen des Chors bestehn aus einem seltenen
braunen, graugesprenkelten Marmor, den man ›cottanello‹
nennt. Sehr schön ist die eher schlichte Fassade von Sant'Andrea
mit dem vorstoßenden zweisäuligen Portikus und dem schwung-
voll gestalteten Pamphiliwappen zwischen zwei Voluten, die sich
wie Wellen brechen. Es wäre mir eine Freude, zu wissen, welchen der beiden elliptischen Innenräume meine Leser schöner
finden. Mich hat in jüngeren Jahren das zugleich Naive und
Phantastische von San Carlino stärker angezogen, während ich
heute dem vollen Klang, der heiteren Würde von Sant'Andrea
den Vorzug gebe.

Die mit Recht vielgerühmte römische Straßenkreuzung,
QUATTRO FONTANE, ist so benannt nach den vier hübschen Ni-
schenbrunnen an den vier Straßenecken. Von hier aus hat man
schöne und orientierende Blicke. Wir sehn drei Obelisken: den
auf dem Quirinalsplatz durch die Via del Quirinale; den von
Santa Maria Maggiore auf dem Esquilin durch die Via delle
Quattro Fontane und ihre Fortsetzung in der Via Depretis; den
auf Trinità dei Monti über der Spanischen Treppe durch die Via
Quattro Fontane und ihre Fortsetzung in der Via Sistina; dazu
die Porta Pia durch die hier beginnende Via Venti Settembre,
die darum so heißt, weil durch sie am 20. September 1870 die
italienischen Truppen in Rom einmarschierten. Diese Blicke
vermitteln uns eine besonders deutliche Anschauung von der
großzügigen Stadtbauplanung im päpstlichen Rom, von der ich
schon sprach, als wir die Piazza del Popolo besuchten.

Wir wenden uns jetzt links in den Teil der Via Quattro Fontane, der zur Piazza Barbarini hinabführt. Zu unserer Rechten

chen Hof in Ungnade gefallen war, bis es ihm 1647 durch seinen
genialen Entwurf für den Vierströmebrunnen auf der Piazza
Navona gelang, auch den Pamphilipapst Innozenz x. für seine
Kunst zu gewinnen. Die Kapelle ist nicht sehr tief. Die Wände
sind mit den seltensten und schönsten Gesteinen verkleidet; an
den Schmalwänden sehn wir in Rahmen aus rot und weiß ge-
sprenkeltem Marmor zwei Türen aus kostbarstem Onyx. Über
den Türen sind Logen eingebaut. Von deren Brüstungen fallen
gelbe Tücher mit schwarzem Rand herab, auf ihnen liegen tief-
rote Kissen. Die Logen sind gelb gerahmt, und in ihnen sitzen
vor einer schönen Scheinarchitektur aus grauem Stein wie in
einem Theater die sieben Kardinäle, die die Familie Cornaro
der römischen Kirche geschenkt hatte, außerdem ein Doge
(rechts von dem einzigen Bartlosen unter den Kirchenfürsten),
der Vater des Stifters. Auffallenderweise sehn aber diese Männer
das Mysterienspiel nicht, das sich über dem Altar an der Breitsei-
te der Kapelle abspielt. Sie können es nicht sehn, weil es das
geheimste Erlebnis einer großen Mystikerin ist.

Teresa de Jesús, eine spanische Nonne, geboren 1515 in Avila, gestorben
1582, hat in ihren erst nach ihrem Tod veröffentlichten ›obras‹ dieses
Erlebnis genau beschrieben. »Unmittelbar neben mir«, so erzählt die
Heilige, »sah ich einen Engel in vollkommener körperlicher Gestalt.
Der Engel war eher klein als groß, sehr schön, und sein Antlitz leuchtete
in solchem Glanz, daß er zu jenen Engeln gehören mußte, die ganz vom
Feuer göttlicher Liebe durchleuchtet sind; es müssen jene sein, die man
Seraphe nennt. In der Hand des Engels sah ich einen langen goldenen
Pfeil mit Feuer an der Spitze. Es schien mir, als stieße er ihn mehrmals
in mein Herz, ich fühlte, wie das Eisen mein Innerstes durchdrang, und
als er ihn herauszog, war mir, als nähme er mein Herz mit, und ich blieb
erfüllt von flammender Liebe zu Gott. Der Schmerz war so stark, daß
ich klagend aufschrie. Doch zugleich empfand ich eine so unendliche
Süße, daß ich dem Schmerz ewige Dauer wünschte. Es war nicht körperlicher, sondern seelischer Schmerz, trotzdem er bis zu einem gewissen
Grade auch auf den Körper gewirkt hat; süßeste Liebkosung, die der
Seele von Gott werden kann.«

Bernini kannte, wie die ganze katholische Welt, diesen Bericht.
Ehe er diese Vision darstellte, schuf er ihr eine Bühne. Schräg
vorspringende Sockel tragen gekuppelte Dreiviertelsäulen. Diese sind vor die mit Pilastern endende Wand gestellt und stützen
einen hoch in das Gebälk einschneidenden, verkröpften und ge-

sprengten Giebel. Dazwischen öffnet sich eine Nische mit abwärts schießenden plastischen Strahlen, die im Licht eines gelb
verglasten Fensters liegen. Der Raum, in dem sich die Vision
ereignet, besteht zwar aus dunklem Gestein, wird aber durch die
Strahlen und das Fensterlicht erhellt. Dieses Licht (bei schlech-
tem Wetter kann es jetzt durch elektrisches ersetzt werden)
wechselt mit den Tagesstunden und damit die Beleuchtung von
Berninis Gruppe, die aus dem reinsten, sorgsam polierten, darum das Licht lebhaft widerspiegelnden carrarischen Marmor besteht. Der Botschaftsattaché Narcisse Habert erzählt in Zolas
Rom-Roman, daß er am Morgen, in dem Licht der Dämmerung, das sie ganz weiß umkleide, die Heilige mit dem ganzen
mystischen Feuer seiner Seele liebe, am Nachmittag aber, wenn
die schrägen Strahlen der untergehenden Sonne auf sie fielen,
deren Flammen sie zu durchleuchten schienen, liebe er sie mit
der brennenden Leidenschaft des Märtyrers.

Ich versage mir jedes Wort über die Gruppe, denn sie ist
nichts anderes als eine getreue und zugleich geniale – Treue
gehört zum Wesen des Genies – Nacherzählung der Vision.
Bernini war ein strenggläubiger Katholik, der täglich zur Messe
ging, zweimal in der Woche die heilige Kommunion nahm. Filippo Baldinucci sagt in seinem Leben Berninis, der Meister
habe dies Werk für sein schönstes gehalten. Nichts ist darum
abwegiger, als in dieser ›unio mystica‹ etwas im irdischen Sinne
Sinnliches zu sehn oder gar etwas Perverses. Um ihre Vision zu
schildern, die eigentlich »unbeschreiblich« ist, bedient sich
Therese der Begriffssprache der Liebe. Und Bernini tut auf seine Weise das gleiche. Vor allem die Franzosen haben ihn gründlich mißverstanden. Charles des Brosses, Zeitgenosse Voltaires,
meint: »Wenn das die himmlische Liebe ist, kenne ich sie auch.«
Stendhal ruft aus: »Welche Wollust!« Taine findet, man habe
»niemals einen so zärtlichen und verführerischen Roman gemacht«. Bitter unrecht hat auch Burckhardt dem Meister getan,
als er schrieb: »Hier vergißt man alle Stilfragen über der empö-
renden Degradation des Übernatürlichen.« Das Barock war an
eine solche Hochspannung der religiösen Gefühle gewöhnt, daß
es sowohl die erotischen Kommentare der Franzosen wie den
protestantischen Protest des Schweizers als Platitüden abgetan
hätte. Für die Menschen jener Zeit hat der gewaltige Neapolitaner die Vision einer der größten Heiligen genau so geschildert,

wie sie selbst das mit Worten getan hatte. Was konnte, was kann an einem solchen Werk Unfrommes, Unheiliges sein? Als Kunstwerk hat man es übrigens fast immer bewundert; Burckhardt, der ja auch sonst Bernini nicht verstand, bildet eine Ausnahme. Kaum aber hatte der Meister die Cornaro-Kapelle beendet, schuf er etwas so Herrliches wie den Vierströmebrunnen. Was wäre das barocke Rom ohne ihn, seine Paläste, seine Brunnen, seine Kirchen und Kapellen, seine Statuen und Porträts, seinen Petersplatz und sein Tabernakel? »Rome c'est le Bernin«, hat Rodin gesagt. Denn dem einzigen Genie seiner Zeit, Borromini, war ein Wirken in die Breite versagt, und alle anderen waren kleinere Geister. Nein, ohne ihn, »wäre denn Rom auch nicht Rom«; und so mögen mir meine Leser verzeihen, wenn ich mich an seinen Werken nicht sattsehen kann.

Bevor wir zum Thermenmuseum gehn, noch einige Worte über das Quartier, dem wir jetzt den Rücken kehren. Von den Quattro Fontane aus haben wir einerseits den Obelisken auf Trinità dei Monti gesehn, andrerseits Porta Pia, den Obelisken durch die Via delle Quattro Fontane, die zur Piazza Barberini hinabführt und sich dann in der Via Sistina fortsetzt, das Tor durch die Via Venti Settembre. Beide Straßenzüge bilden einen annähernd rechten Winkel, in dem das erwähnte Quartier liegt. Es wird im Norden von der Aurelianischen Mauer begrenzt. Von der Piazza Barberini windet sich die breite Via Vittorio Veneto durch das langweilige Quartier Ludovisi zur Porta Pinciana hinauf. In ihrem letzten, fast ebenen Stück, das so unrömisch ist, wie man sich's nur denken kann, traf sich jene Welt, die man früher die elegante nannte, bis die Kinoprinzessinnen in ihr den Ton angaben. Diese Straße entläßt uns durch die *Porta Pinciana* in den Pinienschatten der Borghesegärten.

Zwischen unserm Standort, der Piazza San Bernardo, und der Porta Pia, bietet die Via Venti Settembre nichts Sehenswertes. Von dem Tor wird in dem Abschnitt ›Vor den Mauern Roms‹ die Rede sein. Wir aber gehn durch die Via delle Terme auf die *Piazza della Repubblica* oder *dell'Esedra* mit dem modernen, nicht sonderlich gelungenen, aber durch seine Wasserfülle erquickenden Najadenbrunnen. Die beiden, 1885 in einem maßvollen ›humbertinischen Stil‹ erbauten Rundhäuser mit den hohen Säulenhallen, zwischen denen sich die Via Nazionale öffnet, ent-

sprechen genau der großen Exedra der DIOKLETIANSTHERMEN.
Diese Thermen bildeten ein riesiges Rechteck, von dem nur
noch ein Teil erhalten ist, darunter die Rotunde, die wir schon
als Kirche San Bernardo kennen, und eine ihr entsprechende
unverbaute südlich an der Via Viminale, vor allem aber die Bauten, die östlich von der Piazza dell'Esedra liegen und zu denen
die Kirche Santa Maria degli Angeli gehört. Zwischen dem Najadenbrunnen und dem Eingang zu dieser Kirche lag das heute
verschwundene Calidarium, von dem aber noch die schmucklose
Exedra erhalten ist, in deren Mitte sich die Kirchentür öffnet.

SANTA MARIA DEGLI ANGELI ist in einen Teil des Frigidariums
hineingebaut, andere zu ihm gehörige Hallen, die die Kirche im
Süden, gegen die Gärten am Bahnhofsplatz hin, umgeben, enthalten Säle des Thermenmuseums (dessen Eingang sich eben in
jenen Gärten befindet). Wir wissen nicht, welchem Zweck die
Hallen dienten, die sich im Süden an das Frigidarium anschließen und heute ebenfalls zum Thermenmuseum gehören. Die
Westecke der Thermen ist ein großer achteckiger Saal mit halbrunden Nischen in vier Ecken, in dem heute das Planetarium
untergebracht ist. Die Diokletiansthermen sind entweder im
Jahre 305 oder ein Jahr später eingeweiht worden. Sie bedeckten
ein Gelände von dreizehn Hektaren. Ihr Grundriß entsprach
mehr oder weniger denen der älteren Thermen, denen des Trajan und des Caracalla, also den Baugedanken des großen Apollodoros von Damaskus. In den drei wahrhaft riesigen Baderäumen,
dem Calidarium, dem Tepidarium (es bildet heute den Vorraum
des Gotteshauses) und dem Frigidarium, konnten zur gleichen
Zeit dreitausend Menschen baden.

Der Überlieferung nach haben vierzigtausend Christen beim
Bau dieser Thermen Fronarbeit getan. Der furchtbare Verfolger
der Christen, Diokletian, schuf sich hier ein gewaltiges Denkmal, aber er baute zugleich dem Christengott eine Kirche. Denn
als Michelangelo den Frigidariumsraum in ein Gotteshaus verwandelte, hat er den antiken Bau kaum verändert. Wir kennen
den Zustand, in dem er ihn vorfand, aus einer zeitgenössischen
Zeichnung. Da sehn wir die vier riesigen Säulen vor den Wänden und die weitgespannten Baldachine der drei kreuzförmigen
Gewölbe, die beiderseits durch die großen Rundbogen mit den
Tonnengewölben verbunden sind. Pius IV. hatte 1561 die ganzen Thermen den Kartäusern übergeben und ihre Kirche der

Regina Angelorum geweiht. Dann bat er Michelangelo, die Pläne für den Umbau des Frigidariums zu entwerfen. Der Meister
war damals 88 Jahre alt, und es standen ihm nur noch zehn
Lebensmonate bevor. »Seine Zeichnung aber«, so berichtet Vasari, »übertraf die vieler anderer vortrefflicher Baumeister durch
wohlüberlegte Rücksicht auf die Bequemlichkeit der Kartäuser,
so daß Seine Heiligkeit und alle Prälaten und Herren des Hofes
erstaunt waren über die wunderschönen Beobachtungen seiner
Einsicht, mit denen er das ganze Gerüst der Thermen nützte
und daraus einen sehr schönen Tempel aufführte.«

Die Kirche hat eine eigenartige Form, denn das Querschiff ist
viel länger als das Längsschiff, ist über 90 Meter lang, 27 breit
und 28 hoch. Wir sehn es erst dann in seiner ganzen Ausdehnung, wenn wir durch das runde Vestibül und einen tonnengewölbten kurzen Durchgang in dasselbe eingetreten sind. Uns
gegenüber liegt dann der sehr tiefe Chor mit dem Altar der
Regina Angelorum; hier hatte Michelangelo die antike Frigi-
dariumswand durchstoßen. Der Chor ist wesentlich niedriger als
das Querschiff. Michelangelos Bau setzte sich in Nebenräumen
fort, die man später in Kapellen verwandelt hat, der Haupteingang befand sich im rechten Arm des Querschiffs. Die Kirche
muß im ersten Jahrhundert ihres Bestehens sehr schlicht gewirkt
haben, dadurch noch großartiger, vor allem wohl auch antikischer als heute. Sie ist dann im Spätbarock reicher ausgestattet
worden, besonders durch Altarbilder aus dem Petersdom, die

Diokletiansthermen, Rekonstruktion (nach Paulin)

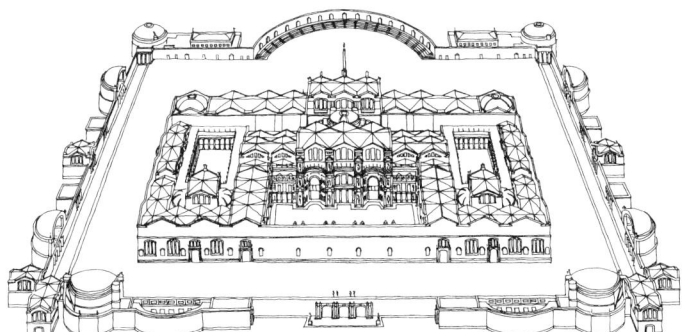

dort durch Mosaiken ersetzt wurden. Man schloß die Türen an beiden Enden des Querschiffs, das durch Vermauerung der Rundbogen einschiffig wurde. Diesen Umbau besorgte 1749 Vanvitelli. Er hat außerdem die Chorachse stärker betont, indem er neben die acht antiken Säulen aus rotem Granit acht Ziegelsäulen mit Granitanstrich stellen ließ.

Im Vestibül sehn wir die Gräber zweier Maler: des Schlachtenmalers Salvatore Rosa und das des Carlo Maratta, das er selbst entworfen hat. Im Durchgang zum Querschiff steht die Statue des heiligen Bruno, eine gute Arbeit des Franzosen Houdon (1741-1828). Der heilige Bruno aus Köln hatte den Kartäuserorden gegründet, 1090 kam er nach Rom. Die Kartäuser beachten strenge Schweigegebote. Darum sagte Clemens xiv., der Houdons Statue sehr bewunderte, dieser Bruno müsse sprechen, wenn es ihm nicht die Ordensregel verböte. Im Bogen des Hauptschiffs sehn wir im Fußboden einen unter Clemens xi. 1702 angelegten Meridian, der die Tierkreissternbilder und die Abweichungen des Polarsterns in Jahrtausenden zeigt. Im Chor eine gute Taufe Christi von Maratta, das Grab Pius' iv. (1559-1565), des Stifters der Kirche, und seines Kardinalnepoten Serbelloni. Ein anderer seiner Nepoten, deren er an die zwanzig zu versorgen hatte, war Carlo Borromeo. Unter diesem Papst wurde das Tridentiner Konzil beendet. Im linken Querschiff sind unter den Bildern zwei nicht uninteressant: der heilige Basilius liest die Messe vor Kaiser Valens von dem Franzosen Subleyras (1669-1749) und ein barockes Spätwerk, der Sturz des Simon Magus (ich habe diese Geschichte auf dem Forum erzählt) von dem Lucchesen Batoni (1708-1787), der zu seiner Zeit in Rom der große Gegenspieler des Klassizisten Anton Raphael Mengs aus Aussig in Böhmen war. Batoni ist der altmodischere, aber der bessere Maler von den beiden. Wie schmerzlich ist es, zu denken, daß ein Mengs, als er in Madrid war, auch als Gegenspieler eines Genies wie Tiepolo auftreten konnte, weil er der klassizistischen Mode huldigte!

Das THERMENMUSEUM werden meine Leser gewiß mehr als nur einmal besuchen wollen, wozu auch ich nur dringend raten kann. Es gehört mit Athen, Neapel, dem Vatikan, dem Louvre, dem Britischen Museum zu den ganz großen Antikenmuseen Europas. Gegründet wurde es 1889, 1946-1953 neu geordnet, und zwar sehr gut. In den achtziger Jahren wurde neuerlich

G. B. Piranesi: Santa Maria degli Angeli
im ehemaligen Frigidarium der Diokletiansthermen (Ausschnitt)

VEDUTA interna della Chiesa della Madonna degli Angioli detta della Certosa che anticam. era la principal Sala delle Terme di Dioclezianò. E stata nuovamente abbellita, ed eguagliata quanto si è potuto all'antica Fabbrica

restauriert, und das Museum blieb – mit Ausnahme weniger zugänglicher Hauptwerke – jahrelang geschlossen. Der folgende Gang durch das Museum stellt deshalb die Werke in ihren traditionellen Gruppierungen vor, ohne sich auf genaue Standorte einzulassen.

Eine Flucht von riesigen antiken Hallen vermittelt gleich eingangs mit ihren schweren, hohen, unbekleideten Ziegelwänden und dunklen Gewölben einen starken Eindruck von der Größe kaiserzeitlicher Baukunst, in Rom nur mit den Hallen der Caracallathermen und der Maxentiusbasilika vergleichbar. Architektonische Bruchstücke, große Mosaiken und Sarkophage ersetzen in einem gewissen Sinn den reichen Säulen- und Statuenschmuck, mit dem sie einst ausgestattet waren.

Einen wesentlichen Bestandteil des amtlich *Museo Nazionale Romano* genannten Thermenmuseums bildet die SAMMLUNG LUDOVISI, die Lodovico Ludovisi, der Nepot Gregors XV. (wir kennen sein Grab in Sant'Ignazio), von Domenichino beraten, geschaffen hat und die von dessen Nachfolgern 1901 an den italienischen Staat verkauft worden ist. Sie wurde 1914 im kleinen Klosterhof des Kartäuserklosters aufgestellt. Wie bei allen älteren römischen Sammlungen sind die Statuen auch in der ludovisischen stark ergänzt worden, nicht immer glücklich, auch hat man manche übermäßig poliert.

Die vier Flügel des Klosterhofs schmückt ein prächtiges Bodenmosaik mit Darstellungen von Tierhetzen, Meergöttern und Meerungeheuern.

Und nun zu den Kunstwerken der Sammlung Ludovisi: Da sind zunächst ein *ägyptischer Kopf* aus schwarzem Basalt; eine *weibliche Gewandstatue*, ein griechisches Original des 5.Jahrhunderts (der Kopf ist ergänzt); der *Hermes Ludovisi*, eine römische Kopie nach einem Bronzeoriginal myronischer Schule, von Algardi stark ergänzt. Der Gott ist als ›logios‹, als der Gott der Beredsamkeit, dargestellt. Dann eine der zahlreichen Repliken jener Kolossalstatue der Athena, die die Athener im Parthenon verehrten und die ein Werk des Phidias war. Der Kopist, der sein Werk signiert hat, ist selbst ein Athener gewesen. Ein früher vielbewundertes Werk ist der *Gallier, der sein Weib getötet hat* und nun sich selbst das Schwert in die Brust stößt, um der Schmach der Gefangenschaft zu entgehen. Die stark ergänzte Statue ist vielleicht eine zeitgenössische Kopie nach einem jener

Werke pergamenischer Schule, von denen wir auf dem Kapitol schon den sterbenden Gallier sahn.

Das schönste griechische Original, das wir in Rom sehn können, ist die um 460 entstandene Arbeit eines großen, unbekannten Hellenen, erst 1887 in den Ludovisischen Gärten ausgegraben. Man nennt sie den *Ludovisischen Thron*, doch handelt es sich wahrscheinlich um das Postament für eine Kultstatue der Liebesgöttin, die der Aphrodite vom Eryx in Sizilien, die 181 vor Christi Geburt nach Rom gebracht worden ist.

Die fünf Frauengestalten der herrlichen Reliefs sind sehr verschieden gedeutet worden. Aber unter allen Deutungen überzeugt doch am meisten, daß hier die Geburt der Aphrodite aus dem Schaum des Meeres dargestellt sei, die auch Phidias auf dem Sockel seiner olympischen Zeusstatue dargestellt hat. Der Kopf der Göttin ist von ergreifender Lieblichkeit, und wir glauben in ihrem Antlitz das Staunen zu sehn, mit dem sie, aus der Meerestiefe auftauchend, das Himmelslicht schaut. Zwei Horen oder Nymphen sind die Helferinnen bei dieser Märchengeburt. Aber wer sind die bekleidete, Weihrauch opfernde Frau und das die Doppelflöte spielende Mädchen? Sind sie wirklich die himmlische Liebe, also die von den Göttern gewollte eheliche, und die irdische, die Urania und die Pandemos? Wir wissen es nicht. Eine genaue Sinngebung will bei dem Ludovisischen Thron ebensowenig gelingen wie bei Tizians ›Himmlischer und Irdischer Liebe‹, die wir in der Borghesischen Galerie sehn werden.

Wie gerne sähen wir die Göttin, die auf diesem Thron thronte! Man hat vermutet, daß der *kolossale archaische Kopf*, der gewiß ein griechisches Original ist, das Werk eines sizilianischen Griechen, der der Aphrodite vom Eryx sei. Der Kopf zeigt an vielen Stellen eingebohrte Löcher, die drauf schließen lassen, daß die Göttin Metallschmuck, ein Diadem und Ohrringe, vielleicht auch einen Schleier aus Metall trug. Der Leib war aus mit Metall verkleidetem Holz, doch werden auch Hände und Füße aus Marmor gebildet gewesen sein. Kopf und Gliedmaßen waren wohl bemalt, der vermutlich kostbare Schmuck umfunkelte das Antlitz, vielleicht war die Göttin auch mit reichbestickten Gewändern bekleidet; denn wir müssen uns solche Kultbilder ähnlich vorstellen wie gewisse wundertätige Muttergottesbilder katholischer Kirchen.

Eines der edelsten hellenistischen Werke, die wir besitzen, ist die *schlafende Erinys*. Der ergreifend schöne Kopf zeigt uns die Rachegöttin als ein wunderschönes, ruhendes und vielleicht träumendes Mädchen mit geschlossenen Lidern und halb geöffnetem Mund. Es handelt sich wohl um ein Bruchstück von einem großen Relief, das Orest und die Erinyen darstellte. Der Muttermörder hat im delphischen Heiligtum Zuflucht gefunden. Apollon beschützt ihn, die Rachegöttinnen schlafen. Wir kennen diese Szene von einem Vasenbild. Der Schlaf – das Ruhn der Rache – hat der Erinys alles Furchtbare genommen: still träumt sie ihren Traum von der ewigen, der göttlichen Gerechtigkeit. Die Basis, auf der der Kopf liegt und die aus einer sehr seltenen grünen ägyptischen Breccia besteht, ist antik.

Neben der archaischen Aphrodite vom Eryx, den Frauen auf dem spätarchaischen (wir können auch sagen: frühklassischen) Thron, der hellenistischen Erinys, sehn wir einen kolossalischen Frauenkopf: die sogenannte *Juno Ludovisi*. Winckelmann und Goethe haben diesen Kopf begeistert gepriesen. »Er ist wie ein Gesang Homers«, schrieb Goethe an Charlotte von Stein; einen Abguß davon, der schon in Rom in seiner Wohnung stand, hat er nach Weimar mitgenommen. Heute gilt der Kopf als das Idealbildnis einer Prinzessin aus dem julisch-claudischen Hause.

Sehr wahrscheinlich handelt es sich um Antonia minor, die 36 vor Christus als Tochter des Mark Anton und der Octavia, der Lieblingsschwester des Augustus, geboren worden war und im Jahre 16 den Drusus heiratete, um ihn, den Claudier, enger mit der julischen Familie zu verknüpfen. Ihre Ehe war eine sehr glückliche. Ihre Söhne waren Germanicus, der große Kriegsheld, und der spätere Kaiser Claudius, der Gelehrte auf dem Kaiserthron. Nach dem Tode des Drusus lebte Antonia minor mit ihrer Schwiegermutter, der Kaiserin Livia, zusammen. Sie hat ihr die Verschwörung des Seianus aufgedeckt, Tiberius schätzte sie hoch. Sie starb hochgeehrt im Jahre 39 nach Christi Geburt. Es ist möglich, daß der Kopf zu einer Statue gehört, die Claudius dem Gedächtnis seiner Mutter weihte. Die Wollschnur, die sie im Haar trägt, deutet an, daß sie hier als Priesterin des vergöttlichten Augustus dargestellt ist, zugleich aber, wie das Diadem beweist, als Augusta, das heißt als die Nachfolgerin der Livia, nach deren Tod ihr dieser Titel verliehen worden war.

In den andern Flügeln des Klosterhofs möchte ich noch auf folgende Werke aufmerksam machen, an denen wir der Reihe

nach vorbeikommen, wenn wir in der gleichen Richtung weitergehn wie bisher: *Ares Ludovisi* nach einem Werk des Lysippos;
prächtiger, kolossaler *Kopf einer Göttin mit Schleier*, vielleicht
Demeter; die einst sehr berühmte Gruppe *Orestes und Elektra*, an
der meine Leser kaum Freude haben werden, die aber kunstgeschichtlich bemerkenswert ist. Ein gewisser Menelaos hat sie
signiert. Dieser nennt sich auf einer Statue in der Villa Albani
einen Schüler des Pasiteles, jenes Bildhauers, von dem wir wissen, daß er etwa zur Zeit des Pompejus der Begründer der neuat-
tischen Schule war. Sehenswert ist noch ein riesiger *Sarkophag*
aus dem 3.Jahrhundert, mit der höchst bewegten Darstellung
einer Schlacht zwischen Römern und Dakern. – Soweit die
Sammlung Ludovisi.

Wir wenden uns den SALE NUOVE zu. Hier finden wir ein aller-
liebstes marmornes Brunnenbecken mit Nereiden, Tritonen
und Seeungeheuern, die Achills Waffen bringen: eine neuatti-
sche Arbeit. Eine der edelsten Darstellungen des Gottes, die wir
besitzen, ist der *Apoll aus dem Tiber*. Vor allem der Kopf ergreift
uns durch seine sich als Schönheit offenbarende Geistigkeit.
Man nimmt im allgemeinen an, daß die Statue eine Nachbildung
des Apollo ist, den Phidias in seiner Jugend für ein von den
Athenern nach der Schlacht von Marathon gestiftetes Weihge-
schenk schuf. Ein griechisches Original vom Anfang des 4.Jahr-
hunderts ist die *Aura* (Windgöttin) mit dem flatternden Gewand, leider ein Torso, vielleicht eine Giebelfigur vom Apollotempel zu Bassä in der Peloponnes. Ich möchte noch auf zwei
unbewegte, ebenfalls nur als Torsi erhaltene weibliche Gewandstatuen hinweisen, die *Junge Tänzerin* (erste Hälfte des 5.Jahr-
hunderts) und die *Peplophoros* (um 480 in Unteritalien entstanden). Neben diesen griechischen Arbeiten verdienen noch zwei
Kopien nach Originalen des 5.Jahrhunderts unsere Aufmerksamkeit: der *Torso eines Heros* und vor allem der des *Minotauros*,
des kretischen Stiermenschen, der zwar ein Monstrum ist, uns
aber in dieser vielleicht auf Myron zurückgehenden Darstellung
mehr rührt als schreckt.
  Die nachstehend aufgeführten Kunstwerke gelten als die
›Meisterwerke‹ der Sammlung und als Höhepunkt antiker Kunst
in Rom überhaupt: Ein *Apollokopf*, dem des Apollo von Anzio
verwandt (siehe unten). Der *Diskuswerfer von Castelporziano*, der

ebenso wie der ihm gegenüber aufgestellte *Diskuswerfer Lancel-lotti* (nach seinem früheren Besitzer so genannt) zu den besten unter den sehr zahlreichen Repliken eines myronischen Bronzeoriginals gehört. Der Diskuswerfer Lancellotti ist nicht nur besser erhalten als der von Castelporziano, sondern überhaupt eine der am besten erhaltenen Antiken, die wir besitzen. Im allgemeinen wird der erstere höher geschätzt als der letztere, ich muß aber gestehn, daß mich bei jenem der für mein Gefühl sehr unhellenisch wirkende Kopf verstimmt. Er stammt aus der Zeit der Antonine, der von Castelporziano aus hadrianischer. Den ›Lancellotti‹ hatte 1938 Adolf Hitler gekauft, aber wie viele andere entgegen den italienischen Kunstschutzgesetzen entführte Werke konnte ihn das befreite Deutschland zurückgeben.

Eine der größten Kostbarkeiten des Thermenmuseums ist die *Niobide* aus den Gärten des Sallust, ein um 450 geschaffenes griechisches Original. Sie gehörte wahrscheinlich zum Giebelschmuck eines Tempels wie zwei andere Niobiden, ein toter Knabe und ein fliehendes Mädchen, die am gleichen Ort gefunden wurden und sich heute in Kopenhagen befinden. Die Rache des Apollo und der Artemis an den sieben Söhnen und sieben Töchtern der Niobe ist von den griechischen Künstlern oft dargestellt worden, aber wir kennen diese Werke fast nur aus Kopien. Eine der schönsten davon ist der *Jüngling von Subiaco*. Die *Venus von Kyrene* ist in Kyrene gefunden worden: dargestellt ist wie auf dem Ludovisischen Thron die ›Schaumgeborene‹. Sie erhob, wie wir durch andere Kopien wissen, ihre beiden Arme zum Kopf, um das Meerwasser aus ihren Haaren auszuwringen. Ein vielleicht peloponnesisches Werk des frühen 5. Jahrhunderts mag das Vorbild sein, aber der Geschmack des bedeutenden Künstlers, der diese Nachbildung schuf, war ein durchaus hellenistischer, wenn auch im besten Sinn. Er hatte das Glück, sich des edelsten parischen Marmors bedienen zu können. Die Statue ist nicht ausgegraben, sondern im Jahr 1913 von einem Gewitter aus dem Boden der alten Griechenstadt Kyrene herausgewaschen worden. Der herrliche männliche *Torso des 5. Jahrhunderts* ist wohl argivisch; der *Kopf des Hypnos*, des Schlafgottes, eine anmutige Schöpfung praxitelischer Schule; dann noch ein männlicher Kopf nach einem Original der gleichen Schule. Die *Bronzestatue eines Jünglings* wurde 1884 zusammen mit der *Sitzstatue eines Boxers* ausgegraben. Bei dem Jüngling hat man an eine Kopie nach einem lysippischen Original gedacht: in der gleichen Stellung hatte dieser Künstler Alexander den Großen dargestellt. Es klingt aber wahrscheinlich, wenn wir hören, die beiden Statuen hätten eine Gruppe gebildet, die den Wettkampf zwischen Polydeukes und dem König Amykos, eine Episode aus dem Argonautenzug, darstellte. Den Faustkämpfer hat Apollonios, Sohn des Nestor, ein Athener, signiert, der im ersten vorchristlichen Jahrhundert gelebt und in Rom gewirkt, auch den berühmten Torso geschaffen hat, den wir im vatikanischen Belvedere sahen.

Der schon erwähnte *Apoll von Anzio* ist eine ausgezeichnete, wohl augusteische Marmorkopie nach einem attischen Original des 5. Jahrhunderts. Als sehr schönes griechisches Werk hellenistischer Kunst erweist sich das *Mädchen von Anzio*, das 1878, als eine Sturmflut in die Ruinen eines römischen Palastes eindrang, aus dem Schaum geboren wurde. Der überaus anmutige Kopf und die Schultern sind aus edlerem Marmor gearbeitet als der mit faltenreichen Gewändern bekleidete Leib. Dargestellt ist vielleicht eine Opfernde, aber keine Priesterin, die entweder einen Schleier oder einen Kranz tragen müßte. Schön, doch unbeweisbar ist die These, hier stehe Kassandra vor uns, weil man ihren Weissagungen nicht glaubte, dem Apollo die Embleme ihres Wahrsagerinnenamts zurückbringt: eine Wollbinde, einen Olivenzweig, ein Räuchergefäß, eine Szene, die uns Aischylos und Euripides geschildert haben.

Schließlich ist unter den ›Meisterwerken‹ noch zu nennen ein schöner *Frauenkopf aus Butrinto* im heutigen Albanien, der dem des Apollo von Anzio auch durch die Frisur mit dem Mittelscheitel sehr ähnlich sieht. Unter den hellenistischen Werken zwei schöne weibliche Gewandstatuen: *Charis* und *Tänzerin* nach hellenistischen Vorbildern und eine *Amazone*, die einen Galater besiegt: eine Arbeit der Schule von Pergamon. Weiterhin *drei Sitzstatuen*, von denen die zwei mit den nackten Oberkörpern wahrscheinlich Musen darstellen, gute Kopien nach hellenistischen Originalen. Eine herrliche Meergöttin, vielleicht *Thetis*, eine der schönsten plastischen Gestaltwerdungen des Meeres, die es gibt. Hingerissen vom Geheimnis der See, ferner Horizonte, schaut die Göttin in die Weite, ihr Reich und ihr Söhnchen, der kleine pausbäckige Triton, drückt in seiner kindlichen Freude das gleiche Glück aus. Vielleicht ist hier auch die Tyche, die Schutz- und Glücksgöttin einer Hafenstadt, darge-

stellt. Ich kenne keine Statue, die in mir so unmittelbar alle
Gefühle auslöst, die das Mittelmeer seit jeher in mir erweckt:
thalassa! thalassa!

Was wir in der der römischen Kunst gewidmeten Abteilung
sehn, gibt uns, wenn wir es mit den bisher betrachteten griechischen oder den Hellenen nachgebildeten Werken vergleichen,
eine deutliche Vorstellung dessen, worin sich die Römer den
Griechen gegenüber ihre Eigenart bewahren wollten: nämlich in
der Darstellung des Einzelmenschlichen, des Individuellen, vor
allem im Bildnis. Da sind zunächst zwei schöne Altäre aus der
früheren Kaiserzeit. Besonderes Interesse gilt der berühmten
Augustusstatue von der Via Labicana. Der Kaiser ist als ein Mann
in reifen Jahren dargestellt. Er hat sein Haupt mit der Toga
bedeckt, um den Göttern ein Opfer darzubringen. Hier steht
also der Fürst vor uns, der so viel getan hat, um die altrömische
Religion zu neuem Leben zu erwecken. Das Antlitz ist erfüllt
von Würde und Weisheit und Kraft, andrerseits auch von einem
jugendlichen Charme, den sich große Männer meist unbewußt
bis in späte Jahre zu erhalten wissen. Ich darf dazu auffordern,
sich an die Büste im Vatikan zu erinnern, die den Kaiser als
Knaben darstellt. Es gibt eine Reihe wichtiger *Bildnisse*, darunter
vor allem das beste, das uns von *Nero* erhalten ist, den fetten und
zynischen Kopf *Vespasians*, den edlen *Hadrians*, gute Bildnisse
des *Nerva*, des jungen *Commodus*, des jugendlichen *Antoninus
Pius.* Besonders anziehend sind zwei Frauenbildnisse. Das der
Sabina, Hadrians Gattin, mit einem Diadem, das sie als Augusta
kennzeichnet, zeigt auf dem Mantel noch Spuren der Purpurfar-
be. Das eines jungen Mädchens – es wurde neben einer Grab-
urne mit dem Namen *Minatia Polla* gefunden – ist ein Meisterwerk claudischer Zeit. Auf einem *Altar aus Ostia* sind Szenen aus
der Gründungssage Roms dargestellt. Auf der einen Seite erkennen wir die Zwillinge Romulus und Remus mit der Wölfin, eine
liegende Gestalt, den Tibergott, eine sitzende, den Palatin, und
zwei Hirten. Dies ist die Rückseite. An den Nebenseiten Amo-
retten mit den Waffen und den Rossen des Kriegsgotts, den wir
auf der Vorderseite mit Rhea Sylvia, einem kleinen Liebesgott
und dem Ehegott Hymenaios sehn. Aus der Inschrift erfahren
wir, daß ein Freigelassener des römischen Gouverneurs von Kyrene und Kreta den Altar am 1.Oktober 124 nach Christi Geburt geweiht hat. Weitere wichtige Porträts von Kaisern: *Lucius*

Verus und *Gallienus*, ausgezeichnete Arbeiten, außerdem das hervorragende *Bildnis eines jüngeren Mannes* aus der Zeit des Gallienus (253-268). Dann ist da der erstaunliche elliptische *Sarkophag von Acilia* an der Via Ostiense mit ungewöhnlich großen Hochrelieffiguren. Die Gesichter der meist bärtigen Männer, die ohne Zweifel ein Künstler von hohem Rang gemeißelt hat, lassen uns an griechische Dichter und Philosophen denken, aber wer hier dargestellt war, können wir nicht sagen. Das einzigartige Werk gehört der Spätzeit an, etwa der zweiten Hälfte des 3.Jahrhunderts.

Die Treppe, die ins Obergeschoß führt, ist mit schönen *Mosaiken* geschmückt. Auch in den anschließenden Räumen des Obergeschosses finden wir schöne polychrome Stücke, unter denen ich auf das mit den Tieren (Wildkatzen, Enten), das mit den Meerestieren und das mit den vier Wagenlenkern aufmerksam machen möchte.

Wichtiger sind im Obergeschoß die *Fresken und Stukkaturen*, darunter vor allem die *Fresken aus Livias Villa bei Prima Porta*, in der auch die berühmte Augustus-Statue des Vatikan gefunden wurde.

Sueton erzählt, daß Livia kurz nach ihrer Hochzeit mit Augustus diese Villa besucht habe, die im Gebiet von Veji lag und darum auch Veientanum genannt wurde. Da sei ein Adler über sie hingeflogen und habe ein Huhn in ihren Schoß fallen lassen, das einen Lorbeerzweig im Schnabel trug. Aus diesem Lorbeerzweig aber, den man einpflanzte, sei später ein prächtiger Lorbeerbaum geworden, aus dessen Zweigen man die Kränze der triumphierenden Kaiser flocht. Von der Villa ist nur recht wenig erhalten, doch fuhr man in meiner Jugend nach Prima Porta hinaus, um die Fresken zu sehen, die damals noch an Ort und Stelle waren, aber, weil sie zu sehr unter der Feuchtigkeit litten, 1951 ins Thermenmuseum gebracht worden sind.

Dargestellt ist ein wunderschöner, von einem Mäuerchen und einer Pfahlrohr-Hecke eingefriedeter Fruchtgarten mit Blumen, Büschen, Seekiefern, Lorbeer, Palmen, Zypressen, Granatapfel- und Quittenbäumen, in denen Vögel ihr Wesen treiben. Das ist für die Zeit etwas sehr Neues, denn bis dahin hatten die Maler meist nur Mythologisches oder Genrehaftes geschildert. Eigentliche Landschaften, wie diese, soll dann unter Augustus zuerst ein gewisser Ludius eingeführt haben. Dies schöne Werk gibt uns zugleich eine Vorstellung davon, wie die berühmten Gärten eines Mäcenas, eines Sallust und eines Lucullus ausgesehn haben mögen, auch wie fruchtbar damals die römische Campagna war.

In allen anderen Räumen des Obergeschosses sehn wir, was uns von einer *Villa am Tiberufer* erhalten ist, die 1879 bei der Flußregulierung entdeckt wurde und auf dem Gebiet der heute ›La Farnesina‹ genannten Villa lag. Vielleicht stammt die Villa noch aus den Zeiten Julius Cäsars, war die, in der (trans Tiberim in hortis) Kleopatra wohnte; vielleicht ist sie augusteisch. Ihre Malereien gehören teilweise dem zweiten pompejanischen Stil an, der die architektonischen Veduten besonders pflegt, teilweise dem dritten ägyptisierenden. Die Stukkaturen, mit denen die gewölbten Decken der Villa verziert waren (und an denen wir schon vorbeigegangen sind), sind die ältesten, die wir in Rom kennen, doch zeigt uns das erstaunliche Raffinement, mit dem sie ausgeführt sind, daß wir es hier mit einer überlieferungsreichen Kunstgattung zu tun haben. Wahrscheinlich kam diese Kunst aus Alexandrien, doch kennen wir keine alexandrinischen Vorbilder, wohl aber schon um das Jahr 80 vor Christi Geburt entstandene pompejanische.

In weiteren Sälen sehn wir dann eine Fülle von herrlichen *Wandmalereien:* im Vordergrund eine Scheinarchitektur mit Ausblicken in andere Scheinarchitekturen oder in Landschaften, auf Szenen menschlichen Lebens, vor allem aus dem Kult des Dionysos und der Aphrodite, auch auf Theaterszenen. Etwas Anziehendes sind gewisse farbige Zeichnungen nach weißgrundigen attischen Vasen des 5. Jahrhunderts, meist Lekythen. Wir sehen ferner Szenen aus dem Leben des ägyptischen Königs Bokchoris, der als weiser Richter berühmt war, darunter ein ›salomonisches Urteil‹: ein Kind, das ein Henker auf Befehl des Richters in ein Becken wirft, daneben eine verzweifelte und eine gleichgültige Frau. Der bronzene *Bacchus aus dem Tiberbett* ist ein mittelmäßiges, wahrscheinlich kampanisches Werk des zweiten vorchristlichen Jahrhunderts.

Wir kehren ins Erdgeschoß zurück und gehn in den *Großen Klosterhof* hinaus, den der Überlieferung nach Michelangelo gebaut hat. Wahrscheinlicher ist, daß einer seiner Schüler, Jacopo del Duca, hier einen Entwurf des Meisters ausführte. Ein Rundgang um den Hof entspannt uns nach dem Besuch eines uns mit so starken Eindrücken bedrängenden Museums. Wirklich bedeutende Werke finden wir hier und in den übrigen Sälen nicht.

Nach den Thermen des Diokletian heißt auch der römische
Hauptbahnhof STAZIONE TERMINI, eine banale faschistische Anlage mit einer prachtvollen nachfaschistischen Vorhalle. Diese
hat 1950 Montuori erbaut, und sie gehört zu den besten modernen Bauten Roms. Die faschistischen Architekten hatten eine
neoklassizistische Halle geplant, nicht unähnlich der am Haus
der Kunst zu München, das die Münchner so treffend den
›Bahnhof von Athen‹ nennen. Vor dem Bahnhof sehn wir das
größte und am besten erhaltene Stück der *Servianischen Mauer*,
die dem König Servius Tullius zugeschrieben wird, wahrscheinlich aber erst nach dem Galliereinfall 387 vor Christi Geburt
errichtet worden ist.

IX

Rings um das Pantheon

Barocker Einfall: der Elefant mit dem Obelisken
Vollkommenster Ausdruck griechisch-römischer Kultur:
das Pantheon
Gotik vom Arno an den Tiber: Santa Maria sopra Minerva
Caravaggios Matthäusbilder in San Luigi dei Francesi
Geistvoll-bizarre Spielerei:
Borrominis Sant'Ivo alla Sapienza
Piazza Navona: Flußgötter
und Wassermelodie im antiken Stadion
Borromini und der Pamphili-Papst
Am Grab Hadrians VI.:
der »trefflichste Mann« und seine Zeit
Santa Maria della Pace:
Bramantes Hof und Raffaels Sibyllen
Palazzo Borghese: eines Königs würdig
Der Altar des Augusteischen Friedens und das
Julisch-Claudische Haus

Der Spaziergang, den wir heute unternehmen wollen – wenn möglich bei hellem Wetter, denn wir kommen in viele dämmerige Kirchen –, ist für mich einer der schönsten, die es in Rom gibt. Er wird uns vor allem zum Pantheon führen, dem edelsten aller uns erhaltenen Römerbauten, aber auch zu einigen der berühmtesten Kirchen, Palästen und Plätzen der Innenstadt. All das liegt in einem unregelmäßigen Dreieck, dessen eine schnurgerade Seite der Corso bildet, während der gewundene Corso Vittorio Emanuele die zweite, der Tiberbogen zwischen dem Ponte Vittorio Emanuele und dem Ponte Margherita die dritte ist. Wenn wir wieder von der Piazza Venezia ausgehn wollen, nehmen wir unsern Weg zuerst durch die Via del Plebiscito und wenden uns dann bei Il Gesù rechts durch die Via del Gesù, erreichen so die Kirche Santa Maria sopra Minerva, den vor ihrer schlichten Frührenaissancefassade liegenden Platz gleichen

Namens. Diese an Kunstwerken reiche Kirche wollen wir erst nach dem Pantheon besuchen, auf dessen Rückseite unser Blick nun schon gefallen ist, weil ich annehme, daß es meine Leser unwiderstehlich anzieht, doch nicht ohne zuvor den allerliebsten Elefanten zu begrüßen, der einen Obelisken auf dem Rücken trägt: ein echt berninischer Einfall! Berninis Gönner Urban VIII. hat selbst die Inschrift verfaßt, die besagt, man habe für dies Denkmal den Elefanten gewählt, um zu zeigen, daß es eines starken Geistes bedürfe, um gründliche Weisheit zu stützen, was auf Deutsch freilich noch barocker klingt als im Lateinischen. So belehrt, gehn wir durch die Via della Minerva am Pantheon entlang auf die PIAZZA DELLA ROTONDA. In dieser Gegend lagen einst zwei Tempel: einer der Minerva, nach dem die Kirche heißt, und einer der Isis, den Domitian mit drei Obelisken schmückte: einer davon (er stammt aus dem sechsten vorchristlichen Jahrhundert) steht auf dem Elefanten, von den beiden andern (die den Namen des großen Ramses tragen) gehört jetzt einer zu einem Denkmal, das in unserer Zeit am Hauptbahnhof aufgestellt wurde, während der zweite den hübschen Brunnen vor dem PANTHEON schmückt. Um die Fassade dieses Tempels in Ruhe betrachten zu können, stellen wir uns am besten auf die Stufen dieses Brunnens.

Hinter einer griechischen Tempelfront erhebt sich ein Rundbau, wie er römischer nicht gedacht werden kann; durch den sich weit dem Licht öffnenden Säulensaal, dessen Gestalt und Geist durchaus hellenisch sind, treten wir ein in eine dämmerige Kuppelhalle rein lateinischen Wesens. Was da vor uns steht, ist der vollkommenste baukünstlerische Ausdruck der Kultur, die wir die ›griechisch-römische‹ nennen. So wundern wir uns nicht, wenn wir hören, das Pantheon habe seine jetzige Gestalt unter Hadrian erhalten, dem größten Philhellenen unter den römischen Imperatoren. Er, der zu Athen den marmornen Säulenwald des Olympieions in wahrhaft attischem Geist bauen ließ, huldigte in seinem Mausoleum, der heutigen Engelsburg, der etruskisch-italischen Leidenschaft für Rundungen und Gewölbe. Das Pantheon aber ist eine Synthese zwischen Tempel und Mausoleum, zwischen Helligkeit und Höhlung; und wir brauchen durchaus nicht ins Psychoanalytische auszurutschen, wenn wir sagen, hier sei auch eine Synthese zwischen einem männlichen und einem weiblichen Prinzip gelungen, also ein

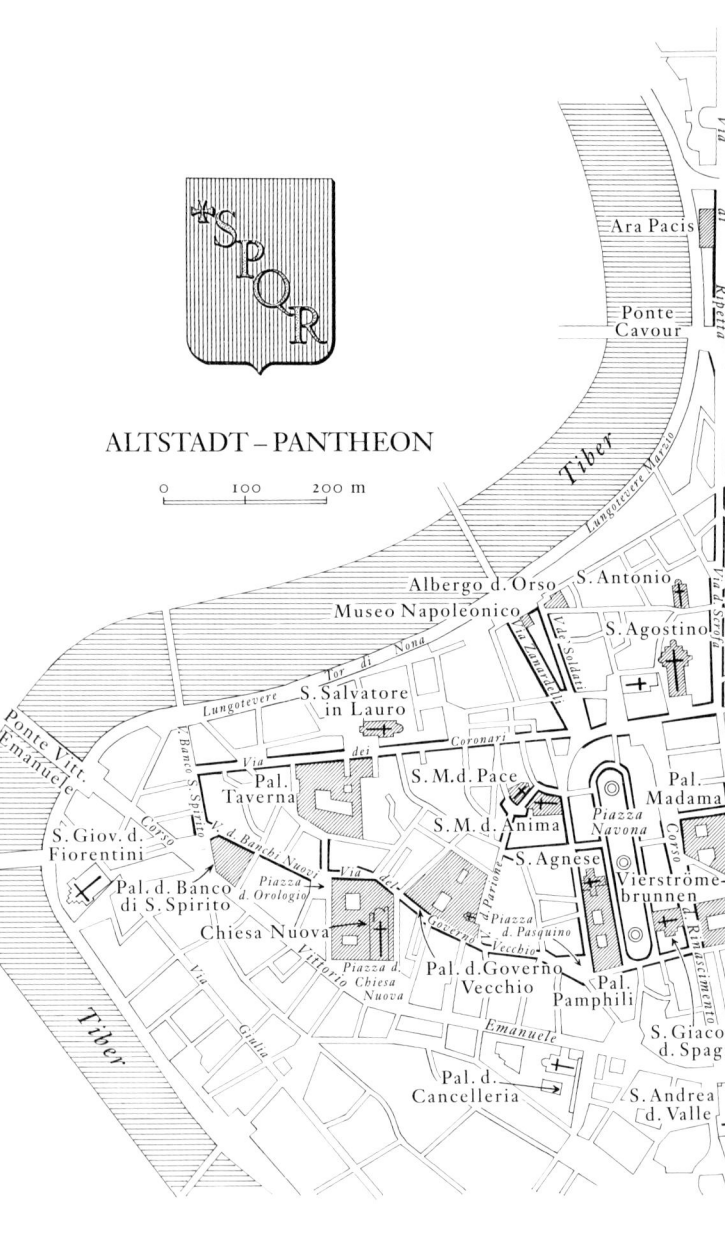

ALTSTADT – PANTHEON

0   100   200 m

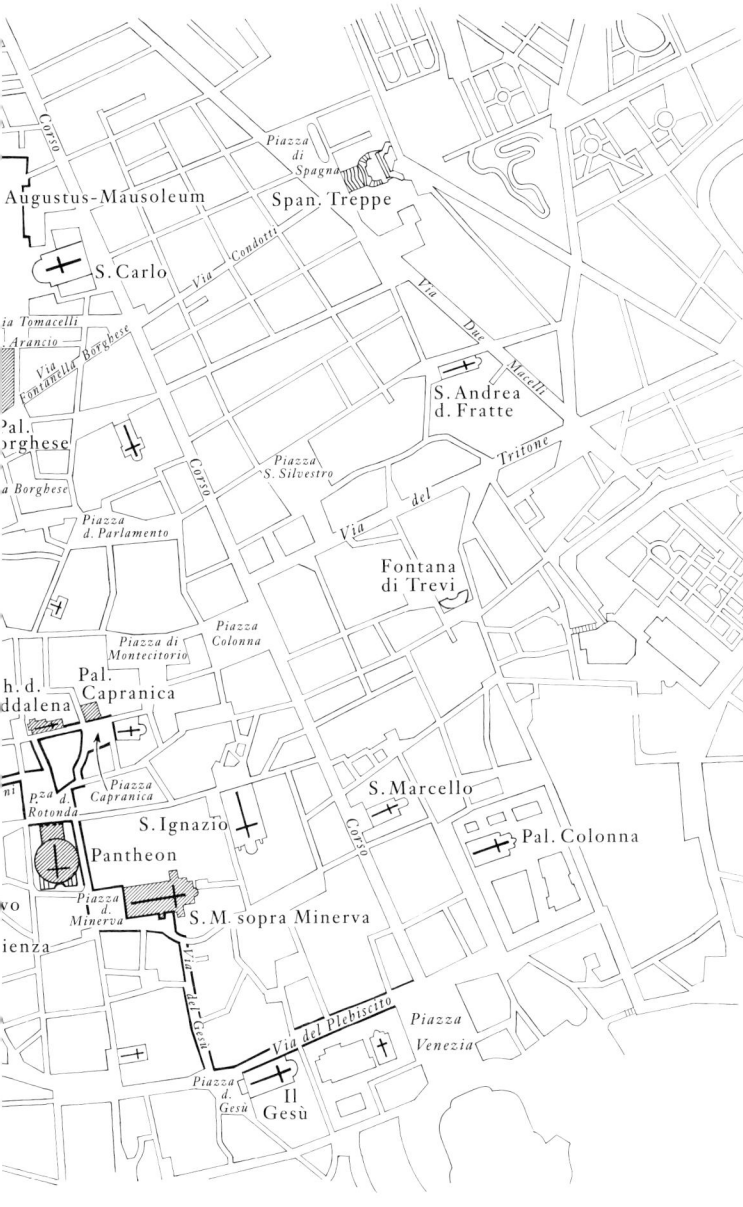

großes Geheimnis, das uns den überwältigenden Eindruck erklären mag, das dieses Bauwerk seit Jahrhunderten auf die Menschen ausübt.

Alle bedeutenden römischen Bauten haben eine bewegte Geschichte. Deren genaue Kenntnis pflegt das Verständnis ihrer Bauformen zu erleichtern; und das gilt auch für das Pantheon. Die prachtvolle Inschrift auf dem Pronaos sagt, Marcus Agrippa habe den Tempel gebaut, als er zum drittenmal Konsul war, also im Jahr 27 vor Christi Geburt, was uns auch literarische Quellen bestätigen. Wie dieser älteste Bau aussah, wissen wir nicht. Geweiht war er wahrscheinlich den sieben Planetengöttern: Pantheon bedeutet nicht ›allen Göttern‹, sondern ›Allerheiligstes‹. Zweimal brannte der Bau nieder, bis ihn Hadrian völlig erneuerte; die Ziegel dieses Neubaus sind mit seinem Namen gestempelt. Pietätvoll ließ er die Inschrift in der alten Form wieder anbringen, die uns an einen nahen Freund und großen Feldherrn des Augustus erinnert. Papst Bonifaz IV. , 608-615, weihte den Tempel der Muttergottes der Märtyrer, nachdem er befohlen hatte, 28 Wagenladungen mit Gebeinen der Märtyrer in die neue Kirche zu bringen. Gleichzeitig stiftete er das Fest Allerheiligen. So blieb uns der wunderbare Bau erhalten. Das Dach war damals noch mit vergoldeten Bronzetafeln gedeckt, die Kaiser Constans II. 663 nach Byzanz bringen ließ und die ein Jahrhundert später durch Bleitafeln ersetzt worden sind. Im Mittelalter hat der Bau aber auch als Festung gedient. Ob die Säulenhallen, die den Platz um das Pantheon umgaben, damals oder schon früher zerstört wurden, wissen wir nicht. In der Renaissance wurde er restauriert. Damals schuf hier Raffael sein Grab, in dem er 1520 beigesetzt worden ist. Unter Alexander VII. versah Bernini den Pronaos mit zwei Glockentürmen, die das römische Volk ›die Eselsohren‹ nannte und die schließlich 1893 abgebrochen wurden. Urban VIII. beraubte die Vorhalle des Bronzegebälks, um Berninis Tabernakel, auch Kanonen daraus zu gießen, worauf Pasquino dichtete: »Quod non fecerunt barbari, fecerunt Barberini.« Es war keine sehr glückliche Idee, die beiden ersten italienischen Könige, Vittorio Emanuele II. und Umberto I. , im Pantheon beizusetzen. Der große Tote im Pantheon ist Raffael, neben dessen rührend bescheidenem Grab das Pathos verärgert, mit dem man die beiden verdienstvollen, aber nicht wirklich bedeutenden Fürsten bestattet hat.

Die Vorhalle mit den acht gewaltigen Säulen aus grauem oder
rosigem Granit von der Insel Elba ist, wie gesagt, ein helleni-
sches Gebilde, außerdem im Gegensatz zu dem reinen Ziegelbau
der italienischen Rotunde ein Steinbau. Die Gefahr bestand, daß
diese beiden Bauteile einander fremd blieben, wie wir das zum
Beispiel manchmal bei gotischen Kirchen mit barocken Fassaden sehn. Um das zu verhindern, hat der Architekt der Rotunde
eine Attika vorgesetzt: eine flache Wand also, die zwischen den
runden Wänden des Zylinders und dem Giebeldreieck des Pro-

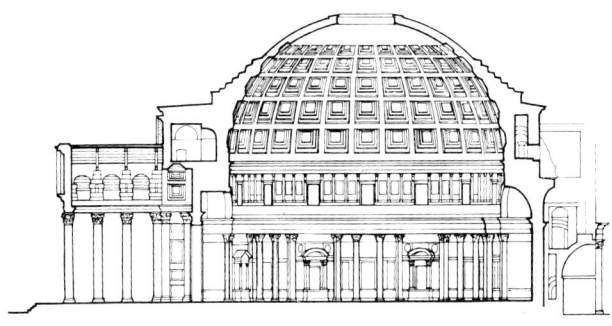

Pantheon, Längsschnitt und Grundriß

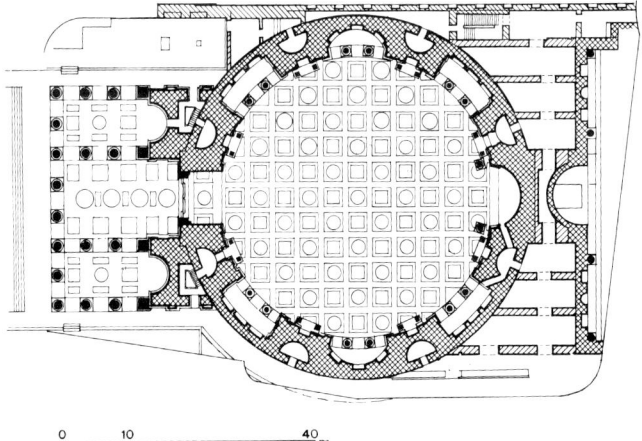

naos vermittelt. Die Zahngesimse des Giebels und der Attika scheinen sich zu berühren, wodurch die Zusammengehörigkeit zwischen dem Vor- und dem Hauptbau noch deutlicher betont wird. Die drei Säulen zur Linken des Beschauers hat Bernini durch neue ersetzt, wobei er die Kapitäle ganz anders gestaltete als die antiken: so sicher waren er und seine Zeit ihres Könnens! Der Innenraum des Pantheons wird noch mehr als die Vorhalle von geometrischen Gesetzen beherrscht. Jene kennzeichnet das Zusammenspiel von rechten, stumpfen und spitzen Winkeln, dieser ist ein Kreisgebilde. Der Grundriß ist ein reiner Kreis, über dem sich eine Kuppel wölbt: die obere Hälfte einer Kugel, getragen von einem Zylinder, der den gleichen Radius hat. Da die Höhe des Zylinders aber auch dem Radius der Kuppel gleich ist, ergibt sich in Höhe und Breite das Verhältnis 1 : 1. Wäre die Kugel der Kuppel voll abgerundet, müßte sie den Fußboden der Kirche in dessen Mittelpunkt berühren. Die Kuppel hat einen Durchmesser von 43,30 Metern, der genau der Höhe des Baus entspricht. Sie zu wölben, war eine große technische Leistung. Die Griechen brauchten, wenn in ihren Tempeln die Lichtweite der Cella zehn Meter überschritt, zwei Säulenreihen, denn sie kannten den Kalkmörtel nicht, dessen sich die Römer schon im dritten vorchristlichen Jahrhundert bedient haben. Die Römer haben auf Grund ihrer Erfahrungen mit dem Mörtel – später verwendeten sie auch die Puzzolanerde, einen Bimssteinsand, der im Wasser steinhart wird – die verschiedensten Techniken entwickelt, wobei der Mörtel mit Steinen oder Ziegeln vermischt und eine Masse gebildet wurde, ein Gußwerk, das die Ausformung gewaltiger Gewölbe erlaubte. Aus solchem Gußwerk besteht auch die Kuppel des Pantheons. Die innere Schale mit den fünf Ordnungen von sich nach oben zu verjüngenden Kassetten ist der dem Zylinder aufgemauerten Kalotte vorgeblendet. Der Raum wird nur durch eine große runde Öffnung beleuchtet, durch die der Himmel hereinschaut. Sie hat einen Durchmesser von 9 Metern, und ihr Rand ist mit Bronze eingefaßt. In den Kassetten müssen wir uns wohl Rosetten aus vergoldeter Bronze denken.

Alles, was wir bisher betrachtet haben, gehört dem antiken Bau an. Das gilt auch von dem Fußboden aus Granit, Porphyr und Marmor, der freilich wiederholt restauriert worden ist, von den sieben (mit dem Eingangsraum acht) Nischen, die den

G. B. Piranesi: Im Pantheon (Ausschnitt)

Raum gliedern, von den acht Aediculae zwischen den Nischen, obwohl die einen wie die andern durch ihre Umwandlung in Altäre und Grabstätten verändert worden sind. Vier der Nischen zeigen einen quadratischen Grundriß, drei einen runden. Sie sind mit kannelierten korinthischen Säulen aus giallo antico und pavonazzetto ausgestattet, die dem Eingang gegenüberliegende Zentralnische ausgenommen, über der sich wie über dem Eingang ein hoher Bogen wölbt. Man nimmt an, daß in dieser Hauptnische die Statue des Sonnengottes verehrt wurde, im Dämmerlicht der andern die des Mondes und der Planeten Merkur, Venus, Mars, Jupiter und Saturn. Die aus den Wänden ins Licht heraustretenden Aediculae sind gewissermaßen die Gegenspieler der schattenreichen Nischen. Auch in ihnen standen Statuen. All das wird von einem schweren Architrav gegen das Zwischengeschoß abgetrennt. Dieses war im Altertum durch enge Pilaster gegliedert, ein Schmuck, den man neuerdings auf einem kleinen Stück wiederhergestellt hat. Die Aediculae, die wir heute sehn, wurden 1747 eingefügt.

Gerne wüßten wir Genaues über den Götterdienst in diesem herrlichen Heiligtum, aber nicht einmal das, was ich über den Kult und die Statuen der Planetengötter sagte, ist unbestritten. Wir wissen von einem Kult der Gesamtheit aller Götter, der zur Zeit des Augustus aus Kleinasien nach Rom kam. Man hat vermutet, das Pantheon sei diesem Kult geweiht gewesen. In ihm, der in der Vielheit die Einheit sah, lag ein monotheistischer Zug. Immer wieder hat mich die Frage beschäftigt, ob nicht Bonifaz IV. , als er das Pantheon weihte und das Fest ›Allerheiligen‹ stiftete, noch wußte, daß hier ›Allegötter‹ verehrt wurden? Wir stehn vor Rätseln. Der Bau, der eine so klare, so logische Formensprache spricht wie wenige auf der Welt, wie nur die edelsten, ist in Geheimnisse eingehüllt. Für die Alten war die Kuppel gewiß ein Ab- und Sinnbild des Himmelsgewölbes. Shelley hat im Rund der Öffnung, durch die der Himmel in die Märtyrerkirche hereinblickt, das Auge Gottes gesehn.

Das Pantheon enthält keine bedeutenden Kunstwerke. Das Portal mit der Marmorfassung und den Bronzetüren ist antik. Wir wenden uns, wenn wir den Raum betreten, links. In der ersten Kapelle die Gräber dreier Künstler: des Pierin del Vaga, des Taddeo Zuccari, des Flaminio Vacca. Bald danach das Grab des großen Architekten Baldassarre Peruzzi. Es folgt das Grab

Umbertos I. , der 1900 in Monza ermordet wurde, und seiner
1926 gestorbenen Gattin Margherita. In der nächsten Nische
Grabmal des Staatssekretärs Consalvi von Thorwaldsen. Zwischen dem Grab des Königs und dem des Kardinals die *Grabstätte Raffaels* mit seinem Sarkophag, einer Madonnenstatue, die
einer seiner Schüler ausgeführt hat, und der Grabinschrift der
Maria da Bibbiena, Raffaels Braut, die ihm durch den Tod ent-
rissen worden war. Der Sarkophag, in dem die Gebeine des
Künstlers beigesetzt wurden, ist antik. Die schöne Inschrift darauf hat Raffaels Freund, der Kardinal Pietro Bembo, verfaßt. Sie
lautet: »Ille hic est Raphael, timuit qui sospite vinci / Rerum
magna parens et moriente mori.« Wobei ›rerum magna parens‹,
die große Gebärerin der Dinge‹, wohl mit ›Mutter Natur‹ übersetzt werden kann.

Wir kehren zum Elefanten mit dem Obelisken zurück und machen ihm unsere Reverenz: das bringt Glück. Dann betreten wir
die Dominikanerkirche SANTA MARIA SOPRA MINERVA. Mit dieser
Kirche hat die Gotik auch Rom erobert, über anderthalb Jahrhunderte nach dem Zeitpunkt, an dem dieser nordfranzösische
Stil seinen Siegeszug angetreten hatte. Doch diese Eroberung
war eine kurzfristige: Rom blieb eine antikische Stadt. Florenz
dagegen hatte sich der Gotik verschrieben. Santa Maria sopra
Minerva ist eine Tochter der florentinischen Dominikanerkirche Santa Maria Novella, mit deren Bau man 1246 begann,
während die Minerva nach 1280 entstand. Fra Aldobrandino
Cavalcanti scheint in Rom wie in Florenz der Leiter der Bauhütte gewesen zu sein. Vollendet hat man die Minervakirche wohl
erst nach 1450. Im Manierismus und im Barock, die die Gotik
haßten, mußte sie schwere Eingriffe erdulden, dann wurde sie in
der Mitte des 19. Jahrhunderts ungeschickt regotisiert und
schlecht ausgemalt. Wir müssen uns ihren Innenraum ähnlich
wie den von Santa Maria Novella denken, der freilich schlanker
emporsteigt, gotischer. Die Minervakirche zeigt uns zum erstenmal den künstlerischen Einfluß, den Florenz auf Rom ausüben
sollte; die Gotik kam vom Arno an den Tiber, nicht aus der 1228
begonnenen Grabkirche des Franziskus in Assisi, nicht aus den
wundervollen Zisterzienserkirchen Latiums, wo man schon
1208 die im reinsten burgundischen Stil erbaute Klosterkirche
von Fossanova geweiht hatte. Florenz aber ließ man sich in Rom

als Meisterin gefallen, zuerst im Gotischen, noch viel mehr in der Renaissance, in der man sofort das Römische erkannte.

Die Bettelorden, Franziskaner und Dominikaner, waren arm. Um die großen Kirchen bauen zu können, die sie für ihre Predigten brauchten, erbaten sie sich die Hilfe reicher Familien, denen sie dafür dann Grabkapellen zur Verfügung stellten. Dadurch aber sind ihre Gotteshäuser – wir können das auch in Venedig und Florenz sehn – zu Schatzkammern der Kunst geworden. Das gilt auch für Santa Maria sopra Minerva. Wir beginnen unsern Rundgang im rechten Seitenschiff in der siebenten Kapelle mit dem von Bregno geschaffenen Grabmal eines 1477 verstorbenen Kardinals, darin ein großartiges *Jüngstes Gericht*, das *Melozzo da Forlì* gemalt hat. Im rechten Querschiff

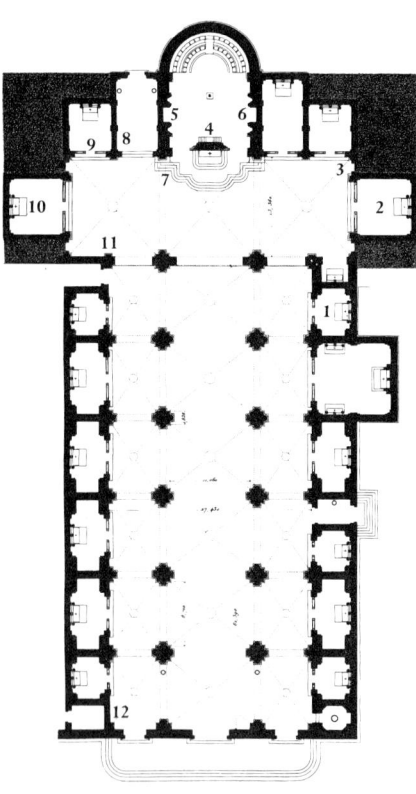

Santa Maria
sopra Minerva

1 *Fresko von*
　Melozzo da Forlì
2 *Carafa-Kapelle (Fresken*
　von Filippino Lippi)
3 *Cosmatengrabmal des*
　Bischofs Durand
4 *Hochaltar (Grab der*
　hl. Katharina von Siena)
5 *Grabmal Leos* x. *Medici*
6 *Grabmal*
　Clemens' vii. *Medici*
7 *›Auferstandener Christus‹*
　von Michelangelo
8 *Grabplatte des Fra Angelico*
9 *Sarkophag des*
　Giovanni Arberini
10 *Grabmal*
　Benedikts xiii. *Orsini*
11 *Grabmal des Andrea Bregno*
12 *Grabmal des*
　Francesco Tornabuoni

dann die *Carafa-Kapelle* mit den *Fresken des Filippino Lippi*. Die
schöne Frührenaissance-Architektur schuf ebenfalls ein Florentiner, Giuliano da Maiano. Auf dem Altarbild zeigt uns Filippino, wie der heilige Thomas von Aquin der Muttergottes den
neapolitanischen Kardinal Carafa zuführt, den Stifter der Kapelle. Hinter dem Altar eine reichbewegte Himmelfahrt Mariae.
Rechts Triumph des heiligen Thomas und Szenen aus seinem
Leben. Die beiden jungen Leute, die wir links auf dem
Triumphbild sehn, sind die beiden zukünftigen Medicipäpste
Leo x. und Clemens vii. , die in Santa Maria sopra Minerva ihre
Gräber fanden. Der Kardinal Carafa ist in Neapel bestattet worden, sein Neffe aber, der als Paul iv. den Stuhl Petri bestieg und
1555-1559 innehatte, in dieser Kapelle. Der Ruf dieses Papstes
wird dadurch verdunkelt, daß die Inquisition unter ihm die grau-
samsten Urteile gefällt hat. Nach seinem Tod hat das Volk von
Rom das Inquisitionsgebäude niedergebrannt, seine Statue umgestürzt. Links von der Kapelle das schöne Grab des französischen Bischofs Durand von dem Cosmaten Johannes. Im Chor,
unter dem modernen Altar, liegt die heilige Schutzpatronin Italiens, Caterina von Siena, begraben, die am 29. April 1380 zu
Rom starb. Hinter dem Altar die *Gräber der beiden Medicipäpste
Leo x. und Clemens vii.*, mäßige Arbeiten von manieristischen
Florentinern, die der beiden großen Mäzene durchaus unwürdig
sind. Leo x. war der Papst, der Luther gebannt hat, Clemens
erlebte den Sacco di Roma. Wir werden beiden in Rom noch oft
begegnen, wo sie sich durch die von ihnen geförderten Künstler
wirkungsvollere Denkmäler gesetzt haben als diese Grabmonumente. Links vom Hochaltar steht *Michelangelos Christus* mit
dem Kreuz, begonnen 1514, hier aufgestellt 1521. Früher war
die Statue völlig unbekleidet; später nahm man daran Anstoß
und verdeckte die Blöße mit einem bronzenen Lendentuch. Viele finden diesen Christus noch immer zu antikisch und zu nackt.
Das christliche Volk denkt anders über dies ergreifende Meisterwerk: es liebt diesen milden Heiland. Einen seiner Füße haben
Tausende geküßt, so daß man ihn mit Metall verkleidete, um zu
verhindern, daß er zerküßt würde wie der Fuß des bronzenen
Petrus im Petersdom. In der ersten Kapelle links vom Chor das
Grab des seliggesprochenen Malers Giovanni da Fiesole, genannt *Beato Angelico*, der 1455 in Rom gestorben ist. Wir finden
es oft mit frischen Blumen geschmückt, und an seinem Todes-

tag, dem 10. März, kommen viele Künstler, um seiner zu gedenken. Schöne lateinische Verse, die dem Humanisten Lorenzo
Valla zugeschrieben werden, erinnern uns daran, daß der Maler
ein sehr frommer Mönch gewesen ist:

> Spendet mir nicht das Lob, ich sei ein zweiter Apelles,
> sondern daß allen Erwerb, Christus, den Deinen ich gab.
> Jenes sind Werke der Erde, doch diese gelten im Himmel.
> Tusciens blühende Stadt hat mich, Johannes, genährt.

Nicht einmal seine frommen Bilder wollte also der Maler als
›gute Werke‹ gelten lassen! Die zweite Kapelle links vom Chor
enthält ein Grab mit einem herrlichen Sarkophag, der den
Kampf zwischen Herakles und dem nemeischen Löwen darstellt
und ein attisches Werk des fünften vorchristlichen Jahrhunderts
ist. Hinter der Sakristei die Kapelle, in der die heilige Caterina von Siena starb. Im linken Querschiff wieder ein *Papstgrab:* das des Dominikaners *Benedikt XIII. Orsini,* 1724-1730, ein
Werk jenes Rauzzini aus Benevent, der die Rokokohäuser vor
Sant'Ignazio erbaut, sich aber hier in der Minerva nicht gerade
mit Ruhm bedeckt hat. An einem Pilaster das *Grabmal des Andrea Bregno* mit dem Bildnis des Künstlers: dem liebenswert-
lustigen Gesicht eines Handwerkers, zu dem die Inschrift, die
ihn mit Polyklet vergleicht, gar nicht passen will. Das linke Seitenschiff enthält keine bedeutenden Werke, dagegen finden wir
neben der Tür der Eingangswand, auf die es zuläuft, das schöne
Grabmal des Florentiners Francesco Tornabuoni von Mino da Fiesole.

Wir kehren zum Pantheon zurück, wandern nun vor seiner Fassade rechts in die Via degli Orfani, kommen so zur *Piazza Capranica* mit dem PALAZZO CAPRANICA: einem schönen, noch mittelalterlich wirkenden Bau aus der frühesten Renaissance, erbaut
1457. Links von ihm gehn wir dann durch die Via delle Colonel-
le bis zur CHIESA DELLA MADDALENA, deren verspielte, doch sehr
anziehende Rokokofassade 1734 Giuseppe Sardi schuf. Das Innere erinnert durch die elliptische Form und die heiter-prächti-
ge Ausstattung an gewisse bayerische Gotteshäuser, vor allem
auch durch die bezaubernde Orgel, das 1735 entstandene Werk
des Deutschen Johann Konrad Werle.
   Nun schlagen wir folgenden Weg ein: Via del Pantheon, Pan-
theonsplatz, rechts Via Giustiniani, Piazza SAN LUIGI DEI FRANCE-

si, so genannt nach der im Jahr 1589 dem heiligen König Ludwig geweihten Nationalkirche der Franzosen. Die giebelgekrönte manieristische Fassade mit den zwei gleich breiten, gleich hohen Stockwerken ist kein Meisterwerk, obwohl Domenico Fontana und Giacomo della Porta daran beteiligt waren.

Das Innere haben Franzosen, Antoine Derizet und Joseph Natoire, im Geschmack des 18. Jahrhunderts gefällig ausgestattet. Am ersten Pilaster des linken Seitenschiffs das *Grab des Claude Lorrain.* In der fünften Kapelle die Bilder des *Caravaggio*, von denen ich schon sprach, als wir Santa Maria del Popolo besuchten. Caravaggio war siebzehn Jahre alt, als er 1590 den Auftrag bekam, diese Kapelle auszumalen. Seine erste Fassung des Altarbildes – es stellt Matthäus dar, dem ein Engel sein Evangelium diktiert – erregte durch den Verismus der Darstellung Ärgernis, mußte durch eine mildere Fassung ersetzt werden. Die ursprüngliche aber kaufte ein Mann, der der Kirche gegenüber wohnte, der Marchese Giustiniani, und aus der Giustiniani-Sammlung kam sie 1815 nach Berlin. Mir ist unter den Bildern der Kapelle das an der linken Wand das liebste, die Berufung des Zöllners Matthäus: in diesem Bild setzt Caravaggio auf das lebendigste die große venezianische Überlieferung fort. (Sein Lehrer Peterzani war ein Schüler Tizians gewesen.) Herrlich sind vor allem die Farben. Aber man kann verstehn, daß erst das einige Jahre nach der Berufung des Matthäus entstandene Martyrium des Apostels als das große Neue jene Sensation machte, durch die Caravaggio zu einem so gewaltigen Einfluß gelangt ist. Neben diesen erregenden Gemälden werden die allerliebsten Szenen aus dem Leben der heiligen Cäcilie, mit denen *Domenichino* 1616-1617 die zweite Kapelle des rechten Seitenschiffs geschmückt hat, selten beachtet, obwohl sie es meiner Meinung nach verdienen. Am Altar eine gute Kopie der heiligen Cäcilie von Raffael von Guido Reni; das berühmte Original befindet sich in Bologna.

Links neben der Kirche führt die Via del Salvatore zum Corso del Rinascimento, einem ungeschickten Straßendurchbruch von 1938. Hier liegt der PALAZZO MADAMA, ein überschwerer Riesenbau, barockisiert um 1650, so genannt nach ›Madama‹ Margarethe von Österreich, einer natürlichen Tochter Karls v. , die erst Alessandro de'Medici, dann Ottavio Farnese heiratete. In dieser römischen Residenz der Medici haben die Medici-Päpste

Leo x. und Clemens VII. als Kardinäle gewohnt, auch Katharina
de'Medici, ehe sie Königin von Frankreich wurde. Heute tagt
hier der Senat.

Wir gehn im Corso del Rinascimento in südlicher Richtung
(mit dem Blick auf die Fassade von Sant'Andrea della Valle) und
finden links die alte römische Universität, die SAPIENZA. Bonifaz
VIII. hatte sie 1303 gegründet. Den Palast in seiner heutigen
Gestalt begann Giacomo della Porta, doch wurde er erst von
Borromini vollendet (nach 1642), vor allem durch die den Hof
abschließende, bezaubernde Kirche SANT'IVO DELLA SAPIENZA, eines der Meisterwerke dieses bizarren Genies, für mein Gefühl
das größte. (Zum Besuch der Kirche wende man sich an den
Kustoden.) Der Überlieferung nach hat der sechsgliedrige
Grundriß die Form einer Biene, weil Urban VIII. Barberini der
Auftraggeber war. (Der heilige Ivo ist heute wenig bekannt. Er
hat 1253-1303 in der Bretagne gelebt, deren Patron er ist, war
berühmt als ein Anwalt der Armen, wurde darum der Schutzpatron der Juristen und kam so zu seiner Kirche in der Universität.) In diesem berühmten Bienengrundriß, den zu betrachten
ein besonderer Genuß ist, sehn wir, wie zwei gleichseitige Dreiecke einander durchdringen. Dennoch ist der ganze Raum ein
herrliches Spiel mit konkaven und konvexen Kurven, durch das
die Grundform aufgelöst wird. Kleinere und größere Nischen
wechseln miteinander ab, steigen zwischen einer Kolossalord-
nung prächtiger Pilaster hoch empor bis unter die Kuppel, die
(wie in San Carlo alle Quattro Fontane) keinen Tambour hat.
Ganz borrominisch ist die weiß-goldene Ornamentik dieser
Faltkuppel mit den Sternen, den Chigibergen über den größeren
Fenstern, den Kranzgebinden über den kleineren, den flügeln-
den Cherubim. Das Ganze krönt eine schlanke Laterne. Zu diesem Innenbau steht der Außenbau in einem seltsamen, sozusagen kontrapunktischen Gegensatz. Das Untergeschoß der Kirche verschwindet hinter der Exedra des Hofes, das Obergeschoß
wird zu dem im Inneren nicht vorhandenen Tambour mit einer
getreppten Kuppel und einem höchst phantastischen Laternen-
bau, über den sich eine Treppenschnecke zu einer offenen Krone emporwindet. Das bewußt die Sensation Suchende, das Ab-
surde dieses Baus ist oft getadelt worden, aber man sollte nicht
verkennen, daß dies geistvolle Spiel dennoch zugleich voll Anmut und Unschuld ist.

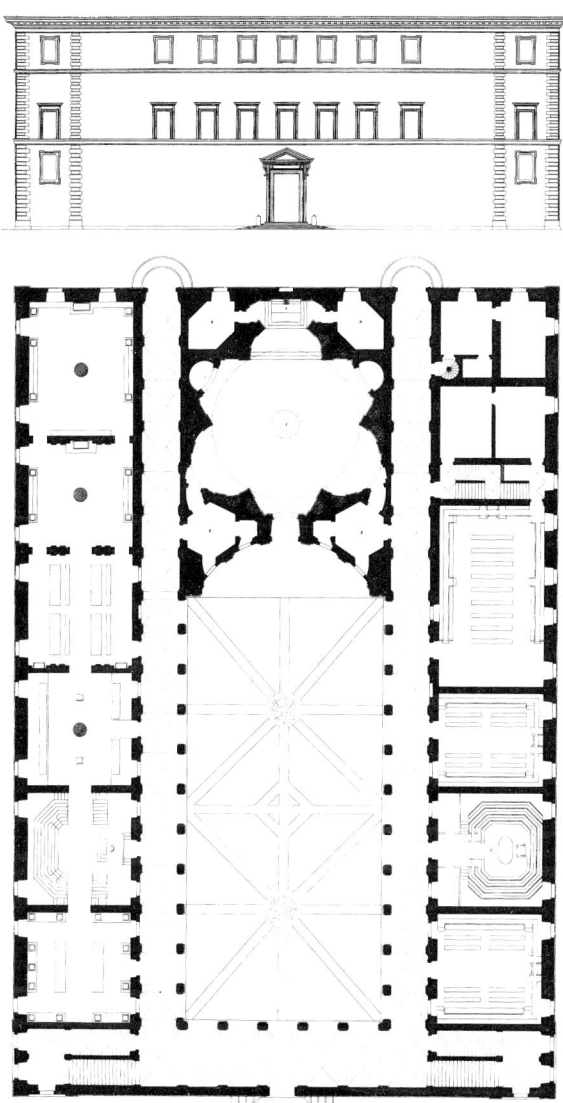

Collegio della Sapienza mit Borrominis Kirche Sant'Ivo,
Ansicht der Fassade und Grundriß

Gegenüber von der Sapienza führt uns die kurze Via dei Cane-
stari auf einen Platz, der vielen als der schönste in Rom gilt: die
PIAZZA NAVONA. Mit ihren rauschenden Brunnen lädt sie vor
allem in Sommernächten zum Lustwandeln und Schwärmen ein.
Am späten Nachmittag und am frühen Abend ist sie einer der
lustigsten Kinderspielplätze in Rom. Mehrere Cafés und Restau-
rants stellen Tische auf den Platz, der ein Ort der reizendsten
Geselligkeit sein kann, vor allem, seit man den Autoverkehr
ausgesperrt hat.

Die Piazza Navona wurde in das hineingefügt, was von einem
Circus erhalten war, den Domitian bauen ließ. Man hat daran
erinnert, daß die römische Kunst unter diesem Kaiser ›barocke‹
Züge trug, daß der Circus darum wie der heutige Platz schon
etwas Barockes gehabt haben könnte. Was uns von ihm erhalten
ist (unter dem Haus Nummer 48 in der Via Zanardelli), läßt
solche Schlüsse kaum zu. Die langgestreckte Rennbahn war im
Mittelalter nie verbaut worden, und nie war vergessen worden,
wozu sie einst gedient hatte: der Name Navona kommt von dem
griechischen Wort ›agon‹ – Wettkampf. Unter Gregor XIII.
Buoncompagni begann etwa 1580 eine Neugestaltung mit dem
südlichen Brunnen, den vier verschiedene Künstler mit Tritonen schmückten. Daneben lag ein Haus der Pamphili. Einer von
ihnen wurde Papst: jener Innozenz X. , den wir so genau durch
Velázquez kennen. Er ließ an Stelle des alten Hauses durch
Rainaldi einen etwas langweiligen Palast bauen, dem später Borromini durch eine Galerie und Pietro da Cortona, der sie mit
höchst beredten Aeneisszenen ausmalte, größeren Glanz verliehen. Hier wohnte eine Schwägerin des Papstes, die einen großen
und schädlichen Einfluß auf ihn ausübte: Olimpia Maidalchini,
vom Volk ›Olimpia‹ (die einst Fromme), auch ›la Pimpaccia‹
oder ›la papessa‹ genannt.

Ich möchte an mehrere geschichtliche Daten erinnern, die
auch als Zeitbestimmungen für die Piazza Navona dienen können: 1644 bestieg Innozenz den Stuhl Petri, 1648 wurde – er
erhob dagegen Protest – der Westfälische Friede unterzeichnet.
1649 wurde Karl I. von England hingerichtet, 1653 verbot Innozenz den Jansenismus. Er hat ohne Glanz regiert und sich doch
durch die Piazza Navona unsterblichen Ruhm erworben. Auch
weil der verschlossene und mißtrauische Mann die Kraft der
Selbstüberwindung kannte, ohne die das Schönste auf dem pam-

philischen Familienplatz nicht verwirklicht worden wäre: BERNI-NIS VIERSTRÖMEBRUNNEN. Wir wissen: der Meister war bei dem Papst in Ungnade, als dieser 1647 den Wettbewerb für den Brunnen ausschreiben ließ. Bernini aber, der dazu nicht eingeladen worden war, fertigte dennoch ein Modell und stellte es in einem Zimmer auf, durch das der Papst kommen mußte, um die Maidalchini zu besuchen. Als Innozenz dieses Wunderwerk sah, soll er gesagt haben: »Man muß doch den Bernini beschäftigen, denn wer seine Werke nicht haben will, der darf sie sich auch nicht unter die Augen kommen lassen.«

Mit Architektur im hergebrachten Sinn hat der Vierströmebrunnen Berninis nichts mehr zu tun. Was wir hier vor uns haben, ist – ohne jeden Naturalismus – ein Stück Natur, in der der Neapolitaner Bernini der Grotten- und Meereswelt seines heimatlichen Golfs ein Denkmal setzt, über dem, gleich apulischem Feuerwerk, gleich einer Strahlengarbe aus dem Krater des Vesuv, der Obelisk in den Himmel schießt. Gewiß, die vier Statuen stellen Stromgötter dar, aber ihre Summe ergibt doch das Meer, einen Ozean, dessen gewaltiger Wellenschlag die Travertinblöcke geschliffen, die Höhle gehöhlt hat, die sich mit vier Felsentoren auf den Platz öffnet, den Sonnenschein emporgeschleudert und steil und unerschütterlich wie einen Leuchtturm in die wild bewegte Wasserwelt hineingestellt hat. Die Taube auf dem Obelisken verkündet pamphilischen Ruhm, der ganze Brunnen den des Bernini, doch auch den seiner herrlichen Heimatlandschaft. Es gibt in der Kunst wohl kaum etwas Neapolitanischeres als diesen Brunnen. Und wo auf der weiten Welt ist ein Brunnen, der diesen übertrifft? Ich kenne keinen.

Wie in der Natur, regiert scheinbar der Zufall. An das Felsgestein lehnt sich eine schlanke Palme, aus den Ritzen sprießen Pflanzen. Ein brüllender Löwe und ein Seepferd kommen aus der Höhle hervor. Im Becken ringeln sich Seeungeheuer. Auf den Felsen aber lagern die erstaunlichen Flußgötter, Götter der Weltströme, als echte Naturgewalten. Plötzlich aber widerspricht der Architekt dem ganzen tollen Naturwesen durch strenge Stereometrie: den Sockel und den Obelisken: dunkelroter Porphyr überflammt den honigmilden Travertin der Felsen und den golden patinierten Marmor der Skulpturen. Vergessen wir nicht die Wassermelodie: keine klingenden Strahlen, sondern ein rauschendes, vielstimmiges Strömen.

Bernini hat den Brunnen entworfen, seine Schüler haben die Götter ausgeführt. Der begabteste, Antonio Raggi (wir kennen ihn aus Sant'Andrea al Quirinale), schuf die Donau mit dem Papstwappen, den antikischen Ganges der Lothringer Claude Adam, den sein Haupt verhüllenden Nil meißelten nach Berninis Zeichnungen die römischen Brüder Fancelli, den seltsamen Affenmenschen, der den La Plata versinnbildlicht, führte ein Mann aus den carrarischen Marmorbergen namens Baratta aus. Trotzdem gelang Einheitlichkeit in der Vielfalt. Der Obelisk ist zur Zeit des Domitian in Ägypten gearbeitet worden. Die Überlieferung hat in den Brunnen Berninis und Borrominis Kirche Sant'Agnese, vor der er steht, den Streit zwischen den beiden Meistern hineingedeutet. Der La Plata erhebt beschwörend die Hand, denn er fürchtet, die Kirche könne einstürzen. Der Nil verschleiert sein Haupt, um die Fehler des Borrominibaus nicht zu sehen. Die heilige Agnes auf der Kirche legt die Hand auf die Brust und beteuert: die Kirche bleibt stehn. Den Nil hat Bernini deswegen verschleiert dargestellt, weil man damals seine Quellen noch nicht kannte. Der La Plata gefiel dem Papst so gut, daß er bei Bernini noch einen ›Wilden‹ bestellte: einen Mohren, der mit einem Delphin kämpft. Die Statue kam in die Mitte des kleineren Brunnens vor dem Familienpalast, wurde als ›il Moro‹ sehr volkstümlich. (Sie ist auf dem Umschlag dieses Buches abgebildet.) Bernini hat sie nur gezeichnet, sein Schüler Mari führte sie aus. Die vier blasenden Tritonen sind moderne Kopien nach den Originalen, die heute die Borghesegärten schmücken; und modern ist auch der recht hübsche Neptunsbrunnen am andern Ende des Platzes.

Schöne, schlichte, noch wenig von Läden verunstaltete Häuser umgeben die Piazza Navona. Sie zeigt genau die länglich ovale Form der antiken Rennbahn. Hier ist die gute Stube der volkstümlichen Viertel, die zwischen der Piazza Navona und dem Tiber liegen; hierher kommen die Menschen aus engen Gassen und dunklen Häusern, um Sonne und Licht zu suchen. Vom 17. bis in die Mitte des 19.Jahrhunderts sah der Platz, der auch für Pferderennen und Turniere diente, lustige Wasserfeste, wenn man ihn – damals war er nicht flach, sondern eine Mulde – mit Wasser füllte und die geschmückten Karossen der Prälaten und Prinzen unter dem Jubel des Volkes durch den künstlichen See rollten.

Solche Art von Sommerfreuden sind heute vergessen. Im Winter aber
findet hier immer noch ein großer Spielzeug- und Naschmarkt statt, der
seinen Höhepunkt am Dreikönigstag erreicht. Denn an diesem Tag,
nicht zu Weihnachten, wurden früher die italienischen Kinder beschert:
wie das Christuskind von den drei Weisen aus dem Morgenlande; beschenkt nicht von ihren Eltern, sondern von der gütigen Hexe Befana,
deren Name eine Verballhornung des Wortes Epiphanias ist. Die Kinder hingen am Abend vor dem Befanatag ihre Strümpfe in den Kamin
und fanden sie am Morgen mit Zuckerzeug gefüllt, manchmal, wenn sie
nicht brav gewesen waren, entdeckten sie Holzkohle darunter. Das Fest
hat an Bedeutung verloren, seit auch Italien das große Weihnachtsge-
schäft kennt, das hierzulande noch kommerzieller wirkt, weil es nicht
wie bei uns auf einer Überlieferung ruht. Fremd war den Italienern
früher auch der Weihnachtsbaum. In den Kirchen, aber auch in den
Familien feierte man das Christkind vor allem durch das Aufstellen von
schönen Krippen. Alles, was man dazu braucht an Figuren, Getier und
Kulissen wurde in Neapel und Umgebung geschnitzt, modelliert, bemalt
und vergoldet, im entzückendsten bäurisch-barocken Geschmack, kam
von dort in Mengen in die Marktstände auf der Piazza Navona. Aber
wirklich schöne alte neapolitanische Krippen sieht man nur noch in
Kirchen – und auch da breitet sich Krippenkitsch aus – oder in Museen,
wie etwa im Bayerischen Nationalmuseum in München. Auf der Piazza
Navona sind Maria und Joseph, Engel und Hirten, Ochs und Esel jetzt
meist aus plastischen Massen, und Radios überbrüllen die hold-melan-
cholischen Melodien der Zampognari, der Dudelsackpfeifer aus den
Abruzzen, die freilich noch immer auf ihre Rechnung kommen, weil der
Obolus, um den sie bitten, dem Spender Glück bringt, Nichtgeben
Pech.

Noch aber habe ich die Gestalt nicht erwähnt, die die geistige
Herrin auf diesem Platz ist: die heilige Agnes, die ›Keusche‹,
›das Lämmlein‹. Agnes gehört zu den wenigen heiligen Frauen,
deren Name täglich in der Messe genannt wird. Sie hat in dem
Circus, aus dem die Piazza Navona wurde, den Märtyrertod
erlitten. Als man sie nackend zur Richtbank führte, verhüllten
ihre langen Haare ihren Leib. Agnes ist die Patronin der Jungfrauen und Gärtner. Über ihrem Grab an der Via Nomentana
werden wir die ihr geweihte Basilika sehn.

Ihre Kuppelkirche, SANT'AGNESE IN AGONE, hat Papst Innozenz
als seine Familienkirche gewollt, 1652 den Grundstein dazu gelegt. Rainaldi begann den Bau, der aber dann vor allem ein Werk
Borrominis wurde. Der zur Verfügung stehende Baugrund
zwischen dem Platz und der parallel zu ihm verlaufenden Via

*G. B. Piranesi: Piazza Navona mit der Kirche Sant'Agnese in Agone;
links Berninis Vierströmebrunnen*

dell'Anima war schmal, um so mehr müssen wir das Monumen-
tale des Baus bewundern. Etwas Unrömisches sind an der Fassade die beiden Glockentürme. Ähnliche hatte Bernini für Sankt
Peter geplant, womit er aber nicht durchdrang; und wir erinnern
uns an die ›Eselsohren‹, die er dem Pantheon aufgesetzt hatte.
Borromini rückte die Türme weit auseinander und gewann so
Raum für den Mittelbau mit seiner tief einschwingenden, konkaven Fassade, die an antike Exedren erinnert. Im Gegenschwung
zu ihr wölbt sich die Kuppel mit ihrem ungewöhnlich hohen
Tambour. Als Innozenz starb, verlor Borromini die Bauleitung,
Rainaldis Sohn Carlo übernahm sie, hat wohl die im Gegensatz
zu den Turmhelmen recht konventionelle, recht unborromini-
sche Laterne hinzugefügt. Ganz Borrominis Werk ist der Innenraum mit den acht freistehenden Säulen aus braunem, grauge-
sprenkeltem Cottanello und den großen Marmorreliefs an Stelle
der Altargemälde. Algardi hat sie entworfen, aber er starb während der Arbeit daran, die dann von anderen beendet wurde. Sie
gehören durch die fast freiplastische Gestaltung der Hauptge-
stalten, durch den so erreichten jähen dramatischen Wechsel
von Schatten und Licht zum ›Malerischsten‹, was Bildhauer geschaffen haben. Die Kuppelzwickel malte später Baciccia effektvoll mit Darstellungen der Tugenden aus. Über dem Eingang
das bescheidene Grab des Papstes, dessen schönstes Denkmal
die Piazza Navona ist. An ihr liegt dem Pamphilipalast gegenüber noch eine Kirche, Nostra Signora del Sacro Cuore oder
SAN GIACOMO DEGLI SPAGNOLI mit einer schlichten Renaissancefassade von dem jüngeren Antonio da Sangallo.

Rechts neben Sant'Agnese führt uns die gleichnamige kleine
Straße in die Via dell'Anima, in der wir rechts bis zur Nationalkirche der Deutschen, SANTA MARIA DELL'ANIMA, gehn. Wir haben schon am Largo Argentina die im spätgotischen Stil gebaute
Wohnung des Straßburgers Johannes Burckhard gesehn, der am
Hof des Borgiapapstes Zeremonienmeister war. Unter seiner
Leitung beschloß die deutsche Gemeinde 1499 den Bau der
Nationalkirche, und zwar wurde ausdrücklich bestimmt, man
wolle ›alemanico more‹ bauen, also gotisch. Doch haben dann
italienische Architekten in der Bauhütte einen starken Einfluß
ausgeübt, wodurch eine erstaunliche Mischung zwischen Gotik
und Renaissance herauskam. So entstand ein stimmungsvolles
Gotteshaus, aber kein großes Baukunstwerk: eine hohe drei-

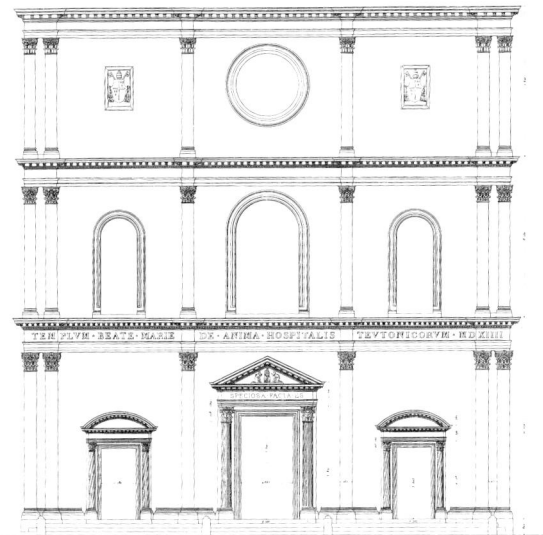

Santa Maria dell'Anima, Fassade

schiffige Halle, die an süddeutsche Bauten erinnert, mit tonnen-gewölbtem Mittelschiff und kreuzgewölbten Seitenschiffen, halbrunden, durchaus römischen Kapellen, antikisch empfunde-nen Pfeilern. Barocke Elemente und Restaurierungsarbeiten des 19. Jahrhunderts kommen hinzu, um den Gesamteindruck zu verunklären.

Das *Grabmal Hadrians VI.*, des letzten 1522/23 regierenden nichtitalienischen Papstes, erhebt sich rechts vom Hochaltar. Dieser Flame aus Utrecht war der Erzieher Karls V. und der Lehrer des Erasmus von Rotterdam gewesen: ein ernster, sitten-strenger, gelehrter Herr, der nach dem glanzvollen Pontifikat Leos X. den Römern wenig behagte. Unter ihm ging Rhodos an die Türken verloren. Auf seinem figurenreichen, von Peruzzi entworfenen Grab lesen wir einen Ausspruch, den er selbst getan haben soll: »Wieviel kommt doch darauf an, in welche Zeit auch des trefflichsten Mannes Wirken fällt.« Am dritten Pilaster des rechten Seitenschiffs das Grabmal des Holländers Vryburch, am entsprechenden Pfeiler des linken Seitenschiffs das eines van den Eynde, beide von dem hochbegabten Brüsseler François Du-

quesnoy, einem Freund Poussins. Es ist ein Brief von Rubens an
Duquesnoy erhalten, in dem der Maler dem Bildhauer schreibt,
wie sehr ihm die Engelchen am Grab van den Eyndes gefallen
haben. Schön ist die einfache *Fassade* der Kirche, die dem Giuliano da Sangallo zugeschrieben wird. Das Giebelrelief über dem
Haupteingang, vielleicht ein Werk des Andrea Sansovino, stellt
die Muttergottes zwischen zwei Seelen im Fegefeuer dar. Die
Kirche bewahrt ein altes Bild mit der gleichen Darstellung.
Nach diesem Bild heißt sie ›Schutzfrau der Seelen‹ – Santa Maria dell'Anima, oder auch ›animarum‹. Daran, daß dies Gotteshaus einst Eigentum des Reichs war, erinnert der Doppeladler
auf seinem spitzen Turm.

Wir verlassen Santa Maria dell'Anima durch einen Nebeneingang und gelangen so auf den schönen kleinen Platz vor der
Kirche SANTA MARIA DELLA PACE. Diese Kirche steht anstelle einer viel älteren, in der sich ein noch heute auf dem Hochaltar als
›Friedensmaria‹ verehrtes Muttergottesbild befand. Einmal warf
ein böser Mensch einen Stein nach dem Bilde, so daß es blutete.
Das Wunder hielt ganz Rom in Atem, und Papst Sixtus IV. gelobte der Madonna eine große Kirche, wenn sie Italien, das
damals von Kriegen zerrissen war, den Frieden brächte. Als dieser Frieden 1482 zustande kam, wurde mit dem neuen Kirchenbau begonnen. Er hat ein kurzes einschiffiges Langhaus, auf das
sich vier runde Seitenkapellen öffnen, ferner eine große, helle
Rotunde mit einer achteckigen Zeltkuppel. Als Architekt wird
der Festungsbaumeister Pontelli genannt, der das Kastell von
Ostia schuf.

Neben der Kirche liegt *einer der schönsten Höfe Roms*, der 1504
nach einem Entwurf Bramantes geschaffen wurde: ein zugleich
kräftig-klarer und anmutiger Bau. Im Erdgeschoß bediente sich
der Meister des römischen Systems der Pfeilerarkaden, dem er
aber durch die den Pfeilern vorgelegten ionischen Pilaster jede
Schwere nahm. Die Pfeiler haben Postamente, deren Profile
zusammen mit den Bogenkämpfern, den flachen Kapitälen, dem
Architrav die Horizontalen betonen, die dem Obergeschoß fehlen, wodurch dieses mit seinen frührenaissancehaft leichten Säulen und Pfeilerbündeln leichter und sehr heiter wirkt.

Noch einmal erfuhr die Friedenskirche eine große Bereiche-
rung, als ihr Pietro da Cortona um 1656 die *Barockfassade* gab,
eine der schönsten in diesem an barocken Fassaden so reichen

Rom. Pietro da Cortona hat mit dem runden Vorbau, dessen
gepaarte toskanische Säulen ein kreisrundes Gebälk tragen, eine
Art von Tempel geschaffen, der dem schönen Quattrocentopor-
tal mit tiefem Wohlklang präludiert. Über diesem sehr klassisch
wirkenden Untergeschoß erhebt sich ein höchst barockes Obergeschoß mit einem einzigen Fenster und einem prächtigen Seg-
mentbogen zwischen Gebälk und Giebel. Die konvex gegen den
Platz vordrängende Fassade steht vor einer Art von Exedra, deren konkave Flügel die Kirche mit den benachbarten Bauten
verbinden. Cortona hat auch diese Bauten in sein Werk einbezogen und dadurch diesen kleinen Platz zu einem der monumen-
talsten in Rom gemacht.

   Es ist der Vorhof, durch den wir in die Friedenskirche und zu
den berühmten *Sibyllen* gelangen, mit denen *Raffael* sie geschmückt hat. Wir kennen schon den Bankier aus Siena, Agostino Chigi, und seine von Raffael entworfene Grabkapelle in Santa Maria del Popolo. In seinem Auftrag sind im Jahre 1514 auch
die Sibyllen entstanden. Sechs Jahre später starben Raffael und
Chigi, die enge Freunde waren, fast gleichzeitig. Wir haben in
der Sixtinischen Kapelle Michelangelos Sibyllen gesehn: die gewaltigen, einsamen Seherinnen der Vorzeit, großen antiken
Göttinnen nahe verwandt. Raffael hat sie anders geschaut: als
holde Schwestern, als wunderschöne junge Frauen, fast als Gra-
zien oder Musen, denen heitere Engelkinder Gottes Frohbot-

Santa Maria della Pace, Hof von Bramante

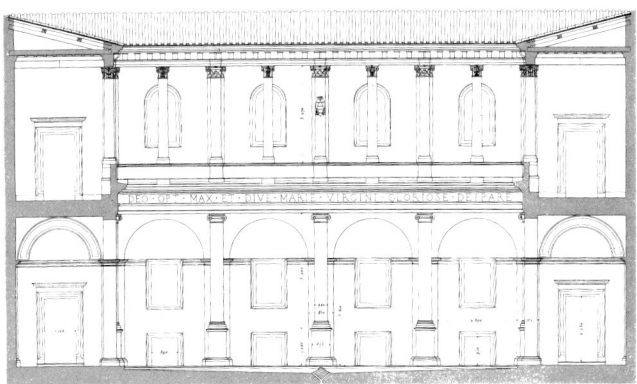

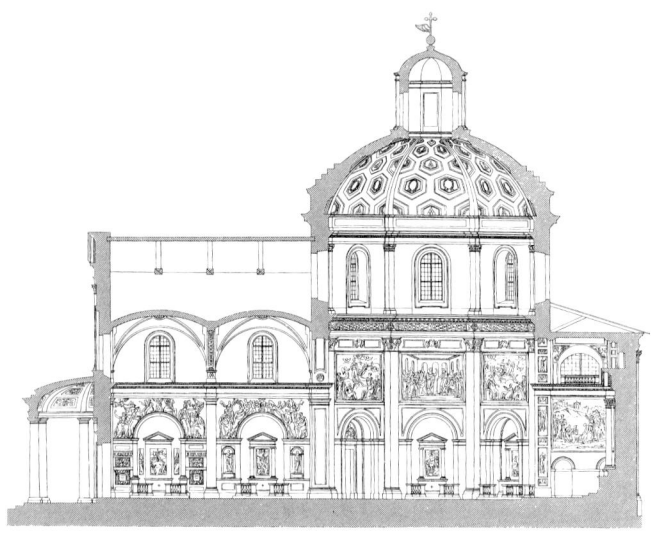

Santa Maria della Pace, Längsschnitt mit Innenansicht

schaft bringen. Nur eine von ihnen, die Sibylle von Tibur, stellte
er als eine ältere Frau dar: die Lateinerin aber empfängt ihre
Offenbarung nicht unmittelbar durch Gottes Boten, sondern
von den jüngeren und doch älteren Seherinnen aus Hellas und
dem Morgenland, vor allem aber sind ihre Blicke auf die Griechin gerichtet, die cumaeische, die einst dem Aeneas die Größe
Roms geweissagt hatte. In der Lünette über den Sibyllen Propheten von dem liebenswerten Ferraresen Timoteo Viti, einem
Schüler Francias, der in Urbino wirkte, den jungen Raffael be-
einflußt hat, dann aber völlig unter dessen Einfluß geriet. Den
Sibyllen gegenüber Fresken von Baldassarre Peruzzi.

Wir kommen nun in eines der anziehendsten alten römischen
Stadtviertel. Durch die Via dell'Anima gelangen wir zur *Piazza
del Pasquino,* so genannt nach der berühmtesten der redenden
Statuen Roms: einem schönen Torso aus hellenistischer Zeit.
Wahrscheinlich war Pasquino ein buckliger Schneider, der hier
im 15. Jahrhundert seine Werkstatt hatte und die Sprüche ver-
faßte, die dann dadurch in Umlauf gesetzt wurden, daß er sie an
die Statue heftete.

Wir wenden uns rechts in die Via del Governo Vecchio mit
sehr schönen alten Häusern, unter denen ich auf Nummer 104

und 123 besonders aufmerksam machen möchte. Rechts Nummer 39 der PALAZZO DEL GOVERNO VECCHIO, erbaut 1475-1478 mit schöner Renaissancefassade. Vor ihm biegt rechts die Via del Parione ab; Nummer 7 ein anmutiges Haus mit hübschem Hof, genannt Casa di Sisto V. Die Via del Governo Vecchio führt uns auf die *Piazza dell'Orologio*. Sie liegt auf der Rückseite der Chiesa Nuova, die wir auf unserm vierten Spaziergang besucht haben. Von der Höhe dieser Kirche schaut eine malerische, dem Bernini zugeschriebene Uhr auf den Platz herab und gibt ihm den Namen. Im Hause Nummer 31 der Via dei Filippini, die zur Chiesa Nuova führt, wurde am 2. März 1876 Pius XII. Pacelli geboren.

Von der Piazza dell'Orologio führt die kurze Via Orsini in das hohe Tor und den prächtigen Hof des PALAZZO TAVERNA hinein, der auch Palazzo di Monte Giordano genannt wird. Er liegt in der Tat auf einem kleinen Hügel, dem auch von Dante erwähnten *Monte Giordano*, von dem aus die Orsini den Tiberübergang über die Engelsbrücke verhindern konnten und so im Jahre 1312 die Krönung Heinrichs VII., des Dante-Kaisers, vereitelt haben.

Wir gehn weiter durch die Via de'Banchi, kommen so zum ehemaligen PALAZZO DEL BANCO DI SANTO SPIRITO, der alten Münze (Zecca), einem schönen Bau des älteren Sangallo, erfreuen uns eines prächtigen Blicks auf Engelsbrücke und Engelsburg. In der Via del Banco di Santo Spirito Nummer 12 und Nummer 42 Renaissancepalazzi. Dann wenden wir uns in die erste rechts abbiegende enge Straße, die uns auf die Piazza und in die VIA DEI CORONARI (der Rosenkranzhändler) führt, eine der großen Straßenfluchten im Rom der Renaissance.

Diese Straße hat eine Reihe von bemerkenswerten Häusern und ist heute vor allem durch ihre Antiquare berühmt. Die erste Querstraße links führt zur Kirche SAN SALVATORE IN LAURO, daneben ein Klosterhof mit dem Grab Papst Eugens IV., 1431-1447, eines Venezianers, der das berühmte Unionskonzil von Florenz leitete. Eugen, ein edler, frommer, kunstsinniger Mann, stand dem heiligen Bernhardin von Siena nahe, förderte Pisanello, Jean Fouquet, Donatello, Fra Angelico.

Die Via dei Coronari führt uns in die moderne Via Zanardelli. In ihr Nummer 1 ein recht sehenswertes *Museo Napoleonico* mit Erinnerungen an Napoleon I. und die Napoleoniden, darunter

Sant'Agostino, Fassade

Porträts von Carpeaux, Prudhon, David, Winterhalter. Wir überqueren die Via Zanardelli, dort wo die Via dei Coronari in sie einmündet, und sehn rechts die schon erwähnten Ruinen des Circus, den heute die Piazza Navona einnimmt.

Die Piazza Navona und den Corso del Rinascimento zu unserer Rechten liegenlassend, gehn wir geradeaus durch die enge Via di Sant'Agostino nach der gleichnamigen Kirche. Sie wurde 1479-1483 gebaut, vielleicht von einem Steinmetzen aus dem Carraresischen, dem Giacomo da Pietrasanta, der am Palazzo Venezia tätig war. Eine schöne Freitreppe liegt vor der schlichten Renaissancefassade.

SANT'AGOSTINO ist die erste römische Kirche, die mit einer Kuppel gekrönt wurde. Der Innenraum ist dreischiffig. Die Seitenschiffe haben runde Kapellen. Das Mittelschiff ist ungewöhnlich hoch. Der weite Raum mit der stolzen Vierungskuppel würde uns wohl noch stärker beeindrucken, wenn man sich nicht im 18. und im 19. Jahrhundert an ihm vergriffen hätte.

Rechts vom Hauptportal eines der verehrtesten Muttergottesbilder Roms, die wundertätige *Madonna del Parto* – der Entbin-
dungen, ein in seiner großen Würde sehr antikisch wirkendes
Werk, das Jacopo Sansovino 1521 schuf. In der ersten Kapelle
links Caravaggios *Madonna dei Pellegrini*, ein Spätwerk von 1605.
Am dritten Pilaster des linken Seitenschiffs ein Fresko Raffaels:
eine prächtige, ernste Prophetengestalt, die des *Jesaias*, gemalt
1512, stark übermalt. Den Hochaltar hat Bernini entworfen;
hier wird eines der vielen Madonnenbilder verehrt, die wir dem
Künstlerfleiß des heiligen Lukas verdanken. Dieses befand sich
früher in der Sophienkirche in Konstantinopel.

In der Kapelle links vom Hochaltar wird das Grab der heiligen Monika verehrt. Sie wurde 332 zu Tagaste im heutigen
Algerien in einem christlichen Haus geboren, heiratete aber einen Heiden. Aus dieser Ehe entsproß der heilige Augustinus, der
in jungen Jahren den manichäischen Irrlehren verfiel. Um seine
Bekehrung zu erreichen, folgte ihm Monika auf einer Reise nach
Italien. Am Karsamstag 387 wurde er in Mailand vom heiligen
Ambrosius getauft. Als er sich im Oktober des gleichen Jahres
mit seiner Mutter in Ostia wieder nach Afrika einschiffen wollte,
starb Monika.

Wir gehn in der Via Sant'Agostino weiter bis zur Via della
Scofra, wenden uns in dieser links, finden rechts an einem malerischen kleinen Platz die bezaubernde Settecentofassade einer
kleineren Kirche, SANT'ANTONIO DEI PORTOGHESI, gebaut von
Martino Lunghi, die portugiesische Nationalkirche. Reiche effektvolle Innenausstattung. Der Kirche gegenüber liegt die TOR-
RE DELLA SCIMMIA, der Affenturm, der so genannt wird, weil
einmal eine Äffin, die ein Kind geraubt hatte, mit diesem auf den
Turm kletterte, ohne daß das Kind zu Schaden kam. Seitdem
brennt an diesem Turm unter einem Madonnenbild das Ewige
Licht, das die Eltern des geretteten Kindes angezündet haben.
Von hier aus führt die Via dell'Orso zum *Albergo dell'Orso*, in
dem Dante, Rabelais, Montaigne und Goethe gewohnt haben.

Die Via della Scofra setzt sich geradeaus in der Via di Ripetta
fort, eine der drei Straßen, die von der Piazza del Popolo ausstrahlen. So kommen wir zum *Ponte Cavour*. Zu unserer Rechten, Ecke Via di Ripetta und Via dell'Arancio, sehn wir einen
kleinen Bau, eine Art Belvedere, eher niedrig und mit nur drei

Fensterachsen: die Rückseite eines der größten römischen Paläste, des PALAZZO BORGHESE. Dieser Palast hat einen seltsamen
Grundriß: den eines Cembalos, wurde darum vom Volk ›il cem-
balo‹ genannt, und dementsprechend nannte es das Belvedere ›la
tastiera‹, die Klaviatur. Rechts von ihm gehn wir auf die Piazza
Borghese, der der Palast seine längste Fassade zukehrt: die längste Roms. Sie erfreut durch ihren prächtigen Schwung, ohne den
sie vielleicht langweilen würde. Der Haupteingang befindet sich
an der Fassade der Schmalseite. Wir betreten einen wundervollen *Hof* mit offenen Arkaden und Zwillingssäulen, gebaut um
1600, wir wissen nicht sicher von wem. Er hat vielen italienischen Höfen als Vorbild gedient. Im Jahre 1605 kaufte Paul V.
Borghese, was von dem Palast schon vorhanden war, ließ es von
Flaminio Ponzio als Residenz seiner Familie zu einem Schloß
ausbauen, das eines Königs würdig gewesen wäre. Der Bau hat
etwas Majestätisches, aber wirklich schön ist daran nur der Säulenhof mit dem an ihn sich anschließenden Gartenparterre und
dessen bezaubernder Brunnen, dem ›Bad der Venus‹, den Rainaldi um 1680 herum entworfen hat, schon ganz im Geist des
Rokoko. Das große Gebäude, das dem Palast gegenüberliegt,
beherbergte die borghesische Dienerschaft.

Wir kehren in die Via di Ripetta zurück, gehn in ihr weiter.
Rechts von ihr lag bis zum Corso hin einst ein schönes Stadtvier-
tel, das der Faschismus völlig zerstört hat, um das MAUSOLEUM
DES AUGUSTUS freizulegen: ein unförmiger Trümmerhaufen.
Ringsum stehn allerhand höchst unerfreuliche Prachtbauten.
Dem Mausoleum gegenüber an der Via di Ripetta hat man in
einer häßlichen Halle die ARA PACIS AUGUSTAE aufgestellt, den
Altar des augusteischen Friedens, der sowohl geschichtlich wie
künstlerisch betrachtet eines der bemerkenswertesten römischen
Denkmäler ist.

Vor seinem Tode im Jahre 14 nach Christi Geburt schrieb Augustus sein
Testament, das er den Vestalinnen übergab, ferner Anweisungen für sein
Leichenbegängnis, eine Schilderung der Zustände im Römerreich und
eine Zusammenfassung seiner Taten und Werke. Diese Zusammenfassung, der ›index rerum gestarum‹, wurde, wie er das in seinem Testament angeordnet hatte, in bronzene Tafeln eingegraben, und diese Tafeln wurden vor seinem Mausoleum aufgestellt. Sie sind verlorengegan-
gen, aber der Text ist uns auf einer in Ankyra, der heutigen türkischen
Hauptstadt Ankara, gefundenen Inschrift erhalten. Man kann ihn heute

Palazzo Borghese, Statuenhof

auch am Sockel der erwähnten Halle lesen, in der die Ara Pacis steht. Er
enthält unter anderem folgende Stelle: »Cum ex Hispania Galliaque,
rebus in iis provinciis prosper gestis, Romam redi, Ti. Nerone et P.
Quintilio consulibus, aram Pacis Augustae senatus pro reditu meo consa-
crandam censuit ad campum Martium, in quo magistratus et sacerdotes
virginesque Vestales anniversarium sacrificium facere iussit. – Als ich
nach erfolgreicher Leitung der Dinge in den Provinzen Gallien und
Spanien unter dem Konsulat des Tiberius Nero und des Publius Quintilius nach Rom zurückkehrte, beschloß der Senat zur Erinnerung an
meine Rückkehr einen Altar des augusteischen Friedens auf dem Marsfeld zu errichten und ordnete an, daß auf diesem die Behörden, die
Priester und die vestalischen Jungfrauen alljährlich ein Opfer darbringen
sollten.« Geweiht wurde der Altar am 4. Juli des Jahres 13 vor Christi
Geburt, zum erstenmal geopfert hat man auf ihm im Jahre 9, und die
Göttin, der man hier huldigte, war die Pax Augusta, der augusteische
Weltfrieden, in dem uns der Heiland geboren wurde.

Der Bau besteht aus carrarischem Marmor. Der eigentliche Altar steht in einer marmornen Ummauerung, an deren Breitseiten sich zwei Tore öffnen und die sowohl an der Innen- wie vor

allem an der Außenseite durch herrliche Reliefs geschmückt ist. Im Inneren sehn wir vor allem Bukranien und Frucht- und Blumenkränze von höchster Feinheit, auf den Außenwänden über einem mit dem edelsten Akanthusgeschling geschmückten Sokkel – einem Pflanzenmärchen, das von den verschiedenartigsten Tieren belebt wird – den berühmten Figurenfries. Besonders die beiden erhaltenen Reliefs der Breitseiten gehören zum Schönsten und Bedeutendsten, was die augusteische Klassik geschaffen hat. Sie atmen den Geist der Erneuerung altrömischen Glaubens, die dem Augustus so sehr am Herzen lag. Auf dem einen sehn wir Aeneas, der sich anschickt, auf einem ländlichen Altar den Penaten die weiße Sau zu opfern, die ihm bei seiner Landung in Latium glückverheißend entgegengekommen war; auf dem andern entzückt uns ein holdes, heiliges Bild der Tellus, der Mutter Erde, und ihrer Kinder, umgeben von der Gestaltwerdung des Wassers, die auf einem Fisch reitet, und der der Luft, die sich auf einem Schwan emporschwingt. An den Längsseiten ist die Prozession am Altar dargestellt. An ihr nimmt die ganze kaiserliche Familie teil. Wir erkennen Augustus selbst (mit zerspaltenem Kopf), links von ihm den Quintilius Varus (der die Schlacht am Teutoburger Wald verlor), rechts von dem Kaiser Tiberius dann die vier Flamines. Augustus hat als Opfernder das Haupt ebenso bedeckt wie sein Ahnherr Aeneas. Wir erkennen auch die im ›index rerum gestarum‹ genannten Konsuln des Jahres, Livia, Agrippa und eine schöne junge Frau mit einem Kind an der Hand, die sich liebevoll ihrem Gatten zuwendet. Es ist Antonia minor, die Gattin des Drusus; der Knabe könnte Germanicus, könnte Claudius sein. Als ›Hera Ludovisi‹ sind wir dieser Frau schon im Thermenmuseum begegnet. Die Teile des Reliefs, die wir hier nicht im Original, sondern aus Zement nachgebildet sehn, befinden sich heute im Louvre, im Vatikan und in der römischen Villa Medici. Die Tellus war viele Jahre hindurch in den Uffizien.

X

Zum Spanischen Platz und
zur Villa Borghese

Ein Papst und ein Kriegsheld aus der Familie Colonna
Klassizistische Revolution:
Canovas Papstgrab in Santi Apostoli
Barocke Opernszenerie: Fotana di Trevi
Spanischer Platz und Spanische Treppe:
Spielraum der Phantasie
Begegnung mit Dichtern und Künstlern
um die Piazza di Spagna
Villa Borghese, Roms volkstümlichster Park
Galleria Borghese: Kunst als Schmuck des Lebens
Paolina, ›siegreiche Venus‹ der Napoleoniden
Der junge Bernini als Bildhauer:
»Lust am Fabulieren«
Tizians ›Himmlische und irdische Liebe‹:
Rätsel um ein Sinnbild
Villa Giulia: die Etrusker im Lusthaus des Papstes

Dieser Spaziergang umfaßt vor allem den Raum, der einerseits
vom Corso, andererseits vom quirinalischen Hügel und vom
Pincio begrenzt wird, führt uns dann auf den Pincio selbst und
endet mit zwei der bedeutendsten römischen Museen: der Borghesegalerie und dem etruskischen Museum in der Villa Giulia.

Von der Piazza Venezia aus gehn wir durch die Via Battisti zu
der großen langen Piazza Santi Apostoli mit dem riesigen FAMI-
LIENPALAST DER COLONNA, der auch die Apostelkirche einschließt
und im Osten über die Via della Pilotta hin durch vier Brücken
mit den Colonnagärten verbunden ist, die den Abhang des Quirinals fast bis zum Quirinalspalast hinansteigen. Diese sehr alte
römische Familie hat in der römischen Geschichte des Mittelalters eine große Rolle gespielt, doch bestieg nur einmal ein Colonna den Stuhl Petri: Martin v., 1417-1431, ein großer Förde-
rer der Künste, unter dem Masaccio, Ghiberti, Pisanello nach

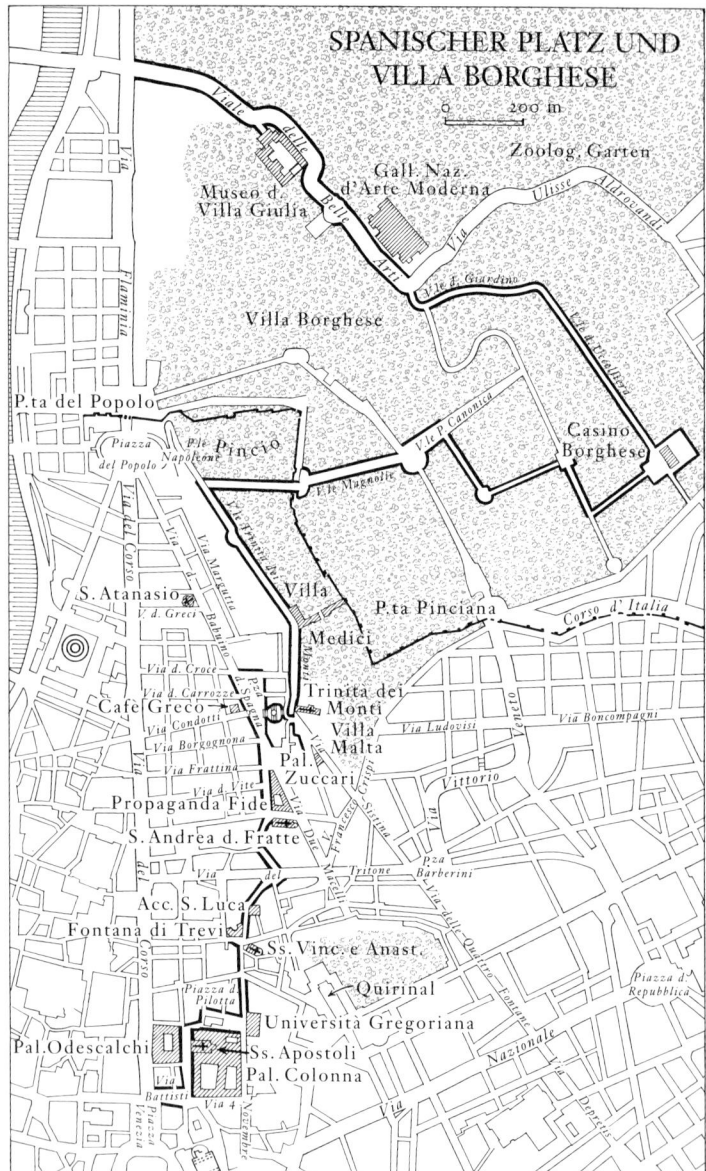

SPANISCHER PLATZ UND
VILLA BORGHESE

0   200 m

Zoolog. Garten

Gall. Naz.
d'Arte Moderna

Museo d.
Villa Giulia

Via delle Belle Arti

Ulisse Aldrovandi

V.le d. Giardino

Villa Borghese

Via Pietro Raselli

Via del Fiorello

P.ta del Popolo

V.le P. Canonica

Casino
Borghese

Piazza
del Popolo

P.le
Napoleone

Pincio

V.le Magnolie

Corso d'Italia

S. Atanasio

Via del Corso

V. d. Greci

Via Margutta

Via Babuino

Via di Ripetta

Viale della Trinità dei Monti

Villa
Medici

P.ta Pinciana

Via d. Croce

Cafe Greco

Via Condotti

Via Borgognona

Via Frattina

Via d. Vite

Propaganda Fide

S. Andrea d. Fratte

Via del

Trinita dei
Monti

Villa
Malta

Pal.
Zuccari

Piazza di Spagna

Via Sistina

Via Francesco Crispi

Via dei Due Macelli

Via Ludovisi

Via Boncompagni

Via Veneto

Vittorio

Via del Tritone

Pza
Barberini

Via delle Quattro Fontane

Piazza d'
Repubblica

Acc. S. Luca

Fontana di Trevi

Ss. Vinc. e Anast.

Quirinal

Via Nazionale

Via del Corso

Piazza di
Pilotta

Università Gregoriana

Pal. Odescalchi

Ss. Apostoli
Pal. Colonna

Via
Battisti

Piazza
Venezia

Via 4
Novembre

Via Depretis

Rom berufen wurden. Er war ein Papst, der den Frieden liebte: eine Inschrift auf seinem Grab in San Giovanni in Laterano nennt ihn ›temporum suorum felicitas‹. Martin begann mit dem Bau des Palastes, in dem er auch residierte. Was wir heute vor uns sehn, beeindruckt mehr durch die Größe als durch edle Bauformen.

Der Colonnapalast enthält eine Reihe von Festsälen, vor allem die GALLERIA COLONNA, die zu den prächtigsten in Rom gehört. Ein Urenkel Marcantons, des Helden von Lepanto, der Kardinal Girolamo Colonna, hatte sie 1654 dem Antonio del Grande in Auftrag gegeben. Das Deckengewölbe der großen Galerie wurde dann von einem Tiroler namens Schor mit einem Rahmenwerk dekoriert, in das zwei Maler aus Lucca, Coli und Gherardi, in den Einzelheiten mittelmäßige, in der Gesamtwirkung höchst effektvolle Fresken hineinmalten. Darin werden die Taten Marcantons gefeiert. Zusammen mit zwei anderen Sälen, der Sala della Colonna Bellica und der Sala degli Scrigni, bildet die Galerie eine beeindruckende Raumflucht von über 75 Metern Länge, die in einem gewissen Sinn an den Spiegelsaal von Versailles erinnert.

Unter den Bildern, die diese Räume schmücken, nenne ich einen sehr schönen *Tintoretto*: Narziß an der Quelle; das Bildnis eines Edelmannes von *Veronese*; eine ganze Reihe von herrlichen Landschaften *Poussins*. In der Sala della Colonna Bellica steht eine Porphyrsäule: das Wappenbild der Familie ›Säule‹. Im Thronsaal sehn wir einen der Wand zugekehrten Stuhl, der, wie auch in andern römischen Adelspalästen, dafür bestimmt ist, dem Papst als Sitz zu dienen, wenn er die Familie besucht, sonst aber nicht benützt werden darf. In diesem Raum hängt eine Seekarte, deren sich Marcanton bei Lepanto bedient hat. In der anschließenden Sala di Maria Mancini (diese Maria war eine Nichte Mazarins und die Gattin eines Colonna) ein sehr schönes Bildnis des Guidobaldo da Montefeltro, das dem *Melozzo da Forlì* zugeschrieben wird, und eine prachtvolle Rubensskizze. Jakob und Esau, außerdem ein lustiges Bildnis der Maria Mancini.

Neben dem Colonnapalast liegt die schon um 560 gegründete Kirche SANTI APOSTOLI. Papst Pelagius I. stiftete sie zum Dank für die Vernichtung der Ostgoten des Totila. Sie ist in der Renaissance mehrfach erweitert und restauriert worden, erhielt damals ihre Vorhalle. Clemens XI. Albani ließ sie nach 1703 von Carlo Fontana und dessen Sohn Francesco völlig umbauen, wobei die neun Arkaden des Obergeschosses der Vorhalle in Fenster verwandelt wurden. Dem oberen Teil der Fassade sieht man es an, daß der Klassizist Valadier ihn restauriert hat. Der dreischiffige Innenraum ist prächtig ausgestattet, kann aber nicht begeistern; auch enthält er keine bedeutenden Kunstwerke, wohl aber manches geschichtlich bemerkenswerte Denkmal. Die Fresken des Melozzo da Forlì, die die alte Kirche schmückten, ließ Clemens teils in den Vatikan, teils in den Quirinal bringen. Heute sind sie nach Restaurierung in der vatikanischen Pinakothek versammelt.

In der Vorhalle finden wir eine sehr schöne römische Reliefplatte, die vom Trajansforum hierher kam: ein Adler in einem Eichenkranz. Das Deckengemälde, den Triumph des Franziskanerordens darstellend, ist ein wirkungsvolles Alterswerk des Baciccia, den wir freilich im Gesù als einen weit temperamentvolleren Maler erlebt haben. Den Sturz der abgefallenen Engel hat sein Schüler Odazzi im Gesù mehr oder weniger kopiert. Neben dem Hochaltar links das Grab des jung verstorbenen Pietro Riario, des Lieblingsnepoten Sixtus' IV., mit einer Madonna und Heiligen von Mino da Fiesole, rechts über dem Grab des Grafen d'Ansedun das des Raffaele Riario, der in Florenz an der Pazzi-Verschwörung teilgenommen hatte. Dann im linken Seitenschiff das *Grabmal Clemens' XIV.*, 1769-1774. Es ist dies das erste in Rom entstandene Werk Canovas, das im Jahr 1788, in dem Goethe Rom verließ, enthüllt wurde und die gesamte Öffentlichkeit begeisterte.

Santi Apostoli gegenüber liegt der mächtige PALAZZO CHIGI-ODESCALCHI, ein prachtvoller Bau aus Berninis letzten Lebensjahren, der im 18. Jahrhundert stark erweitert wurde. Vom nördlichen Ende der Piazza Santi Apostoli gehn wir rechts durch die Via Vaccaro auf die Piazza della Pilotta mit dem modernen Bau der *Università Gregoriana*, der päpstlichen Universität, und wenden uns vor ihr links in die Via dei Lucchesi, deren Fortsetzung, die Via San Vincenzo, uns zu dem wohl berühmtesten unter den römischen Brunnen führt: der FONTANA TREVI.

Sechs Gassen laufen auf dem Platz zusammen, auf dem ihre mächtigen Wasser rauschen, aber keine von ihnen gibt uns den Blick auf sie frei, ehe wir nicht unmittelbar vor ihr stehn. Eher schlichte Häuser bilden drei Seiten des Brunnenplatzes, während die vierte von einer hohen, mit kolossalischen Pilastern und

Fontana di Trevi

Säulen emporstrebenden, von einem schwungvollen Papstwappen übergipfelten Palastwand eingenommen wird, aus der Statuen heraustreten, vor der sich Felsen schichten, aus der mächtige Wassergüsse herausstürzen, um sich in einem großen Becken zu sammeln, das fast den ganzen Platz ausfüllt. Dieser Bau ist im Grunde eine prachtvolle Theaterdekoration. In deren Mittelpunkt steht eine Art von römischem Triumphbogen; denn das ist das Mittelrisalit mit den vier korinthischen Kolossalsäulen und der schweren rechteckigen Attika, die uns so deutlich an die am Konstantinsbogen erinnert. Auch vor ihr stehn vier Statuen: die Tugenden; auch sie trägt eine Inschrift, die Clemens XII. aus dem florentinischen Haus der Corsini feiert. Statt der Tore hat dieser Triumphbogen drei Nischen. Durch die mittlere, hochgewölbte zieht die Hauptgestalt des ungeheuren Spektakels ein, das sich vor der antikischen Dekoration abspielen wird: der Meeresbeherrscher Neptun; statt des triumphierenden Feldherrn auf der Quadriga kommt der Herr aller Wasser auf seinem von Tritonen und Seepferdchen gezogenen Muschelwagen. Eine barocke Opernszene, die die rauschenden Wasser wie ein Orchester begleiten. Ein Naturschauspiel, das der Gott und seine Gesellen den Menschen geben, indem sie über die mächtigen, aus der Kulisse heraustretenden, sich wie eine Kataraktwand aufbauenden Travertinfelsen teils in breiten Fluten durch zwei rundliche Becken, teils in größeren und kleineren Güssen eine Fülle von funkelndem, erfrischendem Naß in die Arena des kleinen antikischen Theaterbaus niederströmen lassen, der uns mit seinen Stufen einlädt, mitten in der steinernen Stadt das Schauspiel zu genießen, das uns die Natur und einer ihrer mächtigsten Götter gibt, freilich auf einer von Menschen gebauten Bühne und nicht einfach, weil wir – das wäre romantisch – die Natur als solche genießen sollen, sondern um zu erfahren, was uns, wenn der Himmel gnädig ist und weise, wohltätige Fürsten regieren, die Natur durch die Fülle der Wasser schenken kann: ›Abundantia‹ und ›Salubritas‹, die den Wassergott auf seinem Triumphzug begleiten.

Hinter dem Pantheon liegen die bescheidenen Ruinen der ältesten Thermen Roms, die L. Agrippa im Jahr 19 vor Christi Geburt bauen ließ. Um sie mit Wasser zu versorgen, legte er einen etwa 20 Kilometer langen Kanal an, der von einer ungemein kräftigen Quelle gespeist wurde: der Acqua Virgo, dem Jungfrauenwasser, weil ein Mädchen es dürstenden römischen Soldaten wies (was wir zur Rechten Neptuns auf dem Relief über der Salubritas sehn, während das über der Abundantia Agrippa zeigt, der den Entwurf zu seinem Aquädukt billigt). Im Mittelalter wurde die Wasserleitung unbrauchbar, Nikolaus v. und Sixtus IV. ließen sie ausbessern und das Becken anlegen, vielleicht von Alberti. Urban VIII., so erzählt man, habe den Wein hoch besteuert, um die Fontana Trevi prächtig auszubauen und um, wie Pasquino sagte, die Römer statt mit Wein mit Wasser zu tränken. Beweisen läßt es sich nicht, daß Bernini die ganze herrliche Anlage erdacht hat, aber ich lasse mir nicht ausreden, daß sie die Erfindung eines Genies ist, die wir dem Nicolò Salvi, der uns als Architekt genannt wird, nicht allein zutrauen können. Wenn Berninis großer Gönner Urban VIII. für den Brunnen viel Geld ausgegeben hat – oder vielleicht nur ausgeben wollte –, hat er den Neapolitaner zu Rat gezogen, den vielbewährten Brunnenmeister. Der hat vielleicht nur einen Baugedanken auf ein Blatt gezeichnet, den dann Salvi ein halbes Jahrhundert nach Berninis Tod verwirklichte. Auch gibt es urkundliches Material, das einen Entwurf Berninis wahrscheinlich macht. Der 1762 aufgestellte Neptun des Pietro Bracci ist ein wirkungsvolles Werk, das sich freilich mit berninischer Brunnenplastik nicht messen kann. Trotzdem ist dieser Palastbrunnen, dieser Brunnenpalast, eines der großen Geschenke, mit denen uns Rom beglückt, das auf die Menschen aller Stände, gerade auch auf einfache Gemüter, einen besonders lebhaften Eindruck macht, was wohl erklärt, warum jeder Fremdling, der Rom verläßt, es aber einmal im Leben wiedersehn möchte, eine Kupfermünze in den Brunnen werfen muß und zwar – was viele nicht wissen – rückwärts und über die linke Schulter. Daß die Lausbuben des Viertels daraus ihren Nutzen ziehn, steht fest, aber man sollte nicht sagen, sie hätten sich deswegen diesen ›Aberglauben‹ ausgedacht. Da steckt gewiß ein alter Brauch dahinter, ein Opfer an die Gottheiten im Wasser, von dem wir nichts mehr wissen.

Dem Brunnen schräg gegenüber liegt die Kirche SANTI VINCENZO ED ANASTASIO, 1630, also ein Jahrhundert vor ihm, erbaut. Bauherr war der Kardinal Mazarin, dessen Wappen mit dem Liktorenbündel wir unter dem Giebel sehn. Der Baumeister der Fassade war jener Martino Longhi der Jüngere, der auch die schöne Schauseite von Sant'Antonio dei Portoghesi und die von San Carlo al Corso baute. Was wir hier vor uns sehn, ist ein besonders feines, ungemein musikalisches Werk – diese Säulenfassaden erinnern so oft an Orgelwerke –, das neben dem hinreißenden Brunnenbau manchmal unbeachtet bleibt.

Wir gehn nun rechts vom Brunnen in die Via della Stamperia. In ihr befindet sich die *Calcografia di Stato*, in der rund zwanzig-

tausend Kupfertafeln der berühmtesten Graphiker aufbewahrt
werden, darunter fast das gesamte Werk des großen Venezianers
Piranesi. In der gleichen Straße befindet sich die GALLERIA DELL'
ACCADEMIA DI SAN LUCA, der ältesten, schon im 14. Jahrhundert
gegründeten Malerakademie Europas.

Die Galerie enthält einige bedeutende Bilder, darunter ein Putto von
Raffael, die Judith von *Piazzetta,* ein vortreffliches Porträt Clemens' IX.
Rospigliosi von *Baciccia.* Nicht uninteressant sind auch die Räume mit
Gemälden aus neuerer Zeit, darunter eine ›Hoffnung‹ von *Angelika
Kauffmann,* ein Selbstbildnis der *Vigée-Lebrun.* Ich möchte noch auf drei
Arbeiten von *Canova* hinweisen: Selbstbildnis, Napoleon, Clemens XIII.
Rezzonico. Im Treppenhaus hängt ein inhaltlich interessantes Bild:
›Monte Circello‹ (das heißt: Circeo) von Aristide Sartorio, das uns das
Pontinische Ufer vor der Urbarmachung der Sümpfe zeigt.

Wir überqueren dann die verkehrsreiche Via del Tritone, die
den Corso mit der Piazza Barberini verbindet, gehn durch die
Via del Nazareno zu der Kirche SANT'ANDREA DELLE FRATTE. Sie
hat eine seltsame Turmbekrönung – ein bizarrer Einfall von
Borromini –, die uns erfreut, aber wohl nicht begeistern kann.
Im Innern stehn neben dem Hochaltar zwei überlebensgroße
Engel, die Bernini für die Engelsbrücke geschaffen hatte, die der
Papst aber so schön fand, daß er sie den Unbilden der Witterung
nicht aussetzen wollte und hierher bringen ließ. In der vierten
Kapelle links das Grab der Malerin Angelika Kauffmann, einer
Schweizerin, die seit 1782 in Rom lebte und eher schwache
Mythologeme, aber recht gute Porträts malte. Goethe hat in
ihrem Haus verkehrt und hier zum erstenmal einem weiteren
Kreis seine Iphigenie vorgelesen. Kauffmann starb 1807. Ihrem
Grab gegenüber das des Malers Friedrich Müller, 1749-1825,
der auch zu Goethes römischem Kreis gehört hat.
    Wenn wir die Kirche verlassen, finden wir rechter Hand die
Via di Propaganda Fide, die uns zum SPANISCHEN PLATZ führt.
Hier war einst das römische Fremdenviertel, vor allem das der
Künstler, und bis zu einem gewissen Grade ist es das noch.

Das ganze Viertel ist trotz mancher Verunstaltungen noch sehr anziehend, nicht nur weil der Spanische Platz durch seine eigenartige Form –
zwei mit den Spitzen aneinander stoßende Dreiecke – einen großen Reiz
hat, weil uns die große Freitreppe, die nach Trinità dei Monti hinaufführt, bezaubert, sondern auch weil die Straßen, die von hier ausgehn,

noch alle (die Via Due Macelli ausgenommen) mehr oder weniger den
barocken Charakter bewahren. Das gilt von der Via di Propaganda Fide
und der rechts von ihr abzweigenden Via delle Vite. Das gilt von den
fünf Straßen, die den Spanischen Platz mit dem Corso verbinden: Via
Frattina, Via Borgognona, Via Condotti, Via delle Carrozze, Via della
Croce, obwohl sie zum elegantesten Geschäftsviertel Roms wurden. In
der Via Condotti mit dem berühmten Durchblick auf die Spanische
Treppe ist ein hübsches altes Kaffeehaus erhalten, das *Caffè Greco*, in dem
schon zu Goethes Zeiten viele fremde Künstler verkehrt haben. Schön
ist auch die Via del Babuino, die zur Piazza del Popolo führt, und jede
der Straßen, die sie mit dem Corso verbinden, hat ihren Reiz, zumal als
Fußgängerzone. Ecke Via del Babuino und Via dei Greci liegt die Kirche
der unierten Griechen, SANT'ATANASIO, ein Bau des Giacomo della Porta.
Parallel zur Via del Babuino verläuft am Fuß des Pincio entlang die *Via
Margutta*, die Straße der Malerateliers. In dieser Gegend liegen die meisten römischen Kunsthandlungen. An der Treppe von Trinità dei Monti
war noch in meiner Jugend der Markt der Malermodelle. Hier hat Keats
gewohnt, ist dort 1821 gestorben; das kleine rote Haus zur Rechten
enthält ein ihm und seinem Freund Shelley gewidmetes Museum. Von
der Piazza Trinità dei Monti gehn ebenfalls zwei sehr schöne Straßen
aus, die im Leben der Fremden eine Rolle gespielt haben: die schon
erwähnte Via Sistina und die Via Gregoriana. In der Sistina haben Angelika Kauffmann, Thorwaldsen und Piranesi gewohnt. Von ihr führt die
Via Francesco Crispi zur *Villa Malta*, die von 1827 bis 1868 dem Bayern-
könig Ludwig I., später dem wilhelminischen Kanzler Fürst Bülow gehörte. Dort wo sich die Via Sistina und die Via Gregoriana trennen, liegt
das reizende Gebäude, das sich der Maler Federico Zuccari nach 1580
baute, in dem später viele Künstler gewohnt haben, bis es 1900 eine
deutsche Jüdin, Henriette Hertz, erwarb und dann 1913 als *Biblioteca
Hertziana* dem deutschen Staat schenkte. Dadurch ist unter den deutschen Instituten das kunsthistorische besonders schön untergebracht.

Wir haben nun das Viertel um den Spanischen Platz ein wenig
nach seinen Bewohnern von einst und heute befragt, ohne im
einzelnen zu betrachten, was es uns an Bauten zu bieten hat. Das
wollen wir jetzt nachholen, mit dem PALAZZO DI PROPAGANDA
FIDE beginnend. Dieses Institut zur Ausbreitung des katholischen Glaubens, die Zentrale der kirchlichen Mission in aller
Welt, wurde 1621 von Gregor XV. gegründet. Die prachtvolle,
reich bewegte Fassade an der Via di Propaganda schuf Borromini in reifen Jahren (nach 1646), die schmale Fassade am Spanischen Platz hat der dreißigjährige Bernini gebaut. Vor ihr steht
eine antike Säule aus Cipollin mit einer Muttergottesstatue, die

1856 aufgestellt wurde, um uns an die Verkündung des Dogmas von der Unbefleckten Empfängnis zu erinnern. Links der PALAZ-ZO DI SPAGNA, der Palast der spanischen Botschaft beim Vatikan, der dem Platz den Namen gibt. Vor der Treppe von Trinità dei Monti (die man meist die Spanische Treppe nennt) die sogenannte *Barcaccia*, ein hübscher Brunnen, der ein versinkendes Schiff darstellt und als ein Werk von Berninis Vater Pietro gilt. Der alte Künstler stand damals am Ende seines Lebens; sein Sohn, der zur gleichen Zeit am Palazzo di Propaganda Fide arbeitete, war schon Lieblingsarchitekt des Barberini-Papstes.

Die SPANISCHE TREPPE wird schon darum richtiger Treppe von *Trinità dei Monti* genannt, weil sie dieser Kirche ihr Dasein verdankt und damit den Franzosen, nicht den Spaniern. Mit dem Bau dieser Kirche wurde um 1490 auf Befehl König Karls VIII. von Frankreich begonnen, und zwar zunächst im gotischen Stil, doch konnte sie erst gegen Ende des 16. Jahrhunderts vollendet werden: durch die beiden weithin das römische Stadtbild beherrschenden Türme und durch Domenico Fontanas schöne doppelläufige Freitreppe. Damals lag sie in Gärten, Fußpfade führten aus der Stadt herauf. Da sie und das anschließende Kloster französisches Eigentum waren – und noch heute sind –, vermachte 1661 ein französischer Botschaftssekretär testamentarisch eine große Geldsumme für den Bau einer Treppe, die an die Stelle der Fußpfade treten sollte. Doch wurde der Bau erst 1724/25 unter Benedikt XIII. Orsini ausgeführt, und zwar von Francesco de Sanctis. Burckhardt nennt noch Alessandro Specchi als Mitarbeiter, der 1703 die herrliche Treppenanlage am Ripetta-Hafen gebaut hatte. (Wir kennen sie nur aus Stichen, denn das 19. Jahrhundert hat sie zerstört.) Doch hat Specchi nur Entwürfe angefertigt, die nicht ausgeführt worden sind.

Prachttreppen gehören zu den größten Leistungen des Spätbarock und des Rokoko; die Treppenbauten dieser Zeit (man denke dabei auch an Schlösser in Österreich und in Deutschland) sind überhaupt die schönsten aller Zeiten. Sie sind es vor allem auch dadurch, daß man bei ihnen Rampen und Absätze so gut wie nie im rechten Winkel aneinander gesetzt hat, wie wir das in Rom noch bei den beiden Kapitolstreppen sehn, daß man der Phantasie freien Spielraum ließ und die unvermeidlichen Horizontalen der Stufen wenn möglich in ausschwingende Rahmen spannte, die den Reihungen von Geraden ihre kurvierten

Linien entgegensetzten. Gerade das hat auch de Sanctis meisterhaft getan. Zunächst bündelte er die Stufengeraden zu elf Gruppen von je zwölf Stufen, denen ganz unten eine weit in den
Spanischen Platz vorgerundete Vier-Stufen-Gruppe vorgelagert
ist. Hier verbreitert sich die vierte Stufe zu einem Podest, eine
Funktion, die im weiteren Verlauf jeweils die zwölfte Stufe über-
nimmt. Die ersten drei Zwölfer-Gruppen sind dreigeteilt durch
Postamente und Steinbänke. Zunächst verengt sich die Treppe
von Podest zu Podest, bis sie sich nach dem dritten ganz frei und
ohne die Dreiteilung zu einer ersten Terrasse ausbreitet. Hier
steht eine erste konkave Sperrmauer, hemmt – wie ein Felsblock
in einem Fluß – den Stufenstrom, der an ihren Seiten in zwei
Zwölfer-Gruppen hinabfließt. So kommen wir auf die zweite,
die breiteste der Treppenterrassen. Dann verengt sich die Treppe wieder, führt uns über zweimal zwölf nun ungeteilte Stufen
auf eine dritte Terrasse und vor eine zweite, diesmal konvexe
Sperrmauer, die den Stufenstrom abermals teilt, und zwar in
zwei nach links und rechts ausholende engere, aus je dreimal
zwölf Stufen gebildete Treppen, die sich in einem gewissen Sinn
jenseits des Platzes mit dem Obelisken in der älteren Freitreppe
der Kirche fortsetzen. Der Obelisk, den wir uns heute nicht
mehr fortdenken können, wurde erst 1787 hier aufgestellt, als
Goethe in Rom war.

Bevor wir weiterwandern, wollen wir noch einen Blick auf den
schon erwähnten PALAZZO ZUCCARI tun, einen sehr anmutigen
Bau mit einer hübschen Settecentologgia und einem bizarren
Tor, das sich im Maul einer mächtigen Maske öffnet. In der
Kirche TRINITÀ DEI MONTI ein bedeutendes Werk des Daniele da
Volterra, eine Kreuzabnahme.

Und nun wird unser Spaziergang fast zur Wanderung. Wir gehn
zunächst auf dem Viale Trinità dei Monti, immer mit einem
freien Blick über Rom und in die hübschen Gärten der Via
Margutta, bis zur VILLA MEDICI. Der Bau, der 1544 von dem
Römer Annibale Lippi errichtet wurde, hatte trotz seiner Größe
doch den Charakter eines vornehmen Landhauses. Die Straßenfront ist höchst schlicht gestaltet, die Gartenfront dagegen überaus üppig mit Säulen, Statuen, Büsten, Reliefs geschmückt: fast
ein Museum. Die Villa liegt in einem herrlichen Garten und ist
seit 1803 Sitz der französischen Kunstakademie, die 1666 von

G. B. Piranesi: *Piazza di Spagna mit Spanischer Treppe
und Barcaccia-Brunnen*

Ludwig XIV. gegründet worden war, ursprünglich mit dem Zweck, für die Schlösser des Königs Kopien von Statuen und Gemälden zu liefern.

Der Villa gegenüber steht unter Steineichen ein Brunnen mit einer großen Granitschale, der zusammen mit dem Romblick von hier aus immer wieder gemalt worden ist, unter anderem von Corot. Wir kommen nun zum PINCIO, den Valadier, den wir von der Piazza del Popolo her kennen, als öffentlichen Garten anlegte, aber nicht im Stil seiner Zeit, dem englischen, sondern in dem des italienischen Settecento. Den Mittelpunkt des Pincio bildet der *Piazzale Napoleone* mit der berühmten Aussichtsterrasse hoch über der Piazza del Popolo. Dieser Aussicht den Rücken wendend, gehn wir durch den Viale dell'Obelisco mit dem von Hadrian zu Ehren des Antinoos errichteten Obelisken und über eine große Brücke, von der aus wir in beiden Richtungen große Stücke der Aurelianischen Mauer überblicken, in die VILLA BORGHESE: Roms volkstümlichsten Park. Sie ist die Schöpfung jenes Kardinals Scipione Borghese, der unter allen Nepoten vielleicht der größte Mäzen war. Wir werden in der Galleria Borghese sein von Bernini geschaffenes Porträt sehn: das Gesicht eines dicken Mannes mit einem sinnlichen Mund, dem es aber nicht an starkem Willen, starkem Selbstbewußtsein fehlt, auch nicht an Charme und Humor, an Jovialität. Als sein Onkel Paul V. 1605 den Stuhl Petri bestieg, wurde er mit 27 Jahren Kardinal. Der Papst stellte ihm riesige Mittel zur Verfügung. Schon 1608 begann Scipione mit dem Ankauf des Terrains für seine Villa. Die großen Straßenzüge, die wir heute sehn, wie überhaupt alles, was an dieser Anlage regelmäßig und abgezirkelt ist, gehn auf ihn zurück, doch ließ er auch einzelne waldige und buschige Partien bestehn, nicht weil er ein Vorläufer der englischen Gartenkünstler war, sondern weil er die Jagd liebte. Im englischen Geschmack wurde der Park erst gegen Ende des 18. Jahrhunderts von einem Maler namens Unterberger, einem Südtiroler, umgemodelt. Unter dem Fürsten Camillo Borghese, dem Schwager des ersten Napoleon, war der Archäologe Canina tätig, der unter anderem das ägyptische Tor baute. Im Jahr 1902 hat dann der italienische Staat die ganze Villa mit dem Casino und allen seinen Kunstschätzen erworben. Damals versuchte man, sie in ›Villa Umberto‹ umzutaufen, aber der Name des Königs hat sich nie gegen den der Borghese durchgesetzt.

Das CASINO BORGHESE, das heute die BORGHESEGALERIE enthält, ließ schon Scipione für seine Sammlungen bauen, und zwar von einem gewissen Flaminio Ponzio, der sich die Gartenfassade der Villa Medici zum Vorbild nahm und das Casino – wir wissen das aus zeitgenössischen Bildern – über und über mit Statuen, Büsten und Reliefs ausstaffierte, die der Klassizist Canina später zum größten Teil entfernen ließ. Zum Glück wurde an der üppigen Innenausstattung nichts verändert, die dem ersten gefürsteten Borghese, einem Brudersohn Pauls v. namens Marcantonio, verdankt wird und uns wiederum zeigt, welche von unsern völlig verschiedene Vorstellungen man im Barock von einem Museum hatte. Hier sollte die Kunst, die alte wie die neue, vor allem dem Leben dienen, das Leben schmücken, Feste feiern helfen. Als Wohnung hat das Casino nie gedient, wohl aber prachtvolle Feste gesehn, vor allem auch in den Jahren, da hier Paolina Borghese, Napoleons Schwester, die Hausherrin war. Scipione hat als erster unter den Kardinälen nicht nur Antiken gesammelt, was viele taten, sondern auch moderne Kunst. Er bewunderte Caravaggio, aber auch den holländischen Spezialisten für Nachtszenen, Honthorst, er hat bei Domenichino dessen bezaubernde ›Jagd der Diana‹ bestellt und vor allem den jungen Bernini großzügig gefördert. Ein großer Sammler war auch Marcantonio. Napoleon i. zwang seinen Schwager Camillo, ihm wertvolle Antiken abzutreten, die im Louvre blieben.

Das Museum der Villa Borghese enthält die Skulpturen, doch keine sehr bedeutenden Antiken, und die Gemäldesammlung, mit der sich in Rom nur die vatikanische Pinakothek messen kann.

In dem prächtigen Eingangssaal sind vor allem die Fragmente eines großen spätrömischen Mosaiks mit Gladiatorenkämpfen und Tierhetzen bemerkenswert, außerdem ein schöner kolossalischer Hadrianskopf. Wir wenden uns dann rechts in den Saal, wo wir die ehemalige Hausherrin *Paolina als ›siegreiche Venus‹* vielleicht weder als Frau noch als Statue so schön finden werden wie die Zeitgenossen ihres Schöpfers *Antonio Canova*. Hier haben wir eines der besten Werke des römischen Klassizismus vor uns, und gerade an ihm, meine ich, können wir sehn, daß diese Kunstrichtung, die nördlich der Alpen doch manches Schöne hervorgebracht hat, in Rom nicht so recht gedeihen konnte, wahrscheinlich weil hier das Klassische zu stark war.

Nun wollen wir uns vor allem den *Jugendwerken Berninis* widmen. Als das früheste darf der *David mit der Schleuder* gelten, der
1619 entstand, als Bernini 21 Jahre alt war. Eine erstaunliche
Leistung, für die ich mich freilich nie erwärmen konnte, da mich
der verbissene, fast pathologische Ausdruck des Gesichts stört.
Die Überlieferung will, daß der junge Bernini in diesem David
sich selbst dargestellt hat. Aber man kann verstehn, daß Scipione
Borghese große Hoffnung auf den Schöpfer eines Werkes setzte,
das dem pathetischen und in einem gewissen Sinne ja auch veri-
stischen Zeitgeschmack so vollkommen entsprach, und ein anderes Werk bei ihm bestellte, eines seiner berühmtesten, *Apoll
und Daphne.* Es wurde 1622 vollendet: ein griechisches Märchen
von einem jungen Mann aus der Magna Graecia, einem Neapolitaner, in hellenistischem Geist erzählt, dazu eine unerhörte
handwerkliche Leistung, ein höchst erstaunliches Kunststück.
Das Werk hat auf die Zeitgenossen einen tiefen Eindruck, Bernini berühmt gemacht. Doch mochten gewisse Kreise die
strahlende Nacktheit der Nymphe bedenklich finden. Darum
deutete Papst Urban VIII., der gern dichtete, die Sage in einem
moralischen Sinn um und schrieb ein lateinisches Epigramm,
das wir noch heute am Sockel der Gruppe lesen. Es lautet auf
deutsch:

> Wer die flüchtigen Formen der Freude liebend verfolget,
> pflückt nur leeres Gezweig, bittere Beeren sich ab.

Als aber der Meister sein Werk vierzig Jahre nach dessen Entstehung betrachtete, rief er aus: »Ach wie wenig habe ich doch in
der Kunst gelernt, wenn ich schon als Jüngling so mit dem
Marmor umzugehen wußte!« Daß der Apoll dem im vatikanischen Belvedere verwandt ist, kann man kaum verkennen; bei
der Daphne mag man an hellenistische Mänaden denken.

Nach der Verfolgung eines Mädchens hat Bernini, kaum daß
er die Daphnegruppe vollendet hatte, eine Entführung dargestellt: *Pluto raubt Proserpina.* Während der junge Bildhauer in
seinem David einem Verismus und Psychologismus huldigt, zu
den ihm Kopien nach pergamenischen Vorbildern angeregt haben mögen, während er in der Daphnegruppe in unmittelbarer
Anlehnung an große griechische Vorbilder zum Hellenisten,
zum Alexandriner wird, ist er hier schon ganz der Barockbild-
hauer: der jüngere Zeitgenosse des größten Barockmalers, des

Rubens. Die Gruppe *Aeneas und Anchises*, früher dem sechzehnjährigen Bernini zugeschrieben, ist aber wohl vor allem eine Arbeit seines Vaters Pietro, der ein Florentiner war und dem Michelangelos Christus in Santa Maria sopra Minerva als Vorbild für den vergilischen Helden diente. Bei seinem tüchtigen, seit Jahren für die Borghese beschäftigten Vater wird ein Gian Lorenzo vor allem das Handwerkliche gelernt haben, in dem die Florentiner so stark waren (und das auch diese Gruppe zeigt), aber »die Lust am Fabulieren« kam ihm wie Goethe von seiner Mutter, der Angelica Galante, der Neapolitanerin.

Bernini hat aber nicht nur griechische Märchen nacherzählt, er scheint sich auch, wie viele seiner Zeitgenossen, eigene Märchen erdacht zu haben, die freilich mehr gedanklich-allegorischer Art waren. So entwarf er (den Bozzetto besitzt der Louvre), als er durch Verleumder bei Innozenz x. in Ungnade gefallen war, eine Gruppe, die den Gott der Zeit darstellte, der die Wahrheit enthüllt. Und als die Zeit dem Pamphili-Papst die Wahrheit enthüllt hatte, daß der Cavaliere Bernini ein unersetzliches Genie war, da führte dieser wenigstens einen Teil dieser Gruppe aus: die *Veritas*, eine Schwester der Flußgötter an der Piazza Navona, der erste weibliche Akt, den Bernini nach der Daphne und Proserpina, also rund zwanzig Jahre nach diesen, geschaffen hat: eines seiner barocksten Werke, zugleich nach Form und Inhalt eines seiner persönlichsten, das er darum nicht verkauft, sondern seiner Familie hinterlassen hat.

Zwei *Selbstbildnisse* und ein Knabenbildnis von Bernini zeigen uns, daß aus diesem Mann auch ein großer Maler hätte werden können. Außerdem finden wir hier zwei Bildnisse des *Scipione Borghese*, eines von *Paul v.* und den hinreißenden *Bozzetto für eine Reiterstatue Ludwigs xiv*. Der Plan zu dem Denkmal entstand, als Bernini 1665 nach Paris kam, wo er einen herrlichen Entwurf für den Ausbau des Louvre vorlegte, dem man aber dann den kalten, klassizistischen, ja langweiligen Säulenbau des Perrault vorzog; wie denn überhaupt (entgegen weit verbreiteter Meinung) der Geschmack des Roi Soleil nicht der feinste war und sein ›neues Rom‹ in keiner Weise mit Rom wetteifern konnte. Auch Berninis Denkmalentwurf, den wir hier vor uns sehn, mißfiel. François Girardon veränderte den Kopf (wie prachtvoll hat Bernini das fade und fette Gesicht des Königs monumentalisiert), fügte einige Flammen hinzu, machte so aus dem Ganzen einen Marcus Curtius und stellte die Statue an einem entlegenen Ort des Parks von Versailles auf. Die kleine Gruppe, die die Erziehung des Zeus durch die Ziege Amalthea darstellt, soll Bernini als Knabe geschaffen haben.

Von den Gemälden *Caravaggios* aus Scipiones Besitz sind hervorzuheben: David mit dem Haupt des Goliath und die Madonna mit der Schlange. Aus seinen ersten römischen Jahren: Junge mit Früchten, den ich seinem Hl. Hieronymus vorziehe. Dann sind da viele von den einst so beliebten, eher süßlichen Mythologemen des *Francesco Albani*, 1578-1660. Dieser war wie Domenichino, 1581-1641, ein Schüler des Annibale Carracci, 1560-1609, des Haupts der Bologneser Schule, dessen großer Gegenspieler Caravaggio wurde, der im gleichen Jahr wie Carracci starb, aber wohl einige Jahre später geboren worden war. Von den beiden Carraccischülern sind wir in Rom schon mehrfach dem *Domenichino* begegnet, vor dessen schöner ›*Jagd der Diana*‹ wir nun stehn.

Eigentlich ist auf dem Gemälde keine Jagd zu sehen, sondern ein Wettkampf in der Kunst des Bogenschießens. Im Hintergrund des Bildes hält eines der Mädchen eine Stange; daran sind allerhand Dinge befestigt, die den Nymphen begehrenswert erscheinen mögen: Sandalen, ein Gürtel, ein Band und ein Hifthorn. Wir würden das einen Maibaum nennen. Zur Rechten steht ein ähnlicher Baum, an den ein lebendiger Vogel angebunden war. Zwei Nymphen haben eben geschossen, ein Pfeil traf den Vogel durch den Kopf, ein anderer fliegt scharf an ihm vorbei. Diana selbst, die Mondsichel im Haar, leitet diesen Wettkampf. Andere Nymphen bereiten sich darauf vor, in den Kampf einzugreifen, andere schaun nur zu. Eine prachtvolle Dogge springt auf, will dem fallenden Vogel nachjagen, doch eine der jungen Göttinnen hält sie kraftvoll zurück. Die kleinsten Nymphen aber, Kinder noch, baden im klaren Wasser des Bachs, der im Vordergrund des Bildes fließt. Ganz rechts, tief im Buschwerk versteckt, äugen und lauschen zwei Knaben. Einer von ihnen legt den Finger auf den Mund und warnt den andern davor, sich zu bewegen: weiß er doch, wie gefährlich es ist, Diana und ihre Gespielinnen zu überraschen, und wie es dem armen Aktaion erging, als er die Reine und Grausame beim Baden erblickte. Es ist ein Bild voller Heiterkeit, Unschuld, Kindlichkeit der reinen Welt der Nymphen. Die lauernden Knaben aber rufen mir ein Gedicht des Boccaccio ins Gedächtnis, in dem er beschreibt, wie Diana mit ihrem Gefolge auf den Hügeln von Fiesole einzieht und mit ihr der Frühling. Da heißt es:

Es war im Monat Mai, war zu der Zeit,
da alle Wiesen bunte Blüten sprühen,
an allen Bächen Lust und Seligkeit
der Lieb' im Lied der Nachtigallen blühen,
und alle Knaben voller Heimlichkeit,
doch wagemutig schon, vor Liebe glühen,
da sah man Diana auf die Hügel steigen
um Fiesole im Nymphenrat und -reigen.

Wir kommen nun zu *Raffael*. Seine ›Grablegung‹, gemalt 1507, ist eine überaus dramatische Komposition, wie wir sie sonst bei Raffael kaum finden. Dann sind hier drei Bildnisse des Meisters: das einer Florentinerin mit dem Einhorn, gemalt 1506, das seiner Geliebten, der Fornarina, und das eines unbekannten Mannes. Weiterhin beachtenswert: Fragmente schöner Fresken von einem unbekannten Cinquecentomaler; eine großartige ›Sacra Conversazione‹ und ein nicht weniger bedeutendes Männerbildnis von *Lorenzo Lotto;* das Männerbildnis von *Antonello da Messina;* eine Madonna von *Giovanni Bellini* und Tobias mit dem Engel, vielleicht das schönste Werk des Brescianers *Girolamo Savoldo,* der in der ersten Hälfte des Cinquecento lebte; die erwähnten Selbstporträts von *Bernini* und eine Grablegung von *Rubens.*

Die größten Schätze der Galerie sind vor allem eine der großen erotischen ›poesie‹ des *Correggio,* seine Danae, eine Mondlandschaft der Liebe, neben der *Dosso Dossis* phantastische, geheimnisvolle Zauberin Circe, ein fast giorgionehaft verzauberndes Bild des großen Ferraresen, durchaus bestehn kann; ein großartiger *Tintoretto* ›Die Predigt des Täufers‹, ein unvollendetes Werk aus der ersten Schaffenszeit des Meisters, und zwei der kostbarsten Werke *Tizians,* der sonst in den römischen Museen kaum oder nur mit schwächeren Werken vertreten ist: ›Die himmlische und die irdische Liebe‹ und ›Ausrüstung des Eros‹.

Als die Macht der Republik Venedig zu sinken begann, als die Türken Konstantinopel und einen großen Teil des venezianischen Herrschaftsgebiets in Hellas eroberten, als durch die Entdeckung Amerikas und des Seewegs nach Indien die Handelsmacht der Lagunenstadt gebrochen wurde, erlebte die Republik eine Blüte der Bildung und Kunst, die zu den größten Wundern der abendländischen Geistesgeschichte gehört. Diese Blüte aber fiel in eine Zeit, in der die christlichen Grundlagen der

venezianischen Gesellschaft schon erschüttert waren. Das sehn wir vor
allem in Tizians Kunst. Für ihn ist die Darstellung der Heidengötter
nicht mehr fragwürdig gewesen, wie sie es zum Beispiel noch für Botticelli war, sondern ein freier Gegenstand seines freien Schaffens. Mit
Tizian beginnt etwas sehr Neues: der Maler ist nicht mehr ausschließlich
der treue Diener der Kirche, der vielleicht dann und wann einmal auch
ein weltliches Bild wagt, sondern Himmlisches und Irdisches sind einfach Gegenstände seiner Kunst, seinem Können gestellte Aufgaben. Er
malt, wonach ihm der Sinn steht oder was die Auftraggeber verlangen,
Madonna oder Aphrodite, Kreuzigung oder Bacchanal, und nur eines ist
ihm ganz heilig: die Kunst selbst. In diesem Sinn hat Tizian seine Mythenbilder geschaffen, die er selbst ›poesie‹ nannte. Die erste uns erhaltene ›poesia‹ Tizians ist eine der schönsten, wohl die berühmteste: ›Die
himmlische und die irdische Liebe‹. Der Meister war etwa fünfunddrei-
ßig als dies Gemälde entstand (nach 1512). Er stand damals noch ganz
unter Giorgiones Einfluß, der 1510 gestorben war. Aber wir wissen
nicht, was dieses Bild darstellt. Seit dem 18. Jahrhundert heißt es
›L'Amor sacro e profano‹. Früher wurde es ›Die geschmückte und die
ungeschmückte Schönheit‹ genannt – beltà ornata e beltà disornata –
oder, wie wir vielleicht sinngemäßer übersetzen können: ›Die bekleidete
und die unbekleidete Schönheit‹. Immer neue Deutungen sind versucht
worden. Nicht ganz unwahrscheinlich klingt diese: hier werde eine Frau
aus hellenischer Sage – es könnte Helena oder Medea oder Dido sein –
von Aphrodite zur Liebe überredet. Gelöst wird das Rätsel dadurch
nicht. Das aber setzt die Phantasie in ihre Rechte ein. Und so wage ich es
denn, dem Spiel der Gedanken, zu dem dies einzigartige Bild verlockt,
freien Lauf zu lassen und Vermutungen auszusprechen, die freilich mit
wissenschaftlichen Erklärungen wenig zu tun haben.

Auch ich glaube, daß die nackte Frauengestalt zur Rechten die Liebesgöttin sei. Ihr Sohn Amor ist da und taucht die Hand ins Wasser, das
den antiken Sarkophag im Mittelpunkt des Bildes füllt. Ein Hasen- und
ein Schmetterlingspaar, die Rosen am Brunnenrand sind Venussymbole.
Das Relief des Sarkophags zeigt einen Knaben, den ein Satyr züchtigt;
eine Frau eilt dem Knaben zu Hilfe. Er könnte Amor sein oder auch
Adonis, doch läßt sich Bestimmtes nicht sagen. Wahrscheinlich aber
deutet auch diese Darstellung auf Venus hin. Sie ist von den beiden
Frauen die überlegene, die hoheitsvollere. Sie spricht oder hat gesprochen, die andere hört zu oder denkt über das Gehörte nach. Neben der
bekleideten Frau sehn wir im Hintergrund ein Hasenpaar: Sinnbild ge-
schlechtlicher Liebe; neben der unbekleideten ein Schmetterlingspaar:
Sinnbild seelischer Liebe. Die ›Beltà ornata‹ lehnt sich auf eine Schale
oder Büchse, die Gold und Edelsteine enthalten mag: Sinnbild irdischen
Guts; die ›Beltà disornata‹ aber erhebt eine Vase, der zarter Dampf
entsteigt, Weihrauch vielleicht: Sinnbild geistiger Erhebung. Das Bild

ist in einer Zeit entstanden, in der Giorgione der Liebesgöttin begeistert
gehuldigt hatte – seine Venus in Dresden entstand 1505 –, in der sogar
der alte Giovanni Bellini die Venus gemalt hat. Die venezianischen
Künstler jener Jahre haben gewiß in Venus mehr gesehn als nur die
Schönste, die sich jeder von ihnen nach seinem Wunsch und Traum
gestaltete. Sie war ihnen zum Symbol eines neuen Weltbildes geworden,
in dem die Antike neben dem Christentum volles geistiges Bürgerrecht
erlangt hatte. Vielleicht war sie ihnen sogar zum Sinnbild ihrer eigenen
Kunst geworden, die den alten Göttern immer heftiger huldigte. Das
Nackte hat stets als Sinnbild des Echten, des Wahren gegolten (auch
Berninis Veritas ist nackt). In diesem Sinn, meine ich, dürfen wir die
Nacktheit der Göttin Tizians verstehn: diese Venus verkörpert, was den
Menschen jener Zeit an ihrer neuen Schau und ihrer neuen Kunst als das
Echte und Wahre galt. Und dann können wir uns denken, daß die
Bekleidete eine Verkörperung des vergangenen, des vergebenden Den-
kens und Empfindens ist und daß jenes Gespräch am antiken Brunnen
zwar auch um die Liebe in ihren vielen Gestalten, aber zugleich um
große geistige Fragen der Renaissancemenschen, vielleicht sogar um
Christentum und Heidentum, um alte und um neue Kunst geht. Ich
glaube, daß man dieser andeutenden Erklärung, solange das Bild nicht
zuverlässiger erklärt ist, zumindest ein poetisches Daseinsrecht nicht
absprechen wird.

Es ist für mein Gefühl ein sehr jugendliches, sehr reines Werk. Später
hat Tizian viel sinnlichere ›poesie‹ gemalt: denken wir nur an die Venus
von Urbino in den Uffizien. Kennzeichnend für seine Mythenmalerei ist
auch, daß er mit den alten Stoffen recht frei geschaltet, an ihnen weiter
gedichtet hat. Das gilt auch für seine ›Ausrüstung des Eros‹. Wir kennen
keinen antiken Text, auf den dies schöne, in goldenes Licht getauchte
Gemälde des alten Tizian zurückgeführt werden könnte. Der kleine
Liebesgott wird ausgerüstet, um jenen Flug in die Welt anzutreten, der
den Menschen so viel Schönes und so viel Schlimmes bringt. Seine
gekrönte Mutter verbindet ihm die Augen, denn die Liebe ist blind.
Zwei ihrer Gefährtinnen bringen die Waffen des Knaben, Bogen und
Pfeile. Hinter ihren Rücken lugt Anteros hervor, des Eros Bruder: die
Gegenliebe, die erwiderte Liebe, ohne die Eros, die Liebe, nicht leben
kann. In der Ferne öffnet sich der Blick in eine blaue Berglandschaft:
eine jener auf Tizians Bildern so häufigen Erinnerungen an die Heimat
des Meisters, das Bergland Cadore.

Wenn wir aus dem Museum heraustreten, gehn wir rechts im
Viale dell'Uccelliera (des Vogelhauses) immer geradeaus und
kommen so zu dem sehr reichen ZOOLOGISCHEN GARTEN, der
1911 nach dem Vorbild des Hamburger Hagenbeckgartens an-

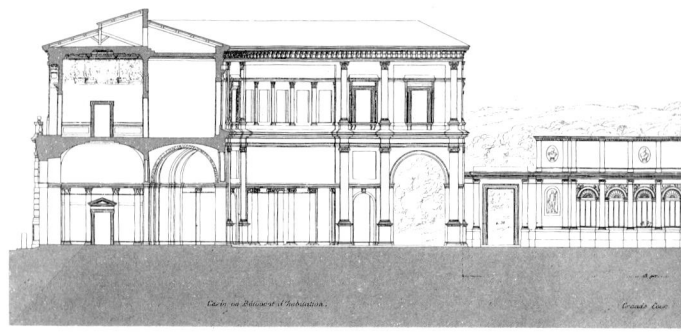

Villa Giulia, Längsschnitt und Ansicht

gelegt wurde. Hinter dem Garten liegen moderne Stadtviertel, die sich immer mehr ausdehnen, doch für den Fremden fast ohne Interesse sind. Wir gehn weiter durch den Viale del Giardino und gelangen so zum Viale delle Belle Arti, an dem wir rechts den Bau der GALLERIA NAZIONALE D'ARTE MODERNA sehn, durch dessen Häßlichkeit wir uns nicht davon abschrecken lassen sollten, dieses Museum zu besuchen.

Die italienische Malerei des 19. Jahrhunderts, besonders der zweiten Hälfte dieses Jahrhunderts, hat zwar nur wenige wirklich bedeutende Werke hervorgebracht, aber wer sich mit Italien und den Italienern beschäftigt, sollte sich doch ein wenig mit der Kunst dieser Zeit beschäftigen, wozu er hier Gelegenheit findet. Die italienische Kunst unserer eigenen Zeit ist mit fast allen ihren besten Namen vertreten.

Im Gegensatz zu dem Museum für moderne Kunst ist das MUSEO NAZIONALE DI VILLA GIULIA in einem wunderschönen Gebäude untergebracht: einer ebenso prächtigen wie anmutigen Renaissancevilla. Die Villa heißt nach einem sehr lebensfreudigen Papst, der sie erbauen ließ, nach Julius III. del Monte, 1550-1555. Die Historiker wissen von diesem Nachfolger des großen Paul III. Farnese nicht viel Rühmliches zu sagen, außer daß er Palestrina zum Kapellmeister der Peterskirche berief, und in der Tat ist die Villa Giulia fast das einzige, was ihm die Nachwelt verdankt. Seit 1889, also seit dem gleichen Jahr, in dem im Kartäuserkloster von Santa Maria degli Angeli das Thermenmuseum eingerichtet wurde, dient nun dies päpstliche Lustschlößchen als etruskisches Nationalmuseum, birgt heute eine der

reichsten etruskischen Sammlungen der Welt, mit der sich nur die florentinische messen kann.

An diesem Bau waren drei Architekten tätig, die man in einem gewissen Sinn schon als Manieristen bezeichnen kann: erst Vasari, dann Vignola, dann Ammannati, der den Bau vollendete und an einer Wand des Nymphäums ›signierte‹. Vasari rühmt sich, den Plan entworfen zu haben. Wir wissen aber, daß Michelangelo ihn beraten hat. Die geniale Einfachheit der Anlage erlaubt meiner Meinung nach den Schluß, daß Michelangelo den Plan zeichnete – vielleicht nur in Form einer flüchtigen Skizze –, wie er den dann von Ammannati ausgeführten genialen Plan zum florentinischen Ponte di S. Trinità entwarf. Die Villa war auf das Prächtigste mit Statuen, vergoldeten Stukkos und Fresken geschmückt, wovon sich nur wenig erhalten hat. Die Fassade, von Vignola entworfen, wirkt eher schwer, gibt dem Außenbau etwas Schloßartiges. Um so heiterer wirkt dann der Hof mit der halbrunden Loggia, aus der Taddeo Zuccari und seine Schüler durch kunstvolle Deckenmalerei eine grüne Laube gemacht haben. Dem Hof, der sich wie ein Theater rundet und öffnet und der auch für festliche Spiele diente, ist ein Querbau vorgelagert, hinter dem sich ein sogenanntes Nymphäum auftut: ein zweigeschossiger Bau in die Erdtiefe hinab, ein weiter, schön gegliederter Quellbrunnen, geschmückt mit Flußgöttern, Nymphen als Karyatiden, tropfenden Grotten und stillen Teichen. Mit Recht hat man bemerkt, hier sei das sonst in Rom so gesprächige Wasser zum Schweigen angehalten worden. Die Villa war das Ziel froher Gondelfahrten auf dem Tiber. Von einer Lande-

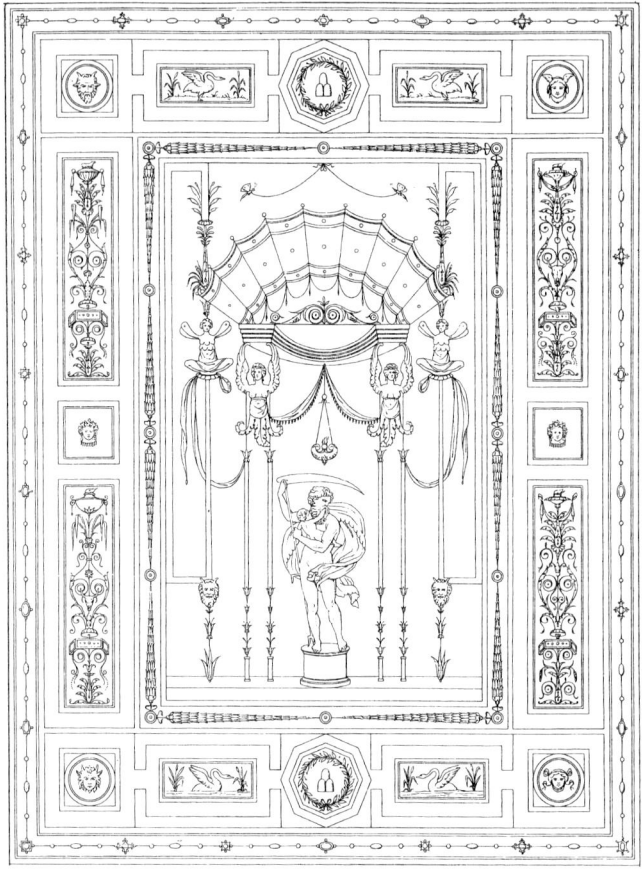

Villa Giulia, Wandmalereien am Portikus des Großen Hofes

stelle führte eine Allee zur Via Flaminia, die sie kreuzte, und zwar bei einem von Ammannati geschaffenen Brunnen, an den Pius IV. von Pirro Ligorio einen kleinen, höchst anmutigen Palast anbauen ließ. Wir sollten ihn besuchen, wenn wir diesen Spaziergang beenden. Von dort aus führte die Allee unmittelbar auf die Villa zu, und zwar durch einen schönen, hainartigen Garten, dessen seltene Bäume uns gerühmt werden.

Das Museum war ursprünglich als topographisches Museum für Südetrurien und Latium gedacht, und ein solches ist es im wesentlichen geblieben. Wer sich auf Ausflüge in die Umgebung Roms vorbereitet, findet hier die Exponate vor allem nach Fundstätten geordnet, über die uns Karten und Photographien näher unterrichten, zunächst im Vestibül, durch das wir das Museum betreten, dann aber auch in den einzelnen Räumen. Die Fundstücke sind höchst zweckmäßig aufgestellt und gut beleuchtet, außerdem so sorgsam geordnet, daß wir in diese gelehrte Ordnung sozusagen hineingezwungen werden.

Wir durchwandern, von wenigen größeren Plastiken abgesehen, vor allem ein Kleinkunstmuseum, das erst bei wiederholtem Studium wirklichen Genuß gewährt, dann aber begeistern kann. In den *Vulci* gewidmeten Räumen bedeutende archaische Werke: ein Kentaur und ein Reiter auf einem Seeungeheuer. Die aufsehenerregendsten Funde, die dieses Museum bereichert haben, wurden 1916 in *Veji* nördlich von Rom gemacht. Wir sehn sie in dem dieser Stadt gewidmeten Saal. Es sind die edlen Werke jenes Vulca, den Tarquinius Superbus nach Rom berief, um den Statuenschmuck des kapitolinischen Tempels zu schaffen: der großartig lebendige Apollon vom First des Tempels, der Hermeskopf, eine Göttin mit Kind. Diese Arbeiten, die noch dem 6. Jahrhundert angehören, haben in diesem Museum ihresgleichen nur in der sarkophagartigen tönernen Aschenurne mit dem liegenden Ehepaar (ein Gegenstück besitzt der Louvre) aus *Cerveteri*, die ebenfalls im 6. Jahrhundert entstand. Überall begegnen wir schönen griechischen Vasen aus etruskischen Gräbern und etruskischen Kleinbronzen, die man im Rom der Kaiserzeit hoch schätzte und hoch bezahlte und die auch in unserer der Spätantike so ähnlichen Zeit die Menschen besonders erfreuen. Die berühmte *Keramiksammlung Castellani* enthält Vasen fast aller uns bekannten hellenischen, italischen und etruskischen Stile. Unter den Stükken aus Veji schöne Architektur-Terrakotten; es folgen Funde aus dem Gebiet der Falisker und eine besonders reiche Sammlung von Architektur-Terrakotten vom 6. Jahrhundert bis zum Hellenismus, schließlich Funde aus Rom, vom Monte Mario, und aus *Palestrina*, darunter schöne gravierte Spiegel und Cisten, von denen die *Cista Ficoroni* die berühmteste, nicht die schönste ist. Von staunenswerter Kunstfertigkeit und Formschönheit Goldschmuck und Edelmetallgefäße aus den Praenestiner ›Fürstengräbern‹ des frühen 6. Jahrhunderts.

Von der Villa Giulia gelangen wir auf kurzem Weg durch die Porta del Popolo zurück in die Innenstadt.

XI

Vom Coelius zum Aventin

Santo Stefano Rotondo und die römische Denkmalpflege
Villa Celimontana: ein Ort zum Lustwandeln
Santi Giovanni e Paolo: Ursprünge des Christentums
Papst Gregor der Große
Die Caracallathermen: Neigung zu Gigantentum und Pathos
An den Gräbern der Scipionen
Entlang der Aurelianischen Mauer
Berühmte Tote im Schatten der Cestiuspyramide
Santa Sabina auf dem Aventin:
Muster einer frühchristlichen Basilika
Heiliges und Heidnisches
an der Piazza Bocca della Verità
Das augusteische Marcellustheater
Malerischer Dreiklang:
Janusbogen, San Giorgio in Velabro,
Geldwechslerbogen

Heute möchte ich meine Leser, denen ich bisher vor allem die nördlichen Stadtviertel gezeigt habe, in die südlichen führen. Ein Teil von ihnen ist weniger dicht besiedelt, reicher an Grün als die Innenstadt. Das gilt vor allem vom Coelius mit dem großen Park der Villa Celimontana, der auch am fülligen Grün des Palatin seinen Anteil nimmt, und von der Gegend um die Caracallathermen mit dem Parco di Porta Capena, den Orti di Galatea und vielen Gärten, die die große südliche Ausbuchtung der Aurelianischen Mauer schmücken. Der Aventin dagegen, auf dem es in meiner Jugend noch Bauernhöfe gab, ist jetzt ein Wohnviertel, in dem noch mancher Garten erhalten ist.

Von der Piazza Venezia gehn wir zum Kolosseum, dann an dessen dem Coelius (italienisch ›Celio‹) zugewendeter Seite durch die Via Claudia, die an der *Ruine des Claudiustempels* entlang führt. So kommen wir auf den höchsten Punkt des Hügels,

Santa Maria in Domnica

die Piazza della Navicella, so genannt nach einem reizenden Brünnlein, das ein Schiff darstellt, wahrscheinlich nach einem antiken Vorbild.

Hier liegt die Kirche SANTA MARIA IN DOMNICA, die in ihrer heutigen Gestalt ein Bau aus karolingischer Zeit mit einem Renaissanceportikus ist. Diese Vorhalle hat Giovanni de'Medici bauen lassen, der spätere Leo X., dessen Titelkirche dies alte Gotteshaus war. Der Innenraum mit dem ungewöhnlich breiten Mittelschiff, den weitgestellten antiken Granitsäulen, mit der niedrigen Mittelapsis gibt uns eine klare Vorstellung von einer römischen Kirche dieser Epoche, die in Frankreich und Deutschland so Bedeutendes hervorgebracht hat, hier aber nur einen wohlproportionierten Raum schuf. Der hübsche Fries über den Säulen, die Oberwand und die Decke zeigen Renaissanceschmuck. In der Apsis ein schönes Mosaik des 9.Jahrhunderts, das die Himmelskönigin unter Engelsscharen darstellt. Vor ihr kniet der Stifter (mit quadratischem Heiligenschein): Papst Paschalis I., 817-824, der in Rom noch zwei Kirchen erbauen ließ: Santa Prassede und Santa Cecilia in Trastevere.

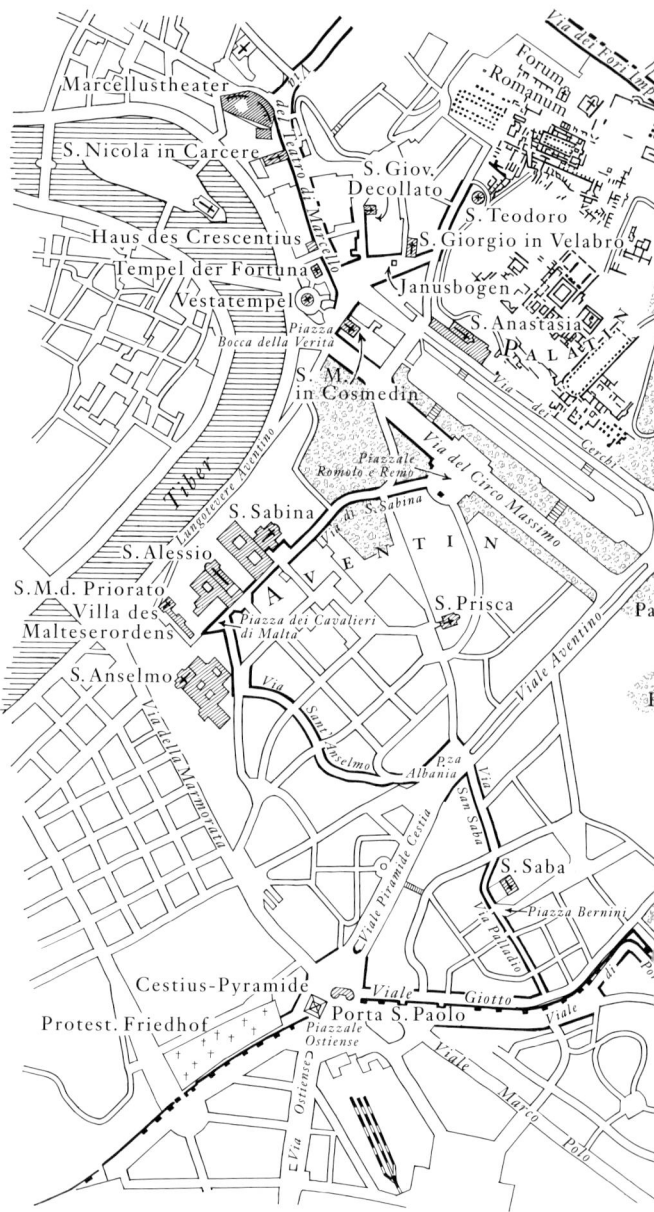

COELIUS UND AVENTIN

0   200 m

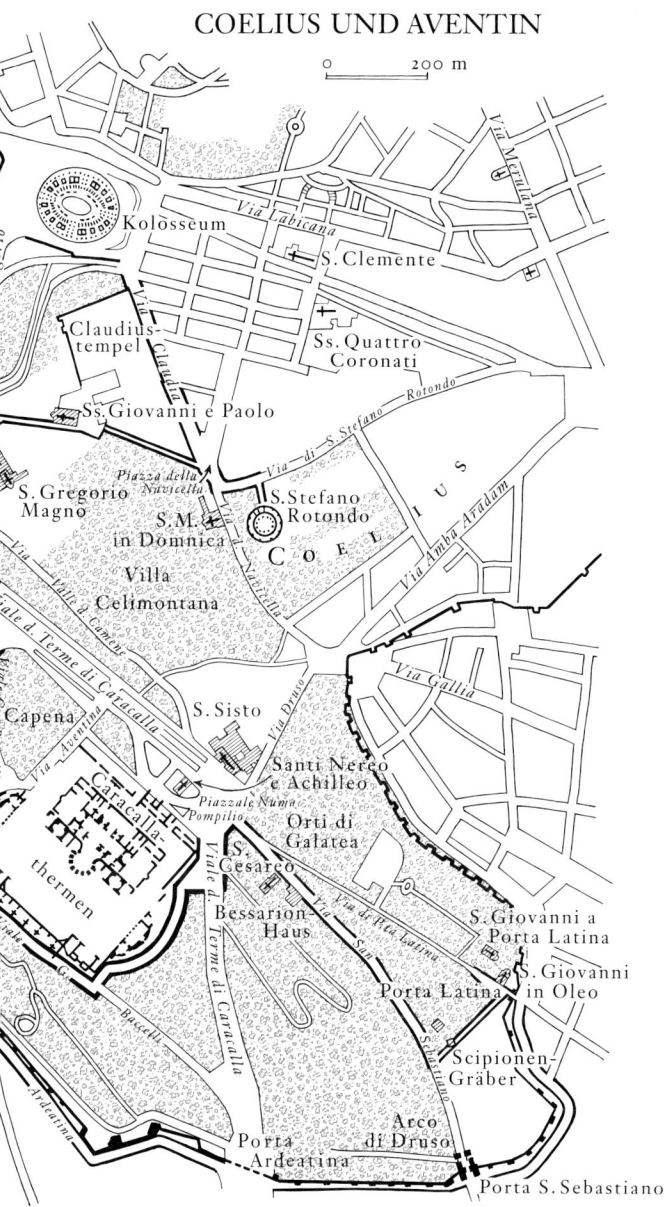

Kolòsseum

S. Clemente

Claudius-
tempel

Via Labicana

Via Claudia

Ss. Quattro
Coronati

Ss. Giovanni e Paolo

Via di S. Stefano Rotondo

Piazza della
Navicella

S. Gregorio
Magno

S. M.
in Domnica

S. Stefano
Rotondo

C O E L I U S

Via Amba Aradam

Villa
Celimontana

Via della Navicella

Capena

Viale d. Terme di Caracalla

Via Aventina

Viale d. Camen

S. Sisto

Via Druso

Via Gallia

Santi Nereo
e Achilleo

Caracalla

thermen

Piazzale Numa
Pompilio

Orti di
Galatea

S.
Cesareo

Bessarion-
Haus

Viale d. Terme di Caracalla

Via di Porta Latina

S. Giovanni a
Porta Latina

Porta Latina

S. Giovanni
in Oleo

Scipionen-
Gräber

Via di Porta S. Sebastiano

Porta
Ardeatina

Arco
di Druso

Via Ardeatina

Porta S. Sebastiano

Er war, bevor er Papst wurde, Abt von SANTO STEFANO ROTON-
DO gewesen. Diese Kirche liegt Santa Maria in Domnica gegenüber. Haben Sie, meine Leser, schon einmal ein Blütendiagramm gesehn? Man findet solche schematischen Schnitte, die
uns den Aufbau von Blüten veranschaulichen, in Lehrbüchern
der Pflanzenkunde. Der Grundriß von Santo Stefano Rotondo
sieht einem Blütendiagramm wunderbar ähnlich: ist es doch der
Grundriß der schönsten Blüte frühchristlicher Baukunst in
Rom!

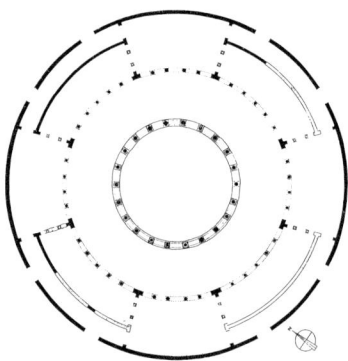

Santo Stefano Rotondo, Grundriß (nach Ceschi)

Im Jahre 415 wurden in Jerusalem die Gebeine des ersten
christlichen Märtyrers, des heiligen Stephanus, gefunden. Durch
die tiefe Verehrung, die man am Kaiserhof von Byzanz für diese
Reliquie bekundete, breitete sich der Kult des Erzmärtyrers
rasch in der ganzen Christenheit aus. In Rom wurden ihm eine
Basilika und vier kleinere Kirchen erbaut. Von diesen Gotteshäusern sind aber nur noch Santo Stefano degli Abessini und
unser Santo Stefano Rotondo erhalten. Der Beiname ›rotondo –
rund‹ zeigt uns, daß die Form der Kirche als etwas Ungewöhnliches empfunden wurde. Rundbauten, kirchliche wie profane,
sind in der Tat im Morgen- wie im Abendland etwas verhältnismäßig Seltenes. In Rom gab und gibt es für solche Bauten ein
erhabenes Vorbild: das Pantheon, den schönsten Rundbau der
Welt. Aber der Baumeister von Santo Stefano Rotondo hat nach
einem andern Vorbild gearbeitet. Der Überlieferung nach soll es
Christi Grabeskirche in Jerusalem gewesen sein, die Konstantin

der Große geschaffen hatte. Wir wissen von ihr nur, daß sie ein
Rundbau mit konzentrisch angeordneten ›Schiffen‹ war. Sie galt
als ein Bauwerk von außerordentlicher Schönheit. Warum jene
Überlieferung anzweifeln? Auch in Santo Stefano Rotondo stehen wir vor einem außerordentlichen, fast einmaligen Bauwerk.

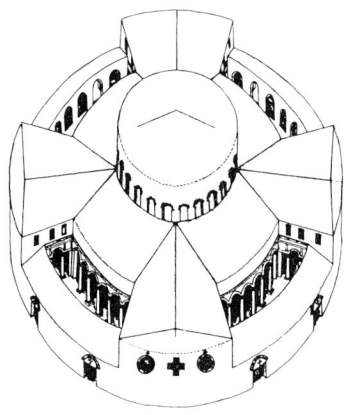

Santo Stefano Rotondo, rekonstruierte Ansicht (nach Corbett)

Früher hat man geglaubt, daß es sich dabei um den Umbau
eines antiken Rundbaus handle. Solche Umbauten sind zum Beispiel in Rom San Bernardo und das Planetarium. Die Untersuchung des Mauerwerks zeigte aber, daß das ein Irrtum war. Wir
wissen heute, daß es sich um ein einheitliches Werk eines großen, uns unbekannten Baumeisters des späten 5. Jahrhunderts
handelt. Entstanden ist es unter Papst Simplicius, der von 468-
483 regierte; es ist derselbe Papst, unter dem am 4. September
476 der letzte weströmische Kaiser Romulus Augustulus abgesetzt wurde und ein Germanenfürst, der Rugier Odoaker, Ravenna zur Hauptstadt seines italienischen Königreiches machte.

Erstaunlich, ja rätselhaft, daß in dieser Zeit des allgemeinen Nieder-
gangs in Rom ein solcher Monumentalbau entstehen konnte, zumal es
sich hier nicht wie gewöhnlich um die Grabeskirche des Titelheiligen
handelt. Rundbauten waren antiker Tradition zufolge mit der Funktion

des Grabbaus oder einer Taufkirche verbunden. Santo Stefano Rotondo ist aber ein Rundbau, in den ein Kreuzbau eingefügt wurde. In Perugia gibt es eine kleine Kirche, Sant'Angelo, die einen ähnlichen Grundriß zeigt. Sant'Angelo ist heute noch weitgehend in seiner ursprünglichen Gestalt erhalten, Santo Stefano Rotondo wurde mehrfach umgebaut.

Von den vier Kapellen, die hier einst die Arme des Kreuzes bildeten, ist heute nur noch eine erhalten; die Spuren der andern ließen sich aber in dem die Kirche umgebenden Garten nachweisen. Hier findet man als Gartenmauer auch die ursprüngliche Außenmauer der Kirche, ihren äußersten Kreis. Er umschloß das äußere Schiff, das auf der Innenseite von 36 ionischen Säulen gebildet wurde. Sie sind im 12. Jahrhundert zur heutigen Außenwand der Kirche vermauert worden. An mehreren Stellen sieht man Pfeiler und zwischen diesen höhere Arkaden: diese führten in die vier Kapellen.

Das zweite Schiff, das auf der Innenseite von 22 Säulen getragen wird, war höher als das äußere Schiff, aber viel niedriger als der ungemein hohe zylinderförmige Mittelraum, der durch 22 hohe Fenster eine Fülle des Lichts empfängt. Auch dieser Raum war einst mit Mosaiken geschmückt. Ich glaube, daß dieser Bau in seiner ursprünglichen Gestalt etwas hinreißend Lichtes, ja Heiteres gehabt haben muß, das zu seiner Heiligkeit dennoch in keinem Widerspruch gestanden hat. Hier öffnete sich den Gläubigen über dem Altar ein Blick in den Himmel, und sie mögen dabei an das gedacht haben, was die Apostelgeschichte vom Tod des Stephanus berichtet: »Wie er aber voll heiligen Geistes war, sah er auf gen Himmel und sah die Herrlichkeit Gottes und Jesum stehen zur Rechten Gottes und sprach: Siehe, ich sehe den Himmel offen.«

Der Bau gibt in der Tat viele Rätsel auf. Grabungen ergaben, daß er an der Stelle eines Mithräums und einer altrömischen Kaserne errichtet wurde. Offenbar erhielt er schon im frühen Mittelalter eine liturgische Ausrichtung durch einen Hauptaltar im Südwesten, dem im 7. Jahrhundert ein Oratorium in der Nordost-Kapelle gegenübergestellt wurde, den römischen Soldatenheiligen Primus und Felicianus geweiht. Da die Kirche keine Stefanus-Reliquien besaß, verlagerte sich der liturgische Schwerpunkt in diesen nordöstlichen Kreuzarm, dessen Apsismosaik aus den vierziger Jahren des 6. Jahrhunderts, die beiden

Soldatenheiligen darstellend, durch jüngste Untersuchungen als
ein einzigartiges Werk byzantinischer Meister in Rom erkannt
wurde.

Bereits im 12.Jahrhundert hat Papst Innozenz II., 1130-1143,
die Kirche, die durch normannische Verwüstungen sehr gelitten
hatte, auf ihre heutigen Dimensionen reduziert, indem der äußere Arkadenkranz vermauert zur Außenwand wurde. Erst jetzt
war Santo Stefano eine wirkliche Rotunde, und gerade dies mag
den Humanisten-Papst Nikolaus V., 1447-1455, und den Früh-
renaissance-Architekten Bernardo Rossellino besonders für den
Bau interessiert haben, denn sie nahmen 1453 eine umfassende
Restaurierung in Angriff, die für Jahrhunderte Gültigkeit behalten sollte. Den Hauptakzent von Rossellinos Konzept bildete der
im Zentrum aufgestellte Marmoraltar, um den er kreuzförmig
vier Seitenaltäre gruppierte. In diesem frühchristlichen Bau verwirklichte sich damit zum erstenmal das Renaissance-Ideal des
Zentralraums in Übereinstimmung von architektonischer Form
und liturgischer Funktion. Papst Gregor XIII. übergab die Kirche 1580 dem Pontificium Germanicum-Hungaricum, das noch
heute ihr Besitzer ist. Aus jener Zeit stammen auch die berühmt-
berüchtigten Märtyrer-Szenen, die Pomarancio auf die Füllwän-
de der Außenarkaden malte – kaum ein künstlerisches Meisterwerk, eher von pädagogisch-historischem Interesse. In dieser
Gestalt hat Santo Stefano jahrhundertelang als Titelkirche von
Kardinälen und Stationskirche während der Fastenzeit einen
wichtigen Platz im römischen Kirchenleben eingenommen.

In den achtziger Jahren nun stand Santo Stefano erneut im
Mittelpunkt des Interesses; denn als Papst Johannes Paul II. die
baufällig gewordene Kirche dem Münchner Erzbischof Kardinal
Wetter als Titelkirche übergab, wurden die anstehenden Maßnahmen zur Rettung des altehrwürdigen Denkmals in Angriff
genommen. Santo Stefano ist seither, wie man in den Zeitungen
und Fachveröffentlichungen verfolgen kann, ein Paradebeispiel
der Grundsatzdiskussion zwischen Archäologen, die den Urzu-
stand wiederhergestellt sehen wollen, und Kunsthistorikern, die
auch spätere Zutaten als authentische, schützenswerte Glieder
im historischen Prozeß betrachten, die einer Rekonstruktion
nicht zum Opfer fallen dürfen. Die Diskussion um Santo Stefano im besonderen ist noch nicht beendet, doch hat sich hier
zunächst die sogenannte ›kleine Lösung‹ durchgesetzt, das heißt

die Wiederherstellung des jüngsten Bauzustands der Frührenaissance mit dem Rossellino-Altar im Zentrum. Der Besucher der neunziger Jahre wird das einzigartige Gotteshaus zu
bestimmten Zeiten wieder geöffnet finden und damit gegenüber
früher im Vorteil sein.

Neben Santa Maria in Domnica liegt die prachtvolle *Villa
Celimontana*, die ein römischer Bürger namens Ciriaco Mattei
um 1580 herum anlegen ließ. Von ihrem Belvedere aus hat man
einen hinreißenden Blick auf die Caracallathermen. Es gibt wenige Orte in Rom, wo man noch so ungestört lustwandeln kann
wie hier. Rechts von Santa Maria in Domnica das Portal eines
nicht mehr vorhandenen Hospitals mit einem Mosaik: Christus
unter den Sklaven, einem weißen und einem schwarzen, was uns
daran erinnert, daß hier einst die Trinitarier ihren Sitz hatten,
ein Orden, der sich der Befreiung der Sklaven widmete. Er war
im Jahre 1198 von dem heiligen Johannes von Matha, einem
Südfranzosen, gegründet worden, der hier auf dem Coelius 1213
gestorben ist. Noch weiter rechts gehn wir unter einem Bogen
hindurch, der zu antiken Wasserleitungen gehört, und gelangen
so auf einen Platz, auf dem die Kirche SANTI GIOVANNI E PAOLO
steht. Die Heiligen, denen sie geweiht ist, waren Palastbeamte
einer Tochter Konstantins des Großen. Sie wohnten in dem
Haus, über dem die Kirche errichtet und das 1887 unter ihr
ausgegraben worden ist. Als Julian der Abtrünnige an die Macht
kam, haben sie in diesem Haus den Märtyrertod erlitten. Es ist
sinnlos, an dieser schon im 5. Jahrhundert bezeugten Geschichte
zu zweifeln.

Der Überlieferung nach wurde Santi Giovanni e Paolo schon
im Jahre 398 gegründet, umgebaut hat sie dann im 12. Jahrhundert Hadrian IV. Aus Hadrians Zeit stammen die schöne Vorhalle, die Apsis mit den feinen Kolonnaden und der Glockenturm,
der auf einem antiken Unterbau ruht. Das dreischiffige Innere
gehört dagegen noch der ältesten Kirche an, was nicht leicht zu
erkennen ist, da es völlig barockisiert wurde. Ein Mönch führt
uns in die Räume unter der Kirche hinab, das heißt in das Haus
der beiden Heiligen, in dem wir ein sehr anziehendes Fresko
sehn: die Hochzeit des Peleus und der Thetis. Über diesem Bau
aus der Heidenzeit liegen Räume, die zu einem christlichen
Haus und einem Oratorium gehören. Hier sind die Wände mit
christlichen Symbolen geschmückt. Ein Fresko zeigt Christus

mit den Heiligen Johannes und Paul. Es gilt als die älteste uns erhaltene Darstellung eines Martyriums.

Wir gehn weiter durch den interessanten Clivo Scauro und betrachten von hier aus die schöne romanische Apsis der Kirche. Bald stehn wir dann an einem sehr heiligen Ort: der Kirche SAN GREGORIO MAGNO. Hier hat der heilige Gregor I., der Große, gelebt, der zugleich ein bedeutender Kirchenlehrer war. Wir sind ihm schon auf dem Trajansforum begegnet; denn er ist es ja gewesen, der den Kaiser aus dem ewigen Feuer befreit hat.

Zu seiner Zeit – er regierte von 590 bis 604 – erschien der Engel, nach dem die Engelsburg heißt. Gregor stammte aus einer vornehmen und sehr reichen römischen Familie, aus der schon einmal ein heiliger Papst, Felix III., hervorgegangen war. Er war in seiner Jugend Stadtpräfekt von Rom, doch nach dem Tode seines Vaters verkaufte er all sein Hab und Gut, vor allem seine Latifundien in Sizilien, und schenkte es den Armen. Sein römisches Stadthaus, an dessen Stelle die ihm geweihte Kirche steht, verwandelte er in ein Kloster, in dem er selbst ein streng asketisches Leben führte. Papst Pelagius II. sandte ihn als Apokrisiar, das heißt als päpstlichen Nuntius, nach Konstantinopel, wo er aber sein Mönchsleben fortsetzte. Besonderen Dank schulden ihm die Engländer. Das erklärt uns die Legenda Aurea.

»Sanct Gregorius«, so lesen wir da, »ging einstmals über den Markt in Rom. Da sah er feil gar stolze Jünglinge, von herrlicher Gestalt, schönem Angesicht und lichten Haaren. Er fragte den Kaufmann, aus welchem Land er sie hätte eingeführt. Der antwortete, er brächte sie her von Britannien, da wären alle Menschen so licht und schön. Gregorius fragte, ob sie Christen wären. Der Kaufmann antwortete: ›Nein, sie sind noch umfangen von heidnischem Irrglauben.‹ Da erseufzte Gregorius gar tief und sprach: ›Ach weh, wie besitzt der Fürst der Finsternis so klare Angesichter.‹ Danach fragte er, wie das Volk des Landes wäre genannt. Der Kaufmann antwortete: ›Sie heißen Engelische.‹ Da sprach Gregorius: ›Sie heißen billig Engelische, denn sie haben engelgleiche Gesichter.‹ Bald danach machte sich Gregor auf, um die Engländer zu missionieren, aber da die Römer Gregor sehr liebten, mußte der Papst ihn schon nach seiner dritten Tagereise zurückholen. Als dann Gregor selbst Papst geworden war, sandte er den heiligen Augustin von Canterbury nach Großbritannien, und die Engländer bekehrten sich. Gregor hat dem Meßkanon seine endgültige Gestalt gegeben. Nach ihm wird der ›gregorianische Gesang‹ benannt. Er war auch ein bedeutender Schriftsteller, aber sehr demütig. Er selbst nannte sich ›Servus servorum Dei‹, Diener der Diener Gottes, ein Titel, den nach ihm dann alle Päpste geführt haben. Begraben liegt er im Petersdom.

Von dem mittelalterlichen Bau ist so gut wie nichts erhalten. Die schöne Treppe und die prachtvolle Travertinfassade, vor denen wir stehn, schuf Giovan Battista Soria 1633 im Auftrag des Kardinals Scipione Borghese: borghesische Adler und Drachen schweben über den Türen des Atriums. Der Innenraum ist dreischiffig: ein durchaus barockes Werk des Römers Francesco Ferrari, entstanden um 1734. Im rechten Seitenschiff zeigt man das Zimmer des Heiligen mit seinem Bischofsstuhl.

Der Sakristan führt uns zu drei kleinen aneinandergebauten Kapellen. Die mittlere, SANT'ANDREA, ist vielleicht das Oratorium des heiligen Gregor. In ihr hat *Domenichino* die Geißelung des Apostels gemalt, im Wettbewerb mit ihm der noch sehr junge *Guido Reni* den Gang des Apostels zur Richtstätte. In der Kapelle zur Rechten, SANTA SILVIA, malte Reni ein Jahr später, nämlich 1608, ein anmutiges Engelskonzert. Silvia war die Mutter Gregors. In der Kapelle zur Linken, SANTA BARBARA, sehn wir den großen steinernen Tisch, an dem Gregor auch noch als Papst die Armen zu bewirten und selbst zu bedienen pflegte.

Von der Kirche San Gregorio gehn wir südwärts durch die Via San Gregorio und kommen so in den *Parco di Porta Capena,* auch *Passeggiata Archeologica* genannt. Er wurde 1910 angelegt, dient aber heute weniger als Park denn als Autostraße.

Im Süden des Parks liegen die CARACALLATHERMEN. Sie sind nach dem Kolosseum gewiß die erstaunlichsten unter den Ruinen Roms. Die ungeheuren Massen von dunkelrotem, im Morgen- oder Abendlicht blutrotem Ziegelwerk, die sich da aus dem Grün der sie umgebenden Parkanlagen als riesige Pfeiler und Wände emportürmen, ganz ohne neuere Zubauten, haben ihresgleichen nirgends in Italien, allenfalls in den Römerstädten Nordafrikas oder des Orients. Diese Thermen waren etwas kleiner als die Diokletians, müssen aber jene an Pracht weit übertroffen haben. Doch ob diese Pracht nicht eher häßlich als schön war, diese Frage ist durchaus erlaubt.

Die Jahre, in denen das severische Herrscherhaus im römischen Weltreich gebot, waren für die Künste keine glücklichen: sie verlieren die Anmut und Würde der augusteischen, den Ernst und die Tiefe der trajanischen und hadrianischen Epoche, ohne daß sie schon die Spiritualität gefunden hätten, die gegen Ende des dritten nachchristlichen Jahrhunderts ihre besten Werke kennzeichnet, dem Sieg des Christentums

G. B. Piranesi: Ruinen der Caracallathermen (Ausschnitt)

und damit einer neuen Kunst präludierend. In der Baukunst zeigt sich in jener Zeit eine Neigung zum Gigantischen, Pathetischen, zu sinnloser Verschwendung, die alle künstlerischen Maße durchbricht; in der Plastik huldigt man dem Kolossalischen, der Sensation. Darum ist es eher wahrscheinlich, daß die Caracallathermen zwar anders ausgesehn haben, aber nicht schöner waren als das Monument für Victor Emanuel an der Piazza Venezia oder der Justizpalast in den Prati. Wir können im Neapler Museum zwei plastische Werke sehn, die sehr berühmt, aber von höchst zweifelhaftem Geschmack sind: den farnesischen Stier und den farnesischen Herkules, beide gehörten zur Ausstattung der Caracallathermen. Auch die schwarzweißen Bodenmosaiken, die von ihnen da und dort noch erhalten blieben, sind manchmal effektvolle, doch eher rohe Arbeiten, die nicht darauf schließen lassen, daß die völlig zerstörten vielfarbigen Glasmosaiken der Gewölbe viel edler waren. Großartig wirken freilich in ihrem jetzigen zerstörten und ungeschmückten Zustand die riesigen Hallen, wobei man aber bedenken möge, wie wirkungsvoll ausgesprochen häßliche wilhelminische Bauten als Bombenruinen waren.

Begonnen wurde mit dem Bau unter dem bedeutenden Septimius Severus, einem der baufreudigsten Imperatoren. Eingeweiht hat ihn 216 oder 217 sein Sohn Caracalla, einer der grausamsten und rohesten Menschen auf dem Thron der Caesaren, doch ist er erst unter seinem Nachfolger, dem perversen Heliogabal (218-222) vollendet worden. Die antiken Quellen heben nicht nur die Pracht des Baus, seine Ausstattung mit den kostbarsten Marmorarten, Skulpturen, Mosaiken, Bronzeschmuck hervor, sondern stellen bewundernd fest, daß hier sechzehnhundert Menschen gleichzeitig baden konnten. Die Fachleute rühmten die Heizungsanlage als etwas Außerordentliches. Von der Gesamtanlage kann nur ein guter Plan eine Vorstellung geben. Man betrat die Thermen durch zwei Tore, gelangte durch diese in zwei von Auskleideräumen umgebene Vorhallen, zwischen denen das riesige Frigidarium mit dem Schwimmbecken lag. An dieses schloß sich das noch größere Tepidarium an, darauf folgte das runde Caldarium, das aber schlecht erhalten ist. Hinter diesem lagen das Stadium und die Bibliotheken. Der eindrucksvollste Raum ist das Tepidarium, das schon Lukian rühmt: ein großartiger Hallenbau, wie uns wenige erhalten sind, der sich freilich mit der Maxentiusbasilika nicht messen kann.

Vor den Thermen liegen die Kirchen SANTI NEREO E ACHILLEO und SAN SISTO VECCHIO. Bei San Sisto hatte der heilige Benedikt sein erstes römisches Kloster, für ihn wurde der schöne Kreuz-

gang neben der Kirche erbaut. Wir überqueren in südlicher
Richtung den großen Piazzale Numa Pompilio und wenden uns
in die Via San Sebastiano, die zu dem gleichnamigen Tor der
Aurelianischen Mauer führt und sich vor diesem in der Via Appia fortsetzt. Hier erhebt sich rechts die Kirche SAN CESAREO mit
Arbeiten der Cosmaten, unter der jüngst bemerkenswerte Mosaiken einer antiken Thermenanlage freigelegt wurden. Ihr gegenüber liegen die schönen, *Orti di Galatea* genannten Gärten.
Neben der Kirche (Nummer 8) sehn wir das reizende *Frühre-
naissancehaus des griechischen Kardinals Bessarion*, eines bedeutenden Humanisten und Platoforschers. Man kann es besichtigen
und wird an der schlichten und anmutigen Wohnung dieses
edlen Mannes seine helle Freude haben.

Weiterhin finden wir den Eingang zu den GRÄBERN DER SCI-
PIONEN. Sie wurden 1780 entdeckt. Durch ein römisches Haus,
das neben der Grabstätte freigelegt worden ist, gelangen wir in
dunkle, halb unterirdische Räume mit den Sarkophagen, in denen Tote des berühmten Geschlechts begraben waren. Die Inschriften nennen eine Reihe von bedeutenden Scipionen aus
dem dritten und zweiten vorchristlichen Jahrhundert, darunter
den Scipio Barbatus, der im Jahr 298 Konsul war, also zur Zeit
des dritten Samnitenkrieges, in dem er sich hervortat (das Original seines Sarkophags ist im Vatikan), aber nicht seinen berühmten Enkel, den Sieger von Zama, P. Cornelius Scipio Africanus.
In den umliegenden Gärten das *Columbarium des Pomponius Hylas* mit Malereien aus augusteischer Zeit.

Von hier aus führt ein Weg zu der *Via di Porta Latina*. Die
ganze Gegend ist noch verkehrsarm und reich an Bäumen und
Büschen: eine freundliche Oase. Hier steht ein berühmtes Heiligtum, ein zierlicher Rundbau: SAN GIOVANNI IN OLEO, Johannes
im Öl, genau an der Stelle, wo, wie uns ein zuverlässiger Zeuge,
Tertullian, berichtet, der Evangelist in einen Kessel mit sieden-
dem Öl geworfen wurde, doch unversehrt daraus hervorging,
worauf man ihn zur Verbannung auf die Insel Patmos begnadigte. Die reizende Kapelle stammt aus der Zeit Julius' II. und
könnte wohl, wie die Überlieferung will, ein Werk des Bramante
sein. Alexander VII. Chigi ließ sie restaurieren. Gegenüber liegt
ein Missionsinstitut und hinter diesem an einem kleinen stim-
mungsvollen und stillen Platz die alte Kirche SAN GIOVANNI A
PORTA LATINA. Sie wurde im 5. Jahrhundert gegründet; der Bau,

COELIUS UND AVENTIN

den wir jetzt vor uns sehn, entstand 722. Im Jahr 1191 wurde sie
erneuert, und nach diesem Termin sind die Fresken an der inneren Eingangswand entstanden, also in der Stauferzeit. Es sind
großartig gestaltete Szenen aus dem Alten Testament, unter denen ich vor allem auf die Erschaffung Adams hinweisen möchte.

Wir gehn nun an San Giovanni in Oleo vorbei zur PORTA
LATINA hinaus. Hier im Süden Roms, zwischen dem Lateran im
Osten und der Porta San Paolo im Westen, ist die AURELIANI-
SCHE MAUER vollständig erhalten. Diese Mauer, die Kaiser Aurelian 270-275 bauen ließ, als Rom immer härter von Barbaren
bedroht wurde, hatte eine Länge von 18 Kilometern und ursprünglich dreizehn Tore. Sie hat die Stadt noch über ein Jahrhundert geschützt: bis 410, als Alarich und seine Westgoten sie
durchbrachen. Die Porta Latina ließ erst Belisar bauen. Wenn
wir sie durchschritten haben, wenden wir uns rechts und beginnen eine Wanderung um die Mauer, die uns zunächst zur PORTA
SAN SEBASTIANO führt. Sie wurde in byzantinischer Zeit, unter
Belisar und Narses, stark ausgebaut, im Mittelalter durch zwei
hohe Türme verstärkt. Hinter ihr liegt ein römisches Tor, ARCO
DI DRUSO genannt, erbaut unter Septimius Severus unter einem
Aquädukt. Wir folgen auch weiterhin den Mauern, kommen an
dem Mauerteil vorbei, der unter Paul III. von dem jüngeren
Antonio di Sangallo zu einer starken Bastion ausgebaut wurde,
und gelangen so zur PORTA SAN PAOLO.

Hier beginnt die Via Ostiense, die nach San Paolo fuori le
mura, nach Ostia, ans Meer führt. Wir aber kehren durch das
Tor in die Stadt zurück. Neben ihm erhebt sich ein seltsames
Denkmal, das Aurelian in seine Mauer einfügen ließ, die GRABPY-
RAMIDE DES CAIUS CESTIUS, eines römischen Beamten, der im
Jahre 12 vor Christi Geburt gestorben ist. Sie ruht auf einem
Travertinsockel und hat einen Tuffkern, der mit Marmor ver-
kleidet ist. Eine Inschrift berichtet, sie sei in 330 Tagen gebaut
worden. Wie Cestius oder seine Erben auf den Gedanken ka-
men, eine Pyramide zu bauen, wissen wir nicht.

Hinter ihr liegt unter schönen Bäumen der vielgerühmte
FRIEDHOF DER NICHTKATHOLIKEN. Hier sind die beiden größten
englischen Dichter der Romantik begraben: John Keats und
Shelley, ihr Freund Trelawny, Goethes 1830 gestorbener Sohn
August. Wir gehn, wenn wir die Porta San Paolo durchschritten
haben, rechts hinter der Mauer in die Viale Giotto, dann in der

vierten Querstraße links, der Via Palladio, zur Piazza Bernini und gelangen geradeaus zur Kirche SAN SABA.

Der heilige Sabas, ›der Gottesträger, der Bewohner der Heiligen Stadt, der Stern der Wüste, der Patriarch der Mönche‹, wie ihn die Griechen nennen, lebte von 439 bis 532. Er war Basilianermönch, und für griechische Basilianer ist die Kirche, die seinen Namen trägt, gebaut worden. Sie erhebt sich über dem Oratorium der heiligen Silvia, der Mutter des heiligen Papstes Gregor des Großen. Seit der Mitte des 12. Jahrhunderts gehörten die Kirche und das Kloster den Zisterziensern, und ihnen wird die heutige Gestalt des Gotteshauses verdankt: eine Säulenbasilika mit Arkaden und ohne Querhaus. Die drei Apsiden gehören noch dem alten basilianischen Bau an. Im Innern sind karolingische Malereien erhalten, schöne Cosmatenarbeiten und unter der Kirche das Oratorium der heiligen Silvia.

Der Hügel, auf dem San Saba liegt, bildet den *kleinen Aventin*, der vom eigentlichen Aventin durch eine Talmulde getrennt wird. Wir gehn durch die Via San Saba in diese Mulde hinunter, überqueren die weite Piazza Albania, wenden uns links in die Via Sant'Anselmo, die in Windungen zur Kirche SANT'ANSELMO führt. Sie ist modern, gehört zu dem großen neben ihr liegenden Benediktinerseminar. Ganz nahe liegt nun für uns die seltsame, aber malerische PIAZZA DI CAVALIERI DI MALTA, die Piranesi, der große Kupferstecher, mit Obelisken und Stelen phantastisch ausstaffiert hat. An ihr finden wir den Eingang zur VILLA DES MALTESERORDENS, die durch ihren schönen Blick auf die Peterskuppel berühmt ist. Durch den Garten gelangt man zur Kirche SANTA MARIA DEL PRIORATO, einem der wenigen Bauten Piranesis, der in dieser Kirche begraben worden ist. Von der Piazza dei Cavalieri führt uns die Via di Santa Sabina zunächst nach SANT'ALESSIO, einer sehr alten, aber um 1750 völlig barockisierten Kirche. Im Innern sehn wir eine merkwürdige Reliquie, nämlich eine hölzerne Treppe, unter der der heilige Alexius im elterlichen Hause siebzehn Jahre lang bis zu seinem Tod unerkannt gelebt hat, eine Geschichte, die uns in San Clemente schöne Fresken nochmals erzählen werden. Die Kirche hat einen anziehenden Klosterhof.

Ganz nahe bei ihr liegt SANTA SABINA. Dies Gotteshaus wurde schon im frühen 5. Jahrhundert erbaut und ist in seiner ursprünglichen Gestalt auf uns gekommen, denn im 9. Jahrhundert erhielt es nur im Innern neuen Schmuck, darunter die ›schola cantorum‹. Honorius III. schenkte es 1219 dem heiligen Dominikus, der hier wenige Jahre zuvor seinen Orden gegründet hatte. Im anstoßenden Kloster kann man noch die Zelle sehn, in der Dominikus gelebt, in der er den heiligen Franz empfing; im Garten wächst ein von ihm gepflanzter Orangenbaum. Das Kloster von Santa Sabina hat darum für die Dominikaner die gleiche Bedeutung, die Assisi für die Franziskaner, Subiaco für die Benediktiner hat; es ist einer der geistigen Mittelpunkte des abendländischen Mönchstums.

Wir betreten die Kirche durch ein Vestibül und durch eine aus Zypressenholz geschnitzte *Bildtür*. Dieses einzigartige Kunstwerk stammt noch aus der Erbauungszeit der Kirche, entstand also etwa um 430, dem Todesjahr des heiligen Augustinus. Die achtzehn großen und kleinen Bildtafeln, aus denen die Tür besteht, werden zwei verschiedenen Künstlern zugeschrieben. Einer von ihnen war ein höchst primitiver, dem es nur darauf ankam, durch wenige ausdrucksstarke Gestalten und Gesten die Erinnerung an ein Ereignis aus dem Alten oder Neuen Testament zu wecken; seine gedrungenen Figuren sind Zeichen einer Art von Bilderschrift. Kennzeichnend dafür ist seine Kreuzigung ganz oben links. Sie gilt als älteste Kreuzigungsdarstellung, bei der seltsamerweise die Kreuze fehlen. Die Mehrzahl der Tafeln zeigt deutlich die schwere Hand und den simplen Geist dieses ›Expressionisten‹. In der zweiten Reihe von oben sehn wir aber rechts – als drittes Bild von links – die Himmelfahrt Christi und daneben den Triumph des Auferstandenen, darunter Petrus und Paulus, die die ›Ecclesia‹ bekränzen: zwei Werke ganz anderer Art, lebendig, großartig komponiert, mitreißend, befreiend, erneuernd. Das gilt ebenso, vielleicht noch mehr, von dem Bild ganz unten rechts, der Auffahrt des Elias. Diese ekstatischen Visionen des zweiten Meisters sind in ihrer Zeit etwas vollkommen Neues. Hier ist christliche Kunst, die bis dahin kaum mehr war als spätantike (oft in verkümmerter Form), zum erstenmal große Kunst! Die anmutige Rebengirlande, die die Bildtafeln einfaßt, wurde im 9. Jahrhundert hinzugefügt.

Der Innenraum ist das Muster einer echten Basilika mit drei Schiffen. Man hat sie 1914-1919 von allen späteren Zutaten befreit. Herrlich sind die 24 kannelierten antiken Säulen aus dem schönsten Marmor der Welt, dem von der Insel Paros. Sie

haben vielleicht zu einem Dianatampel gehört. Von den Mosaiken, die die Kirche einst schmückten, ist nur über dem Portal ein
Bruchstück erhalten: zwei Frauengestalten, die die Judenkirche
und die Heidenkirche (ecclesia ex circumcisione und ecclesia ex
gentibus) versinnbildlichen. Das Gotteshaus wirkt, auch weil die
Mosaiken fehlen, fast wie ein antiker Tempel. Die Fenster bestehn übrigens nicht aus Glas, sondern aus Selenit, einer durchsichtigen Gipsart.

Nicht weit von Santa Sabina liegt SANTA PRISCA, eine Kirche,
die im 5.Jahrhundert auf dem Haus jener Aquila und jener Prisca gebaut wurde, mit denen der Apostel Paulus befreundet war.
Von dort kehren wir in die Via di Santa Sabina zurück, wenden
uns in ihr rechts, erreichen den *Piazzale Romolo e Remo* und
damit einen schönen Blick auf den Circus Maximus und den
Palatin. Hier gehn wir links auf den Tiber zu, steigen so vom
Aventin hinab zur schönen PIAZZA DELLA BOCCA DELLA VERITÀ.

Hier lag einst das Forum Boarium, Roms Viehmarkt. Beherrscht wird der Platz, den ein lustiger spätbarocker Tritonen-
brunnen ziert, von dem hohen romanischen Glockenturm der
kleinen Kirche SANTA MARIA IN COSMEDIN, einer der schönsten
unter den frühen Kirchen Roms. Den ursprünglich einschiffigen
Bau des 6.Jahrhunderts ließ Hadrian I. in einen dreischiffigen
umbauen. Santa Maria in Cosmedin wurde dann die Kirche der
Griechen in Rom, vor allem derer, die der Bildersturm aus Konstantinopel verjagt hatte. Sie hieß darum auch ›Santa Maria in
schola graeca‹. Der Name ›cosmedin‹ ist ebenfalls griechisch,
bedeutet ›Schmuck‹, wurde der Kirche wohl als Beiname gegeben, weil ihr Innenraum so prächtig ausgeziert ist. Im römischen
Volk heißt sie auch ›Bocca della Verità‹ – Mund der Wahrheit,
nach der großen runden Steinmaske in ihrer Vorhalle, deren
Maul Lügnern gefährlich werden kann, denn schon manchen
von ihnen, der seine Hand in dieses Maul hineinsteckte, hat es
gebissen. Es gibt Leute, die behaupten, die Maske stamme aus
einem Dampfbad, wo sie eine Dampfheizungsleitung in der
Weise verschlossen haben soll, daß der Dampf aus Nase, Mund
und Ohren hervordrang. Ganz abgesehn davon, daß ein solches
dampfendes Gesicht überhaupt keinen Sinn oder Zweck haben
kann, gehört schon sehr viel rationalistische Einfalt dazu, in
diesem steinernen Mondgesicht das Astrale und vor allem das
Numinose zu verkennen.

In der Vorhalle der Kirche sehn wir auch das Grab eines
gewissen Alfanus, eines Kämmerers Papst Gelasius' II., 1118-
1119. Unter diesem Papst erhielt der Innenraum seine prächtige
Ausstattung, und Alfanus dürfte dazu beigetragen haben. Jedenfalls ließ er sich sein Grab noch zu seinen Lebzeiten errichten,
»ne totus obiret«, wie die Inschrift sagt, »daß er nicht völlig
unterginge«. Auch im Innern der Kirche lesen wir noch zweimal
seinen Namen. Diesen wunderschönen Raum schmücken zwanzig antike Säulen, vor allem aber leuchtende, sehr gut erhaltene
Cosmatenarbeiten an den Schranken der ›schola cantorum‹, an
den Ambonen, am Osterleuchter und am Presbyterthron.
Prachtvoll ist auch der Fußboden. Der Hochaltar besteht aus
einer antiken Wanne aus einem seltenen roten Granit. Darüber
wölbt sich ein gotisches Tabernakel, ein Werk des Cosmaten
Deodatus von 1294. In die Seitenwände sind Säulen vermauert,
die zu antiken Gebäuden des Markts gehörten, zu zwei Tempeln
und der ›statio annonae‹, das heißt der Marktaufsichtsbehörde.
Die Kirche ist 1899 ähnlich wie Santa Sabina von allen späteren
Zutaten befreit worden. Neben dem lichten Tempel auf dem
Aventin wirkt sie mittelalterlicher, geheimnisvoller, weniger römisch.

An der Piazza della Bocca della Verità, die ein schöner Ba-
rockbrunnen schmückt, stehn zwei überaus anmutige römische
Tempel: der sogenannte VESTATEMPEL und der TEMPEL DER FOR-
TUNA VIRILIS. Sie sind besonders gut erhalten, da sie lange Zeit
hindurch als Kirchen gedient haben, und erfreuen uns durch
ihre schlichte und vornehme Art, durch das hellenische Maßhal-
ten, das sich die Römer der republikanischen Zeit zum Vorbild
genommen hatten. Der rechteckige Tempel der Fortuna Virilis
ist etwa hundert Jahre vor Christi Geburt gebaut worden, der
runde Vestatempel wohl noch vor Augustus. Wir wissen nicht,
welcher Gottheit dieser Tempel heilig war; im Mittelalter hatte
man ihn dem heiligen Stefan geweiht.

Unweit vom Tempel der Fortuna Virilis liegt das HAUS DES
CRESCENTIUS, ein mittelalterlicher Bau mit vielen Spolien und
einer Versinschrift, die uns berichtet, daß der Erbauer dieses
seltsamen, eher unförmigen Gebildes ein gewisser Nikolaus,

*G. B. Piranesi: Mündung der Cloaca Maxima in den Tiber, dahinter der sogenannte
Vestatempel und der Glockenturm von Santa Maria in Cosmedin (Ausschnitt)*

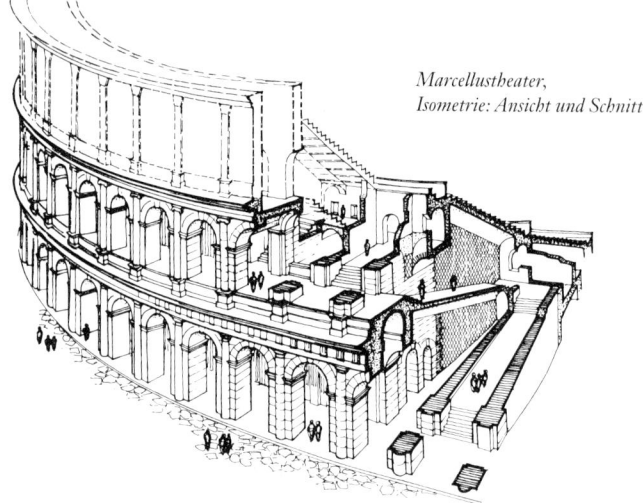

Sohn des Crescentius und der Theodora war, also ein Angehöriger der im 10. Jahrhundert mächtigsten römischen Familie der Crescentier. Hier beginnt die breite Via del Teatro di Marcello, einer der großen faschistischen Straßendurchbrüche, durch die das Kapitol an seiner Westseite freigelegt wurde; zu Mussolinis Zeiten hieß sie Via del Mare. Sie führt uns zur Piazza Venezia zurück.

An ihr sehn wir links zunächst ein modernes Gebäude, dann die Kirche SAN NICOLA IN CARCERE mit einem mittelalterlichen Turm, die in einen antiken Tempel hineingebaut worden ist, den der Juno Sospita. In dieser Gegend lagen noch andere Tempel, darunter der des Apollo Sosianus. Zwei Säulen dieses schon 433 vor Christi Geburt geweihten, 32 von dem Konsul Sosius erneuerten Heiligtums stehn noch aufrecht, und zwar ebenfalls links von der Via del Teatro di Marcello neben einer großartigen Ruine, dem MARCELLUSTHEATER.

Es ist bereits ein Bau der kaiserlichen Zeit, den Caesar begonnen, Augustus im Jahre 13 vor Christi Geburt vollendet und dem frühverstorbenen Sohn seiner Schwester Octavia, dem Marcellus, geweiht hat. Auch hier sehn wir, wie bei den beiden republikanischen Tempeln an der Piazza della Bocca della Verità, das hellenische Maß noch gewahrt, aber angewendet auf einen Riesenbau, der dadurch etwas überaus Vornehmes, ja geradezu etwas Elegantes bekommt. Auch er hat wie das Kolosseum im Erdgeschoß Halbsäulen dorischer Ordnung, im ersten Geschoß solche ionischer Ordnung, und manche vermuten, darüber habe sich ein zweites Geschoß korinthischer Ordnung erhoben. Aber wer dies Theater mit dem Amphitheater vergleicht, wird dem älteren Bau bei weitem den Vorzug geben und verstehn, warum vor allem er den Baumeistern der Renaissance immer wieder als Vorbild gedient hat. Im Mittelalter wurde er in eine Festung der Orsini umgebaut, aus der dann ein Frührenaissancepalast geworden ist. Dessen schöne schlichte Architektur wird dem Baldassarre Peruzzi zugeschrieben.

Hier können wir unsern elften Spaziergang beenden, doch gibt es in dieser Gegend noch einige Sehenswürdigkeiten, auf die ich kurz hinweisen möchte. An der Ostseite der Piazza della Bocca della Verità steht der JANUSBOGEN, auch ›Janus-Quadrifrons‹ genannt, da er vier Fronten hat. Er überdeckte eine Straßenkreuzung. Dieser Bogen ist ein Bau der römischen Spätzeit. Hinter ihm liegt die Kirche SAN GIORGIO IN VELABRO, eine schöne alte Basilika, die man gut restauriert hat.

An die Kirche lehnt sich der ARCO DEGLI ARGENTARI, der Bogen der Geldwechsler, an, erbaut zu Ehren des Septimius Severus. Neben dem Bogen sehn wir unter antiken Bögen die Cloaca Maxima, die das Tal des Forums entwässert und in der Nähe des Vestatempels in den Tiber mündet. Das Mündungstor ist noch gut erhalten, und zwar südlich des sogenannten Ponte Palatino, des antiken Pons Aemilius, von dem ein Bogen mitten im Fluß steht. Dieser Bogen gehört dem zweiten vorchristlichen Jahrhundert an, doch wurde die Brücke der Überlieferung nach schon in der Königszeit erbaut. Zerstört hat sie im Jahre 1589 eines jener furchtbaren Hochwasser des Tiber, unter denen Rom immer wieder gelitten hat, bis man den Fluß in unserer Zeit zwischen riesige Mauern zwängte, wodurch man ihn ungefährlich gemacht, aber ihm auch viel von seiner Schönheit genommen hat.

In dieser Gegend liegen noch einige sehenswerte Kirchen, die ich nur nennen will: SAN GIOVANNI DECOLLATO, SAN TEODORO und SANT'ANASTASIA. San Giovanni gehörte einer florentinischen Bruderschaft, deren Mitglied auch Michelangelo war. Die Brüder begleiteten die zum Tode Verurteilten an die Richtstätte und gewährten ihnen geistigen Beistand. Sie hatten das Recht, jährlich einen von ihnen zu befreien.

XII

Von Santa Maria Maggiore
zum Lateran

San Pietro in Vincoli und
die Tragödie um Michelangelos Juliusgrab
Santa Maria Maggiore:
strahlende Mosaiken, prunkende Kapellen
Von den Verheißungen der Sieben Kirchen Roms
Santa Prassede und die Gründungen des Papstes Paschalis
Reliquienkult: von der Confessio zur Krypta
Die Zeno-Kapelle:
Hortus Paradisus als Abglanz von Byzanz
Santa Croce in Gerusalemme:
die heilige Helena und das Kreuz
San Giovanni in Laterano:
Caput et mater omnium ecclesiarum
Urbild aller Taufkirchen:
Baptisterium San Giovanni in Fonte
Verheerende Spuren: die Normannen
im päpstlich-kaiserlichen Investiturstreit
Santo Quattro Coronati und die Sylvesterkapelle:
päpstliche Propaganda
San Clemente: Mitras, Mosaiken, Masolino

Unser heutiger Spaziergang wird uns durch unschöne Stadtteile und durch wunderschöne Kirchen führen. Diese Stadtteile, die früher vor allem eine Gartenlandschaft waren, sind erst nach 1870 in jenem zugleich anmaßenden und nichtssagenden Stil erbaut worden, den man in Italien den ›umbertinischen‹ nennt. Um so größeren Eindruck machen dem, der aus den banalen und lärmigen Straßen dieser neuen, schon schäbig gewordenen Viertel in die alten Kirchen eintritt, deren geheimnisreiche Stille und deren goldene Pracht, die so viele Jahrhunderte überdauert hat.

Wir beginnen unsern Gang wieder an der Piazza Venezia, gehn von ihr aus durch die uns schon vertraute Via dei Fori Imperiali bis dorthin, wo von dieser breiten Prachtstraße links die moderne, verkehrsreiche *Via Cavour* abzweigt. Sie führt zum Bahnhof. Auf ihrer rechten Seite finden wir bald eine Treppe, über die wir zu der Kirche SAN PIETRO IN VINCOLI – Sankt Peter in Ketten – hinaufsteigen. Ihre schlichte Fassade läßt uns eher an einen Palazzo als an ein Gotteshaus denken. Dabei handelt es sich um einen sehr alten und sehr ehrwürdigen Bau, der dann freilich, wie so viele der frühchristlichen Kirchen Roms, vom Barock vergewaltigt worden ist. Wahrscheinlich wurde San Pietro in Vincoli schon unter Sixtus III. (432-440) gebaut, und zwar auf Kosten der Kaiserin Eudoxia, der Gattin Valentinians III. Die Kirche heißt darum auch Basilika Eudoxiana. Sie ist der heilige Schrein der Ketten, in denen Petrus zu Jerusalem und zu Rom gelegen hat.

Es gab nämlich zwei verschiedene Ketten Petri. Die eine war die, mit der der Apostel im römischen Kerker Mamertinus an die Wand gefesselt war. Diese Reliquie wurde in Rom hoch verehrt. Karl der Große hatte von Papst Hadrian ein Gliedstück dieser Kette zum Geschenk erhalten, das sich heute im Domschatz zu Aachen befindet. Die zweite Kette war die, die Petrus zu Jerusalem im Kerker des Herodes getragen hatte. Der Bischof von Jerusalem schenkte sie der Kaiserin Eudoxia, und deren Tochter schenkte sie dem Papst. Als dieser nun die römische und jerusalemitanische Kette miteinander verglich, schlossen sich die beiden Ketten von selbst aneinander. Sie werden heute auf dem Hochaltar von San Pietro in Vincoli verehrt und am 1. August, dem Tage von Petri Kettenfeier, dem Volk gezeigt.

Die Kirche, eine dreischiffige Basilika, muß einmal sehr schön gewesen sein. Noch erfreuen uns ihre prächtigen antiken Säulen dorischer Ordnung und ihr seltsames dreiteiliges Querhaus, wie man es in einigen Kirchen Griechenlands findet. Sie birgt das Grabmal der Brüder Pollaiuolo, das des Kardinals Nikolaus Cusanus von Andrea Bregno, gute Bilder von Domenichino und Guercino, aber sie ist durch die Barockisierung verdorben worden. In unserer Zeit wurde sie erneut restauriert und manches wiedergutgemacht, was frühere Zeiten verdarben.

Besucht wird sie vor allem, weil Michelangelo in ihr aufgestellt hat, was er von seinem *Juliusgrab* verwirklichen konnte. Die Geschichte dieses Denkmals gehört zu den großen Tragö-

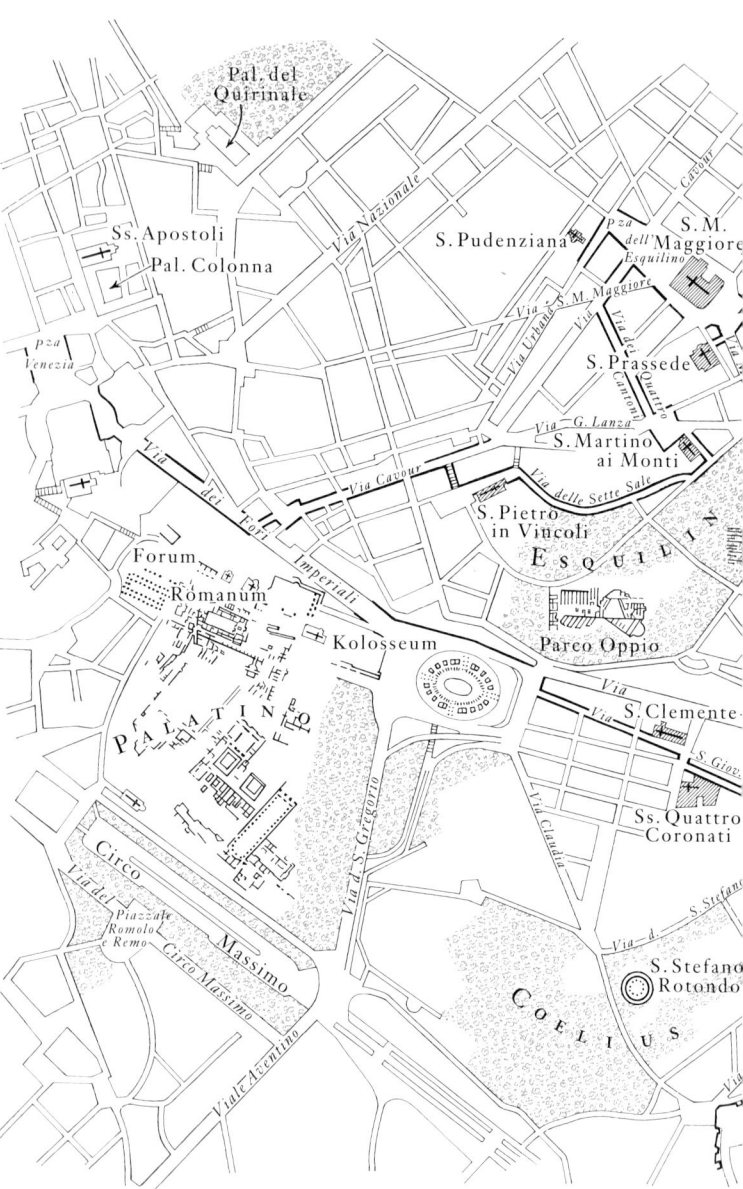

VON S. M. MAGGIORE
ZUM LATERAN

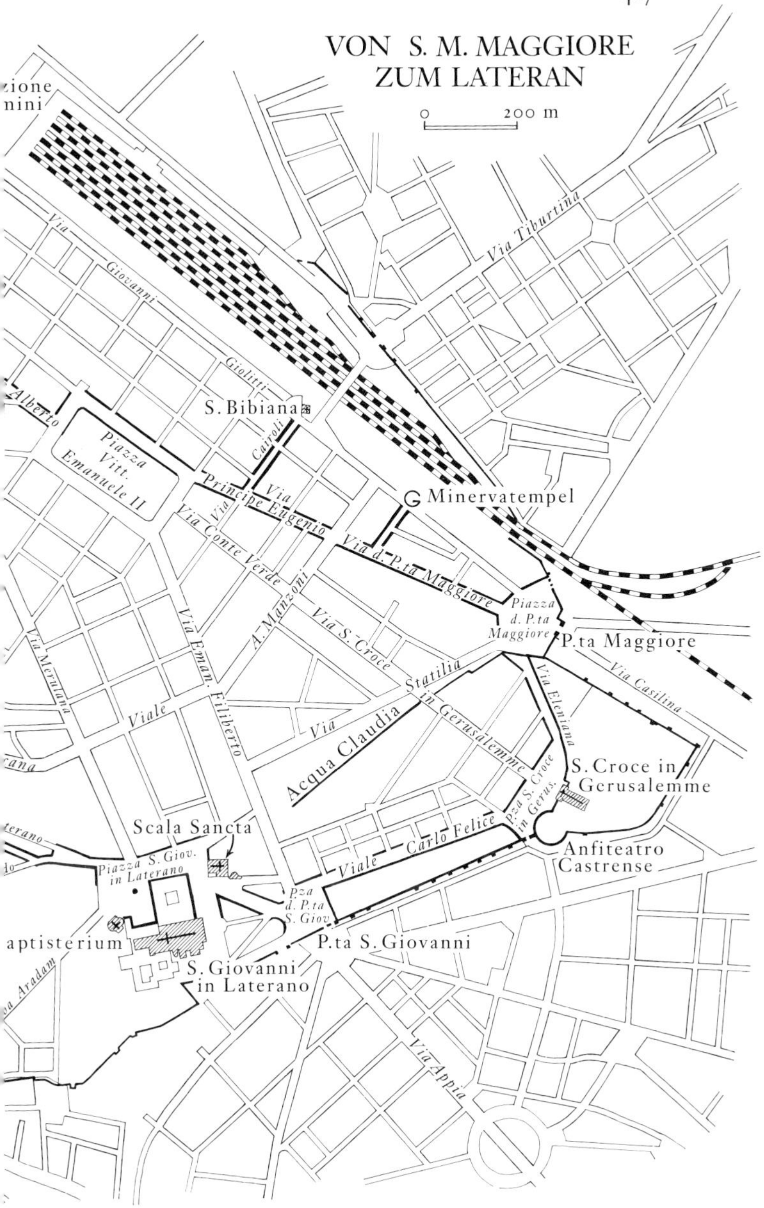

0   200 m

Via Tiburtina

Via Giovanni

Giolitti

S. Bibiana

Cairoli

Minervatempel

Piazza Vitt. Emanuele II

Via Principe Eugenio

Via Conte Verde

Via d. P.ta Maggiore

Piazza d. P.ta Maggiore

A. Manzoni

Via S. Croce

P.ta Maggiore

Via Merulana

Via Eman. Filberto

Statilia

Via Eleniana

Via Casilina

Viale

Via

Acqua Claudia

in Gerusalemme

S. Croce in Gerusalemme

Scala Sancta

Pza S. Croce in Geras.

Viale — Carlo Felice

Anfiteatro Castrense

Piazza S. Giov. in Laterano

pza d. P.ta S. Giov.

aptisterium

P.ta S. Giovanni

S. Giovanni in Laterano

Via Aradm

Via Appia

dien, von denen die Kunstgeschichte zu berichten hat, und die
wir kennen müssen, wenn wir das Werk, vor dem wir hier in San
Pietro in Vincoli stehn, richtig beurteilen wollen.

Michelangelo war erst dreißig Jahre alt, als er 1505 dem Papst einen
Entwurf für das Grabmal vorlegen mußte. Dieser Plan sah vor, daß sich
unter einer der Kuppeln des noch nicht gebauten Petersdoms eine
mehrgeschossige Kapelle erheben sollte. An der Außenseite dieses Baus
sollten vierzig große Statuen und Reliefs das Werk Julius' II. verherrli-
chen. Die Wände sollten außerdem Pfeiler tragen, die selber halb-
menschlich gebildet waren, und vor diesen sollten sich nackte Gefesselte
winden. Der Papst billigte den Entwurf, doch förderte er die Arbeit nur
wenig, schickte aber Michelangelo nach Carrara, um Marmorblöcke zu
kaufen. Von 1508 an hat er dann den Meister mehr oder weniger gezwungen, den Meißel aus der Hand zu legen und in der Sixtinischen
Kapelle zu arbeiten. Während dieser Zeit lagen die Marmorblöcke auf
dem Petersplatz, täglich mußte Michelangelo an ihnen vorbeigehen.
»Wieviele seiner Propheten«, sagt Bruhns – und ich möchte hinzufügen:
auch seiner Ignudi –, »sind heimliche Seufzer und Grüße an die noch
ungeborenen Statuen, die im Marmor seiner harrten.« Kaum war die
sixtinische Decke vollendet, scheint sich Michelangelo sofort diesem
Marmor zugewendet zu haben. Aber vier Monate später starb Julius.
Sein Nachfolger wünschte keine freistehende, sondern eine an die Wand
angelehnte Kapelle. Immerhin war sie noch großartig genug gedacht.
Michelangelo schuf für sie zwei Gefesselte, vor allem den berühmten im
Louvre, und den Moses, vor dem wir hier stehn. Immer neue Verträge
wurden mit den Erben des Papstes geschlossen, immer neue Pläne wurden entworfen, allerdings immer bescheidenere. Endlich einigte man
sich 1532 dahin, das Grab nicht in Sankt Peter, sondern in San Pietro in
Vincoli aufzustellen, doch aufgestellt wurde es erst ein volles Jahrzehnt
später, als Michelangelo siebzig Jahre alt war: ein großartiges Fragment.
Inzwischen hatte er auch zwei Frauengestalten geschaffen. Sie stellen
entsprechend der von Dante aufgenommenen Überlieferung Rahel und
Lea als Gestaltwerdungen der ›vita contemplativa‹ und der ›vita activa‹,
dar, der schauenden Andacht und des tätigen Lebens. Sie wurden neben
dem Moses aufgestellt. Gewiß gehören sie nicht zu den ganz großen
Werken des Meisters, aber die Lea beglückt uns durch ein Mildes, Holdes, das wir sonst bei Michelangelo nicht allzu häufig finden. Es steht in
einem höchst dramatischen Gegensatz zu dem erschreckend großartigen
Moses.

Über diesen *Moses* ist viel geschrieben worden, viel, allzuviel hat
man in ihn hineingedeutet. Was Michelangelo darstellen wollte,
ist, so will mir scheinen, der Mann, der Gott von Angesicht zu

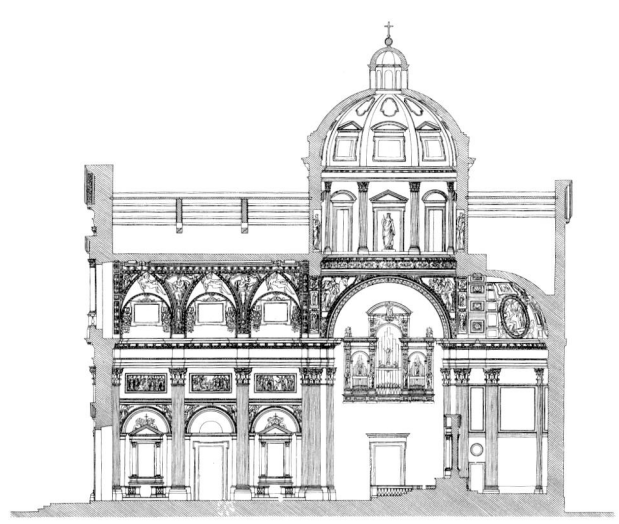

San Martino ai Monti, Längsschnitt

Angesicht gesehn hat, ihn, von dem wir uns kein Bild machen sollen, der dieses Gottesbild in sich trägt. Ist es nicht, als ob er seine Augen ununterbrochen auf dieses ferne, sehr ferne Bild richte? In diesen Blicken aber sehn auch wir das Unsichtbare, den Unsichtbaren, wir Menschen alle, ob wir nun wie Rahel Schauende oder wie Lea Tätige sind. Denn das scheint mir der Sinn des Juliusgrabes in seiner heutigen Gestalt, soweit es Michelangelo selbst geschaffen hat. Die vier anderen Statuen sind Arbeiten seiner Schüler. Julius II. selbst liegt nicht hier, sondern im Petersdom begraben.

   Links von der Kirche gehn wir nun durch die Via delle Sette Sale nach der Kirche SAN MARTINO AI MONTI. Wir befinden uns hier auf dem Esquilin, einem der sieben Hügel Roms, der aber erst in der Kaiserzeit dichter besiedelt wurde. Unter der Kirche öffnet sich eine Krypta und unter dieser wiederum eine kleine Kirche des 3. Jahrhunderts. In ihrer jetzigen Gestalt ist San Martino ein Werk des Pietro da Cortona aus dem Jahre 1650. Von hier aus steigen wir in die Via Giovanni Lanza hinab, überqueren sie, gehn weiter in der Via dei Quattro Cantoni, überqueren die Via Cavour, wenden uns in ihr rechts und kommen so auf die *Piazza dell'Esquilino.* Zu unserer Rechten sehn wir die Rückseite von Santa Maria Maggiore.

G. B. Piranesi: *Santa Maria Maggiore, Ansicht von der Piazza dell'Esquilino*

Wir aber wenden uns links, dann gleich wieder links in die Via Urbana. Dort finden wir zu unserer Rechten, mehrere Stufen unter dem heutigen Straßenniveau, die Kirche SANTA PUDENZIANA. Hier stand einst das Haus des heiligen Pudens, eines römischen Senators, bei dem der Apostel Petrus in den Jahren 43-50 zu Gast war. Von diesem Haus aus haben nach Petri Tod dessen Nachfolger die römische Kirche regiert, bis ihnen Kaiser Konstantin den Lateran schenkte. Pudens hatte zwei Töchter: die Heiligen Pudentiana und Praxedis. Die Kirche der Pudentiana wurde von Papst Siricius erbaut, der 399 starb, 1588 erneuert und dabei verbaut. Sie enthält ein durch Restaurationen stark verdorbenes, doch immer noch beeindruckendes Mosaik des 4.Jahrhunderts: der Erlöser zwischen den Aposteln und den Schwestern Pudentiana und Praxedis, die ihm Kränze darbringen.

Über die Piazza dell'Esquilino gehn wir nach SANTA MARIA MAGGIORE. Man kann die Kirche auch von der Rückseite betreten, doch macht sie einen stärkeren Eindruck, wenn wir das durch das Hauptportal tun. Vor diesem steht auf der Piazza Santa Maria Maggiore eine riesige kannelierte Säule aus der Maxentiusbasilika mit einem Muttergottesbilde. Zwischen dieser Säule und dem hohen Obelisken hinter der Apsis der Kirche erhebt sich ein rings isolierter mächtiger Bau von höchst seltsamer Art: eine Art von großem Palast, den freilich sein hoher mittelalterlicher Glockenturm als Gotteshaus kennzeichnet. Sonst ist von diesem Gotteshaus von außen her kaum etwas zu sehen, denn es ist auf beiden Seiten in die Paläste der Kanoniker sozusagen eingepackt. Zwischen diesen baute der Florentiner Ferdinando Fuga 1741-1743 die Fassade: eine Vorhalle mit fünf Portalen und darüber eine dreibogige Loggia. Die Loggia enthält die Mosaiken der früheren Fassade, deren Gold durch die barocken Bögen hindurchschimmert. Auch die Rückseite der Kirche mit ihrer prächtigen Freitreppe hat etwas Profanes, wenn auch auf hoheitsvolle Art. Sie ist ein Werk des Carlo Rainaldi. Über ihr erheben sich zwei Kuppeln, die zu zwei erst im Cinquecento und Seicento an die Kirche angebauten sehr großen Kapellen gehören. Eine richtige Vorstellung von Santa Maria Maggiore kann uns eigentlich nur ein Plan oder ein Flugbild geben. Sie zeigen uns eine riesige rechteckige frühchristliche Basilika, die von einem sozusagen ›gotischen‹ Glockenturm überragt wird und völlig von Bauten der Hochrenaissance und des Barock eingeschlossen worden ist, so wie ein Stück Felsgestein einen Edelstein einschließt.

Wer das Innere dieser Kirche betritt, wird diesen Vergleich nicht abwegig finden: sie schimmert und leuchtet wie wenige auf der Welt; sie ist ein Wunder, und sie verdankt ihre Entstehung einem Wunder.

In einer heißen Sommernacht, am 4. August 352, erschien die Muttergottes gleichzeitig dem Papst Liberius und dem reichen römischen Bürger Johannes und befahl ihnen, ihr dort eine Kirche zu bauen, wo am nächsten Morgen in Rom frischer Schnee liegen würde. Am Morgen des 5. August aber fand man auf dem Esquilin frisch gefallenen Schnee. Papst Liberius zeichnete den Grundriß der Kirche in diesen Schnee, und Johannes gab das Geld für den Bau des Gotteshauses. Nach dem Papst Liberius wird Santa Maria Maggiore auch die ›Basilika Liberiana‹ genannt. Ihre Entstehungsgeschichte erzählen die Mosaiken in der Außenloggia der Kirche, die Filippo Rusticucci um 1300 herum schuf. Wir feiern noch heute am 5. August das Fest ›Maria Schnee‹. In der Paulinischen Kapelle von Santa Maria Maggiore wird es auch dadurch gefeiert, daß man während des Hochamtes von der Kuppel her weiße Blütenblätter auf die Gläubigen niederschneien läßt.

Der herrliche Innenraum ist in seiner heutigen Gestalt ein Werk des 5. Jahrhunderts. Wieder sehn wir eine dreischiffige Basilika vor uns, freilich eine ungewöhnlich große. Das Mittelschiff ist besonders breit. Vierzig Säulen, die meisten aus attischem Marmor, trennen es von den Seitenschiffen. Über ihnen liegen die mosaikgeschmückten Architrave. Prachtvoll sind der *Cosmatenfußboden* und die *Decke*, von der man erzählt, sie sei mit dem ersten aus dem eben entdeckten Amerika eingetroffenen Gold vergoldet worden. Über den Architraven sehn wir 36 ungewöhnlich guterhaltene *Mosaikbilder des Langhauses* aus dem ersten Drittel des 5. Jahrhunderts. Sie erzählen Szenen aus dem Alten Testament. Es ist nicht ganz leicht, einen Zugang zu diesen Werken zu finden, die, als Kunstwerke betrachtet, noch ganz der Antike angehören. Oft habe ich sagen hören, es handle sich um Verfallskunst. Wenn man diese Bilder nur von der Form aus wertet, ist ein solcher Schluß begreiflich, aber sobald man anfängt, sich mit ihren Inhalten zu befassen, sieht man mit Staunen, wie die Beschäftigung mit den heiligen Geschichten die oder den spätantiken Künstler dazu gebracht hat, mehr zu lei-

sten, als seine Zeit eigentlich zu leisten vermochte, wie sich hier
neues künstlerisches Leben kundtut. Als Beispiel für das, was ich
da sage, möchte ich nur die beiden Bilder anführen, die uns
Jakob bei Laban zeigen (an der linken Langhauswand). Selten ist
auch in späteren Jahrhunderten diese Geschichte, die zu den
schönsten des Alten Testaments gehört, so poetisch nacherzählt
worden wie hier.

Auch die schönsten *Mosaiken am Triumphbogen* stammen aus
dem 5. Jahrhundert. Unter dem Bogen öffnet sich die (moderne)
Confessio mit der Statue des knienden Pius' IX., der eine der
heiligsten Reliquien Roms, die unter dem Hochaltar bewahrte
Krippe des Christkindes, verehrt. Sie wird in der Weihnachtsnacht den Gläubigen gezeigt. Die *Apsis* hat 1295 der große Römer Jacopo Torriti mit Mosaiken geschmückt, also in Dantes
Zeit, während die Mosaiken im Langhaus und am Triumphbogen entstanden, als der Kirchenvater Augustinus erst seit wenigen Jahren nicht mehr am Leben war. Wenn wir bedenken, wie
viele Mosaiken Roms untergegangen sind, dazu den langen Zeit-
raum, in dem die römischen Mosaizisten tätig waren, nämlich
fast ein Jahrtausend, ahnen wir, welch ungeheuren Reichtum an
solchen Kunstwerken die Ewige Stadt einst ihr eigen genannt
hat. Die Mosaiken Torritis stellen den Triumph Mariä dar. Sie
zeigen uns Papst Nikolaus IV. als Auftraggeber.

Santa Maria Maggiore birgt zahlreiche Kunstwerke. Rechts
von der Confessio öffnet sich eine sehr große und prächtige
Seitenkapelle, die *Cappella Sistina*, die Sixtus V. Peretti durch
Domenico Fontana erbauen ließ. Das tempelartige, von vier
Bronzeengeln getragene Ciborium überfängt das alte Krippen-
oratorium, das Arnolfo di Cambio um 1290 neu gestaltet hat und
das von Fontana hierher übertragen wurde. Im linken Kreuzarm
der Kapelle hat der baufreudige Peretti-Papst seinem Vor-Vor-
gänger Pius V. von Fontana ein Grabmal errichten lassen, das
diesem Asketen auf dem Stuhl Petri, der eine härene Mönchskutte unter den Pontifikalgewändern zu tragen pflegte und die
Reform der Sitten in Rom betrieb, ein grandioses Denkmal
setzt. Der Cappella Sistina gegenüber liegt die noch prächtigere,
aber überladene *Cappella Paolina*, die Flaminio Ponzio für Paul V.
Borghese erbaut hat. Auf ihrem Altar wird ein sehr schönes, dem
heiligen Lukas zugeschriebenes Bild der Muttergottes so hoch
verehrt wie wenige andere Muttergottesbilder in der Welt.

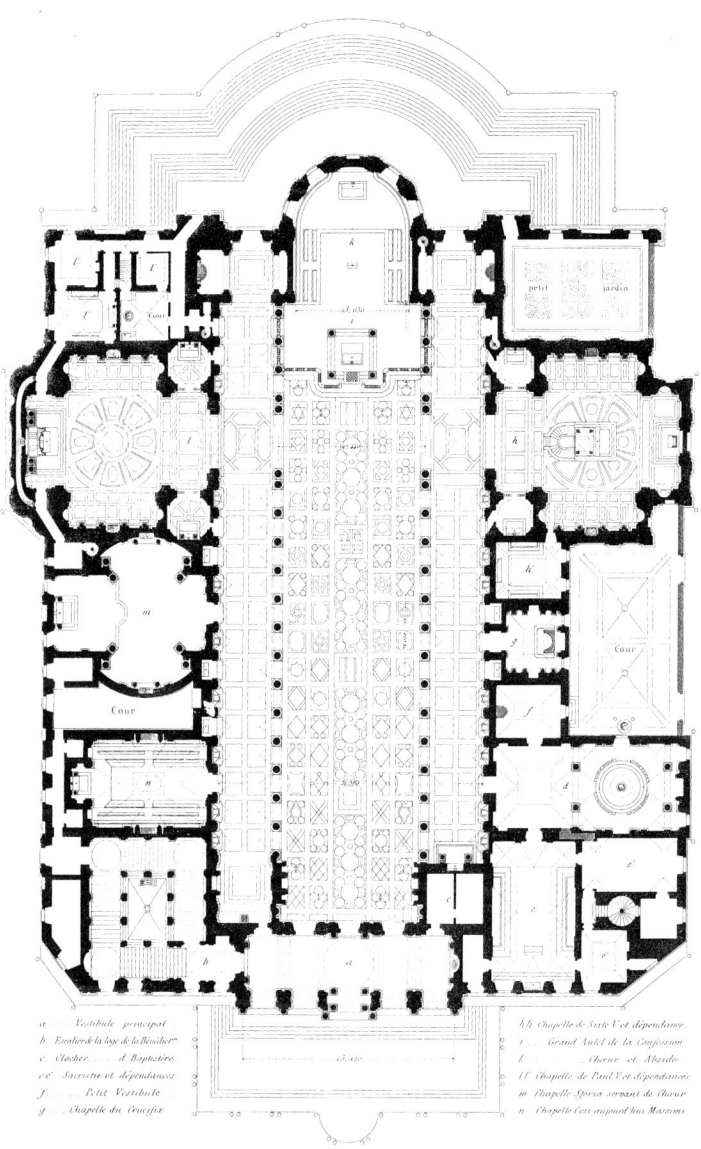

a ..... Vestibule principal
b ..... Escalier de la loge de la Bénédiction
c ..... Clocher ..... d. Baptistère
c'c'. Sacristie et dépendances
f ..... Petit Vestibule
g ..... Chapelle du Crucifix

h/h. Chapelle de Sixte V et dépendance
i ..... Grand Autel de la Confession
k ..... Chœur et Abside
ll Chapelle de Paul V et dépendances
m Chapelle Sforza servant de Chœur
n Chapelle Cesi aujourd'hui Massimi

Santa Maria Maggiore, Grundriß

Santa Maria Maggiore, Querschnitt durch die

Unter den über 80 Marienkirchen Roms ist diese nicht nur die größte, sondern auch die, die auf die Gläubigen aus aller Welt die stärkste Anziehungskraft ausübt. Wer sie an einem Sonntagmorgen besucht, wenn eine Messe nach der andern gelesen wird und viele Hunderte von Gläubigen kommen und gehn, kann sich nicht darüber täuschen, daß er hier an einer Stätte besonders lebendigen und warmen Glaubens steht.

Basilika und die Kapellen Pauls v. und Nikolaus' v.

Santa Maria Maggiore gehört mit Sankt Peter, Sankt Paul und Sankt
Johann im Lateran zu den Patriarchalkirchen der Stadt, deren Priester
der römische Bischof, also der Heilige Vater selbst ist und zu deren
Gemeinde alle Gläubigen in der weiten Welt gehören. Diese Patriarchalkirchen gehören ferner zusammen mit Santa Croce in Gerusalemme, San Lorenzo vor den Mauern und San Sebastiano an der Via Appia

zu den Sieben Kirchen, ›Le sette Chiese‹, Roms. Nach einem Breve
Papst Pius' IX. von 1866 muß, wer einen vollkommenen Ablaß gewinnen will, diese Sieben Kirchen zwischen der ersten Vesper des einen
Tages bis zum Sonnenuntergang des anderen zu Fuß oder zu Wagen
besuchen, nachdem er zuvor gebeichtet und kommuniziert hat. Wir
werden noch auf dem heutigen Spaziergang zwei dieser Kirchen kennenlernen, nämlich Sankt Johann und Santa Croce, drei weitere auf dem
vierzehnten.

Wer aus der Vorhalle von Santa Maria Maggiore heraustritt und
rechts über den Platz geht, findet die Kirche SANTA PRASSEDE.
Wir sind der heiligen Praxedis, der Tochter des Senators Pudens
und Schwester der heiligen Pudentiana, schon in Santa Pudenziana begegnet. Santa Prassede ist eine Gründung des bedeutenden, energischen, aber auch harten Papstes Paschalis I., 817-824.
Wir kennen bereits eine seiner Kirchengründungen: Santa Maria in Domnica. Eine zweite, Santa Cecilia in Trastevere, werden
wir auf unserm nächsten römischen Spaziergang besuchen. Santa Maria in Domnica macht, da ihre ursprüngliche Gestalt verhältnismäßig rein erhalten ist, einen älteren Eindruck als Santa
Prassede, die im 15., 16. und noch im 19. Jahrhundert stark verändert wurde. Dieses Gotteshaus wurde nicht zu Ehren der
Muttergottes erbaut, sondern zu Ehren der Heiligen, und zwar
in einer Zeit, in der man im Orient die Reliquien der Heiligen
verbrannte und ihre Bilder zerstörte. Wir haben bereits eine
römische Kirche kennengelernt, die von dem Kampf Roms gegen die bilderstürmenden Oströmer zeugt: Santa Maria Antiqua
am Forum. Paschalis befahl, als er die Kirche erbauen ließ, die
Katakomben nach den Reliquien der heiligen Päpste und Märtyrer zu durchsuchen und ließ diese dann feierlich nach Santa
Prassede bringen. Eine lange Inschrift, die die Kirche bewahrt,
nennt ihre Namen; viele von ihnen aber sind namenlos, denn, so
sagt die Inschrift, »Gott allein kennt ihre Namen«. Die Reliquien wurden in einer Krypta beigesetzt, wahrscheinlich einer
der ältesten Roms.

Bis dahin hatten die Basiliken nur eine Confessio, in der sich die Gräber
der Märtyrer befanden. Die Gläubigen durften sie nicht betreten, nur
durch ein vergittertes Fenster andächtig in sie hineinschauen. Die Confessio ist eine enge Grabstätte, die Krypta dagegen eine richtige Kirche,
in der man die Märtyrergräber mit den Händen berühren kann, während
sich die Gläubigen bis dahin damit hatten begnügen müssen, ein Tuch in

die Confessio herabzulassen, um es mit einem wohltätigen und heiligenden Fluidum getränkt wieder daraus hervorzuziehn. Auch die Krypta entstand im Kampf gegen die Verächter der Heiligen und der Reliquien, denn sie dient vor allem dem Heiligenkult. Hier werden »am Tag ihrer Geburt«, das heißt am Tage ihres Martyriums, feierliche Messen zu ihren Ehren gelesen. Im übrigen erinnerten die Dunkelheit, die Stille, das Geheimnisvolle der Krypten an die Katakomben.

Einige der Reliquien, die Paschalis in das neue Gotteshaus hatte bringen lassen, wurden in den Seitenkapellen beigesetzt, andere in dem anstoßenden Kloster, in dem griechische Mönche Tag und Nacht in ihrer Sprache das Lob der Heiligen singen mußten. Zu ihren Ehren ließ er die Apsis und den Triumphbogen mit Mosaiken schmücken. In der Apsis sehn wir, wie Praxedis und Pudentiana in den Himmel aufgenommen werden. Sie hatten zwar nicht das Martyrium erlitten, aber die Märtyrer zur Richtstätte begleitet und ihre Leiber begraben. Der heilige Petrus und der heilige Paulus führen die Schwestern Christus zu, der auf einer purpurnen Wolkentreppe herabsteigt. Ganz rechts steht der heilige Zeno, dessen Kirche wir in Verona besuchen sollten, und ganz links mit viereckigem Nimbus Papst Paschalis I., der seine Kirche in Händen trägt. In Santa Maria in Domnica kniet er vor der Muttergottes, hier steht er aufrecht. Warum? Man hat vermutet, weil dieses Apsismosaik ein Vorbild hat, an das der Künstler gebunden war, nämlich das Apsismosaik von Santi Cosma e Damiano, das wir am Forum sahen und das drei Jahrhunderte früher geschaffen worden war. Vielleicht war Paschalis ein großer Bewunderer der Vergangenheit. Seine drei Basiliken nehmen sich ältere Bauten zu Vorbildern. Er hat auch das heidnische Altertum nicht verachtet. Vor Santa Maria in Domnica ließ er die ›navicella‹ aufstellen, das Marmorschifflein, ein Exvoto römischer Seeleute. Im Hof von Santa Cecilia steht eine antike Steinvase. Eine andere sehn wir über dem Eingangstor der Zeno-Kapelle von Santa Prassede, die wir gleich besuchen werden.

Zuvor aber wollen wir noch die prachtvollen Mosaiken am Triumphbogen betrachten. Sie stellen das Himmlische Jerusalem dar, das uns die Apokalypse schildert. In der Mitte steht Christus zwischen zwei Engeln, ihm zur Seite sehn wir die Muttergottes, Johannes den Täufer, die heilige Praxedis, die zwölf Apostel und wie auf dem Berge Tabor Moses und Elias. Vor den

Santa Prassede

Mauern der Stadt empfangen Engel die Heiligen. Petrus hält die
Schlüssel zu ihren Toren. Die Heiligen tragen goldene Kronen.
Bei ihnen sind weißgewandete Erwählte mit Palmenzweigen in
den Händen. Wir wissen, daß diese Darstellung auf byzantinischen Vorbildern beruht. Vielleicht werden darum diese Mosaiken griechischen Künstlern verdankt, die vor den Bilderstür-
mern nach Rom geflohen waren. Sie sind auch in der schon

erwähnten Zeno-Kapelle tätig gewesen, die wir vom rechten Seitenschiff her betreten.

Diese Kapelle wirkt durchaus orientalisch. Émile Mâle hat ihre Mosaiken prachtvoll beschrieben und uns gezeigt, welche bildlichen und schriftlichen Quellen ihnen zu Grunde liegen. »Alles hier«, so schreibt der große französische Forscher, »erinnert uns an Thessaloniki, an Ravenna, an Asien. Vier Engel, die auf dem Globus stehn, folgen mit ihren Bewegungen den Rippen der Kuppel und erheben über ihre Häupter eine Büste Christi in einer Triumphkrone: ein großartiges Motiv, das man zum erstenmal in einem Grabe zu Palmyra sehn kann und das in den Mosaiken von San Vitale zu Ravenna wieder auftaucht. Die Medaillons mit Büsten der Apostel und der heiligen Frauen und Männer finden sich genauso auf den Mauern von Hagios Demetrios zu Thessaloniki. Im Halblicht der Zeno-Kapelle erkennen wir einige überraschende Besonderheiten der byzantinischen Ikonographie wieder. Die Transfiguration (von der nur ein Teil erhalten blieb) ist so dargestellt wie in den Miniaturen des Gregor-von-Nazianz-Manuskripts der Pariser Nationalbibliothek. Jesus, Moses und Elias erscheinen nicht getrennt, sondern werden von der gleichen Gloriole umschlossen. Auf einer anderen Wand der Kapelle werden die Jungfrau und der Täufer einander symmetrisch gegenübergestellt in der Geste der Anrufung wie in der ›Deesis‹ der Künstler des Ostens, dem ›großen Gebet‹, das die Muttergottes und der Vorläufer für die Menschheit sprechen. Nicht weit von dort erscheinen der heilige Petrus und der heilige Paulus an den beiden Seiten eines leeren Thrones. Es gibt nichts Feierlicheres, nichts Geheimnisvolleres als diesen Thron, diesen furchtbaren Thron, auf dem Einer sich niederlassen wird. Es ist der Thron, der am letzten Tage der Welt den Weltenrichter erwartet. Diese großartige Darstellung geht auf eine Predigt des heiligen Ephrem, des Syrers, zurück, die im 4. Jahrhundert im Orient viel gelesen wurde. Er beschreibt darin das Jüngste Gericht so genau, daß diese berühmte Seite allen Künstlern des Ostens als Modell gedient hat. Alle diese künstlerischen Themen verbinden die Zeno-Kapelle mit dem Osten. Wenn man außerdem bedenkt, daß die Heiligen, die vor dem Goldgrund stehn, Praxedis, Pudentiana und Agnes, wie byzantinische Kaiserinnen gekleidet sind, ist es durchaus natürlich, all dieses griechischen Künstlern zuzuschreiben. Die Römer emp-

fanden das als etwas Rares und nannten darum dies goldene
Heiligtum ›Hortus Paradisi‹ – Paradiesgärtlein.« Der kleine
Raum ist einer der wenigen gewölbten aus dem römischen Mittelalter: und auch das ist griechisch. Die frühchristlichen Kirchen Roms haben flache Decken. Noch heute wird die Zeno-
Kapelle, die Paschalis I. dem Andenken seiner Mutter Theodora
weihte, viel besucht, auch weil sie eine kostbare Reliquie enthält:
ein Stück von der Säule, an der Christus gegeißelt wurde. Ein
Kardinal Colonna, der an dem Kreuzzug Friedrichs II. teilgenommen hatte, hat sie 1233 nach Rom gebracht.

Von der Piazza Santa Maria Maggiore führt die Via Carlo
Alberto auf die von Kolonnaden umgebene, große, rechteckige
Piazza Vittorio Emanuele II. Von hier aus gelangen wir durch
die Via Principe Eugenio und deren Fortsetzung, die Via di
Porta Maggiore, entweder direkt zu dem antiken Tor gleichen
Namens, oder wir wenden uns links in die sehr lange, an den
Bahngleisen entlangführende Via Giovanni Giolitti. Hier finden
wir die sehr alte Kirche SANTA BIBIANA, die Bernini 1625 erneu-
ert hat. Sie enthält eines seiner Jugendwerke, die Statue der
Bibiana, die unter Julian Apostata den Märtyrertod erlitt. Weiter
in Richtung Porta Maggiore gehend, sehen wir einen höchst
bemerkenswerten römischen Rundbau, den sogenannten TEM-
PEL DER MINERVA MEDICA, der wahrscheinlich das Nymphäum
einer Villa war.

Von der PORTA MAGGIORE, auch Porta Praenestina genannt,
nimmt die Via Casilina ihren Ausgang. Erbaut wurde das Tor
bereits im Jahre 52 von Kaiser Claudius, um zwei Wasserleitungen zu tragen, wurde dann später in die Aurelianische Mauer
eingefügt. Vor dem Tor steht das seltsame *Denkmal des Eu-
rysaces*, eines Bäckers, mit einem Fries, der in Bildern das Hand-
werk des Verstorbenen darstellt. Nicht weit von der Porta Maggiore liegt die unterirdische *Basilika von Porta Maggiore*, die
Kultstätte einer mystischen Sekte der ersten Kaiserzeit, mit sehr
schönen Stuckreliefs aus dem ersten christlichen Jahrhundert,
die griechische Mythen darstellen. Sie wird von einigen For-
schern als das eigentliche Urbild der frühchristlichen Basiliken
angesehen.

Wenn wir von der Porta Maggiore in der Via Eleniana südwärts gehn, gelangen wir sehr bald zu einer der schon genannten
Sieben Kirchen Roms, nämlich nach SANTA CROCE IN GERUSA-

LEMME. Sie hat eine sehr wirkungsvolle, spätbarocke, eigentlich rokokohafte Fassade, erbaut 1744 von Domenico Gregorini. Dieser Gregorini gestaltete aber auch das Innere und zeigte dabei keine sehr glückliche Hand. Als die heilige Kaiserin Helena die Kreuzesreliquie aus Jerusalem nach Rom brachte – großartig hat Piero della Francesca uns diese Legende in Arezzo erzählt –, baute ihr Sohn Konstantin die Kreuzeskirche. Die Geschichte von der Auffindung des Kreuzes wird natürlich auch in dieser Kirche erzählt, und zwar in der Apsis in liebenswürdignaiven Fresken des Antoniazzo Romano. Am Ende des rechten Seitenschiffs führt eine Treppe in die Kapelle der heiligen Helena hinab. Sie enthält ein prächtiges Mosaik, das vielleicht Melozzo da Forlì entwarf. Am Altar sehn wir eine römische Statue aus Ostia, die durch Hinzufügung des Kopfes und der Hände in eine Statue der heiligen Kaiserin verwandelt worden ist. Vom linken Seitenschiff aus gelangt man in die moderne Reliquienkapelle mit der Kreuzesreliquie.

Neben Santa Croce in Gerusalemme liegt das *Anfiteatro Castrense*. Es war eine Art Hoftheater, erbaut im 3.Jahrhundert von Heliogabal oder Alexander Severus, das Aurelian in seine Mauer einbezog. Die *Aurelianische Mauer* ist von der Porta Maggiore bis zur Porta San Paolo und darüber hinaus bis fast an den Tiber mit allen ihren Toren und Türmen vortrefflich erhalten. Von Santa Croce in Gerusalemme führt der breite Viale Carlo Felice zur Piazza San Giovanni mit der PORTA SAN GIOVANNI, der alten ›Porta Asinaria‹. Wir stehn vor der Prachtfassade einer anderen der Sieben Kirchen, nämlich vor Sankt Johann im Lateran.

Nachdem wir so viele banale Straßen durchwandert haben, empfinden wir die lichten Plätze, die SAN GIOVANNI IN LATERANO und den LATERANSPALAST umgeben, als eine Wohltat. Dieser beeindruckende Komplex von sehr großen Bauten verdankt seine heutige Gestalt vor allem Sixtus V. Peretti, dessen Löwenwappen wir hier überall begegnen, und seinem Lieblingsbaumeister Domenico Fontana, also den letzten Jahren des 16.Jahrhunderts; doch sei hier gleich angemerkt, daß die prächtige Barockfassade von San Giovanni erst 1735 entstand. Wir werden uns mit all dem noch näher zu beschäftigen haben. Zuvor aber müssen wir doch versuchen, uns eine Vorstellung von der alten Kirche und dem alten Palast zu verschaffen, die in diesem Bautenkomplex stecken, aber zumindest auf den ersten Blick kaum

Die Fassade von San Giovanni in Laterano; rechts der Lateranische Palast

in Erscheinung treten, handelt es sich doch um eine der ältesten christlichen Kirchen Roms und um den ersten Palast der Nachfolger Petri.

Wir haben neben dem Kolosseum den Konstantinsbogen gesehn. Während an diesem seltsamen spätantiken Bogen gebaut wurde, entstand die damals noch dem Heiland geweihte Kirche neben dem Lateranspalast, einem antiken Gebäude, in dem bereits der Papst seine Wohnung hatte. Denn Kirche und Palast sind ein Geschenk Konstantins des Großen an die Nachfolger Petri. Wahrscheinlich hat er diese Schenkung nach der Schlacht an der Milvischen Brücke gemacht. Der Palast hatte einst der römischen Patrizierfamilie der Laterani gehört. Tacitus berichtet von einem gewissen Plautius Lateranus, den Nero hinrichten ließ. Seit dem zweiten christlichen Jahrhundert gehörte das Gebäude dem Staat. Zur Zeit Konstantins wohnte hier die Kaiserin Fausta, der Palast wurde darum ›domus Faustae‹ genannt. Da die Schlacht an der Milvischen

Brücke im Jahre 312 stattfand, Papst Melchiades, 311-314, aber schon 313 eine Synode im Palast versammelte, nimmt man an, er sei der vom Kaiser Beschenkte gewesen. Vielleicht war das aber erst der heilige Sylvester I., 314-335, den die Legende so eng mit Konstantin verbunden hat. Wer die Kirche geweiht hat, wissen wir nicht. Geweiht wurde sie, wie gesagt, dem Salvator Mundi, dem Erlöser der Welt, und erst unter Gregor dem Großen hat man sie auch Johannes dem Täufer geweiht, wahrscheinlich weil die älteste Taufkirche der Christenheit zu ihr gehörte, die gleichzeitig mit ihr entstanden war. Von den frühesten Zeiten an führt sie außerdem den Titel: ›Caput et mater omnium Ecclesiarum – Haupt und Mutter aller Kirchen‹, was darauf hinweist, daß mit ihrem Bau vor dem Bau von Sankt Peter begonnen worden war.

Die alte Lateransbasilika war ein riesiges Gotteshaus. Um Platz für dieses zu gewinnen, wurden zwei Straßen und eine Kaserne der kaiserlichen Gardereiter überbaut. Es war fünfschiffig wie Sankt Peter. Und wie Sankt Peter hatte es ein Querhaus. Das war ein völlig neues Motiv, das die heidnischen Basiliken nicht kannten. Wahrscheinlich verdankt es seine Entstehung doch dem Kreuz als dem Symbol der Erlösung. Seltsam ist, daß die Kirche, wie auch die andern christlichen Basiliken der Zeit, ein flaches Dach erhielt. Erinnern wir uns daran, mit welchen herrlichen Gewölben damals am Forum die Konstantinsbasilika überdacht wurde; wir wissen nicht, warum man bei den Kirchenbauten auf die Wölbungen verzichtete: vielleicht aus Demut, weil man die Kuppeln als etwas Profanes empfand, das den kaiserlichen Gerichtshallen und Thermen eignete. Durchaus überzeugend finde ich das nicht. Aber Rom entschied sich für die Flachdecken, während man im östlichen Reich die herrlichsten Kuppeln wölbte. Die Kirche war sehr üppig ausgestattet: man nannte sie ›die goldene‹. Die Wände der Apsis sollen mit Goldplatten verkleidet gewesen sein. Kaiser Konstantin schenkte Papst Sylvester achtzehn silberne Figuren von fünf Fuß Höhe. Sie stellten einmal Christus zwischen den Aposteln, das andere Mal Christus zwischen Engeln dar. Darüber erhob sich ein Baldachin mit einer Decke aus purem Gold. Wahrscheinlich haben schon Alarichs Goten diese Kunstwerke geraubt.

Die konstantinische Lateransbasilika hat über fünfhundert Jahre aufrecht gestanden. Unter dem Papst Stephan VI., 896-897, wurde sie von einem Erdbeben zerstört. Man darf darin eine Strafe des Himmels sehn, denn dieser Stephan war ein Unmensch. Er ließ seinen Vorvorgänger Formosus (zwischen diesem und ihm selbst hatte Bonifaz VI. nur vierzehn Tage lang regiert), der schon seit neun Monaten im Grabe lag, wieder ausgraben, in päpstliche Gewänder gehüllt im Lateranspalast auf einen Thron setzen, um über den Toten Gericht zu halten. Dann ließ er dem

Toten die Segensfinger der rechten Hand abhauen, ihn auf dem Begräbnisplatz der Fremden erst bestatten, wiederum ausgraben und endlich in den Tiber werfen. Das Volk Roms war über diese ›Leichensynode‹ so empört, daß es den Stephan schließlich in den Kerker warf, wo er erwürgt wurde. Sergius III., 904-911, hat die Basilika wiederhergestellt. In der Zeit des Avignonesischen Konzils litt sie schwer unter zwei Bränden. Damals schrieb Petrarca an Papst Urban V., 1362-1370, daß die Mutter aller Kirchen kein Dach mehr habe. Urban scheint dann von Avignon aus einiges für die Kirche getan zu haben. Durch ihn kamen gotische Elemente in den Bau, darunter das Tabernakel, das wir über dem Hochaltar sehn werden. Doch gründlich erneuert und völlig umgestaltet wurde San Giovanni in Laterano erst unter Innozenz X. durch Borromini.

Von dem Palast, in dem die Päpste bis zum Avignonesischen Exil residiert haben, können wir uns kaum noch eine Vorstellung machen. Er soll von ungewöhnlicher Pracht gewesen sein. Zur Zeit Sixtus' V. lag er in Trümmern. Diese Trümmer ließ Sixtus, der in seinen kurzen Regierungsjahren versucht hat, ganz Rom neu zu gestalten, einfach forträumen. Auch die Mosaiken wurden zerstört, ganze Karren voll Goldschutt schufen an der Via Appia einen ›monte d'oro‹, einen Goldberg, der noch zu Goethes Zeiten zu sehn war. Dann baute Domenico Fontana von 1587 bis 1589, also in erstaunlich kurzer Zeit, einen neuen Palast, außerdem die Nebenfassade von San Giovanni: einen doppelten, fünfbogigen Portikus, während die beiden Glockentürme des 12. Jahrhunderts erhalten blieben. Außerdem schuf er den Bau, in dem das wenige Alte erhalten blieb, was bei dieser völligen Neugestaltung des Lateran nicht zerstört worden ist, nämlich den Palast mit der Scala Sancta.

Wir wollen unsern Rundgang durch die lateranischen Bauten mit diesem Palast beginnen. Die SCALA SANCTA ist die Treppe im Palast des Pilatus zu Jerusalem, über die der Herr ging, als er mit der Dornenkrone vor Pilatus geführt wurde. Die heilige Kaiserin Helena, die Kreuzauffinderin, hat sie nach Rom gebracht, wo sie in den Lateranspalast eingebaut wurde. Sie darf nur kniend erstiegen werden. Die Treppe ist mit Holz verkleidet, und in diese Verkleidung sind mit Kristall bedeckte Löcher eingelassen. Sie bezeichnen die Stellen, auf die das Blut des Heilands geflossen sein soll. Außer der heiligen Treppe, auf der wir fast immer

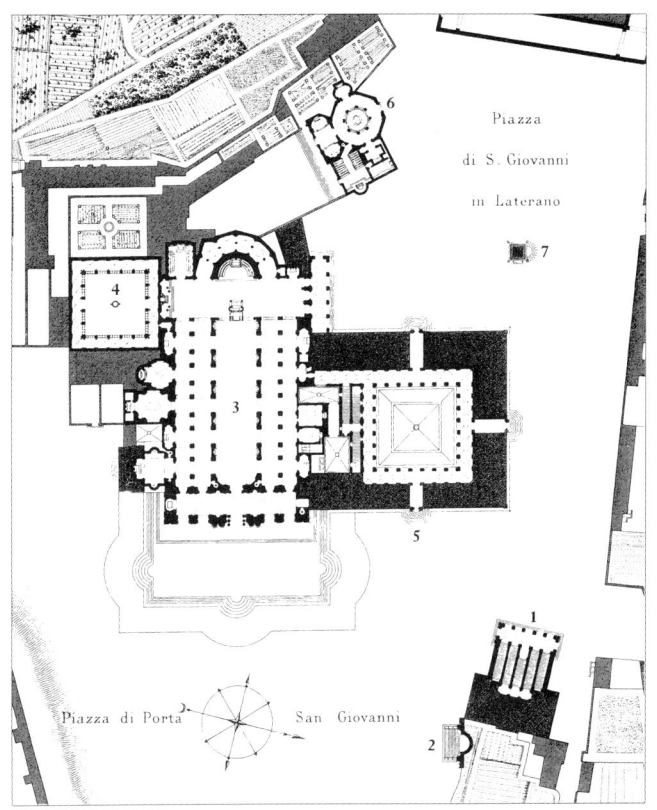

Der Lateran-Komplex: 1 *Scala Sancta,* 2 *Triclinium Leonianum,* 3 *Basilika San Giovanni,* 4 *Kreuzgang,* 5 *Lateranischer Palast,* 6 *Baptisterium San Giovanni in Fonte,* 7 *Obelisk*

Büßende antreffen, führen noch Seitentreppen zu der Kapelle *Sancta Sanctorum,* der päpstlichen Hauskapelle im alten Lateranspalast. In ihr werden sehr zahlreiche Reliquien verehrt, vor allem aber ein Bild des Heilands, ein sogenanntes ›acheropites‹ Bild, weil es nicht von Menschenhand gemalt wurde, sondern von den Engeln. Die Kapelle stammt noch aus der Zeit Konstantins, erhielt aber ihre jetzige Gestalt erst unter Nikolaus III., 1277–1280. Über dem Altar lesen wir: ›Non est in toto sanctior orbe locus – es gibt keinen heiligeren Ort auf der Welt.‹

G. B. Piranesi: *Piazza San Giovanni in Laterano. Im Zentrum der Lateranische Palast, rechts anschließend die Querhausfassade von San Giovanni; vorn rechts das Baptisterium; links im Hintergrund das Gebäude der Scala Sancta*

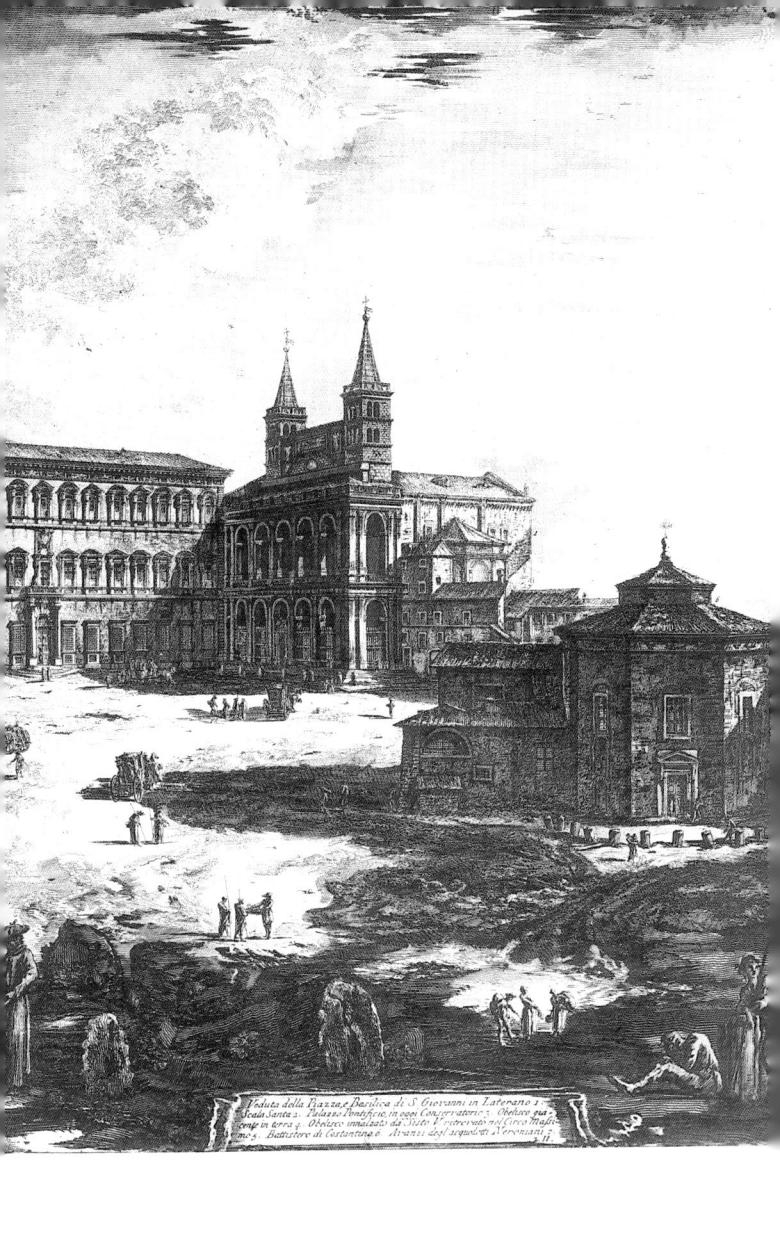

Veduta della Piazza, e Basilica di S. Giovanni in Laterano 1
Scala Santa 2. Palazzo Pontificio, in oggi Conservatorio 3. Obelisco gia-
cente in terra 4. Obelisco innalzato da Sisto V ritrovato nel Circo Massimo 5. Battistero di Costantino 6. Avanzi degl'acquedotti Neroniani 7.

Wenn wir aus dem Palast mit der heiligen Treppe heraustreten und uns links wenden, kommen wir auf den Platz vor der Hauptfassade von San Giovanni und sehn hier eine mit Mosaiken geschmückte offene Apsis: eine ›tribuna‹ mit Doppelpilastern, Attika und Giebeldach. Es ist das nur eine der drei Tribünen, die zum Speisesaal des Lateranspalastes gehörten, in dem die Päpste Kaiser und Könige und Kardinäle bewirteten, das nach Leo III. benannte TRICLINIUM LEONIANUM. Das Mosaik, das aus dem 8. Jahrhundert stammt, hat Benedikt XIV. kopieren und durch Ferdinando Fuga 1743 hier aufstellen lassen. Es zeigt unter anderem ganz rechts Petrus, wie er Papst Leo die Stola, Karl dem Großen die Fahne übergibt. Der Apostel trägt einen runden Nimbus, den der Heiligen, Papst und Kaiser aber tragen viereckige Nimben, die der Lebenden. Der Sinn dieses Mosaiks ist die göttliche Einsetzung nicht nur der geistlichen Macht des Papstes, sondern auch der weltlichen des Kaisers.

Wir wenden uns nun der Lateranskirche selbst zu. Die *Hauptfassade* ist ein prachtvolles Werk des Spätbarock, erbaut 1734 durch Alessandro Galilei. Fünf Tore führen zwischen zwei einfachen und zwei Doppelpilastern in die Vorhalle. Der Mitteleingang wird von zwei Halbsäulenpaaren gerahmt und von einem Giebel bekrönt. Über der Vorhalle öffnet sich die ebenfalls fünfbogige Benediktionsloggia. Über dieser erhebt sich eine schwere Attika mit einer Balustrade und je 6 Meter hohen Figuren. Wer Sinn für barockes Pathos hat, wird diese Fassade, die von vielen als rhetorisch abgetan wird, aufrichtig bewundern. In der ebenfalls prächtigen Vorhalle steht links eine zeitgenössische antike Statue des Begründers der Kirche, des Kaisers Konstantin.

Der Innenraum ist, wie gesagt, ein Werk Borrominis, geschaffen zum Heiligen Jahr 1650. Sein Auftraggeber, Innozenz X. Pamphili, hatte ihm befohlen, das was er von der alten Lateransbasilika noch vorfand, möglichst zu schonen. Vielleicht hat das die Erfindungskraft des genialen Mannes gelähmt. Mit seinen besten Werken verglichen, wirkt San Giovanni phantasiearm. Aber unterschätzen sollte man sein Werk nicht. Er fand zehn Arkaden vor, die er zu fünf Arkaden zusammenzog, indem er je zwei Pfeiler zu einem vereinigte. Jedem dieser Pfeiler gab er eine tiefe Nische, in die man später Apostelstatuen hineingestellt hat. Über den Nischen sehn wir reich bewegte Stuckreliefs aus der Werkstatt Algardis, den wir in Sant'Agnese an der Piazza Navona schätzen lernten. Die Apostelstatuen sind sehr gekonnte Arbeiten spätbarocker Plastiker, die 1718 hier aufgestellt wurden. Das Mittelschiff führt auf die Confessio zu. Sie enthält das schöne *Bronzegrab Martins v. Colonna.* Vor ihr steht der päpstliche Altar, und über diesem erhebt sich das gotische, aber eher unglücklich restaurierte *Tabernakel* aus der Zeit Urbans v. Der Bilderschmuck wird dem Senesen Barna zugeschrieben. Das Tabernakel enthält Reliquien der Häupter der Apostel Petrus und Paulus. Presbyterium und Apsis erhielten ihre jetzige Gestalt erst unter Leo xiii., der auch die Mosaiken des Jacopo Torriti und des Jacopo da Camerino restaurieren und hierher übertragen ließ. Zur Linken der Apsis sehn wir das Grab Leos xiii., das fast immer mit frischen Blumen geschmückt ist. Von den vielen Kunstwerken in diesem Gotteshaus seien aus historischem Interesse erwähnt: das Freskofragment vorn im rechten Seitenschiff, das Bonifaz viii. bei der Proklamation des ersten Heiligen Jahres 1300 zeigt – es wird wie die ›Navicella‹ im Petersdom Giotto zugeschrieben; auch das Grab Sylvesters ii., des Franzosen Gerbert von Aurillac, der ein großer Gelehrter war und ein Freund und Mentor Kaiser Ottos iii. Sein Pontifikat fiel in die Jahrtausendwende (999-1003) und stand im Zeichen der Ostmission und erster Kirchenreformen sowie heftiger Stadt-römischer Unruhen. Besonders schön sind der Fußboden aus der Zeit Martins v. und die Decke mit den Wappen Pius' iv. und v., unter denen sie entstand, und Pius' vi., der sie restaurieren ließ.

Vom linken Seitenschiff aus betritt man den *Kreuzgang*, einen der prächtigsten, den wir der Cosmatenkunst verdanken, in diesem Fall den beiden Vassalletto, die ihn 1228-1230 geschaffen haben. Er enthält mancherlei Kunstwerke aus der alten Basilika. Wir verlassen diese durch die Vorhalle hinter der Nebenfassade, von der schon die Rede war.

Zu unserer Linken sehn wir den kleinen Bau des lateranischen BAPTISTERIUMS SAN GIOVANNI IN FONTE, äußerlich einen bescheidenen Bau. Man nimmt heute an, daß diese Taufkirche einst ein Nymphäum im Palast der Laterani war, denn Ausgrabungen, die in den Jahren 1923-1925 vorgenommen wurden, haben unter dem Boden des Baptisteriums Grundmauern und Pavimente eines römischen Patrizierhauses freigelegt. Kein Zweifel aber kann darüber bestehn, daß die Kirche, die allen späteren Taufkirchen als Vorbild gedient hat, schon in der Zeit Konstantins

Baptisterium San Giovanni in Fonte

ihre heutige Gestalt erhielt. Freilich ist sie wiederholt restauriert
worden, zuletzt unter Urban VIII. Barberini. Wie der Außenbau
achteckig ist, wird auch der Innenraum von acht Porphyrsäulen
umrundet. Über diesen liegt ein Architrav, der acht kleinere
Säulen aus weißem Marmor trägt. Die darüberliegende Mauer
stammt aus der Zeit Urbans VIII. In diesem Säulenrund öffnet
sich im Boden das Taufbecken für die Taufe ›per immersionem‹,
durch Untertauchen. Rings um die Taufkirche sehn wir kleine
Kapellen mit schönen Mosaiken aus dem 5. bis 7. Jahrhundert.
Die Cappella del Battista hat eine spätantike Bronzetür aus der
Zeit von Papst Hilarius (461-468), die, wenn man sie öffnet und
schließt, einen seltsamen, an elektronische Musik erinnernden
Klang von sich gibt. Ihr Gegenstück in der Cappella San Giovanni Evangelista ist eine mittelalterliche Nachbildung der Hila-
rius-Tür aus dem Jahr 1196.

Wir werfen noch einen Blick auf den *lateranischen Obelisken*, den größten von Rom. Er stand einst in Theben vor dem Tempel des Ammon, geweiht von den Pharaonen Thutmosis I. und Thutmosis II., die im 15. Jahrhundert gelebt haben. Constantius II., des großen Konstantin Sohn, hat ihn nach Rom gebracht und im Circus Maximus aufstellen lassen, von wo ihn dann Domenico Fontana auf den Lateransplatz bringen ließ.

Seit das von Gregor XVI. gegründete Museum Gregorianum Lateranense den Vatikanischen Museen angegliedert ist, dient der Lateranspalast der römischen Bistumsverwaltung.

Vom Lateransplatz wenden wir uns zunächst in die Via San Giovanni, die zum Kolosseum hinabführt, gehn aber in ihr nur wenige Schritte und dann links in die Via di Santo Stefano Rotondo. Sie führt zu dieser Kirche und nach Santa Maria in Domnica. Von ihr zweigt gleich rechts eine Straße ab, die den Namen der Kirche trägt, die wir nun besuchen wollen: SANTI QUATTRO CORONATI. Es sind dies die vier heiligen Märtyrer Sempronianus, Claudius, Nikostratus und Kastor. Sie arbeiteten als Bildhauer in den kaiserlichen Steinbrüchen in Pannonien und wurden unter Diokletian, weil sie sich weigerten, den Asclepius und den Sol zu verehren, zusammen mit einem fünften Christen namens Simplicius hingerichtet. Im 4. Jahrhundert hat man dann ihre Gebeine nach Rom gebracht und die Kirche gebaut, die ihren Namen trägt. Freilich ist das Gotteshaus, das wir nun betreten, nicht mehr das ursprüngliche. Dieses ist im 11. Jahrhundert von den Normannen zerstört worden.

Zwar hatte sich Kaiser Heinrich IV. im Winter 1977 zu Canossa vor Gregor VII. Hildebrand gedemütigt, doch schon wenige Jahre später, nämlich 1081, fühlte sich Heinrich wieder stark genug, um den Papst anzugreifen. Im Jahre 1083 eroberte er Rom und belagerte Gregor in der Engelsburg. Der Papst sah sich verloren. Da erschien, seinem Vasalleneid getreu, Robert Guiscard mit dreißigtausend Normannen vor den Toren Roms, lagerte zuerst vor der Porta San Giovanni, brach dann durch die Porta Flaminia (Porta del Popolo) in die Stadt ein, brannte das Stadtviertel nieder, in dem die Kirchen San Lorenzo in Lucina und San Silvestro liegen, drang bis zur Engelsburg vor, befreite Gregor und führte ihn in den Lateran. Heinrich gab seine Sache verloren und verließ Rom. Die Römer aber griffen die Normannen an. Zwischen dem Lateran und dem Kolosseum kam es zu einer zweiten Schlacht. Das ganze Viertel ging in Flammen auf, mit ihm Santi Quattro Coronati und eine andere Kirche, die wir auf unserm heutigen Spaziergang als letzte besuchen wollen, San Clemente. Den Papst aber brachte Robert Guiscard nach Salerno, wo er gestorben ist und wo wir sein Grab sehn können. Die letzten Worte dieses Papstes, eines der größten unter den Nachfolgern Petri, sind überliefert: »Ich habe die Gerechtigkeit geliebt und die Ungerechtigkeit gehaßt. Darum sterbe ich in der Verbannung.« Worauf einer seiner Prälaten, der diese Worte hörte, antwortete: »Heiliger Vater, ein Papst kann nicht in der Verbannung sterben, denn Gott hat ihm alle Völker der Erde zum Erbe gegeben.«

Wir gehn durch zwei Höfe, die zu einem alten, einst stark befestigten Kloster gehören. Der zweite Hof hat einst zur Kirche gehört. Unter Paschalis II. wurde die Kirche stark verkürzt, so wie wir sie heute vor uns sehn, doch behielt man die Apsis des alten Baus bei, die nun im Verhältnis zum Kirchenschiff viel zu groß ist. Die Kirche hat einen besonders anmutigen *Kreuzgang* aus dem 13. Jahrhundert.

Vom Portikus aus, der die beiden Vorhöfe voneinander trennt, betritt man die *Cappella di San Silvestro* mit merkwürdigen Fresken des 13. Jahrhunderts. Sie erzählen die Konstantinslegende nach der Legenda Aurea: wie der aussätzige Konstantin die Frauen tröstet, deren Kinder man töten wollte, um den Kaiser in ihrem Blut gesund zu baden; wie er die Apostel Petrus und Paulus träumt; wie er Boten zu Papst Sylvester schickt, der auf dem Berg Soracte in der Einsamkeit lebt; wie der Papst dem Kaiser befiehlt, die Bilder der Apostel zu verehren, und wie er ihn durch die Taufe vom Aussatz heilt; wie der Kaiser den Papst im Triumphe nach Rom führt.

In ihrem historischen Kontext gesehen, gewinnen diese erstaunlich guterhaltenen Fresken besondere Bedeutung: Kurz vor der Mitte des 13. Jahrhunderts entstanden, wirken gerade diese Bildinhalte als eine Art päpstliche Propaganda im Endkampf mit dem staufisch-kaiserlichen Machtanspruch. Papst Innozenz IV. hatte seinen Erzfeind Friedrich II., den ›Antichristen‹, 1245 auf dem Konzil zu Lyon für abgesetzt erklären lassen, das Ende der Staufer stand bevor. Die Päpste aber berufen sich hier auf keinen Geringeren als Konstantin, den ersten christlichen Kaiser, um ihren Primat zu demonstrieren (Schlüssel zur Kapelle an der Klosterpforte).

Wenn wir aus den Klosterhöfen der Vier Gekrönten heraustreten, finden wir zur Linken ein Treppchen, das uns in die Via Santi Quattro Coronati hinabführt, in der wir uns links wenden.

An der nächsten Straßenkreuzung sehn wir dann zu unserer
Rechten jenseits der Via San Giovanni in Laterano die schon
erwähnte Kirche SAN CLEMENTE. Sie ist im Jahre 385 dem heiligen Clemens, dem dritten Nachfolger Petri, geweiht worden.
Wir betreten zunächst durch eine Vorhalle mit ionischen Säulen
aus dem 12. Jahrhundert und durch ein schönes Portal einen
großen Säulenvorhof.

Mit diesem Atrium, mit den Säulen und der Apsis, den Chor-
schranken, den Ambonen, dem Osterleuchter, dem Bischofssitz,
der Rundbank in der Apsis wirkt San Clemente wie eine frühchristliche, besonders gut erhaltene Basilika. So hat sie auch auf
die Zeitgenossen Papst Clemens' XI. gewirkt, der sie im 18. Jahrhundert restaurieren ließ. »Diese alte Kirche«, heißt es in einer
damals angebrachten Inschrift, »ist den Verwüstungen der Zeit
entgangen.« In Wirklichkeit ist auch sie, wie wir schon sahn,
von den Normannen zerstört worden und stammt in ihrer heuti-

San Clemente, Atrium

San Clemente

gen Spaziergang schon begegnet sind. Die von den Normannen zerstörte Kirche ist erst 1857 unter der jetzigen Kirche ausgegraben worden. Wir können in sie hinabsteigen. Sie scheint nach dem Brand noch in einem Zustand gewesen zu sein, der es rechtfertigte, sie mit Fresken zu schmücken: sehr anziehende Malereien, die Episoden aus der Legende des heiligen Alexius (wir sprachen von ihm schon in seiner Kirche Sant'Alessio auf dem Aventin) und des heiligen Clemens erzählen, dessen wunderbares Leben die Legenda Aurea ausführlich erzählt. Später aber hat man diese alte Kirche, die schon der heilige Hieronymus erwähnt und in der zwei Konzilien getagt hatten, zugeschüttet und darüber die neue erbaut. Bei den Ausgrabungen von 1857 wurden außerdem unter der alten Kirche bedeutende Reste eines kaiserzeitlichen Hauses und darin ein ›Mitraeum‹ entdeckt, das man ebenfalls besuchen kann.

Hans Carossa beschreibt es in seinem italienischen Skizzenbuch wie folgt: »In der Mitte steht noch der marmorne Altar, der oben zwei ziemlich gut erhaltene Köpfe trägt. Im Relief der Vorderfläche sieht man den Gott, der den Stier erlegt, auf der Rückseite eine sich windende Schlange, links und rechts je eine Figur, die eine mit erhobener, die andere mit gesenkter Fackel. Vor dem Altar steht eine Aschenkiste mit roter Inschrift: CAVTE SACR. Den beiden Längsseiten des Gewölbes sind massive breite Steinbänke vorgebaut, deren jede in ihrer ganzen Ausdehnung eine Stufe trägt; hier waren die Plätze der am Gottesdienst Teilnehmenden. Das Rauschen und Plätschern eines unsichtbaren Gewässers hallt schaurig wie durch eine tiefe Schlucht herauf.«

San Clemente besitzt noch einen Schatz: die Fresken, mit denen *Masolino* die *Kapelle der heiligen Katharina* links vom Eingang geschmückt hat. Diese überaus lieblichen und sehr edlen Werke schrieb man früher dem Masaccio zu, der über ihrer Ausführung starb; heute gelten sie allgemein fast ganz als Schöpfungen seines Lehrers, der sie kurz vor 1431 beendete. Sie führen uns, die wir aus so vielen mittelalterlichen Kirchen kommen, aus dem Mittelalter heraus, an die Schwelle der Renaissance, und mit ihnen wollen wir unseren heutigen Rundgang beenden. Durch die Via San Giovanni in Laterano gelangen wir zum Kolosseum und kehren von dort zur Piazza Venezia zurück.

XIII

Das rechte Tiberufer

Die Tiberinsel und ihre Brücken
Die Kirche der hl. Cäcilie
und Cavallinis Jüngstes Gericht
Santa Maria in Trastevere:
antike Säulen und mittelalterliche Mosaiken
Juwel der Renaissance:
die Chigi-Villa ›Farnesina‹ und ihre Malereien
Bramantes Tempietto:
meisterhaftes Gesellenstück der Zentralbauidee
Fontana Paola:
Triumphbogen mit Wasserspiel
Römische Blicke vom Janiculus
Gedenken an Torquato Tasso: Poeta laureatus

Wenn wir wieder von der Piazza Venezia ausgehn wollen, wenden wir uns vor dem Monumento rechts in die Via del Teatro Marcello und nach diesem wiederum rechts. So erreichen wir das Tiberufer und die älteste Tiberbrücke, den PONTE FABRICIO oder PONTE DEI QUATTRO CAPI, so genannt nach den Hermen, die ihn schmücken. Er wurde im Jahre 62 vor Christi Geburt gebaut.

Über diese Brücke gehn wir auf die TIBERINSEL. Hier stand einst ein Tempel des Heilgottes Aesculap. Auch heute steht hier noch ein Krankenhaus. Zu unserer Linken liegt die Kirche SAN BARTOLOMEO, eine Gründung Kaiser Ottos III., der der Kaiser zuerst eine Reliquie seines Freundes, des heiligen Adalbert, schenkte, nachdem er zu dessen Grab nach Gnesen eine Wallfahrt unternommen hatte, dann den Leib des heiligen Apostels Bartholomäus, den er der Stadt Benevent, die ihn bisher besaß und in Bartholomäus ihren Schutzpatron verehrte, mit Waffengewalt abnahm. Die von Benevent behaupten freilich bis auf den heutigen Tag, der Apostel sei in ihren Mauern geblieben und statt seines Leibes hätten sie dem Kaiser den Leib des heiligen Paulinus von Nola gegeben. Wir verlassen die Tiberinsel auf dem PONTE CESTIO, der ebenfalls antik, aber stark restauriert ist.

So kommen wir ans rechte Tiberufer, nach TRASTEVERE, in das Viertel ›jenseits des Tiber‹, das früher als das volkstümlichste Rom gelten konnte, heute aber verglichen mit vielen der modernen Vorstädte und besonders mit gewissen Elendsquartieren an der äußersten Peripherie der Stadt etwas Kleinbürgerliches hat. Einige seiner zahlreichen Wirtschaften sind in den letzten Jahren bei den wohlhabenden Römern und bei den Fremden in die Mode gekommen.

Unser erstes Ziel in Trastevere ist die Kirche SANTA CECILIA, vorbei an der Kirche *San Giovanni dei Genovesi*, die einen schönen Frührenaissancehof hat. Von der Heiligen, der Schutzherrin der Musik, die hier verehrt wird, haben meine Leser vielleicht eine Vorstellung durch Raffaels berühmtes Bild in Bologna. Das Gotteshaus, das wir nun betreten, steht wahrscheinlich auf dem Haus ihres Gatten, des heiligen Valerian. Ich habe bereits erwähnt, daß Papst Paschalis diese Kirche sozusagen neu erbauen ließ. Sie hat einen schönen Vorhof mit einem Brunnen, den eine antike Steinvase schmückt, eine Vorhalle mit Mosaiken des 12.Jahrhunderts.

Links vom Eingang sehn wir das Grab eines Kardinals von Mino da Fiesole. Vom rechten Seitenschiff aus gelangt man in das Calidarium einer antiken Thermenanlage, in das die Heilige eingesperrt worden war, damit sie darin den Erstickungstod sterbe. Sie aber ging nach drei Tagen lebend aus diesem Raume hervor, so daß ihre Verfolger den Scharfrichter rufen mußten. Am Ende des rechten Seitenschiffs rechts in einem besonderen Raum das Grab des Kardinals Rampolla, des Staatssekretärs Leos XIII. Wir sehn einen Engel, der einen Marmorvorhang zurückschlägt, so daß wir einen Blick in einen im Relief dargestellten Kirchenraum tun können: die von Rampolla restaurierte Krypta von Santa Cecilia. Rechts steht der Kardinal. So barock konnte man in Rom noch im Jahre 1922 das Grab eines Kirchenfürsten ausstatten! Im Presbyterium steht ein *gotisches Tabernakel*, geschaffen 1283 von Arnolfo di Cambio. Darunter sehn wir die sehr volkstümliche *Statue der Heiligen* von Stefano Maderno. Der Bildhauer hat sie in derselben Stellung und in demselben Seidengewand modelliert, wie er sie 1599 sah, als man sie aus ihrem Grab in den Calixtuskatakomben hierher überführte. Der Leichnam war wohlerhalten, denn er lag in einem Sarg aus Zypressenholz. In der Apsis ein schönes Mosaik, auf dem wir

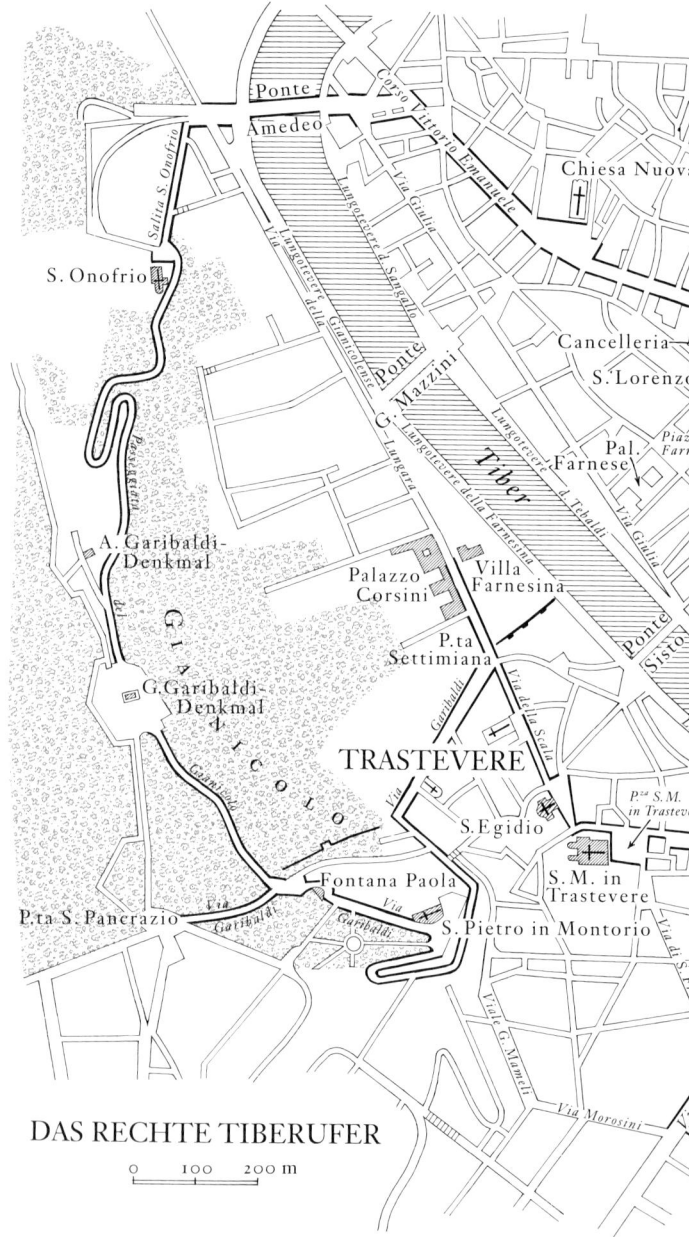

DAS RECHTE TIBERUFER

0   100   200 m

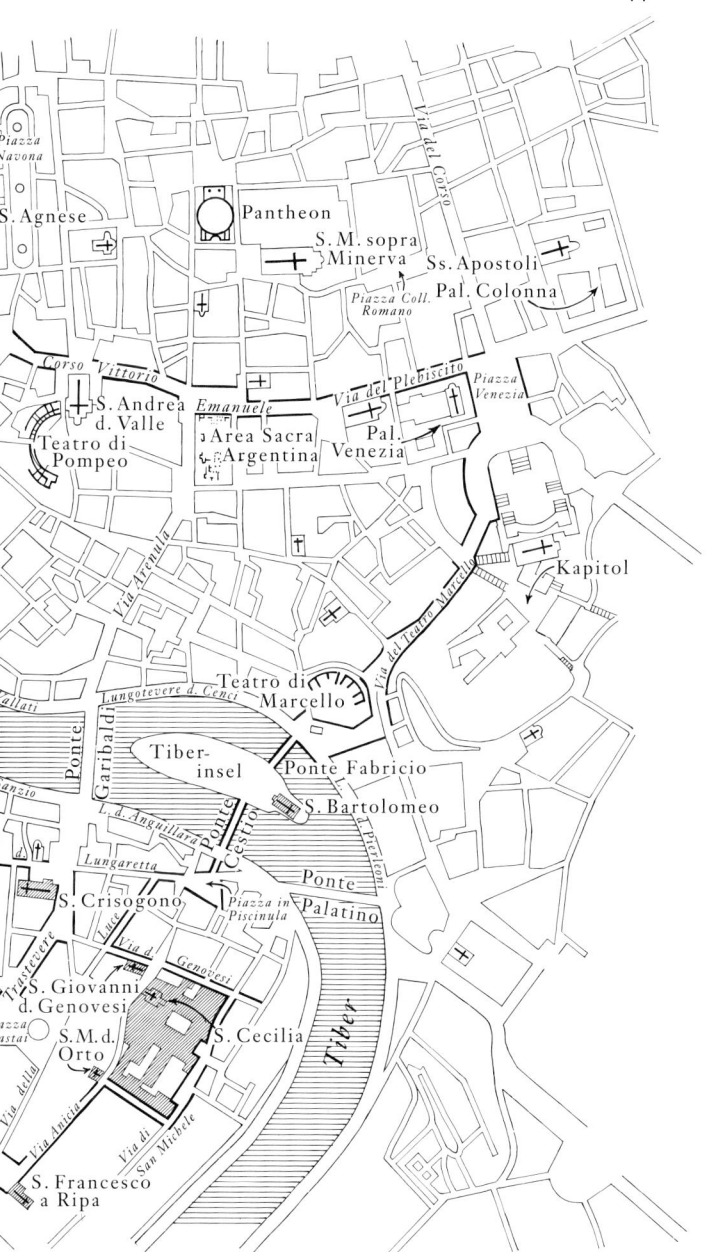

Piazza Navona

S. Agnese

Pantheon

S. M. sopra Minerva

Ss. Apostoli

Pal. Colonna

Piazza Coll. Romano

Corso Vittorio

S. Andrea d. Valle

Emanuele

Via del Plebiscito

Piazza Venezia

Teatro di Pompeo

Area Sacra Argentina

Pal. Venezia

Kapitol

Via Arenula

Via del Teatro Marcello

Teatro di Marcello

Lungotevere d. Cenci

llati

Tiber-insel

Ponte Fabricio

Ponte Garibaldi

anzio

L. d. Anguillara

Ponte Cestio

S. Bartolomeo

d. Piscinú

Lungaretta

Ponte Palatino

S. Crisogono

Piazza in Piscinula

Via d. Genovesi

Trastevere

Luce

S. Giovanni d. Genovesi

azza astai

S. M. d. Orto

S. Cecilia

Tiber

Via della

Via Anicia

Via San Michele

S. Francesco a Ripa

wieder wie in Santa Maria in Domnica und in Santa Prassede den Papst Paschalis sehn. Die Krypta ist prächtig, aber nicht schön. Unter ihr fand man Ruinen römischer Häuser. Im Kloster befindet sich eines der bedeutendsten Werke von *Pietro Cavallini*, das Jüngste Gericht, gemalt um 1293. (Sonntags vormittags ist die Besichtigung der ehemals an der Langhauswand befindlichen Fresken von der Nonnenempore aus möglich.)

Die Via Anicia mit der Kirche *Santa Maria dell'Orto* führt uns zu der Kirche SAN FRANCESCO A RIPA, in der wir ein Spätwerk Berninis, die Statue der seligen Ludovica Albertoni sehn, außerdem im anstoßenden Kloster, in dem der heilige Franz gewohnt hat, ein sehr altes Bildnis von ihm, gemalt in der Mitte des 13. Jahrhunderts. Jenseits des großen Viale di Trastevere erreichen wir die sehr alte Kirche SAN CRISOGONO, die aber 1123 völlig erneuert wurde und 1623 von Soria eine Fassade erhielt, und zwar im Auftrag des Scipione Borghese, für den er auch die schöne Fassade von San Gregorio Magno gebaut hat. Das Innere mit seinen antiken Säulen, darunter solchen aus Porphyr und Alabaster, ist ebenso wie die Unterkirche recht sehenswert. Die Unterkirche enthält Fresken des 8. bis 11. Jahrhunderts. San Crisogono hat einen schönen Glockenturm von 1124.

Rechts von dieser Kirche führt die Via della Lungaretta auf einen sehr schönen Platz mit einem Brunnen, der zum Verweilen einlädt. Er heißt nach der Kirche, die sein Hauptschmuck ist, der Muttergotteskirche des rechten Tiberufers, SANTA MARIA IN TRASTEVERE. Es ist dies wahrscheinlich die erste der römischen Kirchen, die der Muttergottes geweiht wurden, wir wissen nicht genau wann, ob erst im 4. oder schon zu Beginn des 3. Jahrhunderts. Ihre jetzige Gestalt gab ihr Innozenz II. 1140.

Im Inneren macht die Kirche durchaus den Eindruck einer frühchristlichen Basilika, wir werden an Santa Maria Maggiore erinnert, aber der Bau Innozenz' II. ist gut bezeugt. Kein Zweifel: die römischen Baumeister haben seit den Zeiten Konstantins kaum etwas Neues gewagt oder wollten es nicht wagen. Ist es nicht erstaunlich, daß im gleichen Jahre 1140 bei Paris Saint-Denis im Bau war und die Gotik ihren Siegeszug begann? Die Fassade ist mit Mosaiken geschmückt, die dem Pietro Cavallini zugeschrieben werden. Durch eine schöne Vorhalle betreten wir die dreischiffige Basilika. Sie hat eine prachtvolle *Decke*, die Domenichino entwarf. Die *Mosaiken im Presbyterium* stammen teils

Santa Maria in Trastevere

aus der Zeit Innozenz' II. (obere Reihe), teils sind es Werke Cavallinis (untere Reihe) vom Ende des 13. Jahrhunderts.

Die Kirche verlassend, wenden wir uns links in die Via della Paglia, dann rechts auf die Piazza Sant'Egidio und gehn in der Via della Scala weiter. Sie führt zur Porta Settimiana und setzt sich in der Via della Lungara fort, der längsten unter den geraden Straßen des Rom der Renaissance. An ihr liegt der *Palazzo Corsini*, in dem viele Jahre hindurch Christine von Schweden die Dichter und Künstler Roms um sich versammelt hat. Der Palast enthält heute Gemälde des 17. und 18. Jahrhunderts, während die ältere Malerei aus der Sammlung Corsini in der Galleria Nazionale d'Arte Antica im Palazzo Barberini untergebracht ist. Dem Palazzo Corsini gegenüber besuchen wir in einem freundlichen Garten das anmutigste Lusthaus der römischen Renaissance: die FARNESINA.

Als die Renaissance sehr jung war, hat sie bei Florenz Villen geschaffen, die uns durch ihre holde Schlichtheit entzücken, an denen wir bewundern, mit wie bescheidenen Mitteln man das Schönste und Edelste erreicht hat. Als die Renaissance reifer geworden war – und sie reifte vor allem in Rom –, hat sie sich mit solcher Schlichtheit und Einfachheit nicht mehr begnügen wollen, wollte sie auch Glanz und Pracht. Ein Toskaner, der ungeheuer reiche senesische Bankier Agostino Chigi, hat sich damals (1508-1511) von seinem Landsmann Baldassarre Peruzzi eine Villa bauen lassen. Peruzzi besaß, wie uns sein Palazzo Massimo gezeigt hat, noch viel toskanischen Sinn für das schöne Schlichte, die schlichte Schönheit. Das beweist uns auch sein Bau für Agostino Chigi, die Farnesina. Aber wer das Innere betritt, sieht sich bereits vor einer Prachtentfaltung, die nicht mehr toskanisch, sondern römisch ist. Wir sind im Zeitalter der großen Renaissancepäpste Julius II. und Leo X. In dieser Villa hat Chigi Leo X., Kardinäle, Fürsten und Künstler bewirtet. Es wird erzählt, daß bei Chigis Banketten jeder von silbernen Tellern aß, auf denen er sein eigenes Wappen eingeprägt fand. Mit echt römischer Prunksucht, ja Protzerei wurde dieses Geschirr nach dem Essen in den Tiber geworfen, wo freilich die toskanische Sparsamkeit Netze hatte anbringen lassen, in denen die kostbaren Gefäße aufgefangen wurden.

Verglichen mit dem Marmorprunk barocker Bauten kann man auch die Innenausstattung der Farnesina schlicht nennen. Chigi hat sie nicht den Steinmetzen und den Stukkateuren anvertraut, sondern den Malern. Im Salone delle Prospettive im Obergeschoß begnügte er sich mit gemalten Säulen, die ihm *Peruzzi* meisterhaft hinstellte. Durch sie hindurch öffnen sich Blicke auf Ansichten der Stadt Rom. In den ersten Jahren, in denen die Farnesina ausgemalt wurde, war hier neben Peruzzi

Villa Farnesina

noch Sodoma tätig. Raffael, mit dem Chigi befreundet war, gab der Papst ihm noch nicht frei.

Sodoma hat in der Farnesina ein Meisterwerk geschaffen, mir das liebste seiner Werke, auch weil es einen profanen Gegenstand behandelt; denn die religiösen haben Sodoma nicht allzusehr gelegen. Aber diese Hochzeit des großen Alexander mit der persischen Königstochter Roxane ist ein Fest. Welch schöne, liebenswerte Welt! Und wieviel Reinheit, ja Unschuld in der Darstellung eines durchaus erotischen Gegenstandes! Aber wie könnte das anders sein, wo so viele Kinder im Spiele sind? Freilich sind diese Kinder Eroten. Bei Lukian hatte Sodoma eine Beschreibung eines antiken Gemäldes gelesen, das die Alexanderhochzeit darstellte und auf dem es von kleinen Liebesgöttern wimmelte. Doch er hat sich nicht nur von Lukian anregen lassen. Der Alexander ist ein Apoll vom Belvedere. Roxane hat ein durchaus leonardeskes Gesicht. Gewiß war Sodoma kein Genie, und manchmal malte er Penibles, aber hier schuf er etwas Beglückendes.

Dann kam auch *Raffael* und malte in der Chigi-Villa. Auch er wählte einen erotischen Gegenstand: den ›Triumphzug der Galatea‹. Ich kenne nur wenige nachantike Mythenbilder, die sich mit diesem messen können. Mit ihm verglichen, wirkt Sodomas Hochzeitsbild verspielt. Denn Raffael versuchte nicht nur antike Schönheit nachzuschaffen, sondern auch antike Monumentalität. Fast alle Gestalten auf diesem Bild haben etwas Statuarisches. Schließlich übernahm Raffael den Auftrag, die große Gartengalerie der Farnesina mit Fresken zu schmücken. Wiederum entschied man sich für einen erotischen Stoff: das Märchen von Amor und Psyche, wie es uns Apuleius erzählt. Die Kartons zu den beiden großen Deckenbildern, die den Rat der Götter und die Hochzeit zwischen Amor und Psyche darstellen, also Beginn und glückliches Ende des Märchens, und zu den Zwickelbildern, die uns die einzelnen Szenen vergegenwärtigen, hat bestimmt Raffael gezeichnet. Vor allem die Zwickelbilder sind großartig komponiert. Aber die Ausführung stammt von den Schülern, die schwere Hand Giulio Romanos ist nicht zu verkennen. Dagegen verdient Giovanni da Udine, der die Blumen- und Früchtekränze malte, großes Lob. Das Werk war 1517 vollendet. Schon 1521 ist Agostino Chigi gestorben, kurz nach seinem Freunde Raffael. Im Jahre 1580 erwarben die Farnese die Villa, die heute ihren Namen trägt. Michelangelo wollte sie durch eine Brücke mit dem am gegenüberliegenden Ufer von ihm erbauten Farnesepalast verbinden.

Wir gehn zur Porta Settimiana zurück und wenden uns rechts in die Via Garibaldi. In ihr finden wir rechts den *Bosco Parrasio*, in dem die ›Arcadia‹ tagte, eine Vereinigung von Dichtern und Künstlern, Freunden der Christine von Schweden, die diese Akademie zu ihrem Gedächtnis gründeten. Die Akademie hat im 18. Jahrhundert besonders durch Pietro Metastasio einen großen Einfluß ausgeübt. Als Goethe in Rom war, wurde er zu ihrem Mitglied ernannt. Sie bestand bis 1926.

Die Via Garibaldi führt uns in Kurven den Hang des Janiculus hinauf und nach SAN PIETRO IN MONTORIO. Im frühen Mittelalter glaubte man, Petrus habe an dieser Stelle den Märtyrertod erlitten, was ein Irrtum war, weihte ihm darum diese Kirche. Von dem Platz vor ihr erfreut man sich eines schönen Blicks auf Rom. Das Innere enthält eine Reihe guter Bilder, darunter in der ersten Kapelle rechts eine Geißelung von Sebastiano del Piombo. In der Apsis sah man bis 1809 die Transfiguration von

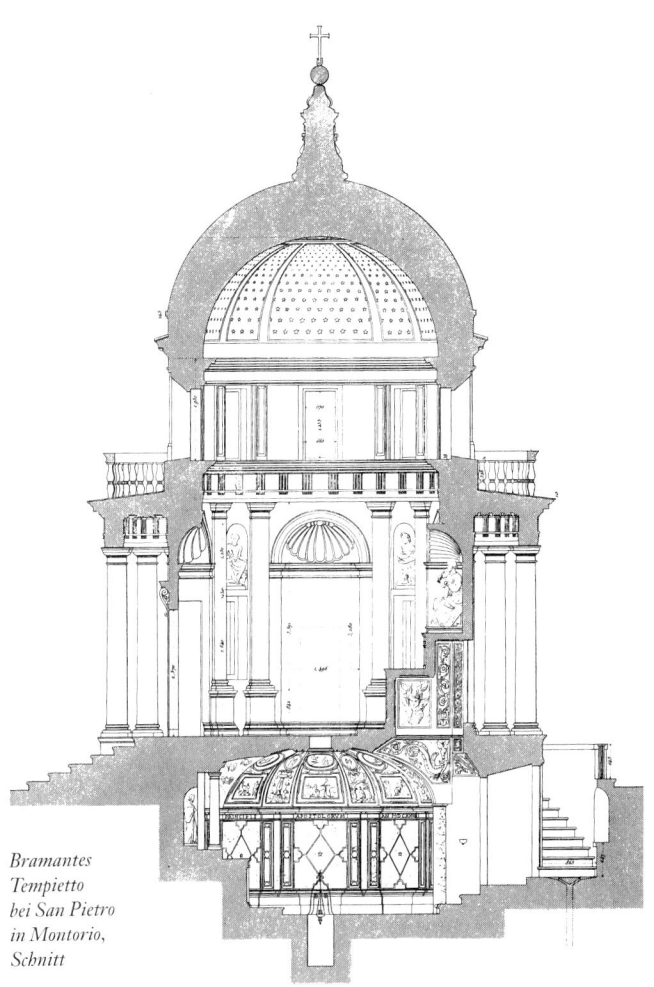

Bramantes
Tempietto
bei San Pietro
in Montorio,
Schnitt

Raffael, und dort hat sie auch Goethe sehn. Neben der Kirche
steht in einem Hof ein Rundtempelchen, BRAMANTES TEMPIET-
TO: das Gesellenstück des Meisters, der die ersten Pläne für den
Petersdom entwarf, der wie der Tempietto ein Zentralbau werden sollte.

Oberhalb von San Pietro in Montorio liegt die FONTANA PAO-
LA, erbaut für Paul V. Borghese von Giovanni Fontana und Ma-

Acqua Paolina auf dem Gianicolo

derna: eine Art von Triumphbogen von prächtigster Wirkung. Die Via Garibaldi führt weiter zur *Porta San Pancrazio*, die Urban VIII. erbauen ließ. Wir gehn nun rechts in die Passeggiata del Gianicolo und auf den PIAZZALE DEL GIANICOLO mit einem riesigen Garibaldidenkmal. Von hier aus hat man wohl den umfassendsten Romblick. Wir werden ihn nun am Ende unserer stadtrömischen Spaziergänge – denn der nächste führt uns bereits vor die Tore der Stadt – ganz besonders genießen und uns mit Lust und Liebe dem bei Römern und Fremden gleich be-

liebten Spiel hingeben, die hundert Türme, Kuppeln, Paläste
der Stadt mit ihren Namen zu grüßen.

Die Passeggiata führt, immer mit schönen Blicken, nordwärts
zu dem Kirchlein und dem Kloster SANT'ONOFRIO, in dem Tasso
am 25.April 1595 gestorben ist, am Tage bevor er auf dem
Kapitol zum ›poeta laureatus‹ gekrönt werden sollte. Im Inneren
des Kirchleins Tassos Grab und in der Apsis gute Fresken von
Peruzzi und *Pinturicchio*, im Kloster ein Tassozimmer mit der
Totenmaske des Dichters und andern Erinnerungen an ihn. Von
der Terrasse aus noch einmal ein Romblick.

Von hier aus steigen wir die Salita Sant'Onofrio hinab und
kommen so zum Tiberufer. Wenn wir den Fluß auf dem Ponte
Amedeo überschreiten und geradeaus gehn, stoßen wir auf den
Corso Vittorio Emanuele, der uns zur Piazza Venezia führt.

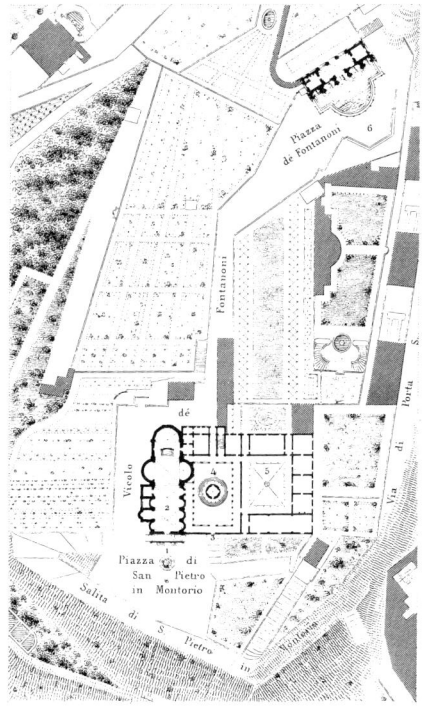

XIV

Vor den Mauern

Villa Doria Pamphili – Villa Madama – Villa Albani
Älteste christliche Kunst
in den Priscilla-Katakomben
Michelangelos Porta Pia und die Bersaglieri
Sant'Agnese und Santa Costanza:
Rotunde und Basilika an der Via Nomentana
San Lorenzo fuori le Mura und die Laurentiusmarter
Via Appia Antica: Katakomben, Kirchen und Campagna
San Paolo fuori le Mura: erneuerter Glanz
EUR: Luigi Nervi und das Erbe römischer Baukunst
Ostia Antica: malerische Ruinenlandschaft
an der Tibermündung

Unser letztes Besichtigungsprogramm läßt sich leider nicht als Spaziergang, sondern nur als Fahrt ausführen. Alle diese Ziele, insbesondere die schönen Kirchen ›fuori le mura‹, sind auch mit öffentlichen Verkehrsmitteln zu erreichen. Man kann sie deshalb ohne weiteres auch an einen der vorigen Spaziergänge anhängen und etwa im Anschluß an den Besuch des Thermenmuseums mit dem Bus vom Bahnhofsvorplatz aus nach Sant'Agnese und San Lorenzo fuori le mura hinausfahren, vom Kolosseum aus zur Porta San Sebastiano und zur Via Appia Antica oder mit der U-Bahn nach San Paolo fuori le mura an der Strecke nach Ostia. Bei der Beschreibung dieser Sehenswürdigkeiten vor den Mauern gehe ich hier von den Römerstraßen aus, die nach allen Himmelsrichtungen von Rom ausstrahlen.

Es gibt eine neue und eine alte *Via Aurelia*. Die alte verläßt Rom an der Porta San Pancrazio auf dem Janiculus. Sie führt uns zu der herrlichen, aber schwer zugänglichen VILLA DORIA PAMPHILI, die Algardi um 1650 für einen Nepoten Innozenz' X. baute und in den umfangreichsten der römischen Parks hineinstellte.

Nördlich vom Vatikan führt die Via Leone IV. zum Largo Trionfale. Hier beginnt die *Via Trionfale*, die in Windungen den

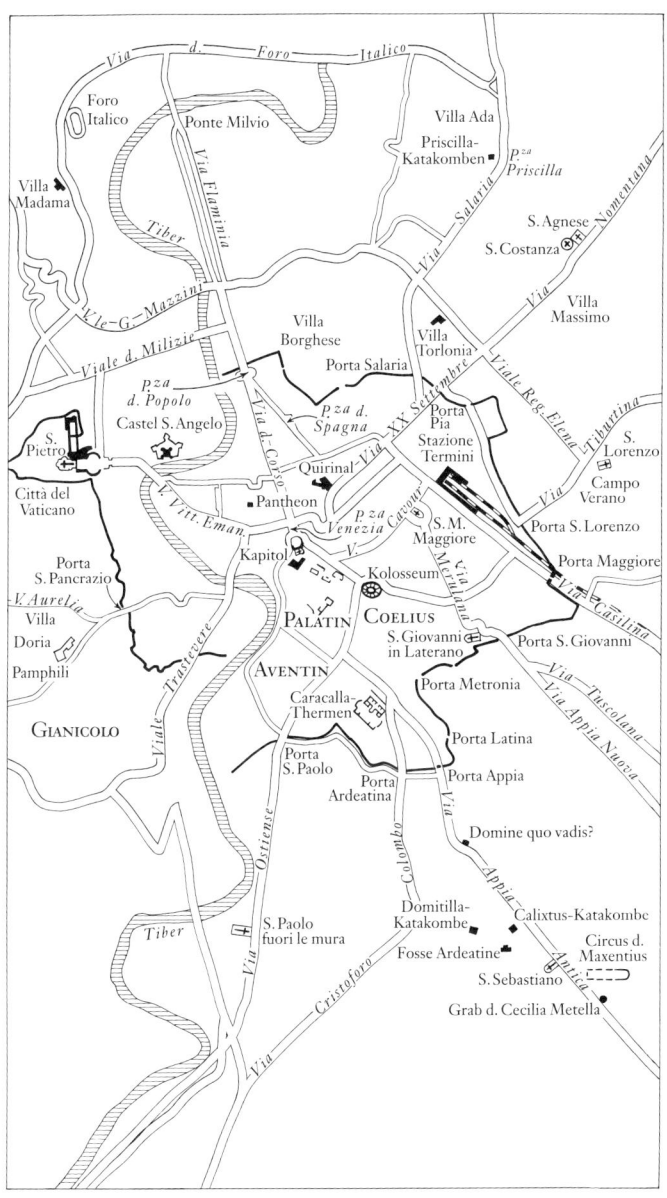

Via d. Foro Italico
Foro Italico
Ponte Milvio
Villa Ada
Priscilla-Katakomben
P.za Priscilla
Villa Madama
Tiber
Via Flaminia
Via Salaria
S. Agnese
S. Costanza
Via Nomentana
Vle G. Mazzini
Viale d. Milizie
Villa Borghese
Porta Salaria
Villa Torlonia
Villa Massimo
Viale Reg. Elena
Via Tiburtina
S. Lorenzo
P.za d. Popolo
Castel S. Angelo
P.za d. Spagna
Via d. Corso
Via XX Settembre
Porta Pia
Stazione Termini
S. Pietro
Città del Vaticano
Quirinal
Via
Campo Verano
Porta S. Lorenzo
V. Vitt. Eman.
Pantheon
P.za Venezia
Via Cavour
S. M. Maggiore
Porta Maggiore
Via Casilina
Porta S. Pancrazio
V. Aurelia
Kapitol
V. Merulana
Kolosseum
Villa Doria Pamphili
Viale Trastevere
PALATIN
COELIUS
S. Giovanni in Laterano
Porta S. Giovanni
Via Tuscolana
GIANICOLO
AVENTIN
Porta Metronia
Caracalla-Thermen
Via Appia Nuova
Porta Latina
Porta S. Paolo
Porta Ardeatina
Porta Appia
Via Ostiense
Domine quo vadis?
Via Colombo
Tiber
S. Paolo fuori le mura
Domitilla-Katakombe
Fosse Ardeatine
Calixtus-Katakombe
Circus d. Maxentius
S. Sebastiano
Via Appia
Grab d. Cecilia Metella
Via Cristoforo

Villa Panfili
fuori di Porta S.Pancrazio.
1.2. Villa Corsini.
3. Villa Ferroni. Cav. Piranesi F.

Monte Mario hinaufsteigt und sich später mit der Via Cassia vereint. Auf dem Monte Mario steht ein Observatorium. Von diesem Hügel aus hat man einen großartigen Blick auf Rom und das Gebirge im Osten und Süden. Am Osthang des Monte Mario liegt die prachtvolle VILLA MADAMA, die nach Plänen Raffaels etwa um 1516 erbaut wurde, doch unvollendet blieb. Sie enthält eine sehr schöne Loggia mit Stuckarbeiten von Giovanni da Udine und Fresken von Giulio Romano. In diesem kunstsinnigen Ambiente empfangen Ministerpräsident und Außenminister heute ihre Staatsgäste. Um sie besuchen zu können, braucht man einen Erlaubnisschein, den man in dem riesigen, weißen und ausdruckslosen Verwaltungsgebäude erhält, das auf dem gleichen Tiberufer flußaufwärts liegt und in dem das Ministerium des Äußeren untergebracht ist. Auf dem Weg dorthin kommt man an großen und scheußlichen Sportanlagen vorbei, *Foro Italico* genannt, besonders unerfreulichen Bauten aus faschistischer Zeit.

Die *Via Flaminia* kennen wir schon. Sie führt von der Porta del Popolo zum alten PONTE MILVIO. An ihr liegen rechts zum Teil sehr schöne moderne Sportanlagen, von denen einige für die Olympischen Spiele von 1960 gebaut wurden. Die schönsten baute Pier Luigi Nervi, der geniale italienische Ingenieur-Architekt, einer der großen ›alten‹ Männer der modernen Baukunst. Jenseits des Tiber zweigt links die *Via Cassia* ab, die nach Viterbo, Siena, Florenz führt.

Die *Via Salaria* verläßt Rom an der Porta Salaria im Norden der Stadt. Sie führt zunächst zur VILLA TORLONIA (früher Albani), die nur mit besonderer Erlaubnis ihrer Verwaltung zugänglich ist. Die 1760 erbaute Villa enthält eine bedeutende Antikensammlung, die Winckelmann nach 1765 im Dienst des Kardinals Alessandro Albani zusammengetragen und geordnet hat. Die wertvollsten Stücke der Sammlung hat Napoleon i. nach Paris verschleppt, doch lohnt der Besuch noch immer, vor allem weil sie eine Anzahl griechischer Originale enthält. Der Villa gegenüber liegt ein beeindruckender Grabbau aus der Zeit des Augustus, das *Mausoleum des Lucilus Peto*. Die Straße führt später an der *Villa Ada* entlang, früher Villa Savoia genannt, denn sie war Privatbesitz Viktor Emanuels iii. und gehört wohl immer noch teilweise den Savoyern, während der größte Teil, ein sehr schöner Park, der Öffentlichkeit zugänglich gemacht worden ist.

G. B. Piranesi: Villa Doria Pamphili (Ausschnitt)

In dieser Villa ließ Viktor Emanuel am 25. Juli 1943 Mussolini verhaften. An der Via Salaria liegen auch die KATAKOMBEN DER PRISCILLA, die zu den interessantesten römischen Katakomben gehören. Sie enthalten Fresken des 2. und 3. Jahrhunderts.

Zu den großen Straßenfluchten Roms, die wir schon kennen, gehört die, die am Quirinalsplatz mit der Via del Quirinale beginnt und sich in der Via Venti Settembre bis zur PORTA PIA fortsetzt. Den Plan zu diesem seltsamen Torbau hat Michelangelo gezeichnet. Die Außenseite ist modern. Das Museo *Storico dei Bersaglieri* erinnert daran, daß an dieser Stelle die Bresche geschlagen wurde, durch die am 20. September 1870 die Bersaglieri in das päpstliche Rom eingedrungen sind. Die Via Venti Settembre findet ihre Fortsetzung jenseits der Porta Pia in der *Via Nomentana*, einer antiken Straße, die nach Nomentum, dem heutigen Mentana, führt. Rechts zunächst die prächtige *Villa Torlonia*, in der Mussolini residierte. Hinter ihr zweigt rechts die Via Alessandro Torlonia ab, von dieser links die Via G. B. Rossi, die uns zur *Villa Massimo* führt, dem Sitz der Deutschen Akademie, in die aber nicht nur Maler und Bildhauer aufgenommen werden, sondern auch Musiker und sogar Dichter, wie in anderen römischen Akademien. Die Villa liegt in einem schönen Park, ist aber nicht sehenswert, es sei denn, daß man Gelegenheit hat, ihre Gäste in ihren Ateliers und Wohnungen zu besuchen.

Durch die Via Antonio Nibby kehren wir in die Via Nomentana zurück und finden in ihr links (2 Kilometer vor der Porta Pia) die Basilika SANT'AGNESE FUORI LE MURA. Die heilige Agnes gehört zu den Märtyrerinnen, die seit den ältesten christlichen Zeiten hoch verehrt werden. Ihre Basilika ›vor den Mauern‹, die wir nun betreten, ist eine der Kirchengründungen Konstantins des Großen. Wir kennen bereits den Ort, an dem die Heilige den Tod erlitt: die heutige Piazza Navona.

In der Goldenen Legende lesen wir: »Acht Tage wachten die Freunde an ihrem Grab; aber am achten Tag war auf einmal bei dem Grab ein Reigen von Jungfrauen, die trugen Kleider von strahlendem Gold. Mitten unter ihnen sahen sie Agnes stehen im goldenen Kleid und mit einem Lämmlein zu ihrer Rechten, weißer denn der Schnee. Und sie sprach: ›Weinet nicht als wäre ich tot, sondern freuet euch mit mir und preiset mein Glück, denn ich throne in einem lichten Reich mit allen diesen Jungfrauen.‹ Von dieser Erscheinung wird das Fest der heiligen

Sant'Agnese fuori le Mura

Agnes zum zweitenmal gefeiert.« Agnes ist auch durch ihren Namen das Gotteslamm, das Lamm der Unschuld. Darum wird sie als Patronin der Jungfrauen verehrt, doch zugleich als Patronin der Gärtner. Ihr Fest wird auch heute noch zweimal gefeiert: am 21. Januar, dem Tage ihres Martyriums, und am 28. Januar, dem Tage ihrer Parousie. Weiterhin lesen wir in der Goldenen Legende: »Es war eine Jungfrau, Constantia mit Namen, des Kaiser Constantini Tochter, die war gar siech am Aussatz. Da hörte sie von der Erscheinung, die an Sanct Agnes Grabe war

geschehen. Und ging zu dem Grabe und entschlief daselbst im Gebet.
Da sah sie im Traum Sanct Agnes, die sprach zu ihr: ›Sei standhaft,
Constantina, und glaube an Christum, so wirst du alsbald gesund.‹ Von
dieser Stimme erwachte sie und empfand sich gänzlich gesund. Da ließ
sie sich taufen und baute über Sanct Agnes Grab eine schöne Kirche.«

Leider ist uns diese Kirche nicht mehr erhalten, wohl aber ganz
in ihrer Nähe das Mausoleum, in dem Konstantin seine Tochter
beisetzen ließ, das Kirchlein SANTA COSTANZA. Die Kirche der

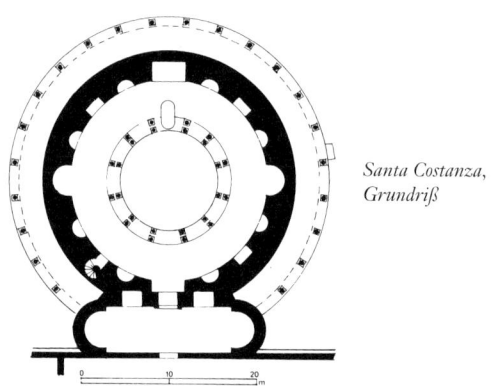

*Santa Costanza,
Grundriß*

heiligen Agnes wurde im 7.Jahrhundert von Honorius I. erneuert. Sie erhebt sich über dem Grab der Heiligen, und um diesem
Grabe so nah wie möglich zu sein, hat man sie tief in den Erdboden hineingebaut. Darum steigen wir auf einer Treppe zu ihr
hinunter. Das dreischiffige Innere hat Matronaeen, das heißt
Emporen für die Frauen, und in der Tribuna sehn wir ein schönes, sehr byzantinisch anmutendes Mosaik, das die Heilige im
Gewande einer oströmischen Prinzessin zwischen den Päpsten
Honorius I. und Symmachus zeigt. Dann besuchen wir die Kirche Santa Costanza, einen edlen überkuppelten Rundbau, dessen Oberwand von Doppelsäulen aus Granit getragen wird. Im
Tonnengewölbe des Umgangs leuchten feine Mosaiken, die
weinlesende Putten darstellen und von denen sich schwer sagen
läßt, ob man sie als Werke christlicher oder als solche heidni-
scher Kunst betrachten soll. Das gleiche gilt ja auch von dem
riesigen Porphyrsarkophag, der früher in diesem Mausoleum

stand und den wir in den Vatikanischen Antikensammlungen
gesehn haben. Die Mosaiken in den beiden kleinen Apsiden sind
spätere, mittelmäßige Arbeiten.

Wenn wir vor dem Bahnhof Termini stehn und links an ihm
entlang gehn, kommen wir zur *Porta San Lorenzo*. Hier beginnt
die *Via Tiburtina*, die nach Tivoli führt. An ihr liegt links die
Basilika SAN LORENZO FUORI LE MURA. Wie Sant'Agnese erhebt
sich auch San Lorenzo über dem Grabe des Blutzeugen, dem sie
geweiht ist; und auf unserm Rundgang vor den Toren Roms
werden wir noch zwei weitere Kirchen besuchen, San Sebastiano
und San Paolo, von denen man das gleiche sagen kann. Die
Christenheit hat den heiligen Laurentius von alters her nicht
weniger verehrt als die heilige Agnes; beider wird täglich im
Kanon der Messe gedacht; und San Lorenzo ist sogar eine der
Sieben römischen Kirchen mit einem Altar, an dem nur der
Papst die Messe lesen darf. Aber während die heilige Agnes von
den Künstlern nur selten dargestellt wird, gehört das Martyrium
des heiligen Laurentius zu den Gegenständen, die immer wieder
gemalt worden sind. Das mag sich dadurch erklären, daß der
heilige Laurentius der Schutzpatron einer vor allem im Mittelalter besonders zahlreichen Menschenklasse ist, nämlich der Armen, außerdem der unzählbaren Seelen im Fegefeuer, vielleicht
aber auch dadurch, daß sein Tod ein so besonders grausiger war.
Gelebt hat er zu Rom als Diakon. Gemartert wurde er drei Tage
nach dem Papst Sixtus II., dem er gedient hatte, am 10. August
258. In der alten römischen Liturgie war sein Fest das größte
nach Peter und Paul und bildete mit den drei Sonntagen vor und
den fünf Sonntagen nach Laurentius einen eigenen Festkreis.

Über den Tod des Laurentius lesen wir in der Goldenen Legende: »In
derselben Nacht ward Laurentius wieder vor Kaiser Decius gebracht. Da
wurden vor den Kaiser gebracht viele Marterwaffen. Und Decius sprach
zu Laurentio: ›Opfere den Göttern, oder diese ganze Nacht wird mit
Martern an deinem Leib gezehrt.‹ Sprach Laurentius: ›Meine Nacht ist
ohne Finsternis, und alles leuchtet in hellem Licht.‹ Da sprach Decius:
›Bringt herbei ein eisern Bett, daß der stolze Laurentius darauf ruhe
diese Nacht.‹ Also zogen die Knechte ihn aus und legten ihn auf einen
eisernen Rost und taten darunter glühende Kohlen; und drückten ihn
mit eisernen Gabeln auf den Rost.« (Der Rost befindet sich heute in der
römischen Kirche San Lorenzo in Lucina.) »Sprach Laurentius zu Valeriano: ›Wisse, du armer Mensch, diese Kohlen sind mir eine Kühle, dir

San Lorenzo fuori le Mura

SCS
YPP
OLIT
VS

VRBEM

BET
LEE

aber werden sie bringen die ewige Pein; denn der Herr weiß, daß ich
seinen Namen nicht verleugnet habe, da man mich anklagte, daß ich
Christum bekannte, da man mich fragte, und daß ich ihm Dank sage,
nun da ich brenne.‹ Und zu Decius sprach er mit fröhlichem Angesicht:
›Siehe, Elender, die eine Seite hast du gebraten, brate auch die andere
und iß.‹ Und dankte Gott und sprach: ›Herr, ich danke dir, daß ich zur
Himmelstür darf eingehen.‹ Mit diesen Worten gab er seinen Geist auf.
Voll Schrecken ging der Kaiser von dannen mit Valeriano zu dem Palast
des Tiberius und ließ den Körper über dem Feuer brennen. Den stahl
Hippolytus des Morgens und begrub ihn mit Justinus dem Presbyter auf
dem Acker Veranus mit köstlicher Spezerei.« Dieser Acker Veranus aber
ist der sehr große Friedhof, der größte Roms, der hinter der Laurentiusbasilika beginnt und den die Römer noch heute einfach ›il Verano‹
nennen.

Auch die älteste Laurentiusbasilika stammt aus der Zeit Konstantins. Diese Kirche hat Papst Pelagius ii. im 6.Jahrhundert
völlig erneuert. Seine Kirche hatte ihren Eingang im Osten, dem
Friedhof zu. An diese Kirche ließ dann Honorius iii. zu Beginn
des 13.Jahrhunderts eine zweite Kirche anbauen, die er mit der
Kirche des Pelagius verband, wobei er den Eingang nach Westen verlegte. Die Kirche ist am 19.Juli 1943 durch ein Luft-
bombardement schwer beschädigt, aber bald nach dem Kriege
wiederhergestellt worden.

In der vorderen Kirche sehn wir schöne Cosmatenarbeiten
und das Grab eines Kardinals Fieschi, der in einem antiken Sarkophag mit Hochzeitsdarstellungen beigesetzt wurde. Hinter
dem Hochaltar befindet sich die Confessio mit den Gebeinen des
Laurentius. Wir kommen dann in die Kirche des Pelagius, deren
Boden etwa 3 Meter tiefer liegt. Der mittlere erhöhte Raum, zu
dem Stufen hinaufführen, rührt von dem Umbau des Honorius
her, der das Mittelschiff durch einen in halber Säulenhöhe gelegenen Boden zum Chor umbaute, die Seitenschiffe aber zu-
schütten ließ. Im Jahre 1870 hat man die Schuttmasse entfernt
und das alte Niveau wieder freigelegt. Auch die Matronaeen
gehören zum Umbau des Pelagius. Sie werden von prachtvollen antiken Säulen aus pavonazzo getragen. Die Basilika hat einen hübschen romanischen Kreuzgang. Sie birgt auch das Grab
Pius' ix.

Auf unserm zwölften Spaziergang haben wir die *Porta Maggiore* besucht. Von ihr gehn zwei Straßen aus: die *Via Prenestina*,
deren Endziel Palestrina ist, und die *Via Casilina*, auf der wir zu

einigen der sehenswertesten Orte im südlichen Latium fahren werden. Sie führt über Monte Cassino nach Capua, wo sie sich mit der Via Appia verbindet.

Vor der *Porta San Giovanni*, die wir ebenfalls auf userm zwölften Spaziergang sahn, beginnt die *Via Appia Nuova*. Von dieser zweigt bald links die *Via Tuscolana* ab. Beide Straßen bieten im Bannkreis der Stadt nichts Sehenswertes, dagegen manches, was man lieber nicht sähe. Auf die Porta San Giovanni folgen in westlicher Richtung drei Tore der Aurelianischen Mauer: die *Porta Metronia*, die *Porta Latina*, die wir schon kennen, die *Porta San Sebastiano*, im Altertum *Porta Appia* genannt, durch die die berühmteste aller Römerstraßen, die via appia antica, Rom verläßt.

Diese Straße führt ins südliche Latium nach Kampanien und weiter über Benevent nach Apulien bis Brindisi. Ich beschränke mich heute darauf, die Denkmäler, Kirchen und Katakomben kurz zu erwähnen, die noch in unmittelbarer Nähe der Stadt liegen. Für heutige Besucher mag der Anfang der Via Appia von der Stadt her eher ernüchternd wirken, teils wegen des heftigen Verkehrs auf der durchgehend asphaltierten Straße, teils wegen der nahegelegenen Wohnviertel. Erst auf Höhe des Grabmals der Cecilia Metella hat die Via Appia Antica noch etwas von ihrem alten Charakter bewahrt, wird sie von Pinien und Zypressen gesäumt, und an wenigen Stellen ist auch das alte Pflaster noch erhalten. Hier sind wir in der einst schönen und melancholischen römischen Campagna, die von Claude Lorrain für Freilichtstudien entdeckt wurde und zum Dorado klassisch-romantischer Maler wurde. Inzwischen ist fast gänzlich verschwunden, was noch bis vor wenigen Jahrzehnten das Schönste an ihr war: die Verbindung von Landschaft und malerischen Ruinen, der Blick hinaus in die Hirteneinsamkeit mit den zerborstenen Wachttürmen, die zumeist auf antikem Gemäuer emporwuchsen, und den sich reihenden Bögen der Wasserleitungen. Man hat zwar diese Ruinen nicht zerstört. Sie stehn unter Denkmalschutz. Aber an sich sind sie selten schön, werden es erst im Zusammenhang mit der Landschaft. Und die Landschaft hat man zerstört, denn sie war lange Zeit hindurch ungeschützt. Wer heute bei Rom noch einen ähnlichen Zusammenklang von Ruinen und Landschaft erleben will, wie man ihn in meiner Jugend an der Via Appia erleben konnte, muß nach Ostia gehn.

Etwa 1 Kilometer vor der Porta San Sebastiano zweigt von
der Via Appia rechts die *Via Ardeatina* ab. Auf dieser gelangen
wir nach einem weiteren Kilometer zu den *Fosse Ardeatine*, einem Denkmal der neuesten Geschichte Roms.

Nachdem am 23. März 1944 in der Via Rasella (unweit vom Palazzo
Barberini) italienische Partisanen auf eine SS-Abteilung geschossen hat-
ten, wobei 32 Männer getötet wurden, befahl Hitler die Erschießung der
zehnfachen Anzahl von Geiseln. Seine Schergen schleppten aus den
Gefängnissen 335 Männer, darunter Priester, Universitätsprofessoren,
Offiziere, etwa hundert Juden, Ausländer und einen vierzehnjährigen
Knaben, die aber alle mit dem Angriff in der Via Rasella nichts zu tun
hatten, in die Fosse Ardeatine und töteten sie durch Genickschüsse.
Dann versuchten sie, ihr Verbrechen zu verbergen, indem sie die Leichen vor eine Tuffwand legten und diese dann sprengten, so daß die
herabstürzenden Felsmassen die Toten bedeckten. Die Schergen waren
aber beobachtet worden, so daß ihre Opfer, nachdem Rom befreit war,
identifiziert werden konnten.

Die Via Ardeatina führt weiter zum Heiligtum der *Madonna del
Divino Amore*, einem Muttergottesbild, das beim römischen
Volk in hohen Ehren steht und zu dem es vor allem am Pfingst-
montag wallfahrtet. In vielen Straßen der Stadt sieht man an den
Mauern Nachbildungen dieses Bildes, vor denen Lichter bren-
nen und die Gläubigen stehnbleiben, um zu beten.

Wir kehren auf die Via Appia zurück und betrachten dort
zunächst die kleine Kirche DOMINE QUO VADIS? Sie steht an der
Stelle, an der der Apostel Petrus, als er aus Rom floh, um dem
Martyrium zu entgehn, dem Heiland begegnete und ihn fragte:
»Herr, wohin gehst du?« Dieser antwortete: »Ich komme, um
mich wiederum kreuzigen zu lassen. – Venio iterum crucifigi.«
Worauf Petrus umkehrte und wie sein Herr den Kreuzestod erlitt.

Wir kommen nun in die Gegend, in der die bedeutendsten
unter den römischen *Katakomben* liegen. Der griechische Name
›Katakumbas‹ bezog sich ursprünglich nur auf ein kleines Tal
neben der Via Appia. Hier hatten die Kaiser ihren Freigelasse-
nen Begräbnisstätten eingeräumt. Diese Columbarien haben die
Ausgräber zum Teil wiedergefunden. Solche Columbarien gab
es auch an anderen Stellen neben der Via Appia. Am Rande der
Schlucht ›ad Katakumbas‹ hat man im 3. Jahrhundert eine Art
von Loggia gebaut, die für die ›refrigeria‹, die bei den Heiden
üblichen Totenmahle für die Verstorbenen, diente. Die Wände

dieser Loggia sind mit Kritzeleien bedeckt: Anrufungen der
Apostel Petrus und Paulus. Wir kennen solche auf die Wände
gekritzelten Anrufungen auch von anderen Orten. Sie bestätigen
uns hier, was uns auch aus literarischen Quellen bekannt war,
daß man die Gebeine der beiden Apostel zu einer nicht genau
bestimmbaren Zeit in dieser Schlucht bestattet hatte, daß man
sie hier verehrte; und so erklärt es sich auch, warum sich viele
Christen in der Nähe dieser heiligen Gräber bestatten ließen. An
dieser Stelle hat dann Konstantin eine Basilika erbaut, die ›ad
Apostolos‹ genannt wurde, obwohl man die Gebeine der beiden
Apostel an den Stätten begrub und verehrte, an denen sie den
Märtyrertod erlitten hatten. Diese Kirche wurde im 8. Jahrhundert einem andern großen, hochverehrten Märtyrer geweiht,
dem heiligen Sebastian. Weit verbreitet und volkstümlich ist die
Meinung, die Christen hätten sich in den Zeiten der Verfolgung
in ihre unterirdischen Friedhöfe geflüchtet, die man alle nach
der Schlucht ›ad Katakumbus‹ Katakomben nannte und nennt.
Die Gelehrten erklären diese Meinung als falsch. Sicher hat man
die Gebeine der heiligen Märtyrer hier verborgen, deren die
Verfolger habhaft zu werden suchten, um sie zu vernichten; sehr
wahrscheinlich ist aber auch, daß sich verfolgte Christen in diesen unterirdischen Labyrinthen versteckt haben. Die ungeheure
Ausdehnung der Katakomben erklärt sich übrigens dadurch, daß
auch nach dem Sieg des Christentums die Toten in ihnen begraben wurden, zumal die Christen ja die Toten nicht mehr ver-
brannten, sondern bestatteten, darum für ihre Friedhöfe viel
Raum brauchten. Andrerseits war die Anlage unterirdischer
Gänge in dem weichen Tuffboden nicht allzu mühevoll. Es gibt
in Rom übrigens auch heidnische und zum Teil sehr umfangrei-
che jüdische Katakomben.

Der erste der römischen Gemeindefriedhöfe entstand um 220
herum unter dem Papst Calixtus I.: die CALIXTUSKATAKOMBEN. In
ihnen wurde eine noch erhaltene besondere Gruft für die römischen Bischöfe eingerichtet. Glaubensgeschichtlich betrachtet
sind die Malereien, die wir in fast allen Katakomben finden,
recht interessant, künstlerisch gesehn haben sie nur geringen
Wert. Im Grunde handelt es sich mehr um Symbole und For-
meln als um Darstellungen. Besonders beliebt waren Anker,
Taube und Hirte: die Symbole für den Glauben und die Hoffnung. Immer wieder begegnen wir dem Guten Hirten; oft der

Betenden: der Orans; auch Abraham und Isaak, Daniel, Jonas und Noah. Die schönsten Katakombengemälde bergen die schon erwähnten Priscillakatakomben an der Via Salaria. Etwas Köstliches sind die Goldgläser, die man in den Katakomben gefunden hat, heute im Museo Cristiano des Vatikan zu sehen.

Unter den Katakomben der Appia werden vor allem die bereits genannte des Calixtus, dann die SEBASTIANS- und die DOMITILLAKATAKOMBEN besucht, stets unter Führung, so daß ich meine Leser diesen Kundigen überlassen kann. In Goethes ›Italiänischer Reise‹ lesen wir auf einer der letzten Seiten etwas, das ich nur zu gut nachempfinden kann: »Auf dem Verzeichnis, was vor der Abreise von Rom allenfalls nachzuholen sein möchte, fanden sich zuletzt sehr disparate Gegenstände, die Cloaca Maxima und die Katakomben bei Sankt Sebastian. Die erste erhöhte wohl noch den kolossalen Begriff, wozu uns Piranesi vorbereitet hatte« (nämlich durch einen seiner Kupferstiche), »der Besuch des zweiten Lokals geriet jedoch nicht zum besten, denn die ersten Schritte in diese dumpfigen Räume erregten mir alsobald ein solches Mißbehagen, daß ich sogleich wieder ans Tageslicht hervorstieg und dort im Freien in einer ohnehin unbekannten, fernen Gegend der Stadt die Rückkunft der übrigen Gesellschaft abwartete, welche, gefaßter als ich, die dortigen Zustände getrost beschauen mochte.« Wozu denn freilich zu sagen wäre, daß die Katakomben durch die Ausgrabungen der neueren Zeit zugänglicher und wegsamer geworden sind.

Wir setzen unsern Spaziergang auf der Via Appia fort. Etwa 300 Meter nach dem Domitillakatakomben sehen wir zu unserer Linken den *Circus des Maxentius*, das heißt dessen recht unförmige Ruinen. Ausgezeichnet erhalten ist dagegen das berühmte GRAB DER CECILIA METELLA, weil es die Caetani in eine ihnen gehörige Festung eingebaut hatten, die Sixtus V. zwar brechen ließ, von der aber noch Trümmer erhalten sind. Das Grab trägt eine Inschrift, in der die hier Begrabene genannt wird: ›Cecilia Metella, Tochter des Quintus Metellius Creticus und Gattin des Crassus, eines Sohnes des Triumvirn Crassus.‹ Aus der Familie der Metellier ging auch die heilige Cäcilie hervor. Wer den Spaziergang weiter ausdehnen will, gelangt zu den stattlichen Ruinen der VILLA DER QUINTILIER, die zur Zeit Hadrians erbaut

G. B. Piranesi: Grabmal der Cecilia Metella an der Via Appia (Ausschnitt)

CAECILIAE
Q· CRETICI·F·
METELLAE·CRASSI

Sepolcro di Cecilia Metella
or detto Capo di bove fuori della porta
di S. Sebastiano su l'antica via Appia.
A Costruttura co mura aggiuntavi ne tempi bassi

worden ist und die im Volksmund ›Roma vecchia‹ heißen, dann, 8 Kilometer von der Porta San Sebastiano entfernt, zum sogenannten CASTEL ROTONDO, dem größten der Gräber an der Via Appia. Fünf Kilometer weiter vereinigt sich die Via Appia Antica mit der Via Appia Nuova.

Auch westlich von der Porta San Sebastiano ist die Aurelianische Mauer trefflich erhalten. Eine Straße, die von den Caracallathermen herkommt und nach diesen heißt, durchbricht sie bei der *Porta Ardeatina.* Sie findet ihre Fortsetzung jenseits der Mauer in einer sehr breiten Autostraße, der *Via Cristoforo Colombo.* Diese führt in das von den Faschisten erbaute EUR-VIERTEL, von dem noch die Rede sein wird. Vom EUR-Viertel aus führt die neue *Via Pontina* quer durch die Pontinische Ebene nach Terracina, wo sie sich mit der Via Appia vereint.

Vor der *Porta San Paolo* beginnt die *Via Ostiense,* die uns zu den Ausgrabungen von Ostia Antica und ans Meer führen wird. An ihr liegt rechts die Basilika SAN PAOLO FUORI LE MURA. Das ist eine der heiligsten Kirchen der Christenheit, eine der vier Patriarchalkirchen, gegründet von Kaiser Konstantin über dem Grabe des Apostels Paulus. Sie muß ein herrlicher Bau gewesen sein: eine fünfschiffige Basilika mit einem offenen Dachstuhl, 80 Säulen aus parischem Marmor oder pavonazetto, reich an Mosaiken, Fresken, Skulpturen. In der Nacht vom 15. auf den 16.Juli 1823 ist sie niedergebrannt. In jenen Tagen lag Pius VII. im Sterben, und der Kardinal Consalvi befahl, ihm die Nachricht zu verschweigen. Am 20.Juli schloß der Papst die Augen. Sofort wurde mit dem Neubau begonnen. Aus allen Teilen der Welt erhielt Papst Leo XII. Spenden. Doch Gregor XVI. konnte erst 1840 das Kreuzschiff weihen, Pius IX. 1854 die ganze Kirche.
Der Neubau ist ein Versuch, die alte Basilika mit ihrem Vorhof und ihrer Vorhalle so gut es irgend ging zu erneuern, nur wurde der ehemals offene Dachstuhl durch eine Kassettendecke ersetzt. Der alten Kirche gehört noch die Chorpartie an. Den Triumphbogen schmücken *Mosaiken,* die Galla Placidia (wir sehn ihr Grab in Ravenna) der Kirche geschenkt hat. Alt sind auch das gotische *Tabernakel* über dem Hochaltar, das Arnolfo di Cambio zugeschrieben wird, der *Osterleuchter* und die prächtigen Mosaiken der *Tribuna* vom Anfang des 13.Jahrhunderts. Der *Kreuzgang* der Basilika, einer der schönsten Roms, wurde

San Paolo fuori le Mura,
frühchristliche Mosaiken
am Triumphbogen

von dem Cosmaten Petrus Vassalletus zwischen 1205 und 1241 erbaut. In einem Saal hinter der Sakristei kann man eine mit Silber tauschierte *Bronzetür* aus dem Jahre 1070 sehn.

Nicht weit von San Paolo liegt die ABBAZIA DELLE TRE FONTANE an der Stätte, an der Paulus enthauptet wurde. Als man ihm das Haupt abschlug, berührte es in drei großen Sprüngen dreimal die Erde, wodurch drei Quellen entsprangen. Wir sehn sie in einer der drei Kirchen, die an diesem hochheiligen Ort errichtet worden sind: SAN PAOLO ALLE TRE FONTANE. Neben den Quellen steht die Marmorsäule, an die Paulus während seiner Hinrichtung gebunden worden war. Diese Kirche ist 1599 erbaut worden. Die beiden anderen sind älter: SANTI VINCENZO ED ANASTA-SIO, eine Pfeilerbasilika aus der Zeit Honorius' I., und SANTA MARIA SCALA COELI, ein achteckiger Raum, erbaut 1582. Diese Kirche trägt ihren Namen, weil der heilige Bernhard, als er an ihrem Altar die Messe las, eine Leiter erblickte, auf der ein Verstorbener, für den er betete, von Engeln geleitet in den Himmel stieg. Die drei Kirchen gehören seit 1868 französischen Trappisten, die die einst völlig von der Malaria verseuchte Gegend durch Entwässerung gesund gemacht und die herrlichen Eukalyptusbäume angepflanzt haben, die wir hier sehn. Man kann diesem wunderschönen Baum, von dem man lange glaubte, er vertreibe die Malaria, bei Wanderungen durch die Umgebung von Rom oft begegnen.

G. B. Piranesi: San Paolo fuori le Mura

Gehört Ostia noch zu Rom oder schon zur Umgebung der Stadt? Der Lage nach gehört es zur Umgebung, aber den Verbindungen nach – man kann entweder mit der Schnellbahn oder über die Autobahn dorthin fahren – zur Stadt. Nicht wenige Römer leben heute das ganze Jahr hindurch am Ufer von Ostia, dem sogenannten *Lido di Roma*, und fahren zur Arbeit nach Rom hinein.

Für den Fremden hat die eintönige moderne Stadt nichts zu bieten. Lohnend ist dagegen ein Besuch der Ausgrabungen von *Ostia Antica*. Die Straße dorthin, die Via del Mare, beginnt hinter San Paolo fuori le mura. Kurz hinter dieser Kirche sieht man links eine Reihe sehr großer Gebäude. Sie gehören zum Gelände der sogenannten EUR (Esposizione Universale di Roma), einer Weltausstellung, die für 1942 geplant war, aber infolge des zweiten Weltkriegs nicht verwirklicht werden konnte. Man hat diese Bauten mit Recht »ein lastendes Erbteil des imperialistischen Größenwahns« genannt. – In diesem Quartier sind einige interessante Museen untergebracht: das *Museo Nazionale delle Arti e delle Tradizioni Popolari*, eine reiche Sammlung aus der italienischen Folklore, das *Museo della Civiltà Romana*, das in Gipsabgüssen, Modellen, Plänen zeigt, was die Römer in ihrem weiten Reich gebaut haben, und das *Museo Preistorico ed Etnografico Luigi Pigorini*, das sich früher im Collegio Romano befand.

Aber während die Weltausstellung ein glückloses Unternehmen war, haben die Olympischen Spiele, die 1960 in Rom stattfanden, die Stadt mit einer Reihe hervorragender Bauten beschenkt. Einer davon, der *Palazzo dello Sport*, ein Werk des schöpferischen Konstrukteurs und sensiblen Architekten Pier Luigi Nervi, steht mitten im EUR-Viertel.

In einer Schrift, die Anton Henze den Sportbauten der römischen Olympischen Spiele und vor allem dem Anteil Nervis daran gewidmet hat, heißt es: »Niemals hat eine Olympische Stadt den Weltspielen Stadien und Hallen geboten, die den neuen römischen Sportbauten in Funktionalität und Qualität gleichkommen. Die Werke Nervis und der ihm nachfolgenden Generation von Ingenieur-Architekten, das Stadio Flaminio, der Palazzetto dello Sport, der Palazzo dello Sport und der Velodrom gehören zu den Meisterwerken der modernen Weltarchitektur. Rom zeigt sich in ihnen seiner großen Tradition des Sportbaus, dargestellt in den antiken Stadien, im Amphitheater des Kolosseums und in den Kaiserthermen, würdig.« Wie richtig diese Bemerkung Henzes ist, vor allem sein Hinweis auf die römischen Sportbauten der Kaiserzeit, zeigt uns wohl am deutlichsten der Palazzo dello Sport im EUR-Viertel. Treffend schildert Henze dies großartige Werk: »Im Grundriß herrscht unangefochten und rein der Kreis, konzentrisch die Arena, den Zuschauerraum und das Treppenhaus umschreibend. Er wirkt auch im Raum und gibt den drei Rängen des Amphitheaters und dem freien Rand der Kuppel und ihrer Laterne den horizontalen Umriß. Sich vorzustellen, daß er auch im Querschnitt Macht erhalten und den Kugelraum gebildet hätte, von dem die Architektur seit dem Bau des Pantheons träumt, ist ein reizvolles und kühnes Spiel der Phantasie. Nervi ging nicht soweit; sein Querschnitt antwortet dem horizontal herrschenden Kreis mit gebrochenen Rundformen, gebildet aus der Schale des Amphitheaters, die ihren platten Boden mit einer dreimal gestuften Schrägwand umschließt, und aus dem gelassenen Segment der sphärischen Kuppel. In der Konstruktion wird die Einheit von Gegenwart und Geschichte im neuen Bauen anschaulich; sie verdankt der römischen Architektur der Kaiserzeit nicht nur die Figur des Amphitheaters. Wie bei den frühen kampanischen Bauten dieses Typs, liegt der untere Rang des Zuschauerraums in der Erde. Der zweite Rang ruht mit der unteren Kante seiner Schrägbalken im Niveau des Erdbodens auf seinem Fundament, vertikale Betonpfeiler stützen die oberen Kanten. Das Instrumentarium der modernen Konstruktion wird erst für den dritten Rang und die Kuppel aufgeboten; es bildet dabei das große Treppenhaus. Die Bankelemente des dritten Ranges lehnen sich gegen Betonstützen, die sich unter ihrer Last zu krümmen scheinen und Halt suchen bei Strebepfeilern, die ihnen schräg zu Hilfe eilen. Sie nehmen auch den Druck der großen Kuppel auf und stützen die Decke des Treppenhauses, deren Betonträger wie der Balken einer Waage auf einem kurzen trapezförmigen Pfeiler im Gleichgewicht schwebt.«

Die Fahrt nach OSTIA ANTICA führt durch eine eher reizlose Landschaft. Dagegen finden wir in den Ausgrabungen selbst eine ungemein malerische römische Ruinenlandschaft, wie wir sie nicht allzuoft antreffen. Auch sehn wir hier eine verhältnismäßig gut erhaltene antike Hafen- und Handelsstadt vor uns, die uns einen Einblick gewährt in den Alltag römischen Lebens, vor allem in den wohlhabender Reeder und Handelsleute. Dieser Einblick hat allerdings, verglichen zum Beispiel mit dem, den uns Pompeji und Herculaneum gewähren, etwas recht Ernüchterndes, eben: etwas Alltägliches. Besonders interessant sind die in Ostia erhaltenen mehrstöckigen Häuser, zu deren

Bau der Raummangel zwang. Einige davon sind deutlich das, was wir Mietskasernen nennen würden. Zum Unterschied von den pompejanischen Häusern empfangen sie ihr Licht nicht aus den Binnenhöfen, sondern wie die unsern durch auf die Straßen sich öffnende Fenster. Die Stadt scheint in ihrer Blütezeit etwa fünfzigtausend Einwohner gehabt zu haben, darunter viele Ausländer, vor allem Afrikaner und Orientalen. Ganz erstaunlich ist für eine verhältnismäßig so kleine Stadt die Zahl der öffentlichen Gebäude und der Tempel. In den Tempeln wurden neben den griechischen und römischen Göttern und den vergöttlichten Imperatoren auch sehr zahlreiche ausländische verehrt, was den Synkretismus der Spätantike kennzeichnet, darunter Magna Mater, Isis, Serapis, Bubastis, der syrische Jupiter Dolichenus und Mithras. Es gab nicht weniger als sechzehn Kultstätten des Mithras. Seit 313 hatte Ostia einen christlichen Bischof. Unter den Trümmern der Stadt sind die einer Basilika und eines Baptisteriums deutlich erkannt worden. In Ostia ist die heilige Monika, die Mutter des Augustinus, gestorben, wovon ihr Sohn in seinen Bekenntnissen erzählt.

Ich muß auf eine Führung durch die Ruinen verzichten, sie würde mich zu weit führen, doch kann man sich in dem angenehmen *Museo Ostiense* vor Ort kundig machen. Wir betreten die archäologische Zone in der Nähe eines schönen Renaissancekastells, das Baccio Pontelli 1483-1486 erbaut hat. Die wichtigsten Gebäude liegen am Decumanus maximus, der Hauptstraße der Stadt. Er führt am Theater vorbei auf den Platz der Corporationen, den Mittelpunkt des Geschäftslebens, den eine doppelte Säulenreihe einrahmte, zum Forum mit dem Capitolium, dem wichtigsten Tempel der Stadt. Von der Treppe des Capitoliums haben wir einen schönen Blick über die Ruinenlandschaft, während in geringer Höhe einschwebende Düsenmaschinen die Nähe des römischen Hauptflughafens ›Leonardo da Vinci‹ bei Fiumicino in Erinnerung bringen: ein Element der modernen Weltstadt, die das klassische Rom ja auch ist.

Anhang

Zeittafel zur Geschichte der Stadt Rom 474
Die römischen Kaiser 483
Die Päpste 484

Sehenswürdigkeiten in Rom 487
I *Das antike Rom* 487
II *Das frühchristliche Rom* 487
III *Das mittelalterliche Rom* 487
IV *Das Rom der Renaissance* 488
V *Das barocke Rom* 488

Museen in Rom 490
Adressen für deutsche Rom-Reisende 493

Personenregister 494
Orts- und Sachregister 502

Zeittafel zur Geschichte der Stadt Rom

753   Sagenhafte Gründung Roms (Romulus und Remus).

um 510   Vertreibung der etruskischen Königsdynastie der Tarquinier; Beginn der römischen Republik; Weihe des Jupitertempels auf dem Kapitol.

396   Das etruskische Veji (nördlich von Rom), Konkurrentin Roms im Tibertal, wird ausgeschaltet; erstes Ausgreifen der Stadt ins Umland.

387   Galliereinfall in Rom. Die Stadt sichert sich mit dem Bau der *Servianischen Mauer.*

88   Sulla führt erstmals Legionäre gegen Rom: Bürgerkrieg.

82/81   Sullas Proskriptionen; gesetzliche Sicherung der Senatsherrschaft.

62   Catilinarische Verschwörung, von Cicero aufgedeckt.

49   Cäsar in Rom zum Diktator ernannt.

46   Der gefangene Gallierfürst Vercingetorix wird im Triumphzug Cäsars mitgeführt und anschließend ermordet.

44   Ermordung Cäsars in der Kurie des Pompejus.

31 v.-14 n. Chr.   Octavianus ›Augustus‹. Beginn der römischen Kaiserzeit.

27 v. Chr.   Marcus Agrippa, Schwiegersohn des Augustus, baut das erste Pantheon (erneuert von Hadrian).

64   Brand Roms unter Kaiser Nero; erste Christenverfolgung.

67   Kreuzigung Petri in Rom und Bestattung auf dem Ager Vaticanus.

80   Das Flavische Amphitheater *(Kolosseum)* unter Kaiser Titus eingeweiht.

98-117   Kaiser Trajan. Zum Ruhme seiner Siege in den Dakerkriegen wird die *Trajanssäule* auf seinem Forum errichtet.

135   Baubeginn des Mausoleums für Kaiser Hadrian (117 bis 136), der späteren *Engelsburg.*

216/17   Einweihung der Caracallathermen.

270 Kaiser Aurelian beginnt mit dem Bau der *Aureliani-schen Mauer*.

312 Kaiser Konstantin I. siegt über Maxentius an der Milvischen Brücke; als Siegeszeichen wird der *Konstantinsbogen* errichtet.

313 Mailänder Toleranzedikt: Gleichstellung des Christentums durch Kaiser Konstantin.

326 Weihe der *ältesten Peterskirche* durch PAPST SYLVESTER I. Auf die Sylvesterlegende und eine ›Konstantinische Schenkung‹ stützt sich später der Herrschaftsanspruch der Päpste.

330 Konstantinopel (Byzanz) wird Hauptstadt des Reiches.

395 Beim Tod Theodosius' I. Reichsteilung in West- und Ostrom.

410 Plünderung Roms durch die Westgoten unter Alarich.

452 LEO I. DER GROSSE (440-461) erreicht durch Verhandlungen mit Attila den Rückzug der Hunnen (s. Stanzen des Raffael).

455 Plünderung Roms durch die Vandalen unter Geiserich.

476 Absetzung des Kaisers Romulus Augustulus markiert Ende des Weströmischen Reiches. Bau von *S. Stefano Rotondo*.

500 Theoderich in Rom.

536 Der oströmische Feldherr Belisar besetzt Rom: Beginn der byzantinischen Herrschaft in Italien; Codex Justinianus.

579 Belagerung Roms durch die Langobarden.

590-604 GREGOR I. DER GROSSE: Missionierung der Langobarden und Angelsachsen.

730 Beginn des Ikonoklasmus (= Bilderstreit) in Byzanz für mehr als ein Jahrhundert. Der Papst belegt alle Bilderstürmer mit dem Bann.

751 Die langobardische Eroberung Ravennas bedeutet das Ende der byzantinischen Herrschaft in Mittelitalien.

756 Belagerung Roms durch die Langobarden. Der von STEPHAN II. zu Hilfe gerufene Frankenkönig Pippin III. gibt das eroberte Land als ›Pippinische Schenkung‹ an den Heiligen Stuhl. Der Frankenkönig tritt als ›Patricius Romanorum‹ und Schutzherr Roms die Nachfolge des byzantinischen Exarchen an.

774   Karl der Große in Rom; Ende des Langobarden-
      reiches.

800   Kaiserkrönung Karls des Großen durch LEO III. in
      Sankt Peter: Beginn des fränkischen Imperiums.

846   Plünderung Roms durch die Sarazenen. 847 Borgo-
      brand (s. Stanzen des Raffael). LEO IV. läßt den Vatikan
      durch die *Leoninische Mauer* befestigen.

897   Leichensynode: Gericht über den toten Papst Formo-
      sus im Lateran.

936-952 Prinzipat des Alberich in Rom beschränkt das Papst-
      tum auf seine geistliche Gewalt.

962   Kaiserkrönung Ottos I. und Adelheids in Rom: Beginn
      des Heiligen Römischen Reiches deutscher Nation.

983   Tod Kaiser Ottos II. in Rom und Beisetzung in den
      Grotten von Sankt Peter.

996   Kaiserkrönung Ottos III. durch seinen Vetter Brun (=
      GREGOR V.). Kaiserliche Residenz auf dem Aventin im
      Geiste einer Renovatio Imperii Romanorum.

1046 Synode von Sutri und Rom: Der Salierkaiser Hein-
      rich III. setzt drei Päpste ab und macht sich zum Herrn
      über das Papsttum. Als Gegenreaktion formieren sich
      von nun an die Kräfte des Reformpapsttums.

1054 Endgültiger Bruch Roms mit der orthodoxen Kirche
      von Byzanz.

1059 Lateransynode: Papstwahldekret schränkt zur Aus-
      schaltung weltlicher Einflüsse Wahl auf Kardinäle ein.

1073-1075 GREGOR VII. (Hildebrand) eröffnet den Investiturstreit
      mit dem Kaisertum; 1077 Gang Kaiser Heinrichs IV.
      nach Canossa. Theokratie des Papsttums.

1085 Robert Guiscard, normannischer Herzog von Apulien
      und Kalabrien, brandschatzt Rom.

1123 Das erste Laterankonzil erklärt aufgrund des Wormser
      Konkordats vom Vorjahr die Unabhängigkeit der
      Kirche von säkularen Gewalten.

1133 Krönung Kaiser Lothars III. im Lateran durch INNO-
      ZENZ II.; der Gegenpapst Anaklet findet die Unterstüt-
      zung bei Roger II., von ihm 1130 zum König des nor-
      mannischen Südreichs gekrönt.

1139   Zweites Laterankonzil: Verdammung Arnolds von
        Brescia, der die Säkularisierung des Kirchenstaats for-
        dert.

1146   Arnold von Brescia ruft in Rom die Republik aus.

1155   HADRIAN IV. krönt den Staufer Friedrich I. Barbarossa
        zum Kaiser; Hinrichtung Arnolds von Brescia.

1179   Drittes Laterankonzil festigt den Frieden von Venedig
        zwischen Barbarossa und ALEXANDER III., der der
        kaiserlichen Italienpolitik den päpstlichen Anspruch
        auf den Kirchenstaat entgegensetzt.

1188   Die Römer erkennen den Papst vertraglich als Herrn
        über die Stadt an, dieser den römischen Senat.

1191   Kaiserkrönung Heinrichs VI. und Konstanzes von Sizi-
        lien durch COELESTIN III. Der 1194 geborene Sohn
        Friedrich (II.) wird als Erbe beider Reiche zur Bedro-
        hung für den Kirchenstaat.

1198-1206 INNOZENZ III. nutzt den deutschen Thronstreit
        zwischen Staufern und Welfen zur ›Rekuperation‹ des
        Kirchenstaates und realisiert somit das politische
        Papsttum unter Berufung auf die gefälschten ›Schen-
        kungen‹ Konstantins und Pippins.
        1215 Viertes Laterankonzil: Anerkennung Friedrichs II.
        und Bestätigung der Albingenserkriege.

1120   Kaiserkrönung Friedrichs II. durch HONORIUS III.

1244   Rückzug INNOZENZ' IV. nach Lyon, von wo aus er 1245
        über Friedrich II. den Bann verhängt und Gegen-
        könige fördert. Rom unter der Herrschaft des Branca-
        leone.

1265   Karl I. von Anjou wird in Rom durch KLEMENS IV. mit
        dem Königreich Neapel-Sizilien belehnt und gekrönt;
        im Endkampf mit den Staufern fällt 1266 König Man-
        fred und wird 1268 der Erbe Konradin in Neapel ent-
        hauptet.

1294-1303 BONIFAZ VIII. verkörpert absolute Autokratie des Papst-
        tums. Mit der Bulle *Unam Sanctam* beansprucht er
        päpstliche Gewalt über alle weltlichen Herrscher; sein
        Gegensatz zu Philipp IV. von Frankreich endet mit der
        Gefangennahme des Papstes in Anagni.
        1300 Verkündigung des ersten Heiligen Jahres in
        Rom.
        1303 Gründung der römischen Universität *Sapienza*.

1309 Verlegung der päpstlichen Kurie nach Avignon:
Avignonesisches Exil der Päpste 1309-1377. Rom ist den
Parteienkämpfen und dem Verfall ausgesetzt.

1347 Cola di Rienzo auf dem Kapitol zum Diktator gewählt.
Sein Versuch einer republikanischen Einigung Italiens
endet mit seiner Ermordung 1354. Anarchie in Rom.

1367 URBAN V. kehrt vorübergehend nach Rom zurück,
begrüßt von Petrarca. Die Erneuerung des Kirchenstaates betreibt inzwischen der Kardinallegat Albornoz.

1377 Auf Drängen der hl. Katharina von Siena kehrt GREGOR
XI. endgültig nach Rom zurück. Da der Lateran in
einem Zustand des Verfalls ist, richten sich die Päpste
von nun an im Vatikan ein.

1378-1420 *Großes Abendländisches Schisma* mit sieben Gegen-
päpsten.

1380 Die hl. Katharina von Siena in Rom gestorben und in
S. Maria sopra Minerva beigesetzt.

1420 MARTIN V. aus dem römischen Geschlecht Colonna
zieht in Rom ein und beendet somit das Große Schisma. Erneuerung der päpstlichen Autorität und begin-
nender Wiederaufbau der Stadt Rom.

1447-1455 NIKOLAUS V. zieht humanistische Gelehrte und Künstler nach Rom; Konzeption von Neubauten des Vatikan
und der Peterskirche mit Leon Battista Alberti. Umbau von *S. Stefano Rotondo* durch Rossellino.
1452 Kaiserkrönung Friedrichs III., die letzte in Rom.
1453 Eroberung von Konstantinopel durch die Osma-
nen: Ende des byzantinischen Reiches.

1471-1484 SIXTUS IV. DELLA ROVERE. Mit ihm beginnt der morali-
sche Verfall des Renaissance-Papsttums, dem eine kul-
turelle und künstlerische Blüte entgegensteht. Rege
Bautätigkeit; der *Ponte Sisto* und die *Cappella Sistina*
tragen seinen Namen.
1480 feierliche Eröffnung der Cappella Sistina und
Berufung von Botticelli, Signorelli, Perugino u. a. zu
deren Ausmalung.
Neugründung der *Vatikanischen Bibliothek* und Berufung Platinas (Fresko von Melozzo da Forlì); Öffnung
der päpstlichen Antikensammlung macht Papst Sixtus
zum Begründer der römischen Museen. Als erster
monumentaler Renaissancebau entsteht seit 1483 die
Cancelleria.

1492–1503 ALEXANDER VI. BORGIA. Tiefpunkt des verweltlichten Papsttums mit skrupelloser Familienpolitik (Savonarola predigt dagegen in Florenz den Gottesstaat).
1494 Belagerung Roms durch Karl VIII. von Frankreich im Kampf um das Erbe der Anjou in Neapel; der Papst flieht in die Engelsburg.

1503–1513 JULIUS II. DELLA ROVERE. Bedeutender Staatsmann und Kunstmäzen; Rückgewinnung des zerrissenen Kirchenstaates mit diplomatischen und kriegerischen Mitteln. Die nach ihm benannte *Via Giulia* ist der erste der römischen Straßenzüge.
1505 Erteilung des Auftrags für ein *Juliusgrabmal* an Michelangelo, unterbrochen durch die erzwungene Ausmalung des *Sixtinischen Deckengewölbes* (ab 1508), gleichzeitig entstehen die Fresken in den *Stanzen des Raffael*.
1506 Grundsteinlegung zur *neuen Peterskirche* unter Bauleitung von Bramante. Fund der *Laokoon-Gruppe* in der Domus Aurea des Nero.

1510/11 Martin Luther in Rom.

1513–1521 LEO X. MEDICI. Der Sohn Lorenzos des Prächtigen verkörpert Lebensgenuß und Mäzenatentum. Fortsetzung der Arbeiten an *Sankt Peter* mit Michelangelo und Raffael sowie in den *Stanzen* und *Loggien* im Vatikan.
1517 Mit dem Anschlag von Luthers 95 Thesen in Wittenberg beginnt das Zeitalter der Reformation.

1520 Tod Raffaels in Rom, Beisetzung im Pantheon.

1527 *Sacco di Roma*, die Plünderung Roms durch deutsche Landsknechte, bedeutet das Ende des goldenen Zeitalters der römischen Renaissancekultur. KLEMENS VII. MEDICI sieben Monate lang Gefangener Karls V. in der Engelsburg. 1530 wird mit Karl V. letztmals die Kaiserkrönung durch einen Papst vollzogen (in Bologna).

1534–1549 PAUL III. FARNESE, Papst am Übergang zweier Epochen: Als weltlich orientierter Renaissancemensch betreibt er Familienpolitik und Mäzenatentum, andererseits gibt er mit der Eröffnung des *Konzils von Trient* (1545) das Signal zur *Gegenreformation*.
1536 Karl V. in Rom; Neugestaltung des *Kapitols* begonnen.
1540 Bestätigung des *Jesuitenordens* in Rom, der zum bedeutenden Instrument der Gegenreformation wird.

1541 Enthüllung von Michelangelos *Jüngstem Gericht* in der Sixtina.
1546 Fortführung des *Familienpalastes der Farnese* durch Michelangelo.

1556   IGNATIUS VON LOYOLA, Gründer des Jesuitenordens, stirbt in Rom; sein Grab findet er in der Kirche *Il Gesù*, einem vielfach richtungweisenden Bau von Vignola (1568-85).

1559   Beim Tod PAULS V. CARAFA in Rom Aufstand gegen *Inquisition*.

1582   Einführung des *Gregorianischen Kalenders* durch GREGOR XIII.

1585   Gründung des *Collegio Romano* als Università Gregoriana und des *Collegium Germanicum-Hungaricum* durch GREGOR XIII.
Aufrichtung des Obelisken auf dem Petersplatz durch Domenico Fontana.

1564   Tod Michelangelos in Rom und Überführung nach Florenz.

1571   Triumph des Marcantonio Colonna als siegreicher Admiral der päpstlichen Flotte bei *Lepanto* gegen die Türken (s. *Galleria Colonna*).

1585-1590   SIXTUS V. PERETTI, bedeutender Bauherr und Denkmalpfleger Roms (Via Sistina).

ab 1590   Michelangelo da Caravaggio und Annibale Carracci wirken in Rom.

1599   Hinrichtung der Beatrice Cenci unter CLEMENS VIII.

1600   Feuertod Giordano Brunos als Opfer der Inquisition auf dem Campo de' Fiori.
Die Jahrhundertwende markiert den *Anbruch des Barockzeitalters in Rom*.

1605-1621   PAUL V. BORGHESE. Unter seinem Pontifikat wird der Bau der Peterskirche vollendet; nach Aufgabe der Zentralbaupläne errichtet Carlo Maderna Langhaus und Fassade (die Inschrift trägt den Namen des Papstes und das Datum 1612). Kardinal Scipione Borghese legt die *Villa Borghese* an.

1632-1644   URBAN VIII. Barberini. *Bernini* und *Borromini* wirken wetteifernd in Rom.
1626 Weihe der vollendeten Peterskirche.

1644-1655 INNOZENZ X. PAMPHILI (sein Porträt von Velázquez in der Galleria Doria Pamphili).
1651 Einweihung des *Vierströmebrunnens* von Bernini auf der Piazza Navona.

1667 Vollendung des *Petersplatzes* von Bernini unter ALEXANDER VII. CHIGI.

1692 INNOZENZ XII. erläßt die Bulle *Romanum decet Pontificem* gegen den Nepotismus.

1763 J. J. Winckelmann, Verfasser der Programmschrift über den Klassizismus, wird Präfekt der päpstlichen Antikensammlungen. Das Griechische wird zum Maßstab der Kunst; Haupt der Gegenpartei, die das Römische propagiert, ist der Architekt und Kupferstecher Giovanni Battista Piranesi.

1773 Aufhebung des Jesuitenordens durch CLEMENS XIV. LORENZO GANGANELLI.

1786/88 Goethe in Rom.

1787 Enthüllung des *Grabmals für Klemens XIV.* von Canova in Ss. Apostoli markiert den Durchbruch des Klassizismus im barocken Rom.

1788 Erste Ausgrabungen auf dem Forum.

1789/99 Unter dem Eindruck der Französischen Revolution Ausrufung der Römischen Republik. PIUS VI. wird nach Frankreich deportiert.

1808-1811 Rom Teil des französischen Kaiserreiches; Napoleons Sohn erhält den Titel eines Königs von Rom.

1814 Zweite Restauration PIUS' VII. als Souverän im Kirchenstaat.

1846-1878 PIUS IX. MASTAI-FERRETTI. Rom wird Zentrum der nationalen Bewegung des *Risorgimento*.
1848 Der Papst flieht unter dem Druck der Patrioten aus Rom.
1849 Proklamation der Republblica Romana.
1879/70 Erstes Vatikanisches Konzil: Dogma von der päpstlichen Unfehlbarkeit.
1870, 20. September: Einmarsch italienischer Truppen (Bersaglieri) durch die Porta Pia; auf dem Kapitol wird die weltliche Herrschaft des Papstes annulliert: Ende des Kirchenstaates.

1871 Garantiegesetz für die päpstliche ›Unabhängigkeit‹
      wird vom Papst ignoriert, er zieht sich in den Vatikan
      zurück.

1891 Verkündung der Enzyklika *Rerum Novarum* zur Arbei-
      terfrage durch LEO XIII.

1924 Straße der Kaiserfora begonnen.

1929 Abschluß der *Lateranverträge* zwischen Mussolini und
      PIUS XI.; der Papst als Souverän des Vatikanstaates
      anerkannt.

1938 Hitler in Rom, Pius XI. verläßt ostentativ die Stadt.

1943 Anglo-amerikanische Bomber zerstören das Viertel
      zwischen Porta Maggiore und San Lorenzo, anschlie-
      ßend deutsche Besetzung der Stadt bis zur Befreiung
      am 4. Juni 1944.

1950 Verkündung des Dogmas der Aufnahme Mariens in
      den Himmel durch PIUS XII.

1957 Römische Verträge zur Gründung der Europäischen
      Wirtschaftsgemeinschaft.

1960 Olympische Spiele in Rom.

1962–1965 Zweites Vatikanisches Konzil unter JOHANNES XXIII.
      und PAUL VI.

Die römischen Kaiser

	Das Julisch-Claudische Haus		Kaiser der Spätantike im Westen
27 v. bis 14 n. Chr.	Augustus	286-305	Maximinian
14-37	Tiberius	305-306	Constantius Chlorus
37-41	Caligula	306-307	Flavius Severus
41-54	Claudius	306-312	Maxentius
54-68	Nero	309-313	Maximinian (s. o.)
		306-337	Konstantin I. d. Gr.
	Soldatenkaiser		(seit 324 Alleinherrscher)
68-69	Galba	337-340	Konstantin II.
69	Otho	337-350	Constans
69	Vitellius	(337) 350-361	Constantius II.
		361-363	Julian Apostata
	Flavier	363-364	Jovian
69-79	Vespasian	364-375	Valentinian I.
79-81	Titus	365-383	Gratian
81-96	Domitian	375-392	Valentinian II.
		392-394	Eugenius
	Adoptivkaiser	(379) 394-395	Theodosius I. d. Gr.
96-98	Nerva		
98-117	Trajan		
117-138	Hadrian		
138-161	Antoninus Pius		
161-180	Mark Aurel		
180-192	Commodus		
193	Pertinax		
193	Didius Julianus		

Beim Tode Theodosius d. Gr. erfolgt die Aufteilung in ein Weströmisches und ein Oströmisches Imperium. Von *Honorius*, 395-423, bis *Romulus Augustulus*, mit dem 476 das Weströmische Reich endet, regieren hier 12 Kaiser.

Severer

193-211	Septimius Severus
211-217	Caracalla
211-212	Geta
217-218	(Macrinus)
218-222	Elagabal
222-235	Severus Alexander

Soldatenkaiser

Zwischen 235 und 285 werden insgesamt 22 Kaiser von den Legionen erhoben, die ihr Amt zum Teil nur für wenige Monate ausüben; unter ihnen *Aurelian*, 270-275, der den nach ihm benannten Mauerring um die Stadt Rom anlegt. Mit *Diokletian*, 284-305, der in der östlichen Reichshälfte regiert, beginnt die Epoche des Mehrkaisertums.

Die Päpste

eine Auswahl, ab 1370 vollständig

307-309 Marcellus
311-314 Melchiades
314-335 Silvester I.
352-366 Liberius
440-461 Leo I. d. Gr.
461-468 Hilarius
468-483 Simplicius
590-604 Gregor I. d. Gr.
608-615 Bonifaz IV.
715-731 Gregor II.
741-752 Zacharias
752-757 Stephan II.
772-795 Hadrian I.
795-816 Leo III.
817-824 Paschalis I.
847-855 Leo IV.
858-867 Nikolaus I. d. Gr.
896-897 Stephan VI.
955-963 Johann XII.
996-999 Gregor V. (Brun)
999-1003 Silvester II.
1046-1047 Clemens II. (Suitger)
1049-1054 Leo IX.
(Bruno von Egisheim)
1058-1061 Nikolaus II.
(Gerhard von
Burgund)
1073-1085 Gregor VII.
(Hildebrand)
1088-1099 Urban II.
(Odo de Lagery)
1099-1118 Paschalis II.
1119-1124 Calixtus II.
(Guido von Burgund)
1130-1143 Innozenz II.
(Gregorio Papareschi)
1145-1153 Eugen III.
(Bernardo Paganelli)
1154-1159 Hadrian IV.
(Nikolaus Break-
speare)
1159-1181 Alexander III.
(Orlando Bandinelli)

1191-1198 Coelestin III.
(Giacinto Boboni-
Orsini)
1198-1216 Innozenz III.
(Lothar Graf von
Segni)
1216-1227 Honorius III.
(Cencio Savelli)
1227-1241 Gregor IX.
(Ugolino Graf von
Segni)
1243-1254 Innozenz IV.
(Sinisbaldo Fieschi)
1254-1261 Alexander IV.
(Rinaldo von Segni)
1261-1264 Urban IV.
(Jacques Pantaléon)
1265-1268 Clemens IV.
(Guy le Gros
Foulques)
1271-1276 Gregor X.
(Tebaldo Visconti)
1277-1280 Nikolaus III.
(Giovanni Caetano-
Orsini)
1281-1285 Martin IV.
(Simon de Brion)
1285-1287 Honorius IV.
(Giacomo Savelli)
1288-1292 Nikolaus IV.
(Girolamo Masci)
1294 Coelestin V.
(Pietro da Murrone)
1294-1303 Bonifaz VIII.
(Benedetto Caetani)

*Avignonesisches Exil
der Päpste von 1309 bis 1377*

1378-1389 Urban VI.
(Bartolomeo
Prignano)
1389-1404 Bonifaz IX.
(Pietro Tomacelli)

1404-1406 Innozenz VII.
(Cosimo de'Migliorati)

1406-1415 Gregor XII.
(Angelo Correr)

1417-1431 Martin V.
(Oddone Colonna)

1431-1447 Eugen IV.
(Gabriele
Condulmer)

1447-1455 Nikolaus V.
(Tommaso
Parentucelli)

1455-1458 Calixtus III.
(Alonso de Borgia)

1458-1464 Pius II.
(Enea Silvio
Piccolomini)

1464-1471 Paul II.
(Pietro Barbo)

1471-1484 Sixtus IV.
(Francesco della
Rovere)

1484-1492 Innozenz VIII.
(Giovanni Battista
Cibò)

1492-1503 Alexander VI.
(Rodrigo Borgia)

1503 Pius III. (Francesco
Todeschini-Piccolo-
mini)

1503-1513 Julius II. (Giuliano
della Rovere)

1513-1521 Leo X.
(Giovanni de' Medici)

1522-1523 Hadrian VI.
(Hadrian Florensz.)

1523-1534 Clemens VII.
(Giulio de'Medici)

1534-1549 Paul III.
(Alessandro Farnese)

1550-1555 Julius III. (Giovanni
Maria Ciocchi
del Monte)

1555 Marcellus II.
(Marcello Cervini)

1555-1559 Paul IV.
(Gian Pietro Carafa)

1559-1565 Pius IV. (Giovanni
Angelo de' Medici)

1566-1572 Pius V. (Antonio
Michele Ghislieri)

1572-1585 Gregor XIII.
(Ugo Boncompagni)

1585-1590 Sixtus V.
(Felice Peretti)

1590 Urban VII.
(Giambattista
Castagna)

1590-1591 Gregor XIV.
(Niccolò Sfondrati)

1591 Innozenz IX.
(Gian Antonio
Facchinetti)

1592-1605 Clemens VIII.
(Ippolito Aldobrandini)

1605 Leo XI. (Alessandro
de'Medici-Ottaiano)

1605-1621 Paul V.
(Camillo Borghese)

1621-1623 Gregor XV.
(Alessandro Ludovisi)

1623-1644 Urban VIII.
(Maffeo Barberini)

1644-1655 Innozenz X.
(Giambattista Pam-
phili)

1655-1667 Alexander VII.
(Fabio Chigi)

1667-1669 Klemens IX.
(Giulio Rospigliosi)

1670-1676 Clemens X.
(Emilio Altieri)

1676-1689 Innozenz XI.
(Benedetto
Odescalchi)

1689-1691 Alexander VIII.
(Pietro Ottoboni)

1691-1700 Innozenz XIII.
(Antonio Pignatelli)

1700-1721 Clemens XI.
(Gian Francesco
Albani)

1721-1724 Innozenz XIII.
(Michelangelo dei
Conti)

1724-1730 Benedikt XIII.
(Pietro Francesco
Orsini)

1730-1740 Clemens XII.
(Lorenzo Corsini)
1740-1758 Benedikt XIV.
(Prospero Lamber-
tini)
1758-1769 Clemens XIII.
(Carlo Rezzonico)
1769-1774 Clemens XIV.
(Lorenzo Ganganelli)
1775-1799 Pius VI.
(Angelo Graf Braschi)
1800-1823 Pius VII.
(Barnaba Graf
Chiaramonti)
1823-1829 Leo XII. (Annibale
Graf della Genga)
1829-1830 Pius VIII.
(Francesco Saverio
Castiglioni)
1831-1846 Gregor XVI.
(Bartolomeo Alberto
Cappellari)
1846-1878 Pius IX.
(Giovanni Maria
Graf Mastai-Ferretti)

1878-1903 Leo XIII.
(Gioacchino Graf
Pecci)
1903-1914 Pius X.
(Giuseppe Sarto)
1914-1922 Benedikt XV.
(Giacomo Marchese
della Chiesa)
1922-1939 Pius XI.
(Achille Ratti)
1939-1958 Pius XII.
(Eugenio Pacelli)
1958-1963 Johannes XXIII.
(Angelo Giuseppe
Roncalli)
1963-1978 Paul VI.
(Giovanni Battista
Montini)
1978 Johannes Paul I.
(Albino Luciani)
1978- Johannes Paul II.
(Karol Wojtyla)

Sehenswürdigkeiten in Rom

I *Das antike Rom*

Ara Pacis und Augustus-
 mausoleum 354
Caracallathermen 393
Cestiuspyramide 396
Columbarium des Pomponius
 Hylas 395
Diokletiansthermen 310
Domus Aurea und Trajans-
 thermen 92
Forum Romanum 101
Hadriansmausoleum (Engels-
 burg) 162
Haus der Livia (Palatin) 131
Janus-Quadrifrons-Bogen 403
Kaiserfora 65
Kaiserpaläste (Palatin) 132
Kolosseum 81
Konstantinsbogen 93
Marcellustheater 402
Mark-Aurel-Säule 277
Maxentiusbasilika 77
Minerva-Medica-Tempel 422
Pantheon 325
Porta Maggiore 422
Portikus der Octavia 172
Republikanisches Forum
 (Largo Argentina) 142
Republikanische Tempel (Piazza
 Bocca della Verità) 401
Scipionengräber 393
Septimius-Severus-Bogen 106
Titusbogen 124
Trajanssäule 67
–
Etruskisches Museum (Villa
 Giulia) 381
Museo Barracco 148
Museo della Civiltà Romana 470
Kapitolinische Museen 48
Thermenmuseen 312
Vatikanische Museen 217

II *Das frühchristliche Rom*

Baptisterium S. Giovanni in
 Fonte 431
Basilica di Porta Maggiore 422
Katakomben (Via Appia, Via
 Salaria) 454, 462
S. Agnese fuori le Mura mit
 Apsismosaik 454
Ss. Cosma e Damiano mit
 Mosaiken 75
S. Costanza mit musivischem
 Dekor 456
Ss. Giovanni e Paolo
 (Unterbau) 390
S. Lorenzo fuori le Mura
 (Ostpartie) 457
S. Maria Maggiore mit Mosaiken
 (Langhaus, Triumphbogen) 412
S. Paolo fuori le Mura 466
S. Pietro in Vincoli 405
S. Sabina mit Bildtür 397
S. Stefano Rotondo mit Apsis-
 mosaik 386

III *Das mittelalterliche Rom*

S. Cecilia in Trastevere mit
 Tabernakel, Mosaiken, Cavallini-
 Fresko 439
S. Cesareo mit Cosmaten-
 schmuck 395
S. Clemente mit Schola Cantorum
 und Apsismosaik 435
S. Crisogono mit Fresken der
 Unterkirche 442
S. Giorgio in Velabro mit
 Cosmatenschmuck und Glocken-
 turm 403
S. Giovanni a Porta Latina mit
 Fresken 395
S. Lorenzo fuori le Mura (Westteil)
 mit Cosmatenschmuck 457

S. Marco mit Mosaiken 62
S. Maria in Aracoeli 44
S. Maria in Domnica mit
  Apsismosaik 383
S. Maria in Cosmedin mit
  Cosmatenschmuck und Glocken-
  turm 399
S. Maria Maggiore: Apsismosaik,
  Fußboden, Glockenturm 422
S. Maria sopra Minerva 333
S. Maria in Trastevere mit Mosaiken
  und Glockenturm 442
S. Prassede mit Mosaiken und
  Zenokapelle 418
S. Pudenziana mit Apsismosaik 412
Ss. Quattro Coronati mit Fresken
  der Sylvesterkapelle und Kreuz-
  gang 433
S. Paolo fuori le Mura: Mosaiken,
  Kreuzgang, Cosmaten-
  schmuck 466

IV *Das Rom der Renaissance*

Cancelleria 148
Farnesina, Villa mit Fresken 444
Fontana delle Tartarughe 174
Haus des Kardinals Bessarion 395
Kapitolsplatz 34
Palazzo Farnese 151
Palazzo Massimo alle Colonne 145
Palazzo Spada 168
Palazzo Venezia 59
Piccola Farnesina 145
S. Agostino 352
S. Eligio degli Orefici 167
S. Giovanni in Oleo 395
S. Maria della Pace (Bramante-Hof
  und Raffael-Fresken) 348
S. Maria del Popolo (Chigi-Kapelle,
  Pinturicchio-Fresken) 287
S. Pietro in Montorio (Bramantes
  Tempietto) 446
Vatikanischer Palast und
  Belvedere 214
Via Giulia 167
Villa Giulia 378
Villa Madama 453

Einzelwerke:

S. Clemente: Katharinenkapelle mit
  Masolino-Fresken 437
S. Maria in Aracoeli: Pinturicchio-
  Fresken 48
S. Maria sopra Minerva:
  Michelangelos Kreuztragender
  Christus und Caraffa-
  Kapelle 335
S. Pietro in Vaticano: Michelangelos
  Pietà 196
  Bronzetür des Filarete 186
  Papstgräber von Pollaiuolo 186
S. Pietro in Vincoli: Moses vom
  Juliusgrab des Michelangelo 405
Vatikanische Museen: Borgiagemä-
  cher (Pinturicchio) 202, 204
  Cappella Sistina (Michelangelo
  u. a.) 244
  Nikolauskapelle (Fra
  Angelico) 243
  Raffaels Stanzen und die
  Loggien 230
  Raffaels Teppiche und Gemälde
  und Melozzos Fresken in der
  Pinakothek 461

V *Das barocke Rom*

Casino und Galleria Borghese
  (Bernini) 371
Casino Ludovisi (Guercino) 298
Casino Rospigliosi-Pallavicini
  (G. Reni) 298
Chiesa Nuova und Oratorio dei
  Filippini 160
Fontana del Tritone und Bienen-
  brunnen (Piazza Barberini) 305
Fontana Trevi 360
Il Gesù 137
Palazzo Barberini und Galleria
  d'Arte Antica 303
Palazzo Borghese 354
Palazzo della Consulta 300
Palazzo Doria Pamphili und
  Galleria 271
Palazzo Farnese: große Galerie
  (A. Carracci, Domenichino) 155

Palazzo und Galleria Colonna 357

Palazzo di Montecitorio 280

Palazzo di Propaganda Fide 365

Petersplatz und Peterskirche mit
Papstgräbern 178

Piazza Navona mit Vierströmebrunnen und S. Agnese 340

Piazza del Popolo 283

Piazza di Spagna und Spanische
Treppe 364

S. Andrea al Quirinale 300

S. Andrea della Valle 144

S. Carlo alle Quattro Fontane 300

S. Giovanni in Laterano: Fassade
und Langhaus 423

S. Ignazio, Piazza S. Ignazio und
Collegio Romano 273

S. Ivo della Sapienza 338

S. Luigi dei Francesi (Caravaggio,
Domenichino) 337

S. Maria in Campitelli 172

S. Maria della Vittoria mit
hl. Therese von Bernini 306

S. Susanna: Fassade 305

Museen in Rom

CASA DI KEATS E SHELLEY
(Keats-Shelley-Haus)
Piazza di Spagna 26
Erinnerungsstücke an die Dichter
Keats, Shelley, Byron und Hunt
Geöffnet: im Winter 9-13,
14.30-17.30,
im Sommer: 9-13, 15-18,
Sa und So geschlossen

GALLERIA COLONNA IM PALAZZO
COLONNA
Via della Pilotta 17
Meister des 17. und 18. Jahrhunderts
(Veronese, Poussin); Fresken mit den
Heldentaten des Marcantonio Colonna
Piazza Ss. Apostoli
Geöffnet: Sa 9-13

GALLERIA DELL'ACCADEMIA
DI SAN LUCA
Piazza dell'Accademia di San
Luca 77
Gemälde von Akademiemitgliedern
(Raffael, Bernini, Cortona, Rubens
u. a.)
Geöffnet: Mo, Mi, Fr,
letzter So im Monat 10-13

GALLERIA DORIA PAMPHILI
Palazzo Doria Pamphili,
Piazza del Collegio Romano 1 a
Gemälde des 15.-17. Jahrhunderts
(Velázquez, A. Carracci, Claude
Lorrain, Caravaggio)
Geöffnet: Di, Fr, Sa, So 10-13

GALLERIA NAZIONALE D'ARTE
ANTICA IM PALAZZO BARBERINI
Bedeutende Gemäldesammlung des
14.-16. Jahrhunderts (Simone Martini,
F. Lippi, Lotto, Bronzino, Raffaels ›For-
narina‹); Deckenfresko von Cortona

Via Quattro Fontane 13
Geöffnet: Di-Sa 9-14, Fei 9-13

GALLERIA NAZIONALE D'ARTE
ANTICA IM PALAZZO CORSINI
Europäische Malerei des 17./18. Jahr-
hunderts
Via della Lungara 10
Geöffnet: Di-Do 9-19, Mo, Sa 9-14,
So und Fei 9-13

GALLERIA NAZIONALE D'ARTE
MODERNA
(Nationalgalerie für Moderne
Kunst)
Viale delle Belle Arti 131
Werke des 19. und 20. Jahrhunderts,
insbesondere italienischer Künstler;
Wechselausstellungen
Geöffnet: Di-Sa 9-14, Fei 9-13

GALLERIA PALLAVICINI E
›CASINO DELL'AURORA‹
Via XXIV Maggio 43
›Aurora‹-Fresko von Guido Reni
Nur mit Sondererlaubnis zu
besichtigen

GALLERIA SPADA
Piazza Capo di Ferro 3
Werke von Tizian, Reni, Guercino,
Domenichino
Geöffnet: Mo-Sa 9-14,
Mi-Sa auch 15-19, Fei 9-13

MUSEI VATICANI
(Vatikanische Museen)
Antikensammlungen; Cappella Sistina;
Stanzen Raffaels; Borgiagemächer;
Pinakothek
Geöffnet: Mo-Sa 9-14 (im Sommer
und Ostern: Mo-Fr 9-17,
Sa 9-14); am letzten So im
Monat 9-13

MUSEO ANTIQUARIUM FORENSE
Piazza S. Maria Nova 53
Funde vom Forum Romanum
Geöffnet: von 9 bis eine Stunde vor
Sonnenuntergang, Di, So und
Fei 9-13

MUSEO ARCHEOLOGICO DI OSTIA
*Archäologisches Museum der
Ausgrabungen von Ostia*
Ostia Antica
Geöffnet: tägl. 9-16.30

MUSEO BARRACCO
Corso Vittorio Emanuele II. 168
*Sammlung antiker Skulptur aus
Ägypten, Assyrien, Griechenland,
Etrurien*
Das Museum ist zur Zeit
geschlossen

MUSEO BURCARDO
Via del Sudario 44
Theatersammlung
Zur Zeit wegen Renovierung
geschlossen

MUSEI CAPITOLINI
(Kapitolinische Museen)
Piazza del Campidoglio
Palazzo dei Conservatori und
Museo Nuovo
*Älteste klassische Skulpturensammlung
Roms (›römische Wölfin‹, ›Dorn-
auszieher‹); Pinakothek*
Geöffnet: Di-Sa 9-14 (Di, Do auch
17-20; vom 1. April bis
30. September Sa auch 20.30-23)

MUSEO CENTRALE DEL
RISORGIMENTO
(Zentralmuseum des Risorgimento)
Via S. Pietro in Carcere
(linke Seite des Vittoriano)
Zur Zeit wegen Renovierung
geschlossen

MUSEO DELLA CIVILTÀ ROMANA
(Museum der Römischen Kultur)
Piazza Giovanni Agnelli (EUR)

*Modelle und Rekonstruktionen zur
Geschichte Roms*
Geöffnet: Di-Sa 9-13.30,
Do auch 16-19, So 9-13

MUSEO DELL'ALTO MEDIOEVO
(Museum des Hochmittelalters)
Viale Lincoln 3 (EUR)
Exponate des 4.-13. Jahrhunderts
Geöffnet: werktags 9-14, Fei 9-13

MUSEO DELLE MURE ROMANE
(Museum der Römischen Stadt-
mauern)
Via di Porta S. Sebastiano 18
Geöffnet: Di-Sa 9-13.30,
Do auch 16-19, So, Fei 9-13

MUSEO DEL PRESEPIO TIPOLOGICO
INTERNAZIONALE
(Krippenmuseum)
Via Tor de'Conti 31/A
Geöffnet: Oktober bis Mai Mi, Sa
18-20, vom 24. Dezember bis
15. Januar Mo-Sa 16-20,
Fei 10-13 und 15-20

MUSEO DI GOETHE
(Goethe-Haus)
Via del Corso 18
Zur Zeit wegen Renovierung
geschlossen

MUSEO DI PALAZZO VENEZIA
(Museum im Palazzo Venezia)
Via del Plebiscito 118
*Diverse Exponate der Malerei und
Skulptur; Wechselausstellungen*
Geöffnet: Di-Sa 9-13.30,
Mo 9-11, Fei 9-13

MUSEO DI ROMA
(Museum von Rom und Städtische
Galerie für moderne Kunst)
*Sammlungen zur Stadtgeschichte,
alte Ansichten von Rom*
Piazza San Pantaleo 10
Zur Zeit wegen Renovierung
geschlossen

MUSEO E GALLERIA BORGHESE
(Museum und Galerie Borghese)
Plastische Werke von Bernini; Canovas
>Paolina<; bedeutende Gemälde-
sammlung (Raffael, Tizian, Rubens,
Caravaggio, Poussin)
Villa Borghese
Geöffnet: Di-Sa 9-19, Mo und
Fei 9-13. Gegenwärtig kann nur das
Erdgeschoß besichtigt werden

MUSEO ISRAELITA
Dauerausstellung der jüdischen
Gemeinde in Rom
Lungotevere Cenci (Synagoge)
Geöffnet: So-Fr 10-14,
an jüdischen Feiertagen geschlossen

MUSEO NAPOLEONICO
Exponate zur Erinnerung an die
Familie Napoleons
Via Zanardelli 1
Geöffnet: Di-Sa 9-14, Fei 9-13,
Do auch 17-20, Mo und im August
geschlossen

MUSEO NAZIONALE CASTEL
SANT'ANGELO
(Nationalmuseum der Engelsburg)
Waffensammlung, Säle mit manieristi-
scher Ausmalung, Schatzkammer
Lungotevere Vaticano/
Lungotevere Castello
Geöffnet: Di-Sa 9-14, Fei 9-13

MUSEO NAZIONALE DELLE ARTI
E TRADIZIONE POPOLARI
(Museum für Volkskunst und
Volkstraditionen)
Piazza Marconi 8 (EUR)
Geöffnet: Mo-Sa 9-14, Fei 9-13

MUSEO NAZIONALE ETRUSCO DI
VILLA GIULIA
(Etruskisches Nationalmuseum in
der Villa Giulia)

Bedeutendste Etruskersammlung:
Skulptur, Schmuck, Vasen
Piazzale di Villa Giulia 9
Geöffnet: Di-Sa 9-19, Fei 9-13

MUSEO NAZIONALE ROMANO O
DELLE TERME
(Thermenmuseum)
Bedeutendste römische Sammlung
griechischer und römischer Skulptur
Viale delle Terme
Geöffnet: Di-Sa 9-13.30, So 9-13
Wegen Renovierungsarbeiten kön-
nen derzeit nur Teile der Sammlung
besichtigt werden

MUSEO PREISTORICO ED
ETNOGRAFICO >LUIGI PIGORINI<
(Prähistorisches und Völkerkund-
liches Museum)
Viale Lincoln 1 (EUR)
Geöffnet: werktags 9-14, Fei 9-13

MUSEO STORICO DEI BERSAGLIERI
(Historisches Museum der
Bersaglieri)
Dokumente zum Befreiungskampf und
1. Weltkrieg
Piazza di Porta Pia
Zur Zeit wegen Renovierung
geschlossen

MUSEO STORICO DELLA LOTTA DI
LIBERAZIONE DI ROMA
(Historisches Museum der
Befreiung Roms)
Via Tasso 145
Geöffnet: Sa 16-19, So 10-13,
Bibliothek Sa 16-19

Stand 1989 (nach Ept)

Adressen für deutsche Rom-Reisende

Biblioteca Hertziana
Via Gregoriana 28
679 73 52 oder 679 33 68

Botschaft der
Bundesrepublik Deutschland
Via Po 25
86 03 41 oder 86 93 41
Konsulat, Via Paisiello 24
85 68 06 oder 86 40 03 oder 86 15 95
oder 86 79 42

Botschaft der Bundesrepublik
Deutschland beim Hl. Stuhl
Via Villa Sacchetti
87 97 79 oder 87 96 93

Botschaft der Deutschen
Demokratischen Republik
Via Trasone 56-58
83 90 0 44
Konsulat 83 41 94

Deutsche Akademie (Villa Massimo)
Largo Villa Massimo 1
42 09 40

Deutsche Buchhandlung Herder
Piazza Montecitorio 117-120
67 94 628 oder 67 95 304

Deutsche Evang. Kirche
Via Toscana 7
47 57 519

Deutsche Kathol. Kirche
Via della Pace 20
65 41 130

Deutsche Schule
Via Aurelia Antica 397
62 00 27 oder 62 25 008

Deutsches Archäologisches Institut
Via Sardegna 79
48 17 812 oder 48 17 817

Deutsches Historisches Institut
Via Aurelia Antica 391
62 33 011 oder 62 29 682

Deutsches Kulturinstitut
(Goethe-Institut)
Via Savoia 15
88 41 725

Deutsches Pilgerbüro
Via del Sant'Ufficio 29
(beim Petersplatz)
65 48 568 oder 65 65 704

DER, Deutsches Reisebüro
Piazza dell'Esquilino 29
(bei S. M. Maggiore)
47 51 531 oder 47 50 318

Schweizerisches Institut
(Istituto Svizzero)
Via Ludovisi 48
48 14 234 oder 46 56 63

Personenregister

Kursive Ziffern verweisen auf die Abbildungen

ALBANI, Francesco 374
Alberti, Leon Battista 148, 363
Alexander VI., Papst 159, 160, 215, 256, 273
Alexander VII., Papst 171, 180, 194, 201, 287, 301, 328, 395
Alexander VIII., Papst 201 f.
Alexander Severus, röm. Kaiser 423
Alfanus, Kämmerer Gelasius' II. 401
Algardi, Alessandro 51, 201, 202, 274, 314, 346, 430, 450
Ambrosius, hl. Bischof v. Mailand 46
Ammannati, Bartolommeo 173, 281, 379
Andrea, Jacopo d' 290
Angelico (Fra Giovanni da Fiesole) 243, 261, 304, 335
Antonello da Messina 375
Antonia minor, Tochter Mark Antons 316, 356
Antoniazzo Romano 423
Antoninus Pius, röm. Kaiser 123, 320
Apollodoros von Damaskus 72
Apollonios, Sohn des Nestor 222 f., 319
Aretino, Pietro 149
Arnolfo di Cambio 50, 190, 206, 414, 439, 466
Arpino, Cavaliere d' 192
Athenodorus, griech. Bildhauer 225
Attalos I., König v. Pergamon 56
Augustinus, hl. 353
Augustus, röm. Kaiser 18, 29, 45, 67, 68 f., 72 f., 83, 89, 109, 111 f., 114, 116 f., 118, 128 ff., 170, 172, 280, 287, 320, 321, 354 ff.
Aurelian, röm. Kaiser 16, 31, 163, 396, 423

BACICCIA(O) (Gaulli, Giovanni Battista) 141 f., 168, 346, 360, 364

Baldinucci, Filippo 308
Baratta, Francesco 342
Barna da Siena 431
Barocci, Federico 267, 304
Batoni, Pompeo Girolamo 312
Beda Venerabilis, hl. 81 f.
Belisar, oström. Feldherr 396
Bellini, Giovanni 62, 257, 262, 375
Bellori, Giovanni Pietro 156
Benedikt, hl. 394 f.
Benedikt XIII., Papst 274, 336, 366
Benedikt XIV., Papst 92, 199, 257, 300, 430
Benedikt XV., Papst 203
Bernhard, hl. 48, 467
Bernini, Giovanni Lorenzo 30, 51, 162, 168, 178 ff., 185, 186, 187, 188 f., 191, 192, 194 ff., 222, 280, 282, 286, 287, 299, 300 ff., 306 ff., 325, 328, 330, 341 f., 346, 351, 353, 360, 363, 365, 371, 372 ff., 422,
Bernini, Pietro 366, 373
Bibbiena, Maria da, Braut Raffaels 333
Boccaccio, Giovanni 374 f.
Bolgi, Andrea 192
Bonaparte, Letitia 271
Boni, Giacomo 18, 19, 101, 126
Bonifaz IV., Papst 112 f., 328, 332
Bonifaz VI., Papst 425
Bonifaz VIII., Papst 46, 206, 338
Borghese, Camillo 370
Borghese, Marcantonio 371
Borghese, Paolina 371
Borghese, Scipione 306, 370 ff., 393, 442
Borgognone, Ambrogio 302
Borromini, Francesco 160, 168, 199, 300 ff., 338, 340, 342, 346, 364, 365, 426, 430
Botticelli, Sandro 245, 246
Bracci, Pietro 363

Bracciolini, Francesco 303
Bramante, Donato 148, 163, 182 ff.,
    216, 227, 230, 243, 288, 348, 395,
    447
Bregno, Andrea 148, 288, 289, 290,
    334, 336, 405
Bronzino, Lorenzo 304
Brosses, Charles de 26 f., 255, 308
Brueghel, Pieter d. A. 272
Bruhns, Leo 261, 408
Bruno, Giordano 150 f., 158
Brutus (röm. Konsul) 52
Burckhardt, Jacob 173, 185, 186,
    191, 198, 222, 255, 298, 308 f.
Burkhard, Johannes 143, 346
Byron, Lord 26

CAESAR, Julius 57, 58, 65 f., 103,
    112, 143, 402
Calixtus I., Papst 463
Calixtus III., Papst 159, 160
Camerino, Jacopo da 431
Canina, Luigi 370, 371
Canova, Antonio 191, 201, 203,
    225, 227, 360, 364, 371
Caracalla, röm. Kaiser 106 f., 394
Caravaggio, Michelangelo da 55,
    156, 267, 272, 290, 292, 337, 371,
    374
Caravaggio, Polidoro da 244
Carossa, Hans 437
Carpeaux, Jean Baptiste 352
Carracci, Annibale 155, 156, 168,
    272, 374
Cassius Dio, Historiker 107
Caterina v. Siena, hl. 355, 356
Cavalcanti, Fra Aldobrandino 333
Cavallini, Pietro 46, 198, 442, 443
Cellini, Benvenuto 163, 204
Cerquozzi, Michelangelo 168
Cestius, Caius, Prätor 396
Chateaubriand, François René 273,
    282
Chigi, Agostino 293, 349, 444, 445
Chigi, Sigismondo 293
Christine, Königin von Schweden
    198, 287, 444, 446
Cibò, Alderano 289
Cibò, Francesco 149

Cibò, Lorenzo 289
Cicero 52, 127
Cipolla, Arturo 153
Claudius, röm. Kaiser 422
Clemens VII., Papst 222, 249, 265,
    335, 338
Clemens VIII., Papst 299
Clemens X., Papst 136
Clemens XI., Papst 359, 360, 435
Clemens XII., Papst 56
Clemens XIII., Papst 201
Clemens XIV., Papst 218, 312, 360
Cocteau, Jean 151
Coli, Giovanni 359
Colonna, Girolamo 359
Colonna, Marcantonio 46, 359
Colonna, Odone siehe Martin v.
Commodus, röm. Kaiser 39, 320
Condivi, Luigi 249, 252, 255
Consalvi, Kardinal, Staatssekretär
    333, 466
Constans II., röm. Kaiser 328
Constantius II., röm. Kaiser 433
Conti, Sigismondo 265
Cosimo, Piero di 246
Contucci, Andrea siehe Sansovini
    Andrea
Cornaro, Familie 306
Cornaro, Federigo, Kardinal 306
Corot, Camille 370
Correggio, Antonio 375
Cosmas u. Damian, Hl. 75 f.
Courtois, Guillaume 302
Crescentier, Familie 402
Crivelli, Carlo 167
Crivelli, Giovanni 48

DÄUBLER, Theodor 52
Damasus, Papst 150
Daniele da Volterra 55, 147, 249 f.
Dante Alighieri 46, 254
David, Jacques-Louis 352
Decius, röm. Kaiser 457, 460
Derizet, Antoine 337
Diokletian, röm. Kaiser 75, 310
Dion Chrysostomos 68
Dioskuren (Castor u. Pollux) 115
Djem, Prinz 257
Dolci, Pietro 245

Domenichino 145, 156, 158, 168, 169, 267, 306, 314, 337, 371, 374, 393, 405, 442
Dominikus, hl. 398
Domitian, röm. Kaiser 40, 54, 75, 109, 111, 128, 132, 340
Donatello 48, 204
Doria-Pamphili, Familie 272
Dossi Dosso 55, 265, 375
Duca, Jacopo del 322
Dufresne, Hippolyt 19
Dupérac *siehe* Pérac, Etienne du
Duquesnoy, François 192, 348
Dyck, Antonis van 55, 267

EGERIA, Quellnymphe 25 f.
Eudoxia, röm. Kaiserin 405
Eugen IV., Papst 243, 351

FABIUS Maximus 145
Fancelli, Francesco u. Giacomo Antonio 342
Farnese, Familie 151 ff., 446
Farnese, Alexander, Kardinal 126, 137, 150, 152
Farnese, Giulia 151
Fausta, Kaiserin 424
Faustina, Gemahlin d. Antoninus Pius 123
Fea, Carlo 101
Felix IV., Papst 75
Ferrari, Francesco 393
Filarete, Antonio 186
Fontaine, Pierre François Léonard 126
Fontana, Carlo 273, 289, 359
Fontana, Domenico 30, 184, 208, 216, 287, 299, 337, 366, 414, 423, 426, 433
Fontana, Francesco 359
Fontana, Giovanni 447
Formosus, Papst 425
Foscari, Prälat 290
Fra Angelico 243, 261, 304, 355
France, Anatole 19, 24
Franz I., frz. König 128
Franzoni, Francesco Antonio 223
Friedrich II., röm.-dt. Kaiser 434
Fuga, Ferdinando 299, 300, 412, 430

GALILEI, Alessandro 430
Gasparri, Kardinalstaatssekretär 214
Geiserich, Vandalenkönig 100
Gelasius II., Papst 401
Gentile da Fabriano 261
Gherardi, Antonio 359
Ghirlandaio, Domenico 245, 246, 247
Gibbon, Edward 33
Giorgione 63
Giotto di Bondone 186, 260, 431
Giovanni da Udine 92, 241, 243, 446, 453
Girardon, François 373
Girolamo da Carpi 168
Giuliano da Maiano 60, 335
Giulio Romano 166, 240, 241, 243 f., 446, 453
Goethe, August 396
Goethe, Johann Wolfgang von 24, 26, 27, 40, 56, 82, 97 f., 218, 219, 224, 255, 264, 271, 282, 283, 316, 364, 446, 447, 464
Goncourt, Edmond u. Jules 24
Grande, Antonio del 359
Grassi, Orazio 274
Gratian, röm. Kaiser 117
Greca, Vincenzo della 278
El Greco 304
Greco, Emilio 304
Gregor I. d. Gr., Papst 163, 202, 391
Gregor II., Papst 119, 122
Gregor IV., Papst 62
Gregor V., Papst 208
Gregor VII., Papst 198 f., 433
Gregor XIII., Papst 199, 216, 273, 299, 340, 389
Gregor XIV., Papst 199
Gregor XV., Papst 277, 280, 365
Gregor XVI., Papst 199, 228, 466
Gregorini, Domenico 423
Grillo, Marquese del 74
Guercino 168, 298, 306, 405
Guidetti, Guidetto 137

HADRIAN, röm. Kaiser 30, 81, 163, 166, 320, 325, 328, 370

Hadrian I., Papst 119, 399, 405
Hadrian IV., Papst 390
Hadrian VI., Papst 347
Hebbel, Friedrich 43
Heinrich IV., röm.-dt. Kaiser 199, 433
Heinrich VII., röm.-dt. Kaiser 298, 351
Heinse, Wilhelm 33, 222
Helena, hl. (Mutter Konstantins d. Gr.), Kaiserin 46, 218, 423, 426
Heliogabal, röm. Kaiser 394, 423
Henze, Anton 470 f.
Hertz, Henriette 365
Hildebrand *siehe* Gregor VII.
Hitler, Adolf 462
Hoffmann, Hans 304
Holbein, Hans d. J. 304
Honorius, röm. Kaiser 91
Honorius I., Papst 103, 457, 467
Honorius III., Papst 398, 460
Honorius IV., Papst 48
Honthorst, Gerard van 371
Houdon, Jean Antoine 312

Ignatius von Loyola, hl. 137, 141, 142
Ignatius, Bischof v. Antiochia 91
Innozenz II., Papst 389, 442, 443
Innozenz IV., Papst 434
Innozenz VIII., Papst 202 f., 216
Innozenz X., Papst 51, 167, 194, 272, 307, 340 ff., 426, 430, 450
Innozenz XI., Papst 202
Innozenz XII., Papst 147, 198
Ivo, hl. 338

Johannes XXIII., Papst 203
Jugurtha, Numiderkönig 58
Julius II., Papst 156, 167, 182, 184, 216, 225, 230, 247 ff., 262, 286, 288, 290, 405, 408 f., 444
Julius III., Papst 378
Junius Bassus, Präfekt v. Rom 204
Justi, Carl 252
Juturna, Quellnymphe 115

Karl d. Gr., Kaiser 186, 187, 201, 204, 405

Karl IV., röm.-dt. Kaiser 476
Karl V., röm.-dt. Kaiser 38
Karl I. von Anjou, König von Neapel 50
Karl I. Stuart, König von England 262
Karl VIII., König von Frankreich 366
Kaschnitz, Marie Luise 15
Kauffmann, Angelika 364, 365
Keats, John 365, 396
Konradin von Schwaben 50
Konstantin d. Gr., röm. Kaiser 38, 40, 49 f., 77 ff., 91, 93 ff., 182, 186, 386 f., 424 f., 434, 463, 466
Konstantin II., röm. Kaiser 40

Landini, Taddeo 174
Lanfranco, Giovanni 144 f.
Laterani, Patrizierfamilie 424
Laurentius, hl. 457, 460
Lawrence, Thomas 267
Leclerc, Joseph 19
Legros, Pierre d. J. 142, 277
Leo I. d. Gr., Papst 201
Leo II., Papst 201
Leo III., Papst 187
Leo IV., Papst 201, 211, 241
Leo X., Papst 149, 167, 203, 243, 335, 338, 383, 444
Leo XI., Papst 202
Leo XII., Papst 171, 198, 466
Leo XIII., Papst 211, 256, 431
Leo III., byz. Kaiser 122
Leonardo da Vinci 182 f., 267
Leonhard v. Portomaurizio, hl. 134
Lessing, Gotthold Ephraim 225
Letitia, Mutter Napoleons I. 271
Liberius, Papst 413
Licinius, röm. Kaiser 50
Ligorio, Pirro 216, 380
Lippi, Annibale 367
Lippi, Filippino 304, 335
Lippi, Filippo 62
Livia, Gemahlin d. Augustus 128 ff., 321
Livius 26, 102, 110, 113
Lombardi, Carlo 80
Longhi, Martino d. Ä. 41, 281, 353

Longhi, Martino d.J. 363
Lorenzetto *siehe* Lotti, Lorenzo di Ludovico di Guglielmo
Lorrain, Claude 272, 337, 461
Lotto, Lorenzo 272, 304, 375
Ludovisi, Familie 280
Ludovisi, Bernardino 142
Ludovisi, Lodovico, Kardinal 277, 314
Ludwig I., König von Bayern 365
Ludwig XIV., König v. Frankr. 370
Lukian 394
Luther, Martin 287

MADERNA, Carlo 144, 173, 181, 184, 189 f., 191, 278, 283, 300 f., 303, 305, 306, 447 f.
Maderno, Stefano 439
Maggi, Paolo 168
Maidalchini, Olimpia 340
Mâle, Emile 421
Mantegna, Andrea 203, 223
Manzù, Giacomo 186
Maratta, Carlo 267, 289, 312
Marcellus, Neffe d. Augustus 402
Marcellus I., Papst 273
Marcus Agrippa, Konsul 328
Marcus Furius Camillus 111
Margarethe von Österreich 337
Margaritone d'Arezzo 260
Margherita, Gemahlin Umbertos I. 333
Mari, Giovan Antonio 342
Marius, röm. Feldherr 52
Mark Aurel, röm. Kaiser 38 ff., 50, 277 f.
Markus, Papst 62
Martin v., Papst 170, 357, 359, 431
Martini, Simone 304
Masaccio 437
Mascherino, Ottaviano 299
Masolino da Panicale (Tommaso Fini) 437
Mathilde von Tuscien, Markgräfin 198 f.
Matsys, Quentin 304
Mattei, Ciriaco 390
Maxentius, röm. Kaiser 49, 77 ff., 81, 94, 273

Maximilian von Bayern, Herzog 277
Mazarin, Kardinal 363
Mazzoni, Giulio 168
Medici, Giovanni de *siehe* Leo X.
Melchiades, Papst 425
Melozzo da Forlì 63, 247, 261 f., 334, 359, 360, 423
Memmi, Lippo 204
Mengs, Anton Raffael 267, 312
Metastasio, Pietro Antonio 446
Metelli, Familie 464
Metella, Cecilia 461
Meyer, Conrad Ferdinand 28
Michelangelo Buonarroti 34, 35, 38 ff., 45, 53, 78, 87, 93, 137, 150, 153, 184, 187, 196 ff., 208, 216, 222, 225, 230, 247 ff., 287, 310 f., 322, 335, 379, 405, 408 f., 446, 454
Michiel, Kardinal 273
Mino da Fiesole 63, 245, 289, 336, 360, 439
Mocchi, Francesco 192
Mörike, Eduard 235
Monika, hl. 353, 472
Montorsoli, Giovanni Angelo 226
Montuori, Eugenio 453
Müller, Friedrich 364
Müller, Wilhelm (Dessau) 98
Mussolini, Benito 61 f., 214, 278, 279, 454

NAPOLEON I., Kaiser d. Franzosen 225, 351
Napoleon III., Kaiser d. Franzosen 128
Narses, oström. Feldherr 391
Natoire, Joseph 337
Neri, Filippo, hl. 161 f.
Nero, röm. Kaiser 89, 92 f., 298, 320
Nerva, röm. Kaiser 40, 75, 320
Nervi, Pier Luigi 453, 470
Nikias, griech. Künstler 131
Nikolaus Cusanus 405
Nikolaus III., Papst 163, 427
Nikolaus IV., Papst 414
Nikolaus V., Papst 182, 215, 243, 257, 363, 389

Numa Pompilius, König v. Rom 19, 25 f., 100, 116

Octavia, Schwester d. Augustus 172, 402
Octavianus *siehe* Augustus
Odazzi, Giovanni 360
Orsini, Familie 155, 351
Orso, Bischof 273
Otto II., röm.-dt. Kaiser 206
Otto III., röm.-dt. Kaiser 208, 438
Ottoboni, Pietro 201
Ottoni, Lorenzo 142
Overbeck, Johann Friedrich 306
Ovid 110

Paschalis I., Papst 383, 386, 418 ff.
Paschalis II., Papst 282, 434, 435
Passarelli, Brüder 267
Paul I., Papst 119
Paul II., Papst 60, 62
Paul III., Papst 38, 150, 171, 184, 196, 249, 396
Paul IV., Papst 137, 171, 247, 335
Paul V., Papst 27, 184, 185, 187, 191, 192, 354, 370, 373, 414, 447
Paulus, Apostel 466, 467
Pelagius I., Papst 359
Pelagius II., Papst 391, 460
Penni, Francesco 244
Pérac, Etienne du 208
Percier, Charles 126
Perrault, Claude 373
Perugino (Pietro Vannucci) 241, 245, 246
Peruzzi, Baldassarre 100, 145, 167, 234, 332, 347, 350, 403, 444, 449
Petrarca, Francesco 47, 426
Petrus, Apostel 181 f., 190, 191, 206, 405, 462
Pforr, Franz 306
Phokas, byz. Kaiser 112 f.
Piazzetta, Giovanni Battista 364
Piero della Francesca 46, 223, 304, 423
Piero di Cosimo 304
Pietrasanta, Giacomo da 352
Pietro da Cortona 272, 303, 304, 340, 348 f., 409

Pinturicchio (Bernardino di Betto) 48, 245, 246, 256 f., 288 f., 290, 449
Piranesi, Giovanni Battista 364, 365, 397
Pius II., Papst 60, 145
Pius III., Papst 145
Pius IV., Papst 137, 216, 310 f., 312, 380
Pius V., Papst 140 f., 415
Pius VI., Papst 142, 147, 218, 280, 300
Pius VII., Papst 92, 202, 216, 227, 300, 466
Pius VIII., Papst 202
Pius IX., Papst 171, 199, 211, 214, 418, 466
Pius X., Papst 202
Pius XI., Papst 198, 214
Pius XII., Papst 198, 351
Platina, Humanist 261
Plinius d. Ä. 225
Plinius d. J. 68, 109
Plutarch 68
Pollaiuolo, Antonio del 52, 202 f., 204, 405
Polybios, Historiker 55
Polydoros 225
Pomarancio, Niccolò 389
Pompejus, röm. Feldherr 83
Pomponius Hylas 395
Pontelli, Baccio 288, 348, 472
Ponzio, Flaminio 354, 371, 414
Porta, Giacomo della 41, 57, 137, 153, 174, 196, 208, 278, 337, 338, 365
Porta, Guglielmo della 166
Poussin, Nicolas 272, 282, 359
Pozzo, Andrea 141, 274 f.
Praxedis, hl. 418 f.
Praxiteles 224
Prudhon, Pierre Paul 352
Pudens, hl. 412
Pudentiana 419

Quintus Lutatius Catullus 57

Rabirius, Baumeister 54, 132
Raffael Santi 92, 142, 167, 184,

230 ff., 262 ff., 272, 293, 304, 328, 332, 349, 353, 364, 375, 439, 445 f., 447, 453
Raffalt, Reinhard 271
Raggi, Antonio d. Ä. 302, 341
Raguenet, François 255
Raguzzini aus Benevent 274, 336
Rainaldi, Carlo 144, 281, 343, 412
Rainaldi, Girolamo 41, 42, 172, 283, 287, 346, 354
Rampolla, Kardinal 439
Récamier, Madame 281
Reni, Guido 156, 168, 282, 298, 337, 393
Riario, Pietro 360
Riario, Raffaele, Kardinal 149, 360
Ricci, Corrado 67
Rienzo, Cola di 34, 47 f.
Rilke, Rainer Maria 28 f.
Robert Guiscard, Normannenfürst 433 f.
Roesler, Franz 147
Romulus, Gründer Roms 99, 100, 106, 109, 127
Rosa, Salvatore 312
Rosati, Rosato 169
Rosselli, Cosimo 245, 246, 247
Rossellino, Bernardo 182, 389
Rossi, Antonio de 136
Rossini, Gioacchino 143
Rubens, Peter Paul 55, 161, 262, 375
Rucellai, Familie 281
Rusticucci, Filippo 413

Sabas, hl. 397
Sabina, Gattin Hadrians 320
Sabiner 44
Sacconi, Giuseppe Graf 59
Salvi, Nicolò 363
Sanctis, Francesco de 168, 366 f.
Sangallo, Antonio da d. Ä. 163, 351
Sangallo, Antonio da d. J. 72, 100, 148, 153, 163, 167, 184, 346, 396
Sangallo, Giuliano da 100, 184, 348
Sansovino, Andrea 167, 290, 348
Sansovino, Jacopo 273, 353
Sardi, Giuseppe 169, 336
Sartorio, Aristide 364

Sattler, Dieter 271
Savelli, Luca 48
Savoldo, Gian Girolamo 55, 375
Scipionen 395
Sebastiano del Piombo 272, 446
Septimius Severus, röm. Kaiser 53, 106 f., 130, 132, 394, 396, 403
Sergius III., Papst 426
Servius Tullius, König von Rom 58, 323
Shelley, Percy Bysshe 332, 365, 396
Signorelli, Luca 245, 246
Simonetti, Michelangelo 219
Simplicius, Papst 387
Siricius, Papst 412
Sixtus II., Papst 457
Sixtus IV., Papst 55, 149, 204, 215, 244 f., 257, 261, 262, 348, 363
Sixtus V., Papst 30, 92, 171, 180, 216, 260, 286, 287, 299, 414, 423, 426, 464
Sobieski, Maria C. 203
Sodoma (Giovanni Antonio Bazzi) 234, 304, 445
Soria, Giovan Battista 169, 306, 393
Sosius, Konsul 402
Spada, Bernardino 168
Specchi, Alessandro 366
Subleyras, Pierre 312
Sueton, Gaius S. Tranquillus 111, 130, 321
Sylvester I., Papst 182, 425
Sylvester II., Papst 431
Schiller, Friedrich 222
Schinkel, Friedrich 202
Schlözer, Kurd von 159
Schor, Tiroler Stukkateur 359
Stendhal 16 f., 178, 308
Stephan II., Papst 281
Stephan VI., Papst 425 f.
Stephanus, hl. 386
Stern, Raffael 216

Tacitus, Publius Cornelius 55, 68, 424
Taine, Hippolyte 178, 308
Tarpeia 44
Tarquinier, etruskische Könige v. Rom 54, 381

Tasso, Torquato 449
Telemachos, griech. Mönch 91
Teresa de Jesús, hl. 307
Tertullian, Quintus Septimius Florens 395
Theoderich d. Gr., Ostgotenkönig 100
Thorwaldsen, Bertel 202, 332, 365
Tiberius, röm. Kaiser 111, 128
Tieck, Ludwig 178
Tintoretto, Jacopo 304, 359, 375
Tischbein, Wilhelm 97 f.
Titus, röm. Kaiser 87, 109, 111, 124 f.
Titus Tatius, König v. Rom 99, 100, 109
Tizian (Tiziano Vecellio) 55, 168, 267, 272, 304, 375 ff.
Tornabuoni, Francesco 336
Torriti, Jacopo 414, 431
Trajan, röm. Kaiser 67 ff., 103 f.
Tullius Hostilius, König v. Rom 100

Umberto I., König von Italien 328, 333
Unterberger, Christoph 370
Urban v., Papst 426
Urban VIII., Papst 51, 185, 192, 194, 195 f., 211, 303, 304, 325, 328, 338, 363, 372, 432, 448

Vacca, Flaminio 332
Vaga, Pierin del 166, 239, 244, 332
Valadier, Giuseppe 147, 286, 360, 370
Valeriani, Giuseppe 273
Valla, Lorenzo 336

Valvassori, Gabriel 271
Vanvitelli, Luigi 312
Varro, Marcus Terentius 127
Vasari, Giorgio 150, 230, 241, 243, 246, 248, 253, 254, 265, 311, 379
Vassaletti, Bildhauerfamilie 431
Vassallettus, Petrus 467
Vecchietta 290
Velàzquez 51, 55, 272, 340
Vercingetorix, Gallierfürst 58
Vergil 127
Veronese, Paolo 359
Verschaffelt, Peter von 166
Vespasian, röm. Kaiser 40, 83, 109, 124, 320
Vettius Agorius Praetextatus 111
Vigée-Lebrun, Elisabeth 364
Vignola, Jacopo Barozzi 43, 126, 137, 150, 184, 208, 287, 379
Vittorio Emanuele II., König von Italien 58, 328, 453 f.
Villey de la Grollaye, Jean de 196
Viti, Timoteo 350
Vulca, etrusk. Bildhauer 381

Wackenroder, Wilhelm Heinrich 178
Waiblinger, Wilhelm 167
Werle, Johann Konrad 336
Winckelmann, Johann Joachim 222, 227, 316, 453
Winterhalter, Xaver 352

Zacharias, Papst 119
Zola, Emile 98, 308
Zuccari, Federico 365
Zuccari, Taddeo 332, 379

Orts- und Sachregister

Kursive Ziffern verweisen auf die Abbildungen

ABBAZIA delle Tre Fontane 467
Accademia di S. Luca 364
Acqua Felice 306
Acqua Paola 27 f., 447, *448*
Albergo dell'Orso 353
Anfiteatro Castrense 423
Antiquarium Forense (Forum
  Romanum) 123
Apoll vom Belvedere *226, 227*
Apoll aus dem Tiber 317
Apoll von Veji 381
Ara Pacis Augustae 354 ff.
Archaischer Friedhof (Forum
  Romanum) 123
Atrium Vestae (Forum Romanum)
  118
Auferstandener Christus (Michelan-
  gelo) 335
Augustusforum 72 f.
Aurelianische Mauer 16, 17, 163,
  287, 370, 396, 423
Aventin 17, 18, 397 ff.

BAHNHOF, Stazione Termini 323
Banco di Roma 273
Baptisterium S. Giovanni in Fonte
  (Lateran) *428f.*, 431 f., *432*
Basilica – Basilika
  Aemilia (Forum Romanum) 102
  Julia (Forum Romanum) 112
  d. Maxentius/Konstantin 77 ff.
  d. Porta Maggiore 422
  Ulpia (Trajansforum) 72
Belvedere – Torso 222 f.
Biblioteca Apostolica Vaticana 216,
  257, *258f.*, 260
Biblioteca Germanica 271
Biblioteca Hertziana 365, 367
Bilderstreit 122
Bocca della Verità 399
Borgiagemächer (Vatikan) 256 f.
Bosco Parrasio 446
Bramantes Tempietto 447, *447*

Brücke *siehe* Ponte
Brunnen *siehe* Fontana
Bulle Romanum decet Pontificem
  147

CAESARFORUM 72
Caffè Greco 365
Calcografia di Stato 363 f.
Campagna 15 ff., 461
Campidoglio *siehe* Kapitol
Campo de'Fiori 150
Cancelleria 148
Cappella – Kapelle
  Chigi (S. Maria del Popolo) 293
  Cibò (S. Maria del Popolo) 289
  Nikolaus v. (Vatikan) 243
  Paolina (S. Maria Maggiore) 414,
    416f.
  della Rovere (S. Maria del
    Popolo) 288
  Sancta Sanctorum (Lateran) 427
  S. Andrea (S. Gregorio Magno)
    393
  S. Barbara (S. Gregorio Magno)
    393
  S. Caterina (S. Clemente) 437
  S. Silvestro (Ss. Quattro Corona-
    ti) 434
  S. Silvia (S. Gregorio Magno) 393
  S. Zenone (S. Prassede) 421 f.
  Sistina (S. Maria Maggiore) 414
  Sistina (Vatikan) 215, 244 ff.,
    248f.
Caracallathermen *392, 393* f.
Carcer Mamertinus 57 f.
Carcere Nuove (Kriminalmuseum)
  167
Casa – Haus
  Bessarion 395
  Burkhard 143
  Crescentius 401 f.
  Goethe 283
  Livia (Palatin) 131

Professa d. Jesuiten *140*
Pudens 412
d. Rhodosritter 73, 75
Romulus (Palatin) 127
di Sisto v. 351
Casino Borghese 371
Castel S. Angelo (Engelsburg)
    162 ff., *164 f.*, 391, 433
Castel Rotondo 466
Catacombe *siehe* Katakomben
Cecilia-Metella-Grabmal 464, *465*
Cestiuspyramide 396
Circus d. Maxentius 464
Circus Maximus 132
Circus d. Nero 30
Clivus Palatinus 126
Cloaca Maxima 100, 102, *400*, 403
Coelius 17, 18, 382 ff.
Collegio Romano 273, 275
Comitium (Forum Romanum) 100,
    103, 107
Cordonata (Kapitolstreppe) 34, *35*,
    36 f., 40
Corso del Rinascimento 143 f.,
    337 f.
Corso Umberto I. 269 ff., *284 f.*
Corso Vittorio Emanuele 136 ff.
Curia (Forum Romanum) 100, 103
Curia d. Pompejus 143

DEUTSCHE Buchhandlung 280
Deutsche Nationalkirche S. Maria
    dell'Anima 346 ff.
Diokletiansthermen 78, 310 f., *311*,
    313
Domitilla-Katakombe 464
Domus Augustana (Palatin) 132, *133*
Domus Aurea d. Nero 92 ff.
Domus Flavia (Palatin) 132, *133*
Dornauszieher 52 f.
Drususbogen 396

EGERIA-Grotte 26
Engelsbrücke 162, *164 f.*
Engelsburg 162 ff., *164 f.*, 391, 433
Esquilin 17, 409
Esquilinische Venus 53, 56
EUR-Viertel 466, 470 f.
Eurysaces-Denkmal 422

FARNESINA, Kleine 147
Farnesina, Villa 293, 444 f., *445*
Farnesische Gärten (Palatin) 18,
    120 f., 126
Flughafen Leonardo da Vinci 472
Fontana – Brunnen
    dell'Acqua Felice 306
    dell'Acqua Paola 27 f., 447, *448*
    della Barcaccia 366, *368 f.*
    Bienenbrunnen 305
    dei Fiumi (Vierströmebrunnen)
        341 f., *344 f.*
    Quattro Fontane 302
    delle Tartarughe 174, *174*
    di Trevi 360 ff., *361*
    Tritonenbrunnen 305, *305*
Fori Imperiali (Kaiserforen) 65 ff.
Foro Italico 453
Forum Romanum 18, 19, 22, 42,
    97 ff., *104 f.*
    Antiquarium Forense 123
    Archaischer Friedhof 123
    Atrium Vestae 118
    Basilica Aemilia 102
    Basilica Julia 112
    Comitium 100, 103, 107
    Curia Hostilia 103
    Curia Julia 100, 103
    Ehrensäulen 112
    Goldener Meilenstein 107, 109
    Graecostasis 103
    Heiligtum d. Romulus 110
    Heiligtum der Venus Cloacina
        102
    Lacus Curtius 113 f.
    Lacus Juturnae 115, 116
    Lapis Niger 106
    S. Maria Antiqua 119 ff., 418
    S. Maria in Cannapara 112
    Nabel Roms 107
    Phokassäule 112 f.
    Portikus der zwölf Götter 111 f.
    Regia 116
    Romulusgrab 106
    Rostra 103, 107
    Rostra ad Divi Julii 114
    Senaculum 103
    Tempel des Antoninus und der
        Faustina 42, *104 f.*, 123

Tempel des Caesar 114
Tempel der Concordia 111
Tempel der Dioskuren 104 f., 114 f.
Tempel des Romulus 123
Tempel des Saturn *108*, 109
Tempel des Vespasian 111
Tempel der Vesta 100, 116
Triumphbogen des Augustus 114
Triumphbogen des Septimius Severus 42, 106 f.
Triumphbogen des Tiberius 109
Triumphbogen des Titus 123 ff.
Via Sacra (Clivus Sacer) 101
Volcanal 100, 109
Forum des Trajan 67 ff.
Forum des Vespasian 75
Fosse Ardeatine 462
Französische Nationalkirche S. Luigi dei Francesi 337
Friedhof der Nichtkatholiken 396

GALLERIA – Galerie
d. Accademia di S. Luca 364
d. Arazzi (Vatikan) 229
Borghese 370 ff.
d. Busti (Vatikan) 224
d. Candelabri (Vatikan) 229
d. Carte geografiche (Vatikan) 229 f.
Colonna 278, 359
Doria – Pamphili 51, 272, 450
Lapidaria (Vatikan) 227
Nazionale d'Arte Antica/ Barberini 304
Nazionale d'Arte Antica/Corsini 444
Nazionale d'Arte Moderna 378
d. Orti Lamiani (Kapitol) 53
Rospigliosi-Pallavicini 298 f.
Spada 168
d. Statue (Vatikan) 223 f.
Garibaldi-Denkmal 44, 448
Geldwechslerbogen 403
Getto 170 ff.
Gladiatorenkämpfe 88 ff.
Glockentürme 31
Goldener Meilenstein (Forum Romanum) 107, 109

Goldenes Haus d. Nero (Domus Aurea) 92 ff., *93*
Grab der Cecilia Metella 464, *465*
Graecostasis (Forum Romanum) 103
Griechische Vasen (Museo Gregoriano-Etrusco) 228
Grotte der Egeria 26

HADRIANEUM 277
Haus *siehe* casa
Heiligtum d. Romulus (Forum Romanum) 110
Heiligtum d. Venus Cloacina (Forum Romanum) 102

IKONOKLASMUS *siehe* Bilderstreit
Isola Tiberina (Tiberinsel) 438

JANICULUS 44, 446 f.
Janusbogen 403
Juden in Rom 125, 170 ff.
Jüngstes Gericht (Michelangelo) 249 ff.
Juliusgrab (Michelangelo) 248, 405, 408 f.

KAISERFOREN (Fori Imperiali) 65 ff.
Kapelle *siehe* Cappella
Kapitol 33 ff., *20 f.*, 35, *36 f.*
Braccio Nuovo 54
Cordonata 34, 35, *36 f.*, 40
Galleria degli Orti Lamiani 53
Kapitolinische Museen 34 f., 35, 40, 42, 48 ff., 55 f.
Kapitolsplatz 34 f., 38
Konservatorenpalast 34 f., 35, 41 f., 43, 48 ff.
S. Maria in Aracoeli 34, 35, *36 f.*, 44 ff.
Passaggio del Muro Romano 54
Pinacoteca Capitolina 55
Reiterstandbild des Mark Aurel 35, *35*, 38 ff.
Senatorenpalast 34 f., 35, *36 f.*, 38, 41, 57
Tabularium 35, 57
Tarpejischer Felsen 44
Tempel des kapitolinischen Jupiter 43, 54

Kapitolinische Venus 56
Kapitolinische Wölfin 51
Katakombe
  des S. Calixtus 463
  der S. Domitilla 464
  der S. Priscilla 454, 464
  des S. Sebastian 464
Keats-Shelley-Haus 365
Kirchen
  S. Agnese in Agone 342 f., *344 f.*,
    346
  S. Agnese fuori le Mura 454, *455*
  S. Agostino 352 f., *352*
  S. Alessio 397
  S. Anastasia 365, 403
  S. Andrea delle Fratte 364
  S. Andrea al Quirinale 300 ff., *301*
  S. Andrea della Valle 144, *144 f.*
  S. Angelo in Pescheria 171, *172*
  S. Anselmo 397
  S. Antonio dei Portoghesi 353
  Ss. Apostoli 359 f.
  S. Atanasio 365
  S. Bartolomeo 438
  S. Bernardo 305 f.
  S. Bibiana 422
  dei Cappuccini 305
  S. Carlo ai Catinari 169
  S. Carlo al Corso 282 f.
  S. Carlo alle Quattro Fontane
    300, 300 f.
  S. Caterina dei Funari 137, 172 f.,
    173
  S. Cecilia in Trastevere 383, 418,
    439, 442
  S. Cesareo 395
  S. Clemente 435 ff., *435*, *436*
  Ss. Cosma e Damiano 75 f., *76*
  S. Costanza 456 f., *456*
  S. Crisogono 442
  S. Croce in Gerusalemme 422 f.
  Domine quo vadis 58, 462
  S. Eligio degli Orefici 167
  S. Francesca Romana 77, 80,
    104 f.
  S. Francesco a Ripa 442
  Il Gesù 137 ff., *140*
  Ss. Gesù e Maria 283
  S. Giacomo degli Spagnoli 346

S. Giorgio in Velabro 403
S. Giovanni Decollato 403
S. Giovanni dei Fiorentini 167
S. Giovanni in Fonte 431 f.
S. Giovanni in Genovesi 439
S. Giovanni in Laterano 103, *424*,
  428 f., 430 f.
S. Giovanni in Oleo 395
Ss. Giovanni e Paolo 390 f.
S. Giovanni a Porta Latina 395 f.
S. Girolamo 159
S. Giuseppe dei Falegnami 57
S. Gregorio Magno 391, 393
S. Ignazio 141, 274 ff., *275*
S. Ivo della Sapienza 338
S. Lorenzo in Damaso 150
S. Lorenzo fuori le Mura 457,
  458 f., 460
S. Lorenzo in Lucina 282
S. Lorenzo in Miranda 123
Ss. Luca e Martina *20 f.*
S. Luigi dei Francesi 337
S. Maddalena 336
S. Marcello 273
S. Marco 60, *61*, 62
S. Maria degli Angeli 78, 310,
  313
S. Maria dell'Anima 346 ff., 347
S. Maria Antiqua (Forum
  Romanum) 119 ff., 418
S. Maria in Aracoeli (Kapitol) 34,
  35, *36 f.*, 44 ff.
S. Maria in Campitelli 172, *172*
S. Maria in Cannapara (Forum
  Romanum) 112
S. Maria in Cosmedin 399, *400*,
  401
S. Maria in Domnica 383, *383*,
  418
S. Maria di Loreto 71 f.
S. Maria Maggiore *410 f.*, 412 ff.,
  415, *416 f.*
S. Maria sopra Minerva 333 ff.,
  334
S. Maria dei Miracoli *284 f.*, 287
S. Maria di Monserrato 159
S. Maria del Monte Santo *284 f.*,
  287
S. Maria del Orto 442

S. Maria della Pace 348, *349*, *350*
S. Maria del Pianto 170, 171
S. Maria del Popolo 287 ff., *288*, *291*
S. Maria del Priorato 397
S. Maria Scala Coeli 467
S. Maria in Trastevere 442 f., *443*
S. Maria in Vallicella 160 f., *161*
S. Maria in Via 281
S. Maria in Via Lata 272 f.
S. Maria della Vittoria 306 ff.
S. Martino ai Monti 409, *409*
Ss. Nereo e Achilleo 394
S. Nicola in Carcere 402
SS. Nome di Maria 69, 72
S. Onofrio 449
S. Pantaleo 147
S. Paolino alla Regola 169
S. Paolo alle Tre Fontane 467
S. Paolo fuori le Mura 32, 466, *467, 468 f.*
S. Pietro in Montorio 446 f.
S. Pietro in Vaticano 41, *164 f.*, 175 ff., *176 f., 180, 183, 193, 207, 209*, 425
S. Pietro in Vincoli 405, 408 f.
S. Prassede 383, 418 ff., *420*
S. Prisca 399
S. Pudenziana 412
Ss. Quattro Coronati 433 f.
S. Saba 397
S. Sabina 397 ff.
S. Salvatore in Lauro 351
S. Sebastiano al Palatino 134
S. Silvestro in Capite 281
S. Sisto Vecchio 394 f.
S. Stefano Rotondo 386 ff., *386, 387*
del Sudario 143
S. Susanna 305
S. Teodoro 403
Trinità dei Monti 366
SS. Trinità dei Pellegrini 168
Ss. Vincenzo ed Anastasio 363, *467*
Kirchenstaat 17
Königreich Italien 17, 59
Kolonnade des Bernini (Peters-platz) 180

Kolonnade des Borromini (Palazzo Spada) 168
Kolosseum 18, 42 f., 81 ff., *86, 88, 104 f.*
Konservatorenpalast (Kapitol) 34 f., 35, 41 f., 43, 48 ff.
Konstantinsbogen 93 ff., *95*, 424
Konstantinsbasilika *siehe* Maxentiusbasilika
Kurie (Forum Romanum) 100, 103

Lacus Curtius (Forum Romanum) 113 f.
Lacus Juturnae (Forum Romanum) 115, 116
Laokoon-Gruppe (Vatikan) 224 ff.
Lapis Niger (Forum Romanum) 106
Largo Argentina 142
Largo Goldoni 282
Largo Magnanapoli 295 f.
Lateran 423 ff., *424, 427, 428 f., 432*
    Baptisterium S. Giovanni in Fonte *428 f.*, 431, *432*
    Cappella Sancta Sanctorum 427
    Pal. del Laterano 423 ff., *424, 428 f.*
    S. Giovanni in Laterano 103, *424*, 430 f.
    Scala Sancta 426, *428 f.*
    Triclinium Leonianum 430
Laterankonzilien 171
Lateranverträge 214
Lido di Roma 470
Loggien (Vatikan) *242*, 243 f.
Ludovisischer Thron 315
Lukasbrüderschaft 306

Madonna del Divino Amore 462
Madonna del Parto (Sansovino) 353
Magna-Mater-Kult 131
Mamertinischer Kerker 57 f.
Marcellustheater 83, 86, *402*, 402 f.
Mark-Aurel-Reiterstandbild 35, 38 ff.
Mark-Aurel-Säule (P. za Colonna) 39, 68, 277 f., *279*
Markusgarten 63 f.
Mars von Todi 228

Mausoleum des Augustus 354
Mausoleum des Hadrian (Engels-
    burg) 162 ff., 391, 433
Mausoleum des Lucilus Peto 453
Maxentiusbasilika 77 ff., *78, 104 f.,
    120 f.*
Meta sudans 93
Milvische Brücke 49, 77, 94
Monte Giordano 351
Monte Mario 44, 453
Monumento Nazionale Vittorio
    Emanuele 58 f.
Moses v. Juliusgrab d. Michelangelo
    405, 408 f.
Museo – Museum
    Archeologico di Ostia 472
    Barracco 148
    Borghese 370 ff.
    Capitolino 34 f., *35*, 40, 42, 48 ff.,
        54 ff.
    Centrale del Risorgimento 59
    Chiaramonti (Vatikan) 227
    della Civiltà Romana 470
    di Criminologia 167
    Egiziano (Vatikan) 229
    Gregoriano-Etrusco (Vatikan)
        228
    Gregoriano-Profano (Vatikan)
        229, 267
    Missionario Etnologico (Vatikan)
        267
    Napoleonico 351 f.
    Nazionale Castel Sant'Angelo
        166
    Nazionale del'Arte e delle
        Tradizione Populari 470
    Nazionale Etrusco di Villa Giulia
        378 ff.
    di Palazzo Venezia 62
    Pio-Clementino (Vatikan) 218 f.,
        222 f., 267
    Preistorico ed Etnografico ›Luigi
        Pigorini‹ 470
    di Roma 147
    Storico Artistico-Tesoro di
        S. Pietro 203 f.
    Thermenmuseum 312 ff.

Nabel Roms (Forum Romanum)
    107
Nazarener 306
Nervaforum 75

Obelisken 29 ff., 302
    von Axum (Porta Capena) 22 f.
    P.za dell'Esquilino (S. Maria
        Maggiore) 30, 412
    P.za S. Giovanni in Laterano 30,
        433
    P.za S. Maria sopra Minerva 30,
        325
    P.za Montecitorio 180
    P.za Navona 30
    P.za S. Pietro 30, 179, 180 f.
    P.za del Popolo 30, 286 f.
    del Quirinale 300
    Viale dell'Obelisco 370
Observatorium 453
Oratorio dei Filippini 160, *161*
Orti di Galatea 395
Ostia Antica 470 ff.

Palatin 18, 42, 126 ff., *128 f.*
    Antiquarium 133 f.
    Belvedere 127
    Circus Maximus 133
    Clivus Palatinus 126
    Domus Augustana *131*, 132
    Domus Flavia *131*, 132
    Farnesische Gärten 18, *120 f.*, 126
    Haus der Livia 131
    Haus des Romulus 127
    Stadium 131
    Tempel der Magna Mater 130 f.
    Thermen des Septimius Severus
        132 f.
Palazzetto Venezia *61*, 62
Palazzo
    Altieri 136
    del Banco di Roma 273
    del Banco di S. Spirito 351
    Barberini *303*, 303 f.
    Bolognetti 136
    Bonaparte 271
    Borghese 353 f., *355*
    Braschi 147

Caetani 173
Caffarelli 43, 44
della Cancelleria 148, *148f.*
Capranica 336
Cenci 170
Chigi 278, 280
Chigi-Odescalchi 360
Colonna 357, 359
dei Conservatori (Kapitol) 34 f., 41 f., 43, 48 ff.
della Consulta 300
Corsini 444
Doria-Pamphili 271 ff.
Farnese 41, 87, 151 f., *154, 157*
Fiano 281
del Governo Vecchio 351
del Grillo 73 f.
del Laterano 423 ff., *424, 428 f.*
Madama 337 f.
Massimo alle Colonne 145 f., *146*
Mattei di Giove 173
Montecitorio 180 f.
di Monte Giordano 351
Ossoli 167
di Propaganda Fide 365
del Quirinale *296f.*, 299
Ricci 160
Rospigliosi-Pallavicini 298 f.
Ruspoli 281
Sacchetti 167
Sanseverino 283
Senatorio (Kapitol) 34 f., *35, 36 f.*, 38, 41, 57
Spada 168, *169*
dello Sport 470 f.
della Valle 143
Venezia 59 ff., *61, 64,* 75
Vidoni 143
Wedekind 278, 280
Zuccari (Biblioteca Hertziana) 365, 367
Pantheon 325 ff., *329, 331*
Parco Oppio 92 ff., 393
Parco di Porta Capena 23, 393
Parlament 280
Passeggiata Archeologica 23, 393
Peterskirche 41, *164f.,* 175 ff., *176f., 180, 183, 193, 207, 209,* 425

Petersplatz *176,* 178 ff., *180*
Phokassäule (Forum Romanum) *20f.,* 112 f.
Pietà (Michelangelo) 196 ff.
Pinacoteca Capitolina 55
Pincio 370
Piazza – Platz
  Ss. Apostoli 357
  Barberini 305, *305*
  S. Bernardo 305
  della Bocca della Verità 399, 401 ff.
  Borghese 354
  del Campidoglio 34 f., 38
  della Cancelleria 150
  Capo di Ferro 167
  Capranica 336
  dei Cavalieri di Malta 397
  del Circo Massimo 22 f.
  Colonna 39, 277 ff., *279*
  dell'Esedra (della Repubblica) 309 ff.
  dell'Esquilino 409
  Farnese 151
  del Gesù 136
  S. Giovanni in Laterano 423
  del Grillo 73
  S. Lorenzo in Lucina 281
  S. Luigi dei Francesi 336 f.
  Mattei 174, *174*
  della Minerva 30, 324 f.
  Montecitorio 280
  della Navicella 283
  Navona 340 ff., *344 f.*
  dell'Orologio 351
  S. Pantaleo 147
  di S. Paolino alla Regola 169
  del Pasquino 350
  dei Pellegrini 168
  della Pilotta 360
  del Popolo 30, 283 ff., *284 f.*
  del Quirinale *296 f.,* 299
  della Repubblica 309 ff.
  della Rotonda 325
  S. Ignazio di Loyola 274
  S. Maria Maggiore 30, 412
  S. Maria in Trastevere 442
  S. Pietro *176,* 178 ff., *180*
  S. Silvestro 281

di Spagna 364 ff., *368 f.*
Trinità dei Monti 365
Venezia 34, 65, 295
Vidoni 143
Vittorio Emanuele II 422
Piazzale del Gianicolo 448
Piazzale Napoleone 370
Piazzale Numa Pompilio 23
Piazzale Romolo e Remo 399
Ponte – Brücke
  Cavour 353
  Cestio 438 f.
  Fabricio (= dei Quattro Capi)
    438
  Milvio 453
  Palatino 403
  S. Angelo 162, *164 f.*
Porta – Tor
  Appia 23
  Ardeatina 466
  Latina 396, 461
  Maggiore (Prenestina) 422,
    460
  Metronia 461
  Pia 454
  Pinciana 309
  S. Giovanni 461
  S. Lorenzo 457
  S. Pancrazio 448
  S. Paolo 396, 466
  del Popolo 287
  S. Sebastiano 18, 396, 461
Portikus der Octavia 172
Portikus der zwölf Götter (Forum
  Romanum) 111 f.
Postamt (Hauptpost) 281
Priscilla-Katakombe 454, 464

Quirinal 17, 295 ff., *296 f.*

Regia (Forum Romanum) 116
Römische Wölfin 51
Rostra (Forum Romanum) 103, 107
Rostra ad Divi Julii (Forum
  Romanum) 114

Sacco di Roma 163 f.
Sacra Rota 149
Salita delle tre Pile 34

Santo Bambino 46 f.
Sapienza-Universität 338, 339
Scala Sancta (Lateran) 426, *428 f.*
Schildkrötenbrunnen 174, *174*
Schule von Athen (Raffael) 236 ff.
Scipionengräber 395
Senaculum (Forum Romanum) 103
Senatorenpalast (Kapitol) 34 f., *35,*
  36 f., 38, 41, 57
Septimius-Severus-Bogen *20 f.*, 42,
  94
Servianische Mauer 127, 298, 323
Shelley-Keats-Haus 365
Sixtinische Kapelle (Vatikan) 215,
  244 ff.
Spanische Treppe 364 ff., *368 f.*
Spanischer Platz 364 ff., *368 f.*
Stadium (Palatin) 131
Stanzen Raffaels (Vatikan) 230 ff.
Stazione Termini (Hauptbahnhof)
  323

Tabularium (Kapitol) 35, 57
Tarpejischer Felsen (Kapitol) 44
Teatro Argentina 143
Tempel des Antoninus u. der Faustina
  (Forum Romanum) 42, *104 f.*,
    123
  des Caesar (Forum Romanum)
    114
  Claudius 382
  der Concordia (Forum Roma-
    num) 111
  der Dioskuren (Forum Roma-
    num) *104 f.*, 114 f.
  der Fortuna Virilis 401
  des kapitolinischen Jupiter
    (Kapitol) 43, 54
  der Magna Mater (Palatin) 130 f.
  des Mars Ultor (Augustusforum)
    73
  der Minerva Medica 422
  des Romulus (Forum Romanum)
    123
  des Saturn (Forum Romanum)
    108, 109
  Venus und Roma 77, 81
  der Venus Genetrix (Caesar-
    forum) 72

des Vespasian (Forum Romanum) 111
der Vesta (Forum Romanum) 100, 116
der Vesta (P. za d. Bocca d. Verità) 401
Tempietto des Bramante 447, *447*
Thermen des Caracalla *392*, 393 f.
des Diokletian 78, 310 f., *311*, *313*
des Septimius Severus (Palatin) 131
des Trajan 92 f., *93*
Thermenmuseum 312 ff.
Tiberinsel 438
Titusbogen 42, *104*, *120 f.*
Torre dei Conti 73
Torre delle Milizie 298
Torre della Scimmia (Affenturm) 353
Torso del Belvedere 222 f.
Trajansforum 67 ff.
Trajansmärkte *71*, *72*
Trajanssäule 67 ff., *69*
Trajansthermen 92 ff., *93*
Trastevere 439 ff.
Tre Fontane, Abbazia 467
Trevi-Brunnen 360 ff., *361*
Triclinium Leonianum (Lateran) 430

UNIVERSITÀ Gregoriana 360

VATIKAN 210 ff.
Antikensammlungen 217 ff.
Bibliothek 216, 257, *258 f.*, 260
Borgiagemächer 256 f.
Braccio nuovo 216, 227 f.
Cortile del Belvedere 216, 224 ff.
Cortile di S. Damaso 216
Cortile della Pigna 216
Gabinetto delle Maschere 224
Galleria degli Arazzi 229
Galleria dei Busti 224
Galleria dei Candelabri 229
Galleria delle Carte geografiche 229 f.
Galleria Lapidaria 227
Galleria delle Statue 223 f.

Kapelle Nikolaus' v. 243
Loggien *242*, 243 f.
Museo Chiaramonti 227
Museo Egiziano 229
Museo Gregoriano-Etrusco 228
Museo Gregoriano-Profano 229, 267
Museo Missionario Etnologico 267
Museo Pio-Clementino 218 f., *220 f.*, 222 f., 267
Museo Sacro 257
Sankt Peter siehe unter Kirchen
Pinakothek 260 ff.
Sala degli Animali 223
Sala della Biga 229
Sala a Croce Greca 218, *220 f.*
Sala delle Muse 219 f.
Sala delle Nozze Aldobrandini 257
Sala Rotonda 218
Sixtinische Kapelle 215, 244 ff., *248 f.*
Stanzen Raffaels 230 ff.
Sacra Rota (vatik. Kirchenverwaltung) 149
Vatikanische Konzilien 199 f.
Veji 381
Verzückung der hl. Therese (Bernini) 306 ff.
Vesta-Kult 117 f.
Vesta-Tempel (P. za Boccà d. Verità) *400*, 401
Vesta-Tempel (Forum Romanum) 100, 116
Via Appia Antica 461 ff.
Ardeatina 462
Arenula 169
Aurelia 450
del Babuino 283, 365
dei Banchi Vecchi 159
del Banco di Santo Spirito 162, 351
dei Bergamaschi 277
dei Burrò 277
Borgognona 365
delle Carrozze 365
Casilina 460 f.
Cassia 453

Cavour 405
Cesare Battisti 295
della Conciliazione 214
Condotti 365
dei Coronari 351
della Croce 365
dei Filippini 351
Flaminia 283, 453
Fontanella Borghese 282
dei Fori Imperiali 65 ff.
Frattina 365
dei Funari 173 f.
Garibaldi 446
Giulia 159, 167, 286
del Governo Vecchio 350 f.
Gregoriana 365
della Lungara 443 f.
Margutta 365, 367
del Mascherone 167
di Monserrato 159
Nazionale 23
Nomentana 454
Ostiense 396, 466
Pontina 466
di Porta Latina 395
di Porta S. Sebastiano 23
Prenestina 460
di Propaganda Fide 364, 365
Quattro Novembre 295
Rasella 462
Ripetta 283, 354
Sacra (Forum Romanum) 101 f.,
    123
Salaria 453, 464
S. Eligio 167

S. Gregorio 22 f.
S. Maria de' Calderari 170
Sistina 286, 365
della Stamperia 363
del Sudario 143
del Teatro di Marcello 402
Tiburtina 457
Tomacelli 282
Trionfale 450
del Tritone 181
Veneto 309
Ventiquattro Maggio 298
delle Vite 365
Zanardelli 340, 351
Vierströmebrunnen 341 f., *344 f.*
Villa
    Ada 453
    Aldobrandini 298
    Borghese 370 ff.
    Celimontana 390
    Doria-Pamphili 272, 450, *452*
    Farnesina 293, 444 ff., *445*
    Giulia 378 ff., *378 f.*, *380*
    Madama 453
    Malta 365
    des Malteserordens 397
    Massimo 454
    Medici 367 f.
    der Quintilier 464
    Torlonia 453, 454
Viminal 17

ZEUS von Otricoli 219
Zoologischer Garten 377 f.

Abbildungsnachweis

Die Abbildungen in diesem Buch stammen überwiegend von zwei Künstlern, in deren Schaffen als Architekten und Graphiker Rom den Schwerpunkt bildet:

In der zweiten Hälfte des 18. Jahrhunderts schuf *Giovanni Battista Piranesi*, gebürtiger Venezianer, seine Radierfolge ›Vedute di Roma‹, aus der hier 26 Motive übernommen wurden. Als brillanter Interpret und Neuerer der Kunstform Vedute verbindet Piranesi visuelle Qualitäten mit Inszenierung·römischer Größe und nimmt somit eindeutig Partei in dem akademischen Streit seiner Zeit um den Stellenwert des Griechischen und Römischen.

Ein Großteil der Abbildungen wurde dem reichen Werk des Franzosen *Paul Letarouilly* entnommen, das unter dem Titel ›Edifices de Rome moderne‹ 1840 in Paris erschien und dem König Louis Philippe gewidmet ist. Die Bauaufnahmen in Form von Grundrissen, Schnitten, Ansichten und dekorativen Details bestechen gleichermaßen durch Präzision und Informationswert wie durch ihren ästhetischen Reiz.

Die Vorlagen für die Reproduktion von Piranesis ›Vedute di Roma‹ lieferte die Bayerische Staatsbibliothek, München: Seite 2/3, 20/21, 36/37, 67, 84/85, 95, 104/105, 108, 120/121, 164/165, 176/177, 193, 279, 284/285, 296/297, 313, 331, 344/345, 368/369, 392, 400, 410/411, 428/429, 452, 465, 468/469.

Paul Letarouilly, ›Edifices de Rome moderne‹: Seite 32, 35, 42, 61, 63, 64, 76, 133, 135, 140, 144, 145, 148/149, 154, 157, 161, 169, 180/181, 207, 209, 220/221, 232/233, 242, 268, 275, 288, 291, 293, 296/297, 303, 305, 323, 334, 339, 347, 349, 350, 351, 355, 361, 378/379, 380, 383, 407, 415, 416/417, 420, 424, 427, 432, 435, 436, 443, 445, 447, 448, 449, 455, 458/459, 467.

Die Abbildungen der Seiten 71, 86, 88, 131, 173, 174 und 402 wurden dem Band ›Roman Imperial Architecture‹ von J. B. Ward-Perkins entnommen (The Pelican History of Art, Harmondsworth 1970); der Grundriß Seite 386 aus ›Kirchen am Lebensweg‹ (Jahrb. d. Vereins für christliche Kunst in München e. v., Bd xvii), München 1988. Alle übrigen Abbildungen entstammen dem Archiv des Verlages.

Die Stadtpläne zeichnete Astrid Fischer, München.